BOAVENTURA DE SOUSA SANTOS
JOSÉ OCTÁVIO SERRA VAN DÚNEN (ORGS.)

Sociedade e Estado em Construção: Desafios do direito e da democracia em Angola

VOLUME I DE
LUANDA E JUSTIÇA: PLURALISMO JURÍDICO NUMA SOCIEDADE EM TRANSFORMAÇÃO

SOCIEDADE E ESTADO EM CONSTRUÇÃO: DESAFIOS DO DIREITO E DA DEMOCRACIA EM ANGOLA

AUTORES
Boaventura de Sousa Santos
José Octávio Serra Van Dúnen (orgs.)

EDITOR
EDIÇÕES ALMEDINA, S.A.
Rua Fernandes Tomás, 76-80
3000-167 Coimbra
Tel.: 239 851 904 · Fax: 239 851 901
www.almedina.net · editora@almedina.net

PRÉ-IMPRESSÃO
EDIÇÕES ALMEDINA, S.A.

IMPRESSÃO E ACABAMENTO
PAPELMUNDE, SMG, LDA.
V. N. de Famalicão

Janeiro, 2012
DEPÓSITO LEGAL
338600/12

Os dados e as opiniões inseridos na presente publicação
são da exclusiva responsabilidade do(s) seu(s) autor(es).

Toda a reprodução desta obra, por fotocópia ou outro qualquer processo, sem prévia autorização escrita do Editor, é ilícita e passível de procedimento judicial contra o infractor.

Biblioteca Nacional de Portugal – Catalogação na Publicação

LUANDA E JUSTIÇA
Luanda e justiça : pluralismo jurídico numa sociedade em transformação / org. Boaventura Sousa Santos, José Serra Van Dúnen. -   v.
1º v. : Sociedade e Estado em construção : desafios do direito e da democracia em Angola nas multinacionais. -   p.

ISBN 978-972-40-4617-4
I – SANTOS, Boaventura de Sousa,1940-
II – VAN DÚNEN, José Octávio Serra, 1962-
CDU   316
        34
        32
        338

ÍNDICE

Lista de Acrónimos   13

Prefácio   17

Capítulo 1 - Direito e justiça num país libertado há pouco do colonialismo e ainda há menos da guerra civil, em transição democrática, em desenvolvimento, rico em petróleo (por alguns anos) e diamantes, pobre para a grande maioria dos cidadãos, cultural, étnica e regionalmente muito diverso   23
Boaventura de Sousa Santos
1. Como estudar?   23
   Introdução   23
   1. 1 O senso comum neoliberal   26
   1. 2 O fim(?) do neoliberalismo e o recomeço da teoria crítica   31
2. O que estudar?   35
   2. 1. Pluralismo Jurídico, interlegalidade e hibridação jurídica   37
   Pluralidade jurídica em Angola   49
3. As culturas jurídicas e o Estado heterogéneo   53
   O político e o administrativo   58
   A sucessão e sobreposição de culturas político-jurídicas   59
   Conclusões   71
   Referências bibliográficas   74

Capítulo 2 - Os Tribunais, o Estado e a democracia   85
Boaventura de Sousa Santos
1. Tribunais, pluralismo jurídico e Estado heterogéneo   85
2. Os tribunais nas sociedades contemporâneas   90
3. Os tribunais e o Estado moderno   94
   O período do Estado liberal   95
   O período do Estado-Providência   98
   O período da crise do Estado-Providência   102
4. Os tribunais nos países periféricos e semiperiféricos   111
5. Padrões de litigação e cultura jurídica   120
6. As funções dos tribunais   122
7. Conclusões: tribunais e democracia   128

O papel do direito e dos tribunais na democracia representativa 128
O papel do direito e dos tribunais na democracia participativa 132
O contexto angolano, regional e mundial 138
Referências bibliográficas 142

Capítulo 3 - Falando em Corrupção...malefícios evitáveis? 151
José Octávio Serra Van-Dúnem
Introdução 151
1 - Democracia e Corrupção 151
2 - Corrupção e Interesse Público 154
3 - Cidadania Versus Corrupção 159
Conclusões 160
Referências Bibliográficas 161

**Capítulo 4 - A mudança após a independência - rupturas e continui-
dades no campo político, legal e administrativo de Angola** 163
Raul Araújo
Introdução 163
1. A evolução constitucional de Angola 164
1.1. O Período colonial 164
1.2. A pós-independência e a Lei Constitucional de 1975 165
1.3. As principais reformas constitucionais da I.ª República 166
1.4. A II.ª República – 1992-2010 167
2. A construção do Estado e as justiças em Angola: a justiça formal e a
justiça consuetudinária 169
2.1. O trinómio Estado, Nação e Democracia 169
2.2 – O pluralismo jurídico africano 171
2.3 – O state-building e a «desconstrução» do Estado 176
3. A justiça formal, a justiça consuetudinária e a justiça informal 177
Conclusões 180
Referências Bibliográficas 182

**Capítulo 5 - Justiça e democracia: o papel dos tribunais judiciais e
os desafios à política de reformas** 183
Conceição Gomes
Introdução 183

1. O protagonismo social e político dos sistemas judiciais nas sociedades contemporâneas	185
2. As tendências de reforma dos sistemas judiciais	196
3. O acesso ao direito e à justiça	202
4. As reformas da administração e gestão dos tribunais	206
5. Recrutamento e formação dos operadores judiciários	208
Conclusões	210
Referências bibliográficas	211

Capítulo 6 - O Moderno e o Tradicional no Campo das Justiças: desafios conceptuais a partir de experiências africanas — 217

Maria Paula Meneses

Introdução	217
1. Tradições, culturas e poderes modernos	218
1. 1. Saberes, poderes e leis na relação colonial	220
1. 2. A questão pós-colonial	221
2. O pluralismo jurídico e a fractura colonial	224
2. 1. O sistema de governação indirecta	228
2. 2. A criação do tradicional	230
2. 3. O pluralismo jurídico no contexto dos estados africanos independentes	233
3. Angola: a herança colonial	236
3. 1. Pluralismo jurídico ou dualismo legal?	237
3. 2. Entre a pertença local e a cidadania	244
3. 3. Autoridades tradicionais: algumas especificidades de Angola	249
Conclusões	259
Referências bibliográficas	265

Capítulo 7 - Para uma antropologia da cidade de Luanda: a circulação de etnias — 275

Júlio Mendes Lopes

Introdução	275
1. As Etnias em Luanda no período colonial: composição e recomposição	276
2. Luanda no período pós-colonial	289
Conclusões	292
Referências bibliográficas	293

Capítulo 8 - Da Angola Diversa   297
Ruy Duarte de Carvalho
1. Makas, Indakas & participações   297
2. Das coisas como elas são   299
3. Pelo Que Quanto À Questão...   301
4. Da democracia, modalidades   302
5. Será nessa que estamos?   303
6. E ainda por cima...   305
7. Lugar da diversidade nos futuros nacionais   309
8. Pelo que...   313
   Referências bibliográficas   314

**Capítulo 9 - Autoridade Tradicional e as Questões da Etnicidade
em Angola**   315
Américo Kwononoka
   Introdução   315
1. Autoridade tradicional em Angola   317
   1.1 Questões de nomenclatura   318
   1.2 Morte e sucessão   319
   1.3 Funções   321
      Justiça e julgamento tradicionais   321
      A gestão das terras clânicas   323
2. Choques de Identidades (autoridades eleitas e nomeadas)   324
3. Questões da etnicidade   328
4. Etnicidade e as minorias étnicas   334
   Conclusões   337
   Referências bibliográficas   338

**Capítulo 10 - As Políticas Económicas em Angola desde
a Independência**   341
Alves da Rocha
   Introdução   341
1. O período entre 1975 e 1992   347
2. O período entre 1993 e 2002   356
3. O período entre 2003 e 2008   363
   Referências bibliográficas   368

Capítulo 11 - Cidadania e Participação em Angola: que papel para a sociedade civil? 369

Cesaltina Abreu

Introdução 369

1. Percursos e percalços na história de Angola 370
2. A independência e as duas Repúblicas 374
   2.1. As relações entre o Estado e a sociedade durante a Iª República e as suas consequências para a sociedade civil 375
   2.2. O Quadro-jurídico legal de 1992 e o princípio da participação 380
3. Sobre a Ideia de Sociedade Civil em Angola 383
4. Participação e espaço público em Angola 390
5. A sociedade civil e a promoção da cidadania e da democratização em Angola 395
   5.1. Exemplos de tomadas de posição e iniciativas de intervenção da sociedade civil 395
   5. 2 A conferência nacional da sociedade civil 395
Conclusões 397
Referências bibliográficas 399

Capítulo 12 - As equações não lineares da democratização 405

Catarina Antunes Gomes

Introdução 405

1. 1992: Breve contextualização 407
2. 2008: o novo processo eleitoral 409
3. Enquadramento genérico 409
4. Do processo constitucional 410
5. A queda do processo constitucional 411
6. Os mapas de poder 413
7. Da Comissão Nacional de Eleições 414
8. O registo eleitoral e a Comissão Nacional de Eleições 414
9. A composição da Comissão Nacional de Eleições 417
10. Da Oposição 419
11. A crise como capital político 420
12. A produção da fragilidade e as aspirações patrimoniais-clientelares 422
13. Do MPLA 424
14. Política de consultas 426
15. Personalização do poder 427

16. Da sociedade civil 429
17. Unidade Técnica de Coordenação da Ajuda Humanitária 430
18. Politização/ Despolitização 431
Conclusões 434
Referências Bibliográficas 436

Capítulo 13 - O Impacto do Conflito no Seio das Famílias Monoparentais Femininas 439
Henda Ducados
Introdução 439
1. Algumas definições e considerações metodológicas 440
2. Entendimento do conceito de chefia da família pelas mulheres das comunidades periurbanas de Luanda 443
2. 1. Percepções da chefia feminina pela comunidade 445
2. 2. A chefia feminina e a Igreja 447
2. 3. Percepções das mulheres chefes de família por mulheres e homens acompanhados 449
2. 4. Percepções da chefia familiar por mulheres chefes de família 450
3. Poligamia dentro da lei costumeira 454
4. Mulheres chefes de família e seus filhos 458
Conclusões 459
Referências bibliográficas 461
Documentos consultados 462

Capítulo 14 - A Terra no Contexto da Reconstrução e da Democratização em Angola 463
Fernando Pacheco
Introdução 463
1. Um ponto de partida 465
2. Da posse comunitária da terra à posse e propriedade individual 469
3. Gestão de terras e poder tradicional 473
4. Os limites da implementação da nova legislação fundiária 481
5. Desenvolvimento sem democracia? 484
6. Contribuição para um desenvolvimento sustentável 488
Conclusões 492
Referências bibliográficas 493

Capítulo 15 - Igrejas e Conflitos Em Angola 497
Fátima Viegas
Introdução 497
1. Definindo os conceitos 498
Igreja 498
Religião 499
Conflito 501
2. Caracterização da situação sociopolítica e económica de Angola 502
Os anos setenta 502
Os anos oitenta 503
Os anos noventa 503
Os anos dois mil 504
3. A relação entre o Estado e as igrejas 505
4. Análise do papel das igrejas na gestão dos conflitos 508
5. Análise dos conflitos no seio das igrejas 515
Conclusões 523
Referências bibliográficas 524

Conclusões 527
Boaventura De Sousa Santos
José Octávio Serra Van Dúnen

Sobre os Autores 533

LISTA DE ACRÓNIMOS

ACA: Associação Cívica Angolana
ACJ: Associação Cristã Jovens de Angola
ACJT: Associação de Crianças e jovens trabalhadores
ACRS: Acção Cristã de Reinserção Social
ACUP: Associação Comunitária Unida do Palanca
ADRA: Acção para o Desenvolvimento Rural e Ambiente
ADRA: Acção para o Desenvolvimento Rural e Ambiente
AJAPRAZ: Associação de Jovens Angolanos Provenientes da República da Zâmbia
AJPD: Associação Justiça, Paz e Democracia
ALCA: Área de Comércio Livre das Américas
ANANGOLA: Associação dos Naturais de Angola
APDCH: Aliança para a Promoção do Desenvolvimento da Comuna do Hoji ya Henda
BCA: Base Central de Abastecimento
BM: Banco Mundial
BPV: Brigadas Populares de Vigilância
CACS: Conselhos de Auscultação e Concertação Social
CC: Comissão constitucional
CDH: Comité dos Direitos Humanos
CEDEAO: Comunidade Económica dos Estados da África Ocidental
CEEAC: Comunidade Económica dos Estados da África Central
CEPEJ: Comissão Europeia para a Eficácia da Justiça
CES: Centro de Estudos Sociais
CIES: Centro Informazione e Educazione allo Sviluppo
CIPE: Comissão Interministerial para o Processo Eleitoral
CNE: Comissão Nacional de Eleições
CPJM: Código do Processo do Julgado de Menores
CSM: Conselho Superior de Magistratura
CSRJM: Centros de Referência do Julgado de Menores
DESA: Núcleos de Desenvolvimento Económico e Social das Áreas
DIME: Departamento da Informação e Mobilização do partido
DNEFA: Direcção Nacional de Emigração e Fronteiras de Angola
DNIC: Direcção Nacional de Investigação Criminal
DNRN: Direcção Nacional de Registo e Notários
DPIC: Direcção Provincial de Investigação Criminal

EDEL: Empresa de Electricidade de Luanda
ELISAL: Empresa de Limpeza e Saneamento de Luanda
EOA: Emissora Oficial de Angola
EPAL: Empresa de Águas de Luanda
FAMUL: Federação das Associações Municipais de Luanda
FASOL: Corporación Fondo de Solidaridad con los Jueces Colombianos
FDUAN: Faculdade de Direito da Universidade Agostinho Neto
FESA: Fundação Eduardo dos Santos
FMI: Fundo Monetário Internacional
FNLA: frente Nacional de Libertação de Angola
GAMEK: Gabinete de Aproveitamento do Médio Kwanza
GJSA: Gabinete Jurídico da Sala de Aconselhamento
GPL: Governo da Província de Luanda
GURN: Governo de Unidade e de Reconciliação Nacional
INAC: Instituto Nacional da Criança
INEFOP: Instituto Nacional de Emprego e Formação Profissional
INEJ: Instituto Nacional de Estudos Judiciários
ISCED: Instituto Superior de Ciências de Educação
JOTAMPLA: Juventude do MPLA
LIDECA: Liga dos Desportos e Cultura
MAPESS: Ministério da Administração Pública, Emprego e Segurança Social
MIIA: Missão de Inquérito Agrícola
MINARS: Ministério da Assistência e Reinserção Social
MINFAMU: Ministério da Família e Promoção da Mulher
MJ: Ministério da Justiça
MPLA: Movimento Popular de Libertação de Angola
OAA: Ordem dos Advogados de Angola
OADEC: Organização de Apoio ao Desenvolvimento Comunitário
OCHA-UN: Organização de Ajuda ao Desenvolvimento Comunitário
ODAs: Organizações de Desenvolvimento de Áreas
ODP: Organização da Defesa Popular
OGE: Orçamento Geral do estado
OMA: Organização da Mulher Angolana
ONG: Organização Não Governamental
OPA: Organização de Pioneiros de Agostinho Neto
OPJ: Observatório Permanente da Justiça Portuguesa

PALOP: Países Africanos de Língua Oficial Portuguesa
PAV: Programa Alargado de Vacinações
PGR: Procuradoria-Geral da República
PIB: Produto Interno Bruto
PNUD: Programa das Nações Unidas para o Desenvolvimento
PSICA: Promoção Social para o Combate a Imoralidade, Criminalidade e Alcoolismo em Angola
PTs: Postos de Transferência Privados
RDC: República Democrática do Congo
RNA: Rádio Nacional de Angola
SADC: Comunidade para o Desenvolvimento da África Austral
SEF: Programa de Saneamento Económico e Financeiro
SEH: Secretaria de Estado da Habitação
SWAPO: South West People's Organization
UEBA: União Evangélica Baptista em Angola
UEE: Unidades Económicas Estatais
UNACA: União Nacional dos Camponeses Angolanos
UNICEF: United Nations Children's Fund
UNICRI: Instituto Inter-regional das Nações Unidas para a Pesquisa da Criminalidade e Justiça
UNITA: União Nacional para a Independência Total de Angola
UNOA: United Nations Office in Angola
UNTA: União Nacional dos Trabalhadores Angola
USAID: United States Agency for International Development
UTCAH: Unidade Técnica de Coordenação da Ajuda Humanitária
VIS: Voluntariado Internacional para o Desenvolvimento

PREFÁCIO

Boaventura de Sousa Santos
José Octávio Serra Van-Dúnem

Esta obra, organizada em três volumes, apresenta uma análise que ousamos pensar ser inovadora e singular do pluralismo jurídico em Luanda. Na sua origem está um projecto de investigação realizado conjuntamente pela Faculdade de Direito da Universidade Agostinho Neto e pelo Centro de Estudos Sociais (CES) da Universidade de Coimbra. Este projecto de investigação foi financiado pelo governo angolano e coordenado por José Octávio Serra Van-Dúnem e Boaventura de Sousa Santos.

A equipa de investigadores principais integrou Raul Araújo, Maria Paula Meneses, Conceição Gomes e Júlio Mendes Lopes. Integraram ainda a equipa de investigação Maymona Kuma Fatato, Aguiar Miguel Cardoso, André Kaputo Menezes, Anette Sambo, Isabel Abreu, Paula Fernando, Élida Lauris e André Cristiano José. Participaram ainda, como investigadores convidados: Alves da Rocha, Américo Kwononoka, Catarina Gomes, Cesaltina Abreu, Fátima Viegas, Fernando Pacheco, Henda Ducados e Ruy Duarte de Carvalho, recentemente falecido e a quem dedicamos esta obra.

A investigação realizada, cujos resultados se apresentam nos três volumes que constituem esta obra, teve como objectivo central analisar a pluralidade de ordens jurídicas e de sistemas de justiça em Luanda, procurando identificar as rupturas e as continuidades determinadas pelos processos políticos vivenciados nas últimas décadas em Angola. Este estudo pretendeu dar peso analítico igual tanto ao desempenho funcional dos tribunais judiciais, quanto ao desempenho das instâncias extrajudiciais envolvidas na resolução de conflitos, bem como à compreensão das dinâmicas e articulações entre diferentes instâncias de justiça.

Os três volumes constituem um todo, como se pode ler pelas referências cruzadas entre eles. Contudo, cada um deles tem autonomia suficiente para permitir uma leitura individual.

Este é o primeiro volume, organizado por *Boaventura de Sousa Santos* e *José Octávio Serra Van-Dúnem*, intitulado **Sociedade e Estado em Construção: Desafios do direito e da democracia em Angola**. Este volume contém o quadro teórico que orientou a investigação e a análise do contexto sócio-político do período mais recente da sociedade e do Estado angolanos, a partir do qual é possível compreender melhor as relações entre a justiça e a sociedade estudadas no âmbito do projecto (mais abaixo pode ler-se um breve resumo de cada capítulo).

O Volume II, **A Luta pela Relevância Social e Política: os tribunais judiciais em Angola**, organizado por *Conceição Gomes* e *Raul Araújo*, apresenta uma visão geral do sistema de justiça formal em Luanda, não esquecendo o seu enquadramento a nível nacional. De destacar desde logo, a importância central deste levantamento e análise para o sistema judicial de Angola, pois é a primeira vez que se está a fazer um levantamento sistemático sobre o volume e a caracterização da procura que é dirigida aos tribunais judiciais de Luanda, o que permite, assim, colmatar uma grave lacuna: a ausência de dados estatísticos fidedignos neste importante sector do Estado.

O Volume III, organizado por *Maria Paula Meneses* e *Júlio Lopes*, intitula-se **O Direito por Fora do Direito: as instâncias extra-judiciais de resolução de conflitos em Luanda**. Este volume incide sobre instâncias extra-judiciais que, na cidade de Luanda, participam na mediação e resolução de conflitos, revelando uma presença dinâmica e complexa na resolução de conflitos, a exemplo de outras cidades africanas. Esta análise revela-se crucial. Por um lado, face à estreita relação que guarda com o acesso ao direito e à justiça, permite avaliar se as instâncias analisadas oferecem uma justiça mais próxima, mais democrática, promotora de cidadania ou se, pelo contrário, acentuam a reprodução das desigualdades sociais que marcam a sociedade angolana. Por outro lado, permite questionar a centralidade da justiça oficial, estatal, no panorama angolano.

No presente volume, no capítulo 1, Boaventura de Sousa Santos analisa o significado político da pluralidade jurídica externa (o pluralismo jurídico) e da pluralidade jurídica interna (o Estado heterogéneo), nas condições históricas específicas em que ocorre.

No capítulo 2, o mesmo autor parte da consideração de que, não constituindo os tribunais uma preocupação central em África e não detendo em absoluto o monopólio das instâncias de resolução de conflitos existentes, o sistema judicial oficial concorre com variadíssimas outras instâncias de resolução de conflitos, num contexto de pluralidade de ordens jurídicas marcado por uma forte interlegalidade entre as diferentes instâncias.

No capítulo 3, José Octávio Serra Van-Dúnem faz uma reflexão sobre a temática da corrupção, enfatizando a necessidade de estudos teórico-práticos que possam ser parte integrante de outros estudos mais amplos, enquadrados numa estratégia anti-corrupção como parte integrante da Estratégia Global da Reforma do Sector Público, o que implica um diagnóstico profundo do fenómeno da corrupção.

No capítulo 4, Raul Araújo faz uma abordagem sobre a evolução do constitucionalismo angolano e do sistema de justiça em Angola, dando uma particular atenção ao impacto jus-constitucional do princípio do pluralismo jurídico consagrado pela Constituição de 2010.

No capítulo 5, Conceição Gomes apresenta uma reflexão em torno da relação entre justiça e democracia. Centra-se na análise do papel do sistema judicial, dos desafios que ele enfrenta e das reformas estruturais da justiça necessárias para que tais desafios sejam enfrentados com êxito.

No capítulo 6, Maria Paula Meneses analisa os processos de regulação social enquanto integrantes de uma rede múltipla e intricada de instâncias de resolução de conflitos detentoras de distintos percursos e densidades históricas e que produzem um complexo relacionamento com as estruturas formais do Estado angolano, do qual muitas são parte.

No capítulo 7, Júlio Mendes Lopes chama a atenção para uma Luanda marcada pela diversidade cultural, microcosmos onde todas as comunidades étnicas surgem representadas, onde se cruzam diferentes manifestações culturais, linguísticas e económicas, e que são decisivas para o desenvolvimento futuro de Angola.

No capítulo 8, Ruy Duarte de Carvalho reflecte sobre a diversidade cultural angolana, cuja riqueza Angola não tem sabido reflectir na estrutura do Estado, limitando-se a reproduzir dispositivos de matriz ocidental, apontando para a necessidade de os actores sociais aprenderem a lidar com a diversidade cultural, o que implica a recuperação dos saberes endógenos pré-coloniais, necessários para a diversidade da democracia.

No capítulo 9, Américo Kwononoka aponta para a necessidade de se implementar uma política étnica profunda de inclusão, diluindo quaisquer tentativas de sobreposição de uma etnia sobre outra, atendendo às minorias, distribuindo a riqueza de forma uniforme e observando experiências positivas de outros países multiculturais.

No capítulo 10, Alves da Rocha analisa a política económica de Angola, indissociável do percurso histórico deste jovem país, onde o crescimento acentuado não foi sinónimo da eliminação dos filtros de natureza institucional e do domínio real da economia, perigando a consolidação da paz e da reconciliação nacional, através do crescimento económico, da distribuição da riqueza e dos rendimentos.

No capítulo 11, Cesaltina Abreu faz uma análise do caminho percorrido e a percorrer pela sociedade civil, de modo a incrementar a participação dos cidadãos na coisa pública, parte essencial na democratização, implicando-os e responsabilizando-os no desenvolvimento, sem pretensão de se transformarem num contra-poder, mas fundamentais para quebrarem, apelando à civilidade, o jogo único daqueles que hoje governam as democracias.

No capítulo 12, Catarina Gomes analisa a complexidade dos processos de democratização e de construção do Estado angolano, procurando assinalar, não só os limites das visões processualistas da democracia e dos receituários ocidentalistas da 'boa governança", mas também verificar até que ponto democratização não significa linearmente efectiva democratização.

No capítulo 13, Henda Ducados procede a uma análise do impacto do conflito no seio das famílias monoparentais femininas, onde se verifica a complexidade do conceito de chefe de família, não se fundando este apenas na provisão económica, mas sendo influenciado por imperativos morais e culturais, e por um ideal normativo do homem.

No capítulo 14, Fernando Pacheco analisa os vários modelos de organização fundiária existentes em Angola, indissociáveis das múltiplas áreas socioculturais existentes, com as suas próprias instituições, anteriores ao Estado, constatando que, desde a independência aos nossos dias, não foram apresentados modelos inovadores no âmbito da organização fundiária, em especial, no que respeita às terras comunitárias.

Finalmente, no capítulo 15, Fátima Viegas analisa a forma como as igrejas, e de forma mais ampla a religião, desempenharam um importante papel, ainda que com riscos de alguma disfunção, durante os períodos de conflito, contribuindo para a resolução pacífica dos mesmos. A relação com o Estado passa hoje por uma fase de abertura, na qual se consideram as Igrejas como parceiros sociais privilegiados.

A complexidade da matéria abordada neste projecto e a escassez da tradição sociológica empírica demandou um intenso trabalho de campo desenvolvido ao longo de mais de dois anos, pelo que foi fundamental a prestimosa colaboração de diferentes pessoas e organizações para a produção deste estudo, sem a qual não seria possível levar a cabo esta reflexão e análise. Queremos, assim, acentuar o quanto estamos a todos profundamente gratos. A importância dos contributos exige que, pública e individualmente, se dê conta deles, pedindo antecipadamente desculpa por alguma omissão, apesar de obviamente involuntária.

PREFÁCIO 21

Um primeiro agradecimento é devido à Presidência da República da Angola pela confiança depositada na Faculdade de Direito da Universidade Agostinho Neto e no Centro de Estudos Sociais da Universidade de Coimbra, e na sua equipa de investigadores, para a realização de um estudo desta natureza.

A recolha de dados na investigação de campo não teria sido possível sem o contributo de actores institucionais-chave. Deixamos aqui o nosso reconhecido agradecimento à Senhora Ministra da Justiça, Dr.ª Guilhermina Prata. Cabe igualmente uma palavra especial de agradecimento ao Ministério da Administração do Território na pessoa do Senhor Ministro, Dr. Bornito de Souza, e do Sr. Dr. Virgílio de Fontes Pereira, Ministro aquando do início da investigação de campo e do então Vice-Ministro, Dr. Mota Liz. Ao Ministério da Assistência e Reinserção Social, na pessoa do Senhor Ministro João Baptista Kussumua. Ao Ministério da Família e Promoção da Mulher, na pessoa da Senhora Ministra Genoveva Lino. Ao Ministério do Interior, na pessoa do Senhor Ministro, Dr. da Senhora Governadora Dr.ª Francisca do Espírito Santo. Ao Ministério do Ensino Superior, Ciência e Tecnologia de Angola, na pessoa da Senhora Ministra, Dr.ª Maria Cândida Teixeira. Ao Ministério da Cultura, na pessoa da Senhora Ministra Dr. Rosa Maria Martins da Cruz e Silva, bem como ao Sr. Dr. Boaventura Cardoso, Ministro aquando do início da investigação de campo.

Agradecemos também, pela disponibilidade no acesso aos dados, ao Juiz Presidente do Tribunal Supremo e Presidente do Conselho Superior da Magistratura, Dr. Cristiano André. Ao Procurador-Geral da República e Presidente do Conselho Superior do Ministério Público, Dr. João Maria de Sousa. Ao Bastonário da Ordem dos Advogados de Angola, Dr. Manuel Vicente Inglês Pinto. Ao Juiz Presidente do Tribunal Provincial de Luanda, Dr. Augusto Escrivão. Uma palavra de agradecimento é ainda devida ao Instituto Nacional de Estudos Judiciários, na pessoa do seu Director-Geral, Dr. Norberto Capeça pela disponibilização de dados relativos aos conteúdos curriculares daquele instituto. Agradecemos a todos os magistrados e advogados que se disponibilizaram a conversar connosco e a partilhar as suas visões sobre a justiça em Angola.

Uma palavra de agradecimento igualmente à Dr.ª Eufrazina Maiato, Directora do Instituto Nacional da Criança, pelo apoio na recolha de dados sobre a situação da criança em Angola. Agradecemos, igualmente, o apoio e as informações dadas pela, então, Directora do Instituto Nacional para os Assuntos Religiosos, Dr.ª Fátima Viegas.

Muitas foram as pessoas que nos deram apoios específicos e importantes. Não é possível nomear todos aqueles que, nos locais em que conduzimos a investigação, nos proporcionaram condições logísticas e nos apoiaram na recolha de dados. Esperamos que a todos chegue este livro e que, ao lê-lo, se sintam recompensados e o tomem como a melhor expressão do nosso agradecimento

Aos Senhores. Administradores dos Município do Cazenga e do Kilamba Kiaxi, Victor Nataniel Narciso e José Correia, devemos uma palavra de agradecimento pela solicitude com que nos apoiaram no trabalho de campo. Agradecemos igualmente às associações e organizações não-governamentais que nos apoiaram no curso do trabalho de campo. São elas: Acção Para o Desenvolvimento Rural e Ambiental, Aliança para o Desenvolvimento da Comunidade do Hoji Ya Henda, Associação Justiça, Paz e Democracia, Centro Cultural Mosaiko, Fórum das ONGs do Cazenga, Liga dos Desportos e Cultura do Cazenga, Liga dos Intelectuais do Cazenga, Mãos Livres e Organização de Apoio ao Desenvolvimento Comunitário.

Por último, um agradecimento especial é devido aos nossos colegas cientistas sociais e intelectuais angolanos André Sango, António Gameiro, Carlos Feijó, Conceição Neto, João Milando, Luís Viegas, Manuel Rui Monteiro, Manuel Sebastião, Maria do Carmo Medina, Maria do Céu Reis, Nelson Pestana, Paulo de Carvalho, Sérgio Kalundungo e Victor Kajibanga.

Queremos honrar a memória do grande cientista e escritor angolano Ruy Duarte de Carvalho que nos ofereceu para este estudo um dos seus últimos textos. Esperamos que o esforço científico que realizamos neste livro seja merecedor deste grande angolano.

CAPÍTULO 1
DIREITO E JUSTIÇA NUM PAÍS LIBERTADO HÁ POUCO DO COLO-NIALISMO E AINDA HÁ MENOS DA GUERRA CIVIL, EM TRANSIÇÃO DEMOCRÁTICA, EM DESENVOLVIMENTO, RICO EM PETRÓLEO (POR ALGUNS ANOS) E DIAMANTES, POBRE PARA A GRANDE MAIORIA DOS CIDADÃOS, CULTURAL, ÉTNICA E REGIONALMEN-TE MUITO DIVERSO

Boaventura de Sousa Santos

1. Como estudar?

Introdução

O título deste texto dramatiza, pela via retórica da sua extensão, a complexidade analítica que se esconde sob o título do projecto levado a cabo em Angola.[1] A tradição eurocêntrica ou nortecêntrica da sociologia e da antropologia do direito tem uma dupla cara a que poderíamos chamar a grande teoria e a pequena teoria.

A grande teoria consiste em análises gerais do direito e da justiça para as quais estes termos são evidentes, não problemáticos, têm conteúdos constantes e a eventual variação de cultura para cultura é negligenciável. As análises que esta permite têm tido duas valências importantes: por um lado, facilitam análises comparadas (a qualidade destas é outra questão); e, por outro lado, legitimam a exportação/importação de normas e instituições jurídicas com grandes benefícios para os empreendedores dessa actividade. Na prática, a esmagadora maioria das análises comparadas tem partido de concepções sobre o que é e como funciona o direito e a justiça nos países centrais do sistema mundial, convertendo-as em modelos de funcionamento para todos os outros países e culturas, quase sempre ex-colónias dos países centrais. As discrepâncias detectadas com o modelo de funcionamento do direito e da justiça convertem-se em peculiaridades, distorções, perversidades, isto é, em condições negativas só remediáveis por aproximação ao modelo. Tal aproximação torna-se imperativa para elites nacionais motivadas pelos objectivos de modernização e desenvol-

---

[1] De que resultou o Relatório de Investigação "Luanda e Justiça: pluralismo jurídico numa sociedade em transformação" e os três volumes que compõem esta obra.

vimento e para isso contam, quase sempre, com o apoio ou ajuda dos países-
-modelo. Nos últimos trinta anos este apoio metamorfoseou-se em imposição
quando a reforma do direito e do sistema judicial passou a ser uma condicionante para acesso a créditos das instituições financeiras multilaterais, como o
Banco Mundial (BM) e o Fundo Monetário Internacional (FMI). Qualquer que
seja a metáfora utilizada – a metáfora económica da importação ou a metáfora
médica do transplante – a aproximação voluntária ou forçada dos sistemas jurídicos e judiciais dos países periféricos aos modelos dos países centrais implica
a adopção de normas e instituições em contextos sociais, políticos e culturais
muito distintos daqueles em que umas e outras tiveram origem. Isto é, geralmente, reconhecido mas a lógica por detrás da importação/transplante obriga
a minimizar a interferência dessas diferenças nos objectivos prosseguidos.

A outra grande tradição eurocêntrica ou nortecêntrica da sociologia e
antropologia do direito e da justiça, a pequena teoria, é o espelho invertido
da tradição anterior. Consiste em privilegiar análises detalhadas, intensivas e
localizadas das práticas e ideologias jurídicas e judiciais dos países periféricos,
enfatizando a importância do contexto histórico e sociológico na geração de
conceitos, ideologias e práticas idiossincráticas, específicas, criativas e pouco
comparáveis aos conceitos, ideologias e práticas prevalecentes nos países centrais, ainda que sejam utilizados os mesmos termos. Estas análises, apesar de
internamente muito diferenciadas, partilham a reserva contra as comparações,
contra juízos de valor feitos a partir dos modelos centrais, e contra as importa-
ções/transplantes de normas e instituições.

A partir dos anos setenta do século passado estas duas tradições viram-se
confrontadas com uma terceira corrente, inspirada na tradição crítica das ciências sociais, que procurava ultrapassar as limitações das duas grandes tradições.
As limitações da grande teoria são conhecidas: primeiro, as comparações são
feitas a partir do centro do sistema mundial com a consequência, intencional
ou não, de salientar a distância das práticas periféricas em relação aos modelos
tidos por universais. Essa distância é avaliada segundo princípios de diferenciação desigual, de que resulta a inferioridade, e a perversidade negativa das
ideologias e práticas em que se traduz. Segundo, as análises são feitas a partir de
construções idealizadas do direito e dos tribunais nos países centrais, retiradas
da teoria política liberal ou da filosofia do direito positivista, por vezes muito
discrepantes das práticas reais. Cometem, pois, o duplo erro de caracterizar mal
o sistema que serve de referência e de comparar a teoria deste (e não a prática)
com as práticas periféricas. Terceiro, a estas análises subjaz o entendimento de

que há um só modo de desenvolvimento do direito e do sistema judicial e que esse é o que foi seguido pelos países centrais. Aos países periféricos compete copiar, imitar, importar, transplantar, com a menor interferência possível de especificidades locais.

Quanto à pequena teoria, as suas limitações principais são as seguintes: primeiro, as análises intensivas fornecem informações preciosas sobre um dado local, mas nada dizem sobre o contexto mais amplo em que ele existe, criando, pois um efeito de exotização que atribui às práticas analisadas um carácter que, além de único, é estático e contido nas fronteiras do local. Segundo, a reserva contra as comparações pode ter várias leituras e uma delas pode ser a do preconceito arrogante e paternalista de que os países periféricos não só não ensinam nada, como não podem aprender nada com as práticas dominantes nos países centrais, implicitamente consideradas melhores. Terceiro, a recusa em fazer juízos de valor pode ocultar uma posição política tão problemática quanto a da grande teoria – se a grande teoria faz juízos negativos e pouco reflexivos sobre o que difere do modelo idealizado, a pequena teoria, com a preocupação de não fazer juízos de valor, acaba por mostrar complacência ou ausência de distância crítica perante práticas opressivas e injustas, violadoras de direitos fundamentais.

A terceira tradição tem as seguintes características: em primeiro lugar, submete as práticas jurídicas e judiciais dos países centrais a uma forte crítica de modo a evitar comparações enviesadas, do que decorre, frequentemente, a verificação de serem tão chocantes as semelhanças quanto as diferenças entre as práticas jurídicas e judiciais centrais e as práticas periféricas. Segundo, dá centralidade ao contexto histórico, social, político e cultural das práticas, culturas e ideologias de modo a controlar o feiticismo do carácter único, vernáculo ou exótico que tanto o conhecimento ocidental como, por vezes, o conhecimento não-ocidental lhes atribuem. Terceiro, salienta a diversidade infinita das ideologias, culturas e práticas jurídicas e judiciais no mundo e, por isso, sugere que os sistemas jurídicos e judiciais não convergem necessariamente para uma única solução, que a criatividade jurídica e judicial pode ocorrer em todos os lugares e que a aprendizagem entre o centro e a periferia pode ser recíproca. Em quarto lugar, não se dispensa de fazer juízos de valor sobre práticas que produzem vítimas manifestas de uma forma manifestamente injusta, fazendo-o com base em critérios interculturais, nas lutas pela justiça que de forma explícita ou embrionária emergem dentro da própria sociedade, cultura e local. Essas lutas são, muitas vezes, inspiradas em ideias de justiça, de direitos humanos fundamentais e de democracia que vão circulando pelo mundo e que, em certas condições, são apropriadas pelos grupos sociais vitimizados por tais práticas. No fundo, o contexto pode explicar tudo, mas não justifica tudo.

Esta corrente de trabalho sociológico e antropológico, apesar de promissora, foi "atropelada" pela avalanche do neoliberalismo a partir da década de oitenta do século passado. Tratou-se, efectivamente, de uma avalanche e, apesar da crise actual do neoliberalismo e das mudanças em curso na economia mundial, é de prever que os seus efeitos se façam sentir por muito tempo. Daí a necessidade de a analisar com algum detalhe.

1.1. O senso comum neoliberal

O neoliberalismo transformou-se na doutrina canónica da economia, do Estado e das relações internacionais em meados da década de oitenta. O seu núcleo doutrinário foi designado por Consenso de Washington e o seu âmbito de aplicação passou a ser o mundo inteiro, ainda que a esmagadora maioria dos países não tenha participado do consenso e, por isso, não tenha consentido voluntariamente nele. Este consenso assentava em algumas ideias-pilar e desdobrava-se em quatro consensos mais específicos.

As ideias-pilar eram as seguintes: liberalização do comércio; privatização da indústria e dos serviços; mercantilização da terra; desmantelamento de agências reguladoras e mecanismos de licenciamento; desregulação do mercado laboral e "flexibilização" da relação salarial; redução e comercialização dos serviços sociais (tais como os mecanismos para partilha de custos, critérios mais estritos para o outorgamento de provisões sociais, exclusão social dos grupos mais vulneráveis, rivalidade comercial entre instituições estatais, como por exemplo entre hospitais públicos); secundarização das políticas sociais (reduzidas à protecção de grupos sociais especialmente vulneráveis); subordinação dos problemas ambientais às necessidades do crescimento económico; reformas educativas mais dirigidas à formação profissional do que à construção da cidadania; e, também, políticas familiares que agravam ainda mais a condição das mulheres e das crianças.

A todas elas subjazia a ideia de que estávamos a entrar numa época em que as grandes clivagens do passado (socialismo/capitalismo, desenvolvimento / subdesenvolvimento, exploradores/explorados, incluídos/excluídos, moderno/ tradicional) tinham sido ultrapassadas, abrindo, assim, o mundo para processos de transformação social convergentes nas suas premissas políticas e que, por isso, deviam ser vistos mais como processos técnicos do que como processos políticos. Esta despolitização da transformação social acarretava consigo a despolitização de todos os instrumentos mobilizados para transformar as sociedades. Reconhecia-se que ainda havia conflitos mais ou menos intensos, por vezes armados, em alguns países periféricos e inclusivamente em vários países semi-periféricos, frequentemente como resultado de conflitos étnicos ou religiosos. Apesar disso, o mundo caminhava em direcção ao consenso. Mesmo os grandes conflitos do período precedente ou eram um vestígio do passado, como era o caso do conflito Oriente/Ocidente, ou estavam em profunda mutação, como era o caso do conflito Norte/Sul, que deixara de significar uma ruptura para passar a ser um eixo mais de interligação e interdependência entre países a caminho de uma economia global, de uma sociedade civil global e, inclusivamente, de uma política global.

Este consenso assentava em quatro consensos neoliberais fundamentais, que passaram a constituir a base ideológica da globalização hegemónica: o consenso económico neoliberal, o consenso sobre o Estado fraco, o consenso da democracia liberal e o consenso sobre o Estado de direito e a reforma judicial.

O consenso económico neoliberal baseia-se no mercado livre, na desregulação, privatização, minimalismo estatal, controlo da inflação, orientação da economia para a exportação, cortes em gastos sociais, redução do deficit público e na concentração do poder de mercado nas mãos de empresas transnacionais e do poder financeiro nas mãos da banca transnacional. Três inovações institucionais geradas pelo consenso económico neoliberal devem ser salientadas: *a)* as novas restrições jurídicas à regulação de origem estatal; *b)* os novos direitos internacionais de propriedade para os investidores estrangeiros e criadores intelectuais (Robinson, 1995: 373); *c)* a subordinação dos Estados-nação aos organismos multilaterais como o BM, o FMI e a Organização Mundial do Comércio (OMC). Estas inovações institucionais foram postas em vigor através de diversos acordos supranacionais, com variações consideráveis que vão desde as hiper-liberais Área de Comércio Livre das Américas (ALCA), que acabou fracassando devido às lutas populares que se lhe opuseram; Ronda do Uruguai e Ronda de Doha; até à social-democrática ou sócio-liberal União Europeia; ou, para o caso africano, a Comunidade Económica dos Estados da África Ocidental (CEDEAO), a Comunidade para o Desenvolvimento da África Austral (SADC) e a Comunidade Económica dos Estados da África Central (CEEAC). Por outro lado, os Estados desenvolvimentistas da Ásia tiveram condições muito mais favoráveis para adaptar o consenso económico neoliberal às suas necessidades do que os da América Latina ou de África. A ambiguidade implícita do consenso tornou possível que as receitas em que se traduziu fossem aplicadas nalgumas situações com extremo rigor (modelo da jaula de ferro) e noutras com extrema flexibilidade (modelo da jaula de borracha). É um facto pouco conhecido que Pinochet, por exemplo, apesar da rigorosa aplicação das soluções neoliberais no Chile, conseguiu manter as minas de cobre nas mãos do Estado durante todo o período da sua ditadura.

O consenso do Estado fraco encontra-se intimamente ligado ao consenso económico neoliberal, mas é conceptualmente autónomo. Desde logo, propiciar estratégias económicas baseadas no mercado em vez de administradas pelo Estado implica propiciar um Estado débil. Não obstante, o consenso neste caso é muito mais amplo e vai além do âmbito económico e, mesmo, do âmbito social. Considera o Estado não como um espelho da sociedade civil, mas como um oposto dela. A fortaleza do Estado, em vez de ser considerada como produto da fortaleza da sociedade civil ou como uma forma de compensar a fraqueza da sociedade civil, é considerada como causa da debilidade da sociedade civil. O Estado, ainda que democrático, é inerentemente corrupto e opressivo e, portanto, deve ser enfraquecido como condição prévia para o fortalecimento da sociedade civil. Este consenso liberal cria um dilema: uma vez que só o Estado pode provocar a sua própria fraqueza, é necessário um Estado forte para produzir essa fraqueza de maneira eficiente e mantê-la de forma coerente.

O consenso democrático liberal foi selado com a queda do Muro de Berlim e o colapso da União Soviética, tendo sido precedido pelas transições democráticas de meados da década de setenta no Sul da Europa (Grécia, Portugal e Espanha), de começos ou meados da década de oitenta na América Latina (Argentina, Chile, Brasil, Uruguai, Bolívia) e de fins da década de oitenta e inícios da década de noventa na Europa, Ásia, América Latina e em África (Angola, África do Sul, Benim, Cabo Verde, Congo, Filipinas, Haiti, Moçambique, Namíbia, e Nicarágua, entre outros). A convergência entre o consenso económico neoliberal e o consenso democrático liberal remonta às origens da democracia representativa liberal. As eleições livres e os mercados livres foram sempre considerados como duas vias para o mesmo objectivo: o bem colectivo que alcançariam os indivíduos utilitaristas através dos intercâmbios económicos competitivos, com interferência mínima do Estado. Aqui, contudo, há uma transformação importante: para a teoria liberal o poder soberano do Estado era central e dele decorria tanto a faculdade reguladora do Estado, como a faculdade coercitiva. Para o novo consenso liberal só interessa a faculdade coercitiva do Estado e a soberania está subordinada aos imperativos da globalização, especialmente no caso dos Estados periféricos e semiperiféricos.[2] As funções reguladoras são tratadas como uma incapacidade do Estado, e não como uma das suas faculdades.

Se nos detivermos sobre o conjunto dos traços normativos e institucionais da teoria liberal democrática, é evidente que as realidades políticas dos últimos trinta anos mantiveram uma certa distância em relação a este modelo de governo.

Seguindo a tipologia de David Held, identifico os traços principais da teoria democrática liberal: governo eleito, eleições livres e justas, nas quais o voto de cada cidadão tem peso igual; sufrágio universal; liberdade de consciência, de informação e de expressão para todos os assuntos públicos amplamente definidos; direito de todo o adulto de se opor ao Governo e de se candidatar a cargos públicos; e autonomia de associação, isto é, direito a formar associações independentes, incluindo movimentos sociais, grupos de interesse e partidos políticos (Held, 2007). De acordo com estes critérios podemos concluir com facilidade que a maior parte das democracias, inclusive no Norte Global, são ainda democracias de baixa intensidade. Não obstante, isto não afecta o consenso, seja porque este conjunto de traços é concebido como um tipo ideal,[3] como algo que abrange uma concepção maximalista, da qual é possível "extrair" uma concepção menos ambiciosa, seja porque o consenso se constrói com o reconhecimento de que não há alternativa ao modelo democrático de governo e que as diferentes políticas concretas se aproximarão gradualmente deste modelo.

O consenso do Estado de direito e a reforma judicial é o quarto pilar em que se fundamenta o consenso hegemónico e deriva dos três anteriores. O modelo de desenvolvimento neoliberal, ao depositar a sua incondicional confiança no mercado e no sector privado, alterou as regras básicas que regulam quer o sector privado, quer as instituições públicas, exigindo um novo enquadramento jurídico de desenvolvimento que incorpore as trocas comerciais, os movimentos financeiros e o investimento. O novo papel do Estado passa a ser, então, o

---

[2] Em outro lugar mostro quão selectiva é realmente esta despreocupação com a soberania, especialmente no caso dos países centrais. Cf. Santos, 1995: 268. Especialmente significativo é o caso das políticas de imigração, um campo muito amplo em que se reforça a soberania por parte dos países centrais e em que, em geral, se produz a re-nacionalização do discurso político. Cf. também Sassen, 1996: 62.

[3] O tipo ideal é um instrumento heurístico, desenvolvido pelo sociólogo Max Weber (1864-1920), em que o investigador realiza uma construção intelectual unificada com propósitos analíticos. O tipo ideal agrupa certos elementos característicos numa série de fenómenos sociais e descarta outros, com o propósito de conseguir uma imagem refinada que permita uma explicação adequada dos fenómenos sociais. Utilizo os tipos ideais mais adiante neste capítulo.

de proporcionar tal enquadramento jurídico, de o pôr em prática, algo que se considera ser mais facilmente concretizável num sistema político democrático.

Uma certa concepção de Estado de direito é, assim, fundamental para o novo modelo de desenvolvimento: *"o potencial de desenvolvimento do direito baseia-se no facto de o direito não ser apenas um reflexo das forças predominantes na sociedade, podendo igualmente ser um instrumento proactivo na introdução de mudanças"* (Shihata, 1995: 13). Para isso, é necessário que o primado do direito seja largamente aceite e efectivamente aplicado. Só então estarão garantidas a certeza e a previsibilidade, a diminuição dos custos de transacção, a clarificação e a protecção dos direitos de propriedade, bem como a aplicação das obrigações contratuais e dos regulamentos necessários ao funcionamento dos mercados. Para se atingir este patamar o sistema judicial tem um papel crucial: *"um sistema judicial eficiente, em que os juízes aplicam a lei de uma forma justa, e mesmo previsível, sem grandes atrasos nem custos insuportáveis, são condições essenciais do primado do direito"* (Shihata, 1995: 14). O sistema judicial é, deste modo, responsável pela prestação de serviços aos cidadãos, aos agentes económicos e ao Estado, de uma forma equitativa, transparente e expedita.

Do mesmo modo que o papel do Estado tem vindo a ser reformado, de maneira a corresponder às necessidades deste novo consenso global, também o sistema judicial o deve ser: a reforma judicial é uma componente essencial do novo modelo de desenvolvimento e a base para uma boa governação e deve, por isso, ser a prioridade do Estado não intervencionista. A administração da justiça é essencialmente um serviço prestado pelo Estado à comunidade, de maneira a preservar a paz social e facilitar o desenvolvimento económico através da resolução de conflitos. Em jeito de confissão (e *"confessar"* é a palavra exacta, uma vez que ela parece indicar a contrição ante *"velhos pecados"*), o Banco Mundial reconhece que *"foi preciso assistir ao fracasso de governos em África, esperar pelo colapso de ditadores na América Latina e verificar as profundas transformações na Europa Central e de Leste para se concluir que sem um enquadramento jurídico sólido, sem um sistema judicial independente e honesto, os riscos de um colapso económico e social são enormes"* (Rowat et al., 1995: 2).

De todos os consensos neoliberais globais, o do Estado de direito e do sistema judicial[4] é, de longe, o mais complexo e intrigante. Se não por outras razões, por se referir a instituições (nomeadamente, aos tribunais) que, melhor do que

---

[4] Discuto este tema no capítulo seguinte.

quaisquer outras, representam o carácter nacional na construção das instituições modernas e das quais, por essa razão, se poderia esperar uma maior resistência às pressões da globalização. À excepção do bom desempenho de alguns tribunais internacionais no passado e, nos nossos dias, do Tribunal Europeu de Justiça, Tribunal Europeu de Direitos Humanos, Tribunal Africano dos Direitos Humanos e dos Povos, os sistemas judiciais mantêm-se, na sua essência, como uma instituição nacional, sendo mais difíceis de internacionalizar do que as polícias ou as forças armadas.[5]

Embora a minha formulação do consenso judicial possa sugerir que estamos perante um processo de globalização de alta intensidade, é preciso ter em conta que o interesse pelo primado do direito e pela reforma do sistema judicial pode, igualmente, resultar de preocupações paralelas e parcialmente convergentes a surgir em diferentes países e em resposta a necessidades e expectativas nacionais. Neste último caso, estaremos perante um processo de globalização de baixa intensidade. A análise deve ser, desta forma, sensível à diversidade dos desenvolvimentos nacionais e das suas causas, em vez de tentar produzir, precipitadamente, explicações globais e monolíticas.

Uma das vertentes mais surpreendentes na nova centralidade do sistema judicial é que a atenção dada aos tribunais assenta tanto no reconhecimento da importância da sua função, como garantes últimos do primado do direito, como na denúncia da sua incapacidade para a cumprir. Por outras palavras, os sistemas judiciais ganham uma maior visibilidade social e política por serem, simultaneamente, parte da solução e parte do problema na implementação do primado do direito. Quando são vistos como parte da solução, o realce vai para o poder judicial e para o activismo judicial; quando são vistos como parte do problema, o realce incide sobre a crise judicial e a necessidade de efectuar reformas judiciais.

1.2. O fim(?) do neoliberalismo e o recomeço da teoria crítica
A avalanche neoliberal começou a mostrar sinais de debilidade a partir de meados dos anos noventa do século passado e na década seguinte os consensos em que assentava foram sendo questionados um a um. O primeiro a colapsar foi o consenso do Estado fraco. A aplicação do receituário neoliberal traduziu-

---

[5] O debate actual sobre a autonomia e a jurisdição do novo Tribunal Penal Internacional, de carácter permanente, que entrou em funcionamento em 2002, é um bom exemplo das tensões e das limitações que enfrenta a internacionalização do sistema judicial (Clarke, 2009).

-se num vastíssima produção legislativa, a qual, apesar de designada em geral de desregulamentação, na verdade, envolvia uma re-regulamentação, que só poderia ser decretada e aplicada pelo Estado. Tendo sido o Estado demonizado como fonte de todas as ineficiências e corrupções, como confiar em que esse mesmo Estado levasse a cabo eficazmente toda essa transformação legislativa? A conclusão principal do questionamento foi a de que o papel do Estado no desenvolvimento devia ser reequacionado.

No domínio do consenso do primado do direito e da reforma judicial os problemas eclodiram logo no início da década de noventa com as avaliações das reformas do sistema judicial na Rússia, país que tinha sido seleccionado para demonstrar a importância e eficácia das transformações. As avaliações feitas foram, em geral, negativas. Depois de a "ajuda internacional" ter injectado na reforma jurídica e judicial milhões e milhões de dólares, o sistema judicial russo não dava sinais de se aproximar do modelo ocidental e, pelo contrário, parecia continuar ligado ao modelo anterior, supostamente derrubado, já que os tribunais continuavam a sofrer a interferência política; os empresários continuavam a não ter confiança num judiciário imprevisível, lento, burocrático e pouco sensível às necessidades da economia; os cidadãos continuavam distantes da justiça e talvez ainda mais distantes do que antes, dado o menor acesso ao direito e a maior desprotecção social, uma vez que, com todos os seus limites, o sistema socialista permitia um patamar de inclusão que se desmoronou com a queda do regime.

Os resultados não foram muito diferentes noutros países. Verificou-se que as situações em que houve melhoria foram aquelas em que a reforma do sistema judicial ocorreu não por pressões de credores ou doadores, mas por razões endógenas, pela iniciativa do Estado ou dos próprios corpos de magistrados. Começou, também, a ser visível que o protagonismo dado aos tribunais na década anterior tinha tido o efeito de permitir a algumas elites judiciais aprofundarem o papel do judiciário e o seu contributo para a transição ou para a consolidação democráticas.

Estes dois factores criaram as condições para reactivar a teoria crítica, terceira corrente analítica a que me referi, centrada em análises contextualizadas do desempenho e das ideologias dos tribunais e do papel do direito, favorecendo comparações em função de resultados bem determinados (durações processuais, efectividade dos direitos económicos e sociais, por exemplo), e mantendo uma perspectiva crítica, analiticamente autónoma em relação às categorias oficiais, mais atenta aos desempenhos do sistema nas suas relações com os cidadãos, na promoção da democracia e na luta contra a corrupção. A perspectiva crítica é construída tanto a partir de contradições internas, como de contradições internacionais: as primeiras residem na discrepância entre princípios e práticas dominantes no país; as segundas, na discrepância entre normas e práticas internas, por um lado, e nos regimes internacionais de direitos humanos, por outro.

É necessário reconhecer que, para poder responder adequadamente aos desafios analíticos e políticos no início do século XXI, a corrente analítica deve ser objecto de algumas reformulações.

A primeira reformulação é de natureza epistemológica. A tradição crítica tem sempre privilegiado o conhecimento científico, mesmo tendo dele um entendimento diferente que a teoria convencional. Como o pensamento científico hegemónico tende a ser produzido no Norte Global, a teoria crítica tende a ser tão etnocêntrica ou nortecêntrica quanto a teoria convencional, com isso correndo o risco de não valorizar outros conhecimentos que circulam nos campos sociais que estuda e, ainda, de contribuir para invisibilizar ou desqualificar práticas sociais e de conhecimento que, vistas de outra perspectiva, dão contributos importantes para análise e compreensão desses campos.

Na área do direito e da justiça o conhecimento que existe sobre eles não se limita ao conhecimento científico ou erudito em sentido amplo (teoria jurídica, sociologia e antropologia do direito, filosofia do direito), ainda que seja esse o único conhecimento que é ministrado a estudantes de direito ou de ciências sociais. Esse conhecimento, pelo menos no campo da teoria jurídica e da filosofia do direito, refere-se exclusivamente ao direito e ao sistema judicial sancionado oficialmente pelo Estado enquanto tal, o direito oficial e o sistema judicial formal. Ora, para além desse conhecimento estão vigentes na sociedade muitos outros conhecimentos jurídicos – populares, laicos, urbanos, camponeses, modernos, ancestrais – que se plasmam em práticas jurídicas e judiciais protagonizadas por cidadãos comuns, não profissionais do direito. Tais práticas podem não ser consideradas oficialmente como jurídicas ou judiciais, mas de uma perspectiva sociológica têm estruturas e cumprem funções semelhantes. Ter em mente esses conhecimentos e suas práticas é de importância decisiva, não só para compreender as representações e práticas dos cidadãos, mas também para compreender o próprio direito oficial e a ciência jurídica que sobre ele se produz. Um e outra são fenómenos sociais que actuam, muitas vezes, em rede com os conhecimentos jurídicos e judiciais não profissionais, frequentemente sem sequer se darem conta disso.

SOCIEDADE E ESTADO EM CONSTRUÇÃO: DESAFIOS DO DIREITO E DA DEMOCRACIA EM ANGOLA

A sociologia e antropologia do direito, quer na sua vertente convencional/ positivista, quer na sua vertente crítica/anti-positivista, há muito se dedicam à análise de práticas jurídicas não oficiais, tema usualmente designado por pluralismo jurídico. A reformulação que sugiro é no sentido de dar mais atenção aos conhecimentos que sustentam essas práticas e de os valorizar como tais e não apenas como matéria-prima para a ciência social ou jurídica que sobre eles se produz. No fundo, a nova sociologia crítica deve assentar numa ecologia de saberes jurídicos em circulação na sociedade e apontar para uma epistemologia jurídica do Sul global.

A segunda reformulação diz respeito à questão da distinção entre objectividade e neutralidade. Ao contrário da ciência positivista, a ciência crítica distingue entre objectividade e neutralidade e concebe-se a si própria como aspirando a ser objectiva, mas não neutra. A diferença consiste em defender que o conhecimento válido produzido com recurso competente às metodologias de investigação disponíveis, sendo o garante da objectividade, não permite que desta se deduza a neutralidade, ou seja, a indiferença axiológica ante a realidade sob análise. De facto, para a teoria crítica tal neutralidade nunca existe, pelo menos nas ciências sociais, e, não existindo, é melhor que o/a cientista social reconheça isso mesmo e explicite de que lado está. A explicitação do lado de que se está é feita a dois níveis: por um lado, ao nível de valores, princípios ou instituições e regimes políticos; e, por outro lado, ao nível dos grupos sociais e do modo como são afectados pelo respeito ou violação desses valores ou princípios e pelo desempenho dessas instituições. Assim, por exemplo, numa análise de práticas políticas em que se enfrentam orientações autoritárias/ditatoriais e orientações democráticas/participativas, a análise crítica posiciona-se do lado das práticas democráticas/participativas, orientando-se para dar visibilidade aos cidadãos que são vítimas das práticas autoritárias, valorizando a sua luta e pondo à disposição dela conhecimento objectivo. O/a cientista social pode não ser militante das lutas que analisa, e de facto quase nunca o é, mas o seu saber sobre essas lutas é, mesmo assim, um saber militante.

Ao explicitar os valores e orientações que subjazem ao seu trabalho, o/a investigador/a permite uma avaliação mais rica, esclarecedora e democrática das suas análises e um diálogo mais honesto com outras análises de sinal axiológico contrário. Esta distinção entre objectividade e neutralidade é um adquirido histórico da ciência anti-positivista e, por isso, quando falo de reformulação, tenho em mente as novas condições que tornam a concretização da distinção mais complexa.

Nas últimas décadas, em parte devido à avalanche neoliberal e ao tipo de modelo económico político e social que esta promoveu, surgiu um novo tipo de positivismo, um neo-positivismo. Ao contrário do positivismo clássico que tinha a pretensão credível, ainda que falsa, de ser neutro, o neo-positivismo não tem tal pretensão, mas apresenta as suas posições ideológicas não como opções, mas antes como as únicas posições possíveis, não reconhecendo qualquer alternativa realista a elas. Feita esta "não-opção", privilegiam-se os temas e as metodologias (individualismo metodológico, escolha racional, modelação económica, positivismo jurídico, etc.) que são consonantes com ela, e usam-se os métodos e técnicas adequados (análises estatísticas, modelação económica). Estas análises combinam a militância extrema com o distanciamento extremo, transformam os seus valores em factos, as suas opções em necessidades ou fatalidades e analisam a realidade social em função da adequação, ou não, a elas. Vários exemplos: parte-se da ideia de que o direito é um instrumento do Estado, criado por órgãos políticos próprios e aplicado por profissionais credenciados; a partir daí, dá-se como facto adquirido que tudo o que está para além ou fora do marco do Estado não é direito. Parte-se da ideia de que os tribunais devem ser eficientes de modo a garantir a previsibilidade das transacções económicas requerida pelo modelo de desenvolvimento assente na primazia do mercado; a partir daí, sem discutir se esse é o único critério de eficiência, ou se a primazia do mercado é sustentável, fazem-se análises e propõem-se reformas exclusivamente a partir da perspectiva e dos interesses dos agentes económicos. Parte-se da ideia de que o Estado é ineficiente e corrupto; a partir daí, orientam-se as análises para a vitalidade e eficiência das organizações da sociedade civil. Parte-se da ideia de que só há um modelo de democracia, a democracia liberal representativa; a partir daí, as análises políticas passam a centrar-se nos processos eleitorais e nos direitos cívicos e políticos, sem consideração de quaisquer outras manifestações de deliberação democrática. Parte-se da ideia de que o crescimento económico é um bem incondicional; a partir daí, as análises desvalorizam a exclusão social ou a destruição ambiental que ele causa, considerando-os danos colaterais inevitáveis.

A rigidez do ponto de partida traduz-se em selectividade acrescida dos objectos de investigação e dos factores relevantes para a análise. A complexidade passa a ser ruído e a contextualização, perda de rigor analítico. Vista de uma perspectiva crítica, esta selectividade produz um efeito de ocultação da realidade. Desconhece, invisibiliza, marginaliza aspectos da realidade que seriam muito relevantes se os pontos de partida tivessem sido assumidos como opções e não como fatalidades. Tomando como referência os exemplos anteriores (pela ordem seguida atrás): não se admite que haja direito para além do direito que o Estado reconhece e nem que os cidadãos comuns possam ser agentes de aplicação do direito e da resolução de conflitos; não se investigam outros critérios de eficiência dos tribunais, como, por exemplo, a promoção da cidadania ou a efectividade dos direitos e, além disso, os interesses dos agentes económicos são sempre os dos empresários e nunca os dos trabalhadores ou dos consumidores; não se dá prioridade à reforma política e administrativa do Estado nem se analisam as complexas (e nem sempre transparentes) relações entre o Estado e sociedade civil; não se valoriza ou nem sequer se reconhece a existência de outras formas de deliberação democrática, quer de tipo participativo quer de tipo comunitário; desvalorizam-se as actividades económicas que não contribuem para os indicadores do crescimento económico e que não têm por objectivo a acumulação infinita, como é o caso da economia solidária e da agricultura camponesa. Em face disto, a perspectiva crítica tem de envolver, frequentemente, uma "sociologia das ausências", a busca, nos interstícios das análises dominantes, de outras realidades produzidas por tais análises como inexistentes.[6]

Sem essa sociologia das ausências não será possível repor a distinção entre objectividade e neutralidade e nisto reside a primeira reformulação da teoria crítica.

A segunda reformulação decorre das lutas sociais que ocorreram no mundo nas últimas décadas. A sua visibilidade permitiu identificar mais formas de poder e de opressão e, com elas, mais mecanismos de vitimização e práticas de resistência: ao repertório tradicionalmente reconhecido das lutas operárias e camponesas juntaram-se muitas outras lutas: contra o racismo, o sexismo, a homofobia, a destruição ambiental, pela autodeterminação dos povos indígenas, pela identidade étnico-cultural, pelo direito à diferença, pelo direito à liberdade religiosa, pela defesa dos bens comuns, pela economia solidária, pelo direito à educação e à saúde, entre outras. Característica destas novas opressões e lutas de resistência é o facto de combinarem diferenças culturais com desigualdades socioeconómicas, pontos de encontro complexos entre a economia política e concepções identitárias de raiz cultural. Averiguar de que lado está torna-se mais complexo para o/a investigador/a e exige maior vigilância na relação entre objectividade e neutralidade.

---

[6] Desenvolvo este tema em Santos, 2006: 87-126.

2. O que estudar?

Na Angola de hoje quais devem ser os grandes contextos de análise sociológica crítica do direito e da justiça? A pergunta tem de ser geral, mesmo se o objecto analítico principal é circunscrito - no nosso caso: a justiça, o pluralismo jurídico e a resolução de litígios em Luanda. Considero mais importantes os seguintes factores ou vectores: pluralismo jurídico, interlegalidade e hibridação jurídica; as culturas jurídicas e o Estado heterogéneo; os tribunais, o Estado e a democracia; Estado, sociedade civil e sociedade civil secundária; conflitos individuais e estruturais; democracia, desigualdade social e a maldição da abundância; a diversidade étnico-cultural: solução ou problema? Ao longo deste volume os diferentes capítulos ocupar-se-ão destes temas. Neste capítulo limito-me analisar os dois primeiros. No capítulo seguinte analiso o terceiro.

2.1. Pluralismo Jurídico, interlegalidade e hibridação jurídica[7]

Como conceito científico o pluralismo jurídico surgiu por altura da passagem do século XIX para o século XX na filosofia europeia antipositivista do direito, como reacção à redução do direito ao direito estatal operada pelo movimento da codificação e desenvolvida pelo positivismo jurídico (Erhlich, 1936; Bobbio, 1942; Gonçalves Cota, 1946; Del Vecchio, 1957; Gluckman, 1975a, 1975b; Carbonnier, 1979). Foi uma reacção contra o centralismo ou exclusivismo jurídicos do Estado, assente na ideia de que, na realidade prática da vida jurídica, o direito estatal estava longe de ser o único no ordenamento normativo da vida social e que, muitas vezes, não era sequer o mais importante. Se observarmos a vida sócio-jurídica das sociedades europeias na época do movimento da codificação, torna-se evidente que a redução do direito ao direito estatal resultava, sobretudo, de uma imposição política e que a realidade empírica estava do lado dos pluralistas jurídicos. No entanto, com a consolidação e expansão do Estado constitucional liberal e a conversão da hipótese jurídica positivista numa tese hegemónica (e consensual) sobre o direito, o centralismo ou exclusivismo jurídico do Estado converteu-se num dado consensual e o direito passou a ser o direito do Estado. A partir daí, coube aos pluralistas jurídicos o ónus de definir o direito de modo a legitimar a existência de outros direitos para além do direito estatal. Como o positivismo jurídico acrescentou profundidade analítica à sua orientação política inicial, o pluralismo jurídico viu as suas pretensões analíti-

---

[7] Este tema é, também, tratado nos capítulos 4, de Raul Araújo, e 6, de Maria Paula Meneses, neste volume.

cas reduzidas ao problema da definição do direito. Foi neste contexto teórico e político que se inseriu o debate sobre o pluralismo jurídico na sociologia e na antropologia jurídica a partir da década de sessenta do século XX.[8]

A partir de então, uma bibliografia muito vasta foi demonstrando que, ao contrário do que faz crer a teoria jurídico-política liberal, as sociedades contemporâneas são jurídica e judicialmente plurais, nelas circulando não um, mas vários sistemas jurídicos e judiciais. O facto de só um deles ser reconhecido oficialmente como tal afecta, naturalmente, o modo como os outros sistemas operam nas sociedades, mas não impede que tal operação tenha lugar.

Esta pluralidade de ordens jurídicas em circulação na sociedade é hoje mais complexa do que nunca. Como veremos adiante com mais detalhe, até agora o tema do pluralismo jurídico centrou-se na identificação de ordens jurídicas locais, infra-estatais, coexistindo de diferentes formas com o direito nacional oficial. Hoje, ao lado das ordens jurídicas locais e nacionais estão a emergir ordens "*jurídicas*" supra-nacionais que interferem de múltiplas formas com as anteriores. Não se trata do direito internacional público convencional, mas sim de imperativos jurídicos concebidos pelos Estados hegemónicos, por agências financeiras multilaterais ou por poderosos actores transnacionais (empresas multinacionais), sobretudo na área económica, e impostos globalmente, principalmente aos países periféricos e semiperiféricos do sistema mundial. Assim, o pluralismo jurídico sub-nacional combina-se hoje com o pluralismo jurídico supranacional.[9]

De um ponto de vista sociológico, o espaço-tempo do direito é, assim, cada vez mais complexo. É constituído por três espaços-tempo – o local, o nacional e o global. Cada um deles tem a sua própria normatividade e racionalidade jurídica, pelo que as relações entre eles são muitas vezes tensas e conflituais, tensões e os conflitos esses que tendem a aumentar à medida que se multiplicam e aprofundam as articulações entre as diferentes ordens jurídicas, entre os diferentes espaços-tempo do direito. Enquanto que na sociedade colonial – a primeira sociedade moderna reconhecida como dotada de pluralismo jurídico – era fácil identificar as ordens jurídicas em presença, os seus espaços de actua-

---

[8] Cf., entre outros, Nader, 1969; Hooker, 1975; Moore, 1978, 1992; Galanter, 1981; Macaulay, 1983; Fitzpatrick, 1983; Griffiths, 1986; Merry, 1988; Starr & Collier, 1989; Chiba, 1989; Benda-Beckmann, 1988, 1991; Teubner, 1992; Tamanaha, 1993; Twining, 1999; Santos, 2002, 2009; Santos e Rodriguez-Garavito, 2005; Shah, 2005; Berman, 2007 e Melissaris, 2009.

[9] Sobre este tema cf. Santos, 2002: 163-351.

ção e regular as relações entre elas – de um lado, o direito colonial europeu, do outro, os direitos consuetudinários dos povos nativos –, nas sociedades actuais a pluralidade de ordens jurídicas em presença é maior e são muito mais densas as articulações entre elas.[10] Paradoxalmente, esta maior densidade de relações se, por um lado, torna mais provável a ocorrência de conflitos e tensões entre as diferentes ordens jurídicas, faz com que, por outro lado, estas sejam mais abertas e permeáveis a influências mútuas. As fronteiras entre as diferentes ordens jurídicas tornam-se porosas e a identidade de cada uma destas perde a sua 'pureza' e a sua 'autonomia', passando a ser determinável apenas por referência à constelação jurídica de que faz parte. Vivemos, pois, num mundo de hibridações jurídicas, uma condição a que não escapa o próprio direito nacional estatal.

Esta hibridação jurídica não existe apenas ao nível estrutural, ou macro, das relações entre as diferentes ordens jurídicas em presença. Existe também ao nível micro, ao nível das vivências, experiências e representações jurídicas dos cidadãos e dos grupos sociais. A 'personalidade jurídica' concreta dos cidadãos e dos grupos sociais é cada vez mais composta e híbrida, incorporando em si diferentes representações. A esta nova fenomenologia jurídica chamamos *interlegalidade*, designando a multiplicidade dos 'estratos' jurídicos e das combinações entre eles que caracterizam o 'mundo da vida' (*Lebenswelt*). Consoante as situações e os contextos, os cidadãos e os grupos sociais organizam as suas experiências segundo o direito estatal oficial, o direito consuetudinário, o direito comunitário, local, ou o direito global, e, na maioria dos casos, segundo complexas combinações entre estas diferentes ordens jurídicas (Santos, 1984; Santos e Gomes, 1998; Santos e García-Villegas, 2001; Santos e Trindade, 2003).

A concepção sociológica de campo jurídico que aqui propomos requer um conceito de direito suficientemente amplo e flexível, de modo a captar a dinâmica sócio-jurídica nesses diferentes enquadramentos espacio-temporais. A concepção de direito defendida pela teoria política liberal – a equação entre nação, Estado e direito – e desenvolvida pelo positivismo jurídico dos séculos XIX e XX, é demasiado restritiva para os objectivos aqui propostos, já que só reconhece um único espaço-tempo: o nacional. Na tradição da sociologia e da antropologia jurídicas do século XX e da filosofia do direito antipositivista de finais do século XIX, entendemos o direito como um corpo de procedimentos

---

[10] Sobre o assunto, cf., por exemplo, Almeida e Cunha, 1885; Aguiar, 1891; Ennes, 1946; Ghai, 1991; Hall & Young, 1991; Gundersen, 1992; Moore, 1994; Ki-Zerbo, 1996; O'Laughlin, 2000; Marques Guedes, 2003, 2007 e Santos, Trindade e Meneses, 2006.

regularizados e de padrões normativos, com base nos quais uma terceira parte previne ou resolve litígios no seio de um grupo social. São três as componentes estruturais do direito: a retórica, a burocracia e a violência. A retórica é uma forma de comunicação e uma estratégia de decisão, assente na persuasão ou convencimento através da mobilização do potencial argumentativo de sequências e artefactos verbais e não verbais comummente aceites. A burocracia é aqui entendida como uma forma de comunicação e uma estratégia de decisão, baseada em imposições autoritárias por meio da mobilização do potencial demonstrativo de procedimentos regularizados e padrões normativos. Por último, a violência é uma forma de comunicação e uma estratégia de decisão assente na ameaça da força física.

Estas componentes estruturais não são entidades fixas, variando internamente e nas suas formas de articulação recíproca. Os campos jurídicos distinguem-se pelas diferentes articulações entre a retórica, a burocracia e a violência que os constituem. No entanto, um campo jurídico complexo, como o direito estatal moderno, pode compreender diferentes articulações em diferentes sub-campos. De facto, a plasticidade do direito estatal moderno resulta, sobretudo, da diversidade de articulações estruturais que pode abranger. A diversidade dessas articulações permite comparações sociológicas muito esclarecedoras entre campos jurídicos ou ordens jurídicas diferentes. Distinguimos três tipos principais de articulação: a co-variação, a combinação geopolítica e a interpenetração estrutural.

A co-variação consiste na correlação quantitativa das componentes estruturais em diferentes campos jurídicos. Por exemplo, no estudo realizado sobre o direito interno das favelas do Rio de Janeiro (Santos, 1995: 124-249) – o direito de Pasárgada – mostra-se que, nesse direito, a retórica é o elemento estrutural dominante e a burocracia e a violência são elementos recessivos, uma constituição estrutural inversa da que caracteriza o direito oficial estatal brasileiro. Efectivamente, no direito estatal moderno podemos detectar uma tendência secular para a retracção gradual da retórica e para a expansão igualmente gradual da burocracia e da violência. O facto de a violência ter crescido a par com a burocracia contribuiu para ocultar o carácter violento do direito moderno.

A combinação geopolítica é uma forma de articulação centrada na distribuição interna da retórica, da burocracia e da violência num determinado campo jurídico. Diferentes formas de articulação geram diferentes formas de dominação política. Conforme a componente dominante de uma articulação específica, poderemos ter uma dominação política baseada na adesão voluntária por persuasão ou por convencimento, em estratégias de demonstração que levam a imposições autoritárias e, por último, no exercício violento do poder. Nos campos jurídicos complexos podem existir diferentes formas de dominação em diferentes áreas de acção político-jurídica. As reformas de "informalização da administração da justiça" nos países centrais, desde finais dos anos setenta do século XX até hoje, significam o aumento da retórica (e a correspondente diminuição da burocracia e da violência) nas áreas jurídicas seleccionadas para a informalização. Noutras áreas, porém, como por exemplo no direito penal, assistimos, no mesmo período, a um aumento da violência, ou da violência e da burocracia, em detrimento da retórica (Santos, 1980: 379-397). Assim, o direito estatal é internamente muito heterogéneo, incorporando em si vários tipos de dominação jurídica.

A terceira forma importante de articulação entre retórica, burocracia e violência é a interpenetração estrutural. Trata-se da mais complexa de todas porque consiste na presença e na reprodução de uma determinada componente dominante dentro de uma componente dominada. A sua complexidade reside não só no facto de envolver a análise de processos qualitativos múltiplos, mas também por só ser inequivocamente detectável em períodos históricos longos. Exemplos desta afirmação são as relações entre a cultura oral e a cultura escrita. Convencionou-se que estas duas formas de produção cultural têm diferentes características estruturais (Ong, 1971, 1977). Por exemplo, a cultura oral está centrada na conservação de conhecimento, enquanto a cultura escrita está centrada na inovação; a cultura oral é totalmente colectivizada, ao passo que a cultura escrita permite a individualização; a cultura oral tem como unidade básica a fórmula, enquanto a cultura escrita tem como unidade básica a palavra. Se observarmos a história da cultura europeia à luz destas distinções, torna-se evidente que, até ao século XV, a cultura – e, portanto, também a cultura jurídica europeia – foi predominantemente uma cultura oral. A partir daí, a cultura escrita expandiu-se gradualmente e a cultura oral retraiu-se. No entanto, é patente que, entre os séculos XV e XVIII, a estrutura da cultura escrita, ainda em processo de consolidação, esteve impregnada da lógica interna da cultura oral. Por outras palavras, nessa época escrevia-se como se falava e isso é observável na escrita jurídica de então. Na segunda fase, entre o século XVIII e as primeiras décadas deste século, a palavra escrita dominou a cultura. Logo a seguir, porém, a rádio e os meios audiovisuais de comunicação social redescobriram o som da palavra, dando assim início à terceira fase: uma fase de oralidade secundária. Note-se, no entanto, que esta re-oralização da cultura difere do período anterior de cultura oral, já que as estruturas da cultura escrita atravessam, penetram e contaminam a nova cultura oral. Por outras palavras, fala-se como se escreve.

Analisando o direito estatal moderno neste contexto, a minha tese é a de que a retórica é, hoje, não só quantitativamente reduzida, mas também interna e qualitativamente 'contaminada' ou 'infiltrada' pela burocracia e pela violência, as componentes estruturais dominantes. Isto, aliás, pode ocorrer em outros direitos que não o estatal, através, por exemplo, da contaminação da argumentação retórica por lógicas e racionalidades burocráticas e violentas. É o que acontece quando os argumentos invocados se reduzem à afirmação da superioridade da lei e da lógica administrativa do Estado (burocracia) ou quando a argumentação não dá às partes a possibilidade de contra-argumentar, impondo-lhes a resignação em vez de suscitar a sua adesão (Santos, 1980: 387).

O predomínio desta tendência em contextos pós-transaccionais, como é o caso de Angola, suscita, naturalmente, algumas questões, dado que este tipo de redução da argumentação e da possibilidade de diálogo poderá, em determinadas circunstâncias, assemelhar-se a uma espécie de 'contrato leonino', pelo qual o interlocutor e as suas demandas e pretensões são votados ao silêncio. Sob o argumento genérico da superioridade da lei, da normalização institucional e da institucionalização do Estado, o recurso ao direito, numa concepção procedimentalista do mesmo, pode redundar num exercício de violência e de neutralização da abertura política. Esta tendência tornou-se especialmente visível em diversas ocasiões aquando da organização das eleições legislativas de 2008 e é caracterizada por uma linguagem musculada e virulenta que, ademais, ressuscita os fantasmas do conflito civil. Um dos episódios mais eloquentes a este respeito remonta a 2004 e foi marcado pela virulenta reacção por parte do governo ao abandono da Comissão Constitucional pela oposição que, com isso, pretendia pressionar a marcação da data do pleito. O acto foi descrito como sendo equivalente a um sequestro[11] que poria em causa não só as eleições, como também a própria reconciliação nacional.[12]

---

[11] Cf. ANGOLA PRESS, de 7 de Junho de 2004, "Oposição acusada de tentar forçar o Presidente da República a atropelar a lei". Consultada em 20 de Julho de 2005.

[12] A 13 de Julho a ANGOP publica declarações de um alto responsável político do MPLA para quem o abandono da Comissão Constitucional pode influenciar negativamente o processo de reconciliação nacional em curso, esclarecendo que, nas suas palavras, o partido "vai analisar o abandono da oposição, no sentido de se apurar se se tratava de uma decisão conjuntural relativamente à data de realização das eleições ou de uma mudança estratégica que visa desestabilizar o evoluir da situação política nacional". Cf. ANGOLA PRESS, de 13 de Julho de 2004, "Abandono da oposição pode prejudicar reconciliação, diz Bornito de Sousa". Consultada em 20 de Julho de 2005.

À luz do conceito amplo de direito aqui adoptado e da ideia de que o direito funciona em três espaços-tempo diferentes, é possível mostrar que as sociedades contemporâneas são, em termos sócio-jurídicos, constelações jurídicas. Em lugar de estarem ordenadas segundo uma única ordem jurídica, as sociedades contemporâneas estão ordenadas por uma pluralidade de ordens jurídicas inter--relacionadas e socialmente distribuídas de diversas formas. Esta demonstração choca, no entanto, com a ciência jurídica – uma forma de conhecimento técnico construída a partir da concepção positivista da equação entre o direito e o Estado e da profissionalização dos operadores jurídicos – e mesmo com a ciência política, tradicionalmente centrada na análise do Estado enquanto relação política e institucional. Este choque explica o facto de o pluralismo jurídico se ter transformado num dos grandes debates da sociologia e da antropologia do direito contemporâneas. A existência de um grande debate sobre o pluralismo jurídico é, por si, significativa e merece ser analisada.[13]

Poder-se-á perguntar, como questão prévia, por que razão as formas de resolução de conflitos não reconhecidas como direito pelo Estado devem ser designadas como direito e não como regulamentos privados, costumes, ou outro. Posta nestes termos, a pergunta só pode ter como resposta outra pergunta: e porque não? Porque é que o caso do direito teria de ser diferente do da religião, da arte ou da medicina? Pegando no último exemplo: é geralmente aceite que, paralelamente à medicina oficial, profissionalizada, farmo-química, alopática, circulam na sociedade outras formas de medicina: tradicionais, herbáticas, populares, comunitárias, mágicas, não ocidentais. Porque é que a designação de medicina teria de se restringir ao primeiro destes dois tipos de medicina, o único reconhecido como tal pelo sistema nacional de saúde da maioria dos países?[14]

Por que razão o pluralismo jurídico se tornou um dos debates centrais da sociologia e da antropologia do direito? A meu ver, há quatro condições metateóricas para que uma questão se converta num debate central: em primeiro lugar, a questão deve ser suficientemente ampla e com uma plasticidade inerente que lhe permita incorporar novas dimensões à medida que o debate se desenvolve; em segundo lugar, a questão deve ter fronteiras indefinidas ou permeáveis para que nunca seja muito claro o que cabe ou não dentro do debate; em terceiro lugar, a questão deve permitir uma ligação macro-micro,

---

[13] Sobre este tema cf. Santos, 2002: 85-95.

[14] Sobre este tema cf., por exemplo, Jacobson-Widding e Westerlund (orgs.), 1989; Last e Chavunduka, 1996; Green, 1996; Honwana, 2002 e Meneses, 2002.

e deve possibilitar uma fácil articulação entre trabalho empírico e desenvolvimento teórico; e em quarto lugar, deve ser possível, através dessa questão, abrir um debate com debates centrais de outras disciplinas para que a disciplina em causa possa manter a sua identidade em debates interdisciplinares e transdisciplinares.

Não pretendo analisar aqui, em pormenor, até que ponto o debate sobre o pluralismo jurídico preencheu estas condições metateóricas. Limitar-me-ei a algumas observações. Quanto à primeira condição, é fácil reconhecer que o debate sobre o pluralismo jurídico é amplo e, com o tempo, tem vindo a expandir-se. No levantamento geral do debate que efectuou, Sally Merry (1988) reconhece dois períodos: o do pluralismo jurídico num contexto colonial e pós-colonial e o do pluralismo jurídico nas sociedades capitalistas modernas. O segundo período é claramente uma expansão do debate do primeiro período.[15] E o mesmo se pode dizer do terceiro período – em que, em nossa opinião, estamos a entrar – em relação ao segundo. O que distingue este terceiro período dos dois outros anteriores é que, enquanto antes o debate incidia sobre as ordens jurídicas locais e infra-estatais que coexistem num mesmo espaço-tempo nacional, agora inclui também as ordens jurídicas transnacionais e supra-estatais que coexistem no sistema mundial com ordens jurídicas estatais e infra-estatais.

No tocante à segunda condição – a indefinição e permeabilidade das fronteiras – o que atrás dissemos sobre a ambiguidade e inadequação da expressão "pluralismo jurídico" mostra que tal condição está preenchida. O debate sobre a pluralidade das ordens jurídicas está envolvido na tarefa de Sísifo de definir o direito. E enquanto no primeiro período do debate era relativamente fácil (embora não tanto como durante algum tempo se admitiu) distinguir entre as principais ordens jurídicas em causa – o direito colonial, por um lado, e o direito indígena consuetudinário ou nativo, por outro –, no segundo período essa distinção tornou-se muito mais problemática, e sê-lo-á ainda mais no terceiro período que agora começa. Neste último período, a indefinição e permeabilidade das fronteiras do debate tem, contudo, menos a ver com a questão de uma definição adequada de direito do que com a identificação dos três espaços-tempo do campo jurídico – o local, o nacional e o transnacional – e das complexas inter-relações entre eles.

---

[15] A autora limita a periodização ao debate na sociologia e antropologia do direito, tal como hoje as entendemos. Já atrás tínhamos afirmado que o contexto inicial desse debate foi a filosofia europeia do direito (e também a sociologia do direito) na passagem do século XIX para o século XX.

As duas últimas condições metateóricas – a possibilidade de articulações macro-micro e a possibilidade de trabalho interdisciplinar – estão intimamente ligadas e, até agora, só muito parcialmente foram preenchidas no debate sobre a pluralidade das ordens jurídicas. O facto de este debate desafiar a teoria política liberal não recebeu, até agora, o devido reconhecimento. Daí que ainda não tenha sido explorada a sua 'quase óbvia' inter-relação com questões como a legitimação do Estado, os modelos de democracia, as formas de poder social, as subjectividades jurídicas, a sustentação normativa das desigualdades socio-económicas, raciais, sexuais e culturais, a política de direitos, entre outras. Pelo contrário, uma concepção estreita de erudição intelectual sobre o pluralismo jurídico contribuiu para reproduzir o isolacionismo (e até a marginalidade) disciplinar tanto da sociologia do direito, como da antropologia do direito. Na origem desse isolacionismo está o facto de ambas as disciplinas terem tendido, de modo geral, a tomar o Estado como um dado, isto é, como uma entidade não problemática, estudando, dessa forma, o direito enquanto fenómeno social e não enquanto fenómeno político. Na verdade, a chamada autonomia do direito, tão enaltecida pela teoria do direito, só foi tornada possível pela conversão do Estado numa 'estrutura ausente'. Este tipo de conceptualização foi, muitas vezes, complementado por uma atitude anti-estatista, bem evidente em grande parte da teoria jurídica pluralista.

É certo que, sobretudo em tempos recentes, o Estado-nação, enquanto unidade privilegiada e unificada de iniciativa política, tem sido posto em causa e duplamente descentrado pela emergência de poderosos processos políticos, quer infra-estatais, quer supra-estatais. Esse foi o trabalho central do senso comum neoliberal. Contudo, a análise deste desafio ao centralismo do Estado nada tem a ganhar com uma posição anti-estatista romântica ou pseudo-radical. O Estado-nação e o sistema inter-estatal são as formas políticas centrais do sistema capitalista mundial e, provavelmente, continuarão a sê-lo no futuro próximo. Começam, no entanto, a ser fortemente contestadas e esta contestação tem de passar a ser uma dimensão central do debate: o Estado e o sistema inter-estatal como campos sociais complexos onde as relações sociais, estatais e não estatais, locais e transnacionais, interagem, fundem-se e confrontam-se em combinações dinâmicas e até voláteis. Na secção seguinte voltaremos a este assunto.

Antes de terminar a análise do pluralismo jurídico é necessário explicitar a reserva de que há neste debate algo ardiloso, a possibilidade de se confundirem constatações empíricas com posições normativas, caso em que não haverá nem objectividade nem neutralidade. A expressão "pluralismo jurídico" tem uma nítida conotação normativa; seja o que for que ela designe é, com certeza, algo positivo porque pluralista ou, pelo menos, é melhor do que aquilo que lhe for contraposto como não sendo pluralista. Esta conotação pode induzir em erro, devendo, portanto, evitar-se. A meu ver, não há nada intrinsecamente bom, democrático, progressista ou emancipatório no "pluralismo jurídico". Há até exemplos de pluralismos jurídicos bem reaccionários, de que foram exemplos trágicos os Estados coloniais e a África do Sul no tempo do apartheid. E nos nossos dias há ordens jurídicas não estatais que são mais despóticas do que a ordem jurídica estatal do país em que operam (por exemplo, o direito da Máfia no sul da Itália, o direito dos gangs nas favelas do Rio de Janeiro ou de Medellin). Daí que prefiramos falar de pluralidade de ordens jurídicas em vez de pluralismo jurídico sempre que nos referimos a questões tradicionalmente associadas a esta expressão.

Detenhamo-nos na relação entre pluralismo jurídico e democracia. A concepção de campos sócio-jurídicos que operam em espaços-tempo multi-estratificados leva a expandir não só o conceito de direito, como também o conceito de política. Deste modo, será possível revelar as relações sociais de poder para além dos limites traçados pela teoria liberal convencional e, consequentemente, revelar fontes insuspeitas de opressão ou de emancipação promovidas pelo direito, alargando, assim, o âmbito do processo de democratização e radicalizando o seu conteúdo.

Para isso, no entanto, é necessário ampliar não só o conceito de direito como também o conceito de democracia, ou melhor, o processo de democratização. A democratização é todo o processo social através do qual as relações de poder se transformam em relações de autoridade partilhada. À luz desta definição, a ideia de pluralidade jurídica não tem um conteúdo político fixo: tanto pode servir uma política democrática como uma política antidemocrática. Por outro lado, a mesma situação de pluralidade jurídica pode 'evoluir', de um tipo de política para o outro, sem grandes alterações nos arranjos estruturais ou institucionais em que assenta. Tanto quanto o próprio Estado, comporta relações sociais que mudam com o tempo. O valor despótico ou democrático de determinadas ordens jurídicas varia muito dentro da configuração jurídica de qualquer sociedade e essa variação deve estar relacionada não só com a posição do país no sistema mundial, mas também com as especificidades históricas da construção ou da transformação do Estado.

Em Angola, esta incerteza quanto ao valor democrático da ordem jurídica formal hegemónica é algo a ter em conta. Numa breve análise sobre a libera-

DIREITO E JUSTIÇA NUM PAÍS LIBERTADO HÁ POUCO DO COLONIALISMO   47

lização política do país é-se confrontado com momentos em que o potencial democrático da transição foi neutralizado. E, de facto, o potencial democrático de uma ordem jurídica poderá ser minimizado de várias maneiras: poderá sê--lo, por exemplo, se outros instrumentos legais, contrários ao espírito e à letra da ordem constitucional democrática, forem utilizados em simultâneo; poderá sê-lo, também, por omissão ou ausência de regulamentação das leis; e poderá sê-lo se não estiverem criados os mecanismos e as instituições que fiscalizam o cumprimento da lei.

Assim, recorde-se que uma das estratégias mais significativas para conter os efeitos catalisadores da liberalização política da década de noventa do século passado consistiu na utilização criativa de um duplo e ambíguo registo legal. Tal tornou-se em grande parte possível dada a frequente falta de regulamentação dos princípios gerais das novas leis, que criava um vazio legal que, por seu turno, permitia a aplicação de outros dispositivos legais, quer do tempo do monopartidarismo, quer da época do domínio colonial – dispositivos estes claramente inconsistentes com os direitos e liberdades consagrados na Constituição de 1992. Deste modo, o potencial da produção legislativa no sentido de garantir liberdades e direitos foi sendo, na realidade, contrabalançado pela aplicação dessas antigas medidas jurídicas. Um dos casos mais flagrantes é o da Lei n.º 7/78, de 26 de Maio, sobre a segurança do Estado e um dos exemplos mais significativos da sua aplicação prendeu-se com o cerceamento da liberdade de expressão e da liberdade de imprensa. A lei estabelecia, na verdade, que seriam punidos: "Aqueles que difundirem notícias falsas ou tendenciosas ou predições malignas susceptíveis de causar alarme, inquietação, descontentamento ou desordem pública" (artigo 24.º).

Uma outra importante dimensão da neutralização do potencial democrático da nova ordem jurídica dessa época (anos 1990) dizia respeito à inexistência de instituições que assegurassem a efectividade desse mesmo potencial. No contexto histórico em apreço a lei da revisão constitucional previa a criação do Tribunal Constitucional[16]. A sua não implementação impossibilitou a abordagem judicial e a aferição da constitucionalidade da aplicação das leis da era colonial e do tempo do partido único. A inexistência deste órgão, assim como o de Provedor de Justiça, cujo objectivo é a defesa dos direitos, liberdades e garantias dos cidadãos e que foi previsto na revisão constitucional de 1992 (ar-

---

[16] Apenas criado em 2008, pouco antes da realização das eleições legislativas.

tigo 142.º), facilitou, significativamente, quer a aplicação deste ambíguo registo legal, quer uma política de contenção democrática, manifesta, por exemplo, na revogação e/ou alteração das leis da liberalização política, como a lei do direito de antena e de resposta dos partidos políticos, nos anos que se seguiram ao pleito de 1992. Para além disso, a possibilidade do Tribunal Supremo, nas vestes de Tribunal Constitucional, poder avaliar a constitucionalidade de tais medidas foi extremamente reduzida. Na realidade, o Tribunal Supremo, num período de dez anos, apenas julgou na condição de Tribunal Constitucional por duas vezes (Marques Guedes *et al.*, 2003).

Perante isto, não há qualquer razão intrínseca para que o direito estatal tenha de ser menos despótico ou menos democrático do que o direito não estatal. Aliás, defendemos que nos Estados centrais, particularmente naqueles com um forte Estado-providência, a ordem jurídica estatal é provavelmente menos despótica do que muitas ordens jurídicas não estatais neles existentes. A extrema variedade de situações nas sociedades periféricas e semiperiféricas[17] deve precaver-nos contra a formulação de uma hipótese geral inversa relativamente a estas sociedades. Nos casos em que o direito estatal pode ser considerado mais democrático do que o direito não estatal, a importância da concepção de pluralidade jurídica reside na relativização do conteúdo democrático do direito estatal, dentro de uma configuração jurídica mais ampla. Por outras palavras, o conteúdo democrático do direito estatal depende da sua coexistência com ordens jurídicas não estatais despóticas, com as quais interage de várias formas. Embora essas ordens jurídicas não estatais façam parte da configuração jurídica, a teoria liberal hegemónica do Estado e do direito nega-lhes a qualidade de direito. Por essa razão, o seu despotismo é impedido de ofuscar ou de relativizar a natureza democrática do único direito oficialmente reconhecido como tal – o direito estatal. Ao denunciar esta ocultação ideológica, a pluralidade jurídica pode revelar algumas faces ocultas da opressão e, ao mesmo tempo, pode abrir novos campos de prática emancipatória.

A concepção de pluralidade de ordens jurídicas aqui proposta contrapõe-se, assim, à tendência romântica de grande parte do pensamento jurídico pluralista para equiparar todas as ordens jurídicas existentes numa determinada unidade geopolítica e, portanto, para negar o primado do direito estatal nas formações sócio-jurídicas modernas.

---

[17] Desenvolvo este tema no segundo capítulo deste volume.

Pluralidade jurídica em Angola

Ainda que o pluralismo jurídico esteja presente em todas as sociedades contemporâneas, cada sociedade apresenta um perfil específico de pluralismo jurídico. Tal especificidade assenta em factores históricos, sociais, económicos, políticos e culturais. Quais são as especificidades mais marcantes da pluralidade jurídica em Angola? Neste domínio, a investigação anterior em Moçambique forneceu pistas elucidativas que esperam por uma comparação mais sistemática, uma comparação Sul/Sul em que, por enquanto, as ciências sociais africanas não abundam. Tais pistas constituem *"semelhanças de família"* entre os dois países: foram colonizados pelo mesmo colonizador, ainda que com políticas coloniais diferenciadas de país para país; ascenderam no mesmo ano (1975) à independência depois de lutas de libertação nacional que se haviam iniciado na década de sessenta do século passado; pagaram um preço alto pela solidariedade internacionalista que praticaram na região, especialmente na luta contra o regime de apartheid da África do Sul; passaram por um período de regime de partido único ideologicamente socialista, assente no centralismo estatal; sofreram durante um tempo – menor em Moçambique e maior em Angola – a guerra civil; abandonaram a ideologia socialista no final da década de oitenta e substituíram-na pela ideologia neoliberal, pela democracia representativa e pelo desenvolvimento capitalista, num processo político complexo que envolveu factores externos e pressões internacionais, particularmente visíveis no caso de Moçambique. À luz disto, não surpreende que a análise do direito e da justiça e, particularmente, do pluralismo jurídico apresente semelhanças significativas.

No que respeita ao pluralismo jurídico, a primeira característica é a sua enorme riqueza e complexidade. A riqueza reside no facto de, sociologicamente, vigorarem em Angola e Moçambique várias ordens jurídicas e sistemas de justiça.[18] A complexidade reside na intensa interpenetração ou contaminação recíproca entre essas diferentes formas de direito e de justiça. Assim, a pluralidade de direitos, sendo ampla, é difícil de analisar, uma vez que as categorias que são usualmente utilizadas para identificar os diferentes direitos em presença, apesar de úteis, são insuficientes, na medida em que a realidade sócio-jurídica moçambicana subverte tais categorias ao misturar elementos de várias na mes-

---

[18] Este tema tem sido esporadicamente alvo de pesquisa desde o período colonial. Cf., por exemplo, Lopes, 1909; Gonçalves Cota, 1944, 1946; Sachs & Honwana Welch, 1990; Gundersen, 1992; Mondlane 1969; Mondlane, 1997, Santos e Trindade, 2003. Para o caso de Angola, cf. Feijó, 2001; Fontes Pereira, 2001 e Neto, 2004, Marques Guedes *et al*, 2003 e Marques Guedes e Lopes, 2007.

ma forma de direito. Estamos perante um conjunto de situações de hibridação jurídica.[19] Ao nível das percepções dos indivíduos e dos grupos sociais sobre o direito e a justiça estas situações traduzem-se em formas de interlegalidade. O direito e a justiça, por que se orientam e mobilizam no seu quotidiano, são feitos de vários direitos e justiças, uns usados preferencialmente na família, outros na comunidade, outros no mercado, outros no trabalho e outros, ainda, no espaço público da cidadania.

Para além deste consumo híbrido é de salientar que as próprias referências de poder, direito e justiça não se encontram interiorizadas e/ou estabilizadas, sendo, por isso, negociadas em permanência e em função de situações concretas. Assim, por exemplo, uma mentalidade de tipo patrimonial, normalmente apta a preservar as relações de poder instituídas, convive com apreciações do político que, decorrendo de outros referenciais, como o democrático, revelam um forte criticismo. Tal reveste-se de uma forte ambivalência que é socialmente expressa e resolvida, não estruturalmente, mas apenas contingencialmente. Essa ambivalência é bem patente, por exemplo, na ideia segundo a qual ao detentor de determinado cargo é tolerável um certo grau de apropriação de recursos, nomeadamente para redistribuição ao nível das redes de reciprocidade e solidariedade familiar, mas que este não deve exceder certos (mas não definidos) limites.

As variáveis dicotómicas a que podemos recorrer para analisar a pluralidade de direitos são as seguintes: oficial/não oficial, formal/informal, tradicional/moderno, monocultural/multicultural. Tendo em mente, especificamente, o caso de Angola é necessário introduzir ainda uma outra dicotomia: urbano/rural. Acrescente-se, ainda, a variável tricotómica: local/nacional/global. Como dissemos, as situações de hibridação e de interlegalidade jurídicas desafiam e contestam estas dicotomias na medida em que as práticas jurídicas combinam, frequentemente, os pólos opostos das variáveis e contêm uma infinidade de situações intermédias. Mesmo assim, no plano analítico as dicotomias são um bom ponto de partida, se for claro, desde logo, que não são um bom ponto de chegada.

A variável *oficial/não oficial* decorre da definição político-administrativa do que é e do que não é reconhecido como direito ou como administração da

---

[19] Por hibridação jurídica entendemos situações em que se misturam elementos de diferentes ordens jurídicas (por exemplo, direito oficial, direito costumeiro e direito religioso). De tais misturas nascem novas entidades jurídicas, entidades híbridas. A sua presença revela-se, privilegiadamente, na resolução de litígios.

justiça. No Estado moderno compete ao Estado ditar o critério da definição e esse critério tem sido, na esmagadora maioria dos casos, o próprio Estado. Ou seja, é oficial o que é estatal, no caso, o direito e a justiça produzidos e/ou controlados pelo Estado. A redução do direito ao Estado é a matriz política do Estado moderno e a sua consciência teórico-jurídica é o positivismo. Nesta dicotomia o não oficial é tudo o que não é reconhecido como estatal: pode ser proibido ou tolerado; na maior parte das vezes é ignorado.

A variável *formal/informal* diz respeito aos aspectos estruturais dos direitos em presença. De acordo com as categorias apresentadas acima consideramos informal uma forma de direito e de justiça dominada pela retórica e em que, portanto, tanto a burocracia como a violência estão ausentes, ou só marginalmente presentes. A configuração oposta caracteriza o formal. No Estado moderno o formalismo decorre da burocracia. No seu tipo-ideal, a burocracia é um modo de reduzir a complexidade da realidade social, reconduzindo a infinita variedade das interacções e práticas a um conjunto padronizado de modelos de acção e de sequências. A aplicação dos modelos e o desenrolar das sequências são igualmente padronizados. É por isso que quando não funciona adequadamente a burocracia não apenas aumenta a complexidade, como a torna caótica e potencialmente ingovernável.

Deve, no entanto, ter-se em mente que, historicamente, a burocracia não foi o único modelo de produção de formalismo, e nem ainda hoje o é. Nas sociedades pré-modernas dominavam outras formas de redução da complexidade, tais como as ordálias e os rituais.[20] O formalismo religioso e o formalismo mágico continuam a existir em campos sociais onde o formalismo burocrático não penetra ou não penetra com eficácia. Aliás, há formas híbridas de formalismo onde a componente burocrática se mistura com a componente religiosa ou com a componente mágica.

A variável *tradicional/moderno* diz respeito à origem e à duração histórica do direito e da justiça.[21] Diz-se tradicional o que se crê existir desde tempos imemoriais, não sendo possível identificar, com precisão, nem o momento nem os agentes da sua criação. Diz-se moderno o que se crê existir há menos tempo do que aquilo que se considera ser tradicional e cuja criação pode ser identificada

---

[20] Sobre este tema, cf., por exemplo, Evans, 1950; Amselle & M'Bokolo, 1990; Fisiy & Geschiere, 1990; Englund, 1996; Brinkman, 2003; De Bolck, 2005, Meneses, 2006 e Geschiere, 2006.

[21] O capítulo 6 deste volume, de Maria Paula Meneses, faz uma análise d' "O Moderno e o Tradicional no Campo das Justiças: desafios conceptuais a partir de experiências africanas".

quer no tempo, quer na autoria. Esta variável é a mais complexa de todas. Ao contrário das variáveis anteriores, a variável tradicional/moderno diz respeito a representações sociais de tempos e origens sempre difíceis de identificar (Ranger, 1988; Balandier, 1995). Por outro lado, consoante as diferenças de poder entre os grupos sociais que sustentam cada um dos pólos de dicotomia, tanto pode ser o poder tradicional uma criação do moderno, como o moderno, uma criação do tradicional.

A variável *monocultural/multicultural* diz respeito aos universos culturais de que decorrem os diferentes direitos e justiças em presença.[22] Há pluralismo jurídico monocultural sempre que os diferentes direitos e justiças pertencem à mesma cultura e, pelo contrário, há pluralismo jurídico multicultural sempre que a diversidade dos direitos e justiça é o correlato de diferenças culturais importantes (Santos, 1995: 506-519, 1997, 2002).

A variável *urbano/rural* tem uma particular incidência em Angola devido ao período mais prolongado de guerra civil e à concentração em Luanda da população fugida da guerra. Não é por acaso que o nosso projecto de investigação se centrou em Luanda: aí vive, aproximadamente, um terço da população total do país.[23] O crescimento explosivo de Luanda ocorreu num período muito curto e as populações de outras cidades e sobretudo do campo trouxeram consigo as mentalidades e formas de sociabilidade próprias do mundo rural. Do choque ou convivência entre essas mentalidades e sociabilidades, e as que eram próprias dos estratos sociais urbanizados há mais tempo, resultaram interpenetrações muito complexas e subtis, formas urbanas de vida social que combinam componentes rurais e componentes urbanas.

A variável tricotómica *local/nacional/global*. Na aparência, esta variável é evidente, referindo-se ao âmbito espacial ou territorial dos direitos e justiças em presença. Em verdade, porém, este âmbito só é assim definido porque a modernidade eurocêntrica deu total primazia ao âmbito nacional. É por referência a ele que os âmbitos menores são considerados locais e os mais amplos globais.

Como resulta claro das definições, estas variáveis sobrepõem-se parcialmente. Por exemplo, o oficial tende a ser formal, moderno, monocultural, nacional,

---

[22] Sobre o debate, a nível mundial, da temática do direito e do multiculturalismo, cf. Khatibi, 1983; Pannikar, 1984, 1996; Lippman, 1985; Sheth, 1989; Le Roy, 1992; Ndegwa, 1997; Gustavo & Prakash, 1998; Tie, 1999 e Sanchez, 2001.

[23] Dados do Programa das Nações Unidas para o Desenvolvimento (United Nations Development Programme), 2010, disponível em http://www.ao.undp.org/UNDP-in-Angola.htm, acedido em 21 de Julho de 2010.

urbano, e o não oficial é muitas vezes informal, tradicional, multicultural, local, rural. Mas as sobreposições são apenas parciais e podem ocorrer mais frequentemente numas circunstâncias do que noutras. Aliás, os contextos culturais ou políticos podem determinar que uma dada diversidade sócio-jurídica seja formulada nos termos de uma dicotomia ou nos de outra. Por exemplo, na América Latina o direito e a justiça indígenas, apesar de serem considerados ancestrais são mais comummente analisados no âmbito da variável monocultural/multicultural do que no âmbito da variável tradicional/moderno. Em África, uma diversidade só parcialmente distinta desta – a existência de direitos costumeiros e autoridades tradicionais – é mais frequentemente construída, tanto científica como politicamente, no âmbito da dicotomia tradicional/moderno.[24]

3. As culturas jurídicas e o Estado heterogéneo

Falar de Estado africano ou de direito africano tem o risco das falsas generalizações: pressupõe-se que, por estarem no mesmo continente, as práticas sociais e políticas dos diferentes países têm mais em comum entre si do que com outros países doutros continentes. Toma-se como referência o caso de alguns desses países e atribuem-se as características identificadas à totalidade dos países. A África, tal como outras regiões do Sul global, tem sido objecto de caracterizações abstractas e homogeneizantes que convertem as diferenças e as especificidades de cada país em pormenores sem importância.[25] É certo que a quase totalidade dos países africanos foi sujeita a uma mesma experiência histórica: o colonialismo europeu (Mamdani, 1996; Gentili, 1999). Mas também este foi muito diferenciado internamente e a falta de atenção às diferenças cria, igualmente, o risco de generalizações espúrias a respeito do colonialismo.

A verdade é que as ciências sociais eurocêntricas, tomando, acriticamente, o colonialismo inglês e francês como referência, criaram uma unidade de análise continental que acabou por se impor às unidades de análise menores, fossem elas Estado ou localidades. E este procedimento analítico prossegue ainda hoje, justificado com as pressões homogeneizantes da globalização hegemónica, particularmente fortes durante o período mais intrusivo do neoliberalismo (Ma-

---

[24] Esta temática tem sido amplamente debatida no contexto das ciências sociais africanas pós-coloniais. Cf. Copans, 1990; Ela, 1994; Gable, 1995; Mamdani, 1996; Webner, 1996; Chabal, 1997; Fisyi & Goheen, 1998; Mappa, 1998; Mbembe, 2000, 2001.

[25] Sobre este assunto, cf. Mudimbe, 1988, 1994.

ppa, 1998). Esta é, porém, apenas uma parte da história. A outra é constituída pelas próprias ciências sociais produzidas em África, as quais têm igualmente tomado o continente como unidade privilegiada de análise. E, em muitos casos, esse procedimento analítico é justificado como forma de resistência contra a globalização hegemónica. Trata-se de saber quais as especificidades africanas e que virtualidades elas têm para produzir alternativas emancipatórias à escala continental.

Estas concepções, qualquer que seja a sua verosimilhança, adquirem uma certa 'dose de verdade' ao transformarem-se em senso comum político e científico e, como tal, devem ser tidas em conta. A questão das especificidades africanas e da africanidade é, em boa parte, a questão dos discursos sobre as especificidades africanas e a africanidade das práticas sociais e políticas que eles justificam. Do meu ponto de vista, não há uma forma política específica de Estado africano, como não há uma forma jurídica específica de direito africano. Isto não impede que qualquer dessas formas esteja na origem de muitas análises e propostas. A meu ver, o que há de mais comum entre os Estados africanos, o facto de serem quase todos Estados periféricos no sistema mundial, resulta do processo histórico da emergência desses Estados. Esse processo tem duas vertentes principais: o facto de o colonialismo europeu, apesar das suas diferenças internas, ter causado uma inserção específica da África na economia mundial, uma inserção que, aliás, continuou para além do ciclo colonial; e o facto de a independência dos povos africanos ter sido conferida maioritariamente às populações nativas (ou por elas conquistada) e não, como aconteceu na América Latina (com excepção do Haiti), aos descendentes dos colonos.

Talvez mais decisivo seja o facto de os Estados modernos, em África ou em qualquer outro continente, existirem dentro de um sistema inter-estatal que constitui a configuração política hegemónica do sistema mundial capitalista e da economia mundial. No início do século XXI o sistema inter-estatal está a passar por transformações profundas. A dramática intensificação das práticas transnacionais, ocorrida nos últimos trinta anos, tem vindo a produzir alterações significativas nas estruturas e nas práticas estatais, ainda que tais alterações variem de grau e de tipo segundo a localização do Estado no sistema mundial no centro, na semiperiferia ou na periferia. É importante ter em mente que África é o único continente onde apenas um país é geralmente considerado como semiperiférico, a África do Sul.

Ao contrário do que aconteceu antes, a principal força motriz da transformação do Estado e do seu direito é a intensificação das práticas transnacionais e das interacções globais. Submetidas a estas pressões as funções reguladoras do Estado-nação assumem, por vezes, um carácter derivativo, como se fossem o resultado de práticas políticas de *franchising* ou de subcontratação formuladas a nível global. A posição que o Estado ocupa no sistema mundial afecta o seu papel na regulação social, bem como o seu relacionamento com o mercado e com a sociedade civil, fenómenos que a teoria do sistema mundial discutiu em termos da força relativa do Estado, quer interna, quer externa. As consequências disto para a produção do direito dentro de cada território estatal não são automáticas, mas são certamente decisivas.

A questão a ser respondida é dupla: até que ponto é falsa a hipótese do monopólio jurídico por parte do Estado? Qual é o grau de isomorfismo entre o direito produzido pelo Estado e o direito que não é produzido por ele dentro e fora do país? Ao contrário do que se pode pensar, esta questão exige que se dê maior atenção à análise do Estado como agente político e económico e como constelação de poderosas instituições, mesmo quando os discursos oficiais e a ortodoxia global apontam para o descentramento do Estado na vida social.

O Estado e o sistema inter-estatal fornecem um dos contextos mais amplos em que o debate sobre a pluralidade das ordens jurídicas pode ser produtivamente prosseguido. Um dos temas importantes é o que designamos por estado heterogéneo. Estamos a assistir em muitos países à explosão da unidade da sua actuação e do seu direito, com o consequente aparecimento de diferentes modos de juridicidade, cada um deles politicamente ancorado num micro-Estado. Daí que o próprio Estado se torne uma configuração de micro-Estados, levantando toda uma série de novas questões que estão longe de obter resposta por parte da sociologia política: que lógica subjaz à heterogeneização da actuação estatal? Será o Estado um terreno de inércia política? O que dá coesão à configuração de micro-Estados? Existirá uma mão invisível, semelhante àquela que dava coesão ao mercado, ou será que essa mão é demasiado visível?

Como resultado destas heterogeneidades, múltiplas e transversais, da actuação estatal, o debate sobre a pluralidade das ordens jurídicas pode estender-se a contextos novos e insuspeitos. Por exemplo, enquanto a heterogeneidade da actuação do Estado se traduz no crescente particularismo da juridicidade estatal e a unidade e a universalidade do sistema jurídico oficial colapsa, podem surgir novas formas de pluralismo jurídico dentro do próprio sistema jurídico estatal, que poderemos designar por *pluralidade jurídica interna*. Trata-se de uma condição sócio-político-jurídica em que o que se auto-define como oficial, formal, moderno e nacional contém, na sua prática interna, a presença do não oficial, do informal, do tradicional, do local ou do global. Designo o Estado em que domina esta condição por Estado heterogéneo (Santos, 2003).

Como em outros países africanos, a questão das Autoridades Tradicionais[26] assume aqui um importante relevo. O reconhecimento dos seus papéis sociais tem, na verdade, originado um frutuoso e multidisciplinar debate sobre as possibilidades de integração das Autoridades Tradicionais nos mecanismos de regulação social instituídos, abrindo, consequentemente, a figura do Estado (sobretudo, na sua concepção mais classicista) a novas pluralidades. E a amplitude dos temas questionados neste âmbito é assinalável. De facto, a possibilidade de conceber as Autoridades Tradicionais como poder e forma de administração local, como veículo de democratização, como fonte de regulação do acesso à terra, enquanto exercício legítimo do direito costumeiro, e/ou de indagar sobre a relação entre estas e a questão do género, da feitiçaria e do direito oficial, ilustra bem a diversidade de perspectivas patente no debate, assim como a centralidade que elas assumem em inúmeras esferas da vida social.

Sublinhe-se, também, que o protagonismo das Autoridades Tradicionais deriva, em boa parte, da fragilidade dos Estados, especialmente ao nível da sua incapacidade administrativa e ao nível das suas necessidades de legitimação (Santos, 2003). Neste sentido, e à semelhança de Moçambique, Angola tem feito um esforço no sentido de reconhecer e de integrar as Autoridades Tradicionais como instância de resolução de conflitos.[27] Mais especificamente, em Angola este esforço resultou, em 2002, na realização do I.º Encontro Nacional sobre a Autoridade Tradicional. O propósito do debate sobre as Autoridades Tradicionais em Angola insere-se, claramente, num debate mais amplo sobre a administração local do Estado e a institucionalização, ainda não concretizada, de poder local autárquico. Saber se tal reconhecimento (e/ou integração) configurará uma situação de pluralismo jurídico interno real ou se consistirá no reforço e na intensificação de uma ordem jurídica hegemónica (estatal) é uma das múltiplas questões que estes processos levantam.

Claro que nem todas as formas de heterogeneidade estatal configuram uma situação de pluralidade jurídica interna. Esta última requer a coexistência de diferentes lógicas de regulação executadas por diferentes instituições do Estado com muito pouca comunicação entre si. Tais lógicas de regulação variam de

---

[26] O capítulo 9 de Américo Kwononoka trata d' "Autoridade Tradicional e as Questões da Etnicidade em Angola".

[27] A análise desta instância de resolução de conflitos é feita no capítulo 9 do volume III.

país para país, mesmo quando são levadas a cabo pelo mesmo tipo de legislação. Para dar apenas um exemplo: nos países centrais, sobretudo naqueles que têm uma forte componente assistencial, o direito do trabalho, juntamente com a legislação social, foram 'localizados', especialmente durante o período do 'capitalismo organizado', na vertente promocional e facilitativa da actuação do Estado, enquanto o direito penal e a legislação restritiva (desde as leis da imigração e dos refugiados a leis de restrições da cidadania de diferentes tipos) foram localizados na vertente repressiva da actuação estatal. Contudo, na legislação colonial o direito do trabalho e o direito penal quase se sobrepunham e, de facto, nalguns casos, o direito do trabalho era a forma privilegiada de criminalização dos povos colonizados.[28]

Deslocações semelhantes, que exigem uma teorização inovadora, podem ter lugar dentro dos três grandes espaços-tempo (local, nacional e global) que forneceram o enquadramento para o debate sobre a pluralidade das ordens jurídicas. Em situações de integração regional inter-estatal em que ocorra uma associação de soberanias, como, por exemplo, na União Europeia, o espaço--tempo nacional, que anteriormente constituía o espaço-tempo da actuação do Estado, pode ser gradualmente recodificado como local ou infra-estatal e, quando observado a partir do espaço-tempo transnacional hegemónico – a partir de Bruxelas, de Estrasburgo ou do Luxemburgo –, pode, de facto, assumir características geralmente associadas ao espaço-tempo local, tais como o particularismo, o regionalismo ou a proximidade às práticas e às representações populares.

No contexto angolano (bem como no contexto moçambicano) a condição do Estado heterogéneo tende a decorrer de um dos seguintes factores: disjunção entre o controlo político e o controlo administrativo do território e das populações; deficiente sedimentação de diferentes culturas político-jurídicas no interior do Estado e do direito oficial em resultado de grande turbulência política e institucional e de múltiplas rupturas, sucedendo-se em sequências rápidas.

---

[28] Cf. Onselen, 1976; Harries, 1994; Penvenne, 1995; Cooper, 1996; Centro de Estudos Africanos, 1998. Relembre-se, a este respeito, o primeiro Código do Indigenato, formulado em 1926 (Decreto n.º 12.533, de 23 de Outubro de 1926). O Código definia o estatuto político, civil e criminal das populações colonizadas e, neste âmbito, estabelecia, definitivamente, entre outras medidas, impostos que poderiam ser pagos em dinheiro ou em meio ano de trabalho 'voluntário' e não remunerado, a ser realizado pelos indígenas. Desse modo, o Código do Indigenato constituiu uma forma de garantir a reserva de mão-de-obra autóctone para os projectos de exploração económica do Estado colonial, tendo, ao mesmo tempo, a virtude de assegurar um controlo mais efectivo das populações indígenas.

O político e o administrativo

Nos Estados dos países centrais o controlo político e o controlo administrativo desenvolveram-se a par, simetricamente. Paradoxalmente, foi isso que tornou possível separar e manter relativamente autónomo o Estado político do Estado administrativo. Cada um tinha as suas próprias instituições de implantação e de operação e era mutuamente vantajoso mantê-las separadas e com relativa autonomia. Isto não impediu que, em certas circunstâncias ou momentos históricos, as instituições administrativas fossem directamente postas ao serviço das instituições políticas. Mas, de todo o modo, isto tendeu a ocorrer mais nos casos em que existia alguma disjunção entre o controlo político e o controlo administrativo. A democracia, ao nível político, e a burocracia, ao nível administrativo, foram os mecanismos de gestão desta distância calculada entre política e administração pública.

Esta situação nunca existiu nos países periféricos e semiperiféricos saídos do colonialismo europeu. Aliás, o Estado colonial assentou na disjunção entre controlo político e controlo administrativo, o primeiro altamente concentrado e o segundo muito selectivo e descentralizado.[29] O *indirect rule* (o sistema colonial inglês) e a administração colonial portuguesa em África durante o século XX são exemplos dessa disjunção. Tal disjunção tornou impossível a relativa autonomia entre o administrativo e o político e, pelo contrário, obrigou à total politização do administrativo.

De facto, esta disjunção tornou-se uma das mais resistentes heranças do Estado colonial em África e está hoje longe de ter sido superada, muito particularmente nos países que conquistaram mais recentemente a independência, como é o caso, para além de Angola e Moçambique, da Namíbia, Guiné Bissau, entre outros. O sobredimensionamento do controlo político em relação ao controlo administrativo é hoje evidente em Angola e particularmente em Luanda, como se verá ao longo deste relatório.

A politização do administrativo decorre da fraqueza deste e é essa fraqueza que está na origem da pluralidade jurídica interna. Na sua prática quotidiana a administração pública não tem condições para garantir, por si própria, as condições da sua eficácia. Daí a necessidade de utilizar recursos disponíveis localmente, sejam eles estruturas de um período anterior do Estado que, apesar

---

[29] Cf. Malinowski, 1945; Perham, 1965; Lugard, 1965; Mondlane, 1969; Moore, 1992; Ela, 1994, 1998; Pélissier, 1986; Capela, 1995; Mamdani, 1996a, 1996b, 2000; Newitt, 1997; Gentili, 1999; O'Laughlin, 2000; Mbembe, 2001 e Wheller e Pélissier, 2009.

de legalmente suspensos, continuam a sobreviver sociologicamente (estruturas de controlo político próprias do período do partido-Estado), sejam eles autoridades tradicionais.[30] Mas, para além da heterogeneidade dos recursos – que configura uma situação de *bricolage* burocrática –, há também a heterogeneidade da lógica operacional, provocada pela coexistência, nos actos administrativos, do formal e do informal, do público e do privado. Como veremos, a resolução de litígios em Luanda oferece exemplos ilustrativos desta condição.[31]

A sucessão e sobreposição de culturas político-jurídicas

O segundo factor que contribui para a emergência do Estado heterogéneo é a deficiente sedimentação de diferentes culturas político-jurídicas no interior do Estado. Em pouco mais de trinta anos de existência do Estado independente sobrepuseram-se em Angola culturas político-jurídicas tão diferentes quanto: a cultura eurocêntrica colonial; a cultura eurocêntrica socialista, revolucionária; a cultura eurocêntrica, capitalista, democrática; e as culturas tradicionais ou comunitárias. As três primeiras culturas político-jurídicas testemunham a complexidade do pólo moderno na variável moderno/tradicional. A complexidade do pólo tradicional não é menor.

Ao longo destes anos, como se verá mais em detalhe no capítulo que se segue, estas culturas combinaram-se de modo diferente, em diferentes períodos, dando origem a diferentes constelações culturais político-jurídicas. Algumas dessas constelações resultaram de decisões políticas, outras foram proliferando, mais ou menos subterraneamente, muito para além das proclamações políticas. Nestas constelações combinaram-se culturas de maior duração histórica (as culturas tradicionais, comunitárias e a cultura colonial) e culturas de menor duração histórica (a cultura socialista, revolucionária e a cultura capitalista, democrática).

A cultura político-jurídica colonial, apesar de rejeitada da maneira mais incondicional – com a lógica de ruptura que presidiu aos processos de independência, tanto em Angola como em Moçambique, acabou por prevalecer até hoje, não só sob as formas mais óbvias da legislação colonial que continuou em vigor, ou da organização administrativa, mas sobretudo em hábitos e mentalidades, estilos de actuação, representações do outro, entre outras. Não se pode

---

[30] Cf. Kajibanga, 2003; Pacheco, 2002; Sousa, 2004; Souindula, 2004; Dumba, 2004; Neto, 2004; Sango, 2006 e Pinto, 2008.

[31] O volume II desta obra trata da resolução de litígios operada pelo sistema formal e no volume III são analisadas as estruturas ou instâncias extra-judicias envolvidas na mediação de conflitos.

esquecer que foi nessa cultura que se formou muito do funcionalismo público que, até hoje, vem garantindo as rotinas possíveis da administração.

A herança colonial exerceu, na verdade, uma poderosa influência na construção dos Estados pós-coloniais, assim como nos estilos de exercício do poder. No cômputo geral, a herança do colonialismo português contribuiu para o desenvolvimento de estruturas político-partidárias pesadas e autocráticas, nas quais a dinâmica da representatividade e participação política se encontravam ausentes. Chabal retrata, de modo concordante, como tal legado colonial,

> *conferiu ao Estado colonial um tipo de governo especialmente não representativo. Não foi feito nenhum esforço para que se expressassem os sentimentos 'nativos', a não ser nos mais informais conselhos 'representativos' de aconselhamento. Não tiveram lugar eleições significativas [...]. Finalmente, não foram feitas tentativas de organizar estruturas políticas, nem de preparar as elites Africanas para a missão de governação pós-colonial. Basicamente, as populações daqueles cinco territórios não experienciaram um governo pós-colonial, nem tiveram possibilidade de expressar as suas ideologias políticas. Uma vez que os movimentos nacionalistas procuraram, desde cedo, estabelecer o monopólio do controlo do poder, pode ser observado que na África Lusófona havia poucas probabilidades de que uma expressão política de representação, plural ou relativamente livre, pudesse florescer após a independência (2002: 43).*

Um ponto a salientar prende-se com as sinergias que, historicamente, foram sendo criadas entre esta herança colonial e o tipo de dominação política estabelecido após a independência. A questão é a de que a herança colonial (ao nível do exercício do poder, do aparato administrativo e da construção do Estado) acabou por se tornar germana do tipo de dominação que emergiu com a independência e, ao fazê-lo, permitiu a instauração de significativas dinâmicas de continuidade no que se refere, não às fórmulas ideológicas subsequentes de enquadramento do poder, mas sim às formas efectivas de exercício do poder. Assim, a tradição repressiva e não representativa, presente no legado colonial, veio, facilmente, a constituir parte integrante do exercício do poder com a adopção da doutrina marxista-leninista. A constatação sobre esta sinergia entre ordem colonial e a construção do Estado pós-colonial encontra-se também formulada em Silveira, para quem *"o Partido Único, consequentemente, ao abraçar o conceito monista de poder para justificar o seu exercício de autoridade, encontra-se paradoxalmente numa situação semelhante à do antigo Estado colonial. É forçado a aplicar uma política autoritária face à crise de legitimidade, para manter o poder"* (2004: 117).

Outra cultura político-jurídica rejeitada, ainda que não tão incondicionalmente, foi o conjunto das culturas tradicionais ou comunitárias. Consideradas produtos da ignorância e produtoras de obscurantismo, estas culturas foram consideradas como não autónomas, como instrumentos da cultural colonial. Esta atitude de rejeição, que dominou em absoluto nos primeiros anos pós-independência, coexistiu com uma outra mais contemporizadora para com as virtualidades das culturas tradicionais. Por exemplo, no caso de Moçambique, a criação dos tribunais populares procurou cooptar selectivamente as culturas tradicionais, de modo a pô-las ao serviço da cultura revolucionária (Sachs & Honwana Welch, 1990; Santos, Trindade e Meneses, 2006).

No caso angolano, as relações entre as Autoridades Tradicionais e as autoridades coloniais, assim como a interferência destas últimas ao nível das estruturas de poder e das dinâmicas de sucessão daquelas, conduziu a uma rejeição do poder tradicional, visto como colaboracionista, que apenas nos últimos anos começa a ser ultrapassada. A relação do poder com as culturas tradicionais ou comunitárias foi marcada, também, por um forte sentido de pragmatismo que se assemelha a uma certa responsabilidade ideológica. Caracterizado por Chabal (2002) como sendo detentor de um perfil modernizante, supra-étnico, secular e universal, o MPLA, no seu papel enquanto movimento de libertação, fez da 'igualdade' entre etnias e do desenvolvimento das culturas nativas uma das suas bandeiras, dada a necessidade de procurar e fidelizar uma base social de apoio alargada. Todavia, logo em 1975, modificou a sua posição. No texto constitucional daquele ano surge como objectivo prioritário a eliminação dos obstáculos gerados por fenómenos de cariz regionalista e tribalista. Nas palavras de Mário de Andrade, uma das figuras históricas do movimento, o 'inimigo' era claramente identificado: *"as formas mais evidentes de que se serve para manter a dominação, são elas o divisionismo, o tribalismo, o regionalismo [...], o revigoramento dos aspectos negativos da tradição"* (1978: 8 - 9).

Neste primeiro período, a constelação de culturas político-jurídicas foi dominada pela cultura eurocêntrica, socialista, revolucionária. Tratou-se de uma cultura baseada na experiência revolucionária europeia do princípio do século XX, mas para a qual contribuíram experiências revolucionárias não europeias: latino-americanas, asiáticas e africanas (o pan-africanismo, o socialismo africano). Aparentemente a única legitimada, a verdade é que, como referimos, ela conviveu de modo mais ou menos subterrâneo, quer com a cultura colonial, quer com as culturas tradicionais.

A partir de final da década de oitenta do século XX, primeiro em Moçambique e pouco depois em Angola, foi a vez de a cultura político-jurídica socialista revolucionária entrar em recessão, cedendo o seu lugar de primazia à cultura eurocêntrica, capitalista e democrática. Ao contrário da primeira, que fora adoptada com autonomia e com a mobilização preponderante de energias internas, a cultura eurocêntrica democrática foi adoptada sob fortes pressões externas, o que de modo nenhum exclui a sua adopção genuína por parte de algumas elites políticas nacionais.

De um modo excessivamente sumário, refira-se o início, em 1982, das conversações com a África do Sul, as quais culminaram em 1984 no acordo de Lusaka. Com este acordo foi estabelecida a retirada das tropas sul-africanas e da SWAPO – *South West People's Organization* (movimento de libertação da Namíbia) do sul do país. Todavia, a África do Sul não cessa de prestar apoio à UNITA, a qual viu, inclusivamente, o seu poderio bélico reforçado quando, em 1986, os EUA forneceram apoio militar às suas tropas. Como resultado, a UNITA foi capaz de expandir a sua presença pelas zonas rurais de Angola. Em 1987, a África do Sul invade novamente Angola, pelo sul, em apoio às forças da UNITA, mas o fracasso em capturar Cuíto Canavale, após um longo cerco, torna consensual para os sul-africanos a impossibilidade de uma solução militar em Angola para os seus próprios problemas de segurança (Birmingham, 1992). De tal situação resultou uma série de negociações que acabou por culminar, em 1988, nos Acordos de Nova Iorque entre Cuba, África do Sul e Angola. Estes acordos assinalaram, pois, um primeiro passo de desengajamento formal das potências externas no conflito angolano.[32]

Outros desengajamentos sucederam-se com as drásticas mudanças que ocorreram no plano internacional a partir dos finais dos anos 1980. De facto, as reformas de Gorbachev, a queda do Muro de Berlim, o colapso da União Soviética e a queda do comunismo na Europa de Leste produziram os seus efeitos na relação da comunidade internacional com o conflito angolano. Mas o facto é que tal relação se revestia, ainda, de uma profunda ambiguidade. Partilhava-se a assunção de que o conflito angolano se reduzia a um artefacto da Guerra-Fria (Macqueen, 2006) e de que o fim desta e a supressão dos apoios externos trariam consigo a resolução da guerra civil. Nesta óptica, a continuação

---

[32] Cuba e África do Sul comprometeram-se a retirar as suas forças do território angolano. A África do Sul acede ainda à realização de eleições na Namíbia, a serem supervisionadas pela OUA. A implementação dos Acordos foi monitorizada por uma pequena missão da ONU, a UNAVEM.

do conflito veio a demonstrar claramente a relevância dos factores internos no conflito civil (Bratton e Van de Walle, 2002).

No plano destes factores internos ou domésticos há a salientar a profunda crise económica e social da sociedade sob controlo do MPLA no final da década de 1980. Fenómenos de corrupção e de clientelismo, generalizados quer nas práticas sociais do quotidiano, quer nos actos de poder pela nomenclatura petrolífera do partido, quer, ainda, nas redes internacionais que vêem no sistema de poder do MPLA a salvaguarda dos seus interesses no país; de arbitrariedade do poder político; de 'dolarização' da economia e da expansão da economia paralela, juntamente com os elevados custos do esforço de guerra, produzem uma crise que foi tornando, cada vez mais, insustentáveis as bases de suporte do regime.

Registou-se, na realidade, como Catherine Messiant sublinhou, *"uma privatização' de facto do sistema social, a sua 'dessocialização' real, com uma progressiva mas bastante forte regressão do ensino e da saúde e, de forma geral, de todos os serviços públicos (água, electricidade, transportes)"* (1994: 178). Neste contexto, o fosso entre as elites e as massas tornava-se abissal, o que ameaçava as bases de sustentação e de legitimidade do sistema governativo. Foi nesta situação complexa de pressões internacionais e de crise de legitimidade interna que o próprio sistema produziu a sua reorientação, primeiro em termos de política económica e, num segundo momento, em termos ideológicos, políticos e institucionais com a liberalização política e o processo de democratização.

Tal como sucedeu com o período da primazia da cultura político-jurídica socialista, revolucionária, a cultura eurocêntrica capitalista trouxe consigo profundas transformações políticas, entre elas a paz (mais tardia em Angola que em Moçambique), a sujeição ao capitalismo global e a transição democrática. Os diferentes modos como tais transformações ocorreram nos dois países explicam em boa parte a situação actual de cada um deles e as diferenças entre eles.

Tal como acontecera antes com a cultura eurocêntrica, revolucionária e socialista, a cultura eurocêntrica, capitalista e democrática pretendeu ser a única referência cultural legitimada, mas de novo teve de conviver numa constelação cultural muito mais complexa, não só com as culturas de maior duração, a colonial e as tradicionais, como ainda com a cultura revolucionária do período anterior. É que esta última tinha-se traduzido numa importante materialidade institucional que, apesar de formalmente revogada, continuou a vigorar no plano sociológico.

Assim, por exemplo, no caso de Moçambique os tribunais comunitários, criados neste segundo período em substituição dos tribunais populares do período anterior – embora, ao contrário destes, desintegrados da hierarquia judicial – acabaram por dar continuidade aos tribunais populares, ainda que em condições de grande precariedade. Usando as mesmas instalações e socorrendo-se dos mesmos juízes que, no período anterior, eram juízes populares, os tribunais comunitários transformaram-se numa instituição híbrida, altamente complexa, em que se combinam as culturas político-jurídicas revolucionárias, tradicionais e comunitárias e em que, afinal, apenas está ausente a cultura que supostamente passou a ter a primazia e, senão mesmo, o monopólio da legitimidade oficial, a cultura eurocêntrica democrática. No caso de Angola, como veremos ao longo dos três volumes que constituem esta obra, as soluções encontradas funcionam quer ao nível do Estado, quer ao nível de outras instituições que assumem estas funções, como por exemplo, as comissões de moradores.[33]

Em diferentes sectores da administração pública e da legislação foram-se constituindo diferentes constelações político-jurídicas em que a componente revolucionária foi subsistindo de diferentes formas, sob diferentes metamorfoses e em combinações complexas com os demais extractos culturais, inclusive com o extracto cultural que supostamente a deslegitimou, a cultura eurocêntrica democrática.

Uma das manifestações mais flagrantes desta tectónica de continuidades refere-se às próprias estratégias políticas do partido no poder. De facto, a comparação das estratégias levadas a cabo na vigência do unipartidarismo e das que são preconizadas após a transição, é bastante instrutiva. No âmbito das estratégias de disciplinarização político-ideológica foi criado, no seguimento do I.º Congresso do MPLA, o Sistema do Trabalho Ideológico, cujo objectivo máximo consistia na formação dos militantes segundo uma visão ortodoxa da doutrina ideológica e cuja implementação terá sido da responsabilidade da Esfera Ideológica no Aparelho Central. Tal sistema integrava escolas do Partido, círculos de estudo e um subsistema de informação interna, encarregado da emissão e divulgação de boletins, panfletos, etc. Estes objectivos integravam-se, claramente, no mais amplo projecto de criação de uma sociedade nova e de um homem novo – projecto esse regido pela primazia da autoridade do partido,

---

[33] Sobre as Comissões de Moradores e a sua actuação como instância de resolução de conflitos, ver o capítulo 8 do volume III.

na sua qualidade de partido de vanguarda, do centralismo democrático e do planeamento centralizado. De facto, durante a vigência do unipartidarismo o objectivo de construir uma nação nova era indissociável da afirmação de um 'homem novo'. Neste âmbito, assistiu-se a um forte investimento em políticas de educação, informação e propaganda. Estas eram claramente dirigidas contra a mentalidade pequeno-burguesa, atribuída aos persistentes reminiscentes da experiência colonial. Para as autoridades, havia que levar a cabo a

> *progressiva implantação e desenvolvimento de novas formas de relações sociais, de novas normas de convivência e moral pública, com base no princípio de que 'o homem para o homem deve ser um amigo e um camarada'. Isto exige um enorme trabalho de educação e consciencialização, com vista à formação de um homem novo, um homem de alta responsabilidade cívica, de firmes princípios ideológicos e de comportamento nobre* (MPLA-PT, 1980: 102).

Em meados da década de 1990, considerando que a estrutura e o modelo de organização herdados do monopartidarismo se encontravam pejados de contradições e 'infuncionalidades', é advogada uma reorganização da estrutura partidária para que esta se adaptasse "*à nova estratégia, à nova concorrência política e à nova realidade política (Pacificação, Democracia e Estado de Direito) e económica (Economia de mercado e Globalização), a qual deveria usufruir de coordenação directa e permanente de toda a actividade de implementação da nova organização pela Direcção Central do Partido (Presidente, BP[34])*" (MPLA, 1997).[35] Preconizou-se, assim, uma reconfiguração do anterior Sistema de Trabalho Ideológico do tempo do Partido Único, atrás discutido, o qual passaria a ser composto por vários subsistemas: o da educação política, o da informação interna, o da informação pública – no qual se daria "*particular realce [...] ao relacionamento com os meios de comunicação social privados que, no quadro do Conselho de Orientação de Informação e Propaganda, deverão conhecer a orientação geral do Partido*" –, o subsistema da propaganda e, por fim, o subsistema de investigação social, ligado ao departamento de informação

---

[34] Bureau Político.

[35] Capítulo V – Organização e funcionamento do partido dentro do sistema de Democracia Multipartidária, *Tese – MPLA e os Desafios do Século XXI* (1997). Os principais problemas identificados assemelham-se aos que foram denunciados aquando da versão partido de vanguarda do MPLA: organização sobredimensionada, excessiva burocratização, descoordenação, duplicação e sobreposição de funções e órgãos, incapacidade de definir e programar atempadamente a actuação e indisciplina (política, financeira).

e cujos objectivos passariam pelo recrutamento de novos quadros para o partido e de investimento para o desenvolvimento *"das empresas de meios de propaganda e dos meios de comunicação social privados e criação de novos que se considerem necessários"* (MPLA, 1997). Nestes eixos programáticos é dada, ainda, particular atenção à questão do 'poder de influência'. Ao nível do que chama de 'influência de gestão', o texto é explícito: *"o exercício da influência de gestão far-se-á em todas as actividades económicas e sociais empresarializadas ou não"*, através de um amplo rol de medidas que incluem, entre outras, a promoção de uma classe média, a angolanização dos quadros de gestão de empresas e o *"apoio à eleição de militantes para órgãos directivos das Associações, Ordens e Fundações; iniciativa para a constituição de Associações em domínios complementares à acção do Governo"* (MPLA, 1997).

Ainda neste âmbito, a questão da informação emerge como um pilar transversal do reposicionamento das estratégias de poder do MPLA no contexto da abertura ao multipartidarismo e, incidindo particularmente sobre os media, é tratada da seguinte forma:

> *O exercício da Influência construtiva da Informação far-se-á via: - execução de uma Política de Informação aberta, didáctica e objectiva; - gestão das relações com os líderes de opinião; - estimular o jornalismo que difunda a verdade e os factos e rejeitar o jornalismo que apenas cultive o boato, a calúnia e viole os direitos humanos sob a falsa capa de liberdade de expressão: - incentivar a produção de textos e entrevistas a dirigentes e quadros na comunicação social angolana e estrangeira* (MPLA, 1997).

Para a deficiente sedimentação entre culturas político-jurídicas tão diversas foi decisiva a grande turbulência político-estrutural feita de múltiplas rupturas que se sucederam em sequências rápidas. Na verdade, nos últimos trinta e cinco anos a sociedade angolana e a sociedade moçambicana passaram por uma série de transformações políticas radicais, muitas delas traumáticas, que se sucederam com vertiginosa rapidez. Vejamos os principais paralelismos entre as duas sociedades.

Primeiro, em ambos os países o fim do colonialismo foi violento até quase ao seu último estertor (de início da década de 1960 até 1975). Segundo, em ambos houve uma ruptura revolucionária que visava construir uma nação unida, uma sociedade socialista e um homem novo. No caso de Angola, o país de Cabinda ao Cunene, em Moçambique, o país do Rovuma ao Maputo. Em Moçambique, este período ocorreu entre 1975 e meados dos anos 1980 e em Angola, entre 1975 e o início dos anos 1990. Terceiro, ambos os países sofreram a agressão da

África do Sul do apartheid, inconformada com a solidariedade oferecida por Angola e Moçambique às lutas de libertação da região. A agressão da África do Sul foi muito violenta nos dois países, mas foi-o mais em Angola, a ponto de pôr em causa a sua própria sobrevivência como Estado independente. A solidariedade internacionalista de Cuba teve um papel determinante em fazer fracassar o plano sul-africano. Quarto, em ambos os países a guerra civil interpôs-se cruelmente nas tarefas de construção do Estado e da nação. Em Moçambique, desde os últimos anos da década de 1970 até 1992 e em Angola desde 1975 até 2002. Quinto, ainda que de forma diferente, ambos os países experienciaram o colapso do modelo económico socialista revolucionário e a sua substituição abrupta por um modelo capitalista neoliberal sob pressão externa e em condições de ajustamento estrutural. As pressões externas serviram de pretexto para as elites políticas nacionais fazerem das privatizações uma forma de acumulação primitiva de capital e transformarem-se em nova burguesia nacional de carácter rentista (no caso de Angola, assente na renda petrolífera). Sexto, Angola, desde 2002, e Moçambique, desde 1992, fruem a paz e progridem – lentamente ou rapidamente? Com que avanços e com que recuos? – na transição democrática, uma transição que continua em curso.

Na realidade, foi em plena crise económica e crise de legitimidade – dado o agravamento das disparidades sociais –, que as novas posições ideológicas e políticas foram sendo esboçadas. Assim, logo no início dos anos de 1980 implementou-se, gradualmente, uma política de 'purificação económica' que conduziu à introdução formal de alguns princípios de uma economia de mercado, sem que fosse, no entanto, assumida, claramente, a falência do projecto socialista. Foi o caso do Plano de Emergência, introduzido em 1982, assim como o Plano Global de Emergência de 1983. A mesma questão é assinalada por Ennes Ferreira (1993), quando sublinha que os princípios da regulação da economia pelas forças do mercado foram apenas explicitamente assumidos com a definição dos objectivos da política económica para o período de 1991-1995, aprovados durante o III.º Congresso do MPLA-PT em Dezembro de 1990.

Constatando, pois, uma progressiva perda de controlo sobre o sistema económico que os planos entretanto elaborados não mitigaram, e antevendo a imposição de duras condições pelas instituições financeiras internacionais, o Ministério do Plano começa, em 1984, a elaborar um novo plano de reestruturação. No entanto, os objectos de desenvolvimento socioeconómico foram ficando, claramente, subordinados aos mais altos interesses da defesa militar do país (MPLA-PT, 1985). Foi apenas em 1986, aquando da queda dos preços do petróleo e da consequente diminuição das receitas de exportação e da impossibilidade de fazer face aos pagamentos da dívida externa, que novos esforços foram levados a cabo. Estes culminaram no lançamento, em 1987, do Programa de Saneamento Económico e Financeiro (SEF). As dificuldades em cumprir o SEF – oriundas em boa parte das ameaças que punha às formas de acumulação das elites e do agravamento das condições de existência da esmagadora maioria da população –, levaram a que o Banco Mundial recomendasse, em 1989, o fim do SEF, juntamente com uma série de medidas radicais, tais como a atribuição da regulação da economia ao sector privado e ao mercado, a privatização das empresas estatais, a desvalorização massiva da moeda para ajustar à taxa de câmbio real e o desmantelamento de grande parte do aparelho de planificação económica ainda existente.

Todas estas transformações ocorreram como rupturas, ou seja, como processos que, em vez de capitalizarem nas virtualidades das transformações anteriores, procuraram varrer todos os traços delas, assumindo-se assim como novos começos, incapazes de se cumularem com o passado. Foi neste contexto de sucessivas rupturas políticas e económicas que se foram caldeando as diferentes culturas jurídicas, políticas e institucionais, matizando as rupturas explícitas e auto-amplificadas com continuidades não-ditas e subterrâneas e, com isso, dando origem a constelações e a hibridações jurídicas, políticas e institucionais muito complexas.

Neste caldear de rupturas e de continuidades foi-se metamorfoseando o pluralismo jurídico e foi emergindo, a seu lado, a pluralidade jurídica interna do Estado heterogéneo que hoje domina o direito e as instituições, a administração pública e, como se verá adiante, também a administração da justiça. Trata-se de uma situação de grande segmentação e fragmentação de práticas jurídicas e institucionais do Estado, onde a desregulação oficial é sempre menos ampla ou radical do que se proclama e a re-regulação oficial muito menos unívoca e muito mais heterogénea do que se pretende. Nestas condições, a unidade institucional e jurídica do Estado é precária e o Estado é, afinal, um conjunto de micro-Estados, a diferentes distâncias entre si, uns locais, outros nacionais, portadores de lógicas operacionais compósitas e distintas. É esta condição que caracteriza o Estado heterogéneo.

Uma das vertentes mais importantes do Estado heterogéneo decorre de disjunções entre o Estado local e o Estado nacional. Por um lado, as duas escalas de administração estão pouco coordenadas entre si. Por outro lado, dada a disjunção entre o controlo político e o controlo administrativo, o Estado a nível local sofre de uma dupla pressão politizante, uma proveniente do Estado central, outra proveniente de elites políticas locais ou comunitárias, modernas ou tradicionais, nacionais ou estrangeiras. Essas pressões entram muitas vezes em contradição. Acresce que a deficiente penetração local do Estado nacional faz com que as instituições jurídico-administrativas locais tenham de socorrer--se dos recursos locais 'à mão' para poder garantir a sua própria continuidade, a qual, de resto, nem sempre coincide com a garantia da continuidade das funções oficiais para que foram criadas.

Chegados a este ponto, há que reflectir criticamente sobre os desafios que a construção do Estado impõe, ao nível da sua desconcentração e descentralização. Refira-se, assim, que as reformas de descentralização e de instituição de estruturas de poder local democrático em Angola estão ainda por ser concretizadas, pese embora alguma produção legislativa e reflexão neste sentido. Por exemplo, relativamente à estratégia de institucionalização futura das estruturas relativas ao Poder Local, tais reformas encontram-se já juridicamente desenhadas no Decreto-Lei n.º 2/07, de 03 de Janeiro, relativo à Orgânica e Funcionamento da Administração Local do Estado. Todavia, para além de não se encontrar materializada, a estratégia preconizada suscita questões que os diagnósticos (*Estudo da Macro-Estrutura da Administração Local*[36] e pelo *Plano Estratégico da Desconcentração e Descentralização em Angola*) [37] até ao presente realizados não permitem responder, nomeadamente os efeitos das iniciativas de investimento público por parte da Administração Local do Estado (definidas pelo Decreto-Lei n.º 120/03, de 14 de Novembro), como também a problemática Tutela de Mérito, do papel do Gabinete de Inspecção do Governo Provincial e do poder disciplinar do Ministério da Administração do Território sobre as administrações municipais e comunais e os seus impactos no processo de institucionalização e normalização da Administração Local do Estado. Por fim, saliente-se que, num contexto ainda de construção e de normalização institucional, a prioridade tem sido dada à desconcentração em detrimento da descentralização e de formas de governo local.

Uma última vertente da heterogeneidade do Estado decorre da variável tricotómica local/nacional/global e consiste nas fortes pressões da globalização hegemónica a que os países periféricos estão sujeitos, pressões muito mais

---

[36] Alfredo Teixeira, Fernando Pacheco; Virgílio Fontes Pereira. PNUD/MAT. Luanda. Dezembro de 2003.
[37] PNUD/MAT. Luanda. Dezembro de 2003.

fortes em Moçambique do que Angola. As pressões globais são de dois tipos fundamentais: as pressões provindas das agências financeiras internacionais e, no caso de Moçambique, dos chamados 'países doadores', que incidem muito especificamente sobre a área económica; e as pressões decorrentes dos mesmos agentes, mas sobretudo das organizações não governamentais (ONGs), estrangeiras ou transnacionais, e que incidem principalmente no que podemos designar por políticas sociais, em sentido amplo. Ambas as pressões são muito fortes e, no caso de Moçambique, chega a ser legítimo pôr a questão de saber se não estaremos perante situações de partilha de soberania entre o Estado moçambicano e os agentes de tais pressões.

Na área económica é conhecida a segmentação produzida pelo ajustamento estrutural entre o sector internacionalizado da economia e, por exemplo, o chamado sector informal. Trata-se de dois mundos jurídicos e institucionais cujas interacções são muitas vezes insondáveis. Compete ao Estado mantê-los distantes, gerir esta heterogeneidade e nunca eliminá-la.

Na 'área social' ou das políticas sociais, a complexidade reside no facto de as diferentes ONGs e, em muitos casos, os diferentes Estados centrais que estão por detrás delas, terem diferentes concepções do que deve ser a intervenção social em domínios tão diferentes quanto a luta contra a pobreza, as infra-estruturas básicas, a educação, a saúde, a protecção da economia familiar e do meio ambiente, entre outras.

Trata-se, pois, do impacto do global no local e no nacional, em condições em que nem o local nem o nacional podem endogeneizar, interiorizar, adaptar e muito menos subverter, as pressões externas. Nestas condições, tais pressões, porque muito intensas e selectivas, provocam alterações profundas em algumas instituições e em alguns quadros legais, impondo-lhes lógicas de regulação muito próprias, ao mesmo tempo que deixam outras instituições e quadros legais intocados e, portanto, sujeitos às suas lógicas próprias. Daqui decorre uma enorme fragmentação e segmentação que atravessa todo o sistema jurídico e administrativo. De um lado, sectores transnacionalizados, operando segundo lógicas regulatórias impostas pelas agências financeiras multilaterais e pelos países centrais; do outro lado, sectores nacionalizados ou localizados, operando segundo lógicas híbridas e endógenas que, por serem indiferentes aos desígnios transnacionais, são deixados às elites nacionais e locais para sobre eles exercerem as suas diferenças políticas e pessoais. Por exemplo, o sector do direito económico e financeiro é, hoje, um sector altamente transnacionalizado e nele vigoram lógicas unívocas, pensamentos únicos, imperativos globais que deixam pouco ou nenhum espaço à decisão política interna; pelo contrário, o sector do direito da família é um sector nacionalizado, pouco importante para as forças transnacionais e, portanto, à volta do qual se podem gerar debates políticos e culturais genuínos e intensos; o estatuto jurídico das religiões é um campo intermédio onde opções internas se combinam por pressões externas de empreendedores religiosos transnacionais, por vezes apoiados pelo Estados (quase sempre centrais donde são oriundos). A questão da possível correspondência ou compatibilidade entre as lógicas regulatórias que presidem a estes diferentes sectores nem sequer se põe. A heterogeneidade e a pluralidade jurídica interna residem, precisamente, nas disjunções que, por inquestionadas, proliferam descontroladamente.

Muitas das instâncias de heterogeneidade do Estado tenderão a perder importância num cenário em que se verificarem os seguintes desenvolvimentos: a estabilidade democrática e um desenvolvimento económico e social sustentado que permitam quebrar o ciclo das rupturas político-institucionais sucessivas; o aprofundamento da democracia de modo a que o controlo político e o controlo administrativo do país possam desenvolver-se com relativa autonomia; o aumento da capacidade e da eficácia institucional e administrativa do Estado para que o respeito pela pluralidade de actores não estatais nacionais e estrangeiros com intervenção social não redundem em fragmentação e segmentação.

Conclusões

A questão mais complexa, e que domina a análise dos temas deste capítulo, tem a ver com o significado político da pluralidade jurídica externa (o pluralismo jurídico) e da pluralidade jurídica interna (o Estado heterogéneo), nas condições históricas específicas em que ocorre. Após as transições democráticas verificadas na América Latina, após o colapso dos regimes comunistas no centro e no leste da Europa, após a deposição de regimes revolucionários pelo voto democrático – como sucedeu na Nicarágua e no arquipélago de Cabo Verde, após o fim do apartheid na África do Sul, após as negociações de paz em São Salvador, Guatemala, Moçambique e Angola, depois de tudo isto, a democracia assume, neste início do milénio, uma legitimidade aparentemente incontestada. Este facto contrasta vivamente com o destino de outros conceitos de transformação política criados pela modernidade ocidental, como, por exemplo, os conceitos de revolução, reformismo, socialismo e comunismo.

Todavia, em aparente contradição com este fenómeno, quanto menos contestado é o valor político da democracia mais problemática é a sua identidade e mais em crise estão quase todos os seus conceitos-satélite, sejam eles a representação, a participação, a cidadania, ou a obrigação política?[38] Será a democracia um dispositivo de regulação social ocidentocêntrico ou um instrumento de emancipação social potencialmente universal? Haverá alguma relação entre a tendência, aparentemente universal, para a democracia e a transnacionalização da doutrina do liberalismo económico? Será a democracia uma fachada que encobre ou que legitima o enriquecimento de pequenas minorias à custa do empobrecimento das grandes maiorias? Até que ponto a tendência democrática está articulada com outras tendências de sinal contrário, como a desigualdade social crescente, quer entre o Norte e o Sul, quer no interior dos países do Norte e no interior dos países do Sul; e o crescente autoritarismo decorrente da vigilância política e policial dos cidadãos e suas organizações, do controlo dos media pelo Estado ou por grandes grupos económicos e da corrupção dos políticos e dos altos funcionários do Estado? Existirá um conceito unívoco de democracia?

Esta última pergunta é a chave da resposta a todas as outras. O que entendemos por democracia? Existem diferentes modelos de democracia. É comum distinguir dois tipos-ideais de democracia: a *democracia representativa* e a *democracia participativa*. Ambas incorporam, em abstracto, os traços básicos da democracia assinalados no início deste capítulo, mas enquanto que a democracia representativa os hierarquiza tecnicamente segundo a sua capacidade de proporcionar governabilidade numa sociedade aberta, baseada nos mercados livres transnacionais, a democracia participativa hierarquiza-os politicamente, segundo a sua capacidade de conferir maior poder de governo aos cidadãos e de conseguir justiça social, buscando um equilíbrio dinâmico entre liberdade e igualdade.

Ambas as formas de democracia concebem as sociedades nacionais como sociedades abertas, mas enquanto para a democracia representativa essa abertura é baseada no mercado livre e na globalização económica neoliberal, para a democracia participativa o destino de uma sociedade aberta está ligado aos resultados, riscos e oportunidades, emergentes do conflito entre os enriquecidos e os empobrecidos, entre os super-incluídos e seus aliados, por um

---

[38] A relação entre o direito e a democracia (nas suas diferentes vertentes) é um tema recorrente no campo das ciências sociais e políticas africanas. Cf., por exemplo, Kopytoff, 1987; Harries, 1989; Amselle & M'Bokolo, 1990; Copans, 1990; Geffray, 1991; Bayart, 1993, Mazula, 1995; Foundou-Tchuigoua, 1996; Skalník, 1996; Sanders, 1998; Comaroff & Comaroff, 2000; Mamdani, 2000. Para o caso angolano, cf. Vidal e Andrade, 2006 e 2008.

lado, e os excluídos, por outro. Enquanto a democracia representativa aceita o capitalismo como o critério final da vida social moderna e, consequentemente, aceita as desigualdades mais chocantes como danos colaterais e a precedência do capitalismo sempre que este se sinta ameaçado pelas 'disfunções' democráticas, a democracia participativa não estabelece hierarquias entre direitos cívicos e políticos, por um lado, e direitos económicos e sociais, por outro lado, porque só considera indivisíveis; e concebe-se a si mesma como o critério final da vida social democrática e, deste modo, assume a sua precedência sobre o capitalismo sempre que se sente ameaçada por este.

Apesar das tensões entre estes dois modelos de democracia, o final do século XX trouxe como novidade política a emergência de sistemas políticos que combinam os dois modelos. Até agora não se foi mais longe do que combinar democracia representativa a nível nacional com democracia participativa a nível local, o que implica uma óbvia subordinação do segundo modelo ao primeiro.

A pertinência desta reflexão tornar-se-á evidente em face dos principais resultados da nossa investigação e dos temas que consideramos conexos com ela. Em relação aos temas tratados neste capítulo as reflexões centrais são as seguintes: quanto ao pluralismo jurídico, cuja relação geral, não-unívoca com a democracia ficou referida, a reflexão diz respeito aos múltiplos mecanismos de resolução de conflitos que analisamos na cidade de Luanda. São processos capacitação para a autonomia e de formação para a cidadania ou, pelo contrário, são processos de manipulação política dos cidadãos e instrumentos de justiça de segunda classe para cidadãos de segunda classe? Quanto ao Estado heterogéneo, o que faz dele um Estado mais democrático ou menos democrático que um Estado não-heterogéneo? Que constrangimentos e que oportunidades cria para que os cidadãos e suas organizações participem nos processos de democratização da sociedade? Quanto aos tribunais,[39] as relações entre eles e a democratização da sociedade serão analisadas no capítulo seguinte.

---

[39] Sobre o papel dos tribunais cf. o capítulo 5 deste volume, de Conceição Gomes, bem como os capítulos do volume II sobre os tribunais judiciais em Angola.

Referências bibliográficas

Aguiar, Chaves de (1891), *A administração colonial*. Lisboa: Typographia Lisbonense.

AIM – Agência de Informação de Moçambique (1998). *"AIM Reports"*, 139, de 20 de Julho (http://www.poptel.org.uk/mozambique-news/newsletter/aim139.html#story1 acedido em Fevereiro de 2010).

Almeida e Cunha, J. (1885), *Estudo acerca dos usos e costumes dos banianes, bathias, parses, mouros, gentios e indígenas*. Moçambique: Imprensa Nacional.

Amselle J-L.; M'Bokolo, Elikia. (orgs.) (1990), *Au cœur de l'ethnie: ethnie, tribalisme et État en Afrique*. Paris: La Découverte.

Andrade, Mário (1978), *Problemas culturais de um país recentemente libertado*. Luanda: Instituto Angolano do Livro.

Balandier, Georges (1995), *Anthropologie politique*. Paris: PUF.

Bayart, Jean-François (1993), *The State in Africa: the politics of the belly*. Londres: Longman.

Benda-Beckmann, Franz von (1991), "Unterwerfung oder Distanz: Rechtssoziologie, Rechtsanthropologie und Rechtsplurahsmus aus rechtsanthropologischer Sicht", *Zettschrtft für Rechtssoziologie*, 12: 97-119.

Benda-Beckmann, Franz von (1988), "Comment on Merry", *Law and Society Review*, 22: 897-901.

Berman, Paul S. (2007), "Global Legal Pluralism", *Southern California Law Review*, 80: 1155-1237.

Birmingham, David (1992), *Frontline nationalism in Angola & Mozambique*. Londres: James Currey Ltd.

Bobbio, Norberto (1942), *La Consuetude Come Fatto Normativo*. Pádua: CEDAM.

Bragança, Aquino de; Depelchin, Jacques (1986), "Da idealização da Frelimo à compreensão da história de Moçambique," *Estudos Moçambicanos*, 5/6, 29-52.

Bratton, Michael; van de Walle, Nicolas (2002), *Democratic experiments in Africa. Regime transitions in comparative perspective*. Cambridge: Cambridge University Press.

Brinkman, Inge (2003), "War, Witches and Traitors: cases from the MPLA's Eastern Front in Angola (1966-1975)", *Journal of African History*, 44: 303-325.

Calado, José Carlos (1997), *Emergência do Empresariado em Angola. Dissertação de Mestrado*. Lisboa: ISCTE.

Capela, José (1995), *Donas, Senhores e Escravos*. Porto: Afrontamento.

Carbonnier, Jean (1979), *Sociologia jurídica*. Coimbra: Almedina.

Centro de Estudos Africanos (1998), *O mineiro moçambicano. Estudo sobre a exportação de mão-de-obra em Inhambane*. Maputo: Imprensa Universitária.

Chabal, Patrick (1997), *Apocalypse Now? A post-colonial journey into Africa*. Aula Inaugural, 12 Março 1997, King's College: Londres.

Chabal, Patrick *et al* (2002), *A History of Postcolonial Lusophone Africa*. Londres: C. Hurts & Company.

Chiba, Masaji (1989), *Legal Pluralism: Toward a General Theory through Japanese Legal Culture*. Tóquio: Tokai University Press.

Chichava, J. (1999), *Participação comunitária e desenvolvimento: o caso dos Grupos Dinamizadores em Moçambique*. Maputo: INLD.

Clarke, Kamari M. (2009), *Fictions of Justice: the International Criminal Court and the challenge of legal pluralism in sub-Saharan Africa*. Nova Iorque: Cambridge University Press.

Comaroff, Jean; Comaroff, John L. (2000), "Millennial capitalism: first thoughts on a second coming", in *Public Culture*, 12(2), 291-343.

Cooper, Frederick (1996), *Decolonisation and African society: the labour question in French and British Africa*. Cambridge: Cambridge University Press.

Copans, Jean (1990), *La longue marche de la modernité africaine: savoirs, intellectuels, démocratie*. Paris: Karthala.

De Boeck, Filip (2005), "The Divine Seed: children, gift and witchcraft in the Democratic Republic of the Congo", *in* F. D. de Boeck; A. Honwana (orgs.), *Makers and Breakers: children and youth in post-colonial Africa*. Oxford: James Currey.

Del Vecchio, Giorgio (1957), *Persona, estado y derecho*. Madrid: Revista Occidente.

Dinerman, Alice (1999), "O surgimento dos antigos régulos como 'chefes de produção' na província de Nampula - 1975-1987", *Estudos Moçambicanos*, 17: 95-246.

Dumba, José Francisco (2004), "A resolução de Conflitos e o Direito Costumeiro", in *1.º Encontro Nacional sobre a Autoridade Tradicional em Angola*. Luanda: Nzila, 172-176.

Ehrlich, Eugene (1936), *Fundamental Principles of the Sociology of Law*. Cambridge, MA: Harvard University Press. Nader, Laura (org.). 1969, *Law in Culture and Society*. Chicago: Aldine.

Ela, Jean-Marc (1994), *Restituer l'histoire aux sociétés africaines. Promouvoir les sciences sociales en Afrique noire*. Paris: L'Harmattan.

Ela, Jean-Marc (1998), *Innovations sociales et renaissance de l'Afrique noire: les défis du 'monde d'en bas'*. Paris: L'Harmattan.

Englund, Harry (1996), "Witchcraft, modernity and the person: the morality of accumulation in Central Malawi", *Critique of Anthropology*, 16: 257-279.

Ennes, António (1946), *Moçambique: relatório apresentado ao governo*. Lisboa: Imprensa Nacional.

Esteva, Gustavo; Prakash, Madhu Suri (1998), *Grassroots Postmodernism: remaking the soil of cultures* Londres: Zed Books.

Evans, Pritchard, E.E. (1950), *Witchcraft, oracles and magic among the Azande*. Oxford: Clarendon Press.

Feijó, Carlos (2001), *Problemas actuais do Direito Público Angolano. Contributos para a sua compreensão.* Cascais: Principia – Publicações Universitárias e Científicas.

Ferreira, Manuel Ennes (1993), *Angola. Da política económica às relações económicas com Portugal.* Cadernos Económicos Portugal Angola. Lisboa: Câmara de Comércio e Indústria Portugal-Angola.

Fisiy, Cyprian; Goheen, M. (1998), "Power and the quest for recognition: neo-traditional titles among the new elite in Nso', Cameroon", *Africa*, 68: 383-402.

Fisiy, Cyprian; Geschiere, Peter (1990), "Judges and witches, or how is the State to deal with witchcraft?", *Cahiers d'Études Africaines*, 118: 135-156.

Fontes Pereira, Virgílio (2001). "O poder local e o desenvolvimento", comunicação apresentada na *Conferência Internacional Angola: Direito, Democracia, Paz e Desenvolvimento*, Luanda, 24 Maio.

Gable, Eric (1995), "The decolonization of consciousness: local sceptics and the 'Will be Modern' in a West African village", *American Ethnologist*, 22: 242-257.

Galanter, Marc (1981), "Justice in Many Rooms: Courts, Private Ordering and Indigenous Law", *Journal of Legal Pluralism*, 19: 1-47.

Geffray, Christian (1991), *A causa das armas em Moçambique: antropologia da guerra contemporânea em Moçambique.* Porto: Afrontamento.

Gentili, Anna Maria (1999), *O Leão e o caçador: uma história da África sub-saariana.* Maputo: Arquivo Histórico de Moçambique.

Geschiere, Peter (2006), "Witchcraft and the Limits of the Law: Cameroon and South Africa", *in* Comaroff, J.; Comaroff, J. L. (eds.), *Law and Disorder in the Postcolony.* Chicago: University of Chicago Press.

Ghai, Yash (1991), "The role of law in the transition of societies. The African experience", *Journal of African Law*, 35: 8-20.

Global Witness (1999), *A crude awakening: how Angolan state corruption and the lack of oil company and banking transparency has contributed to Angola's humanitarian and development catastrophe.* Londres: Global Witness.

Global Witness (2001), "Analistas financeiros revelam segredo vergonhoso do governo angolano. Onde estão os biliões desaparecidos?". Disponível em http://www.globalwitness.org/press_releases/display2.php?id=83 (acedido em Abril 2004).

Global Witness (2002), "A resposta de Angola não é satisfatória". Disponível em http://www.globalwitness.org/press_releases/display2.php?id=124 (acedido em Abril de 2004).

Global Witness (2003), "Will Angola finally publish its oil accounts?". Disponível em http://www.globalwitness.org/press_releases/display2.php?id=207 (acedido em Abril de 2004).

Gluckman, Max (1955a), *The Judicial Process among the Barotse of Northern Rhodesia*. Manchester: University Press for the Rhodes Livingstone Institute.

Gluckman, Max (1955b), *Custom and Conflict in Africa*. Londres: Oxford University Press.

Gonçalves Cota, J. (1944), *Mitologia e direito consuetudinário dos indígenas de Moçambique*. Lourenço Marques: Imprensa Nacional.

Gonçalves Cota, J. (1946), *Projecto Definitivo do Código Penal dos Indígenas da Colónia de Moçambique, acompanhado de um relatório e de um estudo sobre direito criminal indígena*. Lourenço Marques: Imprensa Nacional.

Green, Edward (1996), *Indigenous healers and the African State*. Nova York: Pact Publications.

Grest, Jeremy (1995), "Urban management, local government reform and the democratization process in Mozambique: Maputo City 1975-1990", *Journal of Southern African Studies*, 21(1): 147-164.

Griffiths, John (1986), "What is Legal Pluralism?", *Journal of Legal Pluralism*, 24: 1-56.

Gundersen, Aase (1992), "Popular justice in Mozambique. Between the state law and folk law", in *Social and Legal Studies*, 1: 257-282.

Hall, Margaret; Young, Tom (1991), "Recent constitutional developments in Mozambique", *Journal of African Law*, 35: 102-115.

Harries, Patrick (1989), "Exclusion, classification and internal colonialism. The emergence of ethnicity among the Tsonga-speakers of South Africa." *in* Vail, L. (org.) *The creation of tribalism in Southern Africa*. Londres: James Currey.

Harries, Patrick (1994), *Work, Culture, and Identity: migrant labourers in Mozambique and South Africa, c. 1860-1910*. Joanesburgo: Witwatersrand University Press.

Held, David (2007), "Democracy: From City-States to a Cosmopolitan Order?", *Political Studies*, 40 (1): 10-39.

Hodges, Tony (2003), *Angola. Do afro-estalinismo ao capitalismo selvagem*. S. João do Estoril: Principia.

Hooker, M. (1975), *Legal Pluralism: An Introduction to Colonial and Neo-Colonial Laws*. Oxford: Clarendon Press.

Jacobson-Widding, Anita; Westerlund, David (orgs.) (1989), *Cultural pluralism and experience*. Uppsala: Almqvist & Wilksell International.

Kajibanga, Victor (2003), *Espaços Socioculturais, Comunidades Étnicas e Direito Costumeiro*. Trabalho apresentado à Mesa-redonda sobre Direito Costumeiro, Luanda, Faculdade de Direito da Universidade Agostinho Neto.

Khatibi, Abdelkebir (1983), *Maghreb pluriel*. Paris: Denoël.

Ki-Zerbo, Françoise (1996), "Colonialism and private law in Africa", *African environment*, 10: 55-85.

Kopytoff, Igor (1987), "The internal African frontier: the making of African political culture." *in* Kopytoff, I. (org.). *The African frontier. The reproduction of traditional African societies.* Bloomington, Indiana University Press.

Last, Murray; Chavunduka, G.L. (orgs.) (1986), *The professionalisation of African medicine.* Manchester: Manchester University Press and International African Institute.

Le Roy, Etienne (1992), "Les fondements anthropologiques des droits de l'homme - Crise de l'universalisme et post modernité", *Revue de la recherche juridique Droit prospectif,* XVII: 37-63.

Lippman, Matthew (1985), "Multinational corporations and human rights." *in* Shepherd, Jr., Nanda, V. (orgs.) *Human Rights and Third World development.* Westport, CT: Greenwood Press.

Lopes, Manoel M. (1909), *Subsídios para um código de usos e costumes indígenas nos territórios da Companhia de Moçambique.* Beira: Imprensa da Companhia de Moçambique.

Lugard, Frederick D. (1965), *The Dual Mandate in British Tropical Africa.* Londres: Frank Cass & Co. Ltd.

Macaulay, Stewart (1983), "Private Government", in *Disputes Processing Research Program Working Papers,* 6, Madison: University of Wisconsin.

Machel, Samora Moisés (1983), *A Luta contra o subdesenvolvimento.* Maputo: Partido Frelimo – Textos e Documentos, 4.

Macqueen, Norrie (2006), "Elusive settlement: Angola's 'peace processes', 1975 – 2002", in Furley, Oliver; May, Roy (org.), *Ending Africa's war. Progressing to peace.* Hampshire: Ahsgate Publishing Limited.

Malinowski, Bronislaw (1945), "Indirect Rule and its Scientific Planning", *in* Kaberry, P. M. (org.), *The Dynamics of Culture Change.* New Haven: Yale University Press.

Mamdani, Mahmood (1996a), *Citizen and subject: contemporary Africa and the legacy of late colonialism.* Princeton: Princeton University Press.

Mamdani, Mahmood (1996b), "Indirect rule, civil society, and ethnicity. The African dilemma", *Social Justice,* 23: 145-150.

Mamdani, Mahmood (2000), "When does a settler become a native? Reflections on the colonial roots of citizenship in Equatorial and South Africa", *in* Nabudere, D. W. (org.) *Globalisation and the post-colonial African State.* Harare: African Association of Political Science Books.

Mappa, Sophia (1998), *Pouvoirs traditionnels et pouvoir de l'État en Afrique: l'illusion universaliste.* Paris: Karthala.

Marques Guedes, Armando; Feijó, Carlos; Freitas, Carlos de; Tiny, N'Gunu; Coutinho, Francisco P.; Freitas, Raquel B.; Pereira, Ravi A.; Ferreira, Ricardo do N. (2003), *Pluralismo e legitimação. A edificação jurídica pós-colonial em Angola.* Coimbra: Almedina.

Marques Guedes, Armando; Lopes, Maria José (2007), *State and traditional law in Angola and Mozambique*. Coimbra: Edições Almedina.

Mazula, Brazão (1995), *Moçambique: eleições, democracia e desenvolvimento*. Maputo: Brazão Mazula.

Mbembe, Achille (2000a), *De la postcolonie. Essai sur l'imagination politique dans l'Afrique contemporaine*. Paris: Karthala.

Mbembe, Achille (2000b), "À propos des écritures africaines de soi", *Politique Africaine*, 77: 16-43.

Mbembe, Achille (2001), *On the postcoloniality*. Berkeley: University of California Press.

Melissaris Emmanuel (2009), *Ubiquitous Law: Legal Theory and the Space for Legal Pluralism*. Burlington: Ashgate.

Meneses, Maria Paula (2002), "'Quando não há problemas, estamos de boa saúde, sem azar nem nada': para uma concepção emancipatória da saúde e das medicinas", *in* Santos, B. S. (org.) *Semear outras soluções. Os caminhos da biodiversidade e dos conhecimentos rivais*. Rio de Janeiro: Record.

Meneses, Maria Paula (2006), "Towards Interlegality? Traditional Healers and the Law" *in* B. S. Santos; J. C. Trindade; M. P. Meneses (orgs.), *Law and Justice in a Multicultural Society: The Case of Mozambique*. Dakar: CODESRIA.

Merry, Sally (1988), "Legal Pluralism", *Law and Society Review*, 22: 869-896.

Messiant, Christine (1994), "Angola, Les voies de l'ethnisation et de la décomposition. 1 – De la guerre à la paix (1975-1991): le conflit armé, les interventions internationales et le peuple angolais" *in Lusotopie - Géopolitique des mondes lusophones*.

Mondlane, Eduardo C. (1969), *Struggle for Mozambique*. Londres: Harmondsworth.

Mondlane, Luís A. (1997), "O acesso à justiça e meios alternativos de resolução de conflitos", *Revista Jurídica*, 2: 134-146.

Moore, Sally F. (1978), *Law as process: an anthropological approach*. Londres: Routledge and Kegan Paul.

Moore, Sally F. (1992), "Treating Law as Knowledge: Telling Colonial Officers what to Say to Africans about Running 'their own' Native Courts", *Law and Society Review*, 26: 11-46.

Moore, Sally F. (1994), *Anthropology and Africa*. Londres: The University Press of Virginia.

MPLA – Movimento Popular De Libertação De Angola (1997), *MPLA: Desafios para o Século XXI*. Retirado do site oficial do MPLA. Disponível em www.mpla-angola.org.. Consultado em Fevereiro de 2005.

MPLA-PT – Movimento Popular De Libertação De Angola – Partido Do Trabalho (1980), *Orientações fundamentais para o desenvolvimento económico-social da República*

Popular de Angola. Período de 1981-1985. Luanda: I Congresso Extraordinário do MPLA-Partido do Trabalho. Luanda: Angola.

MPLA-PT – Movimento Popular De Libertação De Angola – Partido Do Trabalho (1985), *Relatório do Comité Central ao II Congresso do MPLA-PT.* Makutanga: Fábrica de Livros. UEE. Luanda. Angola.

Mudimbe, Valentin. Y. (1994), *The Idea of Africa.* Bloomington: Indiana University Press.

Mudimbe, Valentin.Y. (1988), *The Invention of Africa.* Bloomington: Indiana University Press.

Nader, Laura (org.). (1969), *Law in culture and society.* Chicago: Aldine.

Ndegwa, Stephen N. (1997), "Citizenship and ethnicity: an examination of two transition moments in Kenyan politics", *The American Political Science Review,* 91(3): 599-616.

Neto, Conceição (2004), "Respeitar o passado – e não regressar ao passado", *in* Ministério da Administração do Território, *Primeiro Encontro Nacional sobre a Autoridade Tradicional em Angola.* Luanda: Nzila.

Newitt, Malyn (1997), *História de Moçambique.* Lisboa: Europa-América.

O'Laughlin, Bridget (2000), "Class and the customary: the ambiguous legacy of the *indigenato* in Mozambique," *African Affairs,* 99: 5-42.

Ong, Walter (1971), *Rhetoric, Romance and Technology.* Ithaca: Cornell University Press.

Ong, Walter (1977), *Interfaces of the Word: studies in the evolution of consciousness and culture.* Ithaca: Cornell University Press.

Onselen, Charles van (1976), *Africa Mine Labour in Southern Rhodesia 1900-1933.* Londres: Pluto Press.

Pacheco, Fernando (2002), *Autoridades tradicionais e estruturas locais de poder em Angola: aspectos essenciais a ter em conta na futura Administração Autárquica.* Comunicação proferida no âmbito do Ciclo de Palestras sobre Descentralização e o Quadro Autárquico em Angola. Luanda: Fundação Friedrich Ebert.

Panikkar, Raymond (1984), "La notion des droits de l'homme est-elle un concept occidental?" *Interculture,* XVII (1), Cahier 82: 3-27.

Panikkar, Raymond (1996), "Qui a peur de perdre son identité l'a déjà perdue?" *Le Monde,* 2 Abril, 13.

Pélissier, René (1986), *História das campanhas de Angola: resistência e revoltas (1845-1941).* Lisboa: Editorial Estampa.

Pels, Peter (1996), "The Pidginization of Luguru Politics. Administrative Ethnography and the Paradoxes of Indirect Rule", *American Ethnologist,* 23 (4): 738-761.

Penvenne, Jeanne (1995), *African workers and colonial racism: Mozambican strategies and struggles in Lourenço Marques.* Londres: James Currey.

Perham, Margaret (1965), "Introduction", *in* Lugard, F. J. *The Dual Mandate in British Tropical Africa* [by] *Lord Lugard.* Londres: Frank Cass & Co. Ltd.

Pestana, Nelson, 2002, *L'État en Angola: discours et pratiques.* Thèse pour obtenir le grade de Docteur de l'Université de Montpellier I. Science Politique. Université de Montpellier. Faculté de Droit, Sciences Économiques et Gestion. Centre d'Étude et de Recherche sur la Théorie de l'État. Orientador: Michel Miaille.

Pinto, João (2008), *Princípios Estruturantes sobre o Estatuto das Autoridades Tradicionais.* Comunicação apresentada ao II Encontro das Autoridades Tradicionais. Luanda: Ministério da Administração do Território.

Ranger, Terence (1988), "The Invention of tradition in colonial Africa." *in* Hobsbawm, E.; Ranger, T. (orgs.). *The Invention of Tradition.* Cambridge: Cambridge University Press, 211-262.

Robinson, William (1995), "Globalization and Democracy", *Dissident*, 42: 373-380.

Roque, Fátima; Barros, Pedro Pita; Neto, Ana Maria; Monteiro, Rui Sousa; Hossi, Vitorino Domingos; Gomes, Pedro Santa Clara; Ejarque, João Miguel (1991), *Economia de Angola.* Lisboa: Bertrand Editora.

Rowat, Malcom; Malik, Walled; Dakolias, Maria. (orgs.) (1995), *Judicial Reform in Latin América and the Caribbean.* Washington: The World Bank.

Sachs, Albie.; Honwana Welch, G. (1990), *Liberating the Law: creating popular justice in Mozambique.* Londres: Zed Books.

Sánchez, Beatriz E. (2001), "El reto del multiculturalismo jurídico. La justicia de la sociedad mayor y la justicia indígena", *in* Santos, Boaventura Sousa, García-Villegas, M. *El Caleidoscopio de las Justicias en Colombia.* Volume II. Bogotá: Colciencias-Uniandes-CES-Universidad Nacional-Siglo del Hombre.

Sanders, Todd (1998), "Making children, making chiefs: gender power and ritual legitimacy," *Africa*, 68: 238-262.

Sango, André (2006), "A relação entre o direito costumeiro e o direito etstatal e entre as autoridades tradicionais e o estado", in M. Heinz (org.), *The Shade of New Leaves: Governance in Traditional Authority – a Southern African Perspective.* Berlim: LIT Verlag, 121-132.

Santos, Boaventura de Sousa (1980), "O Discurso e o Poder: ensaio sobre a sociologia da retórica jurídica," *in Boletim da Faculdade de Direito*, Coimbra.

Santos, Boaventura de Sousa (1984), "From Customary Law to Popular Justice", *Journal of African Law*, 28 (1/2): 90-98.

Santos, Boaventura de Sousa (1995), *Toward a New Common Sense. Law, Science and Politics in the Paradigmatic Transition.* Nova Iorque: Routledge.

Santos, Boaventura de Sousa (2002), *Toward a New Legal Common Sense.* Londres: Butterworths.

Santos, Boaventura de Sousa (2006), *A Gramática do Tempo. Para uma nova cultura política*. Porto: Afrontamento.

Santos, Boaventura de Sousa (2009), *Sociología Jurídica Crítica. Para un nuevo sentido común en el derecho*. Madrid: Editorial Trotta.

Santos, Boaventura de Sousa; García-Villegas, Mauricio (2001), *El Caleidoscopio de las Justicias en Colombia*. Bogotá: Colciencias-Uniandes-CES-Universidad Nacional: Siglo del Hombre.

Santos, Boaventura de Sousa; Gomes, Conceição (1998), *Macau: o pequeníssimo dragão*. Porto: Afrontamento

Santos, Boaventura de Sousa; Rodríguez-Garavito, César (2005), *Law and Globalization from Below. Towards a Cosmopolitan Legality*. Cambridge: Cambridge UP.

Santos, Boaventura de Sousa; Trindade, João Carlos (org.) (2003), *Conflito e Transformação Social: uma paisagem das justiças em Moçambique*. Porto: Afrontamento.

Sassen, Saskia (1996), *¿Losing Control? Sovereignty in an Age of Globalization*. Nova Iorque: Columbia University Press.

Shah, Prakash (2005), *Legal pluralism in conflict; coping with cultural diversity in law*. Oregon: Glasshouse Press.

Sheth, D. L. (1989), "Nation-Building in Multi-Ethnic Societies: the experience of south Asia," *Alternatives*, 14: 379-388.

Shihata, Ibrahim F.J. (1995), "Legal Framework for Development: The World Bank's Role in Legal and Judicial Reform", *in* Rowat, M.; Dakolias Dakolias, M.; Malik, W. (orgs.), Judicial Reform in Latin America and the Caribbean: Proceedings of a World Bank Conference. Nova Iorque: World Bank Publications, 13-15.

Silveira, Onésimo (2004), *África ao Sul do Sahara. Sistemas de partidos e ideologias de socialismo*. Lisboa: Associação Académica África Debate.

Skalník, Peter (1996), "Authority versus power: democracy in Africa must include original African institutions," *Journal of Legal Pluralism*, 37/38: 109-121.

Souindula, Simão (2004), "Autoridade Tradicional e a promoção dos valores da democracia em Angola", *in* Ministério da Administração do Território (org.), *1º Encontro Nacional sobre a Autoridade Tradicional em Angola*. Luanda: Editorial Nzila, 165-171.

Sousa, Fonseca (2004), "A Autoridade Tradicional: uma reflexão sobre o exercício do poder", *in* Ministério da Administração do Território (org.), *1º Encontro Nacional sobre a Autoridade Tradicional em Angola*. Luanda: Editorial Nzila, 150-154.

Starr, June; Collier, Jane (orgs.) (1989), *History and Power in the Study of Law*. Ithaca: Cornell University Press.

Tamanaha, Brian (1993), "The Folly of the 'Social Scientific' Concept of Legal Pluralism", *Journal of Law and Society*, 20: 192-217.

Teubner, Gunther (1992), "The Two Faces of Janus: Rethinking Legal Pluralism", *Cardozo Law Review*, 13: 1443-1462.

Tie, Warwick (1999), *Legal Pluralism. Toward a multicultural conception of law*. Dartmouth: Aldershot.

Twining, William (1999), *Globalisation and Legal Theory*. Londres: Butterworths.

Vidal, Nuno; Andrade, Justino Pinto (orgs.) (2006), *O Processo de Transição para o Multipartidarismo em Angola*. Luanda: Edições Firmamento.

Vidal, Nuno; Andrade, Justino Pinto (orgs.) (2008), *Sociedade civil e política em Angola. Enquadramento regional e internacional*. Luanda e Lisboa: Firmamento. Universidade Católica de Angola, Universidade de Coimbra.

Werbner, Richard (1996), "Introduction: multiple identities, plural arenas" *in* Werbner, R.; Ranger, T. (orgs.) *Postcolonial identities in Africa*. Londres: Zed Books, 1-25.

Wheeler, Douglas; Pélissier, René (2009), *História de Angola*. Lisboa: Edições Tinta-da-China.

CAPÍTULO 2
OS TRIBUNAIS, O ESTADO E A DEMOCRACIA

Boaventura de Sousa Santos

1. Tribunais, pluralismo jurídico e Estado heterogéneo

Em África, a discussão sobre os tribunais não tem a mesma centralidade que assume noutros continentes. Para isso contribuem muitos factores. Entre eles, contam-se, por um lado, o modo como as agências que mobilizam internacionalmente a reforma global do sistema judicial definem as prioridades do continente e, por outro lado, o facto de, talvez mais do que em qualquer outro continente, o sistema judicial oficial ser apenas uma pequena parte do riquíssimo campo de resolução de conflitos.

A hegemonia de tradição académica eurocêntrica joga aqui também o seu papel, nomeadamente ao considerar o universo do jurídico como uma abstracta cristalização de sentido que pouco poderá auxiliar na compreensão de realidades sociais que apresentam outras lógicas de organização, regulação e resolução de conflitos (Okoth-Ogendo, 1991).

No capítulo anterior analisei os dois principais factores que deverão ser tomados em conta quando se estuda o sistema judicial angolano e se propõe a sua reforma: o pluralismo jurídico e o Estado heterogéneo. O pluralismo jurídico é fundamental para entender o sistema judicial oficial porque o desempenho dos tribunais no campo da resolução dos conflitos é profundamente condicionado por ele. Por exemplo, a existência de instâncias informais, não oficiais, de resolução de conflitos[1] faz com que a procura social global de resolução de conflitos (a procura potencial) se distribua por um número mais vasto de instâncias do que aquelas que são reconhecidas como tal. A divisão social do trabalho de resolução de conflitos entre instâncias oficiais e não oficiais, entre instâncias informais e instâncias formais, passa a ser um indicador precioso do lugar efectivamente ocupado pelos tribunais[2] na resolução de conflitos. Parte da procura potencial dos tribunais é de facto satisfeita (em que medida e com que qualidade são outras questões) por outras instâncias. A que o não é, não é

---

[1] Sobre as instâncias extra-judiciais de resolução de conflitos em Luanda consultar o volume III desta obra.

[2] Sobre o papel dos tribunais cf. o capítulo 5 deste volume, da autoria de Conceição Gomes, bem como os capítulos do volume II sobre os tribunais judiciais em Angola.

necessariamente satisfeita pelos tribunais, pois a tal impedem os obstáculos ao acesso à justiça considerada oficial. Quando tal impedimento ocorre falamos de procura suprimida, a que não encontra satisfação nem no sistema judicial oficial, nem nas outras instâncias de resolução de conflitos. Por outro lado, quando, como se observa em Luanda, várias instâncias concorrem e funcionam em rede na procura da resolução dos conflitos que afectam os cidadãos, o uso do conceito de pluralismo jurídico pode tornar-se redutor, ao remeter para a intervenção colonial que procurou separar o complexo mundo jurídico africano em 'justiça indígena' e 'justiça formal', oficial.

A crescente densidade de relações, propiciada pela globalização, torna as diferentes ordens normativas mais abertas e permeáveis a influências mútuas. A situação angolana reflecte um mundo de hibridações jurídicas, uma condição a que não escapa o próprio espaço do Estado. Esta hibridação acontece também ao nível micro, na medida em que os cidadãos e os vários grupos e comunidades organizam as suas experiências segundo o direito oficial estatal, os direitos locais/tradicionais, normas comunitárias, locais, ou o próprio direito oficial, e, na maioria dos casos, segundo complexas combinações entre estas diferentes ordens jurídicas. Neste sentido, proponho o conceito de interlegalidade (Santos, 2003: 49-50) para procurar capturar a interface entre vários actores e instâncias envolvidos na resolução de conflitos.

No presente contexto angolano, a exemplo de outras realidades africanas,[3] a procura efectiva do sistema judicial (a que é satisfeita por ele) é, no plano sócio-

---

[3] Os sistemas de justiça informal – ou tradicional – são uma realidade para a maioria dos contextos africanos, sendo vários os exemplos a que poderíamos recorrer para analisar as relações que se estabeleceram entre estes sistemas e o sistema formal do Estado. Apontamos três países na região austral do continente: a África do Sul, o Lesoto e a Namíbia (este último vizinho de Angola). Na África do Sul a Constituição consagra, expressamente, a existência de tribunais liderados por autoridades tradicionais (Secção 16/1), onde é aplicado o direito costumeiro, sendo que este direito também deve ser aplicado pelos tribunais de 1.ª instância e pelo Tribunal Supremo (ainda que autores, como Bennett (2010: 67), argumentem que estarão em causa, sobretudo, razões de ordem gestionária e não tanto de tolerância ou de reconhecimento da diversidade cultural). No Lesoto a diversidade cultural também é grande, o que se reflecte, por seu turno, ao nível das justiças, como é o caso da justiça tradicional. A justiça tradicional no Lesoto tem sido administrada e aplicada pelos *Basotho* desde tempos imemoriais (com vários problemas durante o período colonial, estando ainda em vigor, desde 1884, uma cláusula de repugnância, isto é, a cláusula segundo a qual a aplicação do direito costumeiro só pode ser feita quando não ofender o sentido de justiça, de moralidade e de boa fé) e, segundo as suas máximas, todo e qualquer conflito deve ser apreciado, de modo a que se estabeleça sempre a harmonia entre o povo. Como Sekonyela defende (2010: 194 e ss.), os princípios da imparcialidade e da independência na administração da justiça são garantidos pela justiça tradicional, bem como a publicidade das audiências, buscando-se sempre um efeito holístico, ao reafirmar a restauração da justiça e da solidariedade no seio da comunidade (de mencionar que neste sistema as mulheres também desempenham

-jurídico, uma procura de segunda instância, mesmo que se dirija a tribunais de primeira instância. De facto, muitas vezes as partes em conflito só recorrem aos tribunais depois de terem falhado os mecanismos informais de resolução de conflitos, como os vários capítulos dos volumes II e III analisam em detalhe. Os tribunais são, assim, instâncias de recurso, mesmo quando no plano processual formal são primeira instância. Os juízes estão muitas vezes conscientes desse facto quando analisam o processo e ditam a sua sentença. E a situação inversa pode igualmente ocorrer: conflitos "mal" resolvidos pelo sistema judicial podem voltar a eclodir e a sua resolução ser dirigida para outras instâncias.

Como veremos em detalhe nos volumes II e III, o sistema judicial actua em rede com muitas outras instâncias de resolução de conflitos e, portanto, uma análise da resolução de conflitos exclusivamente centrada nos tribunais não permite avaliar adequadamente a relação entre a justiça (em sentido amplo) e os cidadãos, nem sequer a quota-parte que nela depende dos tribunais.[4]

Também o Estado heterogéneo (Santos, 2003, 2006a) tem um impacto muito importante sobre o perfil e o desempenho dos tribunais. Por um lado, a promiscuidade entre o controlo político e o controlo administrativo e a consequente politização da administração tendem a criar situações que tornam muito difícil a afirmação da independência dos tribunais, não porque ela não exista formalmente, mas sim porque, na prática, ela é desvalorizada sempre que as decisões judiciais colidem com as conveniências e critérios de eficácia da actuação político-administrativa. Esta desvalorização, longe de ser uma atitude externa aos tribunais, é frequentemente interiorizada pelos próprios magistrados.[5]

---

um papel importante). Na Namíbia, por sua vez, deve ser mencionado o artigo 66 da Constituição, que consagra que tanto o direito costumeiro, quanto o da *Common Law* fazem parte do sistema de justiça namibiano. A par da Constituiçao devem ser mencionados outros dois diplomas: o *Traditional Authorities Act* e o *Community Courts Act*. O primeiro reconhece o direito das autoridades tradicionais para criar direito costumeiro, bem como o de administrarem as estruturas tradicionais, as suas funções e deveres. O segundo diploma reconhece os tribunais comunitários (tribunais tradicionais), estabelecendo a sua competência material e, ao mesmo tempo, alinhando os seus princípios com os princípios consagrados constitucionalmente (Hintz, 2010: 13 e ss.).

[4] De facto, só adoptando um conceito mais amplo de direito, um conceito que reconheça a pluralidade de ordenamentos jurídicos, será possível desconectar, parcialmente, o direito do Estado e voltar a ligá-lo à vida e à cultura das populações. Vejam-se, para o contexto da América Latina, os casos da Bolívia e do Equador. A Constituição Boliviana consagra, no seu artigo 30, um vasto conjunto de direitos relativos às nações e povos indígenas, entre os quais se destaca o direito a jurisdição própria, definido nos artigos 190, 191 e 192. A Constituição do Equador, por sua vez, consagra também os direitos dos povos e das nacionalidades indígenas (artigo 57) e a jurisdição indígena (artigo 171). Em ambos os casos a jurisdição indígena deve respeitar os direitos e garantias consagrados na Constituição (Santos, 2010: 107 e 108).

[5] Para o caso angolano, cf. Guedes *et al*, 2003; AJPD, 2004; Coelho, 2004; Skarr e Van-Dúnem, 2006 e Bastos, 2007. Em relação ao continente africano, veja-se Van Huyssteen, 2000; Sachs e Welch, 1990; Kimbwana, 1991;

Por outro lado, a ideia da prioridade do político em relação ao jurídico pode estar também relacionada, por várias vias, com a sobreposição entre diferentes culturas jurídicas. Por exemplo, o facto de os magistrados, sobretudo em serviço nas instâncias superiores do judiciário, terem entrado no sistema durante o período em que dominou a cultura político-jurídica socialista-revolucionária pode conduzir a que, nas suas 'pre-compreensões' dos casos sub-júdice – para usar um conceito da filosofia jurídica alemã –, estejam presentes, por vezes inconscientemente, sensibilidades, percepções e representações da função do sistema judicial que são mais consonantes com a cultura político-jurídica em que inicialmente se socializaram do que com aquela em que agora estão integrados, a cultura político-jurídica capitalista democrática.[6]

Acresce que a coexistência de lógicas de regulação social muito distintas nos diferentes campos de intervenção do Estado torna difícil, se não impossível, imaginar a unidade do sistema jurídico, mesmo quando reduzido ao sistema jurídico oficial moderno e eurocêntrico. Acontece que essa imaginação é, ainda hoje, uma componente central da formação dos magistrados e, por isso, quando confrontados com a óbvia desunidade do sistema jurídico, tendem a cair num certo instrumentalismo pragmático, ou seja, na defesa de decisões *ad hoc*, flagrantemente incongruentes com decisões anteriores. Este instrumentalismo cria um ambiente de caos normativo que se comunica aos operadores do sistema, sobretudo advogados e funcionários. A particularização dos procedimentos que favorece pode transformar-se num factor de corrupção.

Estes fenómenos têm sido observados em muitos países, por isso a tarefa analítica consiste em saber se eles também ocorrem em Angola e quais são as suas características específicas. Para cumprirmos adequadamente esta tarefa é necessário ter em conta que os sistemas judiciais dos países ex-coloniais foram, desde o início, estranhos às culturas e instituições locais e cultivaram sempre uma distância maior em relação à sociedade do que aquela que é típica – e que, por vezes, é muito grande – da relação entre tribunais nos países centrais, ex-colonizadores.

Tenha-se em conta que, tal como noutras ex-colónias, em maior ou menor grau, a implementação dos sistemas judicial e administrativo da 'metrópole' foi

---

Ghai, 2000; Shivji, 2000; Trindade, 2003; Pedroso *et al*, 2003, Ngondi-Houghton, 2006; Gicheru, 2007; Horn e Bösl, 2008 e Gloppen *et al*, 2010.

[6] Para um maior aprofundamento das questões relativas à caracterização, recrutamento e formação das profissões forenses, cf. o capítulo 2 do volume II.

problemática. No caso de Angola, até 1914 a administração colonial dispunha apenas de presença regular nas cidades litorais de Luanda e Benguela (Gonçalves, 2003). Assegurar, pois, o controlo dos territórios implicou o desenvolvimento de esforços em dois sentidos: por um lado, na transposição do 'modelo metropolitano' de justiça e de administração, cuja expansão se desejava, mesmo que gradualmente; por outro lado, reconhecendo-se as insuficiências e os limites deste esforço, haveria que recorrer às estruturas de justiça e de regulação social endógenas. Nesta óptica, o recurso às Autoridades Tradicionais, denominadas "Autoridades Gentílicas" pelo poder colonial, para assegurar uma certa funcionalidade da administração colonial, implicou uma política ambivalente e de grande complexidade, dado que a dependência do poder colonial relativamente a estas formas de cooperação, as quais assumiam, nos séculos XVIII e XIX, a forma de tratados de vassalagem (Castro Henriques, 1997, 2003), fazia com que houvesse, circunstancialmente, certas cedências por parte da autoridade colonial. Mas, por seu turno, esta espécie de 'tolerância' relativamente às especificidades locais convertia-se numa técnica de controlo e de instrumentalização daquelas em benefício da expansão da administração portuguesa. As palavras de João Belo, ministro das colónias que, em 1926, apresentava o primeiro Código do Indigenato – Estatuto Político, Civil e Criminal dos Indígenas (Decreto n.º 12 533, de 23 de Outubro de 1926) traduzem isto mesmo:

Não se atribuem aos indígenas, por falta de significado prático, os direitos relacionados com as nossas instituições constitucionais. Não submetemos a sua vida individual, doméstica e pública, se assim é permitido dizer, às nossas leis políticas, aos nossos códigos administrativos, civis, comerciais e penais, à nossa organização judiciária. Mantemos para eles uma ordem jurídica própria do estado das suas faculdades, da sua mentalidade de primitivos, dos seus sentimentos, da sua vida, sem prescindirmos de os ir chamando por todas as formas convenientes à elevação, cada vez maior, do seu nível de existência.

Assim, nesse ano, foram criados tribunais para os indígenas, os quais eram confiados *"aos chefes administrativos locais com a colaboração de elementos da população nativa e com a assistência dos chefes indígenas, que são os conhecedores da lei especial do meio indígena e por isso os informadores seguros dos usos e tradições da tribu que sejam atendíveis na administração da justiça"* (*in* Preâmbulo do Estatuto Político, Civil e Criminal dos Indígenas de Angola e Moçambique, 1926). Com este sistema dual de justiça, a distância entre o sistema jurídico colonial e as populações foi consagrada.

Esta distância permitiu aos tribunais consolidarem-se como enclaves institucionais, com funções mais específicas e por vezes muito distintas das que tinham nos países centrais, mas ao mesmo tempo com uma estrutura organizacional e uma base processual muito semelhante, se não coincidente, com a dos seus modelos. Isto tornou possível uma certa globalização colonial dos tribunais, com decisões e recursos circulando pelo império sem grandes sobressaltos culturais ou interpretativos.[7] Esta globalização do judiciário abriu o caminho para muitas outras que se lhe seguiram, e nomeadamente para a mais recente, a globalização neoliberal da reforma da justiça, à luz do consenso neoliberal do primado do direito referido no capítulo anterior. A análise sociológica dos tribunais tem de ter hoje, forçosamente, em conta estes processos transnacionais sem os quais as análises nacionais podem cair no sublinhar de exotismos ou de nacionalismos desfocados. Ao longo dos três volumes que constituem esta obra daremos conta do modo como procuramos não cair neste erro.

Neste capítulo centro-me na análise comparada dos tribunais, analisando os seus papéis nas sociedades contemporâneas e começando, exactamente, pelos países centrais cujas instituições serviram de modelo aos países periféricos. Como já adverti no início, a análise comparada deve estar consciente do perigo de comparar realidades só aparentemente idênticas ("o sistema judicial") e de as conceber em isolamento, separadas do campo mais vasto de resolução de conflitos que dá sentido ao seu funcionamento ou ao seu não-funcionamento.

2. Os tribunais nas sociedades contemporâneas

Muitos países centrais e da semi-periferia conhecem um dos fenómenos mais intrigantes da sociologia jurídica e da sociologia política contemporâneas: o recente e sempre crescente protagonismo social e político dos tribunais.[8] Um pouco por toda a parte os tribunais, os juízes, os magistrados do Ministério Público, as investigações da polícia criminal, as sentenças judiciais, surgem nas primeiras páginas dos jornais, nos noticiários televisivos e são tema frequente

---

[7] Cf., a título de exemplo, Moore, 1992; Mamdani, 1996; Comaroff, 1997; Chanock, 1998; Darian-Smith e Fitzpatrick, 1999; Banton, 2002; Oomen, 2005; Comaroff e Comaroff, 2006; Hinz, 2006; Meneses, 2007.

[8] Em África, a África do Sul é o único país semi-periférico em que os tribunais têm tido algum protagonismo, sobretudo o Tribunal Constitucional depois do fim do apartheid; mais recentemente, os tribunais adquiriram maior visibilidade igualmente no Ruanda, procurando responder aos problemas gerados pelo violento conflito que o país conheceu. No continente africano, em geral, a maior visibilidade dos tribunais centra-se nos tribunais supremos e nas questões que envolvem o poder político.

de conversa entre os cidadãos. Trata-se de um fenómeno novo ou apenas de um fenómeno que, sendo velho, colhe hoje uma nova atenção pública?

Ao longo do século passado os tribunais sempre foram, de tempos a tempos, polémicos e objecto de aceso escrutínio público. Basta recordar os tribunais da República de Weimar logo depois da revolução alemã (1918) e os seus critérios duplos na punição da violência política da extrema-direita e da extrema-esquerda; o Supremo Tribunal dos EUA e o modo como tentou anular a legislação do *New Deal* de Roosevelt no início dos anos trinta; os tribunais italianos de finais da década de sessenta e da década de setenta que, através do "uso alternativo do direito", procuraram reforçar a garantia jurisdicional dos direitos sociais; o Supremo Tribunal do Chile e o modo como tentou impedir o processo de nacionalizações levado a cabo por Allende no princípio da década de setenta; e, mais recentemente, as discussões em torno das decisões do Tribunal Penal Internacional.[9]

Contudo, estes momentos de notoriedade distinguem-se do protagonismo dos tempos mais recentes em dois aspectos importantes. Em primeiro lugar, em quase todas as situações do passado os tribunais distinguiram-se pelo seu conservadorismo, pelo tratamento discriminatório da agenda política progressista ou dos agentes políticos progressistas, pela sua incapacidade para acompanhar os processos mais inovadores de transformação social, económica e política, muitas vezes sufragados pela maioria da população. Em segundo lugar, tais intervenções notórias foram, em geral, esporádicas, em resposta a acontecimentos políticos excepcionais, em momentos de transformação social e política profunda e acelerada.

Em contraste, o crescente protagonismo dos tribunais nos tempos mais recentes é mais complexo na sua orientação política. Embora em muitas situações continue a favorecer as agendas ou forças políticas conservadoras, noutras assenta num entendimento amplo e profundo do controlo da legalidade, que inclui, por vezes, a reconstitucionalização do direito ordinário como meio de fundamentar um garantismo mais ousado dos direitos dos cidadãos. Por outro lado, ainda que a notoriedade pública ocorra em casos que constituem uma fracção infinitesimal do trabalho judiciário, é suficientemente recorrente para não parecer excepcional e para, pelo contrário, parecer corresponder a um novo padrão do intervencionismo judiciário. Acresce que este intervencionismo, ao

---

[9] Sobre este tema cf. Clarke, 2009, e Yusuf, 2010.

SOCIEDADE E ESTADO EM CONSTRUÇÃO: DESAFIOS DO DIREITO E DA DEMOCRACIA EM ANGOLA

contrário dos anteriores, ocorre mais no domínio criminal do que nos domínios cível, laboral ou administrativo e assume como seu traço mais distintivo a criminalização da responsabilidade política, ou melhor, da irresponsabilidade política e, por vezes, também, os crimes de guerra e a justiça de transição nos períodos pós-conflito. Tão pouco se dirige, como as formas anteriores de intervencionismo, aos usos do poder político e às agendas políticas em que este se traduziu. Dirige-se, antes, aos abusos do poder e aos agentes políticos que os protagonizam (Gloppen, Gargarella e Skaar, 2004; Gargarella, Domingo e Roux, 2006).

No entanto, o novo protagonismo judiciário partilha com o anterior uma característica fundamental: traduz-se num confronto com a classe política e com outros órgãos de poder soberano, nomeadamente, com o poder executivo. E é, por isso, que, tal como anteriormente, se fala agora da judicialização dos conflitos políticos. Sendo certo que na matriz do Estado moderno o judiciário é um poder político, titular de soberania, a verdade é que ela só se assume publicamente como poder político na medida em que interfere com outros poderes políticos. Ou seja, a política judiciária, que é uma característica matricial do Estado moderno, só se afirma como política do judiciário quando se confronta, no seu terreno, com outras fontes de poder político (Santos e Pedroso, 1996; Gloppen *et al*, 2010). Daí que a judicialização dos conflitos políticos não possa deixar de se traduzir na politização dos conflitos judiciários (Santos, 2007, 2009).

Como veremos adiante, não é a primeira vez que este fenómeno ocorre, mas ocorre agora de modo diferente e por razões diferentes. Sempre que ele ocorre, levantam-se a respeito dos tribunais três questões: a questão da legitimidade, a questão da capacidade e a questão da independência.

A *questão da legitimidade* só se põe em regimes democráticos e diz respeito à formação da vontade da maioria por via da representação política obtida eleitoralmente. Como na esmagadora maioria dos casos os magistrados não são eleitos, questiona-se o conteúdo democrático do intervencionismo judiciário sempre que este interfere com o poder legislativo ou o poder executivo.

A *questão da capacidade* diz respeito aos recursos de que os tribunais dispõem para levarem a cabo eficazmente a política judiciária. A capacidade dos tribunais é questionada por duas vias: por um lado, num quadro processual fixo e com recursos humanos e infraestruturais relativamente inelásticos, qualquer acréscimo "exagerado" da procura da intervenção judiciária pode significar o bloqueamento da oferta e, em última instância, redundar em denegação da justiça, por outro lado, os tribunais não dispõem de meios próprios para fazer executar as suas decisões sempre que estas, para produzir efeitos úteis, pressupõem uma prestação activa de um qualquer sector da administração pública. Nestes domínios, que são aqueles em que a "politização dos conflitos judiciais" ocorre com maior frequência, os tribunais estão à mercê da boa vontade de serviços que não estão sob sua jurisdição e, sempre que tal boa vontade falha, repercute-se directa e negativamente na própria eficácia da tutela judicial.

A *questão da independência* dos tribunais está intimamente ligada à questão da legitimidade e à questão da capacidade. A independência dos tribunais é um dos princípios básicos do constitucionalismo moderno, pelo que pode parecer estranho que seja objecto de questionamento. E, na verdade, ao contrário do que sucede com a questão da legitimidade, o questionamento da independência tende a ser levantado pelo próprio poder judiciário sempre que se vê confrontado com medidas do poder legislativo ou do poder executivo que considera atentatórias da sua independência. A questão da independência surge assim em dois contextos: no contexto da legitimidade, sempre que o seu questionamento leva o legislativo ou o executivo a tomar medidas que o poder judicial entende serem mitigadoras da sua independência; e no contexto da capacidade, sempre que o poder judiciário, sobretudo quando carece de autonomia financeira e administrativa, se vê dependente dos outros poderes para se apetrechar dos recursos que considera adequados para o bom desempenho das suas funções.

As questões da legitimidade, da capacidade e da independência assumem, como vimos, maior acuidade nos momentos em que os tribunais adquirem maior protagonismo social e político. Este facto tem um importante significado, tanto pelo que revela, como pelo que oculta. Em primeiro lugar, tal protagonismo é produto de uma conjunção de factores que evoluem historicamente, pelo que se torna necessário periodizar a função e o poder judiciais nos últimos cento e cinquenta anos a fim de podermos contextualizar melhor a situação presente. Em segundo lugar, as intervenções judiciais que são responsáveis pela notoriedade judicial num dado momento histórico constituem uma fracção ínfima do desempenho judiciário, pelo que um enfoque exclusivo nas grandes questões pode ocultar ou deixar sub-analisado o desempenho que na prática quotidiana dos tribunais ocupa a esmagadora maioria dos recursos e do trabalho judicial. Em terceiro lugar, o desempenho dos tribunais, quer o desempenho dramático (os casos notórios, que captam as atenções dos media), quer o desempenho de rotina, num determinado país ou momento histórico concreto, não depende apenas de factores políticos, como as questões da legitimidade, da capacidade e da independência podem fazer crer. Depende de modo decisivo de outros factores e, nomeadamente, dos três seguintes: do nível de desenvolvimento do país e, portanto, da posição que este ocupa no sistema mundial e na economia--mundo; da cultura jurídica dominante em termos dos grandes sistemas ou famílias de direito em que os comparatistas costumam dividir o mundo; e do processo histórico por via do qual essa cultura jurídica se instalou e se desenvolveu (desenvolvimento orgânico; adopção voluntarista de modelos externos; colonização, etc.).

Uma análise sociológica do sistema judiciário não pode, assim, deixar de abordar as questões de periodização, do desempenho judicial, de rotina ou de massa, e dos factores sociais, económicos, políticos e culturais que condicionam historicamente o âmbito e a natureza da judicialização da conflitualidade interindividual e social num dado país ou momento histórico.

3. Os tribunais e o Estado moderno

Os tribunais são um dos pilares fundadores do Estado constitucional moderno, um órgão de soberania a par com o poder legislativo e o poder executivo. No entanto, o significado sociopolítico desta postura constitucional tem evoluído nos últimos cento e cinquenta ou duzentos anos. Esta evolução tem alguns pontos em comum nos diferentes países, não só porque os Estados nacionais partilham o mesmo sistema interestatal, mas também porque as transformações políticas são, em parte, condicionadas pelo desenvolvimento económico, o qual ocorre a nível mundial no âmbito da economia-mundo capitalista implantada desde o século XV. Mas, por outro lado, estas mesmas razões sugerem que a evolução varia significativamente de Estado para Estado consoante a posição deste no sistema interestatal e da sociedade nacional a que respeita no sistema da economia-mundo.

A periodização da postura sociopolítica dos tribunais que a seguir apresento tem em mente, sobretudo, a evolução nos países centrais, mais desenvolvidos, do sistema mundial. Nas secções seguintes mostro em que medida a evolução nos países periféricos e semiperiféricos se afasta dos parâmetros da evolução nos países centrais, apesar de estes últimos terem fornecido os modelos institucionais e procedimentais adoptados pelos tribunais em todo o mundo. Como se compreenderá, à luz do que ficou dito acima, esta evolução comporta algumas variações em função da cultura jurídica dominante (tradição jurídica europeia continental; tradição jurídica anglo-saxónica, etc.), mas tais variações são pouco relevantes para os propósitos analíticos deste capítulo.

Distingo três grandes períodos no significado sociopolítico da função judicial nas sociedades modernas centrais: o período do Estado liberal, o período do Estado-Providência e o período actual, que, com pouco rigor, podemos designar por período pós-Estado-Providência.

O período do Estado liberal

Este período cobre todo o século XIX e prolonga-se até à Primeira Guerra Mundial. O fim da Primeira Guerra Mundial marca a emergência de uma nova política do Estado, a qual, no entanto, no domínio da função e do poder judicial pouco desenvolvimento conhece, pelo que o período entre as duas guerras é, neste domínio, um período de transição entre o primeiro e o segundo períodos. Em vista disto, pela sua longa duração histórica, o primeiro período é particularmente importante para a consolidação do modelo judicial moderno. Este modelo assenta nas seguintes ideias:

1. A teoria da separação dos poderes conforma a organização do poder político de tal maneira que, por via dela, o poder legislativo assume uma clara predominância sobre os demais, enquanto o poder judicial é, na prática, politicamente neutralizado.[10]
2. A neutralização política do poder judicial decorre do princípio da legalidade, isto é, da proibição dos tribunais decidirem *contra legem,* e do princípio, conexo com o primeiro, da subsunção racional-formal nos termos do qual a aplicação do direito é uma subsunção lógica de factos a normas e, como tal, desprovida de referências sociais, éticas ou políticas. Assim, os tribunais movem-se num quadro jurídico-político pré-constituído, apenas lhes competindo garantir concretamente a sua vigência. Por esta razão, o poder dos tribunais é retroactivo ou é accionado retroactivamente, isto é, com o objectivo de reconstituir uma realidade normativa plenamente constituída. Pela mesma razão, os tribunais são a garantia de que o monopólio estatal da violência é exercido legitimamente.
3. Além de retrospectivo, o poder judicial é reactivo, ou seja, só actua quando solicitado pelas partes ou por outros sectores do Estado. A disponibilidade dos tribunais para resolver conflitos é, assim, abstracta e só se converte

---

[10] Sobre a neutralização política do poder judicial no Estado liberal, cf., em especial, Ferraz Jr., 1994; Lopes, 1994; Campilongo, 1994.

numa oferta concreta de resolução de conflitos na medida em que houver uma procura social efectiva. Os tribunais nada devem fazer para influenciar o tipo e o nível concretos da procura[11] de que são alvo.

4. Os conflitos de que se ocupam os tribunais são individualizados, no duplo sentido de que têm contornos claramente definidos por critérios estritos de relevância jurídica e de que ocorrem entre indivíduos. Por outro lado, as decisões judiciais sobre eles proferidas só valem, em princípio, para eles, não tendo, por isso, validade geral.

5. Na resolução dos conflitos é dada total prioridade ao princípio da segurança jurídica assente na generalidade e na universalidade da lei e na aplicação, idealmente automática, que ela possibilita. A insegurança substantiva do futuro é, assim, contornada, quer pela securização processual do presente (a observância das regras de processo), quer pela securização processual do futuro (o princípio do caso julgado).

6. A independência dos tribunais reside em estarem totalmente e exclusivamente submetidos ao império da lei. Assim concebida, a independência dos tribunais é uma garantia eficaz da protecção da liberdade, entendida esta como vínculo negativo, ou seja, como prerrogativa de não interferência. A independência diz respeito à direcção do processo decisório e, portanto, pode coexistir com a dependência administrativa e financeira dos tribunais face ao poder legislativo e ao poder executivo.

Esta caracterização dos tribunais no período liberal é reveladora do diminuto peso político destes, enquanto poder soberano, perante o poder legislativo e o poder executivo. Eis as manifestações principais desta subalternização política: este período testemunhou o desenvolvimento vertiginoso da economia capitalista no seguimento da revolução industrial e, com ele, a ocorrência de maciças deslocações de pessoas, o agravamento sem precedentes das desigualdades sociais, a emergência da chamada questão social (criminalidade, prostituição; migração clandestina/sem papéis, insalubridade, habitação degradada, etc.). Tudo isto deu origem a uma explosão da conflitualidade social de tão vastas proporções que foi em relação a elas que se definiram as grandes clivagens políticas e sociais da época. Ora, os tribunais ficaram quase totalmente à margem deste processo, dado que o seu âmbito funcional

---

[11] A propósito da caracterização da procura nos tribunais judiciais em Angola, cf. o capítulo 4 do volume II.

se limitava a micro-litigiosidade interindividual, extravasando dele a macro-litigiosidade social.

Pela mesma razão, os tribunais ficaram à margem dos grandes debates e das grandes lutas políticas sobre o modelo ou padrão de justiça distributiva a adoptar na nova sociedade, a qual, por tanto romper com a sociedade anterior, parecia trazer no seu bojo uma nova civilização a exigir critérios novos de sociabilidade. Confinados como estavam à administração da justiça retributiva, tiveram de aceitar como um dado os padrões de justiça distributiva adoptados pelos outros poderes. Foi assim que a justiça retributiva se transformou numa questão de direito, enquanto a justiça distributiva passou a ser uma questão política. Aliás, sempre que excepcionalmente os padrões de justiça distributiva foram sujeitos a escrutínio judicial, os tribunais mostraram-se refractários à própria ideia de justiça distributiva, privilegiando, sistematicamente, soluções minimalistas. Como sabemos, o Estado liberal, apesar de se ter assumido como um Estado mínimo, continha em si as potencialidades para ser um Estado máximo e a verdade é que desde cedo – meados do século XIX em Inglaterra e em França, anos trinta do século passado nos EUA – começou a intervir na regulação social e na regulação económica muito para além dos patamares do Estado-polícia (Santos, 1994: 103-118). Sempre que esta regulação foi, por qualquer razão, objecto de conflito judicial, os tribunais tenderam a privilegiar interpretações restritivas da intervenção do Estado.

Para além disto, a independência dos tribunais assentava em três dependências férreas: em primeiro lugar, a dependência estrita da lei segundo o princípio da legalidade; em segundo lugar, a dependência da iniciativa, vontade ou capacidade dos cidadãos para utilizarem os tribunais, dado o carácter reactivo da intervenção destes; em terceiro lugar, a dependência orçamental em relação ao poder legislativo e ao poder executivo na determinação dos recursos humanos e materiais julgados adequados para o desempenho cabal da função judicial (Santos, 2002 e 2009).

Podemos, pois, concluir que, neste período, a posição institucional dos tribunais os predispôs para uma prática judiciária tecnicamente exigente mas eticamente frouxa, inclinada a traduzir-se em rotinas e, por consequência, a desembocar numa justiça trivializada. Nestas condições, a independência dos tribunais foi o outro lado do seu desarme político. Uma vez neutralizados politicamente, os tribunais independentes passaram a ser um ingrediente essencial da legitimidade política dos outros poderes, por garantirem que a produção legislativa destes chegava aos cidadãos "sem distorções".

O período do Estado-Providência

As condições político-jurídicas descritas acima começaram a alterar-se, com diferentes ritmos nos diferentes países, a partir do final do século XIX, mas só no período pós-segunda Guerra Mundial surgiu consolidada nos países centrais (mais na Europa do que nos EUA) uma nova forma política do Estado: o Estado-Providência.[12] Não cabe aqui analisar em detalhe o Estado-Providência, pelo que nos confinamos ao impacto dele no significado sociopolítico dos tribunais:

1. A teoria da separação dos poderes colapsa, sobretudo em vista da predominância assumida pelo poder executivo. A governamentalização da produção do direito cria um novo instrumentalismo jurídico que, a cada momento, entra em confronto com o âmbito judicial clássico (Ferraz Jr., 1994: 18 ss).

2. O novo instrumentalismo jurídico traduz-se em sucessivas explosões legislativas e, consequentemente, numa sobre-juridificação da realidade social que põe fim à coerência e à unidade do sistema jurídico. Surge um labirinto normativo que torna problemática a vigência do princípio da legalidade e impossível a aplicação da subsunção lógica.

3. O Estado-Providência distingue-se pela sua forte componente promocional do bem-estar, ao lado da tradicional componente repressiva. A consagração constitucional dos direitos sociais e económicos, tais como o direito ao trabalho e ao salário justo, à saúde, à educação, à habitação, à segurança social significa, entre outras coisas, a juridificação da justiça distributiva. A liberdade a proteger juridicamente deixa de ser um mero vínculo negativo para passar a ser um vínculo positivo, que só se concretiza mediante prestações do Estado.

Trata-se, em suma, de uma liberdade que, longe de ser exercida contra o Estado, deve ser exercida pelo Estado. O Estado assume assim a gestão da tensão, que ele próprio cria, entre justiça social e igualdade formal, e dessa gestão são incumbidos, ainda que de modo diferente, todos os órgãos e poderes do Estado.

4. A proliferação dos direitos, sendo, em parte, uma consequência da emergência na sociedade de actores colectivos em luta pelos direitos, é, ela própria, causa do fortalecimento e proliferação de tais actores e dos interesses colectivos de que eles são portadores. A distinção entre conflitos

---

[12] Analiso este tema em maior profundidade em Santos, 2006b e 2009.

individuais e conflitos colectivos torna-se problemática na medida em que os interesses individuais aparecem, de uma ou de outra forma, articulados com interesses colectivos.

Esta descrição sugere, por si, que o significado sociopolítico dos tribunais neste período é muito diferente daquele que detinham no primeiro período. Em primeiro lugar, a juridificação do bem-estar social abriu o caminho para novos campos de litigação nos domínios laboral, cível, administrativo, da segurança social, o que nuns países, mais do que noutros, veio traduzir-se no aumento exponencial da procura judiciária e na consequente explosão da litigiosidade.[13] As respostas que foram dadas a este fenómeno variaram de país para país mas incluíram, quase sempre, algumas das seguintes reformas: informalização da justiça; reapetrechamento dos tribunais em recursos humanos e infra-estruturas, incluindo a informatização e a automatização da justiça; criação de tribunais especiais para a pequena litigação de massas; proliferação de mecanismos alternativos de resolução de conflitos (mediação, negociação, arbitragem) e busca de articulações com diferentes formas de "justiça tradicional"; sucessivas reformas processuais (acções populares, tutela de interesses difusos, entre outros.).[14] A explosão da litigiosidade deu uma maior visibilidade social e política aos tribunais e as dificuldades que a oferta da tutela judicial teve, em geral, para responder ao aumento da procura suscitaram, com grande acuidade, a questão da capacidade e as questões com ela conexas: as questões da eficácia, da eficiência e da acessibilidade do sistema judicial.[15]

Em segundo lugar, a distribuição das responsabilidades promocionais do Estado por todos os seus poderes fez com que os tribunais se tivessem de confrontar com a gestão da sua quota-parte de responsabilidade política. A partir desse momento estava comprometida a simbiose entre independência dos tribunais e neutralização política que caracterizara o primeiro período. Em vez de simbiose passou a existir tensão, uma tensão potencialmente dilemática. No momento em que a justiça social, sob a forma de direitos, se confrontou, no terreno judiciário, com a igualdade formal, a legitimação processual-formal em que os tribunais se tinham apoiado no primeiro período entrou em crise. A con-

---

[13] A propósito da caracterização da justiça cível, administrativa, de família e menores e laboral em Angola, cf. os capítulos 5, 6 e 7 do volume II.

[14] Sobre este tema, cf. Santos, 1994: 141-161 e a bibliografia aí citada.

[15] O capítulo 8 do volume II analisa a questão do acesso aos tribunais em Angola.

sagração constitucional dos direitos sociais tornou mais complexa e "política" a relação entre a Constituição e o direito ordinário e os tribunais foram arrastados entre as condições do exercício efectivo desses direitos. Neste sentido, os efeitos extrajudiciais da actuação dos tribunais passaram a ser o verdadeiro critério da avaliação do desempenho judicial e, nesta medida, este desempenho deixou de ser exclusivamente retrospectivo para passar a ter uma dimensão prospectiva.

O dilema em que se colocaram os tribunais foi o seguinte: se continuassem a aceitar a neutralização política vinda do período anterior, perseverando no mesmo padrão de desempenho clássico, reactivo, de micro-litigação, poderiam certamente continuar a ver reconhecida pacificamente pelos outros poderes do Estado a sua independência, mas fá-lo-iam correndo o risco de se tornarem socialmente irrelevantes e de, com isso, poderem ser vistos pelos cidadãos como estando, de facto, na dependência do poder executivo e do poder legislativo. Pelo contrário, se aceitassem a sua quota-parte de responsabilidade política na actuação promocional do Estado – nomeadamente através de uma vinculação mais estreita do direito ordinário à Constituição de modo a garantir uma tutela mais eficaz dos direitos de cidadania – corriam o risco de entrar em competição com os outros poderes e de, como poder mais fraco, começar a sofrer as pressões do controlo externo, quer por parte do poder executivo, quer por parte do poder legislativo, pressões tipicamente exercidas por uma das três vias: nomeação dos juízes para os tribunais superiores; controlo dos órgãos do poder judicial; gestão orçamental.[16]

A independência dos tribunais só se tornou uma verdadeira e importante questão política quando o sistema judicial, ou alguns dos seus sectores, decidiu optar pela segunda alternativa. A opção por uma ou outra alternativa resultou de muitos factores, diferentes de país para país. Em alguns casos a opção foi clara e inequívoca, enquanto noutros a opção transformou-se num objecto de luta no interior do judiciário. Pode, no entanto, afirmar-se, em geral, que a opção pela segunda alternativa e pela consequente politização do garantismo judicial tendeu a ocorrer com mais probabilidade nos países onde os movimentos sociais pela conquista dos direitos foram mais fortes, quer em termos de implantação social, quer em termos de eficácia na condução da agenda política. Foi o que aconteceu, por exemplo, nos anos sessenta do século pas-

---

[16] A Administração, gestão e funcionamento interno dos Tribunais são temas tratados no capítulo 3 do volume II.

sado, em que o movimento negro e outros movimentos sociais pelos direitos cívicos e políticos nos Estados Unidos da América tiveram um papel decisivo na judicialização dos conflitos colectivos no domínio da discriminação racial, do direito à habitação, à educação e à segurança social. No início da década de setenta do século XX, num contexto de forte mobilização social e política que, aliás, atravessou o próprio sistema judicial, a Itália foi, também, palco de uma luta por alternativas no interior do próprio judiciário, onde os sectores mais progressistas, ligados à *Magistratura Democrática,* protagonizaram, através do movimento pelo uso alternativo do direito, o enfrentamento da contradição entre igualdade formal e justiça social. Noutros países, as opções foram menos claras e as lutas menos renhidas, variando muito o seu significado político, como aconteceu, por exemplo, nos países escandinavos, onde a co-responsabilização política dos tribunais foi um problema menos agudo, dado o alto desempenho promocional dos outros poderes do Estado-Providência.

Sempre que teve lugar, a desneutralização política dos tribunais tomou várias formas. Assumir a contradição entre igualdade formal e justiça social significou antes de mais que em conflitos interindividuais, em que as partes têm condições sociais extremamente desiguais (patrões-operários; senhorios-inquilinos, autarquias locais-habitantes de bairros informais, musseques, favelas), a solução jurídico-formal do conflito deixasse de ser um factor de segurança jurídica para passar a ser um factor de insegurança jurídica. Para obviar tal efeito foi necessário aprofundar o vínculo entre a Constituição[17] e o direito ordinário por via do qual se legitimaram decisões *prater legem* ou mesmo *contra legem* no lugar das decisões restritivas, típicas do período anterior. O mesmo imperativo leva os tribunais a adoptarem posições mais pró-activas, – em contraste com as posições reactivas do período anterior – em matéria de acesso ao direito e no domínio da legitimidade processual para solicitar a tutela de interesses colectivos e interesses difusos.

A mesma constitucionalização activa do direito ordinário levou os tribunais, por vezes, a intervir no domínio da inconstitucionalidade por omissão, quer suprindo a falta de regulamentação de leis, quer pressionando para que ela tivesse lugar.

O enfoque privilegiado nos efeitos extrajudiciais da decisão em detrimento da correcção lógico-formal contribuiu para dar uma maior visibilidade social e mediática aos tribunais, potenciada, também, pela colectivização da litigio-

---

[17] Sobre a evolução constitucional em Angola, remete-se para o capítulo de Raul Araújo, neste volume.

sidade. Na medida em que, ao lado das decisões que afectavam uns poucos indivíduos, passou a haver decisões que afectavam grupos sociais vulneráveis, fossem eles os trabalhadores, as mulheres, as minorias étnicas, os imigrantes, as crianças em idade escolar, os velhos a necessitar de cuidados ou os doentes pobres a necessitar da atenção médica, os consumidores e os inquilinos, o desempenho judicial passou a ter uma relevância social e um impacto mediático que, naturalmente, o tornou num objecto de controvérsia pública e política. E a controvérsia seguiu o trilho das três questões já acima referidas: a questão da legitimidade, a questão da capacidade e a questão da independência.

O período da crise do Estado-Providência

A partir de finais da década de setenta e princípios da década de oitenta do século passado começavam nos países centrais as primeiras manifestações da crise do Estado-Providência, a qual se havia de prolongar por toda a década de oitenta até aos nossos dias. As manifestações desta crise são conhecidas: a incapacidade financeira do Estado para atender às despesas sempre crescentes da providência estatal, tendo presente o conhecido paradoxo de esta ser tanto mais necessária quanto piores são condições para a financiar (por exemplo, quanto maior é o desemprego, mais elevado é o montante dos subsídios do desemprego mas menores são os recursos para os financiar, uma vez que os desempregados deixam de contribuir); a criação de enormes burocracias que acumularam um peso político próprio que lhes permite funcionar com elevados níveis de desperdício e de ineficiência; a clientelização e normalização dos cidadãos cujas opções de vida (de actividade e de movimentos) ficam sujeitas ao controlo e à supervisão de agências burocráticas despersonalizadas; alterações nos sistemas produtivos e na regulação do trabalho, tornadas possíveis pelas sucessivas revoluções tecnológicas; a difusão do modelo neoliberal e do seu credo desregulamentador a partir da década de oitenta, a sempre crescente proeminência das agências financeiras internacionais (Banco Mundial, FMI) e a globalização da economia, que também contribuíram para o aprofundamento da crise do Estado-Providência.

É hoje discutível o âmbito, o grau e a duração desta crise, bem como a sua reversibilidade ou irreversibilidade e, ainda, neste último caso, qual a forma de Estado que sucederá ao Estado-Providência. Tal discussão não nos interessa aqui. Interessa-nos, apenas, analisar o impacto da crise do Estado-Providência dos países centrais, nas três últimas décadas, no sistema jurídico, na actividade dos tribunais e no significado socio-político do poder judicial. Assim:

OS TRIBUNAIS, O ESTADO E A DEMOCRACIA

1. A sobrejuridificação das práticas sociais, que vinha do período anterior, continuou, aprofundando a perda de coerência e de unidade do sistema jurídico, mas as suas causas são agora parcialmente diferentes. Duas delas merecem especial menção: em primeiro lugar, a chamada desregulamentação da economia[18] - medida que se foi impondo o modelo neoliberal, foi ganhando importância na agenda política a ideia da desvinculação do Estado enquanto regulador da economia. Falamos de ideia na medida em que a prática é bastante contraditória. É certo que se assistiu a formas inequívocas de desvinculação como, por exemplo, nos casos em que o sector empresarial do Estado foi total ou parcialmente privatizado. E houve também a desregulamentação de alguns aspectos do funcionamento do mercado como a fixação dos preços e as relações de trabalho (Santos, Gonçalves e Marques, 1995: 191-194 e 454). Mas o processo de desregulamentação é contraditório, na medida em que a desregulamentação nalgumas áreas foi levada a cabo a par com a regulamentação acrescida de outras e, na grande maioria dos casos, a desregulamentação foi apenas parcial. Acresce que, paradoxalmente depois de décadas de regulação, a desregulamentação só pode ser levada a cabo mediante uma produção legislativa específica e, por vezes, bastante elaborada, ou seja, a desregulamentação significa, em certo sentido, uma re-regulamentação e, portanto, uma sobrecarga legislativa adicional.

Mas a contradição deste processo reside ainda no facto de o desmantelamento da regulação nacional da economia coexistir e ser, de facto, integrante de processos de regulação novos ocorrendo a nível internacional e transnacional.[19] Isto conduz-me ao segundo factor novo na produção da inflação legislativa no terceiro período: trata-se da globalização da economia. Este fenómeno que, não sendo novo, assume hoje proporções sem precedentes, tem vindo a dar azo à emergência de um novo direito transnacional, o direito dos contratos internacionais, a chamada nova *lex mercatoria,* que acrescenta mais uma dimensão ao caos normativo, na medida em que coexiste com o direito nacional, ainda que esteja por vezes em contradição com ele. Emerge, por esta via, um novo pluralismo jurídico, de natureza transnacional. Este novo pluralismo é simultaneamente

---

[18] O tema da desregulamentação tem sido amplamente discutido na literatura económica e jurídica. Discute-se a sua amplitude, efeitos, vantagens e desvantagens e também, cada vez mais, até que ponto estaremos perante uma verdadeira desregulação. Sobre esta questão, cf., entre muitos outros, Santos, Gonçalves e Marques, 1995: 73-74; Francis, 1993: 33, Dehousse, 1992; Ariño, 1993: 259; Button e Swann, 1989.

[19] A este respeito cf., entre outros, Scherer, 1994; Santos e García-Villegas, 2001, e Santos 2006b.

causa e consequência da erosão da soberania do Estado nacional que ocorre neste período (Santos, 1995: 250-377; 2002), erosão essa que acarreta consigo, nas áreas em que ocorre, a erosão do protagonismo do poder judicial na garantia do controlo da legalidade.

2. Se a desregulação da economia pode criar, por si, alguma litigação, já o mesmo não se pode dizer da globalização da economia. Pelo contrário, a dirimição de conflitos emergentes das transacções económicas internacionais raramente é feita pelos tribunais, já que a *lex mercatoria* privilegia, para esse efeito, uma outra instância: a arbitragem internacional.

Pode, em geral, afirmar-se que nos países centrais o aumento drástico da litigação ocorrida no período anterior teve uma certa tendência para estabilizar. Para isto contribuíram vários factores: em primeiro lugar, os mecanismos alternativos de resolução de conflitos desviaram dos tribunais alguma litigação, ainda que seja debatível até que ponto o fizeram; e em segundo lugar, a resposta dos tribunais ao aumento da procura de tutela acabou por moderar essa mesma procura, na medida em que os custos e os atrasos da actuação dos tribunais tornaram a via judicial menos atractiva.

Acresce que os estudos realizados sobre a explosão da litigiosidade obrigaram a rever algumas das ideias feitas sobre a acessibilidade dos tribunais.[20] Por um lado, as medidas mais inovadoras para incrementar o acesso das classes mais baixas nos países do centro e da semi-periferia em breve foram eliminadas, quer por razões políticas, quer por razões orçamentais. Por outro lado, questionou--se o âmbito da tutela judicial, pois muitas vezes, apesar do seu alargamento, os tribunais continuaram a ser selectivos na eficiência com que responderam à procura da tutela judicial. Em alguns países, mais do que noutros, o desempenho judicial continuou a concentrar-se nas mesmas áreas de sempre. Além disso, o aumento da litigação agravou a tendência para avaliação do desempenho dos tribunais em termos de produtividade quantitativa, o que fez com que massificação da litigação conduzisse a uma judicialização rotinizada, com os juízes a evitarem, sistematicamente, os processos e os domínios jurídicos que obrigassem a estudo ou a decisões mais complexas, inovadoras ou controversas.[21] Por último, houve necessidade de averiguar em que medida o aumento da litigação era resultado da abertura do sistema jurídico a novos litigantes ou

---

[20] Sobre este tema cf. Trubek *et al*, 1983, relatório final de uma investigação sobre o litígio civil nos Estados Unidos.

[21] Cf. Faria, 1994: 50, onde pode ler-se uma importante análise dos desafios do poder judiciário neste domínio.

OS TRIBUNAIS, O ESTADO E A DEMOCRACIA   105

se era antes o resultado do uso mais intensivo e recorrente da via judicial por parte dos mesmos litigantes, os chamados *repeat players* (Galanter, 1974).

3. No terceiro período a litigação no domínio cível sofre, contudo, alteração significativa. A emergência, neste período, sobretudo na área económica, de uma legalidade negociada assente em normas programáticas, contratos-programa, cláusulas gerais e conceitos indeterminados originou o surgimento de conflitos altamente complexos, mobilizando conhecimentos técnicos sofisticados, tanto no domínio do direito, como no domínio da economia e da ciência e tecnologia.[22] A impreparação dos magistrados, combinada com a sua tendência para se refugiarem nas rotinas e no produtivismo quantitativo, fez com que a oferta judiciária fosse nestes conflitos altamente deficiente, o que de alguma maneira contribuiu para a erosão da legitimidade dos tribunais enquanto mecanismos de resolução de conflitos.

4. Paralelamente à crise do Estado-Providência agravam-se, neste período, as desigualdades sociais. Este fenómeno, em articulação com a relativa rigidez dos direitos sociais e económicos – rigidez que resulta do facto de serem direitos e não exercícios de benevolência e de, por isso, existirem e poderem ser exercidos independentemente das vicissitudes do ciclo económico – deveria, em princípio, suscitar um aumento dramático da litigação. A verdade é que tal não sucedeu e nalgumas áreas, como, por exemplo, no domínio dos direitos laborais, a litigação, inclusivamente, diminuiu. Para isso contribuiu um certo enfraquecimento dos movimentos sociais (nomeadamente, os sindicatos), que no período anterior tinham sustentado politicamente a judicialização dos direitos sociais da segunda geração.

No entanto, neste período surgem novas áreas de litigação ligadas aos direitos da terceira geração, em especial a área da protecção do ambiente e da protecção dos consumidores. Estas áreas, para as quais os tribunais têm pouca preparação técnica, são integradas no desempenho judicial na medida em que existem

---

[22] Sobre a ordem jurídica da economia, cf. Santos, Gonçalves e Marques, 1995: 15-16. Aí se dá conta da ampliação das fontes tradicionais do direito e da sua relativa privatização, quer por efeito da importância crescente das fontes de origem privada (como os códigos de conduta), quer pela negociação em torno da produção das fontes públicas e do declínio de coercibilidade, que se reflecte em diversos aspectos, como sejam o predomínio das normas de conteúdo positivo sobre as de conteúdo negativo, a diminuição dos efeitos da nulidade dos negócios, etc. Sobre o mesmo fenómeno, cf. também Sayag e Hilaire, 1984; Salah, 1985; Farjat, 1986; Pirovano, 1988, e Martin, 1991. Sobre a mobilização do conhecimento científico e técnico em determinados ramos do direito (por exemplo, o direito do ambiente ou da informação), cf. Ball e Bell, 1991; Gonçalves, 1994; Santos, Gonçalves e Marques, 1995; McEldowney e McEldowney, 2001; Chaterjee, 2002; Layzer, 2005, e Akech 2006.

movimentos sociais capazes de mobilizar os tribunais, quer directamente, quer indirectamente, através da integração dos novos temas na agenda política ou através da criação de uma opinião pública a favor deles.

5. Politicamente este período caracteriza-se não só pela crise do Estado-Providência, como também pela crise da representação política (crise do sistema partidário e crise da participação política). Esta última crise tem muitas dimensões mas uma delas confronta directamente os tribunais na sua função de controlo social: trata-se do aumento da corrupção política. Uma das grandes consequências do Estado regulador e do Estado-Providência foi a de que as decisões do Estado passaram a ter um conteúdo económico e financeiro que não tinham antes. A regulação da economia, a intervenção do Estado na criação de infra-estruturas (estradas, saneamento básico, electrificação, transportes públicos) e a concessão dos direitos económicos e sociais saldaram-se numa enorme expansão da administração pública e do orçamento social e económico do Estado. Especificamente, os direitos sociais, tais como o direito ao trabalho e ao subsídio de desemprego, à educação, à saúde, à habitação e à segurança social, envolveram a criação de gigantescos serviços públicos, uma legião de funcionários e uma infinitude de concursos públicos e de contratações, empreitadas e fornecimentos por onde passou a circular muito dinheiro, sendo que tais concursos e contratações criaram as condições para a promiscuidade entre o poder económico e o poder político. O afrouxamento das referências éticas no exercício do poder político, combinado com as deficiências do controlo do poder por parte dos cidadãos, permitiu que essa promiscuidade redundasse num aumento dramático da corrupção (Santos, 2006b).

Criadas as *condições para a corrupção* esta é susceptível de alastrar, e de alastrar mais rapidamente, nas sociedades democráticas, por três razões principais: em primeiro lugar, nestas sociedades a classe política é mais ampla porque é menor a concentração do poder e, nesta medida, sendo mais numerosos os agentes políticos, são mais numerosas as interfaces entre eles e os agentes económicos e, portanto, são maiores as probabilidades e as oportunidades para a ocorrência da corrupção. Tal ocorrência é tanto maior quanto mais longa é a permanência no poder do mesmo partido ou grupo de partidos. Em segundo lugar, a comunicação social é, nas sociedades democráticas, um auxiliar precioso na investigação da grande criminalidade política e é-o tanto mais quanto menos activa é a investigação por parte dos órgãos competentes do Estado. Em terceiro lugar, a competição pelo poder político entre os diferentes partidos e grupos de pressão cria clivagens que podem dar origem a denúncias recíprocas, sobretudo quando as ligações ao poder económico são decisivas para a progressão na carreira política ou quando tais ligações se tornam, por qualquer razão, conflituais.

A corrupção[23] é, conjuntamente com o crime organizado ligado sobretudo ao tráfico da droga, de diamantes e ao branqueamento de dinheiro, a grande criminalidade deste terceiro período e coloca os tribunais no centro de um complexo problema de controlo social. No segundo período a explosão da litigiosidade deu-se sobretudo no domínio cível e foi aí que a visibilidade social e política dos tribunais teve lugar; no período actual, a visibilidade, sem deixar de existir no domínio cível, desloca-se de algum modo para o domínio penal.

A análise dos tribunais no domínio penal é mais complexa, não só porque aqui coexistem duas magistraturas como, também, porque o desempenho judicial depende das polícias de investigação. Na maior parte dos países centrais o aumento de litigiosidade cível no período do Estado-Providência ocorreu conjuntamente com o aumento da criminalidade e esta não cessou de aumentar no período actual. Tal como na litigiosidade cível, a massificação da litigiosidade suscita a rotinização e o produtivismo quantitativo, sendo que no domínio judicial penal o aumento da criminalidade torna manifestos os estereótipos que presidem à rotinização do controlo social por parte dos tribunais e à selectividade de actuação que por via dela ocorre.

Este fenómeno ocorre por várias maneiras: pela criação de perfis estereotipados de crimes mais frequentes, de criminosos mais recorrentes e de factores criminogénicos mais importantes; pela criação, de acordo com tais perfis, de especializações e de rotinas de investigação por parte das polícias e do Ministério Público, sendo também os êxitos nestes tipos de investigação que determinam as promoções nas carreiras; pela criação de infra-estruturas humanas, técnicas e materiais orientadas para o combate ao crime que se integra no perfil dominante; e pela aversão, minimização ou distanciação em relação aos crimes que extravasam desse perfil, quer pelo tipo de crime, quer pelo tipo de criminoso, quer ainda pelos factores que podem ter estado na origem do crime.

Esta estereotipização determina a selectividade e os limites do preparo técnico do desempenho judicial, no seu conjunto, no domínio do controlo social. A corrupção é um dos crimes que extravasa dos estereótipos dominantes, quer pelo tipo de crime, quer pelo tipo de criminoso, quer ainda pelo tipo de factores que podem estar na origem do crime. Por isto, num contexto de aumento da

---

[23] Este tema é analisado, neste volume, no capítulo de José Octávio Serra Van-Dúnem.

corrupção, põe-se de imediato a questão do preparo técnico do sistema judiciário e do sistema de investigação para combater este tipo de criminalidade. O despreparo técnico suscita, por si, a distanciação em relação à corrupção e, em última instância, a sua minimização. Mas esta postura é ainda potenciada, neste caso, por um outro factor igualmente importante: a falta de vontade política para investigar e julgar crimes em que estão envolvidos membros da classe política, indivíduos e organizações com muito poder social e político.

A vontade política e a capacidade técnica no combate à corrupção são os vectores mais decisivos da neutralização ou desneutralização política dos tribunais no terceiro período, já que são eles que determinam os termos em que é travada a luta política à volta da independência dos tribunais. Isto não quer dizer que os temas ligados à constitucionalização do direito ordinário e ao reforço da garantia da tutela judicial dos direitos não continuem a ser importantes nas vicissitudes políticas da questão da independência. Só que no terceiro período os argumentos mais decisivos pró e contra a independência se jogam no campo do combate à corrupção, e é também aqui que se discutem com mais acuidade as outras duas questões que atravessam o judiciário desde o primeiro período: a questão da legitimidade e a questão da capacidade.

Enquanto no segundo período a politização da independência dos tribunais decorria de estes assumirem a quota-parte da responsabilidade na realização de uma agenda política que estava consagrada constitucionalmente e cabia aos poderes do Estado no seu conjunto, no terceiro período a politização da independência dos tribunais é dupla, na medida em que a actuação dos tribunais no combate à corrupção não se limita a confrontar a agenda política dos outros poderes do Estado, confrontando também os próprios agentes políticos e os abusos de poder de que eles são eventualmente responsáveis. E é por esta razão que a questão da independência se confunde neste período, frequentemente, com a questão da legitimidade.

O aumento da corrupção é apenas um dos sintomas de crise da democracia enquanto sistema de representação política e o combate à corrupção coloca de novo o sistema judicial perante uma situação quase dilemática: se se demite de uma actuação agressiva neste domínio garante a preservação da independência, sobretudo nas suas dimensões corporativas, mas com isso colabora, por omissão, na degradação do sistema democrático que, em última instância, garante a independência efectiva; se, pelo contrário, assume uma posição activa de combate à corrupção, tem de contar com ataques demolidores à sua independência por parte, sobretudo, do poder executivo, ao mesmo tempo que se coloca na contingência de ver transferida para si a confiança dos cidadãos no sistema político, o que, por ser o único poder não directamente eleito, acaba por suscitar com acuidade a questão da legitimidade.

Esta situação quase dilemática vinca ainda mais o contraste entre duas concepções de independência dos tribunais que surgira já no período do Estado-Providência: por um lado, *a independência corporativa*, orientada para a defesa dos interesses e privilégios da classe dos magistrados, coexistindo com um desempenho reactivo, centrado na micro-litigação clássica, politicamente neutralizado; por outro lado, *a independência democrática* que, sem deixar de defender os interesses e os privilégios da classe dos magistrados, defende-os como condição para que os tribunais assumam, concretamente, a sua quota-parte de responsabilidade política no sistema democrático através de um desempenho mais pró-activo e politicamente controverso. Estas duas concepções e práticas de independência judicial pressupõem dois entendimentos da partilha e da legitimidade do poder político no sistema democrático. Mas enquanto no segundo período os tribunais, ao optar entre uma ou outra, apenas condicionam o exercício, mais ou menos avançado, da convivência democrática, no terceiro período a opção determina a própria sobrevivência da democracia. Enquanto no segundo período estamos perante diferentes concepções do uso do poder político, no terceiro estamos perante a diferença entre o uso e o abuso do poder político.

Não admira, pois, que os tribunais, de um modo ou de outro, sejam chamados ao centro do debate político e passem a ser um ingrediente fundamental da crise da representação política, quer pelo que contribuem para ela, demitindo-se da sua responsabilidade de combater o abuso de poder, quer pelo que contribuem para a solução dela, assumindo essa responsabilidade. Aliás, esta responsabilidade pode ser assumida em vários graus de intensidade. Há, por exemplo, que distinguir entre o combate pontual e o combate sistemático à corrupção. O combate pontual reside na repressão selectiva incidindo sobre alguns casos de corrupção escolhidos por razões de política judiciária: porque a sua investigação é particularmente fácil; porque contra eles há uma opinião pública forte, a qual, se defraudada pela não repressão, aprofunda a distância entre os cidadãos e a administração da justiça; porque, sendo exemplares, têm um elevado potencial de prevenção; ou porque a sua repressão tem baixos custos políticos. O combate pontual pode, pela sua natureza, servir para ocultar toda a outra corrupção que fica por combater e, nessa medida, pode servir para legitimar um poder político ou uma classe política decadente. Por sua vez, o combate sistemático, sendo um combate orientado mais por critérios de legalidade do que por critérios de oportunidade, pode tornar-se mais ou menos desgastante para o poder político visado e, em casos extremos, pode mesmo deslegitimá-lo no seu conjunto, como sucedeu em Itália. O combate sistemático é, no entanto, raro e, na maior parte das vezes, a acção dos tribunais acaba por legitimar o poder político corrupto.

Nestas condições, por uma ou outra via, o poder judicial é, neste período, fortemente politizado. A complexidade deste facto está em que a legitimidade do poder político dos tribunais assenta no carácter apolítico do seu exercício, ou seja, um poder globalmente político tem de ser exercido apoliticamente em cada caso concreto. Se no segundo período a constitucionalização do direito ordinário visou reforçar a garantia da tutela dos direitos, no segundo período o combate à corrupção visa a eliminação das imunidades fácticas e da impunidade em que se traduzem. O agravamento das desigualdades sociais no terceiro período mantém viva e reforça, até, a primeira exigência, mas agora esta não pode ser cumprida se a segunda não o for também. A garantia dos direitos dos cidadãos pressupõe que a classe política e a administração pública cumprem os seus deveres para com os cidadãos. Esta articulação explicará, em parte, a actuação do poder judicial em Itália no âmbito da operação "Mãos Limpas" (Tijeras, 1994). O activismo de uma parte do sistema judicial italiano na defesa dos direitos económicos e sociais no segundo período criou uma cultura judiciária intervencionista e politicamente frontal, cujas energias são relativamente deslocadas, no terceiro período, da garantia dos direitos para a repressão do abuso do poder político (Pepino e Rossi, 1993; Rossi, 1994).

Se, como referimos acima, a litigação cível tecnicamente complexa veio suscitar a questão da preparação técnica dos magistrados e, em última análise, a questão do desajustamento entre a formação profissional e o desempenho judicial socialmente exigido, o combate à grande criminalidade política suscita tanto a questão da preparação técnica como a questão da vontade política. Entre uma e outra interpõem-se outras questões que não cessam de ganhar importância, tais como as da formação profissional, da organização judiciária, da organização do poder judicial, da cultura judiciária dominante e dos padrões e orientações políticas do associativismo dos magistrados.

Estas questões "internas" do sistema judicial não são abordadas e decididas num vazio social, pelo contrário, a natureza das clivagens no seio da classe política, a existência ou não de movimentos sociais e organizações cívicas com agendas de pressão sobre o poder político, em geral, e sobre o poder judicial, em especial, a existência ou não de uma opinião pública esclarecida por uma comunicação social livre, competente e responsável, são factores que interferem no modo como são abordadas as questões referidas. Dadas as diferenças que estes factores conhecem de país para país não é de surpreender que as questões judiciais sejam também tratadas diferentemente de país para país. Não deixa, no entanto, de ser curioso que, sobretudo na Europa, estas diferenças coexistam com algumas convergências igualmente significativas, fazendo com que a corrupção, o combate à corrupção e a visibilidade política dos tribunais que dele decorre estejam a ocorrer em vários países. O mesmo jogo de diferenças e de convergências deve ser tido em conta quando se analisam, por exemplo, nos vários países europeus, as duas dimensões mais inovadoras da judicialização da 'questão social' no período pós-Estado-Providência: a judicialização da protecção do ambiente e a judicialização da protecção dos consumidores.

4. Os tribunais nos países periféricos e semiperiféricos

A análise precedente centrou-se na experiência e na trajectória histórica dos tribunais nos países centrais, os mais desenvolvidos do sistema mundial, e apenas tratou delas a evolução do significado sociopolítico da função judicial no conjunto dos poderes do Estado. Há, pois, agora que ampliar a análise.

O nível de desenvolvimento económico e social afecta o desempenho dos tribunais por duas vias principais: por um lado, o nível de desenvolvimento condiciona o tipo e o grau de litigiosidade social e, portanto, de litigiosidade judicial. Uma sociedade com forte componente de população rural dominada pela economia de subsistência e pela economia informal não gera o mesmo tipo de conflitos que uma sociedade fortemente urbanizada e com uma economia industrial e de serviços.[24] Por outro lado, embora não se possa estabelecer uma correlação linear entre desenvolvimento económico e desenvolvimento político, os sistemas políticos nos países menos desenvolvidos ou de desenvolvimento intermédio têm sido, em geral, muito instáveis, com períodos mais ou menos longos de ditadura alternados com períodos mais ou menos curtos de democracia de baixa intensidade. Este facto não pode deixar de ter um forte impacto na função judicial. Tal como sucede entre os países centrais, estes fenómenos interagem de maneira muito diferente de país para país, quer entre os países periféricos, menos desenvolvidos, quer entre os países de desenvolvimento

---

[24] Angola, com um terço da população a viver em Luanda, oferece outras perspectivas de análise, como resulta evidente nos capítulos que compõem o volume III, bem como do capítulo 7 deste volume.

intermédio.[25] Dado que o tipo e o grau de litigação se articulam com muitos outros factores para além do desenvolvimento económico, analisá-lo-emos na secção seguinte, onde tais factores serão também considerados.

Concentramo-nos, por agora, na articulação entre a função judicial e o sistema político. Os três períodos que analisámos na secção precedente não se adequam às trajectórias históricas dos países periféricos e semiperiféricos. Durante o período liberal muitos destes países eram colónias, e continuaram a sê-lo por muito tempo (os países africanos), e outros só então conquistaram a independência (os países latino-americanos). Por outro lado, o Estado-Providência é um fenómeno político exclusivo dos países centrais, e mais especificamente dos países mais desenvolvidos da Europa. As sociedades periféricas e semiperiféricas caracterizam-se, em geral, por chocantes desigualdades sociais que são mal mitigadas pelos direitos sociais económicos, os direitos da segunda geração, os quais ou não existem ou, se existem, têm uma deficientíssima aplicação. Aliás, os próprios direitos da primeira geração, os direitos civis e políticos, têm uma vigência precária, fruto da grande instabilidade política em que têm vivido estes países ou do autoritarismo, que se imagina ser o único remédio contra a instabilidade.

A precariedade dos direitos é o outro lado da precariedade do regime democrático e, por isso, não surpreende que a questão da independência dos tribunais se ponha nestes países de modo diferente do que se põe nos países centrais.[26] Nestes últimos, os três períodos correspondem aos três tipos de prática democrática e, portanto, a variações de actuação política que ocorrem num contexto de grande estabilidade democrática. Não é assim de modo nenhum nos países periféricos e semiperiféricos, que viveram nos últimos cento e cinquenta anos longos períodos de ditadura[27] ou de colonialismo. Este facto, aliás, reforça a pertinência da distinção entre diferentes concepções de independência dos

---

[25] No contexto europeu: Portugal, Grécia, Espanha, Irlanda; no contexto latino-americano: Brasil, México, Chile, Argentina. No contexto subsaariano, será o caso da África do Sul.

[26] Sobre a garantia judicial dos direitos em países semiperiféricos (no caso, a Colômbia), cf. Palacio, 1989; Santos e García-Villegas, 2001; Arango, 2005 e García-Villegas, Rodríguez-Garavito e Uprimny, 2006. Cf. também León, 1989, uma importante colecção de textos em Bergalli e Mari, 1989, e também Bergalli, 1990. Sobre a disjunção entre o dinamismo das transformações sociais e a rigidez do sistema judicial em Espanha, cf. Toharia, 1974. Uma análise mais recente encontra-se em Ibáñez, 1989. Sobre o caso brasileiro, cf. a excelente antologia de textos em "Dossiê Judiciário", número especial da Revista USP (21, 1994), coordenada por Sérgio Adorno. Em relação a contextos africanos, cf. Van Huyssteen, 2000; Stevens, 2002 e Horn e Bösl, 2008.

[27] Mesmo assim, a situação está longe de ser linear. Cf., por exemplo, o caso dos direitos laborais no Brasil a partir da época de Vargas, analisados por Paoli, 1994.

OS TRIBUNAIS, O ESTADO E A DEMOCRACIA   113

tribunais feita na secção precedente. Como referimos, a independência segundo a matriz liberal, dominante no primeiro período, é atribuída aos tribunais na exacta medida em que estes são politicamente neutralizados por uma rede de dependências, de que destacamos três: o princípio da legalidade, que conduz à subsunção lógico-formal confinada à micro-litigação; o carácter reactivo dos tribunais, que os torna dependentes da procura dos cidadãos; e a dependência orçamental e administrativa em relação ao poder executivo e ao poder legis-lativo. Ora, é este o tipo de independência que domina nos países periféricos e semiperiféricos até aos nossos dias e talvez só agora esteja a ser confrontado com os tipos mais avançados de independência.

É por esta razão que os regimes ditatoriais não tiveram grandes problemas em salvaguardar a independência dos tribunais. Desde que fosse assegurada a sua neutralização política, a independência dos tribunais podia servir os desígnios da ditadura. Assim, segundo Toharia (1987), o franquismo espanhol não teve grandes problemas com o poder judiciário, tendo retirado aos tribunais comuns, a fim de assegurar totalmente a sua neutralização política, a jurisdição sobre os crimes políticos, criando para o efeito um tribunal especial com juízes poli-ticamente leais ao regime. E o mesmo sucedeu em Portugal durante o regime salazarista.[28] Com o mesmo objectivo foram retirados aos tribunais comuns duas áreas de litigação que podiam ser fonte de controvérsia: as questões laborais, que foram atribuídas aos tribunais de trabalho tutelados pelo Ministério das Corporações, e os crimes políticos, para os quais se criou o Tribunal Plenário com juízes nomeados pela sua lealdade ao regime.

Este padrão de relacionamento entre regimes autoritários e os tribunais é bastante generalizado e parece ocorrer tanto em regimes autoritários de longa duração, como em "regimes de crise" cujo autoritarismo é supostamente de curta duração. Neal Tate analisa três casos: a declaração do estado de sítio por Marcos nas Filipinas, em 1972; o accionamento de poderes de emergência por parte de Indira Gandhi na Índia, em 1975; e o golpe militar do General Zia Ul Haq no Paquistão, em 1977 (Tate, 1993: 311-338; Tate e Haynie, 1993: 707-740). Em todos estes casos os líderes políticos tiveram a preocupação de deixar intocada a independência dos tribunais depois de se assegurarem o controlo das áreas 'sensíveis'.

---

[28] No contexto da luta nacionalista, o regime salazarista era comummente designado como 'regime colonial--fascista português.

A independência dos tribunais na matriz liberal é, pois, compatível com regimes não democráticos. O controlo político tende a ser exercido pela exclusão dos tribunais das áreas de litigação que contam politicamente para a sobrevivência do sistema e por formas de intimidação difusa que criam sistemas de auto-censura. O objectivo é reduzir a independência à imparcialidade do juiz perante as partes em conflito e garantir a lealdade passiva dos magistrados ao regime. Esta estratégia garante ao judiciário uma sobrevivência relativamente apagada mas, ao mesmo tempo, sem a necessidade de se salientar em manifestações de lealdade, sendo esta uma das razões pelas quais, quando os regimes autoritários caem, a esmagadora maioria dos magistrados é confirmada pelo novo regime e continua em funções.

E, de facto, desde a década de setenta do século passado temos vindo a assistir ao declínio dos regimes autoritários e aos consequentes processos de transição democrática. Em meados da década de setenta foram os países da periferia europeia, na década de oitenta os países latino-americanos, em finais da década de oitenta os países do Leste Europeu e em princípios da década de noventa alguns países africanos, como Angola e Moçambique (Santos e Trindade, 2003; Vidal e Andrade, 2006, 2008). Estas transições instauraram processos democráticos, muitos dos quais estão ainda por consolidar. Tiveram lugar num momento em que nos países centrais se estava já no terceiro período ou, quando muito, na passagem do segundo para o terceiro período. Este calendário histórico teve consequências fundamentais no domínio da garantia dos direitos.

De uma forma ou de outra, os países periféricos e semiperiféricos viram-se na contingência de consagrar constitucionalmente, ao mesmo tempo, os direitos que nos países centrais tinham sido consagrados sequencialmente ao longo de um período de mais de um século, ou seja, no período liberal os direitos civis e políticos, no período do Estado-Providência os direitos económicos e sociais, e no período do pós-Estado-Providência os direitos dos consumidores, da protecção do ambiente e da qualidade de vida em geral. Obrigados, por assim dizer, a um curto-circuito histórico, não admira que estes países não tenham, em geral, permitido a consolidação de um catálogo tão exigente de direitos de cidadania. Como se compreende, as situações variam enormemente de país para país.

Nos países que passaram por processos de transição democrática nas quatro últimas décadas, os tribunais só muito lenta e fragmentariamente têm vindo a assumir a sua co-responsabilidade política na actuação providencial do Estado.

A distância entre a Constituição e o direito ordinário é, nestes países, enorme e os tribunais têm sido, em geral, tíbios em tentar encurtá-la.[29]

Os factores desta tibieza são muitos e variam de país para país. Entre eles podemos contar, sem qualquer ordem de precedência, os seguintes: o conservadorismo dos magistrados, incubado em Faculdades de Direito intelectualmente anquilosadas, dominadas por concepções retrógradas da relação entre direito e sociedade; o desempenho rotinizado assente na justiça retributiva, politicamente hostil à justiça distributiva e tecnicamente despreparada para ela; uma cultura jurídica "cínica" que não leva a sério a garantia dos direitos, caldeada em largos períodos de convivência ou cumplicidade com maciças violações dos direitos constitucionalmente consagrados, inclinada a ver neles simples declarações programáticas, mais ou menos utópicas; uma organização judiciária deficiente, com carências enormes tanto em recursos humanos, como em recursos técnicos e materiais; um poder judicial tutelado por um poder executivo, hostil à garantia dos direitos ou sem meios orçamentais para a levar a cabo; ausência de opinião pública forte e de movimentos sociais organizados para a defesa dos direitos; ou, ainda, um direito processual hostil e antiquado.

Isto não significa, porém, que nalguns países os tribunais não tenham, ao longo da década de oitenta do século passado, começado a assumir uma postura mais activa e agressiva na defesa dos direitos. No Brasil, por exemplo, alguns tribunais, sobretudo de primeira instância – os que contactam mais de perto com as flagrantes discrepâncias entre igualdade formal e justiça social – têm vindo a criar uma corrente jurisprudencial assente na constitucionalização do direito ordinário e orientada para uma tutela mais efectiva dos direitos. Estas correntes jurisprudenciais, ainda que sempre minoritárias, assumem, por vezes, uma expressão organizativa, como é o caso, também no Brasil, do movimento do direito alternativo protagonizado por juízes envolvidos no reforço da tutela judicial dos direitos. Outro exemplo importante é o das *"assessorias jurídicas populares"*, uma prática jurídica desenvolvida por estudantes de direito dos últimos anos, acompanhados por professores. Esta nova clínica jurídica assegura

---

[29] Cf. o caso de Moçambique, em Santos e Trindade, 2003, e o do Brasil, em Santos, 2007. Em Angola, os distintos enquadramentos constitucionais consagravam esta actuação providencial do Estado. Todavia, o contexto da guerra civil e a constante instabilidade do poder e do sistema governativo conduziu a que o sistema jurídico formal concentrasse a sua atenção não nessa actuação providencial, mas sim nos problemas de instabilidade e de legitimidade que o poder, quer na figura do Estado, quer na figura do Governo, quer também na figura do Partido no poder, enfrentavam.

SOCIEDADE E ESTADO EM CONSTRUÇÃO: DESAFIOS DO DIREITO E DA DEMOCRACIA EM ANGOLA

assistência e assessoria jurídica aos conflitos estruturais, com uma intervenção mais solidária e mais politizada.[30]

A tibieza dos tribunais no domínio da justiça distributiva e dos direitos sociais e económicos prolonga-se, também, no domínio do combate à corrupção, o qual, como vimos, tem vindo a constituir, juntamente com a tutela dos interesses difusos, sobretudo nas áreas do consumo e do meio ambiente, uma área privilegiada de protagonismo político e visibilidade social dos tribunais nos países centrais. As causas desta tibieza são, em grande medida, as mesmas que determinaram a tibieza no domínio da tutela dos direitos. Mas acrescem outras específicas e que têm a ver, sobretudo, com a falta de tradição democrática nestes países. Um poder político concentrado, tradicionalmente assente numa pequena classe política de extracção oligárquica, soube, ao longo dos anos, criar imunidades jurídicas e fácticas que redundaram na impunidade geral dos crimes cometidos no exercício de funções políticas. Esta prática transformou-se na pedra angular de uma cultura jurídica autoritária, nos termos da qual só é possível condenar 'para baixo' (os crimes das classes populares) e nunca 'para cima' (os crimes dos poderosos).[31]

---

[30] Analiso em detalhe as diferentes formas de construção do acesso à justiça em Santos, 2007.

[31] Em diversos momentos históricos o sistema jurídico centrou a sua actuação na produção das condições legislativas necessárias para assegurar a estabilidade e a legitimidade do sistema governativo vigente. Dois casos paradigmáticos desta questão podem ser evocados, ainda que pertencentes a distintas molduras político-ideológicas (marxismo-leninismo e multipartidarismo democrático), ambos são demonstrativos desta concentração do sistema jurídico em questões de governabilidade e da sua distância relativamente a questões concernentes ao exercício do direito ordinário, no seu sentido mais amplo. São eles os direitos sociais e a justiça distributiva. Na vigência da I.ª República assistiu-se a uma revisão constitucional que acentuava, inequivocamente, o pendor presidencial do sistema de governo. Esta deriva presidencialista pretendia, claramente, assegurar uma certa estabilidade governativa, necessária em face não só da guerra, mas também da própria instabilidade que sempre caracterizou internamente o MPLA, partido no poder. De facto, um breve olhar sobre a história do MPLA permite ver como ele foi enfrentando inúmeras e sucessivas rupturas e fracturas – desde as célebres Revolta de Chipenda, Revolta de Leste, Revolta Activa à crise nitista que culminou no 27 de Maio –, no seio do bloco do poder (Mabeko-Tali, 2000; Mateus, 1999; Mateus, Mateus, 2007, Medina, 2003; Messiant, 2000; Pestana, 2002). Na realidade, o primeiro texto constitucional saído da independência preconizava uma arquitectura de poder que procurava contrabalançar a figura da Presidência da República com o cargo de Primeiro-Ministro, nomeado pelo Conselho da Revolução, e a quem pertencia o poder executivo, dando-se especial proeminência à Assembleia do Povo (que nunca teve um funcionamento regular). Feijó considera a este respeito que *"A Lei Constitucional de 1975 [...] não era de todo em todo de inspiração marxista-leninista. Ou, pelo menos, não o era totalmente. Apesar das circunstâncias históricas ditarem um regime de Partido único, a organização do poder procurou assentar o poder executivo num Primeiro-Ministro que nem sequer era nomeado pelo Presidente da República, mas sim pelo órgão do 'Supremo do Estado' a quem competia o poder legislativo. Nem era sequer o Presidente da República quem presidia o Conselho de Ministros"* (2007: 31-32). Esta balança de poderes rapidamente pendeu a favor da Presidência. Assim, e em face de tensões internas no seio do bloco de poder, a Lei n.º 71/76, de 11 de Novembro, impôs uma nova redacção de vários artigos da Lei Constitucional que, no seu

Em sociedades onde os negócios internacionais são realizados com muito pouca transparência, com tráfico de influências, com uma forte promiscuidade entre o público e o privado, onde pequenas elites podem agilizar um sistema

---

cômputo global, implicava o reforço dos poderes presidenciais. Tais tensões manifestavam-se, especialmente, ao nível das relações políticas e institucionais entre o Presidente Agostinho Neto e o Primeiro-Ministro Lopo do Nascimento e prendiam-se com a questão da definição da titularidade governativa. Por conseguinte, com a revisão do artigo 32.º consagrou-se que seria o Presidente da República a presidir ao Conselho de Ministros e a nomear e exonerar os Comissários Provinciais que, antes, o eram através do Conselho da Revolução. O artigo 39.º representa, igualmente, uma ruptura no sentido de uma presidencialização crescente do sistema, pois, enquanto que, no primeiro texto constitucional, a Presidência não integrava o governo, sendo este chefiado por um Primeiro--Ministro, a nova redacção estipulava a chefia do governo pelo Presidente da República.

Também no âmbito da justiça se assistiu a esta deriva presidencialista. Na realidade, no espírito da transformação do MPLA – partido de massas, em MPLA-PT, partido de vanguarda, a revisão constitucional de 1978 institucionalizou a subalternização do sistema de justiça relativamente à Presidência da República. A Procuradoria--Geral da República (criada pela Lei n.º 4/79, de 16 de Maio), por exemplo, constituía nesta óptica *uma unidade orgânica subordinada ao Presidente da República como Chefe de Estado*" (artigo 3º), recebendo o Procurador-Geral da Presidência *"instruções directas e de cumprimento obrigatório"* (artigo 4.º).

Já num momento pós-transaccional, em meados dos anos 1990, assistiu-se a um processo similar. Vejamos. A transição para o multipartidarismo, num contexto de forte polarização política e militar, exigiu que a redacção do novo Texto Fundamental consagrasse um sistema de governo semi-presidencial, no qual o Presidente da República e o Primeiro-Ministro se afirmariam como contrapesos institucionais.

À semelhança do que sucedeu nos anos 1970, este sistema deu azo a novos conflitos institucionais entre Presidência e Primeiro-Ministro, ambos do MPLA, sobre a questão central da titularidade do governo. Destes conflitos que desvelavam a heterogeneidade interna no partido no poder resultou a demissão de dois Primeiros--Ministros e o assumir da coordenação dos Ministros pela Presidência. Procurando normalizar esta situação, a Presidência solicitou, em 1998, ao Tribunal Supremo, nas vestes de Tribunal Constitucional, um parecer para clarificar definitivamente a questão da chefia do governo. No 'Acórdão do Tribunal Supremo sobre a Preeminência do Presidente da República na Cadeia de Comando do Poder Executivo, de Direcção e Chefia do Governo', foi claramente atribuída à Presidência a competência para orientar e dirigir a actividade governativa.

A presidencialização do sistema de governo reflectiu-se, também, no âmbito da justiça. Aliás, saliente-se que o peso da Presidência ao nível do sistema jurídico tem sido uma constante ao longo da história contemporânea de Angola. A primeira Constituição democrática de Angola, datando de 1992, refere, no artigo 86º, o leque de competências da Presidência da República, de onde se destaca a alínea h), segundo a qual é sua competência nomear e exonerar os juízes do Tribunal Supremo. A segunda Constituição democrática, aprovada em 2010, define também, no artigo 119.º, que é competência da Presidência nomear Juiz Presidente do Tribunal Constitucional e demais Juízes do referido Tribunal (alínea e)) e nomear Juiz Presidente do Tribunal Supremo, o Juiz Vice-Presidente e os demais Juízes do referido Tribunal, sob proposta do Conselho Superior de Magistratura Judicial (al. f)), cujos membros são nomeados pela Presidência, após eleição pela Assembleia Nacional, onde o MPLA detém actualmente maioria absoluta. Os efeitos que tal situação exerce sobre o sistema jurídico e sobre a actuação da justiça e dos tribunais são problemáticos e suscitam uma série de questões dificilmente respondíveis. Por exemplo, haverá relação entre a subordinação do sistema jurídico à Presidência e a tibieza dos tribunais em julgar casos de alta criminalidade? Haverá relação entre esta estrutura do sistema jurídico e o facto e a qualidade da independência dos tribunais? Ou da sua possibilidade de actuarem de uma forma suficientemente politizada para assegurar o 'garantismo' de direitos e de justiça distributiva e para minimizar a distância relativamente ao exercício do direito ordinário?

internacional de negócios que passa à margem do direito e do sistema judiciário, são múltiplas as situações de corrupção.[32]

Este modelo não precisa, efectivamente, da eficácia e da transparência do sistema judiciário. De facto, onde há uma grande opacidade e privatização do Estado, onde os critérios privatísticos de acumulação se confundem com os objectivos do Estado, o sistema judiciário é quase irrelevante. Aliás, neste contexto, a funcionalidade do sistema judiciário dá-se por omissão, isto é, o sistema judiciário funciona bem se não agir, se não intervier, quer ao nível do Ministério Público, quer ao nível do sistema judiciário em geral. E os operadores do direito, nomeadamente os advogados, são necessários, sobretudo, para usarem os seus conhecimentos não para aplicar o direito, mas sim para contorná-lo. Mais, não só é funcional que o sistema judiciário não funcione, como é ainda mais funcional que o próprio sistema judiciário seja corrupto (Santos, 2007).

Longe de serem vistos pelos cidadãos como tendo a responsabilidade de punir os crimes da classe política, os tribunais foram vistos como parte dessa classe política e tão autoritários quanto ela.[33] Curiosamente, sobretudo na América Latina (Argentina, Colômbia, Nordeste do Brasil, etc.), sempre que se tem falado de corrupção a respeito dos tribunais não é para falar do combate à corrupção por parte dos tribunais, mas sim para falar da corrupção dos tribunais (a venalidade dos magistrados e dos funcionários).[34]

---

[32] Para Angola, Mcmillan aborda esta problemática, dando especial atenção à relação entre as companhias petrolíferas e o sistema de poder: *"Angola recebeu avultadas somas de empresas petrolíferas sob a forma dos chamados "bónus de assinatura", que são pagos em dinheiro contra a assinatura de um contrato. [...] Em qualquer lugar do mundo é uma prática comum as companhias petrolíferas pagarem este tipo de "bónus de assinatura".* Mas, no caso angolano, existem dois problemas, pois: *"Em busca do melhor preço por um bloco de óleo o governo tem dois instrumentos, o bónus de assinatura e a taxa de royalty. Para ter toda a força na competição entre as companhias petrolíferas, o governo deve estabelecer o equilíbrio desejável entre os adiantamentos e os pagamentos continuados [...] Um royalty mais elevado e um bónus de assinatura mais baixo, num determinado ponto, levam a um pagamento final mais elevado. Contudo, os bónus de assinatura são pagos de imediato, enquanto os royalties só são pagos anos mais tarde. Se o governo, antecipando ser substituído, tem um curto horizonte temporal, querendo facturar de imediato, negoceia um bónus de assinatura mais elevado e um royalty mais baixo. Bónus de assinatura elevados e baixos royalties funcionam, realmente, para benefício do governo, mas custam caro à Nação em geral. Será que Angola, de facto, estabeleceu bónus de assinatura muito elevados e royalties baixos demais? Não o sabemos, porque há lacunas ao nível de informação contratual. [...] O segundo problema com os bónus de assinatura [...] é para onde eles vão. De acordo com o FMI, os pagamentos de bónus eram, muito raramente, contabilizados nas finanças Angolanas, mas quando isso acontecia os valores eram atenuados"* (McMillan, 2005: 5 – 6).

[33] Cf. Gargarella, Domingo e Roux, 2004 e Gloppen *et al*, 2010.

[34] Trabalho este tema em Santos e Garcia-Villegas, 2001; Santos, 2007 e 2009. No Brasil, por exemplo, uma das questões da corrupção do judiciário centra-se na compra e venda de sentenças.

Apesar disso, em anos mais recentes têm vindo a multiplicar-se os sinais de um maior activismo dos tribunais neste domínio, quer para combater a corrupção dentro do sistema judicial, quer para combater a corrupção da classe política e, em geral, a grande criminalidade organizada. Como vimos, o aumento da corrupção política e o grande crime organizado a nível internacional são as grandes novidades criminais do terceiro período acima analisado. Aliás, o crime organizado, sobretudo o narcotráfico e o tráfico de diamantes, têm vinculações, mais ou menos, estreitas à classe política e aos militares e, nalguns países mesmo, também a grupos de guerrilha. Nestas condições, é fácil imaginar as dificuldades com que se confrontam os tribunais ao pretenderem exercer o controlo penal nestes domínios. Em muitos países há inúmeros magistrados ameaçados de morte e só agora começam a surgir expressões de solidariedade internacional entre os magistrados.

Para os países que passaram, nas últimas décadas, por uma transição democrática, o primeiro teste feito ao judiciário no domínio da criminalização do abuso do poder político consistiu no julgamento dos responsáveis por milhares de assassinatos de opositores políticos e por outras maciças e cruéis violações dos direitos humanos cometidos durante a vigência dos regimes ditatoriais. Foi um teste que o judiciário falhou em grande medida, ainda que por razões nem sempre a ele imputáveis.[35] Nos casos em que a transição resultou de uma ruptura entre o regime autoritário e o regime democrático, como foi o caso de Portugal, e, de algum modo também, o caso da Argentina e da África do Sul, a existência de tribunais especiais com juízes ainda leais ao regime deposto, a falta de vontade política para levar a cabo a investigação, a existência superveniente de perdões, a ocorrência da prescrição, os acordos entre as diferentes forças políticas no sentido de "passar uma esponja" sobre o passado, todos estes factores contribuíram para que muitos dos crimes cometidos durante os regimes ditatoriais ficassem, em geral, impunes e apenas agora se comecem a ver as primeiras condenações. No caso da Argentina, por exemplo, houve, inicialmente, uma forte corrente de opinião pública e de mobilização social no sentido da repressão dos crimes da ditadura e alguma teve, efectivamente, lugar no início do período democrático. Segundo Maria Luísa Bartolomei, em meados da década de oitenta do século XX, o Presidente Raul Alfonsin terá negociado o fim da repressão com militares revoltosos, em troca do fim da revolta (Bartolomei,

---

[35] Para o caso Argentino, cf. Bartolomei, 1994.

1994: 19).[36] Nos países em que a transição foi pactuada, como, por exemplo, nos casos da Espanha, do Brasil e do Chile, a impunidade dos crimes de abuso de poder e de violação dos direitos humanos cometidos durante a ditadura foi negociada entre a classe política do regime ditatorial e a classe política do regime democrático emergente. Nestes casos, os tribunais foram, à partida, excluídos do exercício do controlo penal neste domínio, tendo tal exclusão servido, de facto, para reforçar a cultura jurídica autoritária legitimadora da imunidade fáctica, ou mesmo jurídica, dos detentores do poder político.

Saliente-se que, em Angola, a opção tem sido a da não abordagem judicial aos crimes cometidos durante a guerra civil. No decorrer dos sucessivos processos de paz (Bicesse, em 1991, Lusaka, em 1994, e Luena, em 2002), nenhuma política de verdade e reparação foi levada a cabo, havendo, em sua substituição, uma preferência pela política do 'esquecer e perdoar'. Foi esta política que esteve presente na formação, pós eleições de 1992, do Governo de Unidade e Reconciliação Nacional; e tem sido, também, esta política que tem impedido o julgamento no domínio da criminalização de actos de guerra e de abusos de poder.

Podemos, pois, concluir que as trajectórias políticas e sociológicas do sistema judicial nos países periféricos e semiperiféricos são distintas das do sistema judicial nos países centrais, ainda que haja entre elas alguns pontos de contacto. A análise comparada dos sistemas judiciais é, assim, de importância crucial para compreender como, sob formas organizacionais e quadros processuais relativamente semelhantes, se escondem práticas judiciárias muito distintas e distintos significados sociopolíticos da função judicial, bem como distintas lutas pela independência do poder judicial.

5. Padrões de litigação e cultura jurídica

Por muito significativas que sejam as diferenças entre países com níveis de desenvolvimento distintos no que respeita às vicissitudes da independência e do significado sociopolítico dos tribunais, elas suscitam duas reflexões comuns.

A primeira, que é, afinal, a conclusão mais abrangente da nossa análise até agora, é que a luta pela independência do sistema e do poder judicial é sempre, apesar das variações infinitas, uma luta precária, na medida em que ocorre no contexto de algumas dependências robustas do sistema judicial em relação ao

---

[36] Anos mais tarde, por via da pressão social interna (Movimento das Mães da Praça de Maio) e internacional, esta lei viria a ser revogada e hoje estão a ser julgados vários dos líderes da ditadura militar.

Executivo e ao Legislativo. Trata-se de uma luta com meios limitados contra outros poderes, quase sempre hostis, por uma independência que nunca é completa. Nesta medida, a independência só é tida como estando em causa quando são ultrapassados os limites da falta de independência considerados toleráveis pelas próprias magistraturas ou pelos cidadãos organizados em partidos ou outras formas de associação interessados em defender a independência dos tribunais. As tentações e as tentativas para exercer controlo político sobre a actividade judicial ocorrem por razões semelhantes e com recursos a meios, também eles, não totalmente díspares, tais como: transferência de certas áreas de litigação do âmbito dos tribunais comuns para tribunais especiais ou para agências administrativas sob o controlo do poder executivo; controlo sobre a formação, o recrutamento e a promoção dos magistrados; e gestão da dependência financeira dos tribunais. O que neste domínio verdadeiramente distingue os países periféricos dos países centrais é o facto de só nos primeiros os meios de controlo incluírem a intimidação séria e a própria liquidação física dos juízes.

A segunda reflexão, que suscita a análise que se segue, é a de que no terreno político concreto a luta pela independência depende do desempenho efectivo dos tribunais. Este desempenho permite uma enorme variação interna e só quando ele se traduz em exercícios susceptíveis de ampliar a visibilidade social ou o protagonismo político para além dos limites convencionados e convencionais é que a independência judicial se transforma numa luta política de primeira grandeza. No entanto, e ao contrário do que pode parecer, não há uma relação absolutamente unívoca e linear entre os termos da luta pela independência e os termos do desempenho efectivo, na medida em que variam de país para país as sensibilidades políticas sobre o significado do desempenho e das suas variações. Para entender o significado do desempenho dos tribunais é, no entanto, necessário aprofundar um pouco mais o tema das funções dos tribunais.[37]

---

[37] A análise comparada dos sistemas judiciais, sendo de importância crescente, é, no entanto, muito complexa, dada a multiplicidade de variáveis envolvidas. Sobre este tema, cf. Shapiro, 1986; Damáska, 1986; Schmidhauser, 1987; Cappelletti, 1991, 1999, Holland (org.), 1991; Gloppen, Gargarella e Skaar, 2004 e Gloppen e tal., 2010. Em meu entender, a dificuldade maior na análise comparada dos sistemas judiciários reside em que estes operam num contexto de pluralismo jurídico, que condiciona de modo decisivo o seu desempenho, o qual varia significativamente de país para país. No Brasil, uma análise muito bem documentada do pluralismo jurídico interno, dentro do Estado, pode ler-se em Wolkmer, 1994.

6. As funções dos tribunais

Nas secções precedentes começámos por analisar a evolução histórica do significado sociopolítico dos tribunais, pressupondo para isso um entendimento amplo e mutante das funções dos tribunais na sociedade. Ao concentrarmo-nos no desempenho dos tribunais enquanto ponto de encontro entre a procura efectiva e oferta efectiva da tutela judicial, as funções dos tribunais passaram a ser entendidas de modo mais restrito, ou seja, os tribunais enquanto mecanismos de resolução de conflitos.[38] Esta é, sem dúvida, uma função crucial, talvez mesmo a principal, e aquela sobre que há mais consenso na sociologia judiciária. Mas não é certamente a única. Ao concentrarmo-nos nela acabamos por privilegiar a justiça cível, já que é através dela que se realiza a função de resolução de conflitos. Cabe fazer uma breve referência às outras funções dos tribunais a fim de construirmos o quadro conceptual e teórico adequado às actuações judiciais que extravasam do domínio cível. Isto é tanto mais necessário quanto é certo que as diferentes funções dos tribunais não evoluíram todas do mesmo modo ao longo dos três períodos.

Os tribunais desempenham nas sociedades contemporâneas diferentes tipos de funções. Distinguimos os três principais: funções instrumentais, funções políticas e funções simbólicas. Em sociedades complexas e funcionalmente diferenciadas as funções instrumentais são as que são especificamente atribuídas a um dado campo de actuação social e que se dizem cumpridas quando o referido campo opera eficazmente dentro dos seus limites funcionais; as funções políticas são aquelas através das quais os campos sectoriais de actuação social contribuem para a manutenção do sistema político; e, finalmente, as funções simbólicas são o conjunto das orientações sociais com que os diferentes campos de actuação social contribuem para a manutenção ou destruição do sistema social no seu conjunto.

As funções instrumentais dos tribunais são as seguintes: resolução dos conflitos, controlo social, administração e criação de direito. A resolução de conflitos já está referida. O controlo social é o conjunto de medidas – quer influências interiorizadas, quer coerções – adoptadas numa dada sociedade para que as acções individuais não se desviem significativamente do padrão dominante de sociabilidade, por esta razão designado por ordem social. A função de controlo

---

[38] Remetemos, uma vez mais, para o capítulo de Conceição Gomes, neste volume, bem como para os capítulos do volume II, sobre esta matéria.

social dos tribunais diz respeito à sua contribuição específica para a manutenção da ordem social e para a sua restauração sempre que ela é violada. Desde meados do século XIX, coincidindo com o início do período liberal, o triunfo ideológico do individualismo liberal e a exacerbação dos conflitos sociais, em resultado da revolução industrial e urbana, vieram pôr a questão central de como manter a ordem social numa sociedade que perdia, ou destruía rapidamente, os fundamentos em que tal ordem tinha assentado até então. A resposta foi encontrada no direito, na existência de uma normatividade única, universal, coerente, consentânea com os objectivos de desenvolvimento da sociedade burguesa e susceptível de poder ser imposta pela força, sendo os tribunais a instituição a que foi confiada tal imposição. Pode dizer-se que a resolução dos conflitos levada a cabo pelos tribunais configura, em si mesma, uma função de controlo social. No entanto, é na repressão criminal que os tribunais exercem especificamente esta função porque é aí que o padrão de sociabilidade dominante é imperativamente afirmado perante o comportamento desviado. Na medida em que esta afirmação coercitiva pode ter eficácia de prevenção, o seu conteúdo de imposição externa passa a coexistir com o de influência interiorizada.

A análise do desempenho dos tribunais no domínio da justiça penal corresponde, assim, à análise da eficácia do sistema judicial no domínio do controlo social. Esta eficácia foi, ao longo dos três períodos, sempre problemática, e foi-o tanto mais quanto mais rápidas foram as transformações sociais. O sistema judicial, com o seu peso institucional, normativo e burocrático, teve sempre dificuldades em adaptar-se às novas situações de comportamento desviado. De alguma maneira, estamos hoje a viver, com a questão do combate à corrupção, o último episódio de um longo processo histórico de adaptação e os limites do seu êxito são já, e mais uma vez, por demais evidentes.

As restantes funções instrumentais dos tribunais são, talvez, menos óbvias e, alguns dirão, menos importantes; acima de tudo, variam muito de país para país. As funções administrativas dizem respeito a uma série de actuações dos tribunais que não são nem resolução de conflitos, nem controlo social. Assim, por exemplo, o conjunto dos actos de certificação e de notariado que os tribunais realizam por obrigação legal em situações que não são litigiosas (por exemplo, em Portugal até há pouco o divórcio por mútuo consentimento). São também funções administrativas as actuações (requisições, destacamentos, comissões de serviço) que, não sendo dos tribunais enquanto tal, são dos magistrados judiciais sempre que estes são chamados a exercer funções de auditoria, de consultoria jurídica ou de magistratura de autoridade nos diferentes ministérios ou departamentos da administração pública. Estas funções administrativas são resíduos da sociedade pré-liberal em que as actividades judicativas eram frequentemente exercidas conjuntamente, e pelos mesmos oficiais do Rei, com as actividades administrativas.

A função de criação do direito por parte dos tribunais é, de todas, a mais problemática, sobretudo nos países de tradição jurídica europeia continental. Mas mesmo nos países da *common law* tem sido abundantemente discutido e analisado o declínio da função de criação do direito por parte dos tribunais, um declínio que se terá iniciado no segundo período (o período do Estado--Providência) quando o equilíbrio de poderes foi definitivamente destruído a favor do poder executivo. Pensamos, no entanto, que, deixando de lado a arquitectura constitucional e olhando mais às práticas judiciárias quotidianas, há muita criação de direito nos tribunais, tanto nos países da *common law*, como nos países do direito europeu continental. Trata-se de uma criação precária, intersticial e caótica, mas nem por isso menos importante, estando, de algum modo, destinada a aumentar de importância nas circunstâncias que parecem estar a prevalecer no terceiro período jurídico-político, o período do pós-Estado-Providência. A criação intersticial do direito prospera, de facto, à medida que colapsam os princípios de subsunção lógica na aplicação do direito. Ora, muitas das características do terceiro período não fazem senão aprofundar tal colapso, como sejam, entre outros, a emergência de normatividade particularís-tica e negociada, a complexidade crescente dos negócios traduzida no uso cada vez mais frequente de cláusulas gerais, conceitos indeterminados, princípios de boa fé e de equidade, e a pressão formal ou informal sobre os juízes para agirem mais como mediadores do que como julgadores. Todos estes factores fazem com que se atenuem, ou sejam cada vez mais difusas, as fronteiras entre a criação e a aplicação do direito. É nessas fronteiras que a criação judicial do direito tem lugar.

Como acontece, de resto, com o conjunto das funções dos tribunais, os três tipos de funções instrumentais influenciam-se naturalmente, interpenetram-se, e, de facto, nenhuma delas é inteligível totalmente separada das restantes. É, sobretudo, na resolução de conflitos que os tribunais criam, intersticialmente, o direito e é, também aí, que se exerce a função de controlo social mediante a afirmação de uma normatividade, que deixa de depender da vontade das partes a partir do momento em que estas decidem submeter-se a ela (sempre que têm a possibilidade de decidir o contrário). Mas, por outro lado, a justiça penal contém sempre uma dimensão de resolução de conflito, não só entre o acusado/a e a sociedade, como também entre ele/a e a vítima. Nos crimes particulares essa dimensão é particularmente evidente, e a um ponto tal que a fronteira entre justiça cível e justiça penal se torna problemática.

É, em grande medida, através do conjunto das funções instrumentais que os tribunais exercem, também, as funções políticas e as funções simbólicas. Quanto às funções políticas, elas decorrem, desde logo, do facto de os tribunais serem um dos órgãos de soberania. Mais do que interagir com o sistema político são parte integrante dele. Há, pois, apenas que identificar as funções políticas especificamente confiadas aos tribunais. A função de controlo social é uma função eminentemente política, quer pela repressão que exerce, quer pelo modo selectivo como o faz.

Os sistemas políticos convivem, hoje, sem grandes perturbações para a sua estabilidade, com níveis elevados de criminalidade individual, dita comum. Já o mesmo não sucede com três outros tipos de criminalidade, como o crime organizado, o crime político e o crime cometido por políticos no exercício das suas funções ou por causa ou em consequência delas, como é o caso da corrupção já por nós referida. As dificuldades do sistema político perante estes tipos de criminalidade resultam de uma situação paradoxal, susceptível de ocorrer mais frequentemente do que se pensa. Por um lado, a existência desta criminalidade e a sua impunidade pode, para além de certos limites, pôr em causa as próprias condições de reprodução do sistema; mas, por outro lado, o mesmo pode ocorrer se a punição dessa criminalidade, pela sua sistematicidade e dureza, contribuir para cortar eventuais ligações do sistema político com tal tipo de criminalidade, no caso de tais ligações serem vitais para a reprodução do sistema político. Devido a este paradoxo, a actuação repressiva dos tribunais ocorre frequentemente num fio de navalha, sempre aquém das condições que poderiam maximizar a sua eficácia e, por isso, sujeita a críticas contraditórias.

Por estas razões, os poucos casos de investigação sobre este tipo de criminalidade que são julgados em Tribunal são objecto de grande divulgação e, por essa via, tornados 'prova' da funcionalidade democrática do sistema jurídico. Exemplo paradigmático desta questão foi a investigação judicial realizada, em Angola, ao Serviço de Estrangeiros e Fronteiras, da qual resultou o julgamento e condenação de alguns responsáveis do serviço. Outro caso ilustrativo foi o do General Miala, responsável pelos Serviços de Inteligência Externa, demitido e sujeito a julgamento entre 2006 e 2007. Mas o carácter esporádico e selectivo deste tipo de actuação permite questionar, até que ponto, os tribunais se encontram capacitados para abordar, de modo sistemático e coerente, o fenómeno da alta criminalidade.

As funções políticas dos tribunais não se esgotam no controlo social. A mobilização dos tribunais pelos cidadãos nos domínios cível, laboral, administrativo, entre outros, implica sempre a consciência de direitos e a afirmação da capacidade para os reivindicar e, neste sentido, é uma forma de exercício da cidadania e da participação política. É por esta razão que as assimetrias sociais, económicas e culturais na capacidade para mobilizar os tribunais, pondo uma questão de justiça social, põem, simultaneamente, a questão das condições de exercício da cidadania.

A visibilidade social e política da acessibilidade, do custo e da morosidade da justiça, enquanto temas de debate público, derivam da capacidade ou incapacidade integradora do sistema político que por elas se explicita.[39]

Desta articulação entre mobilização judicial e integração política resulta uma outra função política dos tribunais: a legitimação do poder político no seu conjunto. Nas sociedades democráticas o funcionamento independente, acessível e eficaz dos tribunais constitui, hoje em dia, uma das cauções mais robustas da legitimidade do sistema político. Como vimos atrás, as condições para esta politização da função judicial foram criadas, sobretudo, no período do Estado-Providência pelo dramático incremento dos direitos de cidadania que nele ocorreu. A partir de então a garantia efectiva desses direitos foi politicamente distribuída pelo poder executivo e legislativo, por um lado, encarregados da criação dos serviços e das dotações orçamentais, e, por outro lado, pelo poder judicial, enquanto instância de recurso perante as violações do pacto garantista. A crise do Estado-Providência no terceiro período é, basicamente, uma crise de garantismo, e daí a transferência compensatória da legitimação do sistema político para os tribunais. Esta transferência tem criado, nos países centrais, uma sobrecarga política dos tribunais que, se não for bem gerida ou não lhe for dada resposta adequada, pode acabar por comprometer a própria legitimidade dos tribunais. Nos países periféricos e semiperiféricos o garantismo esteve, por assim dizer, em crise desde o início. Neste sentido, as responsabilidades

---

[39] Nos meus trabalhos tenho vindo a identificar dois tipos de morosidade: a morosidade sistémica e a morosidade activa. Os casos de morosidade activa são os casos de processos 'na gaveta', de intencional não-decisão, quando a natureza do conflito e das partes nele envolvidas leva à prática de manobras dilatórias com a cumplicidade dos diferentes operadores judiciais. As reformas que incidem sobre a morosidade sistémica podem garantir uma justiça mais rápida, mas não necessariamente uma justiça mais cidadã.

políticas do judiciário são menores, apenas porque é menor a legitimidade do sistema político no seu conjunto. A relativa irrelevância social dos tribunais é, assim, o outro lado da distância do sistema político em relação aos cidadãos.

Estas últimas funções políticas dos tribunais só podem ser minimamente exercidas na medida em que estes cumprem as suas funções mais gerais, as funções simbólicas. As funções simbólicas são mais amplas que as políticas porque comprometem todo o sistema social. Os sistemas sociais assentam em práticas de socialização que fixam valores e orientações a valores, distribuindo uns e outras pelos diferentes espaços estruturais de relações sociais (família, produção, mercado, comunidade, cidadania, mundo), segundo as especificidades destes, elas próprias fixadas por critérios de especialização funcional socialmente dominantes.[40]

Tanto as funções instrumentais como as funções políticas têm dimensões simbólicas que serão mais significativas nuns casos do que noutros.[41] Por exemplo, das funções instrumentais é a função de controlo social a que tem mais forte componente simbólica. A justiça penal actua sobre comportamentos que, em geral, se desviam, significativamente, de valores reconhecidos como particularmente importantes para a normal reprodução de uma dada sociedade (os valores da vida, da integridade física, da honra, da propriedade, entre vários outros) Ao actuar eficazmente neste domínio produz um efeito de confirmação dos valores violados. Uma vez que os direitos de cidadania, quando interiorizados, tendem a enraizar concepções de justiça retributiva e distributiva, a garantia da sua tutela por parte dos tribunais tem, geralmente, um poderoso efeito de confirmação simbólica.

No entanto, a maior eficácia simbólica dos tribunais deriva do próprio garantismo processual, da igualdade formal, dos direitos processuais, da imparcialidade e da possibilidade de recurso. Em termos simbólicos, o direito processual é tão substantivo quanto o direito substantivo, daí, também, que a perda de eficácia processual por via da inacessibilidade, da morosidade, do custo ou da impunidade, afecte a credibilidade simbólica da tutela judicial. Isto não significa que haja uma relação linear entre a eficácia do desempenho instrumental e político e a eficácia simbólica. Num Estado em geral opaco ou pouco transparente, um deficiente desempenho instrumental dos tribunais

---

[40] Sobre os espaços estruturais, cf. Santos, 1995: 403-455 e Santos, 2002.

[41] Sobre o tema mais geral da eficácia simbólica do direito, cf. o importante estudo de García-Villegas, 1993.

SOCIEDADE E ESTADO EM CONSTRUÇÃO: DESAFIOS DO DIREITO E DA DEMOCRACIA EM ANGOLA

pode não afectar a sua eficácia simbólica, sobretudo se alguns casos exemplares de bom desempenho instrumental forem alimentando a comunicação social e se o fizerem de molde a que a visibilidade dos tribunais fique reduzida a essas zonas de atenção pública.

7. Conclusões: tribunais e democracia

Ao concluir o capítulo anterior, procurei relacionar a relevância dos temas analisados para a consolidação da democracia. Distingui então dois tipos de democracia: a democracia representativa e a democracia participativa. Tanto nesse capítulo como neste procurei manter a objectividade que o conhecimento especializado e o uso competente de metodologias tornam possíveis. Mas, como afirmei na primeira parte do capítulo anterior, a minha objectividade não deve servir de escudo às minhas opções normativas, ou seja, não deve confundir--se com neutralidade. Nos domínios tratados nestes dois capítulos jogam-se problemas sociais e políticos de grande importância, de cuja resolução tanto pode resultar o aprofundamento do autoritarismo e da desigualdade social, como o aprofundamento da democracia e da justiça social. São dois objectivos contraditórios, e entre eles a minha opção é clara pelos segundos. Mais, estou convencido que, para impedir o aprofundamento do autoritarismo e o agravamento das desigualdades sociais, o aprofundamento da democracia e a conquista de maior justiça social exigem uma articulação virtuosa entre dois modelos de democracia: a democracia representativa e a democracia participativa. Por isso, ao reflectir, em conclusão, sobre a relevância dos tribunais para a democracia, não posso deixar de sugerir as linhas dessa articulação no campo da justiça. A identificar os dois tipos de relevância deixo as pistas abertas para inúmeras possibilidades de articulação entre eles:

O papel do direito e dos tribunais na democracia representativa

Tomar a democracia representativa como o nosso modelo para identificar as perspectivas para a democracia que resultam das reformas jurídicas e judiciais equivale a identificarmos o contributo destas para o reforço da capacidade da forma de Estado emergente para compatibilizar a liberalização económica e a liberalização política, ou seja, o capitalismo e a democracia. O consenso liberal referido acima pressupõe tal compatibilidade. Contudo, sem mesmo ser preciso recuar muito no tempo, torna-se claro que a compatibilização entre capitalismo e democracia foi, durante todo o século XX, uma questão controversa e à qual foram dadas respostas contraditórias, tanto no plano teórico, como no plano político. Na sua comparação sistemática de uma série de países semiperiféricos, alguns dos quais em processo de transição democrática e/ou de ajustamento estrutural, Haggard e Kaufman concluem que, mesmo havendo apoio para a assunção dessa compatibilidade, persistem, não obstante, tensões importantes entre capitalismo e democracia, particularmente quando o primeiro produz grandes desigualdades na distribuição de bens e de rendimentos, deslocações sociais abruptas e, acima de tudo, graves desigualdades rurais (1992: 342). O efeito destes conflitos de distribuição na estabilidade democrática permanece uma questão em aberto. De facto, este impacto é mediado por um complexo conjunto de factores, tais como o desempenho económico em si mesmo, as instituições políticas, a organização da sociedade civil, a capacidade do Estado para manter a ordem, entre outros factores.

O direito e o sistema judicial têm, neste contexto, um duplo papel. Em primeiro lugar, podem aumentar a estabilidade e a previsibilidade das transacções económicas, promover a paz social e melhorar a capacidade administrativa do Estado. Neste caso, o primado do direito e o desempenho eficaz dos tribunais contribuem, directamente, para o desempenho económico e, indirectamente, para a estabilidade democrática. O seu segundo papel consiste na dispersão dos conflitos sociais emergentes das deslocações sociais e das distribuições desiguais produzidas pelo capitalismo global. Da mesma forma que o Estado de direito transforma os problemas sociais em direitos individuais, e os tribunais transformam os conflitos colectivos em disputas individuais, ambos tendem a desencorajar a acção e a organização colectivas. Além disso, o ritmo das decisões judiciais, a relativa imprevisibilidade delas, e mesmo a ineficiência judicial, se não atingir níveis extremos, podem ter um efeito desmobilizador na contestação social, baixando as expectativas sociais sem, no entanto, as anular por completo. Por todos estes mecanismos, o direito e os tribunais promovem a governabilidade, ao impedirem a sobrecarga do sistema político e expandindo as fronteiras da tolerância pública, em especial naqueles países onde o primado do direito e a independência dos tribunais são partes integrantes dos recentes processos de transição democrática.

Esta análise deve ser complementada de modo a considerar os efeitos do desempenho destes papéis políticos por parte do sistema judicial no interior do próprio sistema judicial. A prevenção de uma sobrecarga do sistema político pode levar a uma sobrecarga do sistema judicial, tendo esta possibilidade sido prevista pelas agências que promovem a reforma global dos tribunais, as quais, para prevenir essa situação, passaram a incluir, nos seus projectos de reforma, modelos de resolução alternativa de conflitos. Outro impacto possível das reformas judiciais sobre o funcionamento dos próprios tribunais é a acentuação de uma independência corporativa, ou seja, a emergência de uma concepção de independência judicial menos preocupada com o potencial democrático da independência dos juízes – para a salvaguarda dos direitos civis e a defesa de um governo íntegro – do que com a irresponsabilidade das decisões e os privilégios profissionais que a independência assegura.

A democracia representativa é, de longe, a concepção dominante de democracia nos nossos dias e é, também, a concepção que está a ser globalizada através dos programas hegemónicos de liberalização política a nível mundial. É, de facto, uma concepção instrumental, um meio de estabilizar a liberalização da economia e impedir a completa decadência das instituições estatais e as "patologias" que normalmente as acompanham. A sua fraqueza reside na incapacidade de garantir a sua própria sobrevivência em caso de conflito com a liberalização económica. Mesmo fora do cenário de um colapso total, a democracia representativa pode ser restringida de diferentes formas para atender às necessidades do capitalismo global. Muitos países semiperiféricos, para não falar dos periféricos, vivem sob diferentes versões de democracias limitadas ou truncadas. Nestes casos, o Estado de direito e o sistema judicial desempenham papéis ambíguos e frequentemente contraditórios: por um lado, as grandes intervenções dos tribunais funcionam como amplificadores simbólicos das regras democráticas, dramatizando a concorrência democrática entre as elites ou as facções políticas, ou entre instituições estatais ou ramos do poder. Esta amplificação simbólica da democracia dentro do círculo interno do sistema político é normalmente o outro lado da contracção da democracia no círculo externo do sistema político, isto é, nas relações entre os cidadãos e as suas organizações, de um lado, e o Estado e a classe política, do outro. Tal contracção manifesta-se de diferentes maneiras, quer como um défice de representação, quer como um défice de participação, e não menos vezes como a emergência de formas corruptas e violentas de acção política. O Estado de direito e o sistema judicial, em vez de actuarem como contrapeso, podem reproduzir esta contracção ao reforçarem a distinção entre cidadãos com direitos e cidadãos sem direitos.

Na linha de Mamdani (1996), Mabeko-Tali, académico angolano, problematiza precisamente esta distinção entre cidadão e não cidadão no seio de Angola pós-transaccional, cujo Estado ainda não se configura como agente produtor de cidadania, quer via administração, quer via exercício do poder. Num tom fortemente crítico, explica-nos:

> *A verdade é que a relação entre o indivíduo e o Estado tropeça com um antecedente histórico ainda não resolvido na maior parte dos casos africanos: com efeito a própria nação, em muitos casos, é ainda um projecto elitista [...] o Estado-Nação é aquilo que cada elite no poder entende que deve ser e não uma referência comum adquirida [...]. Assim sendo, um suposto cidadão de um Estado de configuração problemática (baseado fundamentalmente em práticas patrimoniais), ou mesmo inexistente ou, em bom rigor, em crise global, e de uma nação que em muitos casos não passa de um projecto, acaba por eleger o fatalismo como forma de sobrevivência psíquica. É certo que isso não resolve os seus problemas, mas permite-lhe ter meios de sobrevivência psíquica perante esse inferno burocrático de uma tirania muitas vezes desordenada, por vezes deliberadamente caótica e em muitos casos desenvolvendo-se num arcaísmo mortal (2005: 190-191).*

Por outro lado, porém, o próprio sistema judicial pode encontrar-se na linha da frente da luta entre as forças democráticas e as forças anti-democráticas, e os riscos a que estão expostos os juízes não é pequeno. No contexto da América latina, por exemplo, e de acordo com a Comissão Colombiana de Juristas, 290 juízes e funcionários judiciais foram assassinados entre 1979 e 1991. Estes juízes e funcionários estavam a investigar ou a julgar casos envolvendo indivíduos ou organizações que detinham poder suficientemente forte e arrogante para atacar frontalmente o sistema, em vez de o utilizar em seu benefício, manipulando, por exemplo, as garantias processuais e as interpretações da lei. A Colômbia é, provavelmente, o único país do mundo com uma organização filantrópica dedicada a prestar apoio social às viúvas e aos filhos de juízes assassinados. Esta organização filantrópica (FASOL) é um caso interessante de solidariedade internacional judicial, visto ser financiada, em parte, por juízes alemães, que contribuem com um dia do seu salário anual. Numa situação de contracção da democracia podemos muito bem questionar-nos sobre a eficácia da função de protecção desempenhada pelo sistema judicial, quando o próprio sistema judicial não se consegue proteger a si mesmo.

A contracção da democracia pode violentar o sistema judicial de muitas maneiras, a mais comum é a própria reforma judicial, como forma de adaptação da actividade dos tribunais às necessidades coercivas do Estado ou como forma de assegurar a não interferência dos tribunais em áreas onde o Estado actua de uma maneira autoritária distinta. Na Colômbia, por exemplo, uma das mais bem sucedidas inovações judiciais, segundo a USAID, foi a criação dos chamados tribunais de ordem pública para lutar contra o crime organizado e o terrorismo. No entanto, estes tribunais, compostos por juízes 'sem rosto' e

SOCIEDADE E ESTADO EM CONSTRUÇÃO: DESAFIOS DO DIREITO E DA DEMOCRACIA EM ANGOLA

a operar com regras processuais especiais, violavam as garantias processuais básicas, tendo a sua actividade vindo a ser orientada, principalmente, contra os pobres camponeses apanhados no meio das lutas contra os proprietários, narcotraficantes, exército, paramilitares e guerrilha.

O papel do direito e dos tribunais na democracia participativa

Os critérios que o Estado de direito e o sistema judicial devem cumprir para satisfazer as exigências da democracia participativa são muito mais rigorosos do que os aplicados à democracia representativa. É nesta perspectiva que deve ser considerada uma série de questões complexas. Mencionarei aqui, de forma sucinta, quatro delas.

A primeira refere-se à *orientação política do activismo judicial*. O activismo ou o protagonismo judicial não são, em si mesmos, bons ou maus para a democracia participativa, devem é ser avaliados segundo os seus méritos substantivos. Por exemplo, até há pouco tempo, os casos de tribunais mais conhecidos pelo seu activismo eram politicamente conservadores, senão mesmo reaccionários. Como referi acima, basta pensar nos tribunais alemães da República de Weimar e na sua escandalosa utilização de dois pesos e duas medidas na punição da violência da extrema-direita e da extrema-esquerda; nas decisões do Supremo Tribunal norte-americano contra a legislação do *New Deal*; ou na oposição do Supremo Tribunal chileno às medidas democrático-socialistas de Salvador Allende. Mais recentemente, o Ministério Público italiano gozou de leis processuais especiais, aprovadas pelas elites políticas, para agilizar a investigação criminal contra a extrema-esquerda, as Brigadas Vermelhas. Em Portugal, a primeira intervenção judicial importante do período democrático no pós-1974 foi a condenação de uma organização de extrema-esquerda conhecida por FP-25. A punição de organizações políticas violentas, sejam elas de esquerda ou de direita, é um ganho, quer para a democracia participativa quer para a democracia representativa. Todavia só será um ganho incondicional se a extrema-direita e a extrema--esquerda forem tratadas do mesmo modo. Ora, isso raramente tem acontecido.

A segunda questão diz respeito às formas como o sistema judicial aborda os *conflitos colectivos de grande dimensão ou conflitos estruturais*. Os conflitos estruturais são os lugares sociais dos danos sistemáticos produzidos directa ou indirectamente pelo capitalismo global nas suas interacções com as sociedades locais, regionais ou nacionais. Os seus sintomas ou manifestações podem ser muito diversos. A proliferação de disputas entre indivíduos ou organizações pode ser um deles, como sucede, por exemplo, com o crescimento exponencial

OS TRIBUNAIS, O ESTADO E A DEMOCRACIA   133

do endividamento dos consumidores, os casos de protecção ambiental ou dos direitos dos consumidores, ou mesmo casos de responsabilidade por danos. A proliferação massiva destas disputas é frequentemente indiciadora de transformações e conflitos estruturais em curso: por exemplo, o agravamento do endividamento e o consequente crescimento exponencial da cobrança por dívidas pode ser o resultado da promoção agressiva do crédito ao consumo para fazer face a uma crise de sobreprodução do capitalismo global ao excesso de liquidez nas instituições bancárias. Por sua vez, os conflitos ambientais e de consumidores podem ser o resultado da degradação ambiental e da qualidade dos produtos, em resultado da desregulamentação da economia imposta pelo capital global. As respostas mais frequentes à sobrecarga dos tribunais, causada por estes tipos de conflitos, têm sido as seguintes: restrições à entrada das acções; a rotinização ou a simplificação dos procedimentos; o desvio para mecanismos alternativos de resolução de conflitos; morosidade desincentivadora de nova procura dos serviços dos tribunais, entre várias outras. Na perspectiva da democracia participativa os tribunais só poderão ter um contributo democrático se, em vez de trivializarem estas disputas, estabelecerem uma conexão entre as disputas individuais e os conflitos estruturais subjacentes. Isso implica uma reforma pós-liberal de longo alcance no direito substantivo, bem como no direito processual e na organização dos tribunais: acções de classe e acções populares, ênfase conferida aos direitos colectivos, um sistema judicial com mais iniciativa e mais controlo democrático, maior participação por parte dos cidadãos e das ONG, etc. E nada disto será possível sem uma vasta reforma da formação jurídica. Em suma, para satisfazer os critérios da democracia participativa o sistema judicial deve ver-se a si próprio como parte de uma coligação política que leve a democracia a sério e lhe confira primazia sobre o mercado e a propriedade individual.

Isto leva-me à terceira questão, relacionada com o *acesso ao direito e à justiça*.[42] Contrariamente às recomendações do Banco Mundial, na perspectiva da democracia participativa é imperativo repolitizar a questão do acesso ao direito e à justiça, questionando não só o âmbito do acesso (cidadãos, movimentos populares e organizações não governamentais), mas também o tipo de direito e de justiça a que é preciso garantir o acesso.

---

[42] Sobre esta questão, remetemos, mais uma vez, para o capítulo de Conceição Gomes, neste volume, assim como para o capítulo 8 do volume II.

Mencionei atrás que a manifestação mais comum dos conflitos estruturais, numa dada área da vida social, é a proliferação anormal de disputas individuais. Igualmente comum é, no entanto, a manifestação oposta: a supressão sistemática das disputas individuais ou a sua resolução por meios extrajudiciais violentos. Um exemplo significativo é o conflito entre capital e trabalho: indicadores como o crescimento do desemprego estrutural em muitos países, o declínio da percentagem dos rendimentos salariais no rendimento nacional e a proliferação do chamado trabalho atípico e de empregos tão mal remunerados que os trabalhadores se mantêm abaixo do limiar de pobreza demonstram que o conflito estrutural entre capital e trabalho à escala global está a intensificar-se em vez de diminuir. Apesar disso, em muitos países centrais e semiperiféricos, os conflitos nos tribunais de trabalho têm vindo a diminuir drasticamente na última década.[43] A crescente vulnerabilidade dos trabalhadores e dos sindicatos numa era pós-fordista tem actuado como forma dissuasora do recurso aos tribunais para defesa dos direitos laborais.

Podem variar de país para país os tipos de conflitos estruturais: o conflito da terra que envolve os proprietários e os camponeses pobres e desapossados;[44] o conflito capital/trabalho que envolve os trabalhadores e empregadores rurais e urbanos; o conflito entre moradores de bairros populares e informais, por um lado, e os promotores imobiliários e as próprias estruturas municipais locais, por outro, quando o capital imobiliário é suficientemente poderoso para manipular as decisões de planeamento urbano e prosperar com a especulação urbana; o conflito em torno da biodiversidade e dos recursos naturais que envolve o Estado, as empresas multinacionais e as comunidades rurais (por vezes, indígenas, etnias minoritárias, etc.); e o conflito em torno da diversidade cultural que envolve o Estado, os grupos sociais de cultura eurocêntrica e as comunidades locais vivendo segundo culturas tradicionais ou seguindo religiões consideradas perigosas para a segurança do Estado, entre outros.[45]

Sempre que as condições políticas e económicas forem de tal modo que os conflitos estruturais suprimam, em vez de provocar, a litigação judicial, o acesso ao direito e à justiça, promovido nos termos da democracia participativa, impli-

---

[43] A justiça laboral em Angola é analisada no capítulo 7 do volume II.

[44] Sobre a questão da terra cf. o capítulo, neste volume, de Fernando Pacheco, "A Terra no Contexto da Reconstrução e da Democratização em Angola".

[45] A propósito do papel das igrejas e da resolução de conflitos, cf., neste volume, o capítulo 8, da autoria de Fátima Viegas.

cará a promoção activa da litigação. Por outras palavras, deve orientar-se para a procura suprimida de justiça. Neste caso, deve ser socialmente construído um sistema judicial pós-liberal, seja como mecanismo de resolução de conflitos, seja como mecanismo de criação de conflitos. Sempre que a litigação tenha origem em conflitos estruturais e não, por exemplo, nas necessidades de mercado dos advogados, a luta contra a procura judicial suprimida pode constituir uma forma de conceder direitos às comunidades excluídas politicamente.

A contraposição dos dois tipos-ideais de democracia – democracia representativa e democracia participativa –, é útil para identificar, com clareza, o contraste entre os dois possíveis papéis políticos desempenhados pelos tribunais em sociedades democráticas. Na prática, no entanto, os processos políticos e sociais são muito mais confusos e complexos e não se reconduzem a contraposições dicotómicas. Versões parciais de ambos os tipos de democracia podem coexistir lado a lado, suportados por diferentes grupos sociais, e podem, inclusivamente, articular-se ou fundir-se, dando origem a constelações políticas híbridas. Deste modo, o papel político dos tribunais nos processos sociais é inerentemente ambíguo e indeterminado e, como tal, objecto das lutas sociais. Diferentes grupos políticos lutam pelo controlo da natureza e da orientação política do activismo judicial. O interesse da democracia representativa, confinado à promoção da governabilidade e à efectivação das transacções económicas – pode ser confrontado com a resistência dos grupos políticos subordinados que tentam expandir o activismo judicial às áreas da justiça social, da participação e da cidadania activa. A força relativa destes grupos ditará o perfil a adoptar pelos tribunais.

A escala, o quadro temporal e o contexto das lutas políticas condicionam, igualmente, a natureza da intervenção judicial. Uma decisão judicial isolada dificilmente pode ser concebida como um elemento de promoção ou de obstaculização inequívoca, quer da democracia representativa, quer da democracia participativa. Tomemos como exemplo as decisões dos tribunais contra a corrupção política: é hoje em dia consensual a ideia de que a corrupção política é prejudicial à democracia representativa. Por um lado, a corrupção transforma os direitos em favores e cria ineficiência e imprevisibilidade na administração pública, corrói a confiança no Estado e gera, desse modo, uma certa ingovernabilidade (Della Porta e Vanucci, 1997: 114). Por outro lado, ao limitar as condições de competição dos mercados, elevando os custos dos processos de decisão de investimento, a corrupção política é um entrave ao funcionamento de uma economia de mercado verdadeiramente aberta e eficiente (Ades e Di Tella, 1997: 98).

No entanto, algumas das decisões dos tribunais contra a corrupção política não contribuem para a erradicação da corrupção. Ao invés, podem, pela sua natureza esporádica, funcionar como cobertura, branqueando e legitimando o sistema político que recorre, sistematicamente, a ela. Numa época dominada por políticas mediáticas e de espectáculo, a intervenção dos tribunais em processos de grande visibilidade – geralmente aqueles que envolvem indivíduos poderosos e famosos – desempenha uma função simbólica que denomino de 'carnavalização judicial da política': um ritual social em que, por um curto período, os poderosos são tratados como qualquer cidadão comum. Pelo contrário, um activismo judicial amplo e sistemático contra a corrupção política pode contribuir decisivamente, como sucedeu em Itália, para a erradicação da corrupção, reforçando assim a democracia.[46]

Num âmbito temporal mais amplo este efeito pode ter consequências para a democracia, muito diferentes e contrastantes entre si, dependendo do contexto geral político, social e cultural. Tendo em conta que a acção judicial tem um carácter mais paliativo que preventivo, o sistema político pode encontrar outras formas, menos expostas ao escrutínio dos tribunais, de reconstituir a corrupção sistemática; ou podem desenhar e pôr em prática uma reforma judicial cujo propósito seja reduzir a possibilidade de protagonismo dos tribunais nos casos com fortes implicações políticas. Nestes casos, o impacto positivo do activismo judicial contra a corrupção política ver-se-á, a longo prazo, neutralizado ou, inclusivamente, poderá acabar por ter um impacto negativo.

Mas, em sentido contrário, num país com uma sociedade civil activa e bem organizada, o impulso democrático criado pela intervenção judicial pode estimular a iniciativa dos cidadãos participativos para que estes desenvolvam mecanismos da democracia participativa que busquem uma dotação dos recursos públicos livre de corrupção e que seja redistributiva. Nesse caso, uma articulação entre democracia representativa e democracia participativa tornaria possível uma capacitação dos cidadãos e um nível de justiça social que se encaminharia para uma democracia de maior intensidade, para uma democracia participativa. Por isso, a emergência da democracia participativa relaciona-se, ainda que remotamente, com um impulso inicial de carácter democrático gerado pelo activismo judicial.

---

[46] Em Itália, os juízes contribuíram de forma decisiva para o aumento da transparência do regime político e para a revitalização das lutas políticas (através da emergência de novos partidos); no entanto, e ao mesmo tempo, ao utilizar os meios de comunicação para apelar directamente ao 'povo', contribuíram também para uma nova vaga de populismo, que ficou conhecida como a 'república dos juízes'.

Por outro lado, e como vimos anteriormente, ainda que os tribunais tendam a dispersar os conflitos sociais e, por conseguinte, a reduzir a mobilização social em torno deles, não podemos descartar a possibilidade de virem a ter um efeito oposto. Será esse o caso quando os grupos sociais prejudicados de forma sistemática pelas "soluções" capitalistas dos conflitos estruturais forem suficientemente fortes para reorientar o activismo judicial e colocá-lo ao serviço de propósitos sociais mais avançados. De igual maneira, ainda que a consolidação da democracia representativa como concepção hegemónica da democracia possa tender a converter a democracia participativa em algo desnecessário ou perigoso, pode também liberar energias e impulsos democráticos que não possa controlar ou conter, abrindo assim espaço político para a democracia participativa.

O interesse global pelo Estado de Direito e pelo sistema judicial é parte integrante do paradigma de democracia hegemónica, a democracia representativa, e constitui, por isso, uma forma de globalização hegemónica. No entanto, na medida em que os grupos sociais subalternos de todo o mundo conseguirem intensificar as lutas sociais de forma a inscreverem os objectivos da democracia participativa na agenda política, e recorrerem para esse fim, entre outros meios disponíveis, à intervenção dos tribunais, estes últimos poderão ser integrados numa estratégia de globalização contra-hegemónica. A razão porque, hoje em dia, esta parece ser uma possibilidade remota reside no facto de as forças sociais e políticas envolvidas nas lutas relacionadas com a democracia participativa não terem, até agora, identificado o verdadeiro potencial contra-hegemónico do activismo judicial.

Esta falta de vontade ou incapacidade emerge não só do facto de que, no melhor dos casos, o activismo judicial de alta visibilidade é uma novidade na maioria dos países e que, como tal, é uma ferramenta pouco familiar aos grupos sociais e indivíduos, mas também do facto de que nas lutas sociais em prol da democracia participativa o papel dos tribunais tende a ser muito menos determinante, por o seu peso político depender de relações complexas com muitas outras formas de acção política. A posição constitucional do sistema judicial e o seu isolamento institucional não facilitam o aparecimento de constelações de acções políticas em que a utilização dos tribunais faça parte de uma acção política mais ampla. Dependendo das circunstâncias, essa estratégia política geral pode, de facto, requerer o uso intensivo dos tribunais ou, pelo contrário, um evitar sistemático dos mesmos. Entre essas circunstâncias podemos mencionar o conteúdo político das leis, e o grau de liberdade dos tribunais para interpretá-las, que se proponham pôr em prática os modelos de nomeação e formação dos juízes e fiscais e a vulnerabilidade dos tribunais ao clientelismo político ou à corrupção.

Partindo de outro ponto de vista, a determinação do carácter hegemónico ou contra-hegemónico do activismo judicial está sujeita às mesmas dificuldades que discutimos anteriormente, quando identificámos e distinguimos quais eram as características da democracia representativa e da democracia participativa em processos políticos concretos. Se assumimos que a globalização neoliberal hegemónica implica uma prioridade absoluta da liberdade sobre a igualdade, cujo custo social é a expansão sem precedentes das políticas excludentes, podemos estabelecer, como regra básica, que o valor contra-hegemónico do activismo judicial depende da capacidade deste último para impedir que se desencadeie uma corrida para ver quem reduz mais os mínimos de protecção. Essa capacidade deverá comprovar-se e exercer-se contra actores sociais poderosos (em casos em que esteja em jogo a protecção dos direitos individuais e colectivos dos trabalhadores, das mulheres, das minorias, dos consumidores, dos moradores dos bairros populares e do meio ambiente), contra o Estado (em casos em que se procura a protecção dos direitos humanos contra as acções arbitrárias, ilegais e imprevisíveis da administração pública) e contra o poder político no seu sentido mais amplo (como nos casos em que se querem castigar os abusos de poder e a corrupção política).

O contexto angolano, regional e mundial

Como já fiz menção no início deste capítulo, o perfil do desempenho dos tribunais deverá ter em atenção, no contexto angolano, a diversidade sócio-jurídica que caracteriza o país, abrindo-se à demodiversidade, com as necessárias alterações políticas que tal opção implicará. Mas, acima de tudo, será um indicador crucial do ritmo e intensidade da transição democrática, entendida no seu sentido mais restrito de transição para a democracia representativa. De facto, nos processos de transição democrática, como no caso angolano, o papel dos tribunais tende a ser dominado por uma contradição insanável: quanto mais importantes são os tribunais para garantir os direitos de cidadania contra a discricionariedade político-administrativa e para minimizar o potencial anti--democrático da concentração de poder, piores são as condições para exercer cabalmente tais funções pelo facto de serem eles próprios vítimas da discricionariedade e reféns da concentração de poder.

Nestas condições, os objectivos da democracia representativa deixam de ser hegemónicos para serem contra-hegemónicos, ou seja, só podem ser atingidos mediante a superação do *status quo*. E, para serem prosseguidos, exigem uma profunda transformação do sistema judicial, a qual dificilmente pode ocorrer sem transformações políticas a outros níveis do sistema político.

Acresce que, hoje em dia, o contexto angolano não pode ser adequadamente analisado sem tomarmos em conta as transformações políticas que estão a ter lugar noutros países de África (sobretudo no Norte de África) e mesmo noutras regiões do mundo, como, por exemplo, nos países da periferia da União Europeia (Grécia, Portugal, Espanha e Irlanda).

Apesar das enormes diferenças entre si, os protestos sociais, sobretudo de jovens, nas duas margens do Mediterrâneo têm em comum o serem pacíficas (salvo na Líbia e em alguns incidentes, noutros países, prontamente denunciados pelos próprios movimentos) e adoptarem como lema a realização efectiva da democracia. Estas duas características constituem uma mudança (e um avanço) em relação às manifestações de jovens em períodos anteriores que ou foram violentas (início do século XX em várias cidades europeias) ou tiveram como lema a destruição da democracia (sobretudo na Alemanha no período que antecedeu o nazismo). Em termos de objectivos, são manifestações mais defensivas que ofensivas e nisto distinguem-se, claramente, do movimento estudantil de Maio de 1968. Este último tinha, em geral, objectivos socialistas e os seus alvos principais eram os partidos de esquerda (comunistas e socialistas) e o movimento sindical, os quais, no entender dos jovens, tinham traído a causa da classe operária e do socialismo. Ao contrário, e pese embora a retórica mais radical, os jovens de hoje insurgem-se para lutar pela democracia e pela justiça social.

Os movimentos de hoje são produto do enraizamento do ideal democrático no imaginário da sociedade e da verificação de que esse ideal está cada vez mais distante da realidade. Apesar de todas as armadilhas do liberalismo e, sobretudo, do neoliberalismo, a democracia entrou no imaginário das grandes maiorias como um ideal libertador, o ideal da democracia verdadeira ou real. É um ideal que, se levado a sério, constitui uma ameaça fatal para aqueles cujo dinheiro ou posição social lhes tem permitido manipular impunemente o jogo democrático.

Os contextos sociais e políticos dos protestos do Norte de África e do Sul da Europa são muito distintos. Os primeiros marcam uma transição de ditaduras (mais ou menos disfarçadas de democracias tuteladas) para a democracia, enquanto os segundos marcam uma transição de democracias de baixa intensidade para democracias de alta intensidade. Consequentemente, os objectivos de curto prazo são distintos. Aliás, com base nisso, tem-se tentado desacreditar os protestos no Sul da Europa com o argumento de que, enquanto os protestos do Norte de África visam construir a democracia, os do Sul da Europa visam destruí-la.

Não restam dúvidas que os objectivos de curto prazo dos protestos do Norte de África são mais claros que os dos protestos do Sul da Europa. As manifestações do Norte de África insurgem-se contra os ditadores e exigem que eles se demitam; contra a existência legal ou de facto de partidos únicos; contra a promiscuidade entre o poder político e poder económico e a consequente corrupção; contra o enriquecimento ilícito e socialmente escandaloso das famílias que ocupam o poder enquanto a grande maioria da população vive em condições de abjecta miséria. Exigem eleições livres e justas e, por vezes, novas Constituições.

Os protestos do Sul da Europa tomam como garantida a existência de democracias representativas e a existência de partidos capazes de garantir a alternância política. Insurgem-se contra o facto de, na prática, a democracia estar dominada por interesses minoritários e muito poderosos e contra o facto de os principais partidos, apesar de garantirem a alternância no poder, não garantirem a alternativa, ou seja, a possibilidade de mais justiça social, mais transparência política e maior participação dos cidadãos nas decisões políticas. Os partidos principais são ideologicamente indiferenciados e todos põem a estabilidade dos mercados internacionais acima da estabilidade da vida dos cidadãos. Ou seja, todos pagam o mesmo tributo à ortodoxia do neoliberalismo. Ora, os jovens verificam que a democracia representativa está, de facto, a ser manipulada, talvez mais do que nunca. Doutro modo, como compreender que haja milhões para salvar bancos e não os haja para garantir a educação e a saúde? Como compreender que o Estado sinta que tem mais compromissos para com os mercados do que para com os cidadãos? Como compreender que em relação aos credores se diga que há que respeitar direitos adquiridos e já o mesmo se não diga em relação aos trabalhadores e pensionistas?

Mas se os objectivos de curto prazo na contestação social das duas margens do Mediterrâneo são distintos, os de longo prazo são coincidentes: a busca de uma democracia real que, para sê-lo, tem de combinar a democracia política com a democracia socioeconómica. Em ambas as margens do Mediterrâneo os protestos surgiram no bojo de uma forte crise económica e social provocada pelo neoliberalismo, pelo aumento do desemprego, pelo crescimento exponencial da desigualdade social e da corrupção. Aliás, os movimentos sociais na Tunísia e no Egipto estão já (no momento em que escrevo, Junho de 2011) muito conscientes de que a democracia política não basta e que os grupos dominantes, que se apropriaram anteriormente da ditadura, estão já a tentar apropriar-se da democracia emergente.

Parece hoje evidente que nenhum Estado pode invocar a sua especificidade histórica ou utilizar a sua força repressiva durante muito tempo para se furtar ao impulso popular que decorre do ideal democrático inscrito no imaginário popular. A experiência mostra que, havendo democracia efectiva e uma medida adequada de justiça social, a permanência no poder de um partido democrático durante muito tempo não é nunca, por si só, motivo de contestação social. Ao longo do século passado houve casos, em vários países, de partidos que estiveram no poder durante muito tempo. Foram os casos do partido social--democrático da Suécia, do partido da democracia cristã da Itália, do partido dos cristãos-democratas da Alemanha, do partido liberal democrático do Japão, que estiveram no poder mais de duas décadas (alguns, mais de três). Pelo tempo que estiveram no poder, não só moldaram o regime político à medida dos seus interesses, como controlaram as instituições do Estado e influenciaram a cultura política do país. A sua queda foi, na maioria dos casos, um evento democrático normal. No caso italiano, mais do que queda, houve o colapso total do partido da democracia cristã perante as revelações de corrupção no âmbito da Operação Mãos Limpas, em 1994.

O que põe em causa a longevidade dos partidos governantes e faz dela um objecto de contestação social não é o passar dos anos em si mesmo. São antes alguns dos seguintes factores: crise económica ou financeira a que o partido no governo não soube dar resposta, manipulação ou adulteração do regime democrático (falsificação de processos eleitorais, intromissão da ideologia partido-Estado, perseguição política de opositores, controle da comunicação social), corrupção, submissão do poder judicial ao poder político, enriquecimento "exagerado" da pequena classe política, agravamento da desigualdade social no meio do consumo ostentatório das elites.

Referências Bibliográficas

Acórdão do Tribunal Supremo sobre a Preeminência do Presidente da República na Cadeia de Comando do Poder Executivo, de Direcção e Chefia do Governo (1998). In *Revista da Ordem dos Advogados* n.º1, ano 1. 1998. Luanda. Centro de Documentação e Informação: 267-280.

Ades, Alberto; Di Tella, Rafael (1997), "The New Economics of Corruption: a Survey and Some New Results", *Political Studies*, 45(3): 496-515.

AJPD (2004), *A Look at the Angolan Criminal Justice System* (August 2000 to October 2004): *A Human Rights Report*. Luanda: AJPD.

Akech J. M. Migai (2006), *Land, the Environment, and the Courts in Kenya*. Nairobi: DFID and Kenya Law Reports.

Arango, Rodolfo (2005), *El concepto de los derechos sociales fundamentales*. Bogotá: Legis.

Ariño, Gaspar (1993), *Economía e Estado: Crisis y reforma del sector público*. Madrid: Marcial Pons.

Ball, Simon; Bell, Stuart (1991), *Environmental law: law and policy relating to protection of the environment*. Deli: Universal Law Publishing Co.

Bartolomei, Maria Luisa (1994), *Gross and Massive Violations of Human Rights in Argentina 1976-1983: An Analysis of the Procedure under ECOSOC Resolution 1503*. Lund: Juristforlaget i Lund.

Bastos, Pulquéria Van-Dúnem (2007), "Sistema Judicial Angolano: funcionamento, virtudes e constrangimentos", *in* CEAST (org.), *Justiça Social*. Luanda: Centro Cultural Mosaiko, 179-192.

Bayart, Jean-François; Ellis, Stephen; Hibou, Béatrice (1997), *La criminalisation de l'état en Afrique*. Bruxelas: Éditions Complexe.

Bennett, Tom (2010), "Traditional justice under the South African Constitution", in Hintz (org.) *In search of Justice and Peace: Traditional and Informal Justice Systems in Africa*. Windhoek: Namibia Scientific Society.

Benton, Laura (2002), *Law and Colonial Cultures. Legal Regimes in World History, 1400-1990*. Cambridge: Cambridge University Press.

Bergalli, Roberto (1990), "Justicia y Jueces en Latinoamérica (un aspecto de la sociología del control penal)", *in* Castro (org.) *Criminologia en América Latina*. Roma: Instituto Interregional de Naciones Unidas para Investigaciones sobre el Delito y la Justicia.

Bergalli, Roberto; Mari, Enrique (orgs.) (1989), *Historia ideológica del control social: España-Argentina, Siglos XIX y XX*. Barcelona: Promociones y Publicaciones Universitarias.

Button, K., Swann, D. (1989), *The Age of Regulatory Reform*. Oxford: Clarendon Press.

Campilongo, Celso Fernandes (1994), "O judiciário e a democracia no Brasil", *Revista USP*, 21: 116-125.

Cappelletti, Mauro (1991), *The Judicial Process in Comparative Perspective*. Oxford: Clarendon Press.

Cappelletti, Mauro (1999), *O controlo de constitucionalidade das leis no direito comparado*. Porto Alegre: Sergio Antonio Fabris.

Castro Henriques, Isabel (1997), *Percursos da modernidade em Angola. Dinâmicas comerciais e transformações sociais no século XIX*. Lisboa: Instituto de Investigação Científica Tropical e Instituto da Cooperação Científica.

Castro Henriques, Isabel, (2003), "Território e Identidade. O desmantelamento da terra africana e a construção da Angola colonial (c. 1872 – c. 1926)". Sumário pormenorizado da lição de síntese apresentada a provas para obtenção do título de Professor Agregado do 4.º Grupo (História) da Faculdade de Letras da Universidade de Lisboa. Lisboa.

Chabal, Patrick; Daloz, Jean-Pascal (1999), *Africa works: disorder as political instrument*. Oxford: James Currey.

Chanock, Martin (1998), *Law, Custom and Social Order: the colonial experience in Malawi and Zambia*. Portsmouth: Heinemann.

Chatterjee, Benimadhab (2002), *Environmental laws: Implementation problems and perspectives*. Nova Deli: Deep & Deep Publications.

Clarke, Kamari M. (2009), *Fictions of Justice: the International Criminal Court and the challenge of legal pluralism in sub-Saharan Africa*. Nova Iorque: Cambridge University Press.

Coelho, Maria Antonieta (2004), *Rupture and Continuity: The State, Law and the Economy in Angola, 1975-1989*. Warwick: Ph. D. Thesis, University of Warwick, School of Law.

Comaroff, Jean; Comaroff John L. (orgs.) (2006), *Law and Disorder in the Postcolony*. Chicago: University of Chicago Press.

Comaroff, John (1997), "Legality, Modernity, and Ethnicity in Colonial South Africa: an excursion in the historical anthropology of law", *in* Rawlings, R. (org.), *Law, Society and Economy*. Oxford: Claredon Press.

Damáska, Mirian R. (1986), *The Faces of Justice and State Authority: a comparative approach to the legal process*. New Haven: Yale University Press.

Darian-Smith, Eve; Fitzpatrick, Patrick (1999), *Laws of the Postcolonial*. Ann Arbor: University of Michigan Press.

Dehousse, R.; Joerges, Ch.; Majone G.; Snyder, F. (1992), "Europe after 1992: New Regulatory Strategies", Florença: European University Institute, *Working Paper Law*, 92/31.

Della Porta, Donatella; Vannucci, Alberto (1997), "The 'Perverse Effects' of Political Corruption", *Political Studies*, 45(3): 516-538.

Faria, José Eduardo (1994), "Os desafios do Judiciário", *Revista da USP*, 21: 46-57.

Farjat, G. (1986), "L'importance d'une analyse substantielle en droit économique", *Revue Internationale de Droit Economique*, 0.

Feijó, Carlos (2007), "O semi-presidencialismo em Angola. Dos casos à teorização da *Law in the books* e da *Law in action*", *Revista Negócios Estrangeiros*, 11, n.º especial: 29-43.

Ferraz Jr., T. Sampaio (1994), "O judiciário frente à divisão de poderes: um princípio em decadência?", *Revista da USP*, 21: 12 -21.

Francis, John (1993), *The Politics of Regulation*. Londres: Blackwell.

Galanter, Marc (1974), "Why the Haves Come out Ahead: Speculations on the Limits of Legal Change", *Law and Society Review*, 9 (1): 95-160.

García-Villegas, Mauricio (1993), *La eficacia simbólica del derecho. Examen de situaciones colombianas*. Bogotá: Ediciones Uniandes.

García-Villegas, Mauricio; Rodríguez-Garavito, César; Uprimny, Rodrigo (2006), *¿Justicia para todos?* Bogotá: Norma.

Gargarella, Roberto; Domingo, Pilar; Roux, Theunis (orgs.) (2006), *Courts and Social Transformation in New Democracies. An Institutional Voice for the Poor?* Aldershot: Ashgate.

Ghai, Yash P. (org.) (2000), *Autonomy and ethnicity: negotiating competing claims in multiethnic states*. Nova Iorque: Cambridge University Press.

Gicheru, J. E. (2007), "Independence of the Judiciary: Accountability and Contempt of Court", *Kenya Law Review*, 1 (1): 1-18.

Gloppen, Siri; Gargarella, Roberto; Skaar, Elin (orgs.) (2004), *Democratization and the judiciary. The accountability function of courts in new democracies*. Londres: Frank Cass.

Gloppen, Siri; Wilson, Bruce M.; Gargarella, Roberto; Skaar, Elin; Kinander, Morten (2010), *Courts and Power in Latin America and Africa*. Nova Iorque: Palgrave Macmillan.

Gonçalves, Custódio (2003), *Tradição e modernidade na (re)construção de Angola*. Porto: Afrontamento.

Gonçalves, Maria Eduarda (1994), *Direito da Informação*. Coimbra: Almedina.

Haggard, Stephan; Kaufman, Robert (1992), *The Political Economy of Democratic Transitions*. Princeton: Princeton University Press.

Henckel, Hans-Joachim (1991), *Zivilprozess und Justizalternativen in Brasilien*. Frankfurt: Peter Lang.

Hintz, Manfred (2010), "Justice for justice and justice for peace: Legal anthropological observations on traditional and informal justice systems", in Hintz (org.) *In search of Justice and Peace: Traditional and Informal Justice Systems in Africa*. Windhoek: Namibia Scientific Society.

Hintz, Manfred (org.) (2010), *In search of Justice and Peace: Traditional and Informal Justice Systems in Africa*. Windhoek: Namibia Scientific Society.

Hinz, Manfred (org.) (2006), *The Shade of New Leaves. Governance in Traditional Authority: a Southern African Perspective*. Berlim: LIT Verlag.

Holland, Kenneth M. (org.) (1991), *Judicial Activism in Comparative Perspective*. Nova Iorque: St. Martins Press.

Horn, Nico; Bösl, Anton (orgs.) (2008), *The independence of the judiciary in Namibia*. Windhoek: Macmillan Education.

Ibáñez, Perfecto (1989), "Jueces y Administración de Justicia: un Panorama de la Cuestión Judicial Española", *in* Bergalli, R.; Mari, E. (orgs.): *El derecho y sus realidades: Investigación y enseñanza de la sociología jurídica*. Barcelona: Promociones y Publicaciones Universitarias: 323-347.

Kibwana, Kivutha (org.) (1991), *Law and the Administration of Justice in Kenya*. Nairobi: International Commission of Jurists, Kenya Section.

Layzer Judith (2005), *The Environmental Case: Translating Values Into Policy*. Nova Iorque: CQ Press.

León, Pedro Enrique Aguilar (1989), "Jueces y administración de justicia en Colombia", *in* Bergalli. R.; Mari, E. (orgs.). *El derecho y sus realidades: Investigación y enseñanza de la sociología jurídica*. Barcelona: Promociones y Publicaciones Universitarias: 245-263.

Lopes, José Reinaldo de Lima (1994), "Justiça e poder judiciário ou a virtude confronta a instituição", *Revista da USP*, 21: 22-33.

Mabeko-Tali, Jean-Michel (2000), *Dissidências e poder de Estado: o MPLA perante si próprio (1962 – 1971)*. Luanda: Editorial Nzila.

Mabeko-Tali, Jean-Michel (2005), *Barbares et citoyens: l'identité à l'épreuve des transitions africaines*. Congo-Brazzaville, Angola. Paris: L'Harmattan.

Mabeko-Tali, Jean-Michel (2006), "Exclusão e estratégias de sobrevivência no Estado--Nação: o caso das transições políticas congolesa e angolana", in Vidal, N.; Andrade, J. P. (org.), *O processo de transição para o multipartidarismo em Angola*. Luanda e Lisboa: Edições Firmamento.

Mamdani, M. (1996), *Citizen and subject: Contemporary Africa and the legacy of late colonialism*. Londres: James Currey.

Marques Guedes, Armando; Feijó, Carlos; Freitas, Carlos de; Tiny, N'Gunu; Coutinho, Francisco P.; Freitas, Raquel B.; Pereira, Ravi A.; Ferreira, Ricardo do N. (2003), *Pluralismo e legitimação. A edificação jurídica pós-colonial em Angola*. Coimbra: Almedina.

Martin, Gilles (1991), "Direito do ambiente e danos ecológicos", *Revista Crítica de Ciências Sociais*, 31: 115-142.

Mateus, Cabrita, Dalila (1999), *A Luta pela independência. A formação das elites Fundadoras da FRELIMO, MPLA E PAIGC*. Mem Martins: Editorial Inquérito.

Mateus, Cabrita, Dalila; Mateus, Álvaro (2007), *Purga em Angola. Nito Alves, Sita Valles, Zé Van Dunem. O 27 de Maio de 1977.* Porto: Edições Asa.

McEldowney, John F.; McEldowney, Sharon (2001), *Environmental law and regulation.* Londres: Blackstone Press.

Mcmillan, John (2005), "'The main institution in the country is corruption': creating transparency in Angola", in *Graduate School of Business.* Stanford: Stanford University.

Medina, Maria do Carmo (2003), *Angola: processos políticos da luta pela independência.* Luanda: Universidade Agostinho Neto.

Meneses, Maria Paula (2007), "Pluralism, Law and Citizenship in Mozambique: mapping the complexity", *Oficina do CES*, 291.

Messiant, Christine (2000), "Em Angola até o passado é imprevisível: a experiência de uma investigação sobre o nacionalismo angolano e, em particular, o MPLA", *in Construindo o passado angolano: as fontes e a sua interpretação. Actas do II Seminário Internacional sobre História de Angola.* Luanda: Comissão Nacional para as Comemorações dos Descobrimentos Portugueses.

Moore, Sally Falk (1992), "Treating Law as Knowledge: telling colonial officers what to say to Africans about running 'their own' native courts", *Law and Society Review*, 26 (1): 11-46.

Ngondi-Houghton, Connie (2006), *Access to Justice and the Rule of Law in Kenya.* Trabalho apresentado à Commission on Legal Empowerment of the Poor, Nairobi.

Okoth-Ogendo, H. W. O. (1991), "Constitutions without constitutionalism: Reflections on an African political paradox", *in* Shivji, Issa G. (org.), *1991, State and constitutionalism. An African debate on democracy.* Harare: Southern Africa Political Economy Series, 3-21.

Oomen, Barbara (2005), *Chiefs in South Africa: Law, Power and Culture in the Post-apartheid Era.* Oxford: James Currey.

Palacio, Germán (1989), "Servicios legales y relaciones capitalistas: un ensayo sobre los servicios jurídicos populares y la práctica legal crítica", *El Otro Derecho*, 3: 51-69.

Paoli, Maria Célia (1994), "Os direitos do trabalho e a sua justiça", *Revista da USP*, 2 (1): 100-115.

Pedroso, João; Trindade, João Carlos, José, André Cristiano, Santos, Boaventura de Sousa (2003), "Caracterização do desempenho dos tribunais: um roteiro dos bloqueios do sistema judicial", *in* Santos, B. S.; Trindade, J. C. (org.); *Conflito e Transformação Social: Uma Paisagem das Justiças em Moçambique* (vol. 1). Porto: Afrontamento.

Pepino, Lívio; Rossi, Nello (orgs.) (1993), *Democrazia in Crisi e Senso della Giurisdizione.* Milão: FrancoAngeli.

Pestana, Nelson (2002), *L'État en Angola: discours et pratiques*. Thèse pour obtenir le grade de Docteur de l'Université de Montpellier I. Science Politique. Université de Montpellier. Faculté de Droit, Sciences Économiques et Gestion. Centre d'Étude et de Recherche sur la Théorie de l'État. Orientador: Michel Miaille.

Pirovano, A. (1988), *Changement social et droit négocié*. Paris: Economica.

Rossi, Nello (org.) (1994), *Giudici e Democrazia: La magistratura progressista nel mutamento istituzionale*. Milão: FrancoAngeli.

Sachs, Albie; Welch, Gita Honwana (1990), *Liberating The Law. Creating Popular Justice in Mozambique*. Londres: Zed Books.

Salah, M. (1985), *Rationalité juridique el rationalité économique dans le droit de la concurrence*. Tese de doutoramento, Universidade de Nice.

Santos, António C.; Gonçalves, Eduarda e Marques, Maria Manuel (1995), *Direito económico*. Coimbra: Almedina.

Santos, Boaventura de Sousa (1994), *Pela mão de Alice: O social e o político na pós-modernidade*. Porto: Afrontamento.

Santos, Boaventura de Sousa (1995), *Toward a New Common Sense. Law, Science and Politics in the Paradigmatic Transition*. Nova Iorque: Routledge.

Santos, Boaventura de Sousa; Marques, Maria Manuel; Pedroso, João (1996), *Os Tribunais nas Sociedades Contemporâneas: O Caso Português*. Porto: Afrontamento.

Santos, Boaventura de Sousa (2002), *Towards a New Legal Common Sense*. Londres: Butterwords.

Santos, Boaventura de Sousa (2003), "O Estado heterogéneo e o pluralismo jurídico", *in* Santos, B. S.; Trindade, J. C. (org.); *Conflito e Transformação Social: Uma Paisagem das Justiças em Moçambique* (vol. 1). Porto: Afrontamento.

Santos, Boaventura de Sousa (2006a), "The Heterogeneous State and Legal Pluralism in Mozambique", *Law & Society Review*, 40 (1): 39-75.

Santos, Boaventura de Sousa (2006b), *A gramática do tempo. Para uma nova cultura política*. Porto: Afrontamento

Santos, Boaventura de Sousa (2007), *Para uma revolução democrática da justiça*. São Paulo: Cortez Editora.

Santos, Boaventura de Sousa (2009), *Sociología Jurídica Crítica. Para un nuevo sentido común en el derecho*. Madrid: Editorial Trotta.

Santos, Boaventura de Sousa (2010), *Refundación del Estado en América Latina. Perspectivas desde una epistemología del Sur*. Bogotá: Siglo del hombre Editores/ Universidad de los Andes.

Santos, Boaventura de Sousa; García-Villegas, Mauricio (2001), *El Caleidoscopio de las Justicias en Colombia*. Bogotá: Colciencias-Uniandes-CES-Universidad Nacional--Siglo del Hombre.

Santos, Boaventura de Sousa; Trindade, João Carlos (org.) (2003), *Conflito e Transformação Social: Uma Paisagem das Justiças em Moçambique*. Porto: Afrontamento.

Sayag, Alain; Hilaire, Jean (orgs.) (1984), *Quel droit des affaires pour demain? Essai de Prospective Juridique*. Paris: Libraries Techniques.

Scherer, Frederick M. (1994), *Competition Policies for an Integrated World Economy*. Washington: The Brookings Institution.

Schmidhauser, John P. (org.) (1987), *Comparative Judicial Systems: Challenging Frontiers in Conceptual and Empirical Analysis*. Londres: Butterworths.

Sekonyela, Borenahabokhethe (2010), "Lesotho – traditional administration of justice in a monarchy: Human rights gaps and strategies to encourage respect for human rights", in Hintz (org.) *In search of Justice and Peace: Traditional and Informal Justice Systems in Africa*. Windhoek: Namibia Scientific Society.

Shapiro, Martin (1986), *Courts: A Comparative and Political Analysis*. Chicago: University of Chicago Press.

Skaar, Elin; Van-Dúnem, José Octávio Serra (2006), "Courts under Construction in Angola: What can they do for the Poor?" *in* Gargarella, R.; Domingo, P.; Roux, T. (orgs.), *Courts and Social Transformation in New Democracies. An Institutional Voice for the Poor?* Aldershot: Ashgate, 213-232.

Stevens, Joanna (2001), *Access to Justice in Sub-saharan Africa*. Londres: Penal Reform International (disponível em http://www.penalreform.org/access-to-justice-in--sub-saharan-africa.html (acedido em Março de 2010).

Tate, C. Neal (1993), "Courts and Crisis Regimes: A theory Sketch with Asian Case Studies", *Political Research Quarterly*, 46: 311-338.

Tate, C. Neal; Haynie, Stacia (1993), "Authoritarianism and the Functions of Courts: A Time Series Analysis of the Philippine Supreme Court 1961-1987", *Law & Society Review*, 27 (41): 707-740.

Tijeras, Ramón (1994), *La revolución de los jueces. De Falcone a Barbero: Una cruzada contra la corrupción política, el crimen internacional y la razón de Estado*. Madrid: Ediciones Temas de Hoy.

Toharia, José Juan (1974), *Cambio social y vida jurídica en España*. Madrid: Editorial Cuadernos para el Diálogo.

Toharia, José Juan (1987), "Judicial Independence in a Authoritarian Regime", *in* Ghai, Y.; Luckham, R.; Snyder, F. (orgs.) *The Political Economy of Law: a Third World Reader*. Oxford: Oxford University Press.

Trindade, João Carlos (2003), "Rupturas e Continuidades nos processos políticos e jurídicos", *in* Santos, B. S.; Trindade, J. C. (org.); *Conflito e Transformação Social: Uma Paisagem das Justiças em Moçambique* (vol. 1). Porto: Afrontamento, 97-127.

Trubek, David; Grossman, Joel B.; Felstiner, William L. F.; Kritzer, Herbert M.; Sarat, Austin (1983), *Civil Litigation Research Project Final Report (parts A, B, C)*. Madison: University of Wisconsin-Madison Law School.

Van Huyssteen, Elsa (2000), "The Constitutional Court and the Redistribution of Power in South Africa: Towards Transformative Constitutionalism", *African Studies*, 59 (2): 245-265.

Vidal, Nuno; Andrade, Justino Pinto (orgs.) (2006), *O Processo de Transição para o Multipartidarismo em Angola*. Luanda: Edições Firmamento,

Vidal, Nuno; Andrade, Justino Pinto (orgs.) (2008), *Sociedade civil e política em Angola. Enquadramento regional e internacional*. Luanda e Lisboa: Firmamento. Universidade Católica de Angola, Universidade de Coimbra.

Wolkmer, António Carlos (1994), *Pluralismo jurídico: Fundamentos de uma nova cultura no direito*. São Paulo: Editora Alfa-Omega.

Yusuf, Hakeem O. (2010), *Transitional Justice, Judicial Accountability and the Rule of Law*. Nova Iorque: Routledge.

CAPÍTULO 3
FALANDO EM CORRUPÇÃO... MALEFÍCIOS EVITÁVEIS?

José Octávio Serra Van-Dúnem

Introdução

Este capítulo tem como objectivo uma reflexão à volta da temática da corrupção, procurando ir de encontro a algumas significações e interpretações dessa palavra na sociedade. A ideia é reduzir a confusão que ela pode provocar em qualquer um, ora aparecendo como sinónimo de tudo o que é mau ou como tendo uma constelação de significados que acabam por reduzi-la a algo sem muito sentido. Procurando ser o mais objectivo possível, faremos um voo rasante sob o tema fazendo-o confrontar com outras temáticas que conformam a vida na *Pólis*, como a *Democracia*, o *Interesse Público* e a *Cidadania*. A amplitude e complexidade do tema obrigam-nos a não ter a pretensão de esgotar a sua discussão, mas, ao invés, deixar em aberto uma reflexão que se impõe cada vez mais nas nossas sociedades.

1. Democracia e Corrupção

Começando pela etimologia: a palavra corrupção deriva do termo latino[1] *corruptio/onis*, de onde vem acepção primeira. Para o homem latino dos séculos I e II, o termo *corruptionis* tinha o seu significado a partir da conjunção de outros termos: *cum* e *rumpo* (do verbo romper), cujo significado é romper totalmente, quebrar o todo, quebrar completamente. Então *cum rumpo* ou *corruptionis* queria dizer a ruptura das estruturas, quando se destroem os fundamentos de algo, destruir algo. Contudo, essa ruptura não acontecia de repente, estava sempre associada à ideia de um processo natural em que o corpo vivo se desgastaria chegando à morte (Martins, 2008). Por vezes, a corrupção é analisada através de indicadores ou índices que medem a percepção da corrupção pela população. Tais indicadores mostram a importância concedida a fenómenos que possuem

---

[1] Apesar da origem latina do termo, essa noção de corrupção tem as suas origens e foi plenamente reflectida nos filósofos gregos antigos e outros autores, entre os quais se destacam Parménides, Heraclito, Platão (Livro VIII, *República*) e Aristóteles (Livro V, *A Política*), Maquiavel (*O Príncipe*), Espinosa (*Tratado Teológico-Político e Tratado Político*), Hobbes (*Leviatã*), Rousseau (*Discurso sobre a origem e os fundamentos da desigualdade entre os homens e do Contrato Social*) e David Hume (*Tratado da Natureza Humana*), Weber (*A Ética Protestante e o Espírito do Capitalismo*).

um peso negativo na avaliação geral das políticas públicas, mostrando que a população em geral não apenas tem consciência do fenómeno, mas se preocupa também com os seus efeitos sobre as suas vidas. Um segundo instrumento muito usado nas análises da corrupção são os estudos realizados por Institutos especializados que classificam os países segundo uma tabela comparativa entre experiências vividas por esses mesmos países. Contudo, ainda assim, fica por determinar a grande complexidade desse fenómeno. O debate sobre a corrupção, que é normalmente definida como o uso de bens públicos para fins privados, conduz a certas proposições frequentemente repetidas. Isto facilita a visão de alguns especialistas, que de uma maneira apressada olham para o fenómeno da corrupção como uma questão de "cultura", das coisas serem feitas de maneira "diferente" no país "X" ou na região "Y", e assumir que a corrupção é exclusividade comum nas sociedades em desenvolvimento (Power e González, 2003). Esta perspectiva, atrás referida, perde consistência se pensarmos que hoje todas as formas de corrupção são proibidas em quase todos os Países, ou ainda as razões pelas quais a corrupção parece estar florescendo nas sociedades industriais avançadas, em que os escândalos abalaram governos, como na Itália, Japão, Inglaterra, Alemanha ou Estados Unidos (Klitgaard, 1998). Para além da constatação de que a corrupção existe tanto em países democráticos quanto em países não democráticos, assim como em países com ampla liberdade de imprensa e em países com quase nenhuma liberdade de opinião (Avritzer *et al,* 2008). Paralelamente, verifica-se um debate intimamente ligado ao processo de consolidação e funcionamento dos sistemas democráticos,[2] e do desenvolvimento económico, que considera a corrupção como a antítese da boa governação.

A corrupção como ponto central na agenda internacional deve-se a muitos factores, entre os quais se destacam: a) a globalização que permitiu uma rápida disseminação de ideias, do capital e do trabalho, das doenças, do crime organizado e da própria corrupção, que passou a ser um problema transnacional, requerendo também uma resposta internacional e coordenada entre os Países; e b) os efeitos nefastos da nova economia global, tais como a evasão fiscal, a lavagem de dinheiro e a quebra de regras e das normas estabelecidas.

Para se entenderem as razões pelas quais a corrupção se tornou um assunto de relevo no mundo de hoje é necessário olhá-la sob vários pontos de vista: eco-

---

[2] Sobre esta temática, cf., neste volume, os capítulos de Boaventura de Sousa Santos, Raul Araújo, Conceição Gomes e Maria Paula Meneses.

nómico, político, social, legal, cultural e da própria segurança humana. Sob o ponto de vista económico, em alguns Países em vias de desenvolvimento existem redes criminosas que não só envolvem, mas arrastam consigo, as Instituições financeiras, que acabam voluntária ou involuntariamente por estar envolvidas em transacções financeiras de fundos de proveniência duvidosa. Em relação à perspectiva política, assinala-se o crescimento do suborno e da corrupção nos sistemas políticos (principalmente dos Países subdesenvolvidos), com efeitos negativos na capacidade de escolha, pelo Estado, de políticas adequadas à boa governação. Na área social é cada vez maior o número de cidadãos forçados a adaptar-se a contextos onde a corrupção é uma forma de vida, contribuindo para a existência de dilemas morais e éticos, que advêm da forçada coexistência entre indivíduos com padrões morais diferentes, podendo, no final, criar instabilidade social. Na perspectiva legal a corrupção é um desafio ao estabelecimento de regras, procedimentos e normas de conduta, aos quais os sistemas de justiça ainda não conseguem responder. Finalmente, a corrupção tem implicações na segurança humana, pois subverte o Estado de Direito, cria agendas paralelas e concorrentes, remetendo os indivíduos a uma luta diária pela sua segurança física, dada a manifesta incapacidade do Estado em garantir essa mesma segurança.

A corrupção não é, de forma alguma, algo de novo, nem se limita a uma determinada parte do mundo. Ela deve ser vista como sendo uma característica de uma sociedade organizada, isto é, do ser humano organizado em grupos e com uma hierarquia de poder. É uma realidade nas sociedades agrárias ou industrializadas, em democracias ou autocracias, em estados religiosos ou não religiosos, grandes ou pequenos, capitalistas ou socialistas e em Países ditos desenvolvidos ou em vias de desenvolvimento, ricos ou pobres. Nem sequer se restringe apenas ao sector público: também o mundo dos negócios está envolvido na corrupção, através de subornos às alfândegas, polícias, funcionárias de impostos e de *procurement* para evitarem o pagamento de taxas e assegurarem contratos públicos lucrativos.

Deste modo, uma definição razoável de Corrupção vai no sentido de um, ou mais, expedientes utilizados por indivíduos de várias classes sociais, etnias ou grupos que, conhecendo e apoderando-se de normas jurídicas e teorias diversas, procuram ter lucros (vantagens) e atingir objectivos (resultados) através de acções consideradas lícitas, mas que são viciosas, pois estão pautadas por uma leitura desvirtuada de tais normas e pelo uso de artifícios que procuram, a todo custo, legitimá-las e que vão de encontro a um dos argumentos defendidos pela ética, transformando, dessa forma, a ordem natural das coisas, a relação sociedade-Estado, o conceito de verdade e de mentira e o significado do que conhecemos por certo ou justo em nome da defesa da verdade factual.

2. Corrupção e Interesse Público

O próprio conceito de interesse público carece de legitimação. Num estado de natureza patrimonialista, onde não se delimita o que é público e privado, o conceito de interesse público carece de uma base legitimada de fundamentação. Num regime monárquico, o conceito de interesse público fica sempre incerto, ao sabor das relações entre o arbítrio do monarca e a tradição. Neste sentido somente a legitimidade republicana de um Estado confere o primado legal do interesse público, diante do qual os interesses privados devem ser compatibilizados, regulados ou mesmo contidos (Guimarães, 2008). A corrupção definida, ainda, como abuso de autoridade ou de função confiada a alguém para benefício pessoal reconhece que no sector público tem particular efeito devastador, mas que nem por isso pode ser tratada isoladamente. Deveremos questionar-nos sobre qual a relação entre governação e corrupção – sendo governação aqui entendida como as tradições e as Instituições pelas quais a autoridade de um País é exercida, incluindo o processo pelo qual os governos são eleitos, monitorizados e substituídos, ou seja, a capacidade de o governo formular e implementar políticas públicas efectivas, bem como o respeito dos cidadãos e do Estado pelas Instituições que governam as interacções económicas e sociais. A corrupção no sector público pode ser entendida como o uso da função pública para proveito próprio ou para o benefício de um grupo com quem um determinado indivíduo pode estar associado. É um comportamento que se desvia dos deveres formais de um cargo público e é prejudicial ao interesse público. A corrupção não se manifesta numa única forma, manifestando-se, geralmente, em: a) transacções/ actividades ilícitas isoladas feitas por funcionários públicos que abusam da sua função (por exemplo, exigindo subornos, desviando os fundos públicos ou dispensando favores) em proveito/benefício próprio; b) prática de fraude caracterizada por burla, manipulação ou distorção de informação, factos ou conhecimentos, contrabando, falsificação de moeda, adjudicação de contratos a empresas em que os funcionários têm interesses; c) tráfico de influências, onde os funcionários usam de prerrogativas e facilidades resultantes da sua condição de agente público ou de agente do Estado, que patrocina, como procurador ou intermediário, interesses alheios perante a administração; d) formulação de políticas e de legislação feita de forma a beneficiar interesses especiais, os actores políticos e legisladores; e e) relações promíscuas entre os actores privados e funcionários públicos ou políticos para proveito mútuo ou privado. Nestas situações pode haver o envolvimento do poder legislativo, executivo e judicial.

As consequências da corrupção são violentas, desarticulam nações de maneira destruidora e afectam de forma injusta e desproporcional os segmentos mais vulneráveis da população nos domínios político, económico e social. Ao nível político desorganiza o poder, desvaloriza as leis e as instituições, põe em causa a confiança na democracia, desacredita os agentes políticos e perverte as vontades e opções íntimas dos cidadãos. Quando a corrupção se instala as estruturas do poder deixam de funcionar em função dos fins e objectivos que lhe são cometidos e passam a servir os interesses concretos, particulares, dos que estão envolvidos nos seus processos. Ao nível económico a corrupção delapida os recursos naturais, empobrece o País e agudiza os desequilíbrios sociais. A economia dilacera-se porque os projectos e os negócios públicos não são estudados e desenvolvidos em função da sua utilidade pública e dos benefícios que trazem para as populações, mas sim tendo em conta as comissões e os rendimentos que os agentes do processo vão ganhar e dos lucros que os mesmos podem daí retirar. Ao nível social a corrupção agrava as desigualdades entre os cidadãos, intensifica o fosso entre ricos e pobres e degrada os valores morais, éticos e profissionais. Ela tem o condão de fazer alargar ainda mais a pobreza numa sociedade pobre e com miséria. Alguns cidadãos envolvem-se em corrupção, de maior ou menor dimensão, porque pensam que cada um tem de montar o seu próprio esquema para ultrapassar dificuldades, à margem das Instituições. Isso provoca, de maneira lenta, o desmoronamento dos fundamentos e valores morais e éticos da sociedade, com efeitos extremamente perniciosos.

Parece-nos importante destacar o papel do homem em todo esse processo, ou seja, o comportamento do cidadão, pois daí pode derivar um cenário propício ao exercício da corrupção. Esses comportamentos traduzem-se na má prestação de serviços e são caracterizados pela incapacidade de decisão, protelamento de resoluções em tempo útil, ausência de cultura de responsabilização individual e colectiva, incapacidade de exercer o poder de acordo com as atribuições e um cenário de crenças no domínio metafísico, cujos efeitos de amedrontamento são eficazes. Este cenário proporciona um campo fértil quando há um ambiente de inércia, apatia e relaxamento, que se manifesta ao nível da liderança, da gestão e da supervisão na administração pública. Ao nível da liderança, a incapacidade de produzir uma visão, e difundi-la entre os colaboradores, torna o dirigente ou responsável inapto para estabelecer uma direcção, objectivos e acções estratégicas e, finalmente, revela incapacidade de desenhar um plano estratégico de médio e longo prazo.

A ausência destes instrumentos estratégicos remete a organização a uma actuação reactiva, no lugar de proactiva, e incapacita-a de determinar as prioridades e alocação dos recursos de acordo com elas, impedindo assim acções-chave que permitem uma efectiva gestão da sua implementação, controle e prestação de contas. Ao nível da gestão é previsível o estabelecimento de planos operativos, a sua execução e controle, bem como a combinação de recursos quer humanos, quer financeiros. A fraca capacidade de gestão remete a organização para a implementação de actividades desconexas que estão ligadas a um objectivo estratégico da organização. Tem destaque particular a ausência de uma orientação para resultados claramente definidos, num horizonte de tempo estabelecido, o que dificulta a prestação de contas. Ao nível da supervisão a ausência de habilidade de supervisionar, acompanhar, elogiar, dar orientação aos colaboradores, faz com que estes percebam essa falta de interesse por parte do seu chefe e assumam a sua postura. Para fazer face à demanda e à pressão do público, os funcionários, incapazes de responder com eficiência, exacerbam os requisitos burocráticos, introduzindo empecilhos desnecessários, que não acrescentam valor para justificar a ineficiência dos seus sectores (por exemplo, processos que levariam uma semana, duram meses). Ao nível do ambiente de trabalho constata-se que sem liderança, direcção e supervisão adequadas, os funcionários, convertidos numa massa amorfa e desocupada, ocupam as suas horas de trabalho sem estar a trabalhar, sem sentido da sua missão principal de servidores do Estado. Perde-se o respeito pela coisa pública, e perde-se a oportunidade de desenvolver uma classe de servidores públicos profissionalizados, perdendo-se com isso os valores da ética e da deontologia. Esta fragilidade do sector público contribui para a perda de autoridade e de capacidade de o Estado se tornar mais activo e decisivo na dinamização do desenvolvimento social e económico do País. Os funcionários, incapazes de responder com eficiência, exacerbam os requisitos burocráticos abrindo espaços para cobranças ilícitas, actuando com a convicção de que o exemplo vem de cima e sentindo que podem, também eles, praticar o acto e que não precisam de ser responsabilizados nos seus sectores e, muito menos, alertar os seus superiores sobre irregularidades. Estão, assim, indicadas as formas de Burocratismo (não confundir com burocracia) cujas manifestações podem ser o excesso de formalismos; demasiados passos e intervenientes; resistência à mudança; e categorização. Deste modo, a existência do Burocratismo cria uma cultura e oportunidades, ambiente propício para o florescimento de práticas corruptas.

Vimos, pois, a complexidade do tema e, consequentemente, a dificuldade em combatê-lo. Podemos, ainda, ter a sensação de que os agentes ligados à corrupção estão em todos os lugares e ocupam as mais variadas posições dentro da esfera social. É fundamental recorrermos à filosofia, à política, à ética e à história para compreendermos os mecanismos que levam os homens a desvirtuarem-se – ao ponto de transformarem a ordem natural das coisas – e a trocarem princípios balizados na tradição e nos costumes por resultados fundamentados por uma *ética da responsabilidade*. Essa ética da responsabilidade está, basicamente, assente em duas relações distintas: a relação responsabilidade-acção; e a relação acção--resultado. Na primeira distinguem-se duas interpretações: a do compromisso do político para com a sociedade que o elegeu e que nele deposita a sua confiança e esperança; e a do seu posicionamento perante situações em que ocorra quebra de decoro. Já na segunda relação deparamo-nos com as consequências vindas de uma boa ou má acção praticada por esse homem com responsabilidades públicas. Os dois casos referidos fazem-nos recorrer ao pensamento sociológico de Max Weber, que as tipificou como sendo uma acção racional com relação a fins e uma acção racional com relação a valores. A primeira, segundo Weber, é determinada por expectativas no comportamento tanto de objectos do mundo exterior como de outros homens, e utilizando essas expectativas como "condições" ou "meios" para alcançar fins próprios e racionalmente avaliados e perseguidos. A segunda, por sua vez, é "*determinada pela crença consciente no valor – ético, estético, religioso ou qual seja a interpretação que lhe for dada – próprio e absoluto de determinada conduta, sem qualquer relação com o resultado, ou seja, puramente em consideração desse valor*" (Weber, 1996). Neste sentido é importante destacarmos que dentro da metodologia weberiana está a compreensão, que foi classificada em dois tipos: a compreensão actual que se dá através do curso observável da acção; e a compreensão explicativa, que não se detém no sentido aparente da acção e sim nos seus motivos subjacentes. Weber criou, ainda, uma escala para medir o grau de compreensão de uma acção, feita a partir de evidências. Cabe observarmos que tal percepção, proveniente da compreensão intelectual, da leitura das evidências, não ocorre na compreensão actual e nem tampouco na compreensão explicativa, pois a sociedade, em Weber, é um palco onde se realiza uma luta incessante entre indivíduos orientados por valores distintos e equivalentes, cuja coesão ocorre em situações sempre cambiantes de interesses e de dominação.

Aqui chegados podemos questionar se não é este o quadro em que vivemos sempre que somos confrontados com o tema, inesgotável, da corrupção? Como observamos essa luta incessante travada por indivíduos orientados por valores distintos e equivalentes? Como vemos a questão das Instituições Públicas poderem fazer uma gradação de escala de corrupção, no sentido de qualificarmos uma Instituição corrupta? Será a corrupção um malefício evitável?... eis as questões em que tropeçamos sempre que nos dispomos a reflectir sobre este tema.

Em nosso entender, a resposta não se pode basear numa regra quantitativa, do tipo: quando atingir um número X ou um percentual Y de funcionários corruptos, então a Instituição estará corrompida. Pensamos que a impunidade deixa, sim, em aberto um espaço para que um estádio de corrupção se possa instalar. Neste sentido, a atitude que os órgãos adoptarem diante de casos de corrupção será um primeiro sinal claro da preocupação com aquilo que pertence a todos, que é do domínio da *Res Publica*. Ou seja: hábitos de permissividade ou tolerância face a actos de corrupção permitem que se instale uma ideia de normalidade perante desvios de conduta ética.

As Instituições Públicas existem para cumprirem uma certa função que o Estado julgou necessária para o bem-estar dos cidadãos – deste modo, um outro sinal de corrupção ocorre quando um órgão ou uma Instituição não atendem mais à finalidade que o Estado fixou e passam a praticar acções diferentes daquelas determinadas. Neste sentido, como a corrupção de uma Instituição não é determinada pela quantidade de membros corrompidos, o mesmo vale para a incapacidade de executar determinada função, pois incompetência não é corrupção política.

No limite, não há critérios universais e definitivos para saber com exactidão o que em cada órgão é ou não corrupção. Podem concorrer vários factores que devem ser levados em conta para saber se uma Instituição está corrompida: a passividade diante dos desvios de conduta dos seus membros, o não cumprimento da sua finalidade maior, o atendimento dos interesses privados e não da sua finalidade pública, entre outros. Os aspectos acima referidos podem ser apenas localizados ou temporários no órgão público, não devendo ser regra, pois aí passam a fazer parte da lógica de actuação da Instituição, já que se o erro, a acção desviante e corrompida, é a norma, nenhum dos seus membros, por mais bem-intencionado que seja, conseguirá agir correctamente. E aqui, sim, estamos perante o único caso certo de corrupção Institucional, quando a acção corrompida se torna lógica de acção e pano de fundo de uma Instituição.

3. Cidadania Versus Corrupção

Com essa abordagem entro na seguinte questão: será a cidadania, termo hoje tão em uso mas algo desgastado pela maneira nem sempre adequada da sua utilização, um instrumento que poderá ajudar a edificar um Estado de harmonia, em que a corrupção esteja ausente? Estará a caminho de uma paz perpétua, como configurava Kant?

O problema da corrupção não se deve limitar ao problema geral da política democrática, a questão presente é o de regras efectivas que possam assegurar tanto a autonomia dos cidadãos, quanto a autonomia do Estado perante os interesses privados e a sua eficiência como instrumento do interesse público, capaz de impor os necessários limites à conduta dos cidadãos e a internalização de regras, princípios e valores (Reis, 2008). Parece-nos que a resposta, as indagações acima colocadas, podem ser dadas na medida em que o cidadão se possa rever num projecto de cidadania. Para isso é fundamental que as normas sejam efectivas correspondendo de forma autêntica a sua implementação. Neste sentido é importante referir que o tema da cidadania, tão em voga, não tem respaldo em nenhuma teoria, recebendo contribuições teóricas sobre a sua conceptualização que permitem encontrar melhores razões para a sua actualidade, entre os quais destacamos Vieira (1999), Kymlicka (1995) ou Habermas (1995). Destas contribuições retemos as formulações de Bryan Turner (1990) referidas por Liszt Vieira (1999) e Adão Manuel (2005), que apontam para dois tipos de cidadania: uma cidadania passiva, a partir "de cima", via Estado, e uma cidadania activa, a partir "de baixo", como reforço das próprias Instituições. O debate sobre cidadania está directamente associado à discussão sobre "a questão democrática" e sobre as possibilidades de transformação do Estado e da Sociedade. Isso mesmo é mais verdadeiro em Países onde as distorções sociais levam a necessidade de se percorrer um longo caminho rumo à cidadania e à democracia, em sentido mais amplo, aqui entendido como *praxis* que pode inibir a corrupção. Concorre para tal a necessidade de um Estado em que haja uma arrumação das Instituições que proporcione mais direitos e garantias ao cidadão. Temos de ter ao nível do Estado, da Governação, da Administração Pública, das Instituições Privadas, o tipo de atitudes e de valores que devem ser perfeitamente generalizadas no conjunto da nossa cidadania: quem não cumpre objectivos tem de ser responsabilizado. Para a construção de uma paz duradoura e de uma verdadeira cidadania livre e democrática precisamos de um Estado mais exigente eticamente e que obrigue a uma mais elevada ética da Administração Pública. Precisamos de um Estado que sustente uma sociedade aberta à inovação, ao conhecimento e à descoberta de novos talentos, preocupado em ultrapassar o substrato da desigualdade e da pobreza (tema que não nos propusemos desenvolver neste texto, mas que sem dúvida está paredes meias com o tema da corrupção). Precisamos de um Estado que fomente a coragem, a capacidade de concretização de projectos, o espírito de serviço e as outras virtudes humanas, incluindo a solidariedade à custa do esforço próprio. Precisamos de um Estado capaz de gerar um clima de confiança, um ambiente favorável à procura do emprego como primeiro passo para fugir do clico de pobreza que muitas vezes funcionam como colapso de grande parte das sociedades onde a corrupção impera e se assume como uma fatalidade.

Conclusões

Concluímos reafirmando ser este tipo de concepção que nos deve nortear em relação às questões de cidadania, e a possibilidade de criação de pactos sociais, acreditando serem estes instrumentos fundamentais para a coesão social, o que nos permitirá falar, com segurança, em consolidação das Instituições democráticas, direitos, liberdades e garantias do cidadão. Como bem referiu Jeffrey Sachs (2005), *"uma combinação de investimentos bem afinados com as necessidades e condições locais, hoje interligadas com condições globais, pode possibilitar escapar da armadilha da pobreza"*, pré caminho para a *Corrupção*. No mesmo sentido abraçamos a proposta de Fábio Wanderley Reis de que *"é fundamental construir uma cultura necessária, incluindo as normas que disciplinem o legítimo jogo de interesses (entendidos estes como a busca autónoma dos objectivos próprios de cada um) e mitiguem seus potenciais efeitos nefastos"* (Reis, 2008). Os assuntos aqui colocados fazem parte de um conjunto maior de questões que deve ser incorporado em programas de estabilização social e, necessariamente, nos deve mobilizar em torno dos seus objectivos.

Por último, referimos e enfatizamos a necessidade de estudos teórico-práticos que possam ser parte integrante de outros estudos mais amplos, enquadrados numa estratégia anti-corrupção como parte integrante da Estratégia Global da Reforma do Sector Público, o que implica um diagnóstico profundo do fenómeno da Corrupção, antes mesmo da aplicação de qualquer pacote legislativo que sem os preceitos acima referidos poderá cair em saco roto. Neste sentido talvez possamos concordar que a Corrupção pode ser um malefício evitável, dependendo da frontalidade com que é encarada.

Referências Bibliográficas

Aristóteles (1998), *Política*. Lisboa: Vega.

Avritzer, Leonardo; Bignotto, Newton; Guimarães, Juarez; Starling, Heloísa (orgs.) (2008), *Corrupção: ensaios e críticas*. Belo Horizonte: Editora UFMG.

Espinosa (1988), *Tratado teológico-político*. Lisboa: Imprensa Nacional/Casa da Moeda.

Espinosa (2008), *Tratado Político*. São Paulo: Editora Martins Fontes.

Feijó, Carlos (2000), *A Reforma do Estado*. Luanda (mimeo).

Ferreira, Manuel Ennes (1999), *A Indústria em Tempo de Guerra (Angola, 1975-91)*. Lisboa: Edições Cosmos/Instituto de Defesa Nacional.

Guimarães, Juarez (2008), "Interesse Público", in Avritzer, Leonardo; Bignotto, Newton; Guimarães, Juarez; Starling, Heloisa Maria (orgs.) *Corrupção: ensaios e críticas*. Belo Horizonte: Editora UFMG, 173-178.

Hobbes, Thomas (2003), *Leviatã*. São Paulo: Editora Martins Fontes.

Hume, David (2000), *Tratado da Natureza Humana*. São Paulo: Editora Unesp.

Maquiavel (2004), *O Príncipe* (tradução de M.J. Goldwasser). São Paulo: Editora Martins Fontes.

Manuel, Adão Avelino (2005), *A Cidadania e Democracia na Reconstrução da Paz*. Luanda (mimeo).

Martins, José António (2008), *Corrupção*. São Paulo: Editora Globo.

Platão (1993), *A República*. Lisboa: Fundação Calouste Gulbenkian.

Habermas, Jurgen (1995), "Citizenship and National Identity: Some Reflections on the Future of Europe", in Beiner, Ronald (org.), *Theorizing Citizenship*. Nova Iorque: State University of New York Press, 255-282.

Klitgaard, Robert (1998), "International Cooperation Against corruption", *Finance & Development*, 35(1): 3-6.

Kymlicka, Will (1995), *Multicultural Citizenship: A Liberal Theory of Minority Rights*. Oxford: Clarendon Press.

Power, Timothy; Gonzalez, Júlio (2003), "Cultura política, capital social e percepções sobre corrupção: uma investigação quantitativa em nível mundial", *Revista de Sociologia e Política*, 21: 51-69.

Reis, Fábio Wanderley (2008), "Corrupção, Cultura e Ideologia", in Avritzer, Leonardo; Bignotto, Newton; Guimarães, Juarez; Starling, Heloisa Maria (orgs.), *Corrupção: ensaios e críticas*. Belo Horizonte: Editora UFMG, 391-398.

Rousseau, Jean-Jacques (1978) *Discurso sobre a origem e os fundamentos da desigualdade entre os homens e Do contrato social*. São Paulo: Editora Abril.

Sachs, Jeffrey (2005), *O Fim da Pobreza*. São Paulo: Companhia das Letras.

Sousa, Adauta (2001), *Contribuição para uma Estratégia de Reintegração Social, no Con-*

texto de uma Política de Reassentamento Populacional. Luanda: Instituto de Pesquisa Económica e Social.

Turner, Bryan (1990) "Outline of a Theory of Citizenship sociology", *Journal of the British Sociological Association*, 24 (2): 189-217.

Van-Dúnem, José Octávio (2001), "Angola/África: realidade e perspectivas", in Pantoja, Selma (org.), *Entre Áfricas e Brasis.* Brasília, São Paulo: Editoras Paralelo 15 e Marco Zero.

Vieira, Liszt (1999), "Cidadania Global e Estado Nacional", *DADOS*, 42 (3): 395-420.

Weber, Max (1996), *Economia y Sociedade.* México: Fundo de Cultura Económica.

CAPÍTULO 4
A EVOLUÇÃO CONSTITUCIONAL E AS JUSTIÇAS DE ANGOLA

Raul Araújo

Introdução

Este capítulo, que tem como título "A evolução constitucional e as Justiças em Angola", pretende fazer uma breve abordagem de como, ao longo do tempo, se tem assistido à evolução do constitucionalismo angolano e de como se tem assistido ao tratamento do sistema de justiça em Angola.

À semelhança do que se verificou em todos os países africanos lusófonos na pós-independência, o sistema político em Angola manteve a tradição herdada do período colonial de consagrar apenas o sistema de justiça baseado no modelo normativo legal.[1] Esta concepção positivista da justiça e do direito teve como consequência o não reconhecimento formal do papel que em Angola o direito consuetudinário tem assumido ao longo de séculos na resolução da litigância de vária ordem. Apesar de não o proibir e de ter mesmo feito uma breve abertura na sua aplicação, na Lei n.º 18/88, de 31 de Dezembro, Lei do Sistema Unificado de Justiça, estabelecia-se como limite a sua discrepância com as normas legais.

A Constituição de 2010, fruto de um interessante processo de debate ideológico, acabou por consagrar a importância e o papel do costume e do direito costumeiro no sistema judicial em Angola. É a aceitação jurídico-constitucional do princípio do pluralismo jurídico.

Mas, para além dos modelos tradicionais de resolução de diferendos pela via da justiça formal e da justiça costumeira, encontramos, igualmente, a denominada justiça informal, que tem assumido um papel essencial na resolução de diferendos de pequena intensidade nas principais cidades do país.[2] A forma como estes diferentes modelos funcionam e se articulam entre si é o que pretendemos abordar neste trabalho.

---

[1] Sobre esta questão, cf. os capítulos do volume II.

[2] Cf. os capítulos do volume III.

1. A evolução constitucional de Angola

Por razões metodológicas, a história constitucional angolana pode ser dividida em quatro momentos distintos: a) a história constitucional pré-independência; b) o período que vai de 1975 (data da proclamação da independência nacional e da aprovação da Lei Constitucional) até à aprovação da reforma constitucional de 1992 e que corresponde à I.ª República; c) o período que medeia desde a aprovação da Lei Constitucional de 1992 a Janeiro de 2010, que corresponde à II.ª República; e d) a III.ª República, que teve início em 5 de Fevereiro de 2010, data da entrada em vigor da Constituição de Angola.

1.1. – O Período colonial

O primeiro período da história constitucional da pré-independência corresponde ao da colonização, em que Angola tinha o estatuto jurídico-político de colónia. A presença de Portugal em Angola teve o seu início em 1492 e, até à Conferência de Berlim (1884-1885), era circunstancial, não se estendendo a todo o território que corresponde, actualmente, a Angola. Esta Conferência exigiu a ocupação efectiva dos territórios como condição indispensável para o seu reconhecimento enquanto domínios colonizados. Por isso, a partir de finais do século XIX a ocupação colonial portuguesa sofreu um impulso substancial, que culminou, em 1910, com a dominação dos povos do Cunene.

Após o início da luta armada em Angola, a 4 de Fevereiro de 1961, houve um impulso na colonização de Angola, passando-se para um processo de desenvolvimento económico de tal envergadura que, no último ano de ocupação colonial efectiva, em 1973, este território tinha um dos maiores índices de crescimento económico no mundo.

A colónia de Angola sofreu diversas mutações durante o longo período de presença portuguesa, passando do estatuto de colónia para província ultramarina e, ultimamente, para Estado.

Em 1971 fez-se uma revisão constitucional em Portugal (Lei n.º 3/71, de 16 de Agosto), na qual se procedeu a uma profunda reforma das disposições relativas às colónias, passando estas a serem denominadas por Estados. Portugal surge então como um Estado Unitário e Regional e Angola, que anteriormente era uma província ultramarina, surge como um "Estado" descentralizado, ou seja como uma *região autónoma* dentro do "Estado regional" português. Embora os órgãos do poder colonial gozassem de relativa autonomia, a verdade é que não havia, sequer, um arremedo de "auto-governo", pois a maior parte da população das colónias não gozava de nenhuma participação no exercício do poder político a nível das mesmas.

1.2. – A pós-independência e a Lei Constitucional de 1975

A independência nacional foi alcançada a 11 de Novembro de 1975, conforme o estabelecido nos Acordos de Alvor de 1975 assinados pela potência colonial, Portugal, e pelos três movimentos de libertação nacional: o MPLA, a FNLA e a UNITA. Às zero horas do dia 11 de Novembro, o Presidente do MPLA, Dr. António Agostinho Neto, proclama a independência de Angola, baptizada de República Popular de Angola, no meio de uma violenta guerra civil. Esta guerra prolongou-se até ao dia 4 de Abril de 2002, data em que o Governo angolano e a UNITA assinaram o Memorando de Entendimento do Luena que pôs fim ao conflito militar.

Durante este período de tempo o país passou por várias fases e processos políticos. A 1.ª fase corresponde à I.ª República de Angola, então República Popular de Angola. O sistema de governo era do tipo socialista, em que predominava a "democracia popular". Este período estende-se até 1991, data em que se dá o início do processo de transição democrático.

A lei fundamental do país era denominada de Lei Constitucional e apresentava uma estrutura que correspondia à opção político-ideológica reinante na época.[3] Marques Guedes defende que neste sistema político, devido ao monopólio político do partido dirigente nos países socialistas, e por força da ideologia marxista, o direito é apenas um instrumento para consecução dos seus fins, uma vez que a orientação do Partido sobrepõe-se à própria ordem jurídica. Nem a Constituição, nem as leis têm uma função normativa e um carácter limitativo estáveis, modificando-as o *Presidium* sempre que as circunstâncias o requererem, com a certeza antecipada da ratificação do Soviete Supremo. Segundo este autor, no domínio da justiça, "os Tribunais, assistidos por assessores populares e eleitos sob indicação do Partido, devem periodicamente prestar contas ao eleitorado da sua actividade e procedem de modo paralelo, já que de acordo com a concepção marxista da legalidade a justiça não pode viver desligada do contexto económico, social e político em que toda a acção do Estado proletário se tem de integrar" (Guedes, 2007).

---

[3] Remete-se, também, para os capítulos do volume II, que dão conta desta matéria. Cf., ainda, o capítulo de Cesaltina Abreu, neste volume.

1.3. – As principais reformas constitucionais da I.ª República

O processo de transição democrática em Angola, por razões de ordem meto-
dológica, pode ser dividido em várias etapas e fases. A primeira etapa decorre
de 1991, em que se dá início formal à transição para a democracia, até Janeiro
de 2010, quando entra em vigor a nova Constituição da República de Angola. A
esta etapa corresponde a II.ª República. A segunda etapa tem o seu começo com
a entrada em vigor da Constituição da República de Angola, a 5 de Fevereiro
de 2010, dando-se início à III.ª República.

A primeira etapa do processo de transição democrática equivale ao processo
de transição constitucional e pode ser subdividido nas seguintes fases:

A 1.ª fase, de liberalização política, de negociação da paz militar, de preparação das condições para a reconciliação nacional e de realização de eleições
multipartidárias (Revisão Constitucional de 1991 e assinatura dos Acordos de
Bicesse);

A 2.ª fase, de aprovação da principal legislação de reforma democrática (Revisão Constitucional de 1992 e principais leis de transição democrática), pela
via da transacção entre todas as forças políticas existentes, e de realização das
primeiras eleições democráticas em Angola (1992);

A 3.ª fase, de coexistência de instituições estatais eleitas, segundo as regras
do princípio democrático, e de recomeço da guerra civil (1992-2001);

A 4.ª fase, de final da guerra civil e de estabilização constitucional (início do
programa de reconstrução económica do país e de funcionamento das instituições estatais de acordo com as regras constitucionalmente estabelecidas, e
preparação das segundas eleições democráticas e multipartidárias) (2001-2008);

5.ª e última fase, de final da transição constitucional, que culmina a 5 de
Fevereiro de 2010 com a aprovação da Constituição da República de Angola.

A fase de liberalização política consistiu, sobretudo, na aprovação formal de
um conjunto de diplomas que visava pôr termo ao regime de partido único e
"socialista", de modo a possibilitar que houvesse competição política e ideológica de acordo com os princípios democraticamente aceites.

Neste período procedeu-se à primeira grande "ruptura" com o *ancien régi-
me*, com a aprovação da Revisão Constitucional de 1991 e de um conjunto de
diplomas que eram a concretização dos novos princípios constitucionais. Esta
Revisão Constitucional dava, igualmente, o respaldo jurídico-legal para que
o Governo angolano desse sequência às negociações de paz com a UNITA,
conhecidas como os Acordos de Bicesse (Portugal). Alcançados esses objectivos, o Governo, com base em propostas apresentadas pelo partido no poder, o

A EVOLUÇÃO CONSTITUCIONAL E AS JUSTIÇAS DE ANGOLA   167

MPLA, apresentou às diversas forças políticas uma nova proposta de Revisão Constitucional (de 1992). Formalmente, era apresentada como uma nova revisão da Lei Constitucional de 1975, mas materialmente era a concretização da ruptura constitucional iniciada no ano anterior.

A aprovação da Revisão Constitucional de 1992 representou o nascer da II.ª República. Ao contrário do que se verificou com a Revisão Constitucional de 1991, bem como de todas as feitas anteriormente, em que interveio exclusivamente o partido no poder, o novo texto constitucional foi o resultado de amplas negociações feitas entre o Governo (MPLA) e as outras forças políticas, destacando-se a UNITA, com a qual foram feitas sempre discussões e acordos separados, conforme o previsto nos Acordos de Bicesse. Entretanto, as anteriores leis de transição, aprovadas em 1991, foram levadas à discussão, primeiro com as forças políticas não militarizadas, e depois com a UNITA, resultando daí várias propostas de emendas. A estes diplomas acresçam-se os que foram aprovados naquela altura, como, por exemplo, a Lei Eleitoral e a Lei de Observação Internacional. O produto final saído deste longo processo negocial multipartidário redundou num pacote legislativo consensual e, por conseguinte, aceite por todas as partes.

A Assembleia do Povo, que era o órgão legislativo existente, apesar de ser monolítico e pertencente a uma só força política, aprovou todas as leis propostas. Estavam assim criadas as condições objectivas e subjectivas para que se passasse à fase seguinte de concretização de um Estado Democrático e de Direito.

Entretanto, tal como se refere no Capítulo 1 deste volume I, durante a I.ª República fez-se uma profunda reforma do sistema judiciário de Angola, tendo-se aprovado a Lei n.º 18/88, de 31 de Dezembro, Lei do Sistema Unificado de Justiça.[4]

1.4. – A II.ª República – 1992-2010
Na sequência da assinatura dos Acordos de Bicesse, assinados em Maio de 1991, e do processo democrático iniciado, procedeu-se a uma profunda modificação da Lei Constitucional.

A Lei Constitucional revista em 1992 autodefine-se como de transição e, logo no Preâmbulo, explicita que as alterações nela introduzidas deveriam vigorar "até que o futuro órgão legislativo decida e concretize o exercício das suas com-

---

[4] Esta matéria é aprofundada no capítulo 1 do volume II.

petências de revisão constitucional e aprovação da Constituição da República de Angola". O texto final proveniente da Revisão Constitucional de 1992 não se apresenta, formalmente, como uma Constituição nova, porquanto ela foi elaborada com base num texto constitucional existente: a Lei Constitucional de 1975.

O processo de revisão constitucional de 1992 obedeceu a critérios e procedimentos diferentes das anteriores Revisões Constitucionais, que foram feitas apenas pelo partido governante, através dos competentes órgãos do Estado. Ora, ao iniciar-se a mudança do sistema político angolano, com a Revisão Constitucional de 1991 e com a posterior revisão "ampla e profunda" efectuada aquando da Revisão Constitucional de 1992, criou-se materialmente um novo texto constitucional a que, por contraposição à Lei Constitucional de 1975, se denominou Lei Constitucional de 1992. E não é por acaso que se afirma que, com a aprovação desta Lei, se deu início, por oposição ao regime político mono partidário e de tipo socialista, característico da I.ª República, à II.ª República e a um Estado democrático e de direito (Araújo, 2009).

A revisão constitucional provocou uma descontinuidade constitucional em Angola e uma substituição dos princípios estruturantes da Lei Constitucional de 1975.

A Lei Constitucional de 1992 cumpriu o seu papel e deixou de vigorar logo após a aprovação e entrada em vigor da Constituição de 2010, ou seja, 18 anos após a sua entrada em vigor, sendo que havia sido aprovada para ter uma vigência curta, com uma duração máxima de 2 a 3 anos. O interessante, entretanto, é que mesmo durante os vários anos da sua existência, e mesmo durante as piores crises políticas e de conflito militar, nunca se pôs em causa a sua legitimidade.

A Lei Constitucional de 1992 em nada modificou o que estava previsto na Constituição revista de 1991 no que respeita ao sistema de justiça. A organização do sistema de justiça manteve-se inalterada na sua essência. Este foi o sector que, durante todo o período de implementação da democracia, não conheceu qualquer mudança relativamente ao período de partido único. Para além da mudança dos princípios estruturantes do Estado Democrático de Direito constitucionalmente consagrado, o sector de justiça manteve-se alheio ao processo de modernização e de democratização que se estendeu aos outros sectores da vida política, económica e social.[5]

---

[5] Remete-se, novamente, para a análise que é feita no volume II, bem como para o capítulo de Conceição Gomes, neste volume.

A EVOLUÇÃO CONSTITUCIONAL E AS JUSTIÇAS DE ANGOLA   169

Apesar dos vários diagnósticos feitos e das propostas apresentadas pelas distintas Comissões de reforma da justiça criadas pelo Governo, houve sempre uma resistência muito grande à implementação das políticas sugeridas. Daí que em nada se tivesse modificado na abordagem e tratamento dado nas políticas de aplicação do direito e da justiça.

2. A construção do Estado e as justiças em Angola: a justiça formal e a justiça consuetudinária

2.1. – O trinómio Estado, Nação e Democracia

A percepção do processo de democratização em África tem de ser feita associando-se três elementos essenciais, que são o Estado, a Nação e a Democracia.

O processo de colonização de África criou profundas fissuras no tecido social dos povos africanos.[6] O Estado-nação, em África, é o resultado da divisão territorial do continente feita pelo colonialismo europeu sem respeito pelas fronteiras nacionais e étnicas pré-existentes.[7] As potências coloniais procederam a uma divisão arbitrária e artificial dos territórios africanos, criaram "Estados" (com todos os seus elementos: povo, território e poder político *colonial*) que serviam os seus fins: interesses político-económicos e geoestratégicos sem que se preocupassem com qualquer factor de ordem sociológica, cultural ou de outra ordem. Estes "Estados", que na sua maioria integravam grupos etno-linguísticos diversos, foram a génese dos Estados-Nação que ascenderam, de maneira progressiva, às suas independências a partir do início da década de sessenta do século XX.

Daí que os Estados africanos sejam unidades políticas novas, de ordem territorial e jurídica, que muitas vezes conflituam com ideais ortodoxos de democracia e de representação popular. Não é por acaso que, muitas vezes, os conflitos políticos se confundem com disputas interétnicas, que podem pôr em perigo a unidade territorial dos países. Por esta razão, verificam-se muitas vezes situações em que alguns partidos políticos conduzem a clivagens tribais, tornando-se o pluralismo partidário em elemento de desestabilização e de negação da unidade nacional. Ele pode mesmo transformar-se em "multipartidarismo armado" (Leroy, 1992), gerador de guerras civis semelhantes

---

[6] Cf. os capítulos de Boaventura de Sousa Santos e de Maria Paula Meneses, neste volume.

[7] Sobre esta questão, cf., neste volume, os capítulos de Júlio Lopes e de Américo Kwononoka.

às que se verificaram no passado, como as guerras de secessão do Catanga, na República Democrática do Congo; do Biafra, na Nigéria; e, mais recentemente, as que se verificaram na Somália, Libéria, Chade, Ruanda, Burundi e, de certa forma, em Angola.

Nesta linha de pensamento, iremos ter situações em que as eleições multipartidárias e a composição plural do Parlamento não vai reflectir a vontade do povo, do cidadão nacional, mas de cidadãos enraizados com ideais ligados apenas ao seu grupo étnico, que votam no partido político que se identifica com, ou "representa", o seu grupo, a sua tribo.

Esta multiplicação de *partidos étnicos*, em que se confunde o interesse da nação, a conveniência do grupo étnico e os princípios de legitimação política e democrática do poder político, não raras vezes potencia conflitos de difícil resolução no quadro das regras aceites universalmente pelos estados democráticos de direito. Em resultado destas situações, os partidos políticos que estão democraticamente legitimados por eleições democráticas vêem-se impedidos de assumir ou exercer o poder político, porque aos olhos de muitos cidadãos, e dos partidos de oposição vencidos nas urnas, passa a existir uma sujeição de certas tribos ou grupos étnicos por outra, a vencedora do pleito eleitoral.

Esta realidade social dificilmente é compreendida em muitos meios políticos e académicos do mundo ocidental, que pensam que as eleições democráticas são o remédio para todos os males. Que o digam as eleições realizadas no Afeganistão e no Iraque, entre 2004 e 2006, em que, ao invés de se solucionarem os conflitos, verificaram-se situações inversas, de exacerbação das diferenças dos distintos grupos nacionais.

Saber qual a solução a encontrar é o desafio existente no nosso continente, mas, parafraseando Godinec e Bourgui (1985), estas tendências podem ser atenuadas se os governos se esforçarem por fazer desaparecer as desigualdades regionais (económicas, culturais e sociais) e oferecerem a cada "nacionalidade" a possibilidade de se desenvolver livremente.

As diferenças etno-regionais e religiosas das populações de um dado país podem justificar a manutenção de regimes autoritários e não democráticos, mas, como acabámos de ver, também podem ser utilizadas, se bem conduzidas, em sentido contrário: como um instrumento adequado para mobilizar as comunidades para as tarefas de construção do Estado, da Nação e da Democracia.[8]

---

[8] Cf. a análise feita por Fátima Viegas, neste volume.

A questão do Estado-Nação em África acaba, afinal, por representar o mesmo conflito moderno do que os que se desenvolveram noutros continentes com a construção dos Estados mononacionais ou plurinacionais através de processos seculares.

Cornélio Caley (2004) sintetiza esta matéria, declarando que os processos de afirmação e consolidação da identidade nacional seguem essencialmente duas vias: a primeira tende a unir pela força os vários grupos étnico-culturais do mesmo território a um centro político-cultural comum, protagonizado pela "etnia nuclear"; e a segunda consiste naquela que pretende conduzir os processos de construção da identidade nacional pela harmonização de vários centros culturais existentes num território, para constituírem um centro político único partilhado por todos.

É por esta razão que afirmamos que em África estamos perante países em que os Estados precederam, na maior parte dos casos, as Nações, e em que os Estados são, na sua maioria, plurinacionais e pluriculturais; daí a sua complexidade e conflitualidade permanente no processo edificativo do *tecido* estadual e nacional.

Os processos de transição democrática e a configuração dos sistemas de governo não podem ignorar essas especificidades dos países africanos, da mesma maneira que a organização do sistema de justiça não se pode dissociar destes factores.

2.2. – O pluralismo jurídico africano

Há, na maior parte dos países africanos, um processo complexo que tem de ser conduzido atendendo a três variáveis, que não podem ser dissociadas: a construção de um Estado a nível nacional capaz de conviver com estruturas tradicionais de poder fortemente enraizadas; a criação de uma identidade nacional única, polivalente e multifacetada, que respeite a identidade cultural dos vários grupos etnolinguísticos existentes em cada um dos países; e, finalmente, a edificação de um Estado de Direito Democrático, que tenha em consideração não apenas as especificidades internas de multiculturalismo, mas igualmente a conjuntura internacional.

No que diz respeito ao primeiro factor, é imprescindível tomar em consideração que, nos processos de colonização, coexistiram sempre duas formas de exercício do poder: o poder central, do estado colonizador, e o poder periférico, ou seja, o poder tradicional. O poder do Estado circunscrevia-se às capitais de província, de municípios (áreas urbanas) e, em algumas comunas (utilizando aqui a terminologia da divisão político-administrativa da República de Angola), exercido pelas autoridades através dos vários órgãos do poder colonial. Em paralelo, em quase toda a área rural o poder era, efectivamente, exercido pelas autoridades tradicionais,[9] de acordo com o direito costumeiro (que aplicava na resolução de conflitos regras próprias de um direito diferente do formal, estadual). Este processo de coexistência dos dois poderes não era homogéneo, variando de acordo com o poder colonial existente.

As potências coloniais de matriz europeia continental, que têm a lei como fonte quase exclusiva de Direito, tiveram sérias dificuldades em aceitar o denominado direito costumeiro. Em alguns casos ignoravam-no e, noutros, desde que não conflituasse com o direito positivo da potência colonial, era tolerado. Outras vezes, havia mesmo uma proibição de direito consuetudinário.

Após a proclamação das independências nacionais, e ao contrário do que se esperaria, manteve-se a dicotomia poder central/estatal e poder periférico/costumeiro. Esta dicotomia resulta da pluralidade de ordens jurídicas existentes[10] entre o Estado e direito colonial e o direito *indígena*, consuetudinário ou nativo.

Esta situação conflituante entre o Direito estadual e o Direito das comunidades nativas manteve-se após as independências nacionais, de formas variáveis de país para país, mas sem que o Estado, enquanto representante do poder político formal, *reconhecesse* o direito costumeiro e as práticas jurídicas.

A democratização dos países africanos trouxe novamente à discussão esta situação concreta e real, que é a da coexistência de sistemas jurídicos diferentes (hibridação jurídica) dentro de um mesmo Estado nacional.

Mas não se pense que são pacíficas as considerações até agora feitas sobre o papel dos distintos ordenamentos jurídicos em África. Paralelamente às posições atrás referenciadas, há outros autores que fazem uma interpretação distinta do papel do Direito costumeiro ou, para sermos mais precisos, da intervenção dos autores directos da sua materialização, ou seja, as autoridades "tradicionais".

O papel das autoridades tradicionais sempre foi visto de forma controversa. As autoridades coloniais mantiveram com as locais um papel de confronto e

---

[9] Cf. o capítulo de Maria Paula Meneses, neste mesmo volume, bem como os capítulos do volume III.

[10] Ao contrário do conceito, normalmente utilizado, de pluralismo jurídico, adoptámos o conceito de pluralidade de ordens jurídicas, de Boaventura Sousa Santos (2003). Para Santos, que tem uma obra vastíssima sobre esta matéria, o conceito de pluralidade de ordens jurídicas é preferível ao de pluralismo jurídico, uma vez que este último tem uma nítida conotação normativa que pode induzir em erro. Segundo este autor, "um conceito amplo de direito e a ideia de uma pluralidade de ordens jurídicas, que coexistem de formas diversas nas sociedades contemporâneas, permitem revelar toda a dimensão da regulação social permitida pelo direito moderno (depois de reduzido a direito estatal), bem como a capacidade emancipatória do direito" (2003: 53).

sujeição, por um lado, e de aliciamento para as suas políticas, por outro lado. Assim, muitas vezes elas eram a "extensão" das autoridades administrativas junto às comunidades locais e, por uma questão de sobrevivência e defesa das suas gentes, desempenhavam um papel de "colaboração". Outras vezes assumiam-se mesmo como parte activa do processo de dominação colonial. Entende-se que assim fosse, porque a ocupação militar dos territórios colonizados em África, em toda a sua extensão, apenas começou a ser feito após a Conferência de Berlim de 1884-85, momento em que se determinou que só seriam respeitadas as possessões que tivessem uma presença efectiva das potências colonizadoras. Naturalmente, nesses processos de ocupação político-militar houve necessidade de se aliar às acções bélicas outras de carácter político e de acção psicológica, a fim de se tentar, num menor espaço de tempo, "acalmar" as populações indígenas. Para o efeito, as autoridades tradicionais teriam um papel fulcral em todo esse processo.

Durante o período de pré-independência as elites políticas africanas assumiram uma postura quase sempre nacionalista, com o objectivo de alcançar a independência do país subordinado, e não apenas da sua tribo ou etnia, se preferirmos esta designação. Mas o processo de criação de motivações nacionalistas nas populações necessitava da intervenção das autoridades tradicionais para as campanhas de sensibilização política, a serem feitas nas áreas rurais, onde vivia a esmagadora maioria da população. Houve, assim, um processo natural de contactos e de composição de agendas políticas entre os grupos intelectuais nacionalistas e as autoridades tradicionais para um fim comum: a independência nacional. Para os nacionalistas, significava o fim da opressão externa e o início de uma nova era de liberdade. Para as autoridades tradicionais, era o fim da sujeição das suas comunidades etnolinguísticas à subordinação dos colonos e, se possível, a restauração do poder que lhes havia sido retirado pelos estrangeiros. Era, afinal, uma união para se alcançarem objectivos diferentes: nacional para uns, e tribal ou regional para outros.

Esta composição de interesses teve dificuldades em se impor, mas, com mais ou menos dificuldades, e maior ou menor intervenção e repressão das autoridades coloniais, atingiu o objectivo estratégico estabelecido: a independência nacional. Claro que cada país teve o seu processo específico, assim como o papel de cada potência colonial era, igualmente, diferente, tal como tivemos oportunidade de frisar anteriormente.

Alcançadas as independências nacionais começaram os conflitos de interesses entre as partes. Os nacionalistas "modernos" viam no poder tradicional o sinónimo de atraso e retrocesso, enquanto os segundos viam nos primeiros um perigo para a manutenção do seu *status quo*, da sua cultura, e dos objectivos específicos da sua comunidade. Nas colónias portuguesas que passaram por conflitos independentistas armados (Angola, Moçambique e Guiné-Bissau), a situação foi mais complexa face à lógica habitual de guerra da concepção de amigo/inimigo, isto é, "ou estás comigo ou estás a favor do inimigo e, se assim é, tens de ser combatido e aniquilado".

O que é certo é que, em muitos países africanos subsaarianos, a convivência do poder estatal, entretanto dominado por novas elites, com o poder tradicional, não sendo fácil, também não era de confronto. Até porque grande parte das novas elites nacionais eram de pessoas oriundas das famílias que detinham o poder tradicional, descendentes dos reis, rainhas, ou sobas mais importantes. Como conciliar estes interesses conflituantes foi sempre o cerne da questão. Daí que o exercício do poder na África Negra, e não só, tenha sido sempre o resultado de uma mescla do poder estatal moderno, na concepção ocidental, e do *caciquismo*, próprio do poder tradicional.[11]

O processo de democratização em África, iniciado nos anos 90 do século passado, fez renascer uma nova forma de relacionamento institucional e, como afirma Marques Guedes (2003), "à consciência de um reganhar de protagonismo político empírico por parte dessas autoridades, adicionava-se, outra vez uma compreensível componente pragmática. Em países africanos tão diversos como a Tanzânia, a Mauritânia, o Níger, ou o Chade, que tinham para efeitos práticos abolido por "decreto" as autoridades tradicionais, ou noutros, como Moçambique, em que tendiam a ser olhadas com uma forte dose de desconfiança e nos termos de uma hostilidade aberta, estas começaram a ser apoiadas e acarinhadas enquanto fontes de uma legitimidade política local que urgia a Estados em crise tentar co-optar de modo a conseguir enriquecer a sua implementação e o seu acervo, ou capital, de legitimação".

---

[11] Não é necessário entrar na discussão sobre a concepção sociológica do que se entende por moderno, ou na discussão sobre "quantas modernidades existem", trazidas ao lume, por exemplo, por Volker H. Schmidt (2006), para apreendermos a complexidade e dificuldade do exercício do poder político. Mas deixemos os especialistas em Sociologia e Ciência Política aprofundarem esta matéria que, aliás, já fez correr muita tinta. O que podemos reter desta análise é que houve, desde sempre, uma discussão sobre quem detinha a legitimidade maior para defender o seu povo: os líderes do poder político estadual ou os líderes do poder tradicional. Cf. o capítulo 2, de Boaventura de Sousa Santos, e o capítulo de Maria Paula Meneses, já mencionados.

A liberalização e democratização dos países africanos, à semelhança do que se está a passar na maior parte da América Latina com as populações autóctones índias (Peru, Bolívia, Venezuela, Brasil, etc.), fez com que não se encarasse apenas a necessidade da aceitação ou não da pluralidade de ordens jurídicas distintas num mesmo país, mas também que se analisasse e visse qual o melhor mecanismo de relacionamento entre os poderes estaduais e tradicionais, nomeadamente no que diz respeito às actividades administrativas e judiciais. Deve existir uma "integração" dessas autoridades no poder estadual ou deve, antes, existir uma separação de funções entre o poder estadual e o poder tradicional, delimitando-se as competências de cada um?

No que diz respeito à aplicação do Direito, a dúvida persiste da mesma forma. Que direito aplicar: o costumeiro ou o formal? Se houver delimitação de áreas de actuação, como é que se deve encarar a aplicação do direito criminal: na mesma medida em que actualmente se assiste a como que um "reenvio" de algumas matérias tradicionalmente do direito penal para a mediação e conciliação, operadas pelas autoridades tradicionais?

A questão de fundo nas sociedades em transição para a democracia constitui um problema de legitimação do exercício do poder. Se o princípio democrático e de Direito apenas reconhece que o poder tem de ser exercido pela via do sufrágio universal, pode aceitar-se que o poder das autoridades tradicionais se possa comparar com o poder democrático? E se assim é, de que forma?

Contudo, esta discussão não será a mesma que existe em países ocidentais democráticos onde existe a monarquia constitucional? Haverá alguém que coloque dúvidas sobre o carácter democrático de países como a Grã-Bretanha, Suécia, Bélgica ou Espanha, por exemplo, apenas porque há entidades que exercem funções de soberania (Chefia do Estado) e não são eleitas? Ou será que, afinal, a legitimação política tem a ver apenas com o exercício do poder executivo e legislativo? E assim sendo, como entender o papel do Rei de Espanha, que possui prerrogativas de intervenção política muito fortes, se for posta em causa a integridade e soberania nacionais?

Há muita literatura que se dedica a esta matéria e sempre se levantam mais dúvidas do que se apontam soluções, até porque não é fácil delimitar espaços de actuação em países multiculturais e de pluralismo jurídico.

A China é, sem dúvida alguma, um dos maiores exemplos de convivência de sistemas jurídicos diferentes. Aqui encontramos o socialista, o anglo-saxónico (Taiwan), o europeu continental, também conhecido como romano-germânico (Macau) e, naturalmente, o consuetudinário. Em vários países da América

Latina é aceite o princípio da aplicação simultânea do direito formal do Estado e do direito das comunidades indígenas, sendo o Peru, e mais recentemente a Bolívia, os que mais têm evoluído nesta concepção nova da aplicação do direito. Herdeiro de uma das culturas mais referenciadas na história, a da civilização Inca, o Peru facilmente aceitou o princípio da existência de ordens jurídicas diferentes e assim tem assumido a aplicação do direito estadual em paralelo com o direito consuetudinário das comunidades indígenas. O mesmo se passou com a Bolívia, berço da civilização de Tiahuanaco.

Segundo os mais recentes estudos sobre as matérias referentes ao *pluralismo jurídico,* podemos dizer que existem as ordens jurídicas locais (das comunidades), as nacionais (do Estado), estando, no dizer de Boaventura Sousa Santos (2003), ao lado destas duas, a emergir uma terceira, as "ordens jurídicas supra-nacionais". Sigamos de perto estas discussões interessantes, procurando perceber de que forma toda esta complexidade de conjugação de interesses, muitas vezes conflituantes, influi na definição dos modelos constitucionais e na escolha dos sistemas de governo em cada país.

2.3. – O state-building e a «desconstrução» do Estado
O continente africano e, particularmente, os Países Africanos de Língua Oficial Portuguesa (PALOP), tentam estruturar-se e organizar-se nesta complexidade de organizações diferentes de poder político estadual e periférico e de direitos pertencentes a ordens jurídicas distintas.

O Estado, que já apresentava dificuldades em expandir a sua estrutura e actividade administrativa a toda a extensão territorial na época colonial, nas pós-independências retrai-se ainda mais, dando lugar a fenómenos típicos de *desconstrução* do Estado (micro-Estados paralelos). Com isso queremos dizer que surgem como que *micro-Estados informais* ao lado do Estado formal, à semelhança do que se passa na economia, em que a informal tem um peso, efectivamente, muito mais importante do que a formal.

A *desconstrução do Estado* (Araújo, 2009) não é um processo de negação da sua necessidade, ou de sua destruição, consistindo antes na sua utilização em proveito próprio, ou seja, na sua privatização, quer pelos detentores do poder político, quer pelos próprios agentes do estado informal.

Se, do ponto de vista político e económico, a desconstrução *do Estado* conduz à sua "privatização" e à subordinação dos interesses públicos aos interesses pessoais ou de grupo (pessoal, familiar ou partidário), ao nível micro-sociológico conduz a situações caricatas, em que os serviços da administração pública são fornecidos por agentes paralelos, que os vendem aos cidadãos, a troco de favores dos agentes administrativos.[12]

A este fenómeno, já de si complexo, juntam-se os decorrentes das situações de fluxos migratórios do campo para as cidades, típicos de países em transição, em que grandes massas de pessoas partem para as cidades à procura de melhores condições sociais de vida, ou de segurança física e colectiva, aquando de processos de conflitos militares internos. A *ruralização das cidades* influencia não apenas a desarticulação e desorganização urbana, mas determina, em muitos casos, a desobediência à acção formal do Estado por comunidades que não se reconhecem nos órgãos da administração pública.

O processo de *state-building* e de *nation-building* torna-se, por esta razão, muito mais complexo, principalmente se juntarmos a estes factores os relativos ao complexo hibridismo das ordens jurídicas em presença.

Tal como afirmámos anteriormente, nos PALOP encontram-se em perfeita comunhão de conflitualidade as seguintes ordens jurídicas: a do Estado colonial; a do Estado pós-colonial do estilo socialista, face às opções político-ideológicas então assumidas (marxismo-leninismo); a de um Estado Democrático de Direito, resultantes dos processos de transição democrática; e, finalmente, a ordem jurídica do "exterior", imposta pela comunidade internacional através quer do Banco Mundial e Fundo Monetário Internacional, quer das outras agências internacionais e organizações não governamentais internacionais. A grande questão de fundo acaba por ser como conciliar o inconciliável, como reformar as instituições políticas, económicas e sociais e "casar" as ordens jurídicas formais e não formais, numa perspectiva moderna, segundo os princípios e padrões de um Estado Democrático e de Direito.

3. A justiça formal, a justiça consuetudinária e a justiça informal
A Lei do Sistema Unificado de Justiça, Lei n.º 18/88, de 31 de Dezembro, tinha como seu primeiro princípio o seguinte: "a) Só os tribunais podem exercer a justiça e a eles cabe em especial sancionar actos criminosos e impor o cumprimento coactivo das obrigações...". Estava apenas prevista uma excepção legal (a alínea d) do artigo 38.º da Lei n.º 18/88, de 31 de Dezembro) que atribuía aos Tribunais Municipais competência para "preparar e julgar as questões cíveis seja qual for o valor, quando as partes estiverem de acordo com a aplicação exclusiva dos usos

---

[12] Esta questão é discutida nos vários capítulos do volume II (cf., em especial, o capítulo 9).

e costumes não codificados, sempre que a lei o permita". Esta norma vem na sequência do estipulado nos artigos 1.º e 3.º do Código Civil, que estatuem que é apenas fonte do direito a lei e que os usos, desde que sejam não contrários aos princípios da boa fé e a lei o determine, podem ser juridicamente atendíveis. O trabalho de pesquisa efectuado veio mostrar, uma vez mais, que a assumpção exclusiva das regras do direito formal não se adequam à nossa realidade, razão pela qual o novo texto constitucional alterou os princípios e regras em que se fundavam os princípios das fontes de direito em Angola.

A Constituição da República de Angola, que entrou em vigor em Fevereiro de 2010, fez o enquadramento jurídico-constitucional do costume (artigo 7.º da CRA), estatuindo que "é reconhecida a validade e a força jurídica do costume que não seja contrária à Constituição nem atente contra a dignidade da pessoa humana". Nesta mesma perspectiva, os artigos 223.º, 224.º e 225.º reconhecem o estatuto, o papel e as instituições do poder tradicional constituídas de acordo com o direito consuetudinário e que não contrariam a Constituição. Esse reconhecimento, de acordo com o texto constitucional, "obriga as entidades públicas e privadas a respeitarem, nas suas relações com aquelas instituições, os valores e normas consuetudinários observados no seio das organizações político-comunitárias tradicionais e que não sejam conflituantes com a Constituição nem com a dignidade da pessoa humana".

A Lei fundamental de Angola reconhece, pela primeira vez, a existência, de facto e de direito, do princípio do pluralismo jurídico, admitindo que se possam aplicar as regras de direito costumeiro em litígios que se verifiquem dentro das comunidades tradicionais.

Uma questão que, à partida, vai levantar sérias polémicas e conflitos vai ser a da aplicação das regras costumeiras sempre que elas ponham em causa o princípio da dignidade da pessoa humana.

Um dos fundamentos do Estado constitucional é o do princípio da igualdade no quadro dos direitos, liberdades e garantias. E é exactamente neste âmbito que mais se potencializam os conflitos, porquanto muitas das regras costumeiras consagram o princípio da subordinação feminina à masculina.[13]

Se a nível do judiciário não se vislumbram dificuldades em fazer valer o primado das normas positivas, já a nível do poder político se vai exigir mais atenção na abordagem deste tipo de situações.

---

[13] Cf. o capítulo de Henda Ducados, neste volume.

Independentemente desta polémica, fica para já uma certeza e uma novidade no ordenamento jurídico de Angola: a partir de agora a lei deixa de ser a única fonte de direito, já que o costume passa, igualmente, a ter a mesma dignidade jurídica, salvaguardado que está o sistema jurídico continental vigente em Angola.

O estudo elaborado no projecto *"Luanda e Justiça: pluralismo jurídico numa sociedade em transformação"* trouxe à tona outro aspecto interessante, que está à margem da dicotomia justiça formal versus justiça consuetudinária: é a forma como se resolvem os diferentes litígios no que podemos chamar de "justiça informal". A "justiça informal" tem a ver com o papel com que distintas instituições, muitas delas ligadas à sociedade civil, contribuem para a resolução de distintos litígios de pequena intensidade. Em Luanda mais de 80% dos conflitos a nível dos bairros é resolvida com a intervenção de diferentes instituições pertencentes à sociedade civil. A Organização da Mulher Angolana, por exemplo, tem um papel crucial na litigiosidade ligada à família e à violência doméstica, sendo de se realçar, igualmente, o papel das Comissões de Moradores e da Organização "Mãos Livres" na procura de soluções ligadas a conflitos entre moradores do mesmo bairro e em questões ligadas a conflitos de terras.[14]

Sem medo de errar podemos constatar que os tribunais em Luanda funcionam como instâncias de recurso da "justiça informal", ou seja, recorre-se à justiça formal apenas quando se esgotam todas as possibilidades de resolução dos diferendos a nível das distintas instituições familiares, comunitárias ou informais.[15]

Apesar desse papel cada vez mais importante das instâncias informais, não há qualquer reconhecimento jurídico-constitucional ou legal da sua existência. Os sectores ligados à justiça formal, como sejam os magistrados judiciais e do Ministério Público e os advogados, entendem mesmo que a resolução dos diferendos pela via "informal" é prejudicial à aplicação do direito e da justiça, uma vez que, não raras vezes, há prescrição dos prazos legais.[16]

Face a toda esta situação, temos de admitir que a aplicação do direito e da justiça em Angola passa por um processo que combine a harmonização dos diferentes modelos de resolução dos litígios, como sejam os tribunais, as instâncias tradicionais, a via "informal", a arbitragem, a mediação e a conciliação.

---

[14] O volume III apresenta uma análise aprofundada sobre estas instâncias de resolução de litígios em Luanda.

[15] Cf. a análise feita no volume II.

[16] Cf. capítulo 8 do volume II.

Será que a resolução desse aparente conflito entre essas diferentes instâncias se resolve pela via da estatização de todos os modelos de aplicação da justiça? A experiência dos diferentes países mostra que essa não é a via, até porque os encargos financeiros do Estado seriam incomportáveis. Há, sim, a possibilidade de se encontrarem vias que façam uma ponte entre esses diferentes modelos. Por exemplo, deve-se ver se os previstos "julgados de paz", constitucionalmente consagrados no artigo 197.º da Constituição da República de Angola e que estão vocacionados para "a resolução de conflitos sociais menores", podem ser o embrião do que poderíamos denominar "tribunais da comunidade", em que as distintas organizações, que hoje têm um papel fulcral na resolução dos diferendos sociais pela via informal, poderiam desempenhar um papel importante.

Conclusões

Uma análise do processo evolutivo constitucional em Angola mostra que só muito recentemente o poder político e o legislador constituinte reconheceram, formalmente, a existência de diferentes vias de resolução de conflitos para além da via estatal. Esse "reconhecimento" em nada impediu que sempre tivesse existido e manifestado, de forma aberta e transparente, a resolução de diferendos pela via do direito costumeiro. Nas comunidades rurais e nos bairros periféricos das urbes era comum que fossem as autoridades tradicionais a resolver os diferendos das comunidades através da aplicação das regras costumeiras, havendo recurso às instâncias estatais em situações extremas ou que conflituassem com as normas legais existentes.

A proclamação da independência nacional pouco ou quase nada modificou essa prática, a não ser quando o conflito militar se alastrou às distintas partes do território nacional.

A guerra civil resultante do conflito pós eleitoral de 1992 estendeu-se a todo o país, fazendo com que houvesse gigantescas migrações das populações de umas regiões para outras e conduzindo à desconfiguração do tecido social de raiz tradicional, o que levou a que as autoridades tradicionais perdessem relativa força na resolução dos diferendos sociais das comunidades.[17]

---

[17] A nível das comunidades urbanas as Comissões de Moradores e as Organizações Sociais, algumas delas ligadas ao partido no poder, MPLA, ocuparam um papel importante na resolução dos litígios em substituição das vias tradicionais. Foi o caso da Organização da Mulher Angolana, OMA, que se tem destacado na defesa das mulheres vítimas de agressões domésticas. Outras instituições ligadas à sociedade civil ganharam progressivamente o seu

O estudo de caso de Luanda mostra que nesta cidade temos presentes distintas vias de resolução da litigância: a tradicional, feita pelas autoridades tradicionais com o recurso ao direito consuetudinário; a via informal, que é feita pelas Comissões de Moradores e organizações sociais da sociedade civil; e a via formal feita nos tribunais. Uma pirâmide de litigância em Luanda tem como vértice o sistema formal e na base as formas informais e tradicionais para a resolução de diferendos.

Face a esta situação objectiva o que fazer?

Uma primeira resposta é a da necessidade de se colmatar a grave lacuna de afastamento geográfico dos tribunais das comunidades. Na província de Luanda os tribunais estão basicamente concentrados em dois municípios: o da Ingombota, com a Sala dos Crimes e o Município da Maianga, com as Salas de Família, do Trabalho e do Cível e Administrativo. Os Tribunais Municipais estão distribuídos por três municípios: Cacuaco e Viana, com jurisdição local cada um deles e o da Ingombota que comporta todos os outros municípios.

A reorganização do mapa judiciário de Luanda vai ter de prestar atenção à distribuição demográfica das populações nos distintos municípios. Para que se tenha uma ideia, o município do Cazenga tem uma população maior que a da província do Uíge, que é a quinta mais populosa de Angola. Ou seja, cada município de Luanda tem uma densidade populacional praticamente idêntica ou maior que à da maior parte das províncias de Angola, reflectindo o já conhecido fenómeno de ruralização das cidades e concentração das populações na capital, típico dos países subdesenvolvidos.

Paralelamente, deve-se trabalhar no sentido de se fazer uma "ligação" entre a forma formal e a informal, que pode passar, por exemplo, pela criação dos Julgados de Paz, atribuindo-lhe funções de mediação de conflitos e com a função de progressiva substituição das organizações sociais neste processo de litigância.

Um papel cada vez mais activo tem de ser o das denominadas "vias alternativas" de resolução de litígios, destacando-se a arbitragem e a mediação, sendo para tal essencial que o Executivo libere a constituição dos centros formais para o seu funcionamento.

No que diz respeito ao direito costumeiro, ter-se-á, igualmente de estudar quais os mecanismos de relacionamento com o direito formal e quais os direitos

---

espaço, sendo de se realçar a organização "Mãos Livres" que tem funcionado como uma antecâmara de defesa dos trabalhadores sem muitos meios económicos.

que podem ou não merecer tratamento pela via do direito costumeiro (é caso, por exemplo, dos direitos indisponíveis).

Referências Bibliográficas

Araújo, Raul (2009), *O Presidente da República no Sistema Político de Angola*. Luanda: Casa das Ideias.

Caley, Cornélio (2004), "Identidade nacional: uma perspectiva histórica", in *Democracia e Identidades Nacionais, Cadernos de Estudos Sociais*, n.º 00.

Godinec, P.-F. ; Bourgui, A. (1985), *L'État Africain – Evolution, Fédéralisme, Centralisation et Décentralisation*. Paris: Librairie Générale de Droit et de Jurisprudence.

Guedes, Armando Marques; Coutinho, Francisco Pereira (2007), "Sobre o sistema de governo em Angola – do centralismo "soviético" ao "semi-presidencialismo" transicional até à adopção de um sistema de governo sui generis", in *Revista Negócios Estrangeiros*, 11(4), Especial.

Guedes, Armando Marques; Feijó, Carlos, *et al.* (2003), *Pluralismo e Legitimação, A edificação jurídica pós-colonial de Angola*. Coimbra: Almedina.

Leroy, Paul (1992), *Les régimes politiques du monde contemporain – les régimes politiques des Etats socialistes; les régimes politiques des Etats du tiers monde*. Grenoble: Presses Universitaires de Grenoble.

Santos, Boaventura de Sousa (2003), "O Estado heterogéneo e o pluralismo jurídico", in *Conflito e transformação social: uma paisagem das justiças em Moçambique*, Vol. I. Porto: Edições Afrontamento.

Schmidt, Volker H. (2006), "Multiple modernities or varieties of modernity?", in *Current Sociology*, 54: 77-97.

CAPÍTULO 5
JUSTIÇA E DEMOCRACIA: O PAPEL DOS TRIBUNAIS JUDICIAIS E OS DESAFIOS À POLÍTICA DE REFORMAS

Conceição Gomes

Introdução

A investigação realizada sobre as justiças em Luanda, de que trata a presente obra, salienta o seguinte paradoxo: por um lado, o trabalho desenvolvido pelas várias comissões de reforma do direito e da justiça (ver, em especial, o volume II) faz emergir uma perspectiva positivista, em que o direito é o direito oficial do Estado e a justiça se circunscreve ao sistema judicial (tribunais judiciais e profissões jurídicas) ou à arbitragem como meio alternativo de resolução de conflitos oficialmente reconhecido, sobretudo, no campo dos grandes contratos. Por outro lado, o direito e a justiça oficial apenas regulam uma parte das relações quotidianas dos cidadãos e das empresas angolanas e, nalgumas áreas, uma ínfima parte. Como se demonstra nos capítulos 4 a 7 do volume II, a procura dos tribunais judiciais de Luanda não só é muito reduzida, como muito selectiva e, em grande medida, os tribunais são mobilizados para a sua função de certificação e não para a função instrumental de resolução de litígios.

A sociedade angolana é caracterizada por diferentes e complexas formas de pluralismo jurídico. Ao longo da nossa investigação tivemos ocasião de detectar múltiplos afloramentos da vigência de outras ordens jurídicas em diversas áreas (família, sucessões, comercial e trabalho), reguladoras das relações sociais e as articulações e combinações entre elas. Por exemplo, os intervenientes num inventário judicial podem recorrer ao tribunal judicial porque precisam da certificação da instância oficial (para aceder a uma conta bancária), mas particularmente acordam entre si uma outra partilha totalmente distinta e assente no direito costumeiro, sendo segundo esta que efectivamente dividem os bens.

Aquele paradoxo inclui, ainda, a seguinte perplexidade: a visão restritiva das reformas não diminuiu a enorme distância social entre, por um lado, o direito e a justiça oficial e, por outro lado, os cidadãos e as empresas, não alargando, pelo menos em algumas áreas, o seu âmbito de aplicação.

Ora, se é verdade, como Boaventura de Sousa Santos mostra no capítulo 2 da primeira parte deste volume, ao teorizar sobre os tribunais, o Estado e a democracia, que as sociedades contemporâneas conferem ao sistema jurídico e judicial oficial uma enorme centralidade na construção e fortalecimento do Estado de direito democrático e da democratização da sociedade, o grande desafio que cada sociedade enfrenta é o de criar as condições para o exercício desse papel. Em contextos de pluralidade jurídica de alta intensidade, como é o caso de Angola, esse papel só pode ser totalmente compreensível e aprofundado se, numa perspectiva sistémica, for tomada em conta a relação entre o sistema jurídico e judicial com as demais ordens jurídicas e instâncias de resolução de conflitos. O reconhecimento dessa interacção e articulação e, nalguns casos, a sua dinamização, são fundamentais para a eficácia de algumas reformas do judiciário, como é o caso das reformas do acesso ao direito e à justiça, do mapa e da organização judiciária ou mesmo do recrutamento e formação de magistrados.[1]

O grande desafio que os Estados enfrentam é o da definição dos objectivos estratégicos que devem orientar as agendas de reforma do sistema judicial. Este desafio é mais complexo para os Estados da periferia e da semi-periferia, porque têm que lidar, por um lado, com a pressão de reformas de acordo com agendas, muitas vezes, impostas e que não têm condições de controlar totalmente e, por outro, enfrentam constrangimentos de recursos humanos e económicos muito diferenciados dos países centrais. Mas algumas das suas fraquezas podem significar vantagens comparativas se souberem olhar para dentro e aproveitar toda a riqueza e as sinergias que a sociedade incorpora.

Este capítulo beneficia da reflexão sobre o sistema judiciário português e sobre a política de justiça da União Europeia que tem vindo a ser desenvolvida no âmbito do Observatório Permanente da Justiça Portuguesa do Centro de Estudos Sociais da Universidade de Coimbra, e pretende reflectir sobre o papel do sistema judicial e alguns dos desafios que este coloca às reformas estruturais da justiça, procurando, sempre que possível, situar essa reflexão, à luz da investigação realizada, na sociedade angolana. Dou particular ênfase às reformas do acesso ao direito e à justiça, às reformas da administração e gestão judiciária e do recrutamento e formação de magistrados, por considerar que, no actual momento, são aquelas que apresentam um maior potencial de transformação no sentido do aprofundamento da eficiência e da qualidade do sistema judicial angolano.

---

[1] Sobre estas temáticas, cf. os capítulos do volume II.

1. O protagonismo social e político dos sistemas judiciais nas sociedades contemporâneas

A ideia de que a construção e consolidação das democracias assentava, sobretudo, em perspectivas económicas e políticas é abandonada quer pela sociologia política, quer pela ciência política, sendo que, sem descurar os factores políticos e económicos, as teorias contemporâneas vêm analisando, com particular atenção, um terceiro factor: o sistema judicial e o seu papel na construção das democracias contemporâneas. A avaliação das funções e do papel do judiciário no processo de transformação social e de democratização do Estado e da sociedade assumem, assim, uma importância fulcral, reflectida nos muitos estudos que procuram analisar experiências com origem em várias partes do mundo.[2]

Num contexto social e político caracterizado pela crise de legitimação social dos poderes executivo e legislativo, em grande parte induzida por escândalos de corrupção e de cooptação de sectores e interesses do Estado por interesses privados, por profundas transformações no Estado (em especial as ocorridas nos países em que o Estado social se revelava mais forte), na sociedade e na economia; de fortes mutações da criminalidade grave, cada vez mais transnacional; de emergência de novos riscos públicos em domínios vários; do agravamento das desigualdades sociais; de "velhas" e de "novas" violações dos direitos humanos – as sociedades viram-se para os tribunais judiciais, obrigando-os a um protagonismo para o qual nem sempre, ou muito raramente, estão devidamente preparados. Como salienta Santos (2000), os sistemas judiciais não foram criados nem estão, em regra, preparados para responder a um novo tipo de sociedade e a um novo tipo de funções. O sistema foi criado não para um processo de inovação, de ruptura, mas para um processo de continuidade. Já em 1996, Santos *et al* destacavam o dilema com que se confrontam os tribunais em face das várias transformações ocorridas no Estado, na sociedade e na economia, na passagem de um desempenho clássico, reactivo e de micro litigação, para a necessidade de assumirem funções de resolução de conflitos e de controlo social mais complexos, bem como de legitimação política e social relevante.[3]

---

[2] Cf. Santos *et al*, 1996, Santos, 2002, para o caso do Brasil, Santos, 2007, para o caso colombiano, Santos e García-Villegas (orgs.), 2001, para o caso de Moçambique, Santos e Trindade (orgs.), 2003. Cf., também, Gloppen, Gargarella e Skaar, 2004.

[3] Cf. também Santos e Gomes (2009).

A verdade é que, independentemente da posição do país no sistema mundo, as sociedades contemporâneas tendem a conferir aos tribunais judiciais um papel central no desenvolvimento social e económico e no funcionamento e consolidação dos regimes democráticos, seja como órgãos de controlo externo das instituições do Estado e da própria acção governativa, como garantes das liberdades cívicas, da protecção e da efectivação dos direitos humanos, seja, ainda, como instrumentos de criação de um ambiente de estabilidade e segurança jurídica que facilite o comércio jurídico e o crescimento económico, o que leva, com frequência, à emergência dos seus principais actores (juízes, magistrados do Ministério Público ou advogados) e das suas decisões no debate público. Este novo perfil sociológico do desempenho dos tribunais evidencia duas outras temáticas, presentes nos estudos mais recentes sobre o sistema judicial: a expansão do judiciário e as reformas da justiça e do direito.

O protagonismo dos tribunais pode ser visto como causa e consequência da expansão do poder e do activismo judiciais. Os autores que, com mais profundidade, vêm analisando este fenómeno, como Santos (2002), Shapiro e Stone (2002), Tate e Vallinder (1995)[4], reflectem nos seus trabalhos a tendência de "invasão", por parte do poder judicial, de áreas que tradicionalmente se situavam na esfera dos poderes legislativo e executivo ou, dito de outro modo, da transferência para o campo do judiciário da resolução de problemas de natureza política. No contexto das democracias de influência da *civil law*, a consagração constitucional dos princípios da independência e da autonomia do poder judicial, bem como de um amplo catálogo de direitos sociais e económicos, a criação de tribunais constitucionais e a crise da legitimação social do poder político são factores apontados como facilitadores da expansão do judiciário.

A consolidação do constitucionalismo transformou os juízes em actores sociais com grande poder, constituindo, assim, um importante facilitador da expansão do poder judicial. Em geral, as constituições democráticas dos países de influência da *civil law* consagram não só a independência e autonomia do poder judicial, como lhe atribuem uma enorme centralidade na resolução dos conflitos e questões sociais mais importantes. Aos juízes é concedida a "última" palavra na interpretação das normas constitucionais e da lei ordinária, o que lhes confere não só uma posição de "guardiães" das constituições, mas lhes permite interferir também, de forma muito activa, no exercício das funções políticas,

---

[4] Cf., ainda, Magalhães (2005).

em especial da função executiva, podendo condicionar, de forma relevante, políticas públicas. E tudo isso pode ser feito num processo quase "silencioso", por contraponto à acção política.

E se é certo que os juízes têm, na interpretação das normas positivadas, que obedecer à Constituição, a verdade é que são eles também quem decide, afinal, o que é a Constituição e o seu conteúdo. Com excepção dos casos em que exista um Tribunal ou Comissão Constitucional e, ainda nesses casos, apenas em determinadas circunstâncias, não existe um "acordo" sobre uma teoria interpretativa da Constituição.[5] Pelo contrário, se, para alguns autores, a Constituição deve ser lida como "um texto vivo" que se vai interpretando de acordo com a evolução da sociedade, para outros, a leitura constitucional não deve abandonar o seu espírito original, funcionando como uma espécie de "reserva moral" jurídica. Facilmente se compreende que diferentes leituras estratégicas do texto constitucional podem levar a interpretações muito diferenciadas da lei ordinária e da sua aplicação às situações concretas da vida. Esta questão pode, ainda, assumir especial acuidade num contexto de instabilidade do quadro normativo quando muitas leis e códigos, e até mesmo a Constituição, são sujeitas a processos de ruptura ou a sucessivos processos de mudança.

Em alguns países, o sucesso ou o fracasso na luta contra a corrupção, cujos processos envolvem arguidos social, económica ou politicamente poderosos, constitui, ainda, não só um dos principais vectores em que assenta o protagonismo dos tribunais judiciais, mas também uma das principais condicionantes das percepções positivas ou negativas a seu respeito.

Em Tate e Vallinder [orgs.] (1995), diferentes autores mostram como os processos de expansão do poder judicial e da judicialização da política são relevantes e controversos numa grande diversidade de países, quer de influência da *common law* (Estados Unidos da América, Reino Unido, Austrália e Canadá), quer de matriz romano-germânico (França, Itália, Alemanha). Dá-se, ainda, conta da experiência de países que integram o que os autores designam de "pequenas democracias" (Suécia, Holanda, Malta e Israel), bem como da experiência da Rússia, Filipinas e Sudeste Asiático e da Namíbia. Em Santos (2002: 129-160) é possível conhecer os contornos e a complexidade do significado sócio-político deste fenómeno nos países centrais, periféricos e

---

[5] O capítulo de Raul Araújo, neste volume, analisa a Constituição e as justiças em Angola.

semi-periféricos e a sua articulação com os diferentes processos políticos que presidem às reformas.

Para Santos (2002) esta questão não pode ser analisada fora do Estado, considerando que *"existe uma íntima ligação ou correlação entre a reforma do judiciário e do sistema jurídico, por um lado, e o Estado, quer como sistema político, quer como aparelho administrativo, por outro"*. Considera, por isso, que nos países centrais, particularmente na Europa continental, *"o crescente protagonismo dos tribunais é, antes de mais, o sintoma de uma dupla crise do Estado: como centro de regime democrático, a contas com uma crise de legitimidade, e como Estado-providência incapaz de manter altas expectativas dos cidadãos a seu respeito"* (2002: 151). Mas esta interacção significa, também, que não é possível uma reforma democrática do direito e da justiça fora da democratização do Estado e da sociedade.

Contando, numa fase inicial com maior incidência nos EUA, o fenómeno da expansão do judiciário vem ganhando, nas últimas décadas, importância e dimensão em muitos países. Os contornos do debate sobre as áreas de expansão e sobre o seu real significado, as expectativas quanto ao futuro do papel do judiciário e, sobretudo, sobre o que representa para a consolidação das democracias têm leituras diferenciadas, dependentes quer das condições culturais, económicas e políticas de cada país, da sua posição no sistema mundo, quer, ainda, da posição ideológica e da expectativa sobre o judiciário de quem analisa. Mandel (1995), por exemplo, ao analisar a expansão judiciária no Canadá e em Itália, considera-a, sobretudo no primeiro caso, antidemocrática.

Se é certo que não é difícil defender a expansão do judiciário sempre que sobre ele recaem expectativas positivas na protecção dos direitos dos cidadãos, sabemos que nem sempre foi assim. Santos (2002 e 2007) alerta para isso mesmo; também Tate e Vallinder [orgs.] (1995) salientam a preocupação dos autores do livro que coordenaram com o impacto dessa expansão na viabilização da democracia em vários países. É claro que esta questão levanta uma outra, amplamente debatida em várias obras de Santos,[6] que é o tipo e a qualidade de democracia de que estamos a falar.

Na actualidade, pelo menos da grande maioria dos países centrais e da semi-periferia, parece que as questões que Tate e Vallinder [orgs.] (1995) colocavam sobre se a expansão global do judiciário deve ou não ser considerada como algo de socialmente positivo e, se não, quais são as alternativas viáveis à judicializa-

---

[6] Cf. Santos, 2002, 2005 e 2006.

ção da política, como que perderam oportunidade. A expansão do judiciário não resulta de um ou de factores facilmente controláveis,[7] o que significa que é um fenómeno com que as sociedades democráticas contemporâneas têm que lidar. A atitude certa deve, por isso, passar por aprofundar a reflexão sobre as condições em que cada sociedade deve forjar essa expansão e, com ela, o activismo judicial.

Expansão judicial e activismo judicial não são, obviamente, a mesma coisa, embora, muitas vezes, se cruzem. São vários os campos do activismo judicial. Mobilizados pelos meios de comunicação social, pelos movimentos sociais, por organizações cívicas ou por grupos de cidadãos, os tribunais têm assumido, em vários países, um especial protagonismo, decorrente de um grande activismo no combate à corrupção ou na defesa das liberdades cívicas e dos direitos humanos.

Em alguns países, o combate à corrupção, sobretudo quando envolve pessoas política e economicamente poderosas, é o activismo judicial que mais se tem salientado e que mais sujeita os tribunais a um forte *stress* institucional, jogando nele a sua legitimidade social e as condições para o exercício das suas funções, dado que, em geral, a consagração constitucional da independência e autonomia do poder judicial não alterou a sua condição de poder "dependente" dos meios que o poder político lhe proporciona para o exercício das suas funções. Não raro, um maior activismo dos tribunais, seja na promoção de direitos sociais, seja no combate à corrupção, leva-os ao confronto com outros poderes do Estado, que pode repercutir-se em pressões directas e ou na interferência do poder político no judiciário por via indirecta, em especial através das políticas de reforma. Apesar de constituir premissa constitucional do Estado de direito democrático, a independência do poder judicial não escapa à tensão entre os diferentes poderes do Estado, agudizada sempre que o activismo judicial coloca em causa interesses de grupos, política e economicamente poderosos.

São múltiplos os factores, decorrentes de transformações sociais e políticas várias, dos níveis de desenvolvimento económico e social, mas também da cultura judicial dominante num dado país, da sua posição no sistema mundo e do

---

[7] Tate e Vallinder (1995: 527-528) colocam, a este propósito, algumas questões: "É possível dizer a um determinado Estado, cujas instituições democráticas sejam fracas, para que torne mais efectivo o seu poder legislativo e executivo? É admissível que, num Estado democrático, seja aceitável deslocar para o campo do judiciário parte da luta política, quando tal se revele vantajoso para determinado grupo de interesse? Será sensato abolir ou diminuir a separação de poderes? Será sensato, o poder político tentar reduzir a confiança do público nos tribunais de modo a colocar em causa a sua legitimidade? Será sensato, em face de um poder judicial mais activo, atacar a sua independência?".

grau de desenvolvimento social, que condicionam o contexto social da justiça e o perfil sociológico do desempenho dos tribunais judiciais, incluindo a sua expansão e o seu activismo. É por isso que, apesar de ser possível identificar elementos comuns, a existência e combinação, em cada país, de diferentes factores leva a desempenhos funcionais dos tribunais muito díspares, exigindo igual tratamento diferenciado.

Não perdendo de vista essas dificuldades, Santos, no capítulo 2 desta primeira parte[8], traça o perfil e a trajectória dos tribunais nos países periféricos e semi-periféricos e a sua articulação com o sistema político. O contexto social e político é fundamental para a análise do desempenho judicial e das políticas de reforma. E esse contexto é, nos países periféricos, caracterizado, em geral, pela existência de fortes desigualdades sociais, que as crises económicas e dos mercados financeiros a nível global têm vindo a agravar, pela instabilidade política, por uma frágil democratização da sociedade, por um fraco nível de desenvolvimento social aliado aos elevados níveis de corrupção, que dificultam a concretização prática de um catálogo constitucional de direitos económicos e sociais, muitas vezes transplantado do constitucionalismo dos países centrais com muitas dificuldades de efectivação num contexto político e cultural tão diferenciado.

Em sociedades com aquelas características, a expansão e o activismo judicial enfrentam desafios muito complexos. Desde logo, o da concretização do princípio da independência e autonomia do judiciário em relação ao sistema político: se é certo que em condições de forte independência institucional alguns juízes podem apresentar um comportamento referencial em relação ao poder político, a independência judicial depende, sobretudo, dos arranjos institucionais e das condições da sua concretização, que podem promover ou proteger a função dos tribunais de possíveis interferências. Ora, nesses países, os princípios de independência e autonomia judicial continuam a assumir características próprias da matriz do Estado liberal, isto é, são neutralizados por uma rede de outras dependências: "o princípio da legalidade que conduz à subsunção lógico-formal confinada à micro-litigação; o carácter reactivo dos tribunais que os torna dependentes da procura dos cidadãos; e a dependência orçamental e administrativa em relação ao poder executivo e ao poder legislativo. É este tipo de independência que domina nos países periféricos e semi-periféricos" (Santos *et al.*, 1996: 36).

---

[8] Cf., também, Santos *et al*, 1996: 35-40.

Em Portugal, por exemplo, no período anterior à revolução democrática podemos identificar muitas das características típicas da matriz liberal. A independência dos tribunais, reduzida às garantias de imparcialidade perante um litígio concreto, convivia com o seu controlo político, que o regime assegurava em áreas mais sensíveis. Algumas dessas características, ainda que mitigadas, mantiveram-se no período pós-revolução política. Magalhães (2005), num importante artigo sobre as transformações do sistema judicial no período pós--revolução de Abril, mostra como as rupturas políticas não provocaram iguais rupturas no sistema judicial, saudando a passividade dos tribunais portugueses no período pré-constitucional como estratégia da sua sobrevivência e continuidade. A análise que se faz, no volume II desta colecção, sobre o sistema judicial angolano, leva-nos, igualmente, a identificar, no contexto social e no perfil do desempenho funcional dos tribunais judiciais angolanos, muitas das características típicas da matriz liberal.

Neste quadro não surpreende a análise de Santos (*et al*, 1996, 2007 e 2008) quando fala da tibieza dos tribunais nos países da periferia e da semi-periferia, apesar da existência de casos que mostram tendências de sentido contrário, ao encurtar a distância entre os direitos constitucionalmente consagrados e efectivamente praticados, na luta contra a corrupção ou na tutela dos interesses difusos ou colectivos.

A questão que se coloca é a de saber de que forma e como, no período de consolidação dos regimes democráticos, os sistemas judiciais são capazes de se confrontar com outros tipos mais avançados de independência, libertando-se ou não da sua neutralização política. Qual o papel que o judiciário pode desempenhar, e as condições em que o pode fazer, no contexto de democracias frágeis ou instáveis e de ausência, ou forte precarização, de direitos sociais e políticos? E, sobretudo, no caso dos países centrais, num contexto de perda de centralidade do papel do Estado no desenvolvimento de políticas sociais, na resposta aos desafios da complexidade social (multiculturalismo, ambiente, sociedade de risco) e à deterioração da democracia com a crescente captura por interesses privados da coisa pública (corrupção, tráfico de influências, branqueamento)? Nestes países, já não é o papel que se espera de protecção dos direitos civis e políticos. Apesar de mesmo esses, em democracias mais estáveis, poderem ser sempre objecto de ameaça, como o direito a um julgamento justo, num contexto de forte mediatização da justiça ou, por exemplo, a limitação das liberdades e do direito à informação com o objectivo de protecção das elites políticas através da criação de leis de imprensa mais repressivas ou de um maior "activismo" na acusação de jornalistas por crimes de liberdade de imprensa. O actual contexto securitário, a nível global, comprimindo seriamente direitos e liberdades fundamentais há muito conquistados, coloca também novos desafios ao judiciário.

A análise dos sistemas judiciais nos diferentes países deve procurar responder às seguintes questões: o sistema judicial está ou não a desempenhar um papel activo no aprofundamento da democracia, e em que circunstâncias e em que condições o pode fazer? Como podem os juízes contribuir para o aprofundamento da democracia, sem que eles próprios se tornem uma espécie de guardiões da própria democracia "a última instituição"? Que condições devem existir, numa dada sociedade, e que tipo de medidas deve integrar a agenda de reformas para que tal ocorra?

Os estudos sócio-jurídicos sobre a aplicação do direito e da justiça e, em geral, sobre o sistema judicial, são cruciais para aquelas respostas. A disseminação do conhecimento científico sobre a estrutura e funcionamento do judiciário, a sua relação com as instituições conexas, as profissões jurídicas e o contexto social possibilitam um debate devidamente informado dando, quer aos operadores do sistema, quer aos decisores políticos ferramentas que lhes permitam uma melhor actuação e definição de políticas de reforma.

O fenómeno do protagonismo dos tribunais tem vindo a despertar crescente interesse na reflexão académica. A produção teórica sobre os tribunais, nomeadamente a de cariz sociológico, fortalece-se sobretudo a partir da década de 80 do século passado, e pode ser sistematizada em três eixos analíticos principais: a análise dos tribunais enquanto poder do Estado; a análise dos tribunais enquanto sistema e a análise dos tribunais enquanto instituição profissional (Santos, 1986).

Na análise dos tribunais enquanto poder do Estado, a expansão do poder judicial é avaliada na sua repercussão e impacto no arranjo institucional do Estado e na tensão entre independência, protagonismo e activismo judicial e os limites impostos pela separação de poderes e pela fragilidade do poder judiciário dentro do sistema político. Destacam-se os trabalhos sobre as recentes transformações nos Estados democráticos, cuja repercussão na esfera judicial desemboca em fenómenos como a judicialização da política (Santos *et al.*, 1996, Tate e Vallinder [orgs.], 1995; Cappelletti, 1989a e 1993; Shapiro, 1994; e Vallinder, 1994, Magalhães, 1999), o activismo judicial (Santos, 2002, Anand, 2003, Harwood, 1996; e Pogrebinschi, 2000) e o combate à corrupção (Bernasconi [org.], 2000; González, 2000; Pujas, 2000; Heywood [org.], 1997; e Andrés Ibañez, 1996). Na produção teórica sobre a análise do poder judicial e o sistema político são, ainda, importantes os trabalhos de Guarnieri e Peder-zolli, 2002; e Faria, 1993; com especial enfoque para a actuação dos tribunais constitucionais (García-Villegas e Upriminy, 2003, Sweet, 2000; e Goldstein, 2004) e a discussão sobre independência judicial (Shetreet e Deschênes, 1985; Russell e O'Brien [orgs.], 2001).

Outro campo de análise privilegiado neste contexto, para além do papel destinado aos tribunais no controlo da acção política (Gloppen, 2003; e Sche-dler *et al.*, 1999), é a discussão sobre a necessidade de criação de mecanismos de responsabilização da acção dos tribunais e do desempenho funcional dos magistrados (Cappelletti, 1989b; Auger, 2005; Mora, 2001; Handsley, 2001). Neste último caso, tem emergido, em diferentes contextos, a discussão sobre os conselhos de magistratura e sobre o controlo interno e externo (Dias, 2004; Ribeiro, 2001; e Zaffaroni, 1995).

A análise dos tribunais enquanto sistema tem dado relevância à mobilização e aos resultados da oferta judicial, bem como à análise do seu desempenho funcional. No que se refere à mobilização, destaca-se a análise dos fenómenos de mobilização do direito e da justiça por parte de grupos sociais. Nesta área, tem-se revelado de especial interesse a acção dos movimentos sociais e, como questão teórica subjacente, a possibilidade ou não de o direito funcionar como instrumento de transformação social. (Burstein, 1991; Rebelo [org.], 2003; Epp, 1998; Offe, 1985; e Duarte, 2007). Santos, aprofunda essa discussão para além do debate polarizado dentro da corrente conhecida como estudos legais críticos, propondo, por um lado, uma concepção pós-moderna de oposição do direito e, por outro, reflectindo sobre as possibilidades de construção de uma legalidade subalterna e de um direito emancipatório (Santos, 1995, 2002, 2003 e 2008 e Santos e Rodríguez-Garavito, 2007).

Ainda neste campo, cresce a discussão sobre o acesso ao direito e à justiça (Santos *et al.*, 1996: 483-502, Cappelletti e Garth [orgs.], 1978; e Cappelletti [org.], 1978; Pedroso, Dias e Trincão, 2003). Aqui, a problemática do acesso vem sendo abordada tanto no campo das limitações estruturais vivenciadas pelos próprios tribunais, como no campo das dificuldades económicas, sociais e culturais experimentadas pelos cidadãos.

A análise do desempenho funcional do sistema judicial tem recebido espe-cial atenção analítica. Esta análise parte, em regra, da percepção dos tribunais como problema, isto é, considerando-os burocráticos, lentos e ineficientes para administrar a procura que lhes é dirigida. Daí que o estudo do desempenho fun-cional do sistema judicial esteja, tendencialmente, relacionado com a reflexão sobre as reformas necessárias ao aperfeiçoamento do seu desempenho. Nesse sentido, a maior parte da produção académica sobre o tema está relacionada com a discussão sobre a qualidade e a eficiência da administração da justiça (Fix-Fierro, 2003; Fabri [org.], 2005; Langbroek, 2005; Ng, 2007; e Ostrom e Hanson, 1999).

Na análise da justiça portuguesa destaco os trabalhos do Observatório Permanente da Justiça Portuguesa (OPJ).[9] Os estudos desenvolvidos abrangem várias áreas do direito e da justiça, com destaque para a análise do desempenho funcional dos tribunais em diferentes áreas: justiça cível (Santos e Gomes, 2005, 2007 e 2008); justiça penal (Santos e Gomes, 2003); morosidade (Gomes, 2003); justiça administrativa (Moreira e Sarmento e Castro, 2001); justiça tutelar educativa (Santos e Gomes, 2004); e justiça laboral (Santos e Ferreira, 2002) (Ferreira, 2006), contribuindo, não só para o debate crítico sobre o sistema judicial, mas também para as reformas estruturantes da justiça, designadamente, do acesso ao direito e à justiça, morosidade dos tribunais, mapa e organização judiciária, reformas da administração e gestão, da acção executiva e reformas do processo penal.

Quando analisados, enquanto instituição profissional, o eixo analítico dos tribunais orienta-se para as profissões jurídicas, nomeadamente, os magistrados. Nesse campo, a produção académica é abundante: por um lado, na categorização de um perfil para as profissões, procurando responder à indagação sobre quem são os operadores judiciários (Viana, 1999; Sadek, 2004, Junqueira, 1997); e, por outro, são também explorados os critérios de acesso e de avaliação nas profissões jurídicas, sobressaindo o tema do recrutamento e formação dos operadores do sistema (Afonso, 1998; Cluny, 2006; Coelho, 2000; Santos, 2000, 2001 e 2005). A análise dos tribunais enquanto instituição profissional traz elementos que permitem explorar a variável do corporativismo, tanto no âmbito do funcionamento interno do sistema judicial, como no quadro das relações dentro do sistema político. Santos *et al.*, 1996 e 2007 salienta o peso do corporativismo nas concepções de independência judicial. Quando confrontados com o dilema de assumir a sua quota-parte de responsabilização na defesa e aprofundamento de direitos fundamentais e sociais e no aprofundamento democrático, os magistrados podem oscilar entre uma concepção de independência democrática (os direitos e privilégios dos magistrados são defendidos como condição para que os

---

[9] Para o conhecimento do trabalho desenvolvido pelo OPJ, cf. www.ces. opj.uc.pt.

tribunais assumam responsabilidade política, com uma acção pró-activa ainda que politicamente controversa) e uma concepção de independência corporativa (a defesa dos interesses e privilégios da própria classe restringindo-se a uma actuação reactiva, limitada à micro-litigação e neutralizada politicamente).

Voltando às perguntas acima formuladas: além da preparação do sistema judicial para assumir um novo desempenho funcional e um maior activismo, é também fundamental a colaboração de outras instituições, da comunidade e do Estado, com que o sistema judicial tem de se articular (polícias, conservatórias, serviços sociais, outras instâncias de resolução de conflitos, sistema bancário, etc.). Essa tarefa será tanto mais facilitada num país em que o sistema judicial tenha criado e aprofundado as interfaces, quer dentro do Estado, quer com a sociedade, do que num país onde não o tenha feito. Esta é uma via em que os poderes político e judicial têm de se aprofundar.

A cultura judiciária e a capacidade de mobilização do sistema pelos cidadãos e movimentos sociais são uma variável muito relevante quando se fala de protagonismo e de expansão do judiciário. Não nos podemos esquecer que o sistema judicial, na sua arquitectura e cultura, é fundamentalmente um sistema reactivo. As vítimas de uma injustiça, os cidadãos ou as empresas que reclamam por justiça, têm que accionar o sistema judicial. Em regra, este, se não for mobilizado, não irá tomar nenhuma providência. O maior ou menor aprofundamento daquela condição depende, em especial, das políticas de acesso ao direito e à justiça e da sua capacidade para ultrapassar constrangimentos económicos ou culturais e das políticas de formação dos magistrados desenvolvidas em cada país.[10]

As questões acima enunciadas conduzem-nos aos processos de reforma e à definição dos princípios estratégicos que os orientam. A questão central é a de saber se, numa dada sociedade, os processos de reforma da justiça, incluindo o processo de reforma constitucional, procuraram ou não desenvolver instrumentos normativos e práticas que permitam o aprofundamento de um poder judicial estrutural e funcionalmente democrático. O ponto seguinte centra-se no movimento de reformas no campo do sistema judicial.

---

[10] Sobre esta matéria, cf. o capítulo 8 do volume II.

2. As tendências de reforma dos sistemas judiciais

O protagonismo social e político dos tribunais expôs o seu desempenho funcional ao escrutínio e discussão públicos, mostrando os seus fracassos e limitações em responder ao volume e à complexidade da procura que lhe é dirigida e às expectativas positivas que sobre ele os cidadãos exercem. Os sistemas judiciais ganham *"uma maior visibilidade social e política por serem, simultaneamente, parte da solução e parte do problema na implementação do primado do direito. Quando são vistos como parte da solução, o realce vai para o poder judicial e o activismo judicial; quando são vistos como parte do problema, o realce incide sobre a crise judicial e a necessidade de efectuar reformas judiciais"* (Santos, 2002: 128).

Os tribunais judiciais têm, em geral, enfrentado grandes dificuldades em responder, com eficiência e qualidade, não só ao volume da procura judiciária, cujo aumento nos países centrais foi, em grande parte, induzido pelas dívidas de consumo, mas, também, à sua crescente complexidade, seja decorrente da globalização dos mercados, do direito ou da criminalidade, da emergência de novos riscos públicos, da mediatização da justiça, ou da demanda por protecção, por parte de vários grupos de cidadãos (mulheres, imigrantes, crianças, populações pobres) contras novas vulnerabilidades sociais, mas, também, de cidadãos que querem, contra o Estado, fazer valer os seus direitos, sejam eles direitos individuais ou colectivos.

Ora, esta situação levou a que, rapidamente, o debate em torno da justiça se tenha transformado num debate em torno da crise da justiça e das reformas para a combater. E este tem-se revelado um debate, em si mesmo, muito complexo, onde se jogam tensões e interesses vários. Se é certo que, na grande maioria dos países, o impulso e aprovação das reformas depende dos poderes executivo e legislativo, a sua implementação e execução dependem muito do poder judicial. Ora, ainda que o poder judicial não possa formalmente propor reformas, pode influenciá-las, porque o êxito da sua execução depende muito da acção daqueles operadores. Aliás, o maior ou menor activismo judicial, seja no combate à corrupção ou na defesa das liberdades cívicas e dos direitos humanos, tem um forte impacto e pode interferir, de forma decisiva, no processo e sentido das reformas.[11] Assim, se é verdade que a dimensão e a importância dos processos de reforma dos sistemas judiciais estão, em grande parte, associados ao seu protagonismo social e político, eles reflectem, igualmente, as dificuldades dos tribunais em responder à procura que lhes é dirigida.

---

[11] Cf., entre outros, Zuckerman, 1999.

A crise da justiça, mais que a outra face daquele protagonismo, é, ela própria, um alimentador e impulsionador dos processos de reformas que, há algumas décadas, têm vindo, crescentemente, a integrar as agendas políticas à escala global. Santos (2002),[12] mostra como e porque razão a exigência global de uma reforma dos sistemas judiciais e do Estado de direito se tornou numa componente essencial dos processos de globalização, a par da globalização dos mercados, das instituições, das culturas, das práticas de consumo e dos sistemas democráticos. Integrando, de acordo com o autor, um dos quatro consensos que constituem o chamado *Consenso de Washington*, a reforma judicial e do primado do Direito é considerada "uma componente essencial do novo modelo de desenvolvimento e a base para uma boa governação" (Santos, 2002:127). O autor chama, no entanto, a atenção para o facto de, neste processo, deverem ser afastadas *"explicações globais e monolíticas"*, uma vez que "o interesse pelo primado do direito e pela reforma do sistema judicial pode, igualmente, resultar de preocupações paralelas e parcialmente convergentes a surgir em diferentes países e em resposta a necessidades e expectativas nacionais" (*idem:* 128).

Sendo este um fenómeno global, a natureza e a extensão das reformas dependem de vários factores, desde o contexto político, económico, social e cultural de cada país e da sua posição no sistema mundo, aos tipos de problemas e bloqueios considerados mais relevantes num dado momento e aos quais se devem dirigir as políticas de reforma. A periodização e a natureza das reformas dependem muito do modo como foram diagnosticadas e da relevância política atribuída a esse diagnóstico. A complexidade do contexto social e a exigência dos desafios que, hoje, se colocam aos sistemas de justiça tornam premente que os diagnósticos procurem, o mais possível, uma avaliação rigorosa do funcionamento do sistema de justiça e do seu contexto social, económico e político. Acontece que, nem sempre (ou em alguns países muito raramente) as reformas se apoiam em diagnósticos sócio-jurídicos, sólidos e cientificamente credíveis. Elas tendem a valorizar outros tipos de diagnósticos: o diagnóstico político, dos comentadores e analistas da comunicação ou dos operadores do sistema.

O protagonismo social e político dos tribunais judicias e a discussão da política pública de justiça, marcada pela alta exposição pública e pela mediatização da justiça e de muitos dos seus agentes, dá especial proeminência àqueles dois diagnósticos. Essa proeminência pode, ainda, decorrer de um contexto

---

12 Cf., também, o capítulo 2 deste volume.

de forte politização do judiciário. Os diagnósticos dos decisores políticos (ou de comissões vinculadas ao poder político) e dos analistas e comentadores da comunicação social revelam a perspectiva da classe política e dos comentadores sobre o papel político e institucional da justiça e a sua leitura dos problemas e das prioridades. O diagnóstico dos operadores do sistema, em regra reactivo, tem uma forte vertente funcional, vinculada às percepções da sua experiência e a preocupações em matéria dos seus direitos, das condições de trabalho, das infra-estruturas e dos recursos humanos. O diagnóstico sociológico, assente na avaliação sólida e rigorosa do desempenho do sistema judicial e das instituições conexas, preocupa-se em mostrar o funcionamento real do sistema judicial no seu conjunto. Este diagnóstico não ignora os outros. O que este diagnóstico procura é aproximar-se o mais possível da realidade do funcionamento do sistema de justiça. É este o tipo de diagnóstico que deve estar no lastro das reformas estruturantes.

Um segundo aspecto muito relevante nos processos de reforma, em especial em determinados sectores, relaciona-se com a pressão externa na definição das agendas de reforma, seja decorrente de agências internacionais de ajuda ao desenvolvimento, como o PNUD, o Banco Mundial, a USAID, ou mesmo de determinados grupos de interesses ligados à advocacia e consultoria internacionais. Estes processos que podem configurar processos de globalização de *baixa* ou *alta intensidade* (Santos, 2001),[13] consoante a maior ou menor pressão reformista externa sobre o sistema judicial, introduzem grande complexidade na avaliação comparada das reformas, ainda que os países se situem na mesma posição do sistema mundo. Por exemplo, nos países da União Europeia em geral, a pressão reformista externa decorre, sobretudo, das decisões da União Europeia. Em alguns países, sobretudo os situados na periferia do sistema mundo, a pressão externa, em especial em áreas ligadas às transacções comerciais e ao mundo dos negócios, como o direito comercial, direito das sociedades, propriedade industrial, marcas, entre outros, é muito forte.

Num primeiro momento, as agendas de reforma tendem a concentrar-se na configuração normativa e institucional necessária ao aprofundamento da independência e da autonomia do judiciário. Este movimento está longe de ter terminado com a consagração na Constituição e na lei daqueles princípios e o debate continua em torno das condições que garantam a sua efectividade. Nos países em que a

---

[13] Sobre os processos de globalização, cf. Santos (org.), 2001.

experiência democrática é relativamente recente, como é o caso do Brasil, Portugal e Angola, este debate assume configurações especiais: por um lado, o sistema judicial é confrontado com novos direitos consagrados constitucionalmente após a democratização do regime político, o que requer do poder judiciário a assumpção de uma co-responsabilidade na acção do Estado; por outro lado, a concretização dessa expectativa tem que enfrentar muitos obstáculos decorrentes dos limites inerentes ao poder judicial, quer se relacionem com recursos humanos e materiais, quer com o facto de uma grande parte dos juízes terem sido recrutados e socializados no interior de uma cultura judicial pouco interessada no alargamento dos direitos (Magalhães, 1999: 18), quer, ainda, com as dificuldades de afirmação da independência do poder judicial em face do poder político.

A democratização do acesso ao consumo, primeiro nos países centrais e, posteriormente, nos países da semi-periferia, e a criminalização de certas condutas rodoviárias (crimes de condução de veículo em estado de embriaguez e sem habilitação legal) provocaram uma explosão de litigiosidade e a consequente colonização dos tribunais pelas acções de dívida e por uma criminalidade de "massa". A consagração de vários direitos sociais e a sua maior consciência fizeram, igualmente, disparar a procura judiciária. Este novo contexto social e as dificuldades que a oferta de tutela judicial teve, em geral, para lhe responder, vieram suscitar, com grande acuidade, as questões da eficácia e da eficiência dos tribunais judiciais e da acessibilidade ao sistema judicial em geral e das reformas para lhes responder. As preocupações com a qualidade da justiça são muito mais tardias e, em muitos países, ainda não entraram sequer no debate e, muito menos ainda, no processo de reforma.[14]

Centrando-me no contexto europeu, é possível identificar, nas últimas duas décadas, em todos os países, um vasto programa de reformas actuantes em vários domínios: leis processuais (desburocratização e desformalização do processo no sentido de o tornar mais ágil e flexível), recursos humanos e infra-estruturas (com a transferência de mais recursos financeiros para a justiça), desjudicialização e descriminalização de certas condutas e criação de meios alternativos de resolução de litígios. O acesso ao direito e à justiça e as reformas no âmbito do recrutamento e formação de magistrados assumem um papel central na democratização da justiça e na renovação da cultura judiciária.

---

[14] No contexto europeu merece especial destaque pela sua amplitude, o plano Leemhuis, na Holanda, com o programa "*Administração da Justiça no Século XXI*". Sobre os processos de reforma no contexto europeu. Cf. Santos e Gomes (coords.), 2001, 2008, 2006 e 2005; Santos (coord.), 2006; e Santos (org.) 2001.

Mais recentemente, as reformas da administração e gestão dos tribunais e as reformas actuantes na procura do sistema judicial passaram a constituir as principais apostas das agendas de reforma. Salientam-se dois tipos de reformas: reformas gestionárias e reformas de informalização. O primeiro tipo prevê alterações profundas na concepção, organização e gestão do sistema judicial e na sua organização interna. Este processo prevê um forte investimento na informatização e inovações técnicas, que vão desde a automatização dos ficheiros e arquivos e do processamento automático de dados e procedimentos, às técnicas de planeamento e previsão de longo prazo e à elaboração de módulos e cadeias de decisão que tornem possível a rotinização, passando por reformas que envolvam a criação de novos perfis profissionais, novas formas de centralização e gestão dos processos judiciais e novos métodos de trabalho. O segundo tipo de reformas prevê a elaboração de alternativas ao modelo centrado nos tribunais judiciais, desenvolvendo-se um amplo processo de desjudicialização de determinadas condutas (por exemplo, condutas rodoviárias) e determinados conflitos (pequenas questões de terras, vizinhos), mas, também, divórcios com mútuo acordo, inventários, etc., que, em regra, são transferidos para outras instituições da administração pública, como as conservatórias e os notários, ou para instituições extrajudiciais de resolução de conflitos a criar ou já existentes na comunidade – instâncias e instituições relativamente descentralizadas, informais e desprofissionalizadas – que substituem ou complementem, em áreas determinadas, a administração tradicional da justiça, tornando-a, em geral, mais rápida, mais barata e mais acessível.[15]

Ainda no contexto europeu, há que referir não só as consequências no desempenho funcional da justiça em cada Estado-membro por imposição do direito comunitário, mas, também, por acção do Conselho da Europa, com a adopção, pelo Comité de Ministros, de um conjunto de recomendações e resoluções, designadamente no domínio da promoção da eficácia da justiça.[16] Mais recen-

---

[15] As propostas de informalização da justiça, no caso português, foram no sentido da criação de instrumentos novos, como os centros de arbitragem para diversos tipos de conflitos, a conciliação e mediação, os julgados de paz, a atribuição de competência aos notários para os processos de inventário e aos conservadores do registo civil para a realização de divórcios por mútuo consentimento e a criação da profissão jurídica de solicitador de execução com o objectivo de desjudicializar uma boa parte dos actos do processo executivo. No âmbito da justiça penal, destaca-se a descriminalização de certas condutas, como a emissão de cheque sem provisão com função de garantia e do consumo de estupefacientes e a transformação das transgressões e contravenções em contra-ordenações.

[16] Cf. Recomendação n.º R (81) 7, Recomendação n.º R (84) 5, Recomendação n.º R (86) 12, Recomendação n.º R (87) 18, Recomendação n.º R (95) 12, Recomendação (2001) 3, Recomendação (2001) 2, e Recomendação (2003) 14.

temente, a Comissão Europeia para a Eficácia da Justiça (CEPEJ) tem vindo a produzir um conjunto de documentos[17] "orientadores" e impulsionadores de processos de reforma e de boas práticas nos Estados-membros.

O sistema judicial é, por parte daqueles organismos, cada vez mais, objecto de análise e de recomendações, que pretendem explorar uma nova dimensão gestionária, considerando-se que o défice de organização, gestão e planeamento das organizações do judiciário em geral, é responsável por grande parte da ineficiência e ineficácia do seu desempenho funcional. Os tribunais eram e ainda continuam a ser, generalizadamente, apontados como uma das organizações mais burocráticas do Estado. Defende-se, por isso, a introdução de medidas que visem a alteração de métodos de trabalho, uma melhor e mais eficaz gestão de recursos (humanos, materiais e dos processos) e uma melhor articulação dos tribunais com os serviços complementares da justiça. As reformas que visam o reforço da capacidade de organização e gestão do sistema de justiça tornaram-se, assim, apostas centrais das agendas de reforma em muitos países. Nos últimos anos, o debate evoluiu para a reflexão sobre como implementar no judiciário os novos conceitos de qualidade total e de excelência.

O contexto angolano de actual consolidação democrática abre espaço para uma maior centralidade da justiça oficial. Se e como o irá exercer dependerá da conjugação de vários factores. Desde logo, da capacidade da democracia angolana em consolidar a independência do poder judicial. No Capítulo 9 do volume II desta colecção mostra-se como são ainda muitos os pontos de fragilidade da concretização dos princípios constitucionais da autonomia e independência do judiciário face ao poder político. O contexto político de construção da nação angolana, em que a grande maioria dos juízes foi recrutada e socializada dentro da mesma identidade e matriz ideológica (alguns mantendo actividade partidária no exercício de funções), potencia uma cultura de "troca de favores" e de interferências.

Um segundo problema, de alguma forma relacionado com o primeiro, mas também com características autónomas, diz respeito à suspeição de corrupção no campo do judiciário. Enquanto a percepção sobre a corrupção se mantiver em níveis elevados, o poder judicial não conseguirá aprofundar a sua legitimação social, condição fundamental para a sua afirmação e sobrevivência enquanto

---

[17] Por exemplo, o relatório sobre a territorialização das jurisdições de 2003 e um compêndio de boas práticas sobre gestão processual.

poder independente. A ideia de que os tribunais judiciais são permeáveis à influência de quem tem poder, seja económico, social ou político, é altamente nociva para a sua legitimação social e para construção do Estado de direito democrático.

A transição democrática do sistema político-jurídico angolano trouxe a constitucionalização daqueles princípios e a criação de legislação importante que os sustentam. O caminho da sua consolidação prática é um caminho mais complexo e mais longo e dependerá, de forma muito significativa, do processo de reformas, quer dos diagnósticos em que assentem, quer da natureza de reformas consideradas mais prioritárias. Considero que as reformas prioritárias dos sistemas judiciais, em geral, se devem dirigir à base do sistema. É aí que a intersecção entre público e cidadãos é mais significativa; logo, é maior o potencial de influenciar as expectativas e percepções dos cidadãos, e é aí também que é maior a possibilidade de forjar uma nova cultura judiciária de mudança. Nesse sentido, as reformas do acesso ao direito e à justiça, da governação, administração e gestão dos tribunais e do recrutamento e formação dos magistrados devem, pelo seu potencial de mudança, integrar as agendas estratégicas de reforma. O diagnóstico sobre a estrutura e funcionamento do sistema de justiça formal, realizado no volume II, mostra a essencialidade daquelas reformas, no caso de o objectivo estratégico da nação angolana for o do aprofundamento do Estado de direito democrático e, com ele, a centralidade dos tribunais judiciais. Dedico-me, de seguida, a desenvolver alguma reflexão em torno das linhas orientadoras e dos desígnios de cada uma daquelas reformas.

3. O acesso ao direito e à justiça

A elevação do direito de acesso ao direito e à justiça[18] a direito constitucional é, na maioria dos países, um sinal claro da sua centralidade como direito instrumental para a defesa e efectividade de outros direitos e interesses legítimos. Subjaz-lhe a ideia de que se não existir uma real igualdade de acesso entre todos os cidadãos, não é possível falar em verdadeiro Estado democrático de direito. O aprofundamento da democracia relaciona-se estritamente com a garantia da efectividade dos direitos dos cidadãos sem quaisquer exclusões, sejam elas de natureza económica, cultural, social ou outra. O problema, como muitos outros direitos constitucionais, é da sua concretização. Com intensidades diferentes,

---

[18] Remete-se, mais uma vez, para o capítulo 8 do volume II.

factores sociais, culturais e económicos colocam os cidadãos em descoincidentes patamares perante aquele direito, desafiando-o a assumir a sua quota-parte de responsabilidade, quer na reprodução das desigualdades sociais, quer na sua redução. Daí a importância crucial das reformas nesta matéria. A consciência dos direitos, a capacidade para os exercer e o seu efectivo exercício dependem, de forma significativa, da política desenvolvida pelo Estado em matéria de informação e consulta jurídica e de patrocínio judiciário.

Dada a sua centralidade na democratização da justiça e da sociedade, o acesso ao direito e à justiça tem-se revelado um campo privilegiado de estudo para a sociologia do direito e da justiça, permitindo avaliar não só o impacto de algumas reformas estruturais da justiça no aprofundamento ou restrição deste direito, como é o caso das reformas do mapa e da organização judiciária ou do recrutamento e formação de magistrados, como também identificar os principais obstáculos a um acesso efectivo à justiça, em especial pelos cidadãos de menores recursos. O campo do acesso é um campo muito vasto, para onde convergem várias políticas e medidas no âmbito do direito e da justiça, desde logo aquelas que se destinam a actuar directamente no aprofundamento da eficiência e da qualidade da justiça. Estudos mostram como a morosidade e a ineficiência da justiça têm impacto comparativamente mais negativo nos litígios mobilizados pelas classes populares de baixos recursos. Por exemplo, a morosidade na indemnização de um acidente de trabalho ou de viação tem impacto muito diferenciado se o lesado pertence a uma classe pobre ou não. A justiça é, não só proporcionalmente mais cara para os cidadãos de menores recursos, como a lentidão dos processos é sentida como um custo adicional.

O trabalho desenvolvido no âmbito do Observatório Permanente da Justiça Portuguesa mostra como as reformas estruturantes do direito e da justiça devem incorporar uma perspectiva sistémica, integradas numa agenda estratégica de reforma definidora dos grandes objectivos e princípios orientadores que o Estado e a sociedade entendam dever conferir ao sistema judicial globalmente considerado. Nessa agenda estratégica, a promoção do princípio de acesso ao direito e à justiça para todos os cidadãos deve assumir um lugar de charneira. O papel das instâncias de resolução de conflitos, em especial dos tribunais judiciais, como instrumentos de mudança social depende, em grande parte, das políticas em matéria de acesso ao direito e à justiça.

Sendo esta uma das reformas mais estruturantes dos sistemas judiciais, os factores condicionantes das reformas, acima referidos, assumem aqui especial centralidade. A cultura judiciária, a posição do país no sistema mundo, a acção do Estado no desenvolvimento das políticas sociais, a presença e o papel na sociedade de outras instâncias de resolução de conflitos, são factores, entre outros, condicionantes das políticas de acesso. Hoje, as políticas de reforma tendem a abandonar as concepções do perfil do acesso à justiça mais restritivas – centradas na informação e na consulta jurídica em função de um problema individual e no recurso aos tribunais judiciais para obter a resolução de um litígio –, alargando-as a uma ideia de justiça plural – que convoca, não só o acesso aos tribunais judiciais, como, ainda, a utilização de um leque vasto de formas de justiça alternativas ou complementares aos tribunais e de outros mecanismos de informação, divulgação e educação para os direitos.[19]

No caso de Angola, o princípio do acesso ao direito e à justiça, consagrado na Constituição, se entendido numa interpretação literal, incorpora uma visão demasiado restritiva e muito distante quer das concepções mais modernas deste princípio, quer do contexto sociocultural de Angola. Como se demonstra nesta obra, Angola configura um caso de pluralidade jurídica de alta intensidade.[20] Ora, neste contexto, é, ainda, mais premente que as políticas de acesso ao direito e à justiça procurem uma abordagem multi-direccionada. A análise comparada que se faz no capítulo III.8 deste relatório mostra como em países de diferentes zonas geográficas, o debate sobre esta matéria inclui o debate sobre o papel e o lugar ocupado pelos tribunais judiciais e por outras instâncias extrajudiciais de resolução de litígios na divisão social do trabalho jurídico, reconhecendo-se a pluralidade de formas de acesso dos cidadãos ao direito e à justiça através de entidades, públicas e privadas, do Estado ou da comunidade que actuam fora do sistema judicial, seja apenas como prestadoras de serviços jurídicos

---

[19] Cappelletti (*et al*, 1978) dá conta da evolução das políticas em matéria de acesso ao direito e à justiça, utilizando a metáfora das três vagas. Com início em meados da década de 60, a primeira vaga caracterizou-se pela defesa e promoção de mecanismos de apoio judiciário aos cidadãos carenciados. Assim, o apoio judiciário deixou de ser entendido como filantropia, passando a ser incluído como medida de combate à pobreza nos programas estatais. As mudanças introduzidas com a segunda vaga procuraram, sobretudo, encorajar a defesa dos interesses colectivos e difusos em juízo, uma vez que, a universalização do acesso aos particulares através de mecanismos de apoio judiciário não é por si só uma garantia de defesa de interesses colectivos em especial por parte de grupos sociais mais vulneráveis. Na terceira vaga, o movimento de acesso procurou expandir a concepção clássica de função dos tribunais limitada à resolução de conflitos desenvolvendo um conceito amplo de justiça em que os tribunais fazem parte de um conjunto integrado de meios de resolução de conflitos que inclui o que se convencionou chamar de RAL (resoluções alternativas de conflitos).

[20] É fundamental para a compreensão desta temática a leitura dos capítulos 1 e 2 de Boaventura de Sousa Santos, neste volume.

complementares de apoio aos cidadãos, seja acumulando com a função de resolução de conflitos.

É extremamente desejável que a consolidação democrática do Estado angolano abra espaço para uma maior centralidade dos tribunais judiciais. Nesse esforço, a cobertura e a amplitude dos mecanismos de acesso desempenham um papel fundamental. Hoje, como podemos ver nos capítulos que compõem o volume II, a procura de tutela judicial que é canalizada para os tribunais judiciais em Luanda é muito reduzida e muito concentrada em determinado tipo de litígios, o que significa que grande parte da procura potencial dos tribunais judiciais é satisfeita por outras instâncias de resolução de conflitos, quer da comunidade, quer do Estado.[21] Ainda que as políticas e as medidas que vierem a ser tomadas diminuam a intensidade de alguns obstáculos no acesso aos tribunais judiciais, muitos deles perdurarão. A morosidade e a ineficiência das respostas judiciais; a concentração territorial dos tribunais judiciais; os métodos de decisão adoptados pela justiça formal, raramente envolvendo medidas restaurativas; a falta de consciência e de conhecimento dos direitos previstos na lei que é aplicada na justiça formal; a linguagem que é utilizada nos tribunais; e a falta de recursos económicos dos cidadãos para suportarem os custos, quer com advogados, quer com as deslocações ao tribunal, são factores, entre vários outros, que as políticas de acesso poderão ajudar a diminuir, mas dificilmente eliminarão (pelo menos, a curto e médio prazo). Daí a importância de uma agenda estratégica da justiça que, afirmando a centralidade dos tribunais judiciais como importantíssimo recurso de política pública de justiça e instrumento crucial na construção do Estado de direito democrático, incorpore outros meios extrajudiciais de resolução de conflitos como vias de promoção do acesso.

A Constituição e a lei angolana conferem à Ordem dos Advogados uma grande centralidade nesta matéria, elegendo-a como parceira do Estado para o cumprimento da sua obrigação de assegurar o acesso ao direito e à justiça das populações carenciadas. Contudo, como se demonstra no capítulo 8 do volume II, o desempenho funcional da Ordem dos Advogados tem sido muito deficiente e, nas actuais condições de Angola (escassez de advogados e forte concentração em Luanda), não é previsível que, pelo menos a curto e médio prazo, seja alterado significativamente, nem que o Estado disponha de recursos suficientes de modo a garantir que todos os cidadãos possam aceder, em

---

[21] A análise sobre essas instâncias é feita no volume III.

SOCIEDADE E ESTADO EM CONSTRUÇÃO: DESAFIOS DO DIREITO E DA DEMOCRACIA EM ANGOLA

condições equivalentes, ao direito e à justiça. Sem excluir a importância da intervenção das organizações dos advogados, um sistema integrado de acesso ao direito e à justiça não pode ignorar a acção de muitas outras entidades, públicas e privadas, como as Comissões de Moradores, OMA, MAPESS, MIFAMU, Mãos Livres, AJPD, Centros de Referência de Julgado de Menores, etc., que têm desempenhado, na sociedade angolana, um importante papel de facilitador da informação e consulta jurídica, do acesso aos tribunais judiciais e de instâncias de prevenção e de resolução de conflitos.

Considero, assim, que o trabalho empírico realizado no âmbito deste projecto de investigação permite extrair as seguintes três conclusões em matéria de acesso ao direito e aos tribunais. A primeira é a de que é necessário uma reforma urgente que redefina uma nova estratégia nesta matéria: esta reforma deve apoiar-se em estudos independentes mais aprofundados, que incorporem um conjunto de recomendações e de cenários alternativos sobre as várias componentes, designadamente em matéria de custas judiciárias, critérios de ilegibilidade e sua prova, informação e consulta jurídica e patrocínio oficioso. A segunda é a de que a reforma deve ter como princípio orientador o desenvolvimento de um sistema integrado de acesso ao direito e à justiça que considere as dinâmicas do Estado e da sociedade e que incorpore a ideia de que a justiça não pode ser confinada a uma visão estrita e limitada de apoio aos mais carenciados economicamente com o único objectivo de que estes possam defender os seus direitos através de uma acção judicial. Deve, igualmente, procurar integrar políticas fortes de consulta, informação e divulgação jurídica. A terceira, por fim, é a de que deve procurar assentar em um figurino institucional que preveja a criação de uma entidade pública ou de fins e controle público para a gestão do acesso ao direito e à justiça.

4. As reformas da administração e gestão dos tribunais

As reformas no âmbito da administração e gestão dos tribunais são, como se referiu, reformas centrais da agenda de reforma dos sistemas judiciais em vários países,[22] estando no seu lastro um movimento mais amplo de transformação gestionária da administração pública. O défice de organização, gestão e planeamento do sistema de justiça é considerado responsável por grande parte

---

[22] Esta é uma questão intimamente ligada à questão da reforma do mapa e da organização judiciária. Sobre esta temática, cf. Santos e Gomes, 2006 e 2007.

da ineficácia e ineficiência do seu desempenho funcional. Defende-se, por isso, a introdução de medidas que visem a alteração de métodos de trabalho, mais eficácia na gestão de recursos humanos, materiais e dos processos e uma melhor articulação dos tribunais com os serviços complementares da justiça e, em geral, com outras instâncias, do Estado ou da sociedade, de promoção do acesso ou de prevenção e de resolução de conflitos.

Quando analisamos a experiência comparada podemos encontrar vários modelos em que as diferentes componentes relacionadas com a gestão e administração dos tribunais, incluindo mecanismos de gestão processual, podem ter soluções distintas, embora seja comum a tendência para uma maior atenção às políticas gestionárias que incorporem uma maior descentralização da acção administrativa e da gestão dos recursos de cada tribunal. Esta é uma via do processo de reforma da justiça muito complexa, que depende da configuração do poder judicial e dos princípios que o sustentam e, sobretudo, da distribuição de competências entre poder judicial e poder político na governação do sistema judicial. Daí que se considere este um campo de tensão entre os vários poderes do Estado.

No quadro destas reformas insere-se, ainda, a discussão sobre medidas e mecanismos de gestão e de distribuição processual. Esta perspectiva pressupõe, sem colocar em causa os direitos e garantias das partes, um visão estratégica de cada processo, isto é, que se veja o processo para lá de uma sucessão de actos, considerando aspectos como a natureza do litígio, o valor ou o número de intervenientes. Nesta reflexão, os critérios de distribuição interna dos processos pelos diferentes juízes e de distribuição igualitária de cargas de trabalho assumem especial acuidade.

A organização interna do tribunal, discussão antiga nos países da *common law*, começa a ser alvo de reflexão também nos países de tradição jurídica continental. Importa assegurar uma divisão racional do trabalho, que permita atribuir tarefas mais qualificadas a pessoal mais qualificado, libertando-o de outras funções que não exijam um grau tão elevado de conhecimentos e uma maior eficiência e flexibilidade das unidades orgânicas. Neste debate surgem questões como liderança, formação, introdução de novas tecnologias de informação e de comunicação, avaliação de desempenho e adequado planeamento estratégico e novos métodos de trabalho.

Mais recentemente, a discussão evoluiu para a possibilidade de aplicação dos modelos de excelência ao campo do judiciário. Os modelos de excelência podem revelar-se, neste contexto, adequados enquanto instrumentos de referência ao modelo de gestão do tribunal. Se, por um lado, são conceptualmente integradores de vários critérios, suportados em diferentes dimensões organizativas, o que potencia a coexistência matricial de diferentes tutelas (desde que obrigatoriamente harmonizadas nas dimensões da liderança, da política e da estratégia), têm, por outro, a virtude de poderem ser utilizados em estádios muito diferentes das organizações e dos sistemas (estáticas, como pode ser a auto-avaliação, de planeamento ou de dinâmica de mudança).[23]

Como resulta do capítulo 3 do volume II, as transformações no sistema político-constitucional têm tido repercussões no modelo de governação e de gestão dos tribunais angolanos.[24] A reforma constitucional de 2010 lança novos desafios aos poderes judicial e político na densificação dos princípios da autonomia financeira e administrativa dos tribunais. Mas, a situação actual de carências várias vivenciadas pelos tribunais judiciais, quer de natureza estrutural, quer funcional, como se demonstra no volume II, fazem desta uma questão central no quadro de reforma judicial de Angola. A reforma nesta matéria é crucial, não só para a eficiência e eficácia do sistema, como também para a sua legitimação social.

5. Recrutamento e formação dos operadores judiciários

O recrutamento e a formação dos operadores judiciários, em especial dos magistrados e, associado a esta questão, a progressão na carreira e a colocação interna para o exercício de determinadas funções, são questões que, nos vários países, assumem um papel central na reforma estrutural do sistema de justiça. O recrutamento dos magistrados pressupõe uma definição rigorosa do perfil de magistrado, dos critérios em que deve assentar, bem como do júri que o assegura. A análise comparada salienta, ainda, a importância dos sistemas de justiça integrarem magistrados com diversificadas competências e saberes e experiência profissional.

A formação, quer a inicial, quer a permanente, desempenha um papel fundamental, dirigido não só ao aumento da eficácia, mas também à melhoria da qualidade da justiça e à criação de uma nova cultura judiciária, que permita consolidar e combinar os princípios da autonomia e independência do judiciário com um maior activismo judicial na defesa e promoção dos direitos

---

[23] Cf. Gomes (coord.), 2010.

[24] Remete-se, novamente, para o capítulo de Raul Araújo, neste volume.

fundamentais dos cidadãos. Esta é, a par das reformas do acesso ao direito e à justiça, uma das áreas charneira dos projectos de reforma.

Os estudos sobre esta temática[25] mostram que os sistemas de justiça, em geral, não estavam preparados para responder a um novo contexto social da acção da justiça e a um novo tipo de desempenho funcional do sistema judiciário, sobretudo quando está em causa criminalidade ou litigação complexa, seja pelas pessoas envolvidas, seja pela natureza do conflito. A falta de formação adequada dos agentes judiciais faz com que a resposta dos tribunais nos litígios mais complexos, ou de especial especificidade, seja deficiente. Se analisarmos a experiência comparada, esta é uma das matérias que diferencia significativamente alguns países. Há países, sobretudo os países centrais, com apostas fortes na formação dos magistrados, como é o caso da Alemanha ou da Holanda. A formação permanente deve merecer especial atenção: desde logo, não é expectável esperar eficácia das reformas estruturais da justiça se os agentes que as têm que aplicar não estiverem devidamente preparados para tal. Diferente deste tipo de formação é a formação especializada para o exercício de determinadas funções, quer no âmbito da justiça cível (por exemplo, na área laboral ou dos conflitos de família)[26], administrativa, quer no âmbito da justiça criminal, considerando as várias funções e agentes (polícias, magistrados do Ministério Público, magistrados judiciais, sistema prisional).

A responsabilidade das políticas no âmbito da formação cabe quer ao poder político, quer ao poder judicial. O primeiro, porque no desenho institucional dos modelos da *civil law* é o principal responsável pela definição das políticas públicas de justiça e deveria inscrever, na agenda, esta dimensão como uma componente estratégica forte. O segundo, porque, dentro dos limites da sua capacidade de intervenção, também pode fazer, e muitas vezes não faz, desta uma política da sua agenda própria, nem de pressão junto do poder político. Mas a formação dos operadores judiciários também reclama especiais responsabilidades às faculdades de direito, o que acentua a responsabilidade do poder político.

A formação, quer a formação nas faculdades de direito, quer a formação no campo profissionalizante (por ex. nas escolas da magistratura), não pode ser apenas uma formação técnica. Ela deve apetrechar satisfatoriamente, do ponto

---

[25] Sobre esta temática, cf. Santos, 2002, 2005.

[26] Cf. os capítulos 6 e 7 do volume II desta colecção.

de vista técnico-jurídico, os agentes judiciais; mas deve, igualmente, incorporar outras matérias no âmbito da sociologia, psicologia, criminologia, contabilidade ou da ética profissional; deve reflectir sobre o contexto sociocultural em que a função judicial vai ser exercida e dar especial atenção à formação em direitos humanos. Particular relevância deve, ainda, ser dada à interacção e articulação entre o sistema judicial e outras instituições complementares da justiça ou outras instâncias de resolução de conflitos.

O trabalho de campo realizado no âmbito do presente projecto dá-nos a dimensão dos enormes desafios nesta matéria, no caso do sistema judicial angolano. As fragilidades de preparação e de formação dos agentes judiciais foram recorrentemente denunciadas pelos próprios. A formação, quer nas faculdades de direito, quer a formação profissional, é percepcionada como deficiente e desfasada da realidade social. As críticas são apontadas, em primeira linha, ao ensino universitário, mas também ao INEJ e ao modelo de formação permanente, quer considerando os conteúdos formativos das acções desenvolvidas, quer a escolha dos formadores. A importância desta matéria no desempenho funcional e na legitimação social do sistema de justiça deve conferir-lhe especial prioridade na agenda de reforma.

Conclusões

O actual contexto angolano de consolidação democrática abre espaço para uma maior centralidade do direito e dos tribunais judiciais. Mas, para que tal ocorra, é essencial a definição de uma agenda estratégica de reforma dos sistemas jurídico e judicial assente em diagnósticos sócio-jurídicos cientificamente credíveis, que incluam na sua reflexão as diferentes formas de pluralismo jurídico[27] (atendendo às *novas formas de pluralismo jurídico* que o desenvolvimento económico de Angola e o processo de transição democrática vieram criar), a posição do Estado no sistema mundo e o contexto social e cultural em que aqueles sistemas se inserem. As actuais condições de funcionamento do sistema judicial, globalmente considerado, tornam esse desafio muito exigente.

---

[27] Cf., sobre esta matéria, o capítulo de Maria Paula Meneses, neste volume.

Referências bibliográficas

Afonso, Orlando Viegas (1998), "A formação dos juízes para a Europa dos cidadãos", *Boletim da Associação Sindical dos Juízes Portugueses*, 2ª Série, 2: 59-71.

Anand, A.S. (2003), "Judicial Review. 'Judicial Activism. Need for Caution' in Sorabjee, Soli J. *Law & Justice: An Anthology*. Universal Law Publishing: 377-387.

Andrés Ibáñez, Perfecto (1996) *Corrupción y Estado de Derecho: El papel de la jurisdicción*. Madrid: Editorial Trotta.

Auger, Clemente (2005), "La responsabilidad de los jueces", *Claves de Razón Práctica*, 149.

Bernasconi, Paolo (ed.) (2000), *Responding to Corruption: Social Defence, Corruption, and the Protection of Public Administration and the Independence of Justice: Updated Documents of the XIIIth International Congress on Social Defence, Lecce, Italy, 1996*. Nápoles: La Città del Sole.

Burstein, Paul (1991), "Legal Mobilization as a Social Movement Tactic: The Struggle for Equal Employment Opportunity", *American Journal of Sociology*, 96: 1201-1225.

Cappelletti, Mauro (org.) (1981), *Access to justice and the Welfare State*. Florença: European University Institute.

Cappelletti, Mauro (1989a), *Judicial Process in Comparative Perspective*. Oxford e Nova Iorque: Clarendon Press.

Cappelletti, Mauro (1989b), *Juízes Irresponsáveis?* Porto Alegre: Sérgio António Fabris.

Cappelletti, Mauro (1993), *Dimensiones de la justicia en el mundo contemporáneo*. México: Editorial Porrúa.

Cappelletti, Mauro; Garth, Brian (org.) (1978), *Access to Justice: a World Survey* (5 vol.). Sijthoff and Noorhoff: Alphen aan den Rijn.

Cluny, António (1999), "A justiça e sua crise – para além de mitos político-mediáticos". *Separata da Revista do Ministério Público*, 80: 19-36.

Cluny, António (2006), *Reforma da Formação de Magistrados e Advogados: sua importância na reforma da organização judiciária e das carreiras forenses. In* http://www.smmp.pt/.

Coelho, Alexandra (2000), "Formação: para quem? Com que objectivos? Com que métodos?". Sindicato dos Magistrados do Ministério Público. *Que formação para os magistrados hoje?*. Lisboa: SMMP.

Dias, João Paulo (2004), *O mundo dos magistrados: a evolução da organização e do auto-governo judiciário*. Coimbra: Nova Almedina.

Duarte, Madalena (2007), *Os movimentos sociais na justiça: o uso do direito nas lutas do movimento ambientalista português*. Tese de Mestrado em Sociologia. FEUC.

Epp, Charles R (1998), *The Rights Revolution: Lawyers, Activists and Supreme Courts in Comparative Perspective*. Chicago, Londres: University Chicago Press.

Fabri, Marco (org.) *(2005), L'administration de la justice en Europe et L'évaluation de sa qualité.* Mission de Recherche Droit et Justice. Paris: Montchrestien.

Faria, José Eduardo (1993), "As Transformações do judiciário em face de suas responsabilidades sociais", *Direito, Estado e Sociedade*, 2.

Fix-Fierro, Héctor (2003), *Courts, Justice & Efficiency – A Socio-Legal Study of Economic Rationality in Adjudication*. Oregon: Hart Publishing.

García-Villegas, Maurício; Uprimny, Rodrigo (2003), "Tribunal constitucional e emancipação social na Colômbia", *in* Santos, Boaventura de Sousa (org.) *Democratizar a democracia: os caminhos da democracia participativa*. Porto: Afrontamento.

Gargarella, Roberto *et al.* (2006), *Courts And Social Transformation in New Democracies: An Institutional Voice for the Poor?* Londres: Ashgate Publishing.

Gloppen, Siri (2003), *Democratization and the judiciary: The accountability functions of courts in new democracies*. Londres: Frank Cass.

Gloppen, Siri; Gargarella, Roberto; e Skaar, Elin (2004), *Democratization and the judiciary: the accountability function of courts in new democracies*. Londres: Frank Cass.

Goldstein, Leslie Friedman (2004), "From Democracy to Juristocracy", *Law & Society Review* 38(3): 611-629.

Gomes, Conceição (2003), *O Tempo dos Tribunais. Um Estudo sobre a Morosidade da Justiça*. Coimbra: Coimbra Editora.

Gomes, Conceição; Pedroso, João (coords.) (2002), *Os tribunais e o território: um contributo para o debate sobre a reforma da organização judiciária em Portugal*. Coimbra. Observatório Permanente da Justiça Portuguesa/CES.

González, Joaquín (2000), *Corrupción y Justicia Democrática: Introducción a una Teoría de la Función Judicial en las Sociedades en cambio*. Madrid: Clamores.

Handsley, Elizabeth (2001), "Can Public Sector Approaches to Accountability be Applied to the Judiciary?", *Law in Context*, 18(1): 52-101.

Harwood, Sterling (1996), *Judicial Activism: A Restrained Defense*. San Francisco: London: Austin & Winfield.

Heywood, Paul (ed.) (1997), *Political Corruption*. Oxford: Blackwell.

Junqueira, Eliane Botelho *et al* (1997), *Juízes: retrato em preto e branco*. Rio de Janeiro: Letra Capital.

Langbroek, Philip M. (2005), "Quality management concerning judges, judgements and court services", *in L'Administration de la Justice en Europe et L'Évaluation de sa qualité*. Paris: Montchrestien/Mission de Recherche Droit et Justice. Collection Grands Colloques.

Magalhães, Pedro Coutinho (1999), "Corporativismo, judicialização da política e crise da justiça em Portugal", *Revista do Ministério Público*, 79: 11-28.

Magalhães, Pedro Coutinho (2005), "Democratização e independência judicial em Portugal", *Sub Judice*, 30-31: 25-50.

Mandel, Michael (1995), "Legal Politics Italian Style", in Tate, C. Neal e Vallinder, Torbjörn (orgs.): 243-261.

Mora, Luis Paulino (2001), "Making Justice Accountable to Citizens", *Más Allás Del Derecho*, 7(23).

Moreira, Vital; Sarmento; Castro, Catarina (2001), *A justiça administrativa em Portugal* (1974-1999). Coimbra: Observatório Permanente da Justiça Portuguesa/CES.

Ng, Gar Yein (2007), *Quality of Judicial Organisation and Checks and Balances*. Utreque: Intersentia.

Offe, Claus (1985), "New social movements: challenging the boundaries of institutional politics", *Social Research*, 52 (4): 817-868.

Pedroso, João, Trincão, Catarina; Dias, João Paulo (2002), *O acesso ao direito e à justiça: um direito fundamental em questão*. Observatório Permanente da Justiça Portuguesa/CES.

Pedroso, João; Dias, João Paulo; Trincão, Catarina (2003), "E a justiça aqui tão perto? – As transformações no acesso ao direito e à justiça", *Revista Crítica de Ciências Sociais*, 65: 77-106.

Pogrebinschi, Thamy (2000), "Ativismo Judicial e Direito: Considerações sobre o Debate Contemporâneo", *Direito, Estado e Sociedade*, 17: 121-143.

Prillaman, William C. (2000), *The Judiciary and Democratic Decay in Latin America : Declining Confidence in the Rule of Law*. Westport: Praeger.

Pujas, Véronique (2000), "Les Pouvoirs Judiciaires dans la Lutte contre la Corruption Politique en Espagne, en France et en Italie", *Droit et Société*, 44-45: 41-60.

Rebelo, José (org.) (2003), *Novas formas de mobilização popular*. Porto: Campo das Letras.

Ribeiro, Hélcio (2001), *Justiça e democracia: judicialização da política e controle externo da magistratura*. Porto Alegre: Síntese.

Russell, Peter H. e O'Brien, David M. (orgs.) (2001), *Judicial Independence in the Age of Democracy: Critical Perspectives from around the World*. Charlottesville: University Press of Virgínia.

Sadek, Maria Tereza (2004), "O judiciário na visão dos juízes", *Opinião pública*, X(1).

Santos, António C.; Gonçalves, Eduarda e Marques, Maria Manuel (1995), *Direito económico*. Coimbra: Almedina.

Santos, Boaventura de Sousa (1982), "O Direito e a comunidade: as transformações recentes da natureza do poder do Estado nos países capitalistas avançados", *Revista Crítica de Ciências Sociais*, 10: 9-40.

Santos, Boaventura de Sousa (1986), "Introdução à sociologia da administração da justiça", *Revista Crítica de Ciências Sociais*, 21: 11-40.

Santos, Boaventura de Sousa (1990), *O Estado e a sociedade em Portugal*. Porto: Afrontamento.

Santos, Boaventura de Sousa (1995), *Toward a New Common Sense. Law, Science and Politics in the Paradigmatic Transition*. Nova Iorque: Routledge

Santos, Boaventura de Sousa (1998), *La globalización del derecho: Los nuevos caminos de la regulación y la emancipación*. Bogotá: Colômbia. ILSA.

Santos, Boaventura de Sousa. (2000), "Que formação para os magistrados nos dias de hoje?", in Sindicato dos Magistrados do Ministério Público (org.) *Que formação para os magistrados hoje?*. Lisboa: SMMP.

Santos, Boaventura de Sousa (dir.). (2001), *O recrutamento e a formação de magistrados: uma proposta de renovação – Análise comparada de sistemas e do discurso judiciário em Portugal*. Coimbra: Centro de Estudos Sociais/Observatório Permanente da Justiça Portuguesa.

Santos, Boaventura de Sousa (2001), "A reforma global da justiça", in Pureza, José Manuel e Ferreira, António Casimiro (orgs.). *A teia global. Movimentos sociais e instituições*. Porto: Afrontamento.

Santos, Boaventura de Sousa (org.). (2001), *Globalização: fatalidade ou utopia?* Porto: Afrontamento.

Santos, Boaventura de Sousa (2002), *Toward a New Legal Common Sense*. Londres: Butterworths.

Santos, Boaventura de Sousa (2003), "Poderá o direito ser emancipatório?", *Revista Crítica de Ciências Sociais*, 65: 13-76.

Santos, Boaventura de Sousa (2005), *Reinventar la democracia: reiventar el Estado*. Buenos Aires: CLACSO.

Santos, Boaventura de Sousa (2006), *Democratizing Democracy: Beyond the Liberal Democratic Canon*. Londres: Verso.

Santos, Boaventura de Sousa; Pedroso, João; Branco, Patrícia (2006), *O recrutamento e formação de magistrados: Análise comparada de sistemas em países da União Europeia*. Coimbra: Centro de Estudos Sociais/Observatório Permanente da Justiça Portuguesa.

Santos, Boaventura de Sousa (2007), *Para uma revolução democrática da justiça*. São Paulo: Editora Cortez.

Santos, Boaventura de Sousa (2008), *Sociología jurídica crítica*. Madrid: Trotta.

Santos, Boaventura de Sousa; Marques, Maria Manuel; Pedroso, João (1996), *Os tribunais nas sociedades contemporâneas: O caso português*. Porto: Afrontamento.

Santos, Boaventura de Sousa; Ferreira, António Casimiro (coords.) (2002), *A justiça laboral: Análise das recentes dinâmicas processuais*. Coimbra. Observatório Permanente da Justiça Portuguesa/CES.

Santos, Boaventura de Sousa; García-Villegas, Maurício (orgs.). (2001), *El Caleidoscopio de las Justicias en Colombia*. 2 volumes. Bogotá: Colciencias-Uniandes-CES-Universidad Nacional-Siglo del Hombre.

Santos, Boaventura de Sousa; Gomes, Conceição (coords.). (2001), *A administração e gestão da justiça – Análise comparada das tendências de reforma*. Coimbra. Observatório Permanente da Justiça Portuguesa/CES.

Santos, Boaventura de Sousa; Gomes, Conceição (coords.). (2003), *A Reinserção Social dos Reclusos: Um contributo para o debate sobre a reforma do sistema prisional*. Coimbra. Observatório Permanente da Justiça Portuguesa/CES.

Santos, Boaventura de Sousa; Gomes, Conceição (coords.). (2004), *Os Caminhos Difíceis da "Nova" Justiça Tutelar Educativa. Uma avaliação de dois anos de aplicação da Lei Tutelar Educativa*. Coimbra. Observatório Permanente da Justiça Portuguesa/CES.

Santos, Boaventura de Sousa; Gomes, Conceição (coords.). (2005), *Os actos e os tempos dos juízes: contributos para a construção de indicadores da distribuição processual nos juízos cíveis*. Coimbra: Observatório Permanente da Justiça Portuguesa/CES.

Santos, Boaventura de Sousa; Gomes, Conceição (coords.). (2006), *A geografia da justiça: para um novo mapa judiciário*. Coimbra: Centro de Estudos Sociais/Observatório Permanente da Justiça Portuguesa.

Santos, Boaventura de Sousa; Gomes, Conceição (2007), "Geografia e democracia para uma nova justiça". *Julgar*, 2: 109-128.

Santos, Boaventura de Sousa; Gomes, Conceição (coords.). (2007), *A acção executiva em avaliação: uma proposta de reforma*. Coimbra. Observatório Permanente da Justiça Portuguesa/CES.

Santos, Boaventura de Sousa; Gomes, Conceição (coords.). (2008), *Para um Novo Judiciário: qualidade e eficiência na gestão dos processos cíveis*. Coimbra. Observatório Permanente da Justiça Portuguesa/CES.

Santos, Boaventura de Sousa; Rodríguez-Garavito, César (orgs.). (2007), *El Derecho y la globalización desde abajo: hacia una legalidad cosmopolita*. Bogotá: Anthropos.

Santos, Boaventura de Sousa e Trindade, João Carlos (orgs.). (2003), *Conflito e Transformação Social: Uma Paisagem das Justiças em Moçambique*. Porto: Afrontamento.

Schedler *et al.*, Andreas (1999), *The Self-restraining state: power and accountability in new democracies*. Londres: Lynne rienner.

Shapiro, Martin (1994), "Juridicalization of Politics in the United States", *International Political Science Review*, 15 (2): 101-112.

Shapiro, Martin; Sweet, Alec Stone (2002), *On Law, Politics, and Judicialization*. Londres: Oxford University Press.

Shetreet, Shimon; Deschênes, Jules (1985), *Judicial Independence: the contemporary debate*. Martinus Nijhoff Publishers.

Sweet, Alec Stone (2000), *Governing with judges Constitutional Politics in Europe*. Oxford: OUP.

Tate, C. Neal e Vallinder, Torbjörn (orgs.) (1995), *The Global Expansion of Judicial Power*. Nova Iorque: New York University Press.

Vallinder, Torbjörn (1994), "The Judicialization of Politics: A World-wide Phenomenon: Introduction International", *Political Science Review*, 15 (2): 91-99.

Viana, Luiz Werneck (1999), *A judicialização da política e das relações sociais no Brasil*. Rio de Janeiro: Revan.

Zaffaroni, Eugenio R. (1995), *Poder judiciário: crise, acertos e desacertos*. São Paulo: Revista dos tribunais.

Zuckerman, A.A.S. (1999), *Civil justice in crisis: comparative perspectives of civil procedure*. Oxford: University Press.

CAPÍTULO 6
O MODERNO E O TRADICIONAL NO CAMPO DAS JUSTIÇAS: DESAFIOS CONCEPTUAIS A PARTIR DE EXPERIÊNCIAS AFRICANAS

Maria Paula Meneses

Introdução

Se hoje é comummente aceite que as sociedades foram sempre jurídica e judicialmente plurais, sabe-se também que a realidade assume formas e significados sociais e políticos muito diversificados, fazendo do pluralismo jurídico um tema de pesquisa intrigante e inesgotável (Santos, 1995, 2006a, 2009). Nesta senda, é crescente, em Angola, o interesse académico por outras instâncias de poder e a sua relação com o Estado, um interesse político que não é único nem exclusivo do continente africano. A questão que se coloca não é sobre se existe ou não uma 'autoridade' política determinada que actua sobre determinados agrupamentos étnicos, mas sobre o espaço e a construção social destes, e as suas futuras implicações. O conceito de pluralismo jurídico é, em si, um tema importante de discussão, sendo este conceito utilizado para referir um sistema legal que reconhece ordens jurídicas diferentes dentro de uma única unidade política (Santos, 1995: 114).

Este capítulo procura explorar o pluralismo legal como um instrumento de questionamento e reforma em jurisdições legalmente plurais. Nos nossos dias, os estudos sobre o pluralismo jurídico têm incidido, especialmente, na importância do reconhecimento de sistemas legais extra-judiciais (não-estatais, não-oficiais, comunitários), defendendo a sua coexistência com o sistema estatal.[1] Ou seja, o pluralismo jurídico tem sido usado essencialmente como um 'conceito sensibilizador' da diversidade cultural (Benda-Beckmann e Benda--Beckmann, 2006: 239), possibilitando que os pesquisadores interessados no estudo da lei em acção se movimentem para além do modelo legal do Estado, investigando a complexidade dos sistemas de justiça envolvidos na resolução de conflitos numa dada sociedade. A partir do estudo de várias realidades afri-

---

[1] Este tema é analisado em maior detalhe nos dois primeiros capítulos deste volume, da autoria de Boaventura de Sousa Santos.

canas (e não só), este capítulo procura avaliar o percurso dos debates entre o campo moderno e o tradicional, contextualizando as análises apresentadas no volume III desta colecção. Assim, num primeiro momento, aborda o percurso de alguns conceitos centrais para a análise e contextualização do debate sobre o pluralismo jurídico; mais adiante procura analisar o impacto da implantação do Estado colonial moderno na paisagem jurídica presente em Angola. A última parte deste texto procura avaliar os dilemas e opções que se colocam aos modernos estados africanos – e ao Estado angolano em particular – no campo dos direitos e da construção de um sistema amplo de administração das justiças. Através dos múltiplos sentidos que a categoria 'tradicional' vai conhecendo, procuramos averiguar o modo como as fronteiras entre poderes e instituições foram concebidas e continuamente redefinidas por autoridades coloniais, antropólogos, chefes e elites locais, numa tentativa de identificar, nos diferentes discursos sobre autoridade e legitimidade, os pontos de apoio e referência que têm alimentado e justificado a diversidade de situações presentes nos nossos dias. Este capítulo procura contribuir para as discussões actuais sobre a questão do poder e dos debates de cidadania, onde a intrincada rede de processos de regulação social alerta para a importância das múltiplas instâncias presentes, detentoras de distintos percursos e densidades históricas, produzindo um complexo relacionamento com as estruturas formais do Estado. Partindo do mosaico de instâncias de poder local presentes e privilegiando, como espaço de análise, o contexto urbano,[2] este artigo discute os vários momentos de (re) invenção da autoridade tradicional[3] sugerindo a dificuldade, se não mesmo a impossibilidade de assumir a autoridade tradicional como uma estrutura única e homogénea. Simultaneamente chama a atenção para os impactos decorrentes de se ignorar a presença destas autoridades.

1. Tradições, culturas e poderes modernos

Nas últimas décadas, a ideia de povos indígenas e autoridades tradicionais ganhou nova projecção, com dimensões globais. Em contextos africanos as concepções de poder tradicional associadas à noção de legitimidade endógena, apesar de à superfície sugerirem o retorno ao local, são afinal, e sobretudo, discursos sobre o acesso ao global, ou seja, uma rede de histórias e situações

---

[2] Esta caracterização é feita no capítulo 2 do volume III.

[3] A questão da "Autoridade Tradicional e as Questões da Etnicidade em Angola" é tratada por Américo Kwononoka, neste volume.

O MODERNO E O TRADICIONAL NO CAMPO DAS JUSTIÇAS   219

contextuais cuja interligação sugere uma perspectiva cosmopolita alternativa sobre o mundo (Simone, 2001: 25; Mbembe, 2002: 7).[4]

Em Angola, como noutros espaços do continente africano, os estudos sobre as 'outras instâncias' de resolução de conflitos têm-se centrado no espaço tradicional como um símbolo de outra legalidade, presente sobretudo em áreas rurais remotas (Marques Guedes *et al*, 2003; MAT, 2004, Vidal, 2009).[5] A justificação para este enfoque assenta no pressuposto de que é possível o estudo de sistemas legais autênticos e não-contaminados pela modernidade de matriz eurocêntrica, através de usos e costumes jurídicos que são supostamente praticados da mesma forma desde há séculos. Quanto mais remota a área de estudo, menos 'contaminados' e mais autênticos serão estes sistemas. A hipótese de muitos destes estudos é de que a eficácia do direito tradicional repousa na legitimidade moral dos códigos compartilhados por cada grupo étnico. Muitos dos académicos envolvidos nestas pesquisas assumem, inclusive, que os membros dessas comunidades, desses grupos étnicos, recorrem ao 'tradicional', principalmente devido à ausência de instâncias modernas de justiça nas áreas rurais. Assim, não é de todo uma surpresa que, no século XXI, os estudos sobre outros sistemas de justiça tenham privilegiado, no contexto angolano, áreas rurais, vistas como espaços tradicionais, onde os sistemas de resolução de conflitos não estavam contaminados, perpetuando mitos. São disso exemplo os dois encontros nacionais sobre a autoridade tradicional, realizados em Angola. Esta posição apoia-se na dicotomia moderno-tradicional, uma das variáveis estruturantes do Estado contemporâneo, traduzindo-se a geografia da diferença política numa separação territorial, onde o tradicional surge associado a contextos rurais como espaços de persistência de estruturas de poder pré-coloniais (Meneses, 2007).

Todavia, nenhuma tradição pode considerar-se a imagem exacta de uma prática anterior, pois as tradições são criadas e recriadas pelos próprios processos históricos. A legitimidade da autoridade tradicional é garantida por aqueles

---

[4] Procurando ultrapassar a perspectiva cosmopolita dominante, uma consciência política global (cujos referenciais assentam em concepções culturais de cariz eurocêntrico), concepções cosmopolitas alternativas combinam em si características aparentemente contraditórias (cosmopolitismo e patriotismo, cosmopolitismo e etnia, etc.), em busca de soluções não hegemónicas quanto ao modo de ser e de estar no mundo. Estas concepções alternativas mobilizam diferentes actores colectivos (nem sempre mutuamente inteligíveis), vocabulários e recursos, procurando articular as suas lutas em redes globais. Sobre este última perspectiva, cf. Bhabha, 1996; Appiah, 1998; Diouf, 2000; Werbner, 2002 e Santos, 2006b.

[5] Cf. igualmente o capítulo de Américo Kwononoka, como referido anteriormente.

que governam segundo normas que não as do Estado moderno. Esta última autoridade – a autoridade moderna, racional – é definida como aquela que actua em função das estruturas socialmente sancionadas, ou seja, como Boaventura de Sousa Santos (2003) aponta, as representações sociais de tempos e origens referentes à dicotomia tradicional-moderno são difíceis de identificar. Qualquer opção reflecte, necessariamente, uma determinada escolha, introduzindo elementos de distorção na análise. Consoante as diferenças de poder entre os grupos sociais que sustentam cada um dos pólos de dicotomia, tanto pode ser o poder tradicional uma criação do moderno, como o moderno uma criação do tradicional.

1.1. Saberes, poderes e leis na relação colonial

Esta análise inicia-se com o período colonial moderno, que corresponde a um momento de distorções graves através do exercício do poder. Ao relegar para um lugar de inferioridade outros sistemas de conhecimento, a administração colonial portuguesa moderna impôs gradualmente, nos espaços coloniais africanos, uma visão singular da história, onde a ciência e a burocracia modernas passaram a ter um carácter exclusivo para explicar e organizar o mundo (Meneses, 2007, 2010). Esta intervenção colonial trouxe consigo novos conflitos, que marcaram a relação entre diferentes experiências, saberes e culturas. O pensamento moderno ocidental, dicotómico e hierárquico, estabeleceu uma fractura abissal, que dividiu o mundo em duas partes: o espaço 'deste lado' e o espaço 'do lado de lá da linha' (Santos, 2007: 45-46). Esta divisão assumia que as realidades que ocorriam no mundo colonial não comportavam as normas, os conhecimentos que se usavam no 'velho mundo'. Criou-se, assim, um princípio 'universal' em que os saberes das colónias não possuíam utilidade alguma, sobretudo quando retirados do seu contexto particular de origem. Mais ainda, a zona colonial transformou-se num saber local, na metonímica das autoridades tradicionais. As autoridades políticas africanas, cartografadas como um conjunto homogéneo, foram negligenciadas pelo direito formal, passando as diferentes formas de regulação social que existiam para além do direito oficial e colonial a ser descritas como justiça tradicional, exilada do sistema oficial de justiça, como se verá mais adiante.

As dinâmicas sociais constitutivas do complexo sistema do chamado direito tradicional geram-se numa imbricação de aspectos epistemológicos, culturais, sociais, políticos, nacionais, transnacionais e experienciais, que forçam uma análise capaz de articular as diferentes escalas em acção.

As sociedades africanas contemporâneas assentam sobre regimes de desenvolvimento construídos durante os vários regimes coloniais. Alguns destes novos regimes herdaram a propensão colonial para exercer o poder a partir de uma prática económica e administrativa extremamente unificadora. Em nome da unidade nacional, estes governos procuraram transformar a presença dos múltiplos regimes culturais numa sequência histórica de eventos e políticas, constitutivos da região. Em contextos como o angolano, onde o Estado actual é, na sua essência, um sistema heterogéneo de conhecimentos e processos normativos, importa estudar a orgânica funcional das instituições presentes para melhor intervir socialmente.

1.2. A questão pós-colonial

A partir da avaliação das rupturas e continuidades entre o Estado colonial e o Estado angolano independente é importante compreender as dinâmicas sociais e políticas, propondo uma perspectiva mais complexa em relação ao sentido do 'pós-colonial'. Questionando a diferenciação entre o colonial e o pós-colonial, Terence Ranger realça que *"a África colonial é muito mais parecida com a África pós--colonial do que qualquer um de nós imagina. E as suas dinâmicas continuam a moldar a sociedade pós-colonial"* (1996: 280).[6] As relações entre a autoridade colonial e as outras fontes de poder político, não sendo simétricas – porque marcadas por uma relação de poder desigual –, salientam a presença de diálogos, mútuas interferências e apropriações, que marcam e estruturam a especificidade da Angola contemporânea. Esta circunstância é extremamente importante, pois o estudo da multiplicidade de instâncias de poder hoje presentes no tecido social de Luanda – a exemplo de outros espaços urbanos no país – aponta para o facto de o colonialismo ter interferido nas culturas políticas presentes, contribuindo para novas formas híbridas, para outros contactos e misturas entre culturas políticas (Méssiant, 1989; Nzatuzola, 2007).

As múltiplas mutações políticas que Angola conheceu ao longo do último século – colonialismo, socialismo, neo-liberalismo – reflectem-se na actual actuação político-administrativa e reguladora de um Estado que Boaventura de Sousa Santos caracteriza como heterogéneo (2003: 63), devido à presença actuante de diferentes formas de regulação social, que se traduzem numa situação de pluralismo jurídico, como se analisará mais adiante.

---

[6] As traduções são da responsabilidade da autora.

Os conceitos que atravessam este artigo – tradição, etnicidade, colonialismo e Estado moderno – obrigam a uma crítica histórica, para contextualizar e delinear a especificidade angolana. Uma leitura atenta das relações existentes entre as distintas forças e actores envolvidos no campo da administração política e legal local, numa perspectiva histórica ampla, acentua a necessidade de uma análise mais sofisticada da questão das autoridades tradicionais, como um aspecto específico da violenta intervenção da cultura política colonial, onde a definição e a localização da autoridade assumem a forma de instrumentos de controlo político. O desdobrar das múltiplas formas sobre as quais as culturas políticas contemporâneas se têm forjado (quer no período colonial, quer após a independência) deverá ser analisado de modo a (re)conhecer quais as funções do Estado colonial que permanecem na Angola contemporânea.

A tendência marcante do período colonial procurou construir uma estrutura administrativa que justificasse ideologicamente a intervenção colonial. Assim, constituiu um discurso dicotómico que permitisse distinguir de forma clara o bom (associado aos valores do colono, modernos e civilizados) do mau (associado aos valores do colonizado, arcaicos e selvagens). Apesar deste esforço, uma análise dos discursos e práticas coloniais permite detectar a ambivalência das dicotomias, entre o tradicional e o moderno, entre o 'eu' e o 'outro', entre o 'indígena' e o 'colono'.

A distinção mais comum para a cidade de Luanda é a que opõe o asfalto aos musseques (Carvalho, 1997: 71). Os musseques nunca foram uma unidade homogénea; pelo contrário, estão repletos de especificidades que urge avaliar para uma caracterização do tecido social urbano (Carvalho, 1997: 134). De facto, desde a fundação desta cidade,[7] como vários autores têm referido, nunca foi possível estabelecer uma distinção precisa entre a cidade de cimento e os musseques, entre a cidade dos brancos e a cidade dos negros, dada a confusão entre casas acabadas, semi-construídas e cubatas (Monteiro, 1972: 133). Esta mescla e interpenetração são ainda um traço de Luanda, onde persiste, como sublinhou Ruy Duarte de Carvalho, *"a mussequização de toda a cidade"* (1997: 133). Esta interpenetração não esconde a topografia racista desta cidade colonial, uma cidade contendo várias divisões – a velha África, a 'Europa importada', assim como extensas zonas onde decorriam os diferentes contactos culturais, representando os musseques o espaço segregado, maioritariamente negro, da cidade.

---

[7] Cf. o capítulo de Júlio Lopes, assim como o capítulo 2 do volume III, que incidem sobre o contexto de Luanda.

A construção relativamente recente da noção de autoridade tradicional[8] simbolizou o nascimento do lado africano[9] da sociedade face à presença europeia colonizadora, um elemento usado para legitimar e reforçar a necessidade da presença do poder estatal colonial como forma superior de organização social (Scott, 1998). A etnicidade, o direito tradicional e as autoridades tradicionais representam, de facto, a extinção dos elementos pré-coloniais 'intactos' africanos. Num contexto de intervenção colonial mais forte, como é o caso dos espaços urbanos, deveriam ter deixado de existir ou ser apenas elementos em vias de absorção pelas normas da modernidade. Reconhecendo as diferenças de poder entre o colonizador e o colonizado, qualquer análise das dinâmicas dos encontros entre ambos detecta linhas de influência e de interacção, ou seja, o aparecimento de novos momentos culturais.[10] Procurando ultrapassar o esquema simplista das categorias binárias, Frederick Cooper (1996: xii) apela a uma leitura complexa deste encontro colonial, do qual resultou uma vasta zona de contacto, um espaço de inteligibilidade e interacção entre colonizadores e colonizados, repleto de momentos de resistência e de adaptação às intervenções coloniais,[11] dando azo à emergência de 'novas' formas de autoridade e representação.

---

[8] A criação desta figura sociopolítica assentou em trabalhos de cariz etnográfico, que privilegiavam o estudo dos 'hábitos e costumes tradicionais' das tribos, as quais eram definidas a partir de padrões linguísticos, culturais, e outros. Ao estudar os padrões de comportamento e pensamento, assumidos como de longa duração e repetitivos, os seus autores procuravam delinear os vários sistemas culturais presentes, caracterizando-os para futura comparação com sistemas ocidentais. Estes conhecimentos, adquiridos e extrapolados para os restantes grupos, deveriam actuar como auxiliar no melhoramento das relações entre a administração portuguesa e os grupos sociais africanos.

[9] No contexto deste capítulo o termo 'africano' é utilizado para fazer referência à população negra. Embora se reconheça que esse termo pode ser usado para identificar as pessoas brancas que nasceram no continente africano, considera-se que o termo 'negro', usado sob domínio colonial, ainda carrega uma conotação racista.

[10] Em Luanda é de referir a presença, ainda nos dias de hoje, de autoridades tradicionais. Sobre a historicidade de algumas destas autoridades no espaço actual de Luanda, cf. Carvalho, 1989, e Coelho, 2004.

[11] Por exemplo, para o caso do direito costumeiro africano são inúmeros os estudos que apontam como este foi alterado pelo encontro colonial. Como consequência, é cada vez maior o número de investigadores que olha para o direito costumeiro como uma complexa construção colonial, ou seja, uma outra versão da modernidade (Snyder, 1981; Chanock, 1998).

2. O pluralismo jurídico e a fractura colonial[12]

A discussão sobre 'outras' formas de normatividade social para além do direito oficial é parte do grande debate sobre o pluralismo jurídico. Neste contexto são inúmeras as designações que têm sido atribuídas a estas formas de justiça: 'justiça tradicional', 'justiça costumeira', 'justiça informal', 'justiça comunitária', 'justiça popular', 'justiça de proximidade', 'meios alternativos de resolução de conflitos', entre outros.[13] De facto, em Angola, a exemplo de outras regiões do mundo, o modelo liberal de justiça – de uma justiça centrada na figura do Estado, monocultural, burocrática, hierarquizada, profissionalizada – não é o único, nem é o sistema principal a que acorrem os cidadãos na busca de soluções para os seus conflitos (Santos, 1992: 137).

O mito do Estado-Nação assenta na ideia do Estado como a única fonte legítima de direito. O conceito de Estado de Direito possui dimensões filosóficas, processuais e normativas. Num sentido ideal, todos os cidadãos estão sujeitos à mesma lei, todos estão em igualdade de circunstâncias para recorrer a um tribunal de justiça, onde todos têm o direito de ser julgados com base numa mesma normatividade.

Mas a noção de direito não pode estar limitada ao direito do Estado, ao direito internacional ou transnacional; pelo contrário, deve ser utilizada como referência de todas as concepções cognitivas e normativas objectivadas, cuja validade para certas formações é confirmada de forma autoritária. O 'direito' manifesta-se de várias formas e reflecte uma variedade de fenómenos sociais. Quando uma sociedade apresenta mais do que uma fonte viável de direito ou de ordem jurídica estamos perante uma situação de pluralismo jurídico (Santos, 1977), sendo que as diferentes configurações do pluralismo jurídico podem incluir sistemas jurídicos, leis ditas e normas religiosas. O fenómeno

---

[12] Importa aqui clarificar alguns conceitos. A ideologia colonial aplica-se para fazer referência ao conjunto de concepções filosóficas e políticas que legitimaram o excepcionalismo europeu e o expansionismo da Europa em África. Centrada na superioridade do 'homem branco', a influência desta ideologia influenciou a maneira de ver o mundo e as atitudes individuais e colectivas de diferentes grupos sociais, legitimando guerras de conquista, a exploração a favor da metrópole, a sujeição das maiorias colonizadas, naturalizando a desigualdade de direitos e a discriminação racial. Já a política colonial refere-se aos códigos legais e medidas político-administrativas e sua aplicação.

[13] Há uma falta de entendimento comum no que diz respeito à nomenclatura de referência para outras formas de justiça, tanto no âmbito académico quanto no meio activista. Isto explica o uso de determinadas terminologias: local, informal, não-oficial, tradicional, popular, não-estatal, costumeiro, indígena, comunitária e alternativa, que são alguns dos adjectivos mais comumente utilizados. Todos esses adjectivos reflectem construções sociais cuja diferença é configurada e assinalada em contraste com o Estado.

do pluralismo jurídico é, portanto, concomitante com o pluralismo sociocultural, e portanto, com o pluralismo de saberes. Corpos jurídicos co-existentes podem abranger diferentes espaços geográficos e políticos, assim como longas sequências temporais, muito além do que é formalmente reconhecido. As próprias demarcações entre os sistemas de justiça variam de forma complexa, dependendo nas suas formas e utilidades do papel que os diferentes actores sociais envolvidos atribuem a estes sistemas. As ordens jurídicas (e não apenas as leis do Estado) podem ou não reconhecer outras ordens de diversas maneiras, construído redes de relações que podem, potencialmente, influenciar actores sociais diversos, embora a natureza e a extensão desta influência permaneça uma questão empírica.

Apesar da profunda diversidade cultural de Angola, o Estado moderno independente apostou na *"ideologia do centralismo jurídico"* (Griffiths, 1986: 3),[14] simbolizada na expressão *"Angola, um só povo, uma só nação"*.[15] A reforma legal que acompanhou os anos revolucionários após a independência visava criar uma cultura legal homogénea com base nas leis do Estado, uniforme para todos os cidadãos. As reformas jurídicas, que pretendiam gerar esforços para se abolir a diferença entre cidadãos colonizadores e súbditos coloniais geraram, em simultâneo, uma atitude de indiferença para com a pluralidade das culturas jurídicas existentes, como se verá mais adiante.

John Griffiths (1986), um dos teóricos do pluralismo jurídico, distingue entre, por um lado, o pluralismo legal 'fraco', 'jurídico' ou 'clássico', e, por outro lado, um 'novo' pluralismo jurídico, um pluralismo que caracteriza como 'forte'. A primeira situação faz referência ao pluralismo jurídico à luz do direito de Estado, enquanto a distinção seguinte se centra nos grupos sociais que desenvolvem os seus próprios sistemas legais dentro dos limites do Estado, mas sem terem qualquer modelo formal para a estrutura de ordem jurídica, ou com modelos ainda em formação.[16]

---

[14] Vários teóricos do pluralismo jurídico têm criticado o modelo de centralismo legal de John Griffiths: primeiro, porque advoga um conceito de lei como universal através do espaço e do tempo; em segundo, porque defende o poder do Estado no reconhecimento, legitimação e validade destes outros direitos; e, finalmente, por acentuar as exigências do Estado de integridade, de coerência e de uniformidade do sistema de justiça.

[15] Em termos jurídicos, a unidade jurídica angolana, centrada na figura do Estado, foi consagrada pela *Lei do Sistema Unificado de Justiça* (Lei n.º 18/88, de 18 de Dezembro).

[16] O pluralismo jurídico é um tema amplamente discutido na sociologia e na antropologia do Direito. Existe uma extensa literatura em que diferentes posições são exploradas. Para uma visão geral do debate sobre o pluralismo jurídico cf. Santos, 1977, 1995, 2009; Vanderlinden, 1983, 1989; Teubner, 1992; Griffith, 1986; Merry, 1988;

Em todas as sociedades, sistemas normativos adicionais, dotados dos seus próprios mecanismos de resolução de conflitos, coexistem com o direito do Estado. Neste contexto, o pluralismo jurídico representa uma forma particularmente interessante de reflectir sobre o legal – bem como sobre os discursos no âmbito jurídico – representando uma janela para um melhor entendimento das estruturas sociais, tanto sob uma perspectiva interna (Angola), como sob um ponto de vista externo (teoria geral).

Para uma definição de uma situação de pluralismo legal optei por seguir a proposta de Boaventura de Sousa Santos, que defende ser necessário fundamentar teoricamente a pluralidade de formas jurídicas (1995: 403), desafiando assim as limitações do pluralismo jurídico empirista-positivista, que se apoia em descrições simples, feitas à distância. Para se estudar a pluralidade dos sistemas jurídicos é necessário estar atento à pluralidade das normas e, especialmente, às formas como estas se organizam em (e sob) determinadas práticas. Esta opção obriga inequivocamente ao estudo da influência do encontro colonial na constituição da topografia legal angolana.

Muitas das supostas teorias fortes sobre o pluralismo jurídico são tão fracas quanto as suas contrapartes clássicas, pois apenas procuram descobrir e descrever outros ordenamentos jurídicos. A abordagem empírica comparada é um critério muito mais forte e importante, pois que se estende para além da eventual associação contingente destes fenómenos com o direito do Estado. A visão de Boaventura de Sousa Santos acerca do pluralismo jurídico (1995, 2003, 2006a, 2009) retrata um grupo de inter-penetrações legais, as quais regulam todas as instâncias das nossas vidas e correspondem ao nosso conhecimento do mundo. À medida que este conhecimento se altera mudam as formas de regulação que experimentamos.

Muitos pesquisadores apoiam a ideia de que as origens do pluralismo jurídico africano são fruto da experiência colonial.[17] Esta proposta originou a ideia de 'dualismo jurídico', isto é, a ideia de que nos Estados coloniais e independentes africanos dois sistemas jurídicos principais coexistiram e competiram entre si: o moderno e o tradicional, existindo em paralelo e interagindo entre si de forma limitada (Griffiths, 1998: 133). No entanto, as sociedades sob domínio

---

Chanock, 1998; Adelman, 1998; Griffiths, 1998; Sheleff, 2000; Tamanaha, 2000, 2008; Benda-Beckmann, 2002; Bekker *et al.*, 2006; Hinz, 2007; Melissaris, 2009.

[17] Existe uma vasta literatura sobre este assunto. Cf., por exemplo: Moore, 1992; Mamdani, 1996; Darian-Smith e Fitzpatrick, 1999; Vaughan, 2005; Santos, 2006a; Comaroff e Comaroff, 2006.

colonial não eram monolegais antes da imposição da ordem jurídica colonial.[18] A intervenção colonial foi mais uma fonte de ordem jurídica, ganhando pro-eminência por conta do seu monismo jurídico: a ideia de um único sistema de direito indígena, não-ocidental e unificado fornecia aos administradores coloniais uma visão mais familiar da plataforma legal presente, em lugar da miríade de sistemas existentes.

As autoridades coloniais compreenderam que a estrutura da autoridade legal e a criação de hierarquias culturais eram processos que estavam inexo-ravelmente ligados; todavia, a extensão e a natureza do controlo legal sobre os 'novos' territórios coloniais – e os povos então subordinados – foram bastante diversificadas. Um pouco por todo o mundo as estratégias de dominação colonial incluíram tentativas agressivas de impor sistemas jurídicos novos e exógenos. No entanto, observou-se frequentemente um esforço consciente de procurar manter as normas locais em funcionamento com alterações mínimas, de forma a preservar a ordem social. Como apontou Malinowski, *"não é preciso muita perspicácia [...] para reconhecer que a autoridade pode ser melhor exercida por aqueles que [...] são vistos como os dirigentes legítimos"* (1945: 138).

A zona de contacto entre colonizadores e colonizados incluiu, como Laura Benton identificou, situações de *"acomodação, advocacia de acordo com as regras do sistema, subtil deslegitimação, e rebelião aberta"* contra a imposição de novos códigos legais (Benton, 2002: 3). Como resultado do encontro colonial, culturas jurídicas e diferenças modificaram-se e novas relações foram estabelecidas, à medida que as autoridades coloniais conjugavam as suas exigências jurídicas com as representações da sua superioridade em relação aos grupos indígenas colonizados (Meneses, 2010). Entre os grupos de colonizadores as discussões sobre as diferentes percepções do direito e denúncias de contaminação deste por normas indígenas 'locais' também tiveram lugar.

Estas contestações legais multifacetadas, ocorrendo em diferentes espaços, foram centrais para a criação do domínio colonial. As interacções coloniais eram sinónimo de múltiplos e desiguais contactos entre diferentes sistemas jurídicos. Como resultado, a localização da autoridade política não ocorreu de modo uniforme em todo o espaço colonial. Uma característica peculiar do sistema colonial moderno foi o uso da lei para ligar as diferentes partes do im-pério, estabelecendo as bases para intercâmbios políticos e culturais alargados

---

[18] A partir da segunda metade do século XIX, especialmente após a Conferência de Berlim.

entre distintas estruturas socioculturais. Hooker, ao analisar as especificidades da situação colonial e neo-colonial (1975: 2), interpretou o pluralismo jurídico como a existência de um *"sistema múltiplo de obrigações legais* [...] *dentro dos limites do Estado"*. Partindo da noção de que o direito é um conjunto de princípios consistentes, este autor endossou a ideia de que estes princípios eram válidos para toda a população, uma vez que emanavam de uma única fonte: a autoridade do Estado. Esta concepção do pluralismo jurídico reporta-se a uma situação em que os corpos jurídicos plurais não eram iguais entre si, pelo contrário, representavam estruturas hierárquicas, espelhando a organização profundamente racializada do mundo colonial.

Outra perspectiva sobre o pluralismo jurídico foi a adoptada por Max Gluckman, que procurou defender a comparabilidade entre o pensamento jurídico africano e o ocidental. No entanto, a afirmação universalista de Gluckman (1955), baseada no cânone do direito ocidental, aniquila a possibilidade de um processo comparado e em pé de igualdade entre diferentes sistemas jurídicos, um factor que, uma vez mais, chama a atenção para o facto de a pluralidade jurídica não ser sinónimo de igualdade entre as culturas jurídicas. Como resultado, testemunhamos uma fractura abissal (Santos, 2007: 45) entre o carácter plural da sociedade e as normas que ela gera, por um lado, e o carácter monocultural da norma jurídica formal, por outro. De facto, o pluralismo jurídico foi, e continua a ser, uma questão fundamentalmente política, que se manifesta na estrutura do moderno Estado africano.

2.1. O sistema de governação indirecta[19]

Uma característica fundamental do sistema colonial moderno foi a promoção de um modelo de governação assente no pluralismo jurídico centrado na figura do Estado. O colonialismo – ao unir à força povos e culturas diferentes para formar os territórios 'ultramarinos' – carecia de uma narrativa de legibilidade com conhecimentos jurídicos capazes de justificar a criação de um aparato administrativo nos espaços coloniais. Isto foi conseguido, em parte, a partir de finais do século XIX, através da imposição geral de um sistema de códigos, acompanhado de reformas legais centradas no Estado. Este processo exigiu a construção artificial de divisões binárias entre o Estado (no sentido de centralidade) e autoridades jurídicas não-estatais, entre o moderno e o

---

[19] Em inglês: 'indirect rule'.

tradicional, entre o oficial e o não-oficial, e entre estruturas jurídicas formais e informais.

A administração indirecta é geralmente descrita como sendo um sistema de controlo centralizado exercido através de elites locais. Nas palavras de uma das teóricas deste sistema de governação, Margery Perham, trata-se de os *"conquistadores [...] fazerem uso das instituições que conquistaram"* (1934: 321). Em termos práticos, esta opção política resultou numa estreita interdependência entre a administração colonial moderna e os líderes 'tradicionais' locais.

O Estado procurava criar a imagem de uma instituição monolítica e premeditada, estando no outro extremo as 'tribos', defendendo as suas experiências e os seus conhecimentos e desafiando a monocultura do Estado numa interacção permanente e dinâmica. No entanto, devemos ter em mente que governar indirectamente *"não era nem novo, nem particularmente britânico"* (Gifford, 1967: 352). Os britânicos haviam aplicado uma abordagem semelhante na Malásia, em 1870, e começaram a implementar elementos básicos na administração da Índia um século antes de sua expansão em África, em finais do século XIX (Fisher, 1991). Anteriormente, elementos de governação indirecta estiveram também presentes na ocupação colonial moderna Ibérica nas Américas (Patch, 1994).

Como filosofia jurídica, a governação indirecta atingiu, certamente, o seu auge na África colonial britânica durante a primeira metade do século XX. Os seus protagonistas reconheceram, repetidamente, que se tratou de uma opção política ditada pelas circunstâncias, pelo *"princípio de proceder do conhecido para o desconhecido"* (Matthews, 1937: 433). Mesmo o que Lord Lugard – que aparentemente cunhou tal termo – fez de melhor, parafraseando Margery Perham, *"foi transformar um expediente bastante difundido num sistema cuidadosamente elaborado"* (1965: xl). James Read, ao analisar detalhadamente o sistema de governação indirecta, verificou que este funcionava *"apenas ao nível da [...] administração local [...] pois que ai é que se encontravam as formas tradicionais de governo"* (1972: 262). Subjacente a esta afirmação encontramos uma tentativa de descartar a responsabilidade do 'homem branco' em relação à situação colonial de África.

A governação indirecta assentou, especialmente, na autoridade interna das instituições locais; já a governação directa promoveu-se pela (re)criação de instituições locais como estratégia para tornar as autoridades tradicionais dependentes do Estado, uma instituição importada do exterior. Para o primeiro caso a 'legitimidade' entrou em vigor a partir de dentro; na segunda instância, a partir de fora. Mas estas linhas esbatiam-se com facilidade. De qualquer modo, quer a administração fosse directa ou indirecta, o objectivo era o mesmo: implementar localmente o cumprimento das normas emanadas pelo centro.

2.2. A criação do tradicional

O colonialismo dividiu a população entre cidadãos e súbditos, entre os administrados pelo direito moderno e aqueles que a quem se aplicava o direito costumeiro/tradicional, na procura de uma solução para os problemas das sociedades locais. Este modo normativo deu origem, como Mahmood Mamdani sublinha, a um Estado bifurcado. Com base na realidade colonial britânica, Mamdani (1996: 18) explica que *"a administração indirecta traduziu-se na autoridade rural tribal"*. Tratava-se de um sistema de administração colonial que procurava *"incorporar os indígenas numa ordem costumeira imposta pelo Estado"*, onde a autoridade tribal concentrava o poder administrativo, judicial e executivo. Neste processo, os usos e costumes foram reduzidos, cristalizando-se em 'direito costumeiro' ou 'tradicional'. O estudo do mesmo permite identificar como a implantação de uma administração estatal moderna dependeu da modificação dos costumes do 'outro' como modelo fundamental de governação. O Estado colonial aplicou este modelo, principalmente, através do reconhecimento oficial das diversas autoridades presentes – como os chefes tribais – e também pela incorporação destas autoridades na própria estrutura estatal, agora transformadas em 'autoridades locais', *vis-à-vis* a moderna estrutura administrativa. Tal como os sistemas jurídicos ocidentais foram elaborados a partir das suas próprias visões do mundo, bastante específicas, o direito dito tradicional foi, nas palavras de Sally Moore, *"uma estrutura de organizações, relações e ideias culturais, uma mistura de princípios, orientações, regras e normas prescritivas, juntamente com concepções de morais e casuísticas, todas elas interligadas numa rede de actividades habituais"* (1985: 43).

O Estado-nação é o principal exemplo de uma instituição que expressa o seu alcance em termos territoriais fronteiras e mapas, postos administrativos e outros representantes do Estado-nação, como os tribunais oficiais, escolas, hospitais, etc., transmitem uma representação territorial do Estado. James Scott (1998) descreve como a lógica dos Estados modernos emergentes procurava criar espaços, pessoas e recursos legíveis, para os governar. Nesta perspectiva, enquanto delimitação territorial, a identidade nacional e a legibilidade podem ser institucionalizadas para corresponder à concepção do Estado-nação; mas o monopólio deste último, no decorrer destes processos, permanece uma condição precária, especialmente nos espaços coloniais.[20]

A definição cultural dos limites legais e da hierarquia entre eles era central para a legitimação da política colonial. O Estado foi organizado como uma malha de espaços políticos, parcialmente ocupado por várias tribos distintas. A eficácia do regime colonial dependia da capacidade de estabelecer o direito soberano para governar. Controlar a territorialidade humana foi essencial para este processo. As tribos – enquanto abstracções espaciais – foram concebidas como portadoras de diferentes culturas legais. As distintas estruturas políticas presentes no continente africano foram, no final do século XIX, rapidamente transformadas em 'autoridades tradicionais', que aplicavam o 'direito tradicional' sobre territórios específicos. A liderança tribal foi planeada em termos de pertença à tribo e as definições tradicionais de jurisdição, através da submissão e lealdade tribais, foram misturadas com uma dimensão artificial de jurisdição, baseada no território.[21]

A partir do momento em que o 'direito costumeiro' foi definido como a lei da tribo[22] – e a tribo, por sua vez, como um grupo de pessoas partilhando um 'direito costumeiro (tradicional)' próprio –, não foi possível ter apenas um 'direito costumeiro' que abrangesse todos os indígenas; pelo contrário, havia vários sistemas de 'direitos costumeiros', dos grupos chamados genericamente de tribos. Mais ainda, a partir da multiplicidade de instituições que se encarregavam da governação da África 'tradicional' – chefes administrativos, líderes hereditários, conselhos de anciãos, grupos etários, grupos de género – foi emergindo uma única instituição, administrativamente indicada, com o privilégio de ser a 'instituição tradicional' base para a interpretação dos costumes da 'sociedade tribal', suprimindo todas as outras referências. O processo de criação de um 'poder tradicional' não foi tanto o privilegiar de um costume, um uso particular, mas antes o privilegiar de determinadas autoridades.

---

[20] Scott utiliza o termo 'legibilidade' para descrever a estruturação hierárquica do Estado, isto é, a prática coerciva da abstracção que torna os domínios do Estado mais evidentes, e que os organiza de acordo com uma estrutura administrativa legível (1998: 4).

[21] Contrariamente à jurisdição do Estado, a jurisdição territorial tinha (e ainda tem) menor importância em termos locais, isto porque a noção de território não está completamente nivelada – em termos espaciais - com a distribuição do 'direito tradicional'. Por outras palavras, a jurisdição pessoal (tribal) manteve-se sob controlo central, enquanto a jurisdição territorial continuou sendo secundária.

[22] Hoje em dia, a leitura da tribo tem vindo a ser substituída, em muitos casos acriticamente, pelo conceito de etnia.

É aqui que importa referir a diferença subtil entre autoridades tradicionais, dotadas de uma legitimidade assente na história da sua linhagem, e as tradições inventadas. Para Eric Hobsbawm (1988: 1), uma tradição inventada representa:

> [...] *um conjunto de práticas, normalmente geridas por regras aberta ou tacitamente aceites, de natureza ritual ou simbólica, que procura inculcar certos valores ou normas de comportamento pela repetição, o que automaticamente é visto como uma continuidade com o passado. De facto, se possível, normalmente procuram estabelecer uma continuidade com um passado histórico adequado.*

Ainda de acordo com este autor, as tradições são 'inventadas' se

> [...] *uma rápida transformação social enfraquece ou destrói o tecido social onde as 'antigas' tradições foram delineadas, produzindo novas que não são aplicáveis, ou quando as velhas tradições e as instituições que as empregam e transportam não são mais capazes de flexibilidade e adaptação suficientes, ou ainda quando são eliminadas: em poucas palavras, quando as mudanças são suficientemente amplas e rápidas, quer no lado da procura, quer no da oferta.* (Hobsbawm, 1988: 4-5)

A ideia da 'tradição inventada' sugere que a tradição pode ser usada como um recurso estratégico. Neste sentido, a tradição é vista como podendo ser flexível e fluida, passível de poder adequar-se a um dado objectivo. Os portadores da tradição são também os seus agentes que usam este recurso para marcar e influenciar os resultados deste processo.

Tratando a tradição desta forma permite libertá-la do molde rígido introduzido por Max Weber (1978); mas introduz também, como se viu anteriormente, algum grau de cinismo entre alguns académicos que se debruçam sobre a tradição e as autoridades tradicionais. Este cinismo deriva, em parte, de uma compreensão dos propósitos das invenções, como sendo o de submeter estas autoridades ao poder colonial, permitindo aos europeus e a alguns africanos combinações que permitam uma modernização das estruturas de poder (Ranger, 1988: 237).

Nesta sequência, para muitos autores o tradicional passou a ser definido a partir de cima, construído pelos detentores do poder. Nas palavras de Terence Ranger (1988: 250), "*o que chamamos de direito costumeiro, direitos costumeiros à terra, de estruturas políticas tradicionais, etc., são situações, de facto, inventadas pela codificação colonial*".[23] O tema crucial da governação indirecta é o do confronto analítico do tradicional, reformulado e reciclado para uso do Estado. O direito costumeiro, tradicional, passou a simbolizar o lado 'africano' do direito, elemento utilizado para reforçar e legitimar a necessidade de leis coloniais como modelo de uma forma superior de organização social (Weber, 1978).

O código jurídico dominante, administrado pelo colonialismo, tornou-se o direito moderno. Justamente porque a lei colonial não surgiu de um vácuo legal, o pluralismo jurídico foi um dos pilares da governação indirecta colonial em África, facto este que levou Lord Hailey (1957) a afirmar: *"Um chefe não é chefe se não resolver conflitos"*.

2.3. O pluralismo jurídico no contexto dos estados africanos independentes

O uso de 'autoridades tradicionais' pelos modernos estados africanos independentes obriga a uma avaliação sobre as continuidades na cultura política após a ruptura com a dependência colonial formal e, talvez mais importante ainda, sobre as continuidades que influenciaram, e influenciam, a percepção da moralidade política e o exercício legítimo da autoridade pública. As sociedades pós-coloniais estão fortemente baseadas em regimes de desenvolvimento construídos ainda sob domínio colonial, regimes que herdaram a propensão para exercer o poder político a partir de práticas políticas administrativas e económicas.

O papel proeminente que o direito oficial, formal, manteve com a independência, chama a atenção para a tensão resultante da persistência de uma definição ocidentalizada do Estado moderno. A contradição entre 'outras' formas, tradicionais, da administração da justiça e o Estado moderno, que integravam a infra-estrutura colonial de representação, continuou presente com a independência de Angola, tal como em muitos outros contextos (Santos, 1984, 2003, 2006a). Várias são as explicações avançadas sobre o porquê de um ressurgimento do 'tradicional' em África.[24] Como já referido, abordagens prematuras e instrumentalistas têm vindo a interpretar o retorno do 'tradicional'

---

[23] Como se verá adiante, no debate sobre o futuro papel das autoridades tradicionais na região, a maioria daqueles que se opõe fortemente à sua reintegração nas estruturas administrativas, interpreta a presença destas autoridades à luz da tradição, como algo arbitrariamente sedimentado e, muitas vezes, inventado (Snyder, 1981; Vail, 1989; Ntsebeza, 2005). Por outro lado, um grupo crescente de académicos vê nessas autoridades a expressão da tradição, ou seja, algo dinâmico, flexível e localmente legítimo (Williams 2004; Oomen, 2005; Hinz, 2007).

[24] Cf., entre outros, Rouveroy van Nieuwall e van Dijk, 1999; Englebert, 2002; Boone, 2003; Lebeau *et al.*, 2003; Perrot e Fauvelle-Aymar, 2003; Berman, Dickson e Kymlicka, 2004; Werbner, 2004; Vaughan, 2005; Broch-Due, 2005; Oomen, 2005; Hinz, 2006 e Bellagamba e Klute, 2008.

como uma invenção ou reinvenção deliberada, com o propósito de o adequar aos padrões presentes da administração e da governação, para manter o poder e atrair recursos. Tais abordagens têm sido férteis em mostrar que a chefia institucional é, simultaneamente, ajustável e negociada (Pels, 1996; Rouveroy van Nieuwall e van Dijk, 1999; Meneses *et al.*, 2003; Williams 2004; Oomen, 2005).

Vários estudos sobre o pluralismo jurídico, enquanto fonte de conflito entre tribos e grupos étnicos no contexto de Estados independentes, fornecem informações importantes sobre os perigos de uma abordagem simplista deste tema. Estes estudos têm salientado a complexa historicidade das construções sociais, tanto ao nível das opções identitárias, como do campo das formulações ideológicas, demonstrando como a etnicidade tem sido ao mesmo tempo um instrumento de conflito e de cooperação com o poder do Estado.

Para o caso do Botswana, por exemplo, Richard Wrebner (2004) e Francis Nyamjoh (2006) analisam em detalhe a longa história das contestações sobre a cidadania e a nacionalidade. Wrebner descreve em detalhes as raízes da longa disputa étnica. Com a independência, a Constituição aprovada continha cláusulas *"que fixavam a continuidade da cidadania tribal [...] e, mais ainda, reafirmava a desigualdade constitucional das comunidades submetidas"*. Esta constituição defendia também *"a distinção colonial entre tribos principais e [...] tribos menores ou minoritárias, cujos líderes, como sub-chefes, podiam ser membros eleitos"* (2002: 677).

Ao definir os povos indígenas como 'os povos ancestrais' assentes em territórios específicos há o risco de adulterar a realidade das identidades flexíveis e em mudança, resultantes de uma variedade de factores políticos, culturais e históricos. Embora o essencialismo estratégico possa ser útil para reparar injustiças colectivamente vividas como 'populações colonizadas', o seu alcance peca no que diz respeito à formulação teórica das complexidades identitárias, das suas experiências relacionais e de negociação, tanto no período 'pré' como 'pós-colonial'. No Botswana, com a independência, a construção da nação manifestou-se no privilegiar de uma escala maior, em detrimento da reduzida escala da indigeneidade. À medida que a persecução do projecto de construção do estado-nação avançava, tornava-se cada vez mais difícil justificar os sacrifícios feitos em seu nome, com os indivíduos e as comunidades crescentemente menos satisfeitos com as desigualdades que tais sacrifícios haviam imposto ou exacerbado. E esta insatisfação foi crescendo e ganhando voz. Como este processo mostra, as culturas e identidades jurídicas tornam-se espaços de luta, uma evidente reafirmação da resistência contra o monopólio do Estado sobre o Estado de Direito.

A encerrar esta secção importa acentuar que o pluralismo jurídico continua a ser um conceito útil para se apreender a complexidade da realidade social, quando analisado do ponto de vista do seu carácter 'normativo'. No entanto, justamente por não ser um conceito abrangente, não se pode pretender que explique de forma definitiva e completa a relação entre o direito e a sociedade.

Uma das concepções que ajuda a alargar o campo analítico do pluralismo jurídico é a noção de 'campo social semi-autónomo', proposta por Sally Moore. Esta autora define o campo social semi-autónomo como tendo a *"capacidade para produzir normas e os meios para induzir ou obrigar á sua observação; mas ocorre, simultaneamente, numa matriz social mais ampla a qual pode, e de facto afecta-a e invade-a, por vezes sob convite de pessoas de dentro do campo, outras vezes por sua própria iniciativa"* (2000: 57). Esta noção é importante porque, ao realçar a falta de autonomia, chama a atenção para o facto de diferentes ordens legais existirem em relação uns com as outras, afectando relacionalmente o modo em como cada uma opera. A autora também mostra que estudar o funcionamento dos campos sociais semi-autónomos ajuda a compreender como as mudanças legais têm efeito, em vez de se assumir que uma determinada legislação terá o efeito pretendido. A combinação desta proposta com a de interlegalidade, avançada por Boaventura de Sousa Santos (1995: 473), permite que nos afastemos do enfoque no centralismo do Estado, como exige o positivismo, para estudar como funcionam as outras ordens legais presentes numa dada jurisdição.

Como enfatiza Franz von Benda-Beckmann, *"os conceitos de 'direito' e 'pluralismo jurídico' são apenas uma parte de um instrumental conceptual e analítico mais amplo"* (2002: 39), alertando para a importância de conceitos como modernidade, governação indirecta, Estado, colonialismo, direito costumeiro, tradição, identidade, cidadania, para capturar a complexidade da topografia jurídica de Angola. Estes conceitos devem ser considerados como parte de uma ampla área intercontinental de contactos, na qual a criatividade cultural, síntese e adaptação têm seu lugar, reflectindo e modificando relações de poder. Visto nesta perspectiva, o pluralismo jurídico permite a criação de uma imagem mais complexa e completa dos vários sistemas que intervêm na resolução de conflitos numa sociedade, assim como das maneiras como estes sistemas interagem entre si.[25]

---

[25] Sobre os modos informais de resolução de conflitos em Luanda, e sua interacção, cf. os capítulos do volume III.

O continente africano oferece um exemplo fascinante da forma como o termo 'indígena' tem sido usado ao serviço da moderna colonização, como os africanos têm recorrido à indigeneidade nas suas lutas contra o colonialismo, assim como os grupos que, entre si, competem por recursos e poder, têm recorrido a argumentos para provar a sua indigeneidade nestes conflitos, face a um Estado que continua a reproduzir muitas das estratégias do período colonial. Ser-se local, nativo ou indígena significa muito mais do que uma auto-denominação.[26]

3. Angola: a herança colonial

A paisagem que os colonos europeus encontraram em Angola não estava vazia, pelo contrário, era cenário de densos campos políticos onde o espaço e o poder eram reivindicados, e altamente contestados. Até à implantação da moderna administração colonial de Portugal em Angola, vários povos que habitavam esse espaço existiam como entidades independentes, com diferentes formas de organização política e social (Birmingham, 1965; Pélissier, 1978; Bender, 1978; Wheeler e Pélissier, 2009).

Como já referido, a manipulação do sentimento étnico foi uma estratégia usada pela maioria dos regimes coloniais no continente africano, e Portugal não foi excepção. No entanto, a especificidade do governo português tem-se mantido de alguma forma velada e, por essa razão, requer uma análise mais detalhada.[27] A transição para o século XX tornou-se sinónimo da implantação do regime colonial moderno, marcado pelas tentativas das administrações portuguesas em (re)trabalhar as estruturas de poder 'local' que encontraram. Somando-se à diversidade presente no país, este encontro colonial produziu uma densa complexidade, muitas vezes difícil, senão mesmo impossível de controlar no contexto político da África ocidental.

A máquina colonial utilizou, deliberadamente, a noção de 'tradição' para legitimar as políticas coloniais de governação indirecta e para ajudar a consolidar a autoridade dos líderes 'tradicionais' nomeados pelo poder colonial, através dos quais esta governação deveria ser exercida. Como mencionado anteriormente,

---

[26] Para aprofundar o tema d'"Angola Diversa", cf. o capítulo de Ruy Duarte de Carvalho, neste volume.

[27] Como Thomas Hodgkin (1957: 33-48) astutamente observou, a base filosófica do colonialismo britânico foi o empirismo, enquanto uma predilecção cartesiana influenciou a política colonial francesa. No entanto, apesar de distintas em suas políticas – com a França a defender a cidadania universal através de assimilação, e a Grã-Bretanha a apelar directamente aos ideais étnicos – os dois sistemas foram baseados na redistribuição das instituições nativas. Para uma análise mais detalhada da especificidade colonial portuguesa e das características dos pós-colonialismos em português em contexto africano, cf. Santos, 2001, e Chabal *et al.*, 2002.

O MODERNO E O TRADICIONAL NO CAMPO DAS JUSTIÇAS 237

o direito costumeiro não surgiu dum vácuo; existiam princípios flexíveis que foram transformados em normas fixas, aplicadas em nome das lideranças e das suas tradições, o que abalou, de forma escamoteada, a transformação deste direito costumeiro. A diferença entre as autoridades tradicionais genuínas e as inventadas – autoridades tradicionais colonialmente nomeadas – foram fruto desta relação, e tem-se mantido desde então.

3.1. Pluralismo jurídico ou dualismo legal?

A criação do tradicional foi uma componente central do processo de sujeição e dominação, uma parte intrínseca do Estado colonial. A partir de finais do século XIX a distinção legal entre cidadão e súbdito, entre indígena e não-indígena, criou a base para a estruturação do sistema colonial capitalista que se desenvolveu em Angola. O objectivo era evitar qualquer tipo de questionamento reflexivo acerca da natureza ambígua da relação colonial – portanto, um requisito fundamental foi o da categorização da heterogeneidade, a produção de 'tribos'. As novas entidades étnicas foram dimensionadas sobre o mapa geopolítico de Angola e tornaram-se, assim, aptas a ser governadas por instituições africanas – os líderes de tribos e de chefaturas.

Na viragem para o século XX, Portugal procurava *"fixar definitiva e claramente as atribuições e competência judicial das diversas autoridades, bem como a codificação dos usos e costumes"* (Gomes da Costa, 1899: 133). O interesse do poder colonial na promoção de instituições locais foi tanto conveniente quanto necessário, face à ausência de um sistema unificado de administração pública. Isto tornou-se no enigma do Estado: o interesse do Estado colonial em centralizar o controlo era limitado perante a sua dependência de meios descentralizados – o 'outro', agora 'local': as autoridades tradicionais.

Com o sistema colonial português o acto de nomear alguém 'indígena' passou a simbolizar, simultaneamente, a imposição de uma identidade local, 'nativa', delimitada por geografias culturais e físicas arbitrárias, e a produção de um espaço de diferença, para distinguir a população colonizadora civilizada, europeia, não-indígena, não-local. Ser 'local' significava estar fora das conquistas reais do progresso e da civilização, personificada pela Europa colonial. Ao longo da história colonial portuguesa a justificação dominante para a imposição de um aparelho de Estado moderno foi fundamentada na *missão civilizadora:*[28]

---

[28] As diferentes formas de que o encontro colonial se revestiu em Angola (assimilacionismo, administração

a necessidade de enxertar uma 'civilização superior' em realidades primitivas africanas. Os primeiros arquitectos da governação indirecta promoveram a visão de um Estado colonial dotado do direito exclusivo de articular e fazer cumprir as regras a serem aplicadas no território reivindicado. Em paralelo, desenvolveram-se meios legais de fusão da autoridade tradicional com a autoridade da administração colonial central. O reconhecimento da diferença cultural significou o estabelecimento de relações desiguais entre os cidadãos e os súbditos coloniais.

Eduardo da Costa, num espírito muito característico da época, advogava a necessidade de reconhecer as diferenças culturais existentes, diferenças que subentendiam um tratamento desigual no momento de produzir o estatuto legal dos que habitavam os territórios coloniais ultramarinos. Defendendo uma perspectiva teleológica do desenvolvimento social, o pensamento deste político era típico de uma época em que se entendia a diversidade humana como um reflexo dos diferentes níveis de civilização alcançados pelas populações. Questionando a possibilidade do domínio sobre a realidade multicultural presente nos territórios coloniais em África, este tribuno lança dúvidas quanto à possibilidade da governação directa no espaço colonial:

> Pois homens de usos muito diferentes, de instintos muitas vezes antagónicos, de civilizações muito diversas, podem considerar de igual modo a lei, que a todos se aplica indistintamente? O que ela tem, para uns de bem, de moral e de justo, encerra para os outros de injusto, de imoral e de nocivo, e a igualdade da lei produz a maior desigualdade possível de condições, perante ela. [...] Por enquanto, é preciso, nas nossas possessões, a existência de, pelo menos, dois estatutos civis e políticos: um europeu e outro indígena. Não quer isto dizer que seja interdito a todos os indígenas o estatuto europeu, mais isso depende da sua instrução e dos seus hábitos (1901: 590).

As interrogações colocadas sobre os sentidos da realidade multicultural presente no espaço colonial reflectem um sentido anacrónico do tempo, onde a

---

indirecta, segregação racial, etc.) encontraram a sua fundamentação na obrigação moral de Portugal actuar no sentido de fazer progredir o indígena para estádios civilizacionais mais avançados. Sobre a capacidade 'inata' do povo português para civilizar, escrevia Norton de Matos (1923): *"temos de nos preparar para manter, mais uma vez, em terras distantes [...] a civilização portuguesa, tão própria para transformar as civilizações primitivas e para se adaptar às variadas regiões, mercê das notáveis características com que cinco séculos de administração e governo de colónias e de impérios a diferenciaram de outras civilizações."*

diferença geográfica se traduzia em sinónimo de retardamento, justificando-se a urgência da introdução de diferentes estatutos que nomeavam os europeus como grupo não só demarcado dos indígenas, mas superior a estes. Esta seria a posição que iria ganhando espaço em Portugal, especialmente após a implantação da República.

Nos assuntos coloniais, embora os legisladores portugueses defendessem o respeito pelos costumes e instituições locais, desde que não fossem contrários à missão civilizadora, esteve sempre presente uma tónica assimilacionista assente num postulado duplo da igualdade dos seres humanos e na superioridade da civilização europeia:

> *Aos colonizadores inteligentes cumpre respeitar os costumes das populações nativas e todos os seus hábitos que não atentem contra as leis da humanidade. Devem esforçar--se por as fazer evolucionar doce e progressivamente, com muita paciência e tempo para um ideal moral e social mais elevado. Do mesmo modo, pelo que diz respeito às condições materiais, não convêm modifica-las de chofre ou substitui-las sem garantias de bom resultado, pelas normas ali desconhecidas da civilização ocidental* (Cayolla, 1912: 117).

Mas a preservação dos seus usos e costumes não se justificava pelo reconhecimento da diferença a partir de um patamar de igualdade, pelo contrário:

> *[...] tirando aos indígenas a sua independência nacional, assumem os estados coloniza-dores o compromisso formal de os tornarem felizes. [...] Assim como se devem respeitar a vida e a liberdade dos indígenas, porque são homens do mesmo modo que nós, assim também se devem conservar os seus costumes e as suas instituições, que estão em harmonia com o estado social, com as necessidades económicas e as concepções morais e religiosas destes povos A metrópole que na colonização tente por qualquer forma destruir os costumes e as instituições indígenas, provoca resistências que muitas vezes lhe é impossível vencer. [...] A lei da evolução não permite outra conclusão. A evolução realiza-se gradualmente por fazes sucessivas, que nós temos de respeitar. [...] Os vencidos não notam tanto a perda da sua independência quando o vencedor não lhes impõe pela força as suas instituições, nem ataca tradições que eles veneram* (Marnoco e Sousa, 1910: 166-167).

A argumentação colonial sustentava a manutenção de uma política multicultural (na altura conceptualizada como multirracial), assumindo, numa perspectiva evolucionista, que as sociedades indígenas, porque 'naturalmente' inferiores, só poderiam desenvolver-se em contacto com o europeu; todavia, este contacto tinha lugar entre uma cultura dominante – a do colonizador – que aceitava ou tolerava a presença de outras culturas no espaço colonial que dominava, mas sem aceitar a possibilidade de enriquecimento mútuo: "*a harmonia do mundo é formada da diversidade das espécies, e por isso nós* [portugueses, brancos] *não temos o direito de, por mania da uniformidade, atentar contra a originalidade própria duma raça. A legislação faz parte da mentalidade de um povo, e corresponde exactamente á fase da evolução que atravessa este povo*" (Marnoco e Sousa, 1910: 167).

Cayolla defendia, acintosamente, que,

> *Sob o ponto de vista da situação jurídica e política dos indígenas é uma loucura querer submeter indivíduos n'um estado rudimentar de civilização ao Código Civil, ao Código Penal e ao Código de Processo da respectiva nação colonizadora. [...] No século XVIII aceitava-se geralmente que todos os homens eram dotados d'uma mentalidade semelhante ou que, pelo menos, a poderiam adquirir depois d'uma breve educação, e por isso se julgava não só legitimo mas conveniente substituir as instituições indígenas pelas leis dos respectivos povos dominadores. [Desse] critério resultaram perniciosos resultados para a obra colonial. As leis das nações já formadas e civilizadas são impróprias para o meio indígena das colónias. Umas nunca se aplicarão, outras achar-se-ão deslocadas e todas elas serão insuficientes para os casos especiais que ali haverá a resolver, por existirem n'aquele meio relações jurídicas novas, que os nossos códigos nunca teriam podido prever* (1912: 119-120).

Esta argumentação justificou a presença de uma legislação especial para os indígenas, ao estabelecer que a codificação dos seus usos e costumes correspondia a uma etapa transitória no processo evolutivo, já que os indígenas eram assumidos como estando numa etapa anterior à civilização europeia. Surgiam assim, em simultâneo, dois tipos de direito – o direito dos colonos civilizados e o direito indígena –, transformando-se os indígenas em súbditos, a serem mantidos sob tutela do Estado colonial: "*a uniformidade jurídica é um erro grave e briga com a própria natureza do direito, o qual deve, acima de tudo reflectir as particularidades do meio em que evolui. [...] Convém mais colocar os indígenas sob uma espécie de tutela, análoga à que se adopta nas sociedades civilizadas para os menores* (Cayolla, 1912: 120).

A *Lei Orgânica da Administração Civil das Colónias* aprovou a política do 'dualismo jurídico' como um dos pilares do sistema colonial, ao estipular, na sua Base 17, que:[29]

As leis e outras disposições, exclusivamente adoptadas para indígenas, só são aplicáveis aos indivíduos naturais da colónia ou nesta habitando, assim considerados por deliberação do Conselho do Governo. Todos os outros indivíduos são isentos dessa aplicação e tem garantido o pleno uso de todos os direitos civis e políticos concedidos pelas leis em vigor.

A Base seguinte (18) limitava legalmente o acesso dos indígenas à justiça oficial, do Estado, ao estabelecer que:

As relações civis entre eles [indígenas] *serão reguladas pelos usos e costumes privativos, em tudo que não for contrário aos direitos fundamentais da vida e da liberdade humana; as alterações desses usos e costumes, com o fim de os melhorar, só serão introduzidas gradualmente, e de forma a serem cabalmente compreendidas e assimiladas;*
Não lhes [aos indígenas] *serão, em regra, concedidos direitos políticos em relação a instituições de carácter europeu.*

Este articulado exprimia, também, a importância da manutenção de estruturas locais que, *"embora rudimentares, tendam a* [promover a deliberação] *em comum, ou a fazer intervir, por outra maneira, a opinião e a vontade da maioria dos indivíduos no governo do agrupamento, ou na administração dos seus interesses colectivos"*. Neste sentido, estas instituições deviam ser mantidas e mesmo *"aperfeiçoadas, orientando-as gradualmente a bem do desenvolvimento do território e da administração geral da colónia"*. Mais adiante, assinalava-se a possibilidade de, na administração da justiça, *"nas funções de julgar, sejam investidos funcionários ou tribunais especiais, ou os chefes administrativos locais, assistidos de* **grandes** *(indígenas), letrados conhecedores da lei especial, ou outros indivíduos de respeito e consideração no seu meio"*; finalmente, esta base terminava com estabelecendo a necessidade de levar a cabo em cada colónia, a curo prazo, *"a codificação dos usos e costumes dos indígenas e a preparação e adopção dos diplomas especiais a serem aplicados"*.

Para promover estas codificações, os Governos das várias colónias promoveram a constituição de comissões encarregues, localmente, de estudar os usos e costumes indígenas (Meneses, 2007).

---

[29] Lei n.º 277, de 15 de Agosto 1914.

Os direitos civis tornaram-se no domínio restrito dos cidadãos, dos colonos; as populações indígenas tinham acesso à justiça oficial quando ocorresse uma situação de conflito que afectasse directamente o interesse dos colonos. E neste caso, na larga maioria dos casos, entrava no sistema de justiça oficial na condição de acusado, de réu.

A necessidade de separação de poderes foi abertamente declarada por Sampayo e Mello: *"não advém ao Estado colonizador vantagem alguma, da substituição* [do direito privado indígena] *pelo direito europeu, em geral absolutamente inadaptável às instituições indígenas da família, da propriedade, do regímen de sucessões, etc. que tanto convém conservar"* (1910: 154). Para este autor, o controlo da justiça penal pelo poder colonial justificava-se por ser *" forçoso que os europeus sejam os únicos a castigar, para mostrarem que são também os únicos a poder mandar"* (1910: 178).

Em Angola, o sistema colonial, ao agir e adaptar-se às especificidades locais, atingiu o cerne da autonomia das comunidades africanas: o controlo das terras e da força de trabalho africana, desafiando a autonomia dos chefes tradicionais e tornando-os cada vez mais dependentes do Estado. Exemplos da redução da autonomia destes chefes manifestaram-se pelo estrito controlo feito pelas autoridades coloniais, que controlavam os processos de sucessão aos vários cargos, o número de portadores destes e os próprios direitos dos chefes, cada vez mais diminutos. A instituição do *sobado* (chefatura), produzida pelos portugueses, pretendeu cooptar estas figuras influentes para o seu sistema de administração centralizada.

Em termos práticos, a administração colonial portuguesa transformou gradualmente os *sobas* (chefes tradicionais) em personagens de *Janus,* actuando duplamente como funcionários do governo e autoridades locais. No contexto da *Reforma Administrativa Ultramarina* (1929)[30] os *sobas* (e seus adjuntos) tornaram-se formalmente parte do sistema administrativo; esta legislação também reconheceu a existência de um único *soba* para cada uma das unidades territoriais

---

[30] Decreto-Lei n.º 23.229, de 15 de Novembro de 1933. Pouco depois, o conjunto de reformas seria apresentado como o *Acto Colonial,* incorporado na Constituição portuguesa. Em 1933 foi promulgada a *Carta Orgânica do Império Colonial Português,* que continha todo um conjunto de reformas administrativas que reforçavam estes dispositivos administrativos. Por exemplo, a *Reforma Administrativa Ultramarina* atribuía a possibilidade de recolha de impostos ao *soba,* reconhecido *de iure* com *"auxiliar da administração civil nas colónias".* Esta mesma Lei, embora se referisse à população indígena como devendo estar agrupada em regedorias, permitia o uso de algumas designações locais (sobado, reino, etc.).

O MODERNO E O TRADICIONAL NO CAMPO DAS JUSTIÇAS   243

'tradicionais' que compunham cada circunscrição.[31] Os *sobas* passam a ser parte do sistema colonial, no sentido em que controlavam a cobrança de impostos aos indígenas, asseguravam o recrutamento de força de trabalho, assim como resolviam os conflitos que afectavam as populações que tutelavam.

Os *sobas* estavam subordinados aos administradores coloniais, com os quais geriam o *sobado* – o território sob a sua administração.[32] O monopólio do poder concedido ao *soba* foi uma nova realidade em Angola, onde, até então, a autoridade política e administrativa se caracterizava por uma complementaridade entre diferentes lideranças numa determinada região, em termos de hierarquias, formas e funções. No período colonial, embora alguns dos líderes locais (*sobas, sekulos*, etc.) fossem de linhagem nobre,[33] vários outros foram designados pelas autoridades coloniais, sem qualquer legitimidade tradicional (Coelho, 2004).[34] Com a moderna colonização os *sobas* funcionavam em paralelo com outras estruturas que integravam o poder local – como, por exemplo, curandeiros – muitas vezes rivalizando entre si.

A fim de manter as suas posições, os chefes tradicionais dependiam do apoio do poder colonial;[35] simultaneamente, as autoridades coloniais dependiam

---

[31] Em termos de estrutura territorial, existiam dois tipos de unidades organizativas durante a época colonial: os conselhos e as circunscrições. Nos conselhos, existentes, predominantemente, em ambientes urbanos, imperava o Estado de direito, sendo os cidadãos dirigidos por autoridades civis. Nas áreas rurais, a unidade administrativa básica era a circunscrição (actual distrito), dirigida por um administrador, subdividida em sobados. A já citada *Lei Orgânica da Administração Civil* definia "*As áreas administrativas em que habitem povos indígenas completamente dominados e pacificados, mas não civilizados, serão designados como circunscrições civis, aplicando-se-lhes um regime civil menos avançado que o do concelho* [habitados por colonos]" (Base 31 desta lei).

[32] Até às reformas administrativas do início dos anos 1960, a administração colonial portuguesa reconheceu algumas poucas mulheres como 'autoridades tradicionais'. Vários relatórios administrativos revelaram, informalmente, a presença de mulheres – dotadas de uma forte legitimidade dentro de suas comunidades – identificadas como 'líderes tradicionais'.

[33] A reforma administrativa de 1933, atrás referida, formalizou a hierarquia de chefaturas, resultando na sua divisão em três níveis (artigo 91.º): regedorias (sobados), dependentes do Administrador de Circunscrição; grupos de povoações (governado por chefes), e povoações (governada por um chefe), procurando fazer tabula rasa da enorme diversidade de estruturas de poder existentes em Angola.

[34] Isso tornou-se visível, sobretudo, em situações de conflito aberto, quando os chefes tradicionais se opunham às autoridades coloniais. Nestas situações, várias linhagens de chefes tradicionais foram substituídas por indivíduos considerados mais 'prudentes'. A Reforma Administrativa Ultramarina estipulava, a este propósito, que a sucessão da autoridade tradicional deveria ocorrer de acordo com os usos e costumes locais, embora a administração colonial tivesse o direito de escolha quando o herdeiro não convinha à Administração (artigo 96.º). Um caso de substituição forçada de uma autoridade é narrado por Jeremias Chupanga (2004: 195-196).

[35] O artigo 99.º da Lei da Reforma Administrativa Ultramarina enunciava, claramente, as obrigações dos 'regedores' (sobas) indígenas': "*obedecer, pronta e fielmente, às autoridades administrativas portuguesas e fazer com que os indígenas sob a sua jurisdição lhes obedeçam também*"; estipulava ainda, de entre outras obrigações, "*tornar públicas as*

SOCIEDADE E ESTADO EM CONSTRUÇÃO: DESAFIOS DO DIREITO E DA DEMOCRACIA EM ANGOLA

das autoridades tradicionais para efectivar e legitimar as suas normas. Porém, e apesar desta colagem à administração colonial, a duplicidade do papel dos sobas não deve ser menosprezada. Aproveitando-se da sua posição privilegiada, impuseram programas de melhoria das condições de vida das suas populações. Noutras situações, a decisão tomada foi a de confronto directo com o sistema colonial ou a fuga para países vizinhos.

Na prática, a fidelidade dos *sobas* para com o governo colonial foi uma situação paradoxal, resultado da interdependência entre os administradores coloniais e os chefes locais. Situação semelhante foi identificada por Max Gluckman no seu estudo sobre o Reino Zulu, na África do Sul: *"enquanto o governo [colonial] exige dos chefes o apoio às suas decisões, as pessoas esperam que os chefes se lhes oponham"* (1940: 48).[36]

Toda a instituição do *sobado* era parte da política indígena de Portugal nas suas colónias africanas, e veio a ser conhecida como *Regime do Indigenato*,[37] sendo direccionada para a extracção de trabalho e cobrança de impostos dos africanos. Em suma, tanto a institucionalização colonial do *sobado*, como a formalização do *Regime do Indigenato*, contribuiu para a transformação social e política de Angola.

3.2. Entre a pertença local e a cidadania

A noção de nacionalidade, que emerge no panorama europeu em meados do século XIX, possuía já, meio século volvido, uma forte estabilidade conceptual. O seu sentido era, já nessa altura, fortemente determinado pelo direito internacional privado, que definia a ligação jurídica que une o indivíduo ao Estado. A questão central que então se colocava aos juristas e parlamentares era a de determinar os critérios que tornavam possível definir esta ligação. A partir daqui era possível definir o conjunto de nacionais sujeitos à soberania

---

determinações e avisos que lhes forem transmitidos pelos administradores e chefes de posto; trazer ao conhecimento destes as queixas, pedidos e reclamações dos indígenas sujeitos à sua autoridade; manter a ordem na área da sua regedoria; fornecer, rapidamente, os homens que para a defesa ou polícia do território nacional lhes sejam requisitados; participar imediatamente às autoridades quaisquer ocorrências extraordinárias [...] como crimes ou tentativas de crimes, falecimentos ou desaparecimentos suspeitos, doenças de carácter epidémico ou suspeito, [...] a abertura de novos estabelecimentos comerciais e industriais ou o comércio de quaisquer artigos em palhotas ou vendas ambulantes e as demarcações de terrenos; participar às administrações e fazer registar os contratos d casamento, os nascimentos e os óbitos que se fazem", entre várias outras (artigo 99.º).

[36] Em muitos casos, quando e onde foi possível, os sobas resistiram activamente ao domínio colonial. Em várias situações conhecidas, os sobas engajaram-se em diferentes formas de resistência passiva.

[37] O primeiro *Estatuto do Indigenato* (equivalente aos Códigos Nativos das colónias britânicas vizinhas) foi aprovado pela força da lei em 1926 (*"Estatuto Político, Civil e Criminal dos Indígenas de Angola, Moçambique e Guiné"* - Decreto n.º 12.533, de 23 de Outubro de 1926). O Estatuto foi revisto várias vezes até à sua revogação, em 1961.

O MODERNO E O TRADICIONAL NO CAMPO DAS JUSTIÇAS 245

do Estado, transformando-se o direito num elemento de qualificação social dos indivíduos (Mamdani, 1996).

No caso português, a implantação de um sistema colonial moderno, em finais do século XIX, significou uma mudança radical da situação jurídica da maioria dos habitantes dos espaços coloniais ultramarinos africanos, assente na racialização da cidadania. Desde então assistimos a uma dissociação entre o indígena (dotado de identidade étnica e, portanto, garantindo apenas direitos privados, específicos de um dado grupo) e o cidadão (privilégio dos civilizados, garantido pelo direito público colonial). A análise da separação racializada entre cidadão e indígena é central para compreender a constituição das categorias coloniais através de um regime muito preciso de direitos e de obrigações, como sublinha Elizabeth Vera Cruz (2005: 31-32)

No caso português, a exigência da sua transformação em potência colonial moderna surgiu intimamente associada à força de intervenção de um conhecimento dotado de autoridade legal e, por isso, assumido como superior. Esta ideologia rapidamente se insinuou, garantindo-se a percepção de que tudo devia ser julgado e validado de acordo com os cânones emanados do Portugal metropolitano. A transformação do indígena em civilizado exigia que este passasse a pensar a partir das ideias da sociedade colonial, usando as referências da metrópole, evitando qualquer questionamento reflexivo sobre o carácter ambíguo da relação colonial. Esta atitude implicava categorizar a heterogeneidade, o que deu origem à classificação étnica dos colonizados. Estes grupos étnicos, que vão proliferando pelo mapa social de Angola, eram administrados, como acima referido, pelos representantes legítimos dessas populações: as autoridades tradicionais. O processo de (re)criação destas autoridades tradicionais é parte da consagração da separação entre o cidadão e o súbdito indígena (nacional) das colónias.

Com a promulgação da *Lei do Trabalho* portuguesa, em 1899,[38] a população que vivia nas colónias foi formalmente dividida em duas classes: a dos indígenas, e a dos não-indígenas ou civilizados. Os não-indígenas possuíam os direitos de

---

[38] De referir, contudo, que o *Código Penal* de 1894 (Decreto de 27 de Setembro de 1894, publicado em Boletim Oficial) expressava já a concepção-chave da separação entre '*indígena*' e '*não-indígena*' (indígenas são "*nativos do ultramar, de pai e mãe indígenas e que não se distinguem pela sua ilustração e costumes de sua raça*"). O regulamento a esta lei foi publicado apenas em 1914, através do Decreto n.º 951, de 4 de Outubro. Designava-se "*Regulamento Geral do Trabalho dos Indígenas nas Colónias Portuguesas (regulamento à lei de 1899)*". Tal como esta lei estipulava, só os idosos com mais de 60 anos e as crianças com menos de 14 anos estavam isentas do pagamento de impostos em trabalho. Todavia, na prática, só os mais idosos acabaram ficando livres do trabalho obrigatório.

cidadania vigentes em Portugal e viviam segundo a lei da metrópole; os indígenas viviam sob as leis locais e sujeitos aos procedimentos legais próprios de cada
colónia (Meneses, 2007, 2010). A associação de uma lei que regulamentava o
acesso ao trabalho a um critério identitário prendia-se com o facto de a essência
colonial postular a obrigatoriedade do trabalho ao indígena, como veículo de
progresso. A identidade de origem actuava como metáfora estruturadora do
espaço colonial, onde o 'não-indígena' original detinha, teoricamente, todos
os privilégios de cidadania portuguesa: não tinha de solicitar o ingresso no
estatuto de cidadão; nascia cidadão pela força de ser descendente de colonos.[39]

A instrumentalização do conceito de indígena como elemento central da
política colonial está patente nas propostas de organização administrativa das
colónias portuguesas. Denunciando o assimilacionismo ingénuo que grassava
na época liberal, vários políticos defendiam abertamente a separação de direitos
entre indígenas africanos e cidadãos portugueses:

> *Na terrível mania assimiladora, no nosso prurido de liberdade e igualdade civil e*
> *política para todos os habitantes sobre os quais ondeia a bandeira portuguesa, temos*
> *ido estendendo, sucessivamente e sem descanso, as instituições democráticas do nosso*
> *regime político aos sítios mais longínquos das nossas colónias. Perdendo de vista o fim*
> *humanitário e justo dessas instituições, e guiando-se apenas pela aparência exterior,*
> *pela letra enganosa da sua escrita, têm-se convencido os nossos legisladores para o*
> *ultramar que aplicando a mesma lei a todos os habitantes de uma colónia se obtinha a*
> *desejada igualdade deles todos perante essa lei* (Costa, 1901: 589-590).

O Estado Novo, implantado nos finais de década de 1920, veio consolidar as
políticas de segregação. No espaço colonial, a sua implantação inaugura-se com
a promulgação da primeira versão do Estatuto do Indigenato, que defendia, sem
compromissos, a inferioridade jurídica do indígena (por isso mesmo passível
de ser submetido a um regime disciplinar e repressivo específico) e consagra-
va o seu estatuto de não-cidadão. O preâmbulo do Estatuto determinava, de
imediato, os tempos dos direitos, ao estipular que:

---

[39] Convém referir que o grupo dos 'colonos' estava, ele próprio, fragmentado: entre os 'naturais' de Angola e
de outros espaços coloniais e os oriundos da metrópole.

Não se atribuem aos indígenas, por falta de significado prático, os direitos relacionados com as nossas instituições constitucionais. Não submetemos a sua vida individual, doméstica e pública, [...] às nossas leis políticas, aos nossos códigos administrativos, civis, comerciais e penais, à nossa organização judiciária. Mantemos para eles uma ordem jurídica própria do estado das suas faculdades, da sua mentalidade de primitivos, dos seus sentimentos, da sua vida, sem prescindirmos de os ir chamando por todas as formas convenientes à elevação, cada vez maior, do seu nível de existência.

As sucessivas versões deste estatuto, até ser abolido em 1961, insistiram sempre na definição, de modo radical, da ideia de indígena, a quem eram aplicados os *"costumes privados das respectivas sociedades"*. Neste sentido, estes estatutos vão insistir, repetidamente, na definição legal do indígena, *"os indivíduos de raça negra ou seus descendentes que, tendo nascido ou vivendo habitualmente* [nas colónias], *não* [possuíssem] *ainda a ilustração e os hábitos individuais e sociais pressupostos para a integral aplicação do direito público e privado dos cidadãos portugueses"* (artigo 2.º). Os indígenas regiam-se *"pelos usos e costumes próprios das respectivas sociedades"*, sendo *"a contemporização com os usos e costumes [...] limitada pela moral, pelos ditames da humanidade e pelos interesses superiores do livre exercício da soberania portuguesa"* (artigo 3.º, §1.º).[40]
Os assimilados – uma terceira categoria presente no espaço colonial – encontram também expressão nestes estatutos, que estipulavam, em detalhe, as condições de acesso à cidadania portuguesa. Nos termos do Estatuto de 1929 os *assimilados* eram os antigos indígenas que haviam adquirido a cidadania portuguesa, após provarem satisfazer, cumulativamente, os requisitos culturais que marcavam um corte radical com a sua identidade étnica recente: falar correctamente a língua portuguesa; exercer profissão, arte ou ofício de que aufira rendimento necessário para o sustento próprio e das pessoas de família a seu cargo, ou possuir bens suficientes para o mesmo fim; ter bom comportamento e ter adquirido a ilustração e os hábitos pressupostos para a integral aplicação do direito público e privado dos cidadãos portugueses, de entre outros (artigo 56.º). Os assimilados (copiando o exemplo dos colonos) eram detentores de um registo de nascimento e de um bilhete de identidade.[41] Este alvará permitia que

---

[40] *"Estatuto Político, Civil e Criminal dos Indígenas das Colónias Portuguesas de África"*, aprovado pelo Decreto n.º 16.473, de 6 de Fevereiro de 1929.

[41] O Estatuto do Indigenato referia claramente que o bilhete de identidade fazia prova plena de cidadania. Se julgado e condenado por um tribunal oficial, o bilhete de identidade poderia ser apreendido e o indivíduo

registassem a posse de bens em seu nome (ex.: terra e outros bens imóveis), e recorressem aos tribunais judiciais para a resolução de conflitos, ou seja, eram defendidos e protegidos pelo Estado colonial. A identidade civil constituía a identidade do cidadão, do civilizado, único a deter direitos civis e políticos, enquanto que para os indígenas o sistema de identidade social tornava o local de nascimento ou a associação à linhagem de um determinado grupo o mais fundamento dos direitos. Os seus interesses eram colectivos, sendo defendidos pelo representante de cada grupo – a autoridade tradicional – através do direito tradicional. Porque a identidade indígena era definida pelas ligações ancestrais a uma região, esta, por seu turno, era definida com base em critérios etno-culturais. Como resultado, estas autoridades locais, tradicionais, falavam a linguagem da cultura e não a dos direitos, exclusiva dos cidadãos.[42] Em suma, o direito moderno regulava as relações entre os não-indígenas, bem como as relações entre os não-indígenas e os indígenas. Neste contexto, a desigualdade política emergia em paralelo com a desigualdade civil, estando ambas assentes no pluralismo jurídico instituído pela administração colonial: a lei colonial/estatal e o(s) direito(s) costumeiro(s).

Em 1933, com a promulgação da *Carta Orgânica do Império Colonial*, instituiu-se a protecção dos indígenas como um dever não só das autoridades administrativas coloniais, mas também, uma vez mais e em reforço do estipulado nas disposições anteriores, dos colonos que, em conjunto, *"deveriam velar pela conservação e desenvolvimento das populações" (preâmbulo ao Capítulo VII "Dos Indígenas")*. Os dois princípios em destaque – conservação e desenvolvimento, aparentemente contraditórios, neste contexto específico traduziam a consagração da perenidade de um estado de civilização enquadrado num modelo de desenvolvimento colonial.

Estes procedimentos legais simbolizavam o artefacto do poder de Portugal para criar a categoria do indígena, consagrando legalmente a ruptura entre cidadãos e indígenas, servidos por sistemas normativos distintos. É este pressuposto político colonial que suscita o que Boaventura de Sousa Santos (2007:

---

em questão era, de novo, considerado indígena. Ou seja, o estatuto de 'civilizado' nunca foi pleno nem definitivo (Bender, 1978: 286).

[42] Vários autores (Chanock, 1998; Mamdani, 2000) alertam para a existência de situações de arbitrariedade legal, em contexto de pluralismo jurídico, quando o indígena não detinha instrumentos legais que protegessem os seus interesses e direitos, para além de normas costumeiras controladas, e frequentemente manipuladas, pelas autoridades tradicionais locais.

4) identifica como sendo a característica estruturante do pensamento abissal: *"a impossibilidade da co-presença dos dois lados da linha."* Ou seja, os sistemas de regulação social presentes entre os indígenas penderam para uma localização geopolítica periférica, conducente a processos de negligência política e cientíífica, desanexando os conflitos e as instâncias que os separavam da contemporaneidade.

3.3. Autoridades tradicionais: algumas especificidades de Angola

O sistema colonial tornou-se num meio de incorporação de sujeitos nativos na arena do poder colonial. Uma vez que os africanos 'tradicionais' habitavam principalmente as zonas rurais, o direito costumeiro passou a significar o espaço rural do domínio colonial, como se pode ver em muitos dos estudos produzidos sobre o tema. Em Angola, as cidades modernas, que se desenvolveram especialmente a partir de finais do século XIX, possuíam um número significativo de populações africanas, que habitavam nos musseques. As populações indígenas dos musseques – com diferentes origens étnicas – estavam sob a governação directa de um administrador, que contava com a ajuda de *sobas*, sendo a existência de *sobas* 'urbanos' um dos traços da administração colonial portuguesa.

Como Ruy Duarte de Carvalho (1989) e outros apontam, a Luanda colonial possuía várias autoridades 'tradicionais', que governavam a enorme mole africana. A continuidade do poder foi, portanto, duplamente quebrada, tanto em termos de linhagem, quanto em termos de organização territorial. Aqui, mais visivelmente do que em outros lugares, as autoridades tradicionais – e as normas por elas aplicadas – foram uma construção produzida no encontro entre os saberes locais e o poder colonial. Justamente por que as populações governadas por estes *sobas* urbanos tinham múltiplas origens, o processo de tradicionalização ou não ocorreu ou foi incompleto, bem como as identidades, as práticas e a autoridade no que diz respeito aos costumes, que se mantiveram flexíveis e difusas.

Luanda não foi uma excepção; casos semelhantes foram descritos quanto a outros contextos urbanos africanos, pondo assim em causa o pressuposto de que as autoridades tradicionais eram uma característica do passado, presentes unicamente em antigos ambientes rurais africanos.[43]

---

[43] Sobre este assunto cf. Diouf, 1996; Goerg, 1997; Jossias, 2004; Meneses e Santos, 2008; Fourchard, 2009 e Bryceson, 2009. Cf., ainda, o capítulo de Américo Kwononoka, neste volume.

Em contextos urbanos, e de acordo com várias pessoas tornadas responsáveis pelos 'casos tradicionais', os procedimentos, normas e multas eram estabelecidos administrativamente através de uma negociação entre a administração portuguesa e as autoridades tradicionais presentes, a fim de suprimir a potencial anarquia. Os *sobas* consideravam a sua própria autoridade para a resolução de disputas como um poder apoiado pelas autoridades civis, pela polícia e pelos militares. Neste sentido, os *sobas*, em geral, não colaram ao conceito 'tradicional' a noção de distinto, autóctone, localmente derivado, ou essencial para a identidade local, eventualmente com excepção do caso muxiluanda (Carvalho, 1989). Uma vez que as expectativas associadas a este domínio entre os súbditos coloniais não eram muito fortes, ou porque o desenvolvimento associado às regras de governação entre os sujeitos coloniais fosse relativamente leve, não houve necessidade de 'inventar' ou registar tais práticas, ou mesmo o direito tradicional.

Outro aspecto particular do colonialismo português tem a ver com o facto de Angola não ter experimentado uma consignação formal de todas as 'populações indígenas' em tribos bem definidas. Um dos traços da colonização portuguesa foi a utilização dos líderes tradicionais para administrar territórios identificados de acordo com traços linguístico-culturais (as linhagens).[44] Esta questão é particularmente sensível, uma vez que as diferenças não eram apenas regionais/étnicas, mas eram também devidas à adesão a determinados grupos religiosos. Como referem vários autores, em várias regiões de Angola, grupos religiosos (protestantes, católicos, etc.) tornaram-se parte da complexa rede de instituições de resolução de conflitos.[45] No entanto, as dimensões sócio-jurídicas deste fenómeno ainda não foram completamente estudadas. Mas o que os estudos realizados sugerem é que as disputas sobre fronteiras étnico-culturais e religiosas e as suas representações jurídicas se tornaram espaços de luta quanto à natureza e à estrutura da autoridade política, num contexto em que o Estado colonial procurava impor um enquadramento legal dualista: de um lado, o direito consuetudinário, atrasado, dos indígenas; e, do outro lado, o direito moderno, do Estado.

---

[44] Como resultado, somente no final da presença colonial as autoridades portuguesas produziram os primeiros mapas étnicos das províncias ultramarinas.

[45] Cf., por exemplo, Pélissier, 1978; Remick, 1978; Altuna, 1985; Neto, 1997; Schubert, 2000 e Fernando, 2001. Cf., ainda, o capítulo de Fátima Viegas, neste volume.

Formalmente, e com a implantação do *Regime do Indigenato*, três grandes classes habitavam o território de Angola: os cidadãos, cuja maior parte eram colonos, gozando de plenos direitos conferidos pela cidadania portuguesa e vivendo de acordo com as normas do direito civil; os indígenas, que viviam segundo as normas do direito costumeiro; e uma reduzida categoria de 'assimilados', negros ou miscigenados, cidadãos com *status* inferior, que haviam cumprido os requisitos de incorporação dos valores civilizados portugueses.[46] Os tribunais judiciais estavam à disposição para a utilização dos cidadãos (incluindo os assimilados), enquanto as populações indígenas, até a revogação do *Indigenato*, possuíam acesso somente a 'tribunais privados'.[47]

Analisando os sistemas de justiça presentes em Moçambique,[48] Adelino Macedo sublinhava que *"a administração da justiça aos indígenas rege-se por foro privativo, independente da organização judiciária portuguesa"* (1944: 15), reafirmando a dualidade jurídica do Estado colonial. Os magistrados e oficiais de justiça estavam ao serviço do reduzido grupo de cidadãos, ficando o direito indígena ao cuidado das autoridades tradicionais. No caso dos não-cidadãos, a resolução de conflitos era gerida pelas autoridades administrativas coloniais, sistema que integrava igualmente os funcionários da administração e dos serviços indígenas (ex. sobas – Carvalho, 1955), conforme estipulava o Regulamento dos Tribunais Privativos Indígenas.[49]

A função judicial do império era exercida pelos tribunais ordinários, obedecendo à seguinte estrutura hierárquica:

a) Supremo Tribunal de Justiça (última instância de recurso);
b) Conselho Superior Judiciário das Colónias (gestão de pessoal);
c) Tribunais da Relação das Colónias;
d) Tribunais de Comarca;
e) Julgados Municipais;
f) Julgados de Paz.

---

[46] Ou seja, a indicação de que os 'assimilados' haviam incorporado referências civilizacionais nos seus comportamentos e, portanto, se encontravam a caminho de se tornarem portugueses por completo.

[47] Conforme estabelecido pelo Regulamento dos Tribunais Privativos dos Indígenas (Diploma Legislativo n.º 37, de 12 de Novembro de 1927), tais tribunais eram presididos por um funcionário administrativo, e assistidos por duas autoridades locais indígenas.

[48] À data também colónia de Portugal em África.

[49] Depois da sua extinção (em Abril de 1932), estas funções transitaram para os Tribunais da Relação (Macedo, 1944).

As duas primeiras instituições funcionavam unicamente em Portugal e, no espaço ultramarino colonial, o Tribunal da Relação era de recurso (tribunal de 2.ª instância), embora as suas decisões fossem passíveis de recurso para o Supremo Tribunal de Justiça, em Lisboa. O Tribunal da Relação actuava como intermediário entre a metrópole e o Ultramar (Carvalho, 1955: 23-28).

Nos Tribunais Privativos Indígenas *"os indígenas devem reger-se pelos usos e costumes próprios das suas comunidades com os limites porém da moral e superiores interesses do livre exercício da soberania portuguesa"* (Macedo, 1944: 56), recorrendo-se à legislação colonial nos casos omissos.[50] Estes tribunais indígenas obedeciam a uma estrutura hierárquica, paralela à da justiça oficial, tendo como instância de recurso o Tribunal Superior Privativo dos Indígenas, sediado na capital da colónia, presidido pelo governador-geral e coadjuvado pelo Presidente da Relação e pelo Director encarregue dos assuntos indígenas. Aqui chegavam os processos em recurso dos tribunais privativos indígenas. Os tribunais privativos dos indígenas[51] funcionavam em cada circunscrição administrativa de regime militar ou civil, concelho ou área de fiscalização dos prazos nacionais e intendências; já nas sedes dos povos administrativos funcionavam tribunais inferiores de conciliação e de polícia. Estes tribunais funcionavam, predominantemente, em espaço rural, onde habitava a maioria da população africana, desempenhando um papel central no controlo e penalização da população colonizada.

Para a população indígena a falta de cumprimento das obrigações estipuladas legalmente implicava a instauração de processos a serem julgados nos tribunais privativos indígenas, sendo as penas, maiores ou menores, convertidas em iguais dias de trabalho obrigatório, de acordo com o Decreto-Lei n.º 38.300.[52]

O Acto Colonial[53] estabeleceu a função de tutela do Estado português sobre o indígena, legitimando a estrutura jurídica dual. Esta função só terminaria,

---

[50] Procurando seguir a lógica presente nos territórios vizinhos, a lei estipulava que, enquanto não fossem publicados em cada colónia os respectivos códigos do Indigenato, as penas a aplicar pelos tribunais eram reguladas pelo Código Penal Português (Carvalho, 1955: 13).

[51] Estes tribunais eram constituídos pelas autoridades administrativa da sede de circunscrição, concelho, fiscalização dos prazos ou intendências e o seu presidente era assistido por dois assessores indígenas de maior graduação e autoridade da respectiva circunscrição, sendo um nomeado pelo governador do distrito e o outro escolhido pela Comissão de Defesa dos Indígenas, servindo por dois anos e com direito a alimentação e gratificação mensal fixada pelo Governador-Geral. Aos julgamentos assistiam os chefes tradicionais das regiões a que pertenciam as partes.

[52] De 15 de Janeiro de 1930. Como estabelecia a §3 do n.º 4 do artigo 3.º, do Regulamentos dos Tribunais Indígenas, a pena de trabalho correccional nunca poderia ser inferior a três dias e não superior a dois anos e a pena maior de trabalhos públicos deveria ser sempre cumprida em distrito diferente daquele em que residia o condenado.

[53] O *Acto Colonial* entrou em vigor através do Decreto n.º 18.570, de 8 de Julho de 1930.

formalmente, com a abolição do Indigenato, em 1961, face ao estalar das guerras nacionalistas.

Alguns anos antes, em 1956, Adriano Moreira, antevendo a necessidade de transição, analisava alguns dos cenários possíveis, num texto intitulado *"As elites das províncias portuguesas de indigenato (Guiné, Angola, Moçambique)"*. Este autor entendia que as sociedades colonizadas no seu conjunto, na sua evolução progressiva para a integração junto da sociedade-mãe civilizada, deveriam atender ao papel desempenhado por sectores naturalmente diferenciados, as elites. Assim, nos escalões superiores da hierarquia incluíam-se: 1) os colonos; 2) os assimilados; 3) os assalariados urbanos, já aculturados; 4) as autoridades gentílicas colocadas sob autoridade portuguesa; e 5) as minorias étnicas e religiosas.

Postadas do 'lado de cá' da linha abissal que separava a civilização da selvajaria, a cultura da natureza, essas elites eram, conjuntamente, opostas àqueles que se situavam do 'lado de lá' da linha, os indígenas, que deveriam ser 'civilizados' em obediência aos princípios da assimilação, processo pelo qual poderiam, finalmente, escapar a essa natureza mista de paraíso e de pecado:

> *Estes princípios* [Estatuto do Indigenato e assimilação] *constituem a natural reacção dos que observaram directamente as consequências da liberdade dada às populações indígenas para não trabalharem e para continuarem vivendo como sempre viveram, nas exuberantes regiões equatoriais, estendendo as mãos aos frutos para se alimentarem e às cascas das árvores para se cobrirem"* (1956).

Fundamentava-se, dessa forma, uma escala de direitos e deveres políticos, sociais e económicos.

Por alturas da abolição do Indigenato, Adriano Moreira justificava, em última instância, uma relação marcadamente assimétrica entre os pólos antitéticos dessa hierarquia:

> *A regra revolucionária da igualdade perante a lei teve como corolário lógico o princípio de que ninguém pode invocar a ignorância desta, sendo certo e sabido todavia que nem os técnicos podem ter um conhecimento completo e exacto das leis. Ora é o retorno à desigualdade perante o dever que o Estatuto* [do Indigenato] *consagra, colocando a cargo do colono um dever de diligência e protecção que não lhe pertence na metrópole e que o obriga a uma diligência excepcional. Consagra-se assim um tipo normativo de colono, que se traduz em atribuir a todo o português no ultramar uma função de interesse público. A faculdade que o indígena tem de, voluntariamente e logo que tenha*

adquirido os usos e costumes pressupostos pela aplicação do direito público e privado português, optar pela lei portuguesa comum, ficando assim assimilado aos cidadãos originários, mostra como a igualdade do género humano continua a inspirar o nosso direito (1961: 338).

Em Setembro de 1961, com a abolição do Indigenato,[54] a situação conhece algumas mudanças, embora pouco significativas. Com esta reforma, legalmente, todos os habitantes do 'espaço do império português' passaram a ser considerados 'cidadãos' de uma *"sociedade multirracial"*, fruto da *"sábia e oportuna conjugação do respeito pelos usos e costumes locais e vincado propósito da assimilação".*[55] Todavia, os preconceitos gerados continuaram a influenciar de forma determinante as políticas coloniais, reafirmando a desigualdade entre colonos e colonizados, conforme os trechos de vários decretos e leis deixam ainda descortinar.[56]

O Decreto n.º 43.897, de 6 de Setembro, reconhecia nas províncias ultramarinas os usos e costumes locais, reguladores de relações jurídicas privadas.[57] Tal como se afirma no seu preâmbulo,

*Quando o Decreto de 18 de Novembro de 1869, que pôs o Código Civil em vigor no ultramar, ressalvou os usos e costumes das regedorias, e ainda dos imigrantes orientais, [...] limitou-se a exprimir formalmente uma prática velha de séculos. Foi, assim, o primeiro diploma que estabeleceu, de maneira formal, o princípio da pluralidade de estatutos de **direito privado** e mandou proceder à codificação dos usos e costumes admitidos. [...] O princípio da codificação foi mantido, mas simultaneamente estabeleceram-se algumas regras destinadas a tornar possível a prova judiciária do direito costumeiro que não tivesse sido objecto de codificação e ainda a resolver os conflitos de leis suscitados pela conexão das relações jurídicas com mais de um estatuto de direito privado. [...] Decidida a revogação do Estatuto dos Indígenas, importa salvaguardar a inteira validade dos estatutos de direito privado, em tudo o que não contraria os princípios superiores da moral que no nosso sistema constitucional limitam o próprio poder do*

---

[54] Decreto n.º 43.893, de 6 de Setembro.

[55] Texto do decreto que aboliu o Estatuto do Indigenato.

[56] Mais, várias forma as tentativas de avaliar a influência da presença portuguesa em terras de Angola, no que concerne à implantação do direito moderno. Um inquérito realizado em 1968 procurava, entre outros temas, estimar se os africanos em Angola se tinham tornado 'menos tradicionais' abandonando os seus usos e costumes como as guerras intertribais, a violência comunitária endémica, e o fraccionismo étnico (Câmara Pina, 1968: 540-441).

[57] Quer os já compilados, quer os não compilados e vigentes nas regedorias.

Estado, e importa ainda, como corolário, definir as regras a que deve subordinar-se a resolução dos conflitos de leis, insistindo-se no princípio da codificação por necessidades evidentes de certeza e clareza do direito.

Ou seja, mantinha-se a separação de direitos e a fractura abissal entre sistemas de justiça persistia, embora se abrisse a possibilidade de os indígenas acederem, também, ao direito português, ao qual, até então, apenas acediam na categoria de réus.

Tal como estipulavam os artigos deste decreto, os direitos costumeiros eram para ser recolhidos, sistematizados e utilizados sempre que não ofendessem ou contrariassem as leis portuguesas, consideradas instância superior de referência (artigo 1.º). Reciclando aspectos da prática política de assimilação, o artigo 3.º do decreto estabelecia que:

*A qualquer indivíduo é lícito submeter-se totalmente à lei **escrita** de direito privado, mediante simples declaração irrevogável, a fazer perante os serviços do registo civil e identificação, e sem prejuízo dos direitos e obrigações anteriormente assumidos. Os seus descendentes, incluindo os menores existentes à data da opção, ficam sujeitos à mesma lei.*

Para resolver as relações de direito privado entre pessoas que não tenham o mesmo **estatuto** pessoal previa-se que estas fossem reguladas (artigo 4.º):

a) Pela lei que especialmente tiver prevenido a hipótese;
b) Na falta de lei especial, pela lei que, por expressa declaração ou pelas circunstâncias do acto, tiver sido escolhida pelas partes;
*c) Em todos os outros casos, pela lei **escrita** comum.*

Porque os indígenas podiam optar pelo direito civil e penal português, importava reestruturar o sistema de administração da justiça do Estado. Neste sentido, na mesma leva de decretos é assinado, a 6 de Setembro de 1961, o Decreto n.º 48.898, que reorganizava os julgados municipais e os julgados de paz, de forma a alargar o sistema jurídico português a todo o espaço colonial. Procurava-se

[...] implantar um sistema jurídico o mais possível coincidente com o metropolitano, mas em que se respeite o direito tradicional e os interesses legítimos das populações,

pretende-se agora conseguir, com maior eficácia, a gradual e sistemática penetração da actividade judiciária nas regiões mais afastadas das sedes das comarcas dos distritos judiciais do ultramar.

Como este decreto sublinhava, procurou-se *"submeter todos os portugueses ao julgamento dos mesmos tribunais, sem qualquer distinção em razão das pessoas"* (artigo 2). Porém, como o texto jurídico refere,

> *Por outro lado, o respeito pelo direito tradicional das populações integradas no povo português implicou uma variedade de formas de processo relacionada com a variedade dos estatutos de direito privado que se reconheceram como válidos. Esta relação entre o direito substantivo e o direito processual, que é da própria essência do direito, revelou, na experiência histórica do nosso sistema jurídico, que a ambicionada uniformidade processual, que deveria acompanhar a unidade dos órgãos jurisdicionais, é fundamentalmente impedida pela falta de codificação do direito tradicional, sejam quais forem as razões pelas quais se deva explicar essa não codificação. [...]*
> *O relatório do Decreto n.º 39.817, de 15 de Setembro de 1954, justificava as soluções então adoptadas em termos que é conveniente recordar.*
> *Reconhecia que a administração da justiça nos graus inferiores, confiada até então aos julgados municipais (ordinários e especiais), julgados instrutores e tribunais privativos de indígenas, implicava uma multiplicidade de tribunais mais aparente do que real, visto que, de facto, vinham a confundir-se na mesma pessoa, o administrador, as várias funções que as leis atribuíam a cada um. Mas salientava também que as circunstâncias peculiares das províncias ultramarinas não permitiam entregar exclusivamente aos magistrados de carreira a administração da justiça.*
> *Por um lado, era necessário dar especial relevância às questões reguladas pelos usos e costumes não codificados, cujo conhecimento implica intimidade tão profunda quanto possível com a vida local; por outro lado, quanto aos problemas suscitados pelas relações em contacto com mais de um estatuto de direito privado, a experiência mostrava a necessidade de um processo tão simples quanto possível, dando uma grande liberdade ao **juiz** para resolver problemas que exigem, pela natureza das coisas, largo recurso à equidade; finalmente, a falta de pessoal tecnicamente qualificado era dificuldade que não podia desconhecer-se.*
> *Por tudo se concluiu que a ocupação judicial do território não podia prescindir da intervenção dos administradores para assegurar o funcionamento dos julgados.*
> *As soluções que se adoptam no presente diploma são desenvolvimentos lógicos do que se encontrava legislado, tendo em conta o facto novo da revogação do Estatuto dos*

Indígenas. Assim, e em primeiro lugar, não há qualquer distinção dos tribunais em razão das pessoas, como já acontecia e foi sempre tendência do nosso direito. Ao entregar as funções judiciais, nos tribunais municipais, aos conservadores ou juízes privativos licenciados em Direito, sempre que as circunstâncias o permitam, procura-se libertar os administradores para as suas tarefas específicas e corresponder, com a formação especializada do juiz, ao aumento do campo de aplicação da lei escrita de direito privado que vai imediatamente verificar-se em algumas regiões. A forma especial de processo que se mantém em função do estatuto de direito privado costumeiro não codificado, que todos podem voluntariamente abandonar, é determinada pelas razões da experiência que antes ficaram mencionadas e corresponde ao sentimento de justiça dos povos e à própria natureza desse direito costumeiro.

Por decisão da administração colonial foram criados, nas sedes de comarcas judiciais, os julgados municipais de 1.ª e 2.ª classe e, nas freguesias ou postos administrativos, os julgados de paz, procurando-se, deste modo, uniformizar a estrutura judicial do Ultramar com a metropolitana (Decreto n.º 48.033, de 11 de Novembro de 1967). Porém, habitando muitas vezes áreas rurais, os africanos dificilmente poderiam aceder a estes julgados para a resolução dos seus problemas, uma vez que se situavam em contexto urbano; há ainda que ter em conta que a maioria da população possuía fracos níveis de escolaridade e de poder financeiro para aceder a estas instâncias da justiça oficial. De acordo com este decreto, as competências do juiz municipal de 2.ª classe deviam ser desempenhadas em regime de inerência de funções pelos conservadores do registo civil do respectivo concelho ou circunscrição, mas a falta destes acabou atribuindo aos administradores tais competências. Solução semelhante foi adoptada nos postos administrativos, em relação aos juízes de paz. Correspondendo aos espaços onde habitava a maioria da população africana, estes julgados eram presididos pelos administradores, assistindo-se a uma acumulação de poderes nesta personagem, espelho da persistência de um sistema dual de justiça nas zonas sob administração colonial portuguesa.

O Direito e a administração da justiça tornaram-se, entre outras coisas, uma tecnologia de dominação. Sob a meta mais ampla da 'missão civilizadora', as instituições tradicionais de resolução de conflitos eram vistas pelo Estado colonial, essencialmente, como transitórias, e esperava-se que definhassem à medida que a população indígena se fosse gradualmente civilizando. Isso explica, parcialmente, o facto de o direito costumeiro nunca ter sido codificado e, assim, introduzido em Angola,[58] principalmente quando comparado com algumas das realidades vizinhas, onde os tribunais tradicionais funcionavam de acordo com a institucionalização da lei tradicional escrita.

As práticas angolanas reflectem o que se pode chamar de 'direito costumeiro vivido', ou seja, nas práticas e costumes da população no seu dia-a-dia. Em paralelo à ausência de perícia legítima por parte da administração colonial, fruto do estudo e conhecimento das populações sob o seu governo, as autoridades tradicionais, neste sistema de administração dualista, viam a sua legitimidade reforçada pelo recurso crescente, por parte das próprias populações colonizadas, às instâncias disponíveis localmente para a mediação dos seus litígios e outros aspectos de gestão local. Constantemente renovado, o sentido de autoridade tradicional local foi adquirindo novos contornos, a que recorria quer a administração colonial, quer a população local. Como resultado, tanto os administradores portugueses quanto os *sobas* detinham a possibilidade de acomodar os costumes para responder a situações diversas, emprestando, no decurso da tomada de decisões, vários matizes às interpretações dos casos. Este traço da presença colonial portuguesa levou, também, a que em Angola nunca se tivessem formalizado os tribunais tradicionais.

Como vimos ao longo desta parte do texto, até ao início dos anos 1960, aquando do eclodir da luta pela libertação nacional, a esmagadora maioria dos africanos não eram cidadãos e, efectivamente, não possuíam direitos civis. Apesar de vários autores referirem que o decreto que aboliu o regime do *Indigenato* desferiu um duro golpe contra as bases da dualidade jurídica e política da governação indirecta, na sua essência a relação colonial manteve-se.

Esta breve resenha permite descobrir as ambiguidades e complexidades associadas à introdução da noção 'tradição', a qual permanece central para a compreensão das dinâmicas sociais e políticas contemporâneas. A figura das autoridades tradicionais assume, especificamente, um papel de destaque, pois que, longe de se resumir à figura do *soba*, constitui um pólo de (re)constituição identitária, em torno do qual se articulam vários actores e se discutem formas de legitimação e (re)produção de poder (Santos, 2003, 2006a). Como num jogo de espelhos, a tradição, longe de ser um produto apenas da intervenção colonial,

---

[58] Ou seja, houve alguns estudos antropológicos e sócio-jurídicos realizados sobre este tema, mas que nunca foram transformados em códigos legais oficiais.

foi continuamente (re)interpretada, (re)formada e (re)construída, quer pelos súbditos, quer pelos cidadãos.

Conclusões

A continuidade dos princípios propostos pela modernidade na estruturação social de Angola resultou numa sequência de tentativas de integrar a alteridade, definida, principalmente, como o 'espaço tradicional', numa racionalidade centralizada, sem criar um espaço de reconhecimento da diferença, em termos de direitos, fruto de experiências específicas cuja memória perdura.

A verdade é que as autoridades tradicionais derivam a sua autoridade dos costumes, e não tanto da tradição. E os costumes, e não a tradição, são um dos elementos principais para a sua entronização. Os costumes, apesar de intimamente interligados à tradição, são geralmente mais flexíveis que a tradição e mais úteis em contextos de mudança. O conhecimento dos costumes e a capacidade de os aplicar de forma sábia e aceite pela comunidade é um dos principais vectores de poder. Os costumes são, como o direito moderno, exemplos de legalidades e, como tal, fontes de legitimidade.[59]

Ultrapassando a visão do Estado colonial como um 'espaço construído' pela Europa para regular a alteridade, sinónimo de desordem, a análise das autoridades tradicionais (no seu sentido amplo) permite visioná-las enquanto pólos de (re)constituição identitária, em torno do qual se articulam vários actores. Uma análise dos percursos resultantes de encontros coloniais permite detectar como as forças em presença foram construindo novos espaços de actuação, novos tipos de organização social, onde a definição do 'moderno' e do 'tradicional' adquire continuamente novos significados, numa constante tensão entre as várias forças sociais em presença. Neste sentido, a tradição e a cultura estão permanentemente em processo de renegociação e de redefinição, sendo

---

[59] Neste sentido, um dos principais problemas resulta, frequentemente, da intervenção da 'autoridade académica', questionando a autoridade para autenticar e os papéis representados pelos académicos e pelas comunidades nos processos de representação (Richland, 2008: 150). Para muitos académicos as noções de tradição e diferença cultural são desafiantes, exactamente porque esses pesquisadores insistem em ver essas noções de forma essencialista, prontas a serem autenticadas – como representações que podem ser selectivamente contextualizadas e comparadas às conclusões científicas do Ocidente, sem qualquer mediação de processos de tradução (Santos, 2006c). As práticas contemporâneas, os valores, costumes e contextos de comunicação, através dos quais as representações da tradição são desenvolvidas e funcionam, não são estudados. São apenas tratados como objectos que devem ser avaliados, não em termos das lógicas culturais de onde derivam, mas normalmente apenas em termos da lógica etnográfica ou historiográfica que o analista usa.

a invenção, a criação, partes normais e inevitáveis da perpetuação e do uso de costumes e tradições (Hanson, 1997: 196).

O que é evidente é o efervescente pluralismo social, onde factores tradicionais (étnicos, territoriais, familiares, religiosos e profissionais) continuam a constituir aspectos importantes na construção da identidade pessoal e das normas sociais, e que muitas vezes tais factores têm maior relevância na vida das pessoas do que as próprias leis regulamentadas pelo Estado (por exemplo, em domínios como a terra,[60] herança e papéis de género[61]).

Como esta obra apresenta, apesar da longa história de intervenção estatal as pessoas recorrem a fóruns onde existem várias instâncias extra-judiciais de resolução de conflitos, incluindo autoridades tradicionais, optando por diferentes instâncias de acordo com a natureza das queixas e a complexidade do caso.[62] A diversidade de instituições presentes é uma boa indicação da diversidade cultural e da heterogeneidade nas soluções propostas para as disputas. As decisões nesta rede de culturas jurídicas são tomadas com base na sabedoria local, fruto do desenvolvimento dos costumes localmente enraizados, sendo estas decisões tomadas e implementadas rapidamente, o que contrasta com o sistema jurídico estatal, onde se assiste ao fragmentar de depoimentos, a atrasos nas sentenças e a tempos infinitos para implementar os acórdãos. Vale ressaltar, no entanto, a necessidade de que todas as decisões nestes fóruns extra-judiciais sejam justas ou que não reflictam indevidamente o poder das elites locais ou ainda que não tratem certos grupos de forma desigual.

O pluralismo jurídico de sistemas múltiplos de resolução de conflitos pode resultar numa competição legal saudável. No entanto, a vasta rede de sistemas de resolução de litígios numa localidade, a funcionar harmonicamente, pode facilmente ser fracturada. A politização das instâncias de resolução de conflitos pode gerar uma extrema competitividade entre instâncias. Como resultado, cidadãos confusos e impotentes são confrontados com uma segmentação dos fóruns de gestão de conflitos. Nestas circunstâncias, a convivência é substituída por uma acirrada concorrência e as pessoas que recorrem aos seus serviços são levadas a escolher entre uma das partes da rede. A proliferação da administração e mecanismos de resolução de conflitos, ao

---

[60] O capítulo de Fernando Pacheco, neste volume, trata da questão da terra.
[61] Esta questão é tratada no capítulo de Henda Ducados, neste volume.
[62] Cf. a análise feita no volume III.

invés de expandir o horizonte de escolhas destas pessoas, acaba por resultar num sentido oposto.[63]

Como este capítulo procurou mostrar, as tensões associadas à transformação do Estado e as reacções das comunidades à administração das suas regiões de acordo com as suas necessidades têm vindo a produzir vários sistemas híbridos de justiça, cujo historial merece uma análise detalhada: a (re)invenção moderna do direito tradicional.

Do ponto de vista dos actores locais, as pessoas legitimam os dirigentes a quem recorrem para resolver um problema, seja esta autoridade parte da estrutura oficial do Estado ou parte da arena das estruturas comunitárias. Recorrer às 'autoridades tradicionais', para além da administração estatal local, depende da lealdade e da confiança daqueles que reconhecem nestas autoridades os depositários da sabedoria e do poder para resolver conflitos e para proteger os interesses do grupo. Esta legitimidade – o reconhecimento da competência destas autoridades – é atestada por aqueles que, quotidianamente, a eles recorrem, com novos conflitos e problemas.

A partir de uma reflexão de longa duração é visível que as práticas de justiça presentes em Angola vão muito além dos sistemas legais formalmente estabelecidos, como forma de dar resposta aos problemas que envolvem a sobrevivência das pessoas. Ao procurar resolver os seus problemas, estas comunidades desenvolvem formas alternativas de governação e de justiça que colocam grandes desafios à construção de um sistema plural e democrático de justiça. As situações discutidas neste relatório revelam a enorme vitalidade das respostas 'a partir de baixo' a uma necessidade de justiça a que o Estado não consegue responder; são instâncias cujas histórias mostram que os processos de construção hegemónica e de formação de sujeitos produzem diferentes respostas, dependendo das forças políticas em presença e da forma como os contextos marcam as relações entre o Estado e as comunidades. Processos de negociação e apropriação, que incluem a apropriação das instâncias e sua transformação para servir os interesses das comunidades marcam, o país. A sua presença nos processos de mediação de conflitos é sinónimo de um sistema de justiça oficial desigual e injusto, apoiado em situações contínuas de desmandos e corrupção do judiciário. No seu conjunto, estas experiências, alternativas à justiça oficial e formal, apontam para a possibilidade de construção de um sistema de justiças

---

[63] Cf. Meneses e Santos, 2008, para uma análise do caso de Moçambique.

mais humano, efectivo e democrático, onde o sentido do bem público é visto como sinónimo de dedicação ao grupo, à comunidade, e não como um privilégio ou expressão de impunidade. Mais ainda: onde a justiça é feita com o povo e para o povo. Mas este processo, em Angola, tal como noutros locais, deixa o Estado com o dilema de decidir se apoia (e como) ou se desqualifica estas instâncias e actores. O Estado angolano tem feito uma longa travessia, empenhando-se agora no controlo do desenvolvimento destas outras formas de justiça através da promoção de algumas reformas legais, apesar de este processo, em vários locais, ter ultrapassado o próprio Estado. A tónica do discurso de vários dos entrevistados para este projecto é de que o que se exige, de facto, é o respeito pela sua dignidade e não apenas o reconhecimento, pois que o reconhecimento significa, em última análise, a sua subordinação à estrutura do Estado.

Tentando sumariar o tema dos sistemas 'tradicionais' de justiça, em termos de aceitação e legitimidade, é manifesta a dificuldade em definir estes termos. A legitimidade da figura de autoridade no local implica a aceitação do direito desta a governar, reiterado pela sua comunidade, obediência esta que deverá ser, mais ou menos, voluntária. Neste contexto é fundamental distinguir entre as estratégias políticas geradas com o objectivo de criar consenso e as criadas para obter um sentido de obediência. As primeiras assentam na questão de legitimidade, enquanto as segundas podem resultar na aceitação ou produzir resistência às decisões aprovadas. Para a primeira opção ser efectiva a longo prazo, o poder terá de se transformar numa forma de autoridade legítima; caso contrário, poder-se-á transformar num exercício de auto-destruição.

A ideia de um Estado cuja Constituição assenta *"na sabedoria das lições da história comum, das raízes seculares e das culturas"*,[64] demonstra que uma correspondência homónima entre nação e Estado não é possível nem necessária. Isto não significa relegar o Estado em Angola, a exemplo de outras situações africanas, para um lugar subalterno; pelo contrário, os debates actuais acentuam a centralidade do Estado como um espaço político que vários actores e sistemas de administração de justiça – com distintas histórias e trajectos políticos – disputam.

As comunidades, na busca de sentidos de justiça que respondam, também, às suas normas e princípios, e sem jamais questionar a sua identidade angolana, têm vindo a desenvolver práticas de justiça cuja inspiração assenta nas suas

---

[64] Adaptado do preâmbulo da Constituição de 2010. Sobre "A Evolução Constitucional e as Justiças de Angola", cf. o capítulo de Raul Araújo, neste volume.

O MODERNO E O TRADICIONAL NO CAMPO DAS JUSTIÇAS 263

referências culturais tradicionais. Estas continuam a ser continuamente (re)trabalhadas em função das exigências contemporâneas, o que inclui a incorporação de princípios globais de direitos humanos nos sistemas de justiça que se renovam em permanência.[65]

O facto de estas outras justiças funcionarem em paralelo à estrutura oficial do Estado não significa que o seu reconhecimento legal não seja importante. Esta situação revela a fractura que persiste entre a realidade e a ordem legal oficial estabelecida, que não consegue responder às exigências dos cidadãos. Pelo facto de muitos cidadãos angolanos não se identificarem com a justiça oficial em múltiplos planos, urge realizar uma reforma legal profunda que assente, também, no reconhecimento verdadeiro do direito à diversidade, onde a cultura assume um papel primordial na luta por uma justiça que reflicta as histórias e as lutas das comunidades, em diálogo com as condições de emancipação a que o país se propõe. Esta reforma, para ser verdadeiramente democrática, terá de assentar na construção de diálogos interculturais, como solução para as diferenças, pluralismos e respeito pelos direitos humanos (Santos, 2006c: 39-42).

O convite à descolonização do sistema monocultural de justiça só pode dar-se pela libertação do potencial radical de se pensar a partir da diferença e, assim, construir alternativas de mundo partindo do local e do regional. Sob esta perspectiva, a questão da diferença colonial não é um objecto indiferenciado: existem diferenças na forma como os grupos subalternos são objectos de poder e sujeitos de uma agência. O pensamento africano está enraizado em comunidades indígenas, em culturas tradicionais, a partir das quais são desenhadas problemáticas e pressupostos. Para produzir um diálogo criativo de possíveis significados é preciso examinar o modo como determinados conceitos são incorporados nas realidades africanas. 'Ser-se indígena' não significa ir contra o que é exógeno, contra contactos entre culturas; implica, antes, ser-se contra o aparentemente insaciável poder do que 'vem de fora' e contra o seu suposto poder de dominação sobre a vida dos locais. Trata-se de um reflexo contra uma única cultura legal, hegemónica, que visa perpetuar o domínio de determinadas concepções de mundo através da imposição de um único ambiente normativo sócio-legal. Ser-se indígena, neste sentido, é adequar e (re)trabalhar ideias e

---

[65] De referir que um dos aspectos mais problemáticos destas justiças deriva da presença, ainda extremamente forte, de processos locais que reproduzem a exclusão e a subordinação das mulheres, como os capítulos sobre o Gabinete Jurídico da Sala de Aconselhamento da OMA e a Secção da Família e da Promoção da Mulher do Kilamba Kiaxi revelam.

práticas e produzir localmente 'novos' sentidos. De certa forma, significa falar de traduzir os elementos exógenos significantes, em termos de valores culturais existentes, normas e práticas. O direito, enquanto campo de lutas epistémicas, acontece também em Angola, onde múltiplos sistemas jurídicos estão a interagir e a produzir 'novas' e híbridas formas de regulação social.

Ao mesmo tempo, a análise realizada com este projecto contribui para ampliar o debate teórico sobre a natureza do Estado angolano. Como Boaventura de Sousa Santos aponta claramente, tanto a forma oficial quanto as 'outras' formas de administração da justiça não são nem autónomas, nem'culturalmente puras'; pode-se, portanto, afirmar que a natureza do Estado angolano está cada vez mais heterogénea (2006a: 44).

Enquanto objecto de crítica histórica, o conceito de cultura jurídica deve ser contextualizada. Um olhar mais atento às relações entre as distintas forças e actores envolvidos no campo da resolução de conflitos em Angola permite afirmar que o campo jurídico, durante os tempos colonial e pós-colonial, precisa de ser analisado, também, na sua vertente cultural, principalmente num cenário onde o jurídico emerge como um instrumento de controlo político. Actualmente, a panóplia de diferentes culturas políticas e jurídicas opera sob condições que permitem ao Estado limitar as suas capacidades e os seus desejos políticos e, assim, poder arbitrar a amplitude das suas relativas influências. O Estado traduz-se a si mesmo como uma forma complexa do pluralismo jurídico, repleto de desenvolvimentos espontâneos mantidos vivos pela demanda social e pela sua criatividade. No entanto, a excessiva politização da esfera pública põe em risco a paralela coexistência destas diferentes instituições e filosofias referentes à resolução de conflitos (Santos, 2008).

O direito à cultura como espaço de auto-determinação (re)emerge como um momento de afirmação democrática multicultural, que permite o alargamento da participação e da representação das populações/comunidades nos assuntos políticos que afectam as suas vidas.[66] A cidadania é mais do que um conjunto de direitos políticos garantidos pela constituição. Ela abrange também o conjunto de relações económicas, sociais e políticas entre grupos sociais e estruturas de poder que medeiam a posição do indivíduo no espaço político da cidadania, ao mesmo tempo que abrem espaço para a participação em experiências políticas

---

[66] Ou seja, através de mecanismos de participação a partir de 'baixo', que permitem a inclusão no Estado moderno de outros (extra-judiciais) sistemas de gestão administrativa e de resolução de conflitos.

mais amplas, incorporando outros espaços materiais e metafóricos, reflectindo outros saberes e experiências.

Referências bibliográficas

Altuna, Pde Raul Ruiz de Asúa (1985), *Cultura Tradicional Bantu*. Luanda: Secretariado Arquidiocesano de Pastoral.

Appiah, Kwame A. (1998), "Cosmopolitan Patriots", *in* Cheah, P.; Robbins, B. (orgs.), *Cosmopolitics*. Minneapolis: University of Minnesota Press, 91-116.

Bebeau, Yann; Niane, Boubacar; Piriou, Anne; Saint Martin, Monique (orgs.) (2003), *État et Acteurs Émergents en Afrique: démocratie, indocilité et transnationalisation*. Paris: Karthala.

Bekker, J. C.; Goolam, Nazeem M.I.; Rautenbach, Christa (2006), *Introduction to Legal Pluralism*. Durban: LexisNexis Butterworths.

Bellagomba, Alice; Klute, Georg (orgs.) (2008), *Beside the State: emergent powers in contemporary Africa*. Colónia: Rudger Koppe Verlag.

Benda-Beckmann, Franz von (1988), "Comment on Merry", *Law & Society Review*, 22 (5), 897-902.

Benda-Beckmann, Franz von (2002), "Who's Afraid of Legal Pluralism?" *Journal of Legal Pluralism*, 47, 37-82.

Benda-Beckmann, Franz von; Benda-Beckmann, Keebet von (2006), "Changing one is changing all: dynamics in the Adat-Islam-State Triangle", *Journal of Legal Pluralism and Unofficial Law*, 53-54, 239-270.

Bender, Gerald J. (1978), *Angola under the Portuguese: the myth and the reality*. Berkeley, University of California Press.

Benton, Laura (2002), *Law and Colonial Cultures. Legal Regimes in World History, 1400-1990*. Cambridge: Cambridge University Press.

Berman, Bruce; Dickson, Eyoh; Kymlicka, Will (orgs.) (2004), *Ethnicity and Democracy in Africa*. Oxford: James Currey.

Bhabha, Homi K. (1996), "Unsatisfied: notes on vernacular cosmopolitanism", *in* Garcia-Morena, L.; Pfeifer, P. C. (orgs.), *Text and Nation*. Londres: Camden House, 191-207.

Birmingham, David (1965), *The Portuguese Conquest of Angola*. Londres: Oxford University Press.

Birmingham, David (2002), "Angola", *in* Chabal, P. *et al.* (org.), *A History of Postcolonial Lusophone Africa*. Bloomington, IN: Indiana University Press, 137-184.

Boone, Catherine (2003), *Political Topographies o the African State: territorial authority and institutional choice*. Cambridge: Cambridge University Press.

Broch-Due, Vigdis (org.) (2005), *Violence and Belonging: the quest for identity in post-colonial Africa*. Londres: Routledge.

Bryson, Deborah Hahyr (2009), "The Urban Melting Pot in East Africa: ethnicity and urban growth in Kampala and Dar es Salaam", *in* Locatelli, F.; Nugent, P. (orgs.), *African cities: competing claims on urban spaces*. Leiden: Brill, 241-260.

Câmara Pina, Luis Maria (1968), "O Valor da Presença Militar na Difusão da Cultura Portuguesa em África", *Revista Militar*, 120, 533-548 e 636- 661.

Carvalho, António dos Santos (1955), *Organização Judiciária do Ultramar*. Coimbra: Coimbra Editora.

Carvalho, Ruy Duarte de (1989), *Ana a Manda e os Filhos da Rede: identidade colectiva, criatividade social e produção da diferença cultural, um caso muxiluanda*. Lisboa: Instituto de Investigação Científica Tropical.

Carvalho, Ruy Duarte de (1997), *A Câmara, a Escrita e a Coisa Dita: fitas, textos e palestras*. Luanda: INALD.

Cayolla, Lourenço (1912), *Sciencia da Colonisação*. Lisboa: Typographia da Cooperativa Militar, 2 volumes.

Chabal, Patrick; Birmingham, David; Forrest, Joshua; Newitt, Malyn; Seibert, Gerhard; Silva Andrade, Elisa (orgs.) (2002), *A History of Postcolonial Lusophone Africa*. Bloomington, IN: Indiana University Press.

Chanock, Martin (1998), *Law, Custom and Social Order: the colonial experience in Malawi and Zambia*. Portsmouth, NH: Heinemann.

Chipango, Jeremias (2004), "Transcrição da Intrevenção da Autoridade Tradicional Jeremias Chipango, da Província do Kuando Kubango", *in* Ministério da Administração do Território (org.), *Primeiro Encontro Nacional sobre a Autoridade Tradicional em Angola*. Luanda: Editorial Nzila, 195-196.

Clarence-Smith, Gervase (1990), *O Terceiro Império Português (1825-1975)*. Lisboa, Teorema.

Coelho, Maria Antonieta (2004), *Rupture and Continuity: The State, Law and the Economy in Angola, 1975-1989*. Warwick: Ph. D. Thesis, University of Warwick, School of Law.

Coelho, Virgílio (2004), "Há ainda Estruturas do Poder Tradicional na Província de Lunada? O caso paradigmático do Mwene Soba Mbanza Kalumbu", *in* Ministério da Administração do Território (org.), *Primeiro Encontro Nacional sobre a Autoridade Tradicional em Angola*. Luanda: Editorial Nzila, 309-317.

Comaroff, Jean; Comaroff John L. (orgs.) (2006), *Law and Disorder in the Postcolony*. Chicago: University of Chicago Press.

Cooper, Frederick (1996), *Decolonization and African Society: the labour question in French and British Africa*. Cambridge: Cambridge University Press.

Costa, Eduardo Augusto F. (1901), "Estudo Sobre a Administração Civil nas Nossas Possessões Africanas", *Boletim da Sociedade de Geographia de Lisboa*, 19ª série, 7-12, 535-761.

Cruz, Elizabeth Ceita Vera (2006), *O Estatuto do Indigenato – Angola: A legalização da discriminação na colonização portuguesa*. Luanda: Chá de Caxinde.

Darian-Smith, Eve; Fitzpatrick, Peter (1999), *Laws of the Postcolonial*. Ann Arbor: University of Michigan Press.

Diouf, Mamadou (1996), "Urban Youth and Senegalese Politics: Dakar 1988- 1994", *Public Culture*, 8, 225-249.

Diouf, Mamadou (2000), "The Senegalese Murid Trade Diaspora and the Making of a Vernacular Cosmopolitanism", *Public Culture*, 12 (3), 679–702.

Ebo, Chukwuemeka (1995), "Indigenous Law and Justice: Some major concepts and practices", *in* Woodman, G.; Obilade, A. O. (orgs.), *African Law and Legal Theory*. Dartmouth: Aldershot, 33-42.

Englebert, Pierre (2002), "Patterns and Theories of Traditional Resurgence in Tropical Africa", *Mondes en Développement*, 30: 51-64.

Fernando, Manzambi Vuvu (2001), "A trajectória do Simão Gonçalves Toko e o Tokoismo no despertar da consciência nacional em Angola", *in Angola: 40 anos de guerra: encontros de divulgação e debate em estudos sociais*. Vila Nova de Gaia: Sociedade de Estudos e Intervenção Patrimonial, 22-33.

Fisher, Michael H. (1991), *Indirect Rule in India: Residents and the Residency System (1764-1858)*. Delhi: Oxford University Press.

Fombad, Charles Manga (2004), "Customary Courts and Traditional Justice in Botswana: present challenges and future perspectives", *Stellenbosch Law Review*, 15, 166-192.

Forsyth, Miranda (2007), "A Typology of Relationships Between State and Non-State Justice Systems", *Journal of Legal Pluralism and Unofficial Law*, 56, 67-112.

Fourchard, Laurent (2009), "Dealing with 'Strangers': allocating urban space to migrants in Nigeria and French West Africa, end of XIX century to 1960", *in* Locatelli, F.; Nugent, P. (orgs.), *African cities: competing claims on urban spaces*. Leiden: Brill, 187-217.

Gifford, Prosser. (1967), "Indirect Rule: Touchstone or Tombstone for Colonial Policy?", *in* Gifford, P.; Louis W. R. (orgs.), *Britain and Germany in Africa: imperial rivalry and colonial rule*. New Haven: Yale University Press, 351-391.

Gluckman, Max (1940), "The Kingdom of the Zulu of South Africa", *in* Fortes, M; Evans-Pritchard, E. (orgs.), *African Political Systems*. Oxford: Oxford University Press, 25-55.

Gluckman, Max (1955), *The Judicial Process among the Barotse of Northern Rhodesia*. Manchester: University Press for the Rhodes Livingstone Institute.

Goerg, Odile (1987), *Pouvoir Colonial, Municipalités et Espaces Urbains: Conakry et Freetown, des années 1880 à 1974.* Paris: Karthala, 2 volumes.

Gomes da Costa, Capitão Manuel (1899), *Gaza: 1897-1898.* Lisboa: M. Gomes Editor.

Griffiths, Anne (1998), "Legal Pluralism in Botswana: women's access to law", *Journal of Legal Pluralism*, 42, 123-138.

Griffiths, John (1986), "What is Legal Pluralism?" *Journal of Legal Pluralism and Unofficial Law*, 24, 1-55.

Hailey, Lord (1957), *An African Survey: a study of the problems arising in Africa south of the Sahara* (revised in 1956). Oxford: Oxford University Press.

Hanson, Allan F. (1997), "Empirical Anthropology, Postmodernism, and the Invention of the Tradition", *in* Mauze, M. (org.), *Present is Past: some uses of tradition in native societies.* Lanham, MD: University Press of America, 195–214.

Hinz, Manfred (2007), *Traditional Governance and African Customary Law: comparative observations from a Namibian perspective.* Trabalho apresentado à Conferencia Estado, Direito e Pluralismo Jurídico – perspectivas a partir do Sul Global, organizada pelo Centro de Estudos Sociais da Universidade de Coimbra.

Hinz, Manfred (org.) (2006), *The Shade of New Leaves: Governance in Traditional Authority – a Southern African Perspective.* Berlim: LIT Verlag.

Hobsbawm, Eric (1988), "Introduction: inventing traditions", in Hobsbawm, E.; Ranger, T. (orgs.), *The Invention of Tradition.* Cambridge: Cambridge University Press, 1-14.

Hodgkin, Thomas (1957), *Nationalism in Colonial Africa.* Nova Iorque: New York University Press.

Hooker, M. Barry (1975), *Legal Pluralism – an Introduction to Colonial and Neo-colonial Laws.* Londres: Oxford University Press.

Jossias, Elísio (2004), *Autoridades Locais em Moçambique: Dinâmicas e Processos de sua Articulação.* Trabalho apresentado ao VIII Congresso Luso-Afro-Brasileiro de Ciências Sociais, Coimbra (mimeo)

Lemos, Alberto de (1947), "Altas Questões da Administração Colonial Portuguesa", Separata da revista *Brotéria* (Lisboa), XLIV (4).

Macedo, Adelino José (1944), *Noções de Direito Consuetudinário Indígena e Formulário Geral de Processos dos Tribunais Privativos dos Indígenas (para uso dos funcionários administrativos da colónia de Moçambique na sua qualidade de autoridades judiciais indígenas).* Lourenço Marques: Imprensa Nacional.

Malinowski, Bronislaw (1945), "Indirect Rule and its Scientific Planning", *in* Kaberry, P. M. (org.), *The Dynamics of Culture Change.* New Haven: Yale University Press, 138-150.

Mamdani, Mahmood (1996), *Citizen and Subject: contemporary Africa and the legacy of late colonialism.* Princeton: Princeton University Press.

Marnoco e Sousa, António José Ferreira (1910), *Direito Político: poder do Estado*. Coimbra: Typographia França Amado.

Marques Guedes, Armando; Feijó, Carlos; Freitas, Carlos; Tiny, N'Gungu; Coutinho, Francisco P.; Freitas, Raquel B.; Pereira, Ravi A.; Ferreira, Ricardo do N. (2003), *Pluralismo e Legitimação. A edificação jurídica pós-colonial em Angola*. Coimbra: Almedina.

Marques Guedes, Armando; Lopes, Maria José (2007), *State and traditional law in Angola and Mozambique*. Coimbra: Edições Almedina.

Matthews, Z. K. (1937), "An African View of Indirect Rule in Africa", *Journal of the Royal African Society*, 36 (145), 433-437.

Mbembe, Achille (2002), "Les Nouveaux Africains: entre nativisme et cosmopolitanisme", *Esprit*, 10, 1-10.

Melissaris, Emmanuel (2009), *Ubiquitous Law: legal theory and the space for legal pluralism*. Burlington: Ashgate.

Meneses, Maria Paula (2006), "Traditional Authorities in Mozambique: between legitimization and legitimacy", *in* Hinz, M. (org.), *The Shade of New Leaves: Governance in Traditional Authority – a Southern African Perspective*. Berlim: LIT Verlag, 93-119.

Meneses, Maria Paula (2007), "Pluralism, law and citizenship in Mozambique", *Oficinas do CES*, nº 291.

Meneses, Maria Paula (2010), "O 'indígena' africano e o colono 'europeu': a construção da diferença por processos legais", *E-cadernos do CES*, 7, 68-93.

Meneses, Maria Paula; Fumo, Joaquim; Mbilana, Guilherme; Gomes, Conceição (2003), "Autoridades Tradicionais no contexto do pluralismo jurídico", *in* Santos, B. S.; Trindade, J. C. (orgs.), *Conflito e Transformação Social: uma paisagem das justiças em Moçambique*. Porto: Edições Afrontamento, vol. 2, 341-425.

Meneses, Maria Paula; Santos, Boaventura de Sousa (2008), *The Rise of a Micro Dual State: the case of Angoche (Mozambique)*. Trabalho apresentado à 12ª Assembleia-geral do CODESRIA, Yaoundé, Dezembro de 2008.

Merry, Sally Engle (1988), "Legal Pluralism," *Law & Society Review*, 22 (5), 869-896.

Méssiant, Christine (1989), "Luanda (1945-1961): colonisés, société coloniale et engagement nationaliste", *in* Cahen, M. (org.), *"Vilas" et "cidades". Bourgs et villes en Afrique lusophone*. Paris: L'Harmattan, 125-199.

Ministério da Administração do Território (org.) (2004), *Primeiro Encontro Nacional sobre a Autoridade Tradicional em Angola*. Luanda: Editorial Nzila.

Monteiro, Ramiro Ladeira (1972), *A Família nos Musseques de Luanda: subsídios para o seu estudo*. Luanda: Fundo de Acção Social em Angola.

Moore, Sally Falk (1985), *Social Facts and Fabrications: 'Customary' Law on Kilimanjaro, 1880–1980*. Cambridge: Cambridge University Press.

Moore, Sally Falk (1992), "Treating Law as Knowledge: telling colonial officers what to say to Africans about running 'their own' Native Courts", *Law & Society Review*, 26 (1), 11-46.

Moore, Sally Falk (2000), *Law as a Process: an anthropological approach*. Hamburg: Lit Verlag.

Moreira, Adriano (1956), "As Elites das Províncias Portuguesas de Indigenato (Guiné, Angola, Moçambique)", *Garcia da Orta*, 4 (2), 159-189.

Morse, Bradford W.; Woodman, Gordon R. (orgs) (1988), *Indigenous Law and the State*. Dordrecht: Foris.

Neto, Conceição (1997), "Ideologias, Contradições e Mistificações da Colonização de Angola no Século XX", *Lusotopie 1997*, 327-359

Norton de Matos, José Maria M. R. (1923), *A Missão Colonizadora de Portugal em África. Discurso proferido pelo General J. M. R. Norton de Matos, Alto Comissário da República em Angola, no banquete oferecido pela Revista Literária 'A Contemporânea' na Câmara Municipal de Lisboa, no dia 23 de Novembro de 1923*. Lisboa: Fernandes & C.ª Lda.

Ntsebeza, Lungisile (2005), *Democracy Compromised. Chiefs and the politics of land in South Africa*. Leiden: *Brill Academic Publishers*.

Nyamnjoh, Francis B. (2003), "Might and Right: chieftaincy and democracy in Cameroon and Botswana", *Journal of Contemporary African Studies*, 21 (2), 233-250.

Nyamnjoh, Francis B. (2006), *Insiders and Outsiders: citizenship and xenophobia in contemporary Southern Africa*. Londres: Codesria e Zed Books.

Nzatuzola, João Baptista Lukombo (1997), "Comunidades e Instituições Comunitárias em Angola na Perspectiva do Pós-guerra: o caso das populações de origem Bakongo 'regressados' da ex-República do Zaire e fixadas no tecido peri-urbano luandense", *Ngola, Revista de Estudos Sociais*, 1 (1), 251-278.

Oomen, Barbara (2005), *Chiefs in South Africa: law, power and culture in the post-apartheid era*. Oxford: James Currey.

Orre, Aslak (2007), "Integration of Traditional Authorities in Local Governance in Mozambique and Angola: the context of decentralization and democratization", *in* Marques Guedes, A.; Lopes, M. J. (orgs.), *State and Traditional law in Angola and Mozambique*. Coimbra: Almedina, 139-199.

Orre, Aslak (2009), "Kalandula and the CACs: voice or accountability?" *Chr. Michelsen Institute Working Papers*, 2009: 5.

Ouedraogo, Jean-Baptiste (1996), "The Articulation of the Moose Traditional Chieftaincies, the Modern Political System and the Economic Development of the Kaya Region", *Journal of Legal Pluralism and Unofficial Law*, 37-38, 239-261.

Patch, Robert W. (1994), "Imperial Politics and Local Economy in Colonial Central America, 1670-1770", *Past and Present*, 143, 77-107.

Pélissier, Rénè (1978), *La Colonie du Minotaure: nationalismes et révoltes en Angola (1926-1961)*. Orgeval: Edição do Autor.

Pels, Peter (1996), "The Pidginization of Luguru Politics. Administrative ethnography and the paradoxes of Indirect Rule", American Ethnologist, 23 (4), 738-761.

Perham, Margery (1934), "A Re-Statement of Indirect Rule", *Africa: Journal of the International African Institute*, 7 (3), 321-334.

Perham, Margery (1965), "Introduction", *in* Lugard, F. J. *The Dual Mandate in British Tropical Africa* [by] *Lord Lugard*. Londres: Frank Cass & Co. Ltd, i-xlix.

Perrot, Claude-Hélène; Fauvelle-Aymar, François-Xavier (orgs.) (2003), *Le Retour des Rois: les autorités traditionnelles et l'État en Afrique Contemporaine*. Paris: Karthala.

Ranger, Terence (1988), "The Invention of Tradition in Colonial Africa", *in* Hobsbawm. E.; Ranger, T. (orgs.), *The Invention of Tradition*. Cambridge: University of Cambridge Press, 211-262.

Ranger, Terence (1996), "Postscript: Colonial and Postcolonial Identities", in Werbner, R.; Ranger, T. (orgs.), *Postcolonial Identities in Africa*. Londres: Zed Books, 271-281.

Read, James S. (1972), "Patterns of Indirect Rule in East Africa", in Morris, H. F.; Read, J. S. (orgs.), *Indirect Rule and the Search for Justice: essays in East African legal history*. Oxford: Clarendon Press, 253-286.

Remick, John Erni (1978), *American Influence on the Education of the Ovimbundu: the Benguela and Bie Highlands of Angola, Africa, from 1880-1914*. Ph. D. Thesis, Miami University. Ann Arbor: University Microfilms International.

Richland, Justin B. (2008), *Arguing with Tradition: the language of law in Hopi tribal court*. Chicago: Chicago University Press.

Santos, Boaventura de Sousa (1977), "The Law of the Oppressed: the construction and reproduction of legality in Pasargada", *Law & Society*, 12 (1), 5-126.

Santos, Boaventura de Sousa (1984), "From Customary Law to Popular Justice", *Journal of African Law*, 28 (1-2), 90-98.

Santos, Boaventura de Sousa (1992), "State, Law and Community in the World System: an introduction", *Social & Legal Studies*, 1 (2), 131-142.

Santos, Boaventura de Sousa (1995), *Toward a New Common Sense: Law, Science, and Politics in the Paradigmatic Transition*. Nova Iorque: Routledge.

Santos, Boaventura de Sousa (2001), "Entre Próspero e Caliban: colonialismo, pós--colonialismo e inter-identidade," *in* Ramalho, M. I.; Sousa Ribeiro, R. (orgs.), *Entre ser e estar: raízes, percursos e discursos de identidade*. Porto: Edições Afrontamento, 23-113.

Santos, Boaventura de Sousa (2003), "O Estado Heterogéneo e o Pluralismo Jurídico", *in* Santos, B. S.; Trindade, J. C. (orgs.), *Conflito e Transformação Social: uma paisagem das justiças em Moçambique*. Porto: Edições Afrontamento, vol. 1: 47-95.

Santos, Boaventura de Sousa (2006), *The Rise of the Global Left: the World Social Forum and beyond*. Londres: Zed Books.

Santos, Boaventura de Sousa (2006a), "The Heterogeneous State and Legal Pluralism in Mozambique", *Law & Society Review*, 40 (1), 39-75.

Santos, Boaventura de Sousa (2006b), *A Gramática do Tempo. Para uma nova cultura política.* Porto: Edições Afrontamento.

Santos, Boaventura de Sousa (2007), "Para além do Pensamento Abissal: das linhas globais a uma ecologia de saberes", *Revista Crítica de Ciências Sociais*, 78, 3-46.

Santos, Boaventura de Sousa (2008), *Public Sphere and Epistemologies of the South*. Conferência apresentada à 12.ª Assembleia-geral do CODESRIA, Yaoundé, Dezembro de 2008.

Santos, Boaventura de Sousa (2009), *Sociología Jurídica Crítica. Para un nuevo sentido común en el derecho*. Madrid: Editorial Trotta.

Santos, Boaventura de Sousa; Trindade, João Carlos (orgs.) (2003), *Conflito e Transformação Social: uma paisagem das justiças em Moçambique*. Porto: Edições Afrontamento, 2 volumes.

Santos, Boaventura Sousa, García-Villegas, Mauricio (2001), *El Caleidoscopio de las Justicias en Colombia*. 2 volumes. Bogotá: Colciencias-Uniandes-CES-Universidad Nacional-Siglo del Hombre.

Schubert, Bendict (2000), *A Guerra e as Igrejas: Angola, 1961-1991*. Basel: P. Schlettwein Publishing.

Scott, James C. (1998), *Seeing Like a State: how certain schemes to improve the human condition have failed*. New Haven: Yale University Press.

Sheleff, Leon (2000), *The Future of Tradition: customary law, common law and legal pluralism*. Londres: Frank Cass.

Simone, AbdouMaliq (2001), "On the Worlding of African cities", *African Studies Review*, 44 (2), 15–43.

Snyder, Francis (1981), "Colonialism and Legal Form: the creation of customary law in Senegal", *Journal of Legal Pluralism and Unofficial Law*, 19, 49-90.

Sousa, Fonseca (2004), "A Autoridade Tradicional: uma reflexão sobre o exercício do poder", *in* Ministério da Administração do Território (org.), *Primeiro Encontro Nacional sobre a Autoridade Tradicional em Angola*. Luanda: Editorial Nzila, 150-154.

Tamanaha, Brian Z. (2000), "A Non-Essentialist Version of Legal Pluralism", *Journal of Law and Society*, 27 (2), 296-321.

Tamanaha, Brian Z. (2008), "Understanding Legal Pluralism: past to present, local to global", St. John's University, *Legal Studies Research Paper Series*, Paper nº 07-0080.

Teubner, Gunther (1992), "The Two Faces of Janus: rethinking legal pluralism", *Cardozo Law Review*, 13, 1443-1462.

Thorne, Kristina (2005), *Rule of Law through Imperfect Bodies? The informal justice systems of Burundi and Somalia*. Centre for Humanitarian Dialogue, disponível em http://www.hdcentre.org/files/imperfect%20bodies.pdf, acedido a 20 de Junho de 2010.

Vail, Leroy (org.) (1989), *The Creation of Tribalism in Southern Africa*. Londres: James Currey.

van Rouveroy van Nieuwall, Emile Adriaan B.; van Dijk, Rijk (orgs.) (1999), *African Chieftaincy in a New Socio-Political Landscape*. Hamburg: Lit Verlag.

Vanderlinden, Jacques (1983), *Les Systèmes Juridiques Africains*. Paris: Presses Universitaires de France.

Vanderlinden, Jacques (1989), "Return to Legal Pluralism: Twenty Years Later», *Journal of Legal Pluralism & Unofficial Law*, 28, 149-157.

Vaughan, Olufemi (org.) (2005), *Tradition and Politics: indigenous political structures in Africa*. Trenton: African World Press.

Vidal, Nuno (2009), *IIª Conferência Angolana da Sociedade Civil – 2008. Sociedade Civil Angolana: Veículo Democrático de Participação Pública*. Luanda: Edições Firmamento.

Weber, Max (1978), *Economy and Society*. Berkeley: University of California Press.

Werbner, Richard (2002), "Cosmopolitan Ethnicity, Entrepreneurship and the Nation: minority elites in Botswana", *Journal of Southern African Studies*, 28 (4), 731-753.

Werbner, Richard (2004), *Reasonable Radicals and Citizenship in Botswana: the Public Anthropology of Kalanga Elites*. Bloomington: Indiana University Press.

Wheeler, Douglas; Pélissier, René (2009), *História de Angola*. Lisboa: Tinta da China.

Williams, J. Michael (2004), "Leading from Behind: democratic consolidation and the chieftaincy in South Africa", *The Journal of Modern African Studies*, 42 (1), 113–136.

CAPÍTULO 7
PARA UMA ANTROPOLOGIA DA CIDADE DE LUANDA: A CIRCULAÇÃO DE ETNIAS

Júlio Mendes Lopes

Introdução

Para este projeto de investigação acerca da Pluralidade e Ordem Jurídicas na cidade de Luanda, afigura-se importante aflorar a questão da composição e circulação das comunidades étnicas que compõem o mosaico etnolinguístico de Angola. Esta abordagem passa pela localização, embora fluida, nos diferentes bairros da cidade capital, dos aspectos que geraram múltiplas interacções sociais, económicas, culturais e jurídicas.

A grande dificuldade que se apresenta na abordagem desta temática reside na ausência de censos (mais ou menos fiáveis) das etnias que habitam na cidade de Luanda, cujo fluxo se intensificou nos últimos 30 anos devido ao conflito armado que provocou um êxodo sem precedentes na história de Angola. O êxodo que referimos explica-se, também, pela ausência de políticas públicas no domínio do assentamento das populações no meio que lhes é peculiar. Prova disso está no alargamento, de maneira acelerada, de duas grandes periferias agrícolas da capital: Cacuaco (Funda, Caop) e Viana.

Face ao crescimento acelerado da capital, as populações que se dedicam à agricultura fixaram-se nessas duas periferias e transformaram-na em locais de manutenção da sua subsistência e multiplicação dos seus rendimentos, com a comercialização dos excedentes agrícolas. No período de políticas públicas centralizadoras, a agricultura familiar foi responsável pelo abastecimento da grande urbe que é Luanda, com hortícolas, legumes, cereais e frutas.

Uma observação atenta das actividades dos camponeses, que aos fins-de-semana recebiam os habitantes da zona urbana à procura de bens essenciais, demonstra que aqueles ligados à terra e à pesca lacustre são de comunidades etnolinguísticas Ambundu, Ovimbundu, Lunda e tu-Côkwe, sendo graças à actividade dessas comunidades etnolinguísticas que os grandes mercados da capital, como o Roque Santeiro, Congolenses, Ntunga-Gó e Asa Branca, se transformaram nos principias centros de abastecimento alimentar da cidade de Luanda.[1]

---

[1] Uma reflexão sobre esta matéria é feita, também, no capítulo 2 do volume III.

O nosso objectivo central é o de mostrar a composição e circulação das etnias de Angola na capital, Luanda, e o seu grau de interacção social.

1. As Etnias em Luanda no período colonial: composição e recomposição

Desde o surgimento da antropologia, no século XIX, que se começou a analisar o continente africano para se conhecer melhor os seus povos e as suas culturas a fim de se traçarem políticas de colonização mais eficazes. Centenas de antropólogos de distintas escolas embrenharam-se em África e puderam, então, classificar os povos em etnias e tribos. No século XIX, e durante a primeira metade do século XX, Portugal empenhou-se no conhecimento dos povos, promovendo estudos de campo levados a cabo por missionários, militares, comerciantes e antropólogos.

Esses estudos permitiram classificar os povos em: Ambundu, Bakongo, Ovimbundu, Lunda, Tu-Côckwe, Helelo, Nyaneka-Nkumbi, Nganguela e Ovambo. Esta classificação é questionada por alguns investigadores que, à luz do conhecimento das línguas locais e abordando a temática na perspectiva endógena, consideram a denominação atribuída pelos antropólogos ocidentais a alguns povos como sendo pejorativa.[2] Apesar destes questionamentos, a ausência de estudos mais aprofundados sobre a matéria impede um tratamento mais sistematizado.

Nessa perspectiva, alguns investigadores defendem que:

> *os antropólogos e administradores do período colonial ordenaram e classificaram as populações africanas, identificando e demarcando os diferentes grupos em presença. Assim, facilitavam a ocupação e a colonização do território, a organização prática dos recenseamentos demográficos, o recrutamento de mão-de-obra e o levantamento de impostos. Na realidade, porém, eles delinearam os territórios de populações cujas delimitações geográficas eram, muitas vezes, pouco distintas* (Dias, 2005: 16).

Na realidade, as potências coloniais não respeitaram as áreas pré-existentes dos povos quer na delimitação das fronteiras entre as diferentes possessões quer

---

[2] O termo Ambundu tem provocado uma polémica entre os investigadores. Virgílio Coelho considera que os povos de língua kimbundu são chamados de Tumundongo (singular) e Akwandongo (plural) por causa da origem dos povos serem da área do Estado Ndongo. Essa rejeição deve-se ao facto do termo Ambundu significar 'preto', 'negro', o que é pejorativo. O investigador norte-americano Joseph Miller (1995) designa esses povos de Mbundu, opção que é partilhada pelo britânico David Birmingham (1965).

nas regiões administrativas. Em Angola, as províncias do Kwanza-Sul, Malange, Bengo, Cuando-Cubango, Huíla, têm essas características populacionais e linguísticas. Os poderes pós-coloniais não fizeram esforços adicionais para alterar esse quadro. Nessa linha está Gill Dias quando questiona esse posicionamento dos governos africanos: *"a generalidade dos governos africanos – incluindo o próprio governo angolano – continua a aceitar, sem crítica, os mapas 'étnicos' herdados do período colonial, perpetuando mal-entendidos e equívocos no que diz respeito aos grupos identitários existentes"* (2005: 16). Veja-se o caso recente dos Imbangalas no Kwango e Malange em 2009.[3]

Figura 1 – Mapa etnográfico de Angola (Martins, 1993: 37)

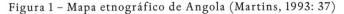
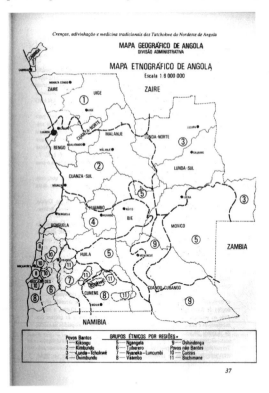

---

[3] Dos estudos feitos sobre algumas comunidades étnicas de Angola, cf. os trabalhos de Chatelain, 1894; Pde Esterman, 1956-1957, 1960; Lima, 1964, 1971 e Redinha, 1952, 1968, 1973.

No recenseamento de 1960 da população de Angola, o critério étnico foi tido em conta e apresentava-se da seguinte forma:

Quadro 1 – Comunidades étnicas

Comunidade étnica	Total
Ovimbundu	1.750.000
Mbundu ou Ambundu	1.050.000
Bakongo	620.000
Lunda-Quico	395.000
Ganguela	330.000

Fonte: Direcção dos Serviços de Economia e Estatística Geral, 1964

Os dados deste recenseamento deixam de fora povos como os Helelo, Nyaneka-Nkumbi e Ovambo, de raíz Bantu, e os Nama e !Kung, de raiz Khoisan. Por outro lado, os antropólogos do período colonial tendiam a agrupar os Lunda com os Quico [Tu-Cokwe] na mesma área sociocultural. Estes povos que convivem com os Balubas, distinguem-se pela língua, hábitos, costumes, organização material e espiritual.

São esses povos que emigraram para outras regiões e mantiveram as suas zonas tradicionais, mesmo no decurso dos processos de urbanização. O acesso à escola, a outras actividades e ao serviço militar proporcionou-lhes oportunidades para se fixarem nos centros urbanos à procura de melhores condições de vida.

Com estes movimentos migratórios, a cidade de Luanda tornou-se num aglomerado de populações diversas sob o ponto de vista étnico. Os Ambundu e os Axiluandas entraram em contacto com outros povos e fizeram deste espaço uma urbe de grandes dimensões pelos processos culturais, étnicos e económicos que aqui ocorreram no âmbito do processo da colonização.

> [...] se o colonialismo não criou sozinho as etnias, pelo menos contribuiu decisivamente para a sua construção. Houve uma operação de imaginação – logo de produção – de etnias pela etnologia colonial, que lhes atribuiu nomes, limites, dimensões, raízes históricas e características culturais comuns, que foram mais ou menos interiorizadas por essas populações colonizadas (Pimenta, 2008: 54).

É precisamente aqui que começam a surgir trabalhos a questionar a designação dos povos de Angola. O mais recente é o de Virgílio Coelho, que não concorda com a designação de Ambundu para os falantes da língua Kimbundu.

Luanda, habitada por povos Axiluanda (ilha) e Ambundu (continente), zona do Reino do Ndongo, com excepção da ilha que pertencia ao Reino do Kongo enquanto banco emissor, com a recolha do zimbo. Desde o estabelecimento português nesta região e das dinâmicas comerciais que aqui ocorreram que a região de Luanda deixou de ser um espaço exclusivo dos Axiluanda e Ambundu.

No século XIX, período fértil dessas mutações, ocorreram fluxos demográficos importantes com a entrada de Bakongos e de Ovimbundus, que se ocuparam em diversas actividades administrativas, militares, policiais e agrícolas. Com o desenrolar da guerra no período pós-colonial, os fluxos das populações por etnias aumentaram e há uma maior diversificação com o surgimento de novos bairros onde se adoptam novos hábitos culturais tomados de empréstimos de outros povos. Pela análise do quotidiano luandense, nota-se que todas as etnias de Angola afluíram a Luanda à procura tanto de guarida, para se protegerem do conflito armado, como de melhores condições de vida. A composição étnica dos principais bairros de Luanda mostra essa realidade sócio-demográfica.

Concomitantemente decorre o processo de transferência para Luanda de instrumentos jurídicos que até então eram aplicados na metrópole. Ângela Guimarães sintetizou este processo:

A Lei de 25 de Abril de 1835, a Portaria de 2 de Maio de 1835 e o Decreto de 25 de Maio de 1838 criam órgãos específicos, que ao nível do governo da metrópole, estabelecerão as directrizes a tomar nas colónias. Os Decretos de 7 de Dezembro de 1836, 27 de Setembro de 1838 e 28 de Setembro de 1838 regulam a organização administrativa nas colónias, estabelecendo quais as autoridades necessárias e as suas atribuições. Um Decreto de Janeiro de 1837 regula a administração da Justiça na África Ocidental (1989: 102).

A transferência dessas leis para as colónias ocorria conforme o poder português se estendia para territórios ocupados, uma vez que a sua soberania era diminuta. Ali, onde existia população portuguesa e africana a legislação era aplicada, como se verificou nas décadas de 50 e de 60 do século XIX, quando as autoridades portuguesas mandaram aplicar o Código Penal de 1852, a introdução do Registo Criminal em 1863 e a Lei de 21 de Agosto de 1856, que regula a alienação de terrenos baldios no Ultramar pertencentes ao Estado.

Na óptica de Ângela Guimarães (1989), o diploma em causa não só violava a soberania e os direitos dos africanos como também os princípios jurídicos do direito português. A estas ambiguidades e contradições acrescentam-se outras a nível de regulamentação do processo de alheamento, tais como a publicação de editais em língua portuguesa e a exigência de apresentação de documentos comprovativos da posse da terra em caso de contestação. Estes mecanismos, que assentavam na sobreposição da soberania e da lógica jurídica portuguesa aos seus correspondentes africanos, estarão na base do processo de transferência da posse da terra e do estabelecimento de propriedade privada com todas as consequências sociais para ambas as partes que facilmente se podem prever.

A consolidação do poder português em Luanda, do século XVI em diante, e especialmente a partir do século XIX, passou também pela introdução de reformas nas áreas da educação, saúde, regime aduaneiro, militar, obras públicas, administrativa e fiscal. Com estes instrumentos jurídicos criaram-se os mecanismos que permitiram a Portugal apropriar-se do espaço e legitimar a sua dominação.

A cidade de Luanda foi a arena onde se digladiavam perspectivas de vivências diferentes por serem portadoras de interesses variados sobre as alterações ocorridas com a presença portuguesa. Nessa perspectiva estabeleceram-se relações de interdependência cujo percurso denotava harmonia e tensão, algumas vezes, por causa dos interesses comerciais que se estabeleceram, cuja dinâmica foi protagonizada pelas elites angolana e portuguesa.

Os historiadores que se debruçaram sobre a questão consideram que:

> *A interdependência histórica entre Africanos e Europeus torna-se especialmente evidente em Angola quando se refere ao interior de Luanda [...]. A partir do século dezasseis, as várias sociedades africanas em contacto com o comércio europeu no interior de Luanda experimentaram um longo processo de desintegração, de reagrupamento e de redefinição. No século dezanove, os diferentes grupos sociais e políticos da mesma região aparecem envolvidos ainda num processo constante de formação e transformação, influenciados sobretudo pelos contactos comerciais* (Dias, 1989: 241).

Este comércio dominado pelos africanos que controlavam os circuitos internos, conferiu poder às elites locais que apesar da presença portuguesa ainda controlavam os respectivos territórios e populações. As tentativas de suprimir essas elites fracassaram pelo facto do poder militar português ser fraco. O século XIX representou para essas elites a sua prosperidade económica, militar e social. Devido ao seu domínio nas relações comerciais, a língua local, o Kimbundu neste caso, tornou-se a mais importante nas transacções com os portugueses. Por esse motivo o porto de Luanda adquiriu grande importância:

A exportação de marfim a partir de Luanda aumentou de 1.500 kilos em 1832, para mais de 50.000 em 1844, subindo pelo menos mais 10% ainda até 1859. A exportação de cera aumentou de cerca de 26.000 kilos em 1844 para 849.000 em 1857. São números que exprimem claramente a resposta positiva dos povos africanos do interior angolano às novas exigências do comércio europeu (Dias, 1898: 248).

Essas elites começaram a entrar em declínio quando os produtos de exportação (marfim e cera) tiveram uma quebra no mercado internacional e a agricultura ressentiu-se das secas e epidemias de varíola que dizimaram uma parte significativa dos carregadores.

A apropriação do espaço pelos portugueses produziu uma certa interacção cultural com os luandenses, chegando ao ponto de alguns deles modificarem as suas práticas habituais de transmissão da herança (que de tio para sobrinho passa de pais para filhos, uma regra europeia).

As preocupações sociais na segunda metade do século XIX passaram a estar na agenda quando Luanda se deparava com vários problemas de saúde pública, a mendicidade, epidemias de febre-amarela e varíola e o abandono de crianças. Algumas famílias portuguesas ficaram abaladas com relatos sobre as condições de duas crianças órfãs cujos pais morreram na ofensiva militar contra os Dembos e que viviam em completo estado de abandono, deambulando pelas ruas da cidade de Luanda.

Estes relatos chegaram ao conhecimento do novo Governador-Geral, Ricardo Graça, que ordenou que as crianças fossem recolhidas no Hospital da Misericórdia para tratamento médico. Depois do tratamento médico foram entregues à guarda da Câmara Municipal de Luanda, que fez despoletar algumas acções para a criação de uma instituição que albergasse crianças abandonadas. Essa instituição foi inaugurada em 29 de Junho de 1854 para albergar estas crianças e outras cujas condições de vida eram precárias. É o embrião de um serviço social que apenas cuidava da comunidade portuguesa.

As preocupações dos proprietários das fazendas agrícolas estavam ligadas à evacuação dos produtos do interior para a cidade de Luanda. Os sistemas tradicionais então existentes (carregadores) apresentavam-se inadequados para as necessidades internas e para as exportações que aviltavam prejuízos económicos significativos. Daí a razão dos proprietários instarem o governo a construir uma via-férrea. O governo realizou estudos técnicos e aprovou a legislação para o efeito. Houve uma dificuldade: capitais para o investimento necessário para a materialização do projecto. Os proprietários foram os principais interessados e colocaram os seus recursos para a sua viabilização.

A 31 de Julho de 1886 começa a construção do caminho-de-ferro de Ambaca. Dois anos depois foram concluídos os primeiros 45 quilómetros ligando Luanda à Funda. Os portugueses tinham interesse que a linha chegasse às suas proprie-dades no interior, no corredor do Kwanza. Apesar da lentidão na construção, a via-férrea chegou ao Lucala em 1899, depois da inauguração dos primeiros 45 quilómetros. O investigador Adelino Torres explica que *"esta morosidade, aliada à péssima qualidade da construção, é reveladora da política essencialmente especulativa que, neste assunto, norteava o capital financeiro privado da metrópole: tratava-se de usufruir o mais tempo possível de uma renda de situação"* (1991: 83).

Em 1918 a via-férrea passou para a titularidade do governo português através de um decreto publicado a 13 de Julho e passa a designar-se Caminhos--de-Ferro de Luanda (ao invés de Caminhos-de-Ferro de Ambaca). Foi um factor de mobilidade social para os portugueses e angolanos. Em dez anos (1889-1899) transportou 462.071 passageiros e 12.333 toneladas de mercado-rias. Há um fluxo de pessoas e de bens nos dois sentidos, com implicações na configuração da demografia da cidade, onde alguns adquiriram profissões de alfaiate, carpinteiro, sapateiro, pedreiro, mecânico, maquinista, enfermeiro, entre outras.

O acesso à educação fez emergir uma elite angolana que reivindicava um melhor tratamento na hierarquia social da colónia. Esse ostracismo impeliu-os a protestarem através da imprensa e das associações. De acordo com Douglas Wheeler (2006: 78), *"Luanda foi o ponto fulcral do nacionalismo angolano, já que era onde se encontravam as principais escolas, igrejas e grupos sociais que produziram actividades políticas. Luanda monopolizava estas actividades".*

Essa movimentação dá outra dimensão à cidade, com planos urbanísticos que, do ponto vista social, eliminaram os bairros dos nativos. A comunicação social ganha um impacto sobre a sociedade, animada pelas elites que viram nela o veículo das suas preocupações. As rádios configuravam uma certa apli-cabilidade. A radiodifusão surgiu em Benguela ainda em 1933, por iniciativas individuais (Álvaro de Carvalho). Luanda só conheceu uma estação de radio-difusão em 1938, quando algumas iniciativas individuais deram lugar à Rádio Clube de Luanda e só em 1955 o Estado português criou a estação Emissora Oficial de Angola (EOA). Em 1954 a Igreja Católica criaria, também em Luanda,

PARA UMA ANTROPOLOGIA DA CIDADE DE LUANDA: A CIRCULAÇÃO DE ETNIAS 283

a famosa Rádio Eclésia. Com o reconhecimento da importância das línguas locais para atingir um publico influente e numericamente importante, as autoridades portuguesas introduziram nas emissões diárias os idiomas Kimbundu, Umbundu, Cokwe e Kikongo.

À frente deste movimento estava a Imprensa: é o primeiro órgão de comunicação social que começa em 1845 com a criação do Boletim Oficial da Província de Angola (BOPA). Nesse ano chegou a Luanda o novo governador colonial Pedro Alexandrino da Cunha que, para além da publicação de actos normativos do Estado, no BOPA, fazia também menção a alguns assuntos da vida quotidiana. A imprensa como tal surgiu em Luanda com a publicação de alguns jornais como *O Pharol do Povo*, o *Tomate*, *Civilização da África Portuguesa*, *Mwenexi*, *Kamba Dya Ngola*. Os dois últimos foram órgãos que se exprimiam em língua Kimbundu que na voragem da intensificação da colonização foram extintos.

Os elementos aqui apresentados, como a escola, a imprensa e as religiões, foram essenciais para a socialização de famílias luandenses que se tornaram em elites que ocupavam posições privilegiadas em relação à maioria da população. Essas elites são também chamadas de crioulas. Ao caracterizar essas elites Jill Dias (1984: 63) afirma que

> *Os habitantes crioulos da colónia portuguesa constituíam desde há muito uma elite que, por virtude dos seus níveis mais elevados de riqueza e de educação, ocupava uma posição privilegiada em relação à maioria da população, sujeita a padrões mais especificamente africanos de organização social e política. Os seus membros, cristãos de nome, eram definidos pelos funcionários portugueses como 'nativos' ou 'filhos do país', termos que os distinguiam dos pagãos, mole incivilizada de africanos a que chamavam 'gentio'.*

Uma característica definidora das pessoas pertencentes a esta elite crioula era a substituição da propriedade colectiva de terras e bens móveis por propriedade individual. A transmissão dos bens por testamento de pais para filho, segundo o modelo português, em vez da sua redistribuição pelos parentes, segundo a linha materna, como era prática Mbundu, permitia que a riqueza se acumulasse nas mãos de uma só família ao longo de várias gerações (Dias, 1984). Jill Dias (1984) utilizou o termo crioulo como uma categoria sociocultural que engloba, convenientemente, uma vasta gama de elementos heterogéneos, desde os descendentes de europeus nascidos localmente (tanto brancos como mestiços) aos africanos destribalizados, mais ou menos adaptados à cultura europeia (chamados *civilizados* ou *assimilados* na terminologia colonial portuguesa).

Nas condições da época, as elites encontravam-se numa situação pouco abonatória pelo facto de se acharem fora das áreas culturais em que emergiram. Por um lado reivindicavam uma maior ascensão no quadro do sistema colonial e por outro, rejeitavam o meio rural de onde eram provenientes. Além das reivindicações autonomistas e de ascensão, dinamizavam actividades culturais, desportivas e culturais que paulatinamente ocupavam segmentos importantes da sociedade luandense. Preocupavam-se também com questões sanitárias, sobretudo em locais de comercialização de produtos de consumo diário em que as condições higiénicas eram degradantes.

A maior parte dos comerciantes da cidade de Luanda exercia a actividade nas praças, vulgo *quitandas*, onde a gama de produtos ia desde os produtos hortícolas aos medicamentos locais. É daqui que emergem as figuras da *quitandeira* e do pescador, que, a par com a *zungueira*, se vão transformando em veículos importantes da cadeia alimentar da cidade. Estes satisfaziam os hábitos locais (artigos para adornos) como missangas (e artigos para culinária tradicional) o peixe fumado, a farinha musseque, mandioca, cacusso, fuba, quiabos, rama de batata, gimboa, gindungo, entre outros. Essas actividades comerciais percorrem a cidade até aos nossos dias. Os alimentos encontram-se hoje nas grandes e pequenas cerimónias locais e nas manifestações culturais, como o Carnaval (Pantoja, 2000: 183).

No século XIX as *quitandeiras* exerciam actividade comercial na Kitanda da Fazenda, no largo das Alfândegas e na Kitanda Grande. Com o avanço dos planos urbanísticos da cidade estes locais foram destruídos e os seus utilizadores foram transferidos para outros locais. Os mais modernos eram o mercado do Kinaxixi[4] e o de S. Paulo, que viram surgir, no último quartel do século XX, novos concorrentes, como o Roque Santeiro (o maior de todos nos últimos 30 anos), Kalemba, Congolenses, Parque, Madeira Estalagem, Correios e Kikolo, sem descurar outros locais já extintos, como Cala Boca e Tira Bikini.

Porém, no século XIX, os desafios da cidade prendiam-se com os problemas de saúde, na medida em que grassavam epidemias de toda a ordem, sendo a mais pavorosa a da varíola, que fez desencadear uma campanha de vacinação em 1851. A campanha não surtiu os efeitos desejados porque, por um lado, concentrou-se nas elites portuguesas e respectivas famílias e, por outro, as vacinas deterioraram-se por falta de sistemas de refrigeração. As doenças e as

---

[4] Demolido em Julho de 2008.

epidemias apareciam devido à falta de saneamento básico, falta de água potável, falta de higiene a ausência de assistência médica eficiente (em 1850, com 30 mil habitantes, Luanda possuía apenas três médicos). Os pobres eram os que mais sofriam, dado que não possuíam recursos financeiros para a compra de medicamentos.

As elites de Luanda, particularmente as da ilha, sofreram modificações culturais, mas sem perder de vista a sua matriz depois de terem passado por um período de crise nos séculos XVII-XIX quando os portugueses os conduziram à condição de servidão. No século XX veio ao de cima a sua capacidade económica ao dedicarem-se com grande pujança à actividade pesqueira que, em certo grau, monopolizou a actividade. Como refere Ruy Duarte de Carvalho (1989: 25),

> [...] os Axilunda devem, por outro lado, o facto de terem sido sempre de alguma forma poupados a disposições coloniais, tais como o trabalho obrigatório sobre o regime de "contrato". Isto permitiu-lhes desenvolver a sua prática social, ao longo das gerações, a partir de uma única actividade e sobre um mesmo território, aliás restrito, onde, assim, vem projectar-se a consciência de uma profundidade histórica inequivocamente importante.

Em 1946 foi inaugurada a primeira fábrica de cerveja, a Cuca, no bairro do Cazenga. Este início da industrialização da cidade, em regiões que eram predominantemente rurais, propiciou a criação de novos projectos urbanísticos que beneficiaram algumas famílias portuguesas e angolanas assimiladas. Uma leitura das estatísticas populacionais no período entre 1950-1960 mostra que 30% dos brancos de Angola habitavam em Luanda (Neto, 2003: 18). Isso é revelador da importância que Luanda tinha na vida dos portugueses que para aqui emigravam e também dos angolanos. A existência de um liceu, inaugurado em Fevereiro de 1919, e de Associações Culturais (Grémio Africano, Anangola e Liga Africana) provocou uma onda nacionalista que protestou contra o poder colonial, o que transformará a cidade no maior centro de reivindicação política logo após o fim da segunda grande guerra.

Historicamente, Luanda foi o maior centro de contestação política contra o sistema colonial, sendo a categorização dos angolanos em assimilados e indígenas os condimentos para aumentar a repulsa contra as condições impostas na hierarquia social de Angola. Os assimilados, mercê da sua formação escolar, construíram visões que lhe permitiram visualizar a sociedade colonial e sustentar as reivindicações. O veículo da reivindicação foi alguma imprensa da época, que expunha os seus pontos de vista sobre a gestão colonial e propunha reformas que tendiam para a autonomia dentro do sistema e mais tarde para a independência. É nesse diapasão que se encontra Douglas Wheeler (2006: 78), que refere que *"a imprensa juntamente com as associações culturais criticava frequentemente as práticas portuguesas de escravatura, do trabalho forçado, da expropriação de terras, os impostos e culturas obrigatórias, a descriminação racial na administração pública e nos empregos"*.

A partir de 1945 a cidade de Luanda conheceu um acréscimo importante do fluxo de populações quer europeia, quer angolana, por causa da melhoria das condições sociais geradas com a emergência de novos empregos nas indústrias e serviços, assim como da possibilidade de acesso à escolarização. Em 1960 a cidade contava com 224.540 habitantes, distribuídos pelos diferentes bairros urbanos e suburbanos. Nos bairros urbanos estava a elite europeia, nos peri-urbanos os assimilados, funcionários do escalão médio na hierarquia do funcionalismo público, e nos suburbanos (musseques) a população indígena.

As designações dos bairros, comunas e municípios de Luanda são, nos nossos dias, indicadores da história da cidade, exemplo de contactos e actividades. Municípios há cujos nomes reportam à história local – refúgio dos escravos (Ingombota) ou ainda a configuração geográfica do local (Maianga). Nos bairros, as designações remetem a antigos habitantes (antigo comerciante, no caso Marçal); há outras que se designam pelo nome da empresa localizada no sítio (Cuca e Petrangol), para uma instituição em funcionamento na região (GAMEK) ou ainda o sítio de muitas cruzes (cemitério), o Maculusso. Finalmente, conhecem-se bairros cujos nomes referem o estrato social dos moradores que o fundaram (Bairro Operário e Bairro Popular).

Quadro 2 – Crescimento da População de Luanda

Ano	Africanos	Europeus	Mestiços	Outros	Total
1940	45.884	8.944	6.175	25	61.028
1950	111.112	20.710	9.755	70	141.647
1960	155.325	55.567	13.593	35	224.540
1970	170.522	125.000	38.000	n/e	n/e

Fonte: Bettencourt, 1965; Wheeler & Pélissier, 2009

O fluxo populacional entre 1940-1950 explica-se por Luanda se ter transformado no maior pólo industrial de Angola, ao que correspondeu um crescimento significativo da construção civil, indicativo do crescimento do tecido urbano de 'cimento'. Foi o sector que mais mão-de-obra empregou, proveniente do interior e que agrupou mais pessoas nos principais bairros de Luanda. É esse fluxo populacional que está na origem do surgimento e desenvolvimento dos bairros periféricos desta cidade.

Nos finais da década de 1960 um autor descrevia a cidade nos seguintes termos: *"A cidade fica disposta em dois planos: a Cidade Baixa ... que se estende na base de um degrau sinuoso [...], as barrocas [...] e a superfície do planalto entre 40 e 80 metros onde ficam a velha Cidade Alta, a cidade de expansão actual e os musseques"* (Amaral, 1968: 17). Na ausência de projectos de urbanização os 'novos' bairros cresceram sem um controlo das autoridades coloniais, o que é notório na falta de serviços básicos como electricidade, água canalizada, um sistema de drenagem das águas pluviais, escolas, centros de saúde e postos policiais. Nessas condições proliferaram práticas sociais deploráveis como a prostituição, assaltos, drogas, etc. Bairros como o Marçal, Mota, Madeira, Operário e Sambizanga ficaram, nessa altura, identificados como espaços problemáticos no tecido urbano da Luanda colonial.

Estes aspectos não mudaram nas décadas seguintes, nem mesmo depois da conquista da independência; aliás, acentuaram-se os problemas e surgiram novos bairros com essas características, como Rocha Pinto, Mabor e Palanca, só para citar alguns, onde se nota uma ausência completa de alguns serviços básicos.[5]

Na sua generalidade, os bairros de Angola, quer urbanos como suburbanos, apresentavam uma hierarquia que mostra a estratificação da sociedade luandense no período colonial. Os bairros urbanos da zona mais central da cidade concentravam de forma significativa os altos funcionários da administração colonial, industriais, altos comerciantes, professores do ensino secundário e da universidade, bem como de profissões liberais, enquanto que nos bairros suburbanos habitavam trabalhadores assalariados, funcionários públicos da média e baixa hierarquia, e trabalhadores por conta própria, como alfaiates, pescadores artesanais, mecânicos, bate-chapas, pintores, marceneiros, quitandeiras e desempregados.

---

[5] Remete-se, mais uma vez, para a caracterização que é feita no capítulo 2 do volume III.

SOCIEDADE E ESTADO EM CONSTRUÇÃO: DESAFIOS DO DIREITO E DA DEMOCRACIA EM ANGOLA

A julgar pelas estatísticas de 1960, a população da cidade de Luanda crescia a uma percentagem de 64,7% para os habitantes da zona urbana e a 35,3% para a zona rural. Aqui incluem-se todos os grupos populacionais e, como veremos na tabela a seguir, com as estatísticas divididas em grupos raciais, a população negra é maioritária, com 69,2%, contra os 24,7% dos brancos e 6,7% de mestiços. Nota-se também um crescimento da população portuguesa e africana na cidade de Luanda entre a década de 30 e de 70 do século XX.

Quadro 3 – Evolução da população de Luanda por grupos raciais entre 1930-1970 em percentagem

População	1930	1940	1950	1960	1970
Brancos	11,9	14,7	14,7	24,7	26,3
Mestiços	11,0	10,1	6,9	6,1	8,2
Negros	77,1	75,2	78,4	69,2	65,5
Total	100,0	100,0	100,0	100,0	100,0

Fonte: Pimenta, 2005: 189-198

Os dados desta tabela não apresentam uma tipificação das comunidades étnicas de Angola para aferir melhor a sua circulação na cidade de Luanda, já que, aliás, estudos do género escasseiam.

A configuração de alguns bairros e a habitabilidade dos mesmos mostra que as residências se situam próximo às estradas de asfalto, tendo as ruas interiores dos bairros sido estabelecidas em conexão com a aproximação das residências dos portugueses. Os trabalhadores das várias actividades possuíam um sistema de crédito junto dos estabelecimentos comerciais, denominado 'vale' que, regra geral, era amortizado no final do mês quando recebiam os seus salários. Com este sistema abasteciam-se de bens essenciais.

O tipo de acção desenvolvida a partir dos dois órgãos associativos – o clube de futebol e o grupo de Carnaval – ilustra dois sentidos de desenvolvimento de tendências ou direcções de actuação: um, a partir do futebol, é centrado sobre o próprio bairro e caracterizado por relações que exprimem sobretudo os conflitos e as tensões aí prevalecentes, pelo que lhe reconhecemos e atribuímos um carácter centrípeto; o outro, afecto ao Carnaval, não é menos condicionado e accionado pelo campo residencial mas vê-se fundamentalmente vocacionado para um terreno de interacção que o excede e ultrapassa (Carvalho, 1989: 252).

O Carnaval na cidade de Luanda ocupa a centralidade das manifestações culturais dos Ambundu, que criaram e animaram com todo esmero os principais grupos carnavalescos nos musseques que sobreviveram no tempo, como é o caso do União Mundo da Ilha, Kaboco Meu, União 10 de Dezembro, União Kiela do Sambizanga, União Operários do Rangel, Unidos do Caxinde, Bondosos do Rangel, entre outros:

"Em 1973, os musseques cobrirão uma área aproximada de 794 hectares com uma densidade média populacional de cerca de 202,7 habitantes por hectares" (Monteiro, 1989: 94). Esta imensa mancha de populações já instaladas na capital deve-se ao afluxo incessante de correntes migratórias, proveniente tanto do interior como do exterior do país. As primeiras transferências de populações luandenses para efeitos de 'urbanização' terão ocorrido em 1814 com o desalojamento da zona dos Coqueiros e a deslocação dos seus habitantes para a zona do Maculusso e do Ingombota.

Progressivamente, a cidade alargou-se no sentido oeste/este e os espaços habitados pelos naturais são destruídos, sendo estes remetidos para zonas periféricas à urbanização gerada pelos portugueses. Com efeito, a partir de finais da década de 1960 o interesse em ampliar a área a habitar pelos portugueses é crescente, criando, do ponto de vista arquitectónico e urbanístico, uma outra visão da sua perspectiva de vida.

2. Luanda no período pós-colonial

Com a independência, Luanda sofreu transformações de vária índole. O afluxo para a capital é maior por causa das possibilidades de se abrir um negócio (nas praças por exemplo) ou de se arranjar um emprego nas empresas estatais, mesmo com baixa qualificação académica, como escriturário-dactilógrafo, contínuo, estafeta, guarda, relações públicas, estivador no porto de Luanda e nos armazéns, motorista, cobrador de autocarros, entre outras ocupações. O caminho abriu-se para o fluxo de populações do interior onde estas ocupações eram escassas.

Embora não existam dados estatísticos precisos, podemos inferir que a capitalização destes aspectos mostra a presença de Bakongos no Sambizanga e Cazenga, provenientes das regiões do Soyo, Nzeto, Ambriz, Uíge. Essa geografia demográfica foi alterada com a independência, quando alguns Bakongos regressaram, na sua maioria da República Democrática do Congo (ex-Zaire), e se dispersaram para outros locais onde constituíram comunidades mais numerosas, como são os casos da Mabor, Palanca, Petrangol e Rocha Pinto. Outros Bakongos preferiram não colocar residências nessas áreas e optar por outros bairros onde os seus compatriotas não são maioritários. Encontramo-los na Samba, Bem Fica, Viana, Terra Nova, Bairro Popular, Golfo I e II.

Esta situação já não é específica dos Bakongo, sendo extensiva a outras comunidades de Angola. É difícil especificar em que medida as outras comunidades não são homogéneas quanto à sua localização nos bairros de Luanda, já que é possível encontrar nos bairros uma mistura de povos com proveniências diferentes, povos estes que estabelecem relações de boa vizinhança, embora se continue a observar a propensão de comunidades que partilham a mesma origem etnolinguística a viverem nas mesmas zonas. Porém, viver num bairro especificamente da sua comunidade étnica tem estado a desaparecer, basta olhar para os novos bairros e actividades comerciais informais (serralharias, oficinas-auto, calçado, vestuário, construção civil ou câmbios). As actividades informais não têm comunidades étnicas específicas.

Há outras comunidades étnicas, menos numerosas, que se confinavam em determinados bairros, mas esta atitude não prevalece na actualidade e Luanda deixou de ser uma cidade exclusivamente Axiluanda e Ambundu. Todas as comunidades étnicas estão representadas na sua plenitude na cidade de Luanda, que é um microcosmos onde todas as línguas vernáculas estão representadas.

As regras matrimoniais são fortemente influenciadas pelos Bakongo, povos com hábitos próprios para a celebração do casamento. Os noivos e os seus familiares são obrigados a despenderem somas enormes em dinheiro e bens para pedir a noiva em casamento, o que não era comum entre os outros povos. Para os Bakongo o noivo deve fazer-se acompanhar de vestuário, calçado, bebidas alcoólicas e bens de consumo para os familiares da noiva.[6] Hoje, essas práticas generalizaram-se para as etnias que não tinham hábitos de pedirem somas astronómicas para esse tipo de actividades. Influenciaram muito no desporto, principalmente no futebol, artes marciais; nas principais empresas comerciais (Edinba, Egrosmista, Eremista, Logitécnica, etc.) e nas praças (Roque Santeiro, Cala Boca, Shabá, Kwanzas). Nestes locais os seus produtos preferidos de venda são os tecidos estampados, medicamentos naturais ou convencionais, alimentos típicos, câmbio de moedas externas, roupas, viaturas de ocasião, mobiliários.

---

[6] Os produtos para o pedido do casamento são: um fato e um par de sapatos para o pai da noiva, um fato ou vestido para a mãe com os respectivos sapatos. Outros produtos: são bebidas alcoólicas (12 caixas de cerveja, igual número de refrigerantes, um garrafão de vinho, whisky, champanhe, vinho do porto, amarula), vestuário (lenços de cabeça, de bolso, panos do Congo), uma grosa de fósforos, guloseimas, sabão, sabonetes, candeeiros, geradores eléctricos, uma quantia em dinheiro que varia entre 500 a 1.500 dólares.

Tal evidência foi encontrada pelo investigador Virgílio Coelho (2001: 137) ao comparar os Ambundu e os Bakongo:

> *[...] a comunidade étnica e linguística originária do lugar onde se implantou a cidade de Luanda, é de cultura e língua kimbundu. Isso faz com que a maior parte dos conhecimentos e símbolos, que desde esse passado remoto até ao presente, têm sido veiculados na região seja dessa origem cultural e esteja fixado na língua veiculada por essa comunidade étnica. Fazem notável excepção e contribuem inequivocamente para mostrar uma postura diferente do modo de ser e estar no mundo, as populações de origem Bakongo, que onde quer que estejam, produzem e reproduzem símbolos modernos, nomeadamente aqueles que os ligam a uma das tarefas de que estas populações desde sempre foram (e são ainda hoje) notáveis especialistas – o comércio – e que denotam, de modo positivo, a inequívoca presença desse grupo nos diferentes bairros da cidade onde se tenham fixado.*

Este empreendedorismo Bakongo revolucionou o sistema de transportes públicos. A escassez de autocarros públicos, centrados numa só empresa transportadora, a TCUL, não resolveu as necessidades prementes dos habitantes locais para os seus afazeres quotidianos: emprego, escola, lazer. A falência da Empresa de Táxis de Luanda fez emergir uma cadeia de táxis privados, que ficou conhecida por processo *quinhento* dinamizado, precisamente, pelos Bakongo regressados ao país, e que se tornou numa alternativa segura de transporte de passageiros.

As principais equipas de futebol do país (1.º de Agosto, 1.º de Maio e Petro de Luanda) munem-se de jogadores fogosos quando almejam ganhar o campeonato de futebol da primeira divisão. Houve tempos em que os adeptos de futebol deliravam com futebolistas de renome, como Tandu, Ndala, Zandu, Fuso, Maluka, Kiala, Mavó, Vata, Lufemba, Vissy, Nsuka, entre outros. Houve uma fase em Angola, e sobretudo em Luanda, em que as equipas de futebol elegem o mercado congolês como fonte de abastecimento de futebolistas.

Evidenciam-se também na construção civil: o crescimento de bairros como Palanca, Mabor e Rocha Pinto foi obra dos Bakongos. São bairros de betão com elevado ordenamento, higiene e habitações espaçosas. O aprovisionamento de água em tanques construídos no subterrâneo dos quintais, que se generalizou em toda a cidade de Luanda e veio alterar os modelos de construção que eram na superfície, foi obra dos bakongos. Estabeleceram redes de solidariedade para apoiar os casamentos, os funerais ou as famílias em dificuldades financeiras que procuravam lançar-se em pequenos negócios, assim como o apoio a familiares com residência no exterior.

Na leitura que se faz sobre a composição e recomposição das etnias[7] em Luanda, nota-se que a sua circulação retoma uma aprendizagem e adaptação das áreas culturais de origem. Os Ovimbundu e os Ambundu não conseguiram impor-se tal como os Bakongo e remeteram-se para a periferia nas zonas agrícolas como Viana, Cacuaco e Funda. Evidenciam-se com maior predominância na produção agrícola. Enquanto isso, os jovens dessas comunidades étnicas, vão perdendo, gradualmente alguns dos seus traços culturais como o abandono dos vestuários, penteados típicos e a língua. O linguista Zavoni Ntondo (2006: 8) explica que:

> [...] o avanço do português, em detrimento das línguas africanas foi e continua a ser maior entre os Mbundu, mas todos os grupos africanos sofreram a sua influência. A urbanização constitui uma das forças motrizes deste processo, interagindo com outros factores tais como a expansão da educação depois da independência e o impacto da rádio e da televisão. Este rápido avanço do português é mais visível na juventude, a franja mais vulnerável e demograficamente importante.

Conclusões

O mosaico etnolinguístico de Luanda representa aquilo que é a composição do país nas suas diferentes manifestações culturais, linguísticas e económicas. Seguindo essa tipificação das etnias facilmente se conclui que a cidade capital de Angola, em termos culturais e linguísticos, deixou de ser uma área exclusiva dos Ambundu e dos Axiluanda. E é nessa diversidade cultural que o país deve caminhar.

---

[7] Cf., ainda, sobre a questão da etnicidade, o capítulo de Américo Kwononoka, neste volume.

Referências bibliográficas

Amaral, Ilídio do (1968), *Luanda. Estudo de geografia urbana*. Lisboa: Junta de Investigações do Ultramar, Colecção Memórias, 53.

Amaral, Ilídio do (2002), "Contribuição para uma Bibliografia Geográfica de Luanda", *Garcia de Orta*, Série Geografia, 18 (1-2): 47-67.

Bettencourt, José de Sousa (1965), "Subsídio para o Estudo Sociológico da População de Luanda", *Boletim do Instituto de Investigação Científica de Angola*, 2 (1): 83-125.

Birmingham, David (1965), *The Portuguese Conquest of Angola*. Londres: Institute of Race Relations.

Birmingham, David (1992), *A África Central até 1870*. Luanda: Empresa Nacional do Disco e de Publicações IUEE.

Carvalho, Ruy Duarte de (1989), *Ana a Manda e os filhos da rede. Identidade colectiva, criatividade social e produção da diferença cultural: um caso muxiluanda*. Lisboa: Instituto de Investigação Científica Tropical.

Chatelain, Heli (1894), *Folk-tales of Angola: memoirs of the American folk-lore Society*. Boston: The American Folk-Lore Society.

Coelho, Virgílio (1997), "Imagens, símbolos e representações. 'Quiandas, Quitutas, Sereias': imaginários locais, identidades regionais e alteridades. Reflexões sobre o quotidiano urbano luandense na publicidade e no universo do marketing", *Ngola - Revista de Estudos Sociais*, 1: 127-191.

Coelho, Virgílio (2001), "'Os de dentro, os de fora e os outros': análise sucinta de um modelo estrutural de organização administrativa e urbana do 'Reino de Ndòngò', desde a sua fundação até fins do século XVI", *Fontes & Estudos* (Revista do Arquivo Histórico Nacional - Luanda), 4-5: 163-228.

Dias, Jill R. (2007), "Prefácio", *in* Melo, R. (org.) *Identidade e Género entre os Handa no Sul de Angola*. Luanda: Editorial Nzila.

Dias, Jill R. (1989), "Relações Económicas e de Poder no Interior de Luanda ca. 1850-1875", *in I Reunião Internacional de História de África. Relação Europa-África no 3º quartel do Séc. XIX*. Lisboa. Instituto de Investigação Científica Tropical/Centro de Estudos e Cartografia Antiga.

Dias, Jill R. (1984), "Uma questão de identidade: Respostas Intelectuais às transformações económicas no seio da elite crioula da Angola portuguesa entre 1870 e 1930", *Revista Internacional de Estudos Africanos*, 1: 61-93.

Direcção dos Serviços de Economia e Estatística Geral (1964), *3.º recenseamento geral da população – 1960* (Direcção dos Serviços de Economia e Estatística Geral, Repartição de Estatística Geral). Luanda: Imprensa Nacional, 5 volumes.

Esterman, Carlos, Pde (1972), Uma pequena minoria étnica de linguística na Huíla: os 'Oui-womu'", *Boletim do Instituto de Investigação Científica de Angola*, 9 (2): 1-75.

Esterman, Carlos, Pde (1956-1957), *Etnografia de Angola*. Lisboa.

Gonçalves, António Custódio (2000), "Identidades culturais e emergência do nacionalismo angolano", *in África e a Instalação do Sistema Colonial (c. 1885 – c. 1930. III Reunião Internacional de História de África*, Lisboa, Centro de Estudos de História e Cartografia Antiga.

Guimarães, Ângela (1989), "Transferência de poderes em África: o quadro jurídico, 1830-1870", *in I Reunião Internacional de História de África. Relação Europa-África no 3.º quartel do Séc. XIX*. Lisboa: Instituto de Investigação Científica Tropical/Centro de Estudos e Cartografia Antiga.

Kajibanga, Victor (2000), *Sociedades Étnicas e Espaços Socioculturais. Uma contribuição ao estudo da problemática das culturas étnicas e da cultura nacional em Angola* (mimeo).

Lukombo, João Baptista (1997), "Comunidades e instituições comunitárias em Angola na perspectiva do pós-guerra: O caso das populações de origem bakongo 'regressadas' da ex-República do Zaire e fixadas no tecido peri-urbano luandense", *Ngola – Revista de Estudos Sociais*, 1 (1): 251-278.

Lima, Mesquitela (1964), *A etnografia Angolana: considerações acerca da sua problemática actual*. Luanda: Museu de Angola.

Lima, Mesquitela (1971), "A possessão espírita entre os Quiocos de Lunda", *Boletim do Instituto de Investigação Científica de Angola*, 8 (1): 109-128.

Martins, João Vicente (1993), *Crenças, Adivinhação e Medicina Tradicionais dos Tutchokwe do Nordeste de Angola*. Lisboa: Instituto de Investigação Científica Tropical.

Miller, Joseph (1995), *Poder Político e Parentesco: os Estados Mbundu de Angola*. Luanda: Arquivo Histórico Nacional.

Monteiro, Ramiro Ladeiro (1989), *Os musseques de Luanda: alguns aspectos socio-económicos*. Luanda: Universidade de Luanda.

Neto, Conceição (2003), "Breve Introdução histórica", *in* Medina, M. C. (org.), *Processos políticos da luta pela independência*. Luanda: Faculdade de Direito da Universidade Agostinho Neto, 15-30.

Ntondo, Zavoni (2006), *Angola linguística: um caso singular em África*. Luanda: III Simpósio sobre cultura nacional, Setembro.

Pantoja, Selma (2000), "Quitanda e quitandeiras: história e deslocamento na nova lógica do espaço em Luanda", *in África e a Instalação do Sistema Colonial (c. 1885 – c. 1930. III Reunião Internacional de História de África*, Lisboa, Centro de Estudos de História e Cartografia Antiga.

Pimenta, Fernando Tavares (2005), *Brancos de Angola*. Coimbra: Minerva Coimbra.

Wheeler, Douglas (2006), "As raízes do nacionalismo angolano: publicações de protesto dos assimilados, 1870-1940", *in* Vidal, N.; Pinto de Andrade, J. (orgs.), *O Processo de Transição para o Multipartidarismo em Angola*. Luanda e Lisboa (2.ª edição): Universidade Católica de Angola, Centro de Estudos Sociais, Faculdade de Economia da Universidade de Coimbra.

CAPÍTULO 8
DA ANGOLA DIVERSA

Ruy Duarte de Carvalho

... o tema que propomos é o seguinte: 'A Angola diversa', questionando, a partir da sua experiência, quer enquanto antropólogo, quer enquanto escritor, o lugar da diversidade cultural na composição e (re)criação permanente da identidade angolana, como factor amplificador da diversidade democrática. É um tema muito importante para a contextualização da nossa investigação...B.S.S. *comunicação pessoal*, 15-08-09

"... não mais ter de dizer, daqui para a frente. Acabar de vez com a escrita argumentativa e demonstrativa. Deixar definitivamente de impor-me a intenção de ter de dizer para quem não lê e escrever para ser apenas lido por quem tem do saber uma ideia selada pelo próprio saber vidrado sobre si mesmo...". R.D.C., *Actas da Maianga*, 2003

"Peço humildemente ao leitor que leia este capítulo com o cuidado possível. Não disponho do talento necessário para fazer-me entender por aqueles que recusam concentrar a sua atenção naquilo que lêem." J.J. Rousseau, *O Contrato Social*

1. Makas, Indakas & participações
... e ainda assim... se me for permitido preservar as minhas reticências de incidência variável, que pontuam as hipóteses que tenho para propor - jamais certezas - e que fundamentam a minha postura; e se puder propor um texto que não pretenda ser senão uma simples articulação de notas de reflexão sem visar conclusão nenhuma... e acolhendo e privilegiando sobretudo, talvez ainda, a sugestão que me é feita de questionar a formulação proposta... bastará colocá-la na interrogativa: *a diversidade cultural como condição capaz de favorecer a afirmação da identidade (da nação) e da democracia?*... é que eu, de facto, não estarei assim tão certo de que a diversidade cultural se revele tão imediatamente afim e propícia à prática democrática entre nós... ou vice-versa...

Mais: transportando o que me é proposto para uma interrogação temática, o que me ocorre de imediato é uma pronta abordagem pela negativa... não. E tenho muita pena, apenas porque as coisas são como são... para que sim, para que fosse tão implícito e pacífico que a diversidade cultural e a democracia casassem sem problema, seria necessário que quem governa, legisla, aconselha, julga, delibera, decide, programa, manda, implementa e executa tivesse a diversidade cultural devidamente em conta quando pretende actuar em nome da nação inteira...

... mas o projecto vem da própria Universidade Agostinho Neto... e isso poderá indiciar que alguma coisa possa estar a ser modificada lá... nunca consegui que a Universidade ligasse a mínima aos projectos de pesquisa que consegui manter ao longo de muitos anos no sul do país, embora tivesse sempre invocado estar a trabalhar temas e questões de espaço e de território que, para além de poderem ter interesse nacional, haveriam certamente de interessar também aos currículos escolares em vigor e ao que me era exigido enquanto professor de antropologia do espaço, precisamente no Departamento de Arquitectura da Faculdade de Engenharia, onde aliás ia expondo os resultados da minha pesquisa quando achava que eles convinham às aulas que lá dava... resultados esses que entretanto vieram a dar livros e foram expostos também noutras universidades, afinal, talvez, mais atentas ao que eu andava então a fazer. E será certamente o eco disso que agora explica ver-me convidado para expor, e me expor, de novo, no contexto da UAN... coisas talvez que, se a solicitação que me foi feita não invocasse também a minha condição de escritor, para além da de antropólogo, eu não estaria agora, por mero pudor, a referir... mas se não subjazesse uma estória pessoal por detrás disto tudo, também não estaria agora a ser chamado a colaborar... e a honra é muita e a oportunidade é uma... digamos mesmo que é única...

.... de facto, não sendo especialista, nem mesmo enquanto observador e analista, de questões jurídicas, ou de regulação e controle político, social ou criminal, durante toda a minha vida profissional de regente agrícola, primeiro, antes da independência, e de cineasta e de antropólogo, depois, cruzei muitas vezes com problemas e processos jurídicos daqueles que no âmbito de certas culturas, ou em terrenos onde várias culturas interactuam, se furtam à percepção comum, daquelas com que os académicos normalmente só deparam quando cruzam com documentos que jazem rendidos em pastas e caixas de esfarrapadas memórias arrumadas em arquivos históricos... de alguns deles - testemunhos, por vezes, de inquietantes e muito críticas situações - fui dando notícia à medida que fui conseguindo divulgar regularmente os resultados das observações a que as minhas voluntariosas pesquisas me iam dando acesso, e julgo estar assim razoavelmente colocado para poder afirmar, em simultâneo, que a diversidade cultural é sim um dado que intervém na prática social a nível do nosso país inteiro, mas que de facto ela raramente é tida em conta, por quem de direito, para além do que possa manifesta e imediatamente referir-se a alguns folclores dados em espectáculo, e a alguns artesanatos...

... não seria, no entanto possível, ou pelo menos amavelmente conjecturável, admitir a hipótese de poder, também por uma questão de elegância e de boa muxima, abordar o tema mais pela positiva ?... sim, talvez, podemos até tentar... mas só se tentarmos antes, precisamente, assumir a coragem de experimentar encarar as coisas como elas são...

2. Das coisas como elas são

... culturalmente diversa, Angola?... Sim, e trata-se de uma diversidade incontornável... tanto na horizontal, em relação à extensão geográfica do país e aos diferentes grupos humanos que lhe habitam o território,[1] como na vertical, em relação aos comportamentos dos vários extractos da sua composição social... e a partir desse potencial de diversidade cultural, ocorre-me poder afirmar que muitas populações angolanas inseridas no interior do país, e não só, terão em grande medida conseguido garantir a sua viabilidade vital e social ao longo das últimas décadas... tentando começar por reportar-me a domínios de regulação e controle social, para não perder de vista o contexto a que esta informação se destina, sabemos de que forma, mesmo sem que fosse preciso vir alguém de fora para dizer como é que havia de ser feito, certas populações angolanas, perante o vazio administrativo e a crise institucional geral que se instalou depois da independência, foram capazes de encontrar na recuperação de sistemas de regulação e controle endógenos uma saída para garantir à sua vida comum a cobertura de alguma soberania cívica... nos quintais das sedes de muitos postos administrativos encerrados ou em ombalas de reabilitados reis locais, foram restabelecidos tribunais de formato antigo, arcaico, 'tradicional', ou então novo, para resolver questões que o dia-a-dia não ia, evidentemente, deixando de levantar na conjuntura adventícia desses tempos bizarros, sem poder central presente...[2] foram constituídos conselhos de kisongos, notáveis e dignitários... realizei filmes nessa altura, na Huíla e no Jau, que dão testemunho disso; para cada sessão eram convocados, além das partes litigiosas e dos seus porta-vozes, conselheiros, adivinhadores, kimbandas e catequistas, os

---

[1] Sobre esta matéria, cf. o capítulo, neste volume, de Júlio Lopes.

[2] Sobre os tribunais e o sistema judiciário, cf. os capítulos de Boaventura de Sousa Santos e de Conceição Gomes, neste volume, bem como a caracterização detalhada que é feita nos capítulos que constituem o volume II; sobre o sistema informal de resolução de conflitos, ver o volume III.

quais, para além desse serviço, também davam uma mão nos postos de saúde desactivados e nas escolas[3]...

... tribunais informais dessa ordem e mais ou menos fiéis a modelos pré--coloniais, ou mais ou menos alterados pela incidência da ocidentalização, nunca terão aliás deixado de funcionar, até hoje, em muitas paragens dessa Angola mais oculta... em lugares remotos e escondidos da Angola pastoril dos meus resguardados e discretos terrenos. Desde há muito e até hoje que venho participando, não só como observador admitido mas às vezes até como actor, testemunha ou conselheiro ou mesmo proponente, em tribunais desses que servem a populações com questões de agravo social, às vezes sérias, a fermentar e a manifestar-se no seu seio, mas que sabem muito bem ser preferível tentar resolvê-las assim, a nível grupal e local, do que transportá-las até às instâncias da administração central municipal, onde tem prisão e intervêm polícias[4] que, segundo consta por ali, recorrem por vezes a procedimentos muito seus...

... mas eu não sou nem antropólogo especializado em questões jurídicas, nem jurista, nem juiz de espécie alguma, ou seja, de quem ou daquilo que for, nem político, nem ideólogo... e pode ser talvez até entendido que este tipo de exercício do controle social possa colidir com programas democráticos... nem sequer saberei o que poderá agredir mais certos programas políticos garantidos por certas legitimidades democráticas, se esses tribunais informais ou certos procedimentos imputados aos polícias...

... mas sei, no entanto, e em perfeita consciência, que fiz esses filmes com a intenção explícita de contribuir para dar Angola, em toda a sua diversidade e complexidade, a conhecer aos angolanos cidadãos comuns e aos então recentemente investidos governantes desses mesmos cidadãos... e trabalhei de antropólogo para penetrar nessa complexidade e extrair daí e revelar não apenas uma colorida diversidade exterior, de feições corporais, com adornos ou sem eles, expressões folclóricas e artesanais, etc., mas também a dos seus sistemas produtivos, de troca, de relação com o meio, de representação e de interpretação do mundo, de códigos de comportamento e de relação e de saberes, os que

---

[3] ... e quando mais tarde, na Televisão, em Luanda, veio do Partido uma comissão ao mais alto nível para visionar esses filmes e decidir se podiam participar num festival internacional, houve hesitações porque num deles havia um catequista que praticava a técnica errada de pegar na mão de alguém para ensinar-lhe a escrever... que ele estivesse a manter o funcionamento de uma escola na ausência de professor não contava, contava sim que pudesse vir dar uma imagem má das nossas técnicas de ensino...

[4] Cf. o capítulo 6 do volume III.

são ditos e os que são tão-só vividos; as sentenças, mas também as práticas, as maneiras exibidas e brandidas, mas também aquelas de que os próprios sujeitos não se dão conta, nem referem, apenas porque fazem parte de uma normalidade, de uma rotina ou quotidianidade nunca sequer interpeladas por não haver necessidade disso, e é ao especialista exterior que acaba por acontecer e caber, competir, fazê-lo[5]...

3. Pelo Que Quanto À Questão...

... agora isso de *a diversidade cultural contribuir para a diversidade da democracia, ou para a composição e (re)criação permanente da identidade angolana, como factor amplificador da diversidade democrática...* à diversidade cultural, não basta que ela se revele como dado incontornável e haja quem o afirme, assinale e analise... é preciso que o poder (os poderes), quem legisla, decide, programa, manda, implementa, a admitam, se disponham a admiti-la e a encará-la, e saibam ou queiram aprender a lidar com ela e com os diversos aspectos que ela exprime

---

[5] Toda a vida me preocupei com isso e acho que fui conseguindo actuar em conformidade, disponibilizando aquilo que apurava a quem dispusesse de poder para poder utilizá-lo a favor do interesse comum. Não creio que nem os filmes que fiz, nem os resultados que publiquei, tenham, de alguma forma, influído fosse no que quer que fosse... quando, por exemplo, chegou a altura de resolver problemas de razia e contra razia entre grupos pastoris vizinhos, à margem da guerra e já depois de ter escrito e publicado em Luanda um livro chamado, e muito a propósito, *Aviso à Navegação: olhar sucinto e preliminar sobre pastores Kuvale da província do Namibe com relance sobre outras sociedades agropastoris do sudoeste de Angola*, em que assuntos dessa natureza são amplamente referidos e analisados, foi feito, exactamente, aquilo que a força do colono fazia antes e teria feito hoje de novo: foram armados uns contra outros... mas eu não vou, evidentemente, e para além do que me possa parecer indispensável com vista a ilustrar aquilo que terei para dizer, deter-me no meu caso pessoal nem do de ninguém que possa padecer de tais desgostos, a ponto de a única maneira de continuar a conseguir agarrar ainda algum ânimo para encarar Angola como objecto de análise social ou política seja encará-la inscrita numa dimensão regional, mesmo continental, quiçá planetária, com problemas equivalentes aos do resto do mundo e apenas revelando expressões localizadas deles. Acho, apenas, que só teríamos toda a vantagem em tentar encarar de uma vez por todas as coisas como elas são... Por outro lado, talvez não deixe de ser oportuno acrescentar aqui, à margem, mais uma nota: da mesma forma que a política não se faz de ideias mas de acções, também as ideias, por si só, ou os resultados das análises, não podem contar apenas com o seu valor intrínseco ou oportunidade ou pertinência, para se verem introduzidos nos terrenos da decisão e da acção políticas... a maneira mais imediata e eficaz de neutralizar uma análise, sendo ela incómoda ou inoportuna para o exercício de certas políticas ou ausência delas, e não tendo por detrás delas senão a voz do autor, é ignorá-la... Ignorá-la neutraliza simultaneamente a análise e o autor: não serão as tuas ideias ou as tuas propostas, por mais adequadas que te pareçam para intervir, mas o teu lugar na grelha do poder, dos poderes, que pode assegurar a tua intervenção?... O autor pode entender então que se quer ainda assim intervir mesmo, se quer que aquilo que faz venha, de alguma forma ou em qualquer tempo, a participar, ainda que indirectamente, nos destinos do seu país. Melhor será optar por expor os seus resultados, ou constatações, ou conclusões, ou ideias, ou propostas mesmo, através de outro suporte expositivo que não o da exposição da análise... nas dobras de uma certa ficção, por exemplo, que alguém algum dia acabará, quem sabe, por ler...

e impõe... não só a diversidade folclórica, ou mesmo histórica, mas sobretudo essa 'diferença' que bate mais fundo, que pulsa profundo... seria preciso deixá--la, a essa diferença, intervir na definição das dinâmicas vitais, económicas, produtivas, jurídicas, demográficas e governativas postas em curso pelo governo, pelas instituições, pelos ministérios e pelas faculdades também; seria, igualmente, preciso convocar o conhecimento sobre a diversidade, quer para entender e reconhecer os contornos da sua substância, quer para colher informações e pareceres sobre as substantividades das suas manifestações... seria necessário não nos satisfazermos com os termos da exclusiva atenção que ao ministério da cultura é suposto prestar-lhe, com os seus espectáculos, os seus folclores, a sua história, os seus simpósios e congressos, com os seus assuntos religiosos...

... cultura, entre nós, e a diversidade no seu conteúdo, tende a ser muito confundida quer com lazer, distracção, espectáculo, expressões, a maioria delas corporais, ou reconstituição ou elaboração de passados... ou com o exótico, e não apenas aos olhos do ocidental, talvez mais sobretudo aos do poder institucional, portanto aos de uma cultura que é produto da ocidentalização que dá acesso aos patamares do mando central...

... seria, pois, necessário que o lugar consignado à diversidade excedesse o que aparentemente lhe é conferido pela vigente, nossa, democracia... democracia, entenda-se bem...

4. Da democracia, modalidades

... mas que modalidade, porém, que receita de democracia é essa, que dá cobertura à possibilidade de que, na África inteira e não só, lógicas herdadas da dominação colonial primeiro, e depois também das lutas clandestinas e armadas de movimentos de libertação, e equívocos inquestionáveis instaurados por partidos únicos que se confundiram com o aparelho de Estado, se perpetuem agora e ainda, com o que isso implica de compromissos, alianças, apoios e coberturas, e a coberto de eleições que asseguram vitorias obrigatórias e inquestionáveis?...

... que receita é essa que entre muitos de nós, africanos e não só, vigora de democracia ?... já não é suposto que democracia tenha a ver com direitos individuais no destino dos homens, etc., interesse comum, contrato social e destino das nações, etc., todo esse arsenal retórico?... com a sua formulação original, com a sua receita genética ?... Então talvez tenhamos necessidade de chegar a acordo sobre aquilo de que estamos a falar, porque entre académicos o conceito

DA ANGOLA DIVERSA   303

de democracia moderna costuma reportar-se sobretudo a uma fórmula política
que remete sem apelo às noções de nação, de povo, de cidadania e de vontade e
interesse comuns...

... se ainda adiantasse ler mais alguma coisa, então mesmo estando longe dos
meus livros de consulta, sepultados em doze baús vermelhos numa garagem
da antiga Moçâmedes, só me faltaria aqui Tocheville... porque matéria de dois
pais fundadores das ideias que sustentam essa fase do processo humanista[6] em
que o mundo inteiro agora se vê envolvido sob a batuta do império da finança
e da economia de mercado, Jean-Jacques Rousseau e Immanuel Kant, para o
caso, encontro na livraria aqui ao lado, nesta porção, nesta margem atlântica
do deserto do Namibe[7]...

... se não tem nada a ver com isso é uma pena, porque esses dois homens-
-sábios já poem, no seu tempo, tudo a claro; assinalam logo onde não vai dar
certo, que é quando poderia pretender-se que os princípios que definem os
termos de um contrato social garantissem a intervenção de todos os cidadãos
do mundo na definição dos destinos da humanidade e das nações... mesmo
dotados de inteligência e força variáveis, todos os homens passariam a ser iguais, a
coberto da convenção e do direito...

... essa fórmula política, dada a conhecer como democracia moderna, co-
locaria as soberanias e os governos nas mãos e sob o controle do povo... quem
viesse a governar, a impor ou a conduzir as maneiras do mundo, não mais poderia
sujeitar os outros, seus semelhantes, como se fossem *animais ou meros instrumentos
para os seus fins*, ou pô-los a lutar uns contra os outros, imolando-se entre si... os
poderosos passariam a ter de tratar as pessoas em conformidade com o espírito
das leis da liberdade que o próprio povo prescreveria para si mesmo... não mais
haveria ricos ao ponto de poderem comprar pobres que se vissem obrigados a
vender-se, de tão pobres...

5. Será nessa que estamos?

... é que o mundo não é assim... são eles mesmos, os congeminadores da redenção
democrática, quem previne acerca disso, logo à partida... *os homens é para serem
vistos como eles são e não como se poderia pretender que eles fossem*, reconhece Kant

---

[6] ... peço sempre desculpa por ter de pedir, por favor, que me ajudem a fazer com que não se confunda
humanismo com humanitarismo...

[7] ... estou a alinhavar estas notas em Swakpmund, na Namíbia, e refiro-me a dois preciosos livrinhos publicados
pela Penguin Books na sua colecção *Great Ideas*. Cf. Rousseau (2004) e Kant (2009).

(2009: 68) já ter sido prevenido... e Rousseau (2004) acrescenta: *se assim não fosse tudo correria bem por si mesmo e a política não seria uma arte...*

... uma das vantagens de pegar, às vezes, nos clássicos decorre da satisfação de constatar que não te cabe a responsabilidade de ter descoberto nada ou de estar a inventar seja o que for... mesmo nos teus momentos mais críticos apenas constatas e reafirmas, no contexto que é o teu, aquilo que eles mesmos andam a dizer desde sempre... coisas que assentam como uma luva a situações que todos nós muito bem conhecemos por já andarmos, pela nossa parte, lidando com elas faz um ror de tempo... e era aqui que eu queria chegar:

... sob um mau governo a igualdade (a libertação) é apenas uma aparência e uma ilusão; serve apenas para manter os pobres na sua wretchedness [miséria] e sustentar os ricos na sua usurpação. As leis, na verdade (mesmo depois da libertação), tornam-se sempre úteis para aqueles que mais detêm e lesivas para os que não têm nada; pelo que o estado social só será vantajoso quando todos possuírem alguma coisa e ninguém possuir de mais... num estado viciado, em que cada um só pensa na sua posição e perde de vista o interesse comum, uma multiplicidade de crimes acaba por ocorrer a coberto da maior das impunidades e uma vez que certos costumes são estabelecidos e certos preconceitos enraízam, o próprio povo não suporta ver os vícios que integrou posto em causa... é como um doente estúpido e pusilânime que treme à vista de um médico... (Rousseau, 2004).

... nada é mais perigoso nos negócios públicos do que a influência que exercem neles os interesses privados... o luxo e a ostentação são efeitos da riqueza privada e tornam os ricos necessários; corrompem tanto os ricos como os pobres e rendem o país à vaidade; desmunem, desunem o estado do papel que cabe aos cidadãos tornando uns escravos de outros e a todos escravos da opinião do mundo... (Rousseau, 2004).

... se os governantes perdem de vista os direitos do povo a que pertencem, toda a interacção dos membros da nossa espécie sobre a terra só poderá ser encarada como uma farsa ...(Rousseau, 2004).

... em sentido restrito nunca houve nenhuma democracia verdadeira, nem nunca haverá... se houvesse uma nação de deuses, talvez eles conseguissem governar-se democraticamente... mas um governo tão perfeito não é à medida do homem...(Rousseau, 2004).

... nem estes brancos estavam evidentemente no século XVIII a falar da Angola de agora, nem eu pretendo fazê-lo...[8] talvez antes, apenas, as coisas sejam mesmo como elas são. A condição humana traz consigo os instrumentos de subversão de qualquer contrato social, programa de intenções ou retórica política... neste mundo, o mais bizarro comporta o mais elementar e o mais elementar o mais complexo (e por vezes abjecto)... e não é só em Angola, não é só em África que é assim, será no mundo inteiro...

6. E ainda por cima...

... não deixemos, entretanto, escapar-nos que estamos a tentar conversar sobre diversidade cultural, ou identitária, se quisermos ou preferirmos... é que alguma coisa talvez se articule com particulares dificuldades entre esse modelo de democracia proposto e imposto desde há mais de duzentos anos como solução, panaceia universal, e o presente e o futuro imediato de algumas regiões do mundo... o que a África, e logo Angola, se quisermos olhar as coisas bem de frente, pode ter de particular e mais difícil de encarar nestes domínios e contextos das identidades grupais, referir-se-á, obrigatoriamente, entre analistas responsáveis, não só à questão dessa diversidade, mas também à questão da própria nação...

... por nação costuma entender-se, também entre quem tem de ter em conta que certas palavras valem ou não valem conforme se têm ou não em conta os conceitos que elas exprimem, que essa noção de nação configura e constitui um 'povo' referido a um território... uma nação, tal como um Estado, corresponderá a uma 'pessoa moral' que advém da união dos cidadãos, seus membros, implicados uns com os outros na decorrência de causas de origem e prática corrente ou de convenção e obediência às mesmas leis... e uma nação só se revela em toda a sua dimensão, e corresponde ao que se espera dela, quando essa união de cidadãos se sente efectivamente movida por um querer e por interesses comuns... se fosse só um conjunto de pessoas sob a mesma autoridade seria bem mais fácil...

---

[8] A África do Sul, por exemplo, está neste momento a enfrentar situações fatalmente comuns a todos os poderes que têm de transitar da luta de libertação para o executivo, e sabe-se bem de que forma, em África, estas situações assumem uma dimensão superlativa... entre elas, a de as instâncias políticas terem tendência, muitas vezes fruto de não haver outra alternativa, para preencher os cargos que implicam exercício de poder com quadros cuja nomeação e manutenção em exercício depende menos das competências e das qualificações do que da lealdade ou fidelidade que os nomeados garantam aos líderes e aos partidos, matéria sobre a qual nós teremos já uma grande e prolongada experiência... mas será já o tempo, entre nós, de abordar questões que tais?... Qualquer formação política nas nossas condições, que são praticamente as de toda a África e mais mundo à volta, cairia inevitavelmente no mesmo...

SOCIEDADE E ESTADO EM CONSTRUÇÃO: DESAFIOS DO DIREITO E DA DEMOCRACIA EM ANGOLA

... os velhos sábios dizem mesmo (como conseguir não insistir no que já terá sido mais do que dito ?) que o que traduz a verdadeira constituição de um Estado, aquilo que sustém uma nação no espírito das suas instituições e lhe assegura autoridade, é a fé e a confiança num querer comum...

... ora todos, certamente, já teremos dado conta de que Angola é, geografi-camente, um quadrado,[9] grosso modo, com a fronteira traçada à régua aonde não acompanha rio... excepto no entanto em relação a dois outros quadrados menores mas da mesma ordem... um é, a norte, uma reentrância que traz a actual República Democrática do Congo por aí abaixo... outro é o saliente de Kazombo, a leste, que introduz uma tira de Angola pela África central adentro... a si, já lhe ocorreu perguntar porquê ?... se tal vier a interessar-lhe verdadeira-mente vai ver que daria, até, para escrever um romance à volta do drama que isso constituiu na vida do explorador português Henrique de Carvalho... para já, tente entender, só, porque é que 'deve' esperar-se que um compatriota nosso, angolano falante de língua kikongo em ==> , 'deva' torcer por Angola, e o seu primo em ==>, a ==> quilómetros de distância, pela RDC, quando houver jogos para competição de futebol a nível continental... ou por Angola, pela RDC ou pela Zâmbia, três primos-como-irmãos (quer dizer, sendo a mesma, a barriga mãe das três barrigas de onde eles saíram) falantes da língua dos povos de lá, que vivem um em ==> , outro em ==> e o outro em ==>, a não mais de ==> quilómetros uns dos outros, conforme estiverem a viver em território de cada um dos três estados-nação africanos modernos que aí se confinam, produzidos todos tanto geográfica como politicamente pela partilha colonial e à medida de fronteiras administrativas inteiramente arbitrárias, alheias às cargas e às substâncias demográficas dos territórios em questão e de acordo com o figu-rino de estado-nação que o século XVIII europeu inventou e para servir nas condições da Europa...

... pelo que, se queremos, mesmo, ver se ajudamos a dar um jeito aos problemas que estamos com eles, talvez não percamos nada também em não perder de vista nem escamotear que as nações que, em muitas partes do mundo, correspondem às configurações territoriais de muitos países de hoje são, por sua vez, configu-rações putativas recentes que decorrem de uma herança colonial igualmente recente... a qual herança, sem deixar de continuar a ser tida como conquista nossa, nos ocorreu no quadro de uma contemporaneidade em que a Europa, as

---

[9] Cf. o capítulo de Júlio Lopes, neste volume, bem como o capítulo 2 do volume III.

antigas potências coloniais, tratam de tentar desembaraçar-se do figurino de Estado-Nação que nos legaram, e visam estruturar-se segundo poderes regionais e locais, não exacta e exclusivamente nacionais... e tal figurino poderá também, com o decorrer dos tempos, deixar de ser adequado e pertinente entre nós... mas, por enquanto, a estrita figura da nação faz-nos falta, precisamos dela, é mesmo condição para podermos participar no tal concerto das nações... e também, talvez, não percamos nada em reconhecer que saltámos de pés juntos para a cratera dos nacionalismos libertadores, mas sem nação prévia sedimentada...

... efeito imediato dessa partilha transmitida como herança: a África inteira pulula de refugiados e os Estados ou lidam mal, e às vezes fraudulentamente, com isso ou se alheiam, ao mesmo tempo que se revelam impotentes e incapazes de impedir, suster ou controlar os seus desarranjos 'étnicos'... e acresce, ainda por cima, que os nossos territórios são vastos... tentando ver as coisas a partir do ângulo de quem habita nos confins deles, como estranhar que cidadãos compatriotas nossos que aí vivem possam sentir-se tão longe da capital da nação, onde opera um governo central que lhes é distante e vago, como do resto do mundo?... e qual é a parte que lhes cabe nesse património que lhes é referido como comum e nacional?...

... mais grave até, e para tornar as coisas ainda mais complicadas, as nações que nos dizem pessoal e identitariamente respeito comportam, muitas delas, no seio da sua substância demográfica, indivíduos, grupos, sociedades, populações ditas 'indígenas', 'arcaicas, 'atrasadas'... o que aliás pode até, muito íntima mas nem sempre tão discretamente como seria de desejar, envergonhar alguns dos nossos governantes... sei muito bem do que estou a falar...

... as libertações, as independências nacionais, não devolvem nem poderiam devolver o poder nem às sociedades, nem às nações, nem às configurações políticas pré-coloniais... a esses, a história passou-lhes necessariamente por cima... já não existem...

... antes colocam num dispositivo de poder de matriz ocidental, num aparelho de estado configurado pelo processo da colonização e o mais possível à imagem do da metrópole que o instaurou, elites nacionais produzidas, directa ou indirectamente também, por esse mesmo processo, e às vezes preparadas de propósito para intervir nele em chegando o momento azado...[10] a libertação

---

[10] ... terá sido, grosso modo, o caso dos impérios inglês e francês, em que colonizados escolhidos foram mandados formar-se de propósito para isso...

SOCIEDADE E ESTADO EM CONSTRUÇÃO: DESAFIOS DO DIREITO E DA DEMOCRACIA EM ANGOLA

acaba, assim, por corresponder a uma substituição de protagonistas no quadro das estruturas políticas, das instituições e dos dispositivos de controle e de governo, produzidas, criadas, instauradas, impostas, pela ocidentalização do mundo, de que a colonização terá sido apenas uma expressão obrigada a ceder agora o lugar a outras, que continuam operando no sentido de um programa de mudanças fundamentado no modelo humanista ocidental, ainda e sempre em expansão... é capaz de ser pouco prudente, ortodoxa e politicamente correcta, uma formulação destas... mas é, também, capaz de não ser menos verdade... pelo que em meu entender fará parte, também, daquilo que é melhor encarar, em vez de passar-lhe ao lado... mas reconheço que talvez só possa ser, de facto, enunciável por quem não tenha mesmo nada a perder...[11]

... ela é assim instalada, a chamada democracia, imposta, exercida, aferida, segundo a sua feição ocidental moderna que não prevê nas suas malhas nem escravos nem indígenas... e tem uma inultrapassável dificuldade, vê-se mesmo perante uma incapacidade e impossibilidade formais, em lidar com - em acolher no seu quadro - as formações grupais, as sociedades menos ocidentalizadas que outras culturas e outras matrizes de articulação social continuam a contemplar ou a implicar... quem representa quem, nos areópagos que configuram a chamada prática democrática?... quem representa esses grupos 'indígenas', com os quais nunca poder central nenhum, colonial ou actual, soube muito bem lidar?... como garantir que 'eles' próprios participem também na definição ou no alinhamento do seu próprio destino?...[12]

.... e no entanto, à luz das magnas cartas, são tão cidadãos como quaisquer outros... tanto assim que é ver, em chegando a altura, como são também instados, pelas instâncias locais,[13] para votar nas formações partidárias de que elas se constituem implícitas extensões nos terrenos remotos das franjas demográficas nacionais...

---

[11] Terá chegado o tempo, para alguns de nós, de acharmos que é a altura de dizer muito do que sempre soubemos sem temer com isso vir perturbar ainda mais o medíocre e viciado, mas mesmo assim o único possível, embora sofrível, remedeio da coisa?... para além de achar, logo à partida, que temos entre nós algumas questões domésticas a resolver, que fornecer detalhes delas aos 'outros', ao exterior, só pode servir para que as utilizem ainda mais contra 'nós', os angolanos de uma maneira geral, continuo, a esse respeito, a trabalhar numa teoria geral do silêncio, da qual já divulguei alguma coisa num livro publicado recentemente (Carvalho, 2009).

[12] Não serão, certamente, aqueles que, saídos do seu seio, são chamados a participar, precisamente porque são indivíduos ocidentalizados. Já ouvi alguém dizer: andam a reclamar, lá pela oposição, por liberdade de expressão, que lhes deixem falar? A nós, o que nos importaria é fossem criadas condições para a gente poder fazer pela nossa vida à vontade... Cf. também, por exemplo, Carvalho, 1989, 1995.

[13] Cf., a este respeito, o capítulo que trata das Comissões de Moradores, no volume III.

7. Lugar da diversidade nos futuros nacionais

... uma diversidade tão diferenciada como a nossa agora é, com 'indígenas', 'atrasados', e tudo, isso vai deixar de existir a breve trecho... mais uma geração ou duas, no máximo... a história está a caminho do mestiço universal, tanto genética como culturalmente... é esse o sinal do sentido da espécie, se ela conseguiu expandir-se, dispensar-se e redistribuir-se à velocidade da marcha bípede dos seus sujeitos, quanto mais à da *Web* de hoje à de sei lá de quê, no amanhã... mas isso ainda leva algum tempo, se entretanto não sobrevier algum desastre cataclísmico... antes disso, entretanto...

... tudo acontece muito rápido, por vezes... a queda do muro de Berlim e do apartheid, quase em simultâneo, terão surpreendido muita gente... irão os recentes estados-nação actuais manter-se reféns das fronteiras que o tratado de Berlim consignou no século XIX?... o tempo efectivo do imperialismo colonial foi, afinal, um lapso breve na história dos nossos povos, accionado por um processo, por uma continuidade, exterior e paralelo a outros processos, a outras dinâmicas e a outras continuidades, também presentes ao tempo e ainda hoje em curso... a expansão banta sobre o continente, por exemplo, terá começado há mais de dois mil anos, atravessou o período colonial, e ainda não terá acabado...

... São as situações, não as ideias, que accionam as mudanças... é claro, as elites actuais, os dirigentes *sur place*, serão adeptos, muito provavelmente, da manutenção das fronteiras administrativas decorrentes da partilha colonial... também essas elites são produto do mesmo processo... e quando ainda assim permanecem ligadas às razões de alguma 'etnia' ou outro grupo, é sobretudo, e pela razão lógica das coisas, àquelas ou àqueles que o período colonial guindou a uma posição de hegemonia ou vantagem em relação a outras...

... mas também as fronteiras e as novas configurações administrativas que eventualmente possam vir a acontecer no futuro é de crer que não advenham prioritariamente de memórias de 'etnias', mas sim de dinâmicas, muito provavelmente de forte componente económica, e outras vitais de relação, que se desenvolvam no presente e no futuro imediato em curso ou em devir... determinarão a emergência e o curso de outros processos e impor-se-ão na decorrência do que estiver para vir, do que vier a ocorrer daqui até lá, e não obrigatoriamente do que possa ter ocorrido no passado... e a que passado nos referiríamos?... cada passado terá sido, no seu tempo, um fugaz presente... daí também que querermos perpetuar este de agora ... Ou um passado recente que o pacto colonial tenha transportado até nós, porque ainda estamos imediatamente ligados a ele...

... entretanto, e por enquanto, a nação, tal como ela hoje se oferece a ver e a viver, vai-se sedimentando. Vários factores concorrem para isso. É assim que também convém à conjuntura internacional e ao governo do mundo... e as últimas três décadas e meia envolveram, de facto, todas as populações do território de Angola nessa poderosa referência de implicação comum que foi a guerra, participando todos nela ou sentindo-lhe os efeitos de uma maneira ou de outra... outras nações se forjaram com guerras... só o futuro, por outro lado, poderá trazer esclarecimento, facultar leitura ou decifração, sobre a que poderá efectivamente entender-se que correspondem os resultados das últimas eleições... se foi a nação à procura de alguma unanimidade que a fundamente, voto útil, pragmático, nacionalista, à procura de uma hipótese de nação... se foi antes de mais um querer conjunto, estamos salvos... agora, se foi mais uma daquelas eleições que perpetuam poderes e instauram dinastias...

... *the law of majority-voting itself rests on an agreement, and implies that there has been on at least one occasion unanimity,* voltam a dizer os sábios (Rousseau, 2004)... a unanimidade como acto fundador... uma delegação do querer, do tal querer comum... talvez possam significar alguma coisa que aponte para aí, sem necessariamente exprimir aquilo que quem ganhou terá ficado a pensar, ou desejaria que significasse, apesar de continuar a constituir um cheque em branco... assim não o delapidem... diz do presente, não diz ainda da feição de um qualquer futuro que traga finalmente, ou consiga instaurar, alguma estabilidade fecunda, capaz de engravidar a história... podemos, também, é estar assim transitando alegremente, passiva e fatalisticamente mas com a consciência o mais tranquila possível e como se fosse a coisa mais natural do mundo, do tempo das confusões étnicas para o das confusões xenófobas... da era de questões 'tribais' a uma das da xenofobia... já temos agora esse problema das migrações transnacionais a norte, a leste e a sul, e iremos tendo outros...

... e temos questões que vamos ter mesmo de encarar porque acabou o tempo que foi o da guerra e chegou agora o tempo que é o de resolver essas questões... muitas, certamente em relação aos sistemas regulador e de controle, correspondentes à substância do jurídico... há questões aterradoras a enfrentar, ligadas a práticas parareligiosas e a cultos, 'feitiçarias', digamos, nomeadamente...[14] e outras ligados a tudo quanto é vida civil... como fui regente agrícola e antropólogo, o que me vem mais imediatamente à ideia são questões do tipo do

---

[14] Cf., a este propósito, o capítulo sobre as autoridades tradicionais, no volume III.

comércio rural, certamente também porque observei e escrevi muito à volta da resposta dada durante as décadas da demolição ao vazio da rede comercial, tanto por parte de grupos cujos sistemas de produção pré-colonial tinham sido anteriormente menos afectados pela colonização, como também por grupos que o processo já tinha plenamente integrado na economia de mercado... manutenção, recuperação ou invenção de sistemas de articulação de trocas económicas sem articulação a um sistema central de mercado e instauração de circuitos de mercado informal e paralelo... (Carvalho, 1989; 1999).

... problemas, daqueles que tocam mais à minha profissão, que o Estado está agora com eles: justiça privada, movimentos migratórios, comércio rural... excedentes demográficos... Havendo paz, vão necessariamente acentuar-se excedentes demográficos em zonas do país, urbanas, bem entendido, a subsistir-se às do passado, do planalto central, que o tráfico, as caravanas, o contrato e as guerras foram aproveitando e compensando pela história fora e até há pouco tempo... e também, e ainda, problemas ligados às tais 'indigenidades'...[15]

... ora, a mim custa-me a crer, e dói-me constatar, que contando o país entre os problemas mais graves que tem para resolver questões como essas que mexem com aspectos da vida das pessoas, dos cidadãos, da nação, da razão de ser do Estado e de quem governa o Estado, como a religião e a relação das pessoas entre si mesmas e com o território, com o meio produtivo e habitacional; problemas de cultura, de maneira de estar no mundo, de viabilidade social e orgânica, de maneiras de estar na vida... custa-me a crer e a constatar que os ministérios todos ligados à produção, à educação, à saúde, à administração do território, etc., não façam apelo à participação de uma antropologia social que não se ocupe apenas das sobrevivências culturais para as cristalizar em folclore e em rentabilidades turístico-folclóricas, mas antes, sim, que facilite a percepção, a interpretação e a análise de dinâmicas em curso, algumas delas a serem inventadas neste preciso momento pela criatividade, pela inventividade populares, como já tão exemplarmente aconteceu durante as décadas da demolição e é próprio da espécie, e possa apoiar a planificação, a implementação e a aferição de programas...

... é que tudo, ou quase tudo, ou a interpretação de quase tudo o que se refere às maneiras e às políticas dos homens, se pode revelar ao alcance de uma disciplina analítica tão comummente tida como vagante, filosófica, pecaminosamente

---

[15] Cf. o capítulo de Maria Paula Meneses, neste volume.

poética,[16] mas afinal tão pragmática e surpreendentemente inteligível por um senso comum que não tenha deixado viciar-se pelas lógicas da razão de certos precipitados tempos... uma disciplina afinada para descortinar relações subtis, evidências que os comportamentos e as expressões lhe revelam e no entanto se escusam às contas e às medições sociológicas que não apreendem certas razões, motivações, vontades, pulsões, aspirações, que habitam no querer que acciona o melhor e o pior das pessoas, dos grupos, das nações e do mundo...

... os políticos olham, naturalmente, mais para jusante, para os efeitos, e é isso que se lhes pede; os analistas sociais aprendem a olhar para montante, para as causas, as conjunções, as implicações e os resultados, e é isso que se lhes deveria pedir...

... custa a entender que faculdades como as de direito, de medicina, d econo-mia, de ciências agrárias, e outras, não se impliquem com saberes endógenos, que são os que regulam e garantem a vida de sociedades em pleno exercício e mantêm actuantes e pertinentes práticas e procedimentos que souberam regu-lar e garantir a vida da espécie durante milhares de anos, enquanto no mundo, ao mesmo tempo, decorre uma agitação geral por ter-se banalizado, a ponto de assumir agora contornos muito ridículos, por vezes, a percepção de uma precipitação tecnológica que agrava o aquecimento global e pode precipitar um desastre, e põe em causa, cada vez com mais insistência, e com base em mais e maiores evidências, o sistema de progresso e de domínio da natureza em que a ocidentalidade pôs tanta fé e tanto empenho redencionista...[17]

... custa a crer que não ocorre, mesmo, a ninguém que a procura de saída para uma situação mundial que cada vez mais se revela insustentável a cada vez mais gente possa passar, também, por convocar, recuperar, introduzir, integrar, maneiras de lidar com a viabilidade humana, quer dizer, com o mundo e com a vida, que ou estão nos livros ou estão talvez ainda patentes nas práticas de compatriotas nossos... olha que pode ser um património valioso, mais valioso até do que a instrumentalização comercial e política, ou político-cultural, ou político-turística, da diferença, da diversidade cultural... a minha proposta é

---

[16] Mesmo num país onde se imputa a qualidade de 'poeta maior' ao fundador da nação, a condição de poeta não é a das que inspiram maior credibilidade nos terrenos da vida 'real'... já ouvi, muitas vezes, dizer a quem abana a cabeça com um ar de comiseração, e carinho até, perante as minhas argumentações: ... *esse doutor é poeta...*

[17] ... remedeios como o do desenvolvimento sustentável, durável? ... também, como não? ... mas não será por aí... não vai chegar... tanto assim que no mundo de consumo superlativo já está a ser objecto de fraude: falsa publicidade – *green* – sobre produtos de uso corrente, inclusive alimentar.

simples: inventariação, recolha ou recuperação, em todo o mundo, de saberes endógenos, 'indígenas, de 'atrasados', integráveis num futuro diferente e a favor dele...

8. Pelo que...

... pelo que para que sim, para *a diversidade*, seria talvez preciso que passasse a ser de outra maneira... assim sendo, o que seria então, em meu entender, necessário?

... que o programa político deixasse de ser o de uma ocidentalização precipitada sem ter em conta que o último quartel do século XX conduziu a um século XXI em que a via dominante passou a ser abertamente posta em causa como rumo para o futuro da humanidade... que os ministérios e as faculdades, até as mais altas magistraturas do país, a própria soberania nacional, estivessem dispostos a achar - já que tanto evocamos às vezes as nossas 'raízes africanas' - que talvez pudessem ter alguma coisa a adoptar de regimes sociais, económicos, produtivos, e até mesmo políticos, pré-coloniais... sem conceder ir, por agora, mais longe, a aposta que congemino seria a de nos interrogarmos se não daria para aproveitar nada... para poder conjecturar que alguma coisa de efectivamente novo, saída dos nossos passados cilindrados pela colonização e pelo decorrer da ocidentalização, pudesse revelar-se na linha do horizonte político de Angola e desse mesmo para exportar para o Mundo...

... quer dizer, eu cá por mim acho que só passando a uma grande perturbação paradigmática...[18] digamos mesmo por uma verdadeira revolução[19], como certamente acabarei por vir a expor noutra ocasião qualquer... já que gozo do privilégio e da liberdade de não ter de mandar nada, nem podia, nem quereria, nem descortino outra maneira de intervir, o que me resta é escrever[20]...

---

[18] Cf. Carvalho (2008).

[19] Não basta uma oposição, que o que a move sobretudo é achar que o poder, sem questionar a sua forma e o seu fundo, está em más mãos e estaria melhor na de outros protagonistas, que seriam exactamente quem a protagoniza agora, a essa oposição

[20] Como diz o tal Jean-Jacques Rousseau, de quem vou finalmente acabar de ler, a seguir, *O Contrato Social: se eu mandasse não gastava o meu tempo dizendo o que devia ser feito; ou fazia ou ficava calado...* (2004).

Referências bibliográficas

Carvalho, Ruy Duarte de (1989), *Ana a manda: os filhos da rede: Identidade colectiva, criatividade social e produção da diferença cultural, um caso muxiluanda*. Lisboa: Instituto de Investigação Científica Tropical.

Carvalho, Ruy Duarte de (1995), "Paix et guerre chez les pasteurs kuvale: Lettre de Vitivi", *Politique Africaine*, 57: 85-93.

Carvalho, Ruy Duarte de (1997), *Aviso à Navegação : olhar sucinto e preliminar sobre pastores Kuvale da província do Namibe com relance sobre outras sociedades agropastoris do sudueste de Angola*. Luanda: INALD.

Carvalho, Ruy Duarte de (1999), *Vou lá visitar pastores*. Rio de Janeiro: Gryphus.

Carvalho, Ruy Duarte de (2003), *Actas da Maianga*. Lisboa: Edições Cotovia.

Carvalho, Ruy Duarte de (2008), *E quanto ao outro que ainda existe no meio do outro, antes que haja só o outro?* Conferência proferida na Gulbenkian, no âmbito do Colóquio Podemos viver sem o outro? As possibilidades e os limites da interculturalidade'. Lisboa, Outubro de 2008.

Carvalho, Ruy Duarte de (2009), *A Terceira Metade*. Lisboa: Edições Cotovia.

Kant, Immanuel (2009), *An Answer to the Question: ' What is Enlightenment'*. Londres: Penguin.

Rousseau, Jean-Jacques (2004), *The Social Contract*. Londres: Penguin.

CAPÍTULO 9
AUTORIDADE TRADICIONAL E AS QUESTÕES DA ETNICIDADE EM ANGOLA

Américo Kwononoka

Introdução

O presente texto é o resultado de uma permanente preocupação que remete para a reflexão sobre uma realidade testemunhada e vivida por muitos angolanos, num contexto de guerra e de profundas transformações sociais que tiveram lugar em Angola, cujos resquícios ainda se fazem sentir em algumas regiões e em algumas esferas da vida política, social, económica e cultural de Angola. Apesar de incontornavelmente beliscar algumas situações decorrentes dentro dos processos dos movimentos de libertação e dos partidos políticos, esta é uma análise imparcial e isenta de quaisquer conotações político-partidárias. Trata-se, apenas, de um pequeno contributo analítico sobre as transformações e ocorrências que incidiram sobre uma camada social de suma importância, a autoridade tradicional, e as questões inerentes à etnicidade que são oportuna e perigosamente aproveitadas em certos sectores como um instrumento para atingir o poder, de discriminação ou de exclusão.

As diferentes etapas históricas e as consequentes metamorfoses políticas ocorridas em Angola determinaram a vida social e política das autoridades tradicionais[1] e, por extensão, das populações sob sua jurisdição. Antes da colonização, o exercício das autoridades tradicionais era sustentado por um aparato administrativo que as apoiava na gestão, na harmonização e no equilíbrio religioso, jurídico, social e económico. As autoridades tradicionais eram entidades veneradas e respeitadas pela população que, com os seus tributos, contribuía para a sua sustentação social e económica. O Ohamba, por exemplo (a máxima autoridade tradicional dos Mungambwe, uma variante Nyaneka Nkhumbi), é alvo de ofertas das primícias da terra por a população reconhecer nela o poder de mandar cair ou não a chuva que faz a terra produzir os alimentos.

Durante a colonização algumas autoridades tradicionais foram instrumentalizadas, servindo, em muitos casos, de apêndice do sistema colonial. No período

---

[1] Cf. o capítulo 6 deste volume.

pós-colonial, apesar de o governo as reconhecer como parceiras inevitáveis na mobilização política das massas para a reconstrução do país, não se escapou à tentação de se criarem choques de identidade na difícil coexistência entre as autoridades tradicionais de facto, legitimadas e consagradas segundo os pressupostos da tradição, da cultura e da religião ancestrais, e os chamados 'sobas nomeados', que são, de facto, simpatizantes ou militantes deste ou daquele partido.

Sendo uma unidade territorial com populações enraizadas e caracterizadas por histórias, culturas e línguas heterogéneas, a República de Angola comporta mais de uma dezena de áreas socioculturais com diferentes variantes, cada uma com a sua própria etnogénesis (migração, formação, cruzamentos, relações interétnicas, entre outros), cultura e língua próprias.[2] Ao longo da sua existência como nação, questões de etnicidade foram incontornavelmente aproveitadas, tanto na gestão das lutas de libertação nacional, nos conflitos internos, como nas campanhas políticas eleitorais. Um ponto assente das questões de etnicidade em Angola, e que será analisado no presente capítulo, é o tratamento diferenciado e quase exclusivo (no sentido negativo) das minorias étnicas, nomeadamente os !Kung e os Vatwa.

Este capítulo integra, em primeiro lugar, as informações recolhidas em entrevistas realizadas à margem dos preparativos dos encontros provinciais sobre a autoridade tradicional, de Janeiro de 2001 a Março de 2002, e de Outubro a Dezembro de 2007, onde foram levantadas e abordadas as principais inquietações que apoquentam as autoridades tradicionais em algumas províncias angolanas, face aos constantes choques de identidades. Em segundo lugar, e sobre as questões da etnicidade, recorreu-se à observação directa (experiências vividas pelo autor pelo menos desde 1969) e aos testemunhos de muitos actores. Em terceiro lugar o texto comporta dados resultantes de observações realizadas ao longo dos últimos seis anos direccionadas à 'comunidade' !Kung, consubstanciadas num inventário etnográfico (diagnóstico), depois do seu habitat natural ter sido transformado em teatro das operações militares.

---

[2] Sobre esta matéria, remetemos para o capítulo de Júlio Lopes, neste volume, bem como para o capítulo 2, do volume III. Cf., ainda, o capítulo de Ruy Duarte de Carvalho, também neste volume.

1. Autoridade tradicional em Angola

Etimologicamente, 'autoridade' é a reputação de saber profundo em qualquer abordagem. É a pessoa ou texto que se invoca em reforço de uma opinião.[3] Do latim **auctoritas, auctoritatis, auctor** ou autor, refere-se a quem deu origem, fundou, gerou um bem que a todos se impõe de forma objectiva e concreta sem que este bem seja vítima de deformação ao sabor de interesses subjectivos. Significa modelo ou exemplo de alguém dotado de privilégios cuja influência interessa que se difunda na comunidade. É tradicional pela antiguidade, autenticidade e genuinidade dos preceitos que legitimam e consagram a sua existência.

Uma autoridade tradicional não é senão uma entidade secular dotada de grande autoridade moral, jurídica e educativa, guardiã da cultura e das tradições ancestrais, entronizada segundo os preceitos culturais da linhagem real a que pertence. A superintendência das terras, a regência das pessoas, a resolução de conflitos comunitários e sobretudo a garantia do bem-estar das suas populações, são entre outras, as suas principais funções.

Historicamente, as metamorfoses políticas, sociais e culturais ocorridas nos períodos antes, durante e depois da colonização em Angola concorreram para aforar novas estruturas no seio das autoridades tradicionais para corresponderem aos novos contextos sociais e políticos.

As actuais autoridades tradicionais são o prolongamento dos antigos soberanos que dirigiram povos e formaram estados pré-coloniais. O termo tradicional é relativo e deve ser empregue tendo em conta o princípio e o fim. Antes da chegada dos europeus o poder não era tradicional, mas moderno e ajustava-se efectivamente às esferas sócio económica, jurídica, cultural e política. Passa a ser tradicional em relação ao novo modelo de governação introduzido pelos europeus.

No período pré-colonial a verticalidade e o respeito pelo legado ancestral de governação era a sina dos antigos soberanos. Primavam, acima de tudo, pelos valores da cultura, da família e pela equidade nos julgamentos dos diferentes conflitos e problemas comunitários e inter-étnicos. O seu poder era real, e para gerir a sociedade, tinham um aparato administrativo funcional para aquele contexto. Os detentores de títulos perpétuos, como 'Ngola Kilwanji Kya Samba' (Kimbundu); 'Mwata Yanvwa' (Lunda), 'Mwandumba wa Tembo' (Côkwe)

---

[3] Cf. o *Dicionário Prático*, da Lello e Irmão, Porto 1958: 131.

'EkwiKwi' (Umbundu) ou 'Ntótila' (Kikongo), estavam ligados à alta administração que envolvia diferentes representantes das linhagens para as tarefas económica, social, cultural e militar, que concorriam para o fortalecimento dos seus respectivos estados. Havia boas relações entre estados vizinhos e, também, com a primeira e a segunda coligações contra a presença estrangeira no espaço que hoje é Angola, são o exemplo convincente da capacidade daqueles soberanos em termos de relações exteriores e de ajuda mútua.

Durante a colonização, o poder tradicional[4] foi perdendo a sua essência e eficácia à medida que o sistema colonial se consolidava. Reconhecendo a capacidade de organização das estruturas tradicionais geridas pelas autoridades encontradas, o sistema colonial não teve outra alternativa senão a de transformá-las em 'regedores' nomeados, como instrumento da sua política administrativa. Mesmo sem quaisquer vínculos com a linhagem real, nem legitimidade para sê-lo, foram forçados a servirem o sistema, mobilizando a população para o contrato, para pagar imposto, para a construção de estradas, pontes, entre outras actividades. As autoridades tradicionais que ofereceram resistência ao regime colonial foram conotadas como 'terroristas', tendo muitas sido presas e enviadas para as cadeias de São Nicolau, em Moçamedes, ou de Kamisombo, no Kwandu Kuvangu.

Conquistada a independência, o governo angolano reconheceu o papel e a importância das autoridades tradicionais como parceiras incontornáveis na mobilização da população e na administração do Estado. O governo, porém, face à guerra que inquietava todos os angolanos, não escapou à tentação de nomear 'Sobas' da sua confiança. Actualmente, os chamados 'Sobas nomeados' têm estado a perder o seu espaço a favor dos reais representantes legitimados e consagrados de acordo com a cultura e tradição ancestrais.

1.1. Questões de nomenclatura
A esmagadora maioria da população que vive nas zonas rurais angolanas é regida por uma entidade, conhecida hierarquicamente como *Osoma* e *Sekulu*, na área sociocultural Umbundu; *Ntotíla, Nkukulu* e *Mfumu (mfumu za makanda, mfumu vata, mfumu ntoto* respectivamente chefes de linhagens, de aldeia e da terra), na área Kikongo; *Mwene, Mwanangana* e *Mwata,* entre os Côkwe; *Ohamba,* na sociedade e cultura Nyaneka Nkhumbi; *Ovambo, Mwene* ou *Mwangana,*

---

[4] Sobre o moderno e o tradicional no campo das justiças, cf., neste volume, o capítulo de Maria Paula Meneses.

respectivamente em Ngangela e Luvale; e *Ngana, Dikota* ou *Mweniexi,* na área sociocultural Kimbundu.

A legitimidade e a consagração do exercício do poder desses soberanos passam pelo cumprimento rigoroso de certos rituais religiosos, normas sociais e tradicionais para que a comunidade os reconheça, venere e respeite como o prolongamento e representantes dos seus ancestrais.

1.2. Morte e sucessão

Quando morre uma autoridade tradicional entre os Côkwe, Mbunda, Luvale e Lunda Ndembo e Lucazi (Lutchazi), não se anuncia publicamente o infausto, senão às pessoas directamente ligadas a ela. Para justificar a sua ausência, diz--se que o 'velho tem gripe ou tosse'. O seu corpo deve ser retirado de sua casa pela porta da trás para que o público não dê conta do sucedido e é levado pelos *tulyamanda,* uma espécie de discípulos, para o *muxitu* (pequeno bosque à beira de um rio), onde é colocado numa tarimba, ngoma ou colmeia. Antes desse processo, os anciãos escolhem dois *tulyangu* (servidores do soberano), designados respectivamente de *Samakoko* e *Samazemba,* para, agarrando nas pontas de uma corda amarrada em torno do pescoço da defunta autoridade tradicional, separarem com puxões a cabeça do corpo. Com a separação da cabeça do corpo do soberano é chegado o momento de anunciar, discretamente e com uma linguagem só conhecida pelos anciãos, *Ulamba hiwaxikuka,* isto é, 'a velhice desabou'.[5] É neste momento que se inicia o processo de sucessão.

A sucessão de uma autoridade tradicional em Angola, regra geral, faz-se pela via materna, tendo em conta o avunculato, isto é as privilegiadas relações existentes entre o irmão da mãe e o sobrinho, filha da irmã mais velha. O candidato predilecto para a sucessão de bens e honra por herança é o sobrinho, mas também pode, na ausência daquele, ser um irmão ou neto, desde que seja iniciado previamente e aprovado pelos anciãos da comunidade.

A sumptuosa cerimónia de entronização de uma autoridade tradicional nas diferentes áreas socioculturais envolve os anciãos que testemunham o juramento do candidato perante os antepassados, sobretudo perante a memória do chefe defunto. Entre os Kibala do Kuanza Sul (o candidato copula durante a noite com uma mulher previamente preparada, e o esperma é ejaculado num

---

[5] Entrevista concedida pela autoridade tradicional do Moxico, Mwene João Musendeka Kanyenge, durante a realização do Primeiro Encontro Nacional sobre Autoridade Tradicional, em representação dos Côkwe, Mbunda, Lucazi, Luvale e Lunda Ndembo, de 20 a 22 de Março de 2002.

copo que depois de misturado com bebida se dá aos seus súbditos para beberem como sinal de aceitação do novo poder). Nos Côkwe das Lundas, o sucessor salta por cima do corpo do defunto vinte vezes de um lado para outro, como a reafirmação do seu juramento de fidelidade aos desígnios do defunto e à preservação ou perpetuação dos pressupostos culturais e das tradições ancestrais.

Depois da discreta cerimónia dos anciãos com o sucessor, segue-se o acto de outorga e ostentação dos principais símbolos do poder. Entre os Côkwe e Ngangela são o *ngundja* (trono que é comum em todas as áreas socioculturais de Angola), *mufuka* (enxota-moscas), o travesseiro que não é senão o crânio do antepassado linhageiro, o *cipangula* (coroa) e o *mbweci* (bastão). Entre os Bakongo, para além do trono, o *mbanda* (coroa feita de fibras vegetais e decorada com garras de leopardo para simbolizar força e poder), fazem parte do aparato dos símbolos do poder, o *mpungi* (trombeta) e as pulseiras metálicas. A *kijinga* (coroa de fibras vegetais, apresentando duas extremidades alongadas em forma de orelhas) é um dos símbolos importantes das autoridades tradicionais Kimbundu, sobretudo de Malange.[6]

A participação de toda a comunidade, o abate de bois, cabritos, a fabricação de bebidas e as danças sob o movimento policêntrico da máscara patrona das investiduras,[7] constituem o culminar do mandato da autoridade tradicional defunta e o começo de uma nova gerência comunitária legitimada pela tradição e pelos rituais que o consagram.

Enquanto o soberano viver ninguém pode destituí-lo, pois a sua vitalicidade é sagrada aos olhos dos antepassados, dos anciãos e da comunidade que a legitimou. A esse propósito, uma autoridade da área sociocultural Kikongo reafirmou:

O Rei não pode ser destituído por tratar-se de uma pessoa da descendência de uma família eleita desde a antiguidade. Morrendo o rei, o seu sucessor só poderá ser o seu sobrinho ou o seu neto, pelo que, aconteça o que acontecer, o rei não pode ser destituído. Aliás, não existe dentro do reinado alguém dotado de poderes para destituí-lo.[8]

---

[6] Sobre a questão das etnias e da etnicidade em Angola, cf., também, o capítulo de Júlio Lopes, neste volume.

[7] Entre os Côkwe do Leste de Angola, Cikungu é a máscara que simboliza o poder, cujos movimentos da sua dança diante do candidato significa legitimação do entronizado.

[8] Palavras do *mfumu a vata*, ex-regedor do Tomboko, Província do Zaire, Pedro Miguel Bundu, investido a soberano dos Bakongo das aldeias de Nkula, Nsala, Veve, Kindona Kasi e Kinkenge, em Outubro de 2001, tendo sucedido ao trono Miguel Paulo Sanza.

O chefe tradicional reconhecido e aceite pela comunidade é alguém que cumpriu todos os rituais obrigatórios, que pertence ao grupo daqueles que têm contacto directo com entidades e sociedades secretas, pelo que o seu reinado é perpétuo (pois será recordado nas preces e invocações) e vitalício até que a morte o destitua.

1.3. Funções

O bem-estar da comunidade sob sua jurisdição e a ligação desta ao que se passa no 'País Grande' é uma das tarefas zelosas das autoridades tradicionais. São elas que mobilizam a população para as grandes queimadas para a caça e para o cultivo da terra, prevenindo-se contra as calamidades naturais inesperadas, que autorizam e orientam os principais ritos comunitários. Expelir os malefícios dos inimigos da sua aldeia, proteger as populações das acções dos feiticeiros e 'mandar ou evitar a chuva' são, entre outras, as funções de uma autoridade tradicional angolana.

No passado muito recente, e como contra partida a essa dedicação, as autoridades tradicionais usufruíam de algumas mordomias. Regra geral, as suas residências eram prósperas e super abundantes, mais requintadas e com mais pessoal de apoio (rapazes e raparigas que acarretavam água e cortavam lenha) do que as dos seus concidadãos. A criação de animais domésticos, a participação e dedicação da população de um dia para a lavra do soberano, bem como a contribuição dos caçadores com a carne, concorriam para a sua dignificação. Pela sua superintendência comunitária, as autoridades tradicionais eram magnatas e senhores de facto no seu contexto, a quem os necessitados recorriam para a supressão das suas necessidades

Justiça e julgamento tradicionais

As autoridades tradicionais genuínas e legitimadas pela comunidade e pelo conselho de anciãos, para além das funções de orientação política, religiosa, cultural ou económica, supervisionam a administração da justiça nas áreas sob sua jurisdição, exercida pelos juízes ou Ngaji (Côkwe), Mwekalya (Umbundu), Mune-mphela (Nyaneka Humbi), Vangazi (Ngangela), que na verdade são seus coadjutores. As questões mais importantes e delicadas, como o homicídio, o adultério e a feitiçaria são resolvidas com a intervenção directa das autoridades tradicionais[9] e contando com o concurso dos juízes. Neste sentido, elas são,

---

[9] Sobre o tema, cf. o capítulo 9 do volume III.

inquestionavelmente, presidentes dos tribunais supremos tradicionais, a quem se atribui a honra da última palavra inapelável no julgamento e na sentença. O papel dos juízes tradicionais na triagem e julgamento de conflitos e problemas comunitários, apesar da sua importância, não é independente, pois na prática a última palavra cabe à autoridade tradicional.

Nos últimos trinta anos, e em diferentes áreas socioculturais de Angola, a tendência que se estende até aos nossos dias é a de diluição da acção dos juízes, passando a justiça a ser exercida pelas autoridades tradicionais. Hoje raramente se houve falar de juízes tradicionais que não sejam, ao mesmo tempo, autoridade tradicional.

Durante os debates sobre o tema "Mitos e Crenças Ngangela" apresentados num colóquio organizado pelo Governo Provincial do Cuandu Cubangu na sua capital Menongue, dos 500 participantes, 60 eram autoridades tradicionais expressamente convidadas. Estas assumiram e reafirmaram (através do seu porta voz) que: "[...] *a par dos feiticeiros comuns, todos os sobas têm feitiço para a protecção da comunidade e de si mesmos, pelo que nenhum feiticeiro pode matar alguém sem a autorização do soba*".

Compete-lhe atenuar, numa primeira fase, as penas, sobretudo capitais, primando, em troca, pelas multas. Se o visado for reincidente, a autoridade tradicional 'assina' a sentença de morte mágica. O crime fatal é o adultério com a mulher do feiticeiro ou, na pior das hipóteses, com a da autoridade tradicional.

Entre os Ovimbundu, os julgamentos mais frequentes que as autoridades tradicionais realizam são o Ukoyi (adultério reparado com o pagamento de um boi, permanecendo a adúltera com o seu marido). Se a adúltera for repudiada e o prevaricador decidir coabitar com ela como esposa, pagam-se dois ou três bois. Este tipo de julgamento recebe o nome de Ocipweya.

As autoridades tradicionais Mungambwe, uma das variantes Nyaneka Humbi, podem julgar e sentenciar os crimes de adultério em dois moldes: o primeiro consiste em o adúltero pagar duas ou três cabeças de gado ao marido da adúltera; e no segundo caso é a solução do problema de adultério com adultério, isto é, o ofendido propõe às autoridades tradicionais fazer sexo com a mulher do adúltero.

Hoje, com a implantação da administração do Estado a todo território nacional, as autoridades tradicionais consideram que a interferência das au-

AUTORIDADE TRADICIONAL E AS QUESTÕES DA ETNICIDADE EM ANGOLA   323

toridades policiais e comunais[10] nas questões da sua competência nas zonas sob sua jurisdição tem diluído substancialmente os seus direitos, deveres e obrigações herdados dos seus antepassados. Uma autoridade tradicional de Menongue disse-nos, em forma de desabafo e diante dos juízes, advogados e outros delegados do encontro sobre a autoridade tradicional em 2007, que:

> *[...] o governo deve resolver as questões gerais prescritas na lei, deixando para as autori-dades tradicionais aquelas questões de feitiçaria, de magia e de certas crenças religiosas porque o governo não as entende. E se recebe emolumentos judiciais em dinheiro, porque motivo se intromete na gestão da justiça tradicional quando esta pede galinha, cabrito ou boi como multa/emolumento?*

Começam as interferências e choques de identidades. Outra inquietação que resulta de choques de identidades e de funções, são as sentenças. O chamado direito positivo e o código penal prevêem cadeias que privam os direitos dos prevaricadores. Mas a justiça exercida pela autoridade tradicional nas diferentes áreas socioculturais de Angola não contempla prisão preventiva nem condução do criminoso em cadeias, primando pelo julgamento imediato, que, regra geral, culmina com as multas, sem deixar espaços para recalcamentos e ódios entre os envolvidos.

Segundo alguns Osomo Ovimbundu do Huambo, os factores tradicionais que fundamentam o equilíbrio e a estabilidade sociais nas comunidades, sobretudo rurais estão a perder-se, justificando e identificando as causas nos seguintes moldes: *"as violações, os roubos, os adultérios, a delinquência juvenil e toda a sorte de crimes multiplicam-se cada dia que passa como resultado da falta de respeito aos mais velhos e de temor ao feitiço"* (um dos principais factores de ordem social acima referido).

A gestão das terras clânicas

Nos parágrafos anteriores dissemos que só se é autoridade tradicional quando legitimada e consagrada, tem pessoas para com o seu ceptro reger e a terra como teatro da sua jurisdição. No nordeste de Angola entre os Bakongo, na sua organização social toma evidência o Kanda ou clã muito ligado ao terreno agrário sob protecção dos antepassados, aos quais pertence, restando aos vivos o

---

[10] A resolução de conflitos através do recurso à polícia ou às comissões de moradores é tratada no volume III.

direito de usufruto, apesar de o princípio das terras clânicas apresentar, sempre, implicações de vária ordem, como é o regime de concessão sob orientação de uma autoridade tradicional, o *Mfumu Ntoto* (Dono ou Senhor da terra).

Entre os Ovimbundu o Osoma é coadjuvado, nas questões de terra, pelos *Mwekalya* (donos da terra que outorgam espaços para os 'forasteiros' que se hospedam no seu território com motivos justificáveis). Entre os Ambundu e Côkwe, os donos da terra são os *mwene ixi* e *mwene wa cifuci,* respectivamente. É uma assunção da propriedade da terra ligada aos antepassados, legitimada pelo sangue, carne, ossos e cordões umbilicais enterrados ao longo da sua história, sobretudo dos seus antepassados fundadores.

São terras (rios, lagos, florestas e os animais) para a transumância, actividades agrícolas, caça e pesca, incluindo os lugares sagrados e de memória. A usurpação e ocupação, por qualquer um que seja, das terras clánicas representadas pelas autoridades tradicionais ou donos da terra (*mwene ixi, mwene wa cifuci* e *mfumu ntoto*) dão origem a um choque tremendo de identidades e é uma clara profanação da memória dos antepassados das autoridades tradicionais. Este fenómeno tem criado, muitas vezes, conflitos entre essas autoridades rurais e os empresários das cidades. Assim sendo, qualquer lei de terra em Angola deverá acautelar os aspectos culturais e da ancestralidade para não diluir cada vez mais um dos factores primordiais para se ser autoridade tradicional.

2. Choques de Identidades (autoridades eleitas e nomeadas)

À semelhança do que aconteceu na época colonial, em que o regime nomeava pessoas da sua conveniência para regedores e sobas, em que eram usados instrumentos de implementação da sua política colonizadora no seio das comunidades, na Angola independente essa mesma tentação não foi evitável, apesar de o governo do MPLA ter reconhecido esse extracto social como parceiro vital e incontornável do novo regime (esse reconhecimento foi reafirmado pelo Presidente da República, Engenheiro José Eduardo dos Santos quando dizia "[...] *desde a independência que o Estado aceitou reconhecer a eficácia das autoridades tradicionais como elementos·de intermediação entre o poder político e determinados grupos locais*" (MATT 2004: 13). Porém, muitas autoridades tradicionais, que são o prolongamento dos antigos soberanos de facto (chefes étnicos ou de estado) pré-coloniais, foram despidas do seu real papel durante o conflito armado e diluídas das suas originais competências, deveres e direitos que a tradição e a ancestralidade legavam e transmitiam, em detrimento de militantes ou simpatizantes nomeados pelo partido/Estado (MPLA) para a mobilização política e militar que o período de guerra exigia (uma parceria estratégica nas guerras sucessivas de 1976/ 1992 e de 1992 a 2002).

Os chamados 'sobas nomeados' eram indivíduos sem quaisquer afinidades com o 'sangue-valor-social' e apenas 'reconhecidos' pela comunidade com reservas e por medo do poder político que os nomeava. A sua gerência comunitária era, ou é, um autêntico choque de culturas e de identidades. Às vezes podiam ser confundidos com os cipaios da era colonial, sendo o seu zelo pelo partido compensado com algumas das mordomias de que beneficiavam.

É aqui que se processa a 'coisificação ou instrumentalização' das autoridades tradicionais, baseadas na compra de consciências através de dinheiro, roupas, utensílios e outros meios utilitários, a fim de forçarem ou intimidarem os membros sob a sua jurisdição para fins políticos. É de reconhecer que, no contexto de guerra, a lógica de todo e qualquer governo para a sua sobrevivência é a de estabelecer a aliança quase incontornável com os representantes e gerentes directos do povo, sobretudo das zonas rurais, principais teatros das operações militares.

Os chamados 'sobas nomeados' estavam também do lado da UNITA e eram uma componente importante das suas estratégias político-militares. Durante a guerra civil (1975-1991), por exemplo, o poder tradicional e a jurisdição da rainha Nyakatolo Cisengo foram dualizados. A própria rainha entronizada segundo a tradição estava sob protecção do governo, depois de se ter refugiado na Zâmbia por causa da guerra. A UNITA, por sua vez, nomeou para o mesmo cargo uma das suas irmãs como rainha dos Luvale nas chamadas 'terras libertadas'. Durante as exéquias da rainha Nyakatolo, este partido, na altura armado, ameaçou não só atacar a comitiva do governo que acompanhou o corpo ao Alto Zambeze, terra da rainha, como tentou entronizar a sua 'soba nomeada', que se encontrava sob sua jurisdição. Um evidente atentado à tradição e à idiossincrasia do povo Luvale.

Em todas as zonas que estavam sob o controlo da UNITA, as autoridades tradicionais eram estatisticamente conhecidas, e era inclusivamente controlado o número de membros de cada aldeia (homens, mulheres, jovens e crianças) e de animais domésticos. Segundo as testemunhas que viveram e conviveram com a UNITA nas matas, o controlo era tanto que se na semana anterior havia na aldeia cinco ou dez cabritos e poucos dias depois de se registar uma baixa, a autoridade tradicional tinha obrigatoriamente de justificar a falta, com a agravante de ser sancionada. Aquele partido, supunha que o animal em falta fora oferecido às tropas governamentais.

Durante as ocupações das zonas diamantíferas na Lunda Norte e Sul pela UNITA, competia às autoridades tradicionais averbar as 'guias de marcha' dos cidadãos que circulavam nas zonas sob sua jurisdição. Neste aspecto, muitos conotados como sendo 'anti-motim' ou da polícia do governo, foram protegidos, escondidos e salvos pelos *mwata* e *mwanangana* dessa região. Essa protecção, associada à impossibilidade das autoridades tradicionais entregarem a quantidade de diamantes exigida como imposto de aldeia, custou a vida de muitos soberanos Côkwe do nordeste de Angola.

Um dos factores da desestabilização das acções genuínas e do exercício do poder das autoridades tradicionais foi a ocupação do seu habitat natural que se transformou em teatro das operações militares durante o conflito armado. As populações, deixando as suas propriedades (utensílios, gado, casas, rios, florestas, etc.), refugiaram-se nas zonas de segurança sob controlo do governo e em muitos casos sem os seus respectivos chefes ou soberanos. Para reorganizá-las e acudi-las na adaptação de novas realidades (do campo para as das cidades ou zonas suburbanas com todos os choques identitários possíveis) e na mobilização em situação de guerra, foram surgindo alguns aproveitadores, sem quaisquer vínculos com a linhagem real ou com a população que os pudesse legitimar, auto-proclamando-se sobas e outros simplesmente aceites e nomeados pelo governo ou partido, que são hoje os 'sobas nomeados'. Para a dignificação destes e das autoridades tradicionais de facto, fora do seu contexto sociocultural, o governo assumiu o compromisso de os apoiar ao instituir um subsídio mensal em dinheiro para minimizar as suas necessidades.

Em face disso, assistiram-se a muitos conflitos antes e depois da realização dos dois encontros provinciais e nacionais sobre a autoridade tradicional em Angola, motivados pelas reivindicações da sucessão de bens e herança pela via linhageira contra os usurpadores nomeados. Por exemplo, houve conflitos de sucessão na corte dos Mwacisenge na área sócio cultural Côkwe, onde o sobrinho é pró-PRS (Partido de Renovação Social) e reivindicava o poder assumido pelo irmão entronizado do soberano defunto que é pró-governo, e na sucessão da corte dos Yimbangala do Kulaxingo da Baixa de Kasanji (área sociocultural kimbundu).

Nas zonas rurais e nas periferias 'os nomeados' eram designados 'Comités'. Estes tratavam os problemas das populações sempre com um pendor de mobilização política das massas e quem fosse identificado com a oposição, sobretudo armada, era vigiado e discriminado. O mesmo se aplicava aos soberanos de facto com poder real, legitimados pelos pressupostos culturais, ancestrais e tradicionais, para quem o único motivo válido para a destituição era a morte. Estes, diante dos 'sobas nomeados', temiam a retaliação se reclamassem o estatuto herdado dos seus ancestrais e os consequentes direitos de gerir a comunidade, a terra e de ostentar os símbolos que os legitimavam.

A propósito da destituição ou exoneração de uma autoridade tradicional, um soberano original mukongo de Maquela do Zomba, Província do Uíge afirmou:

O termo exoneração tem força no exercício da autoridade moderna, mas não tem qualquer validade no exercício da autoridade tradicional. Reconhece-se a morte como único motivo válido que apela à mudança de um rei. E seu sucessor para ser reconhecido, no acto da investidura terá de convidar todos os demais mfumu (chefes das povoações ou das terras) da região e os mbandabanda (anciãos do povo) para presenciarem o acto. Com a sua chegada, estende-se uma pele de leopardo no chão e começa o bater das palmas ou Nkuwu para se dar início da cerimónia de entronização.[11]

Para as comunidades angolanas que primam pela vivência e preservação da sua cultura ancestral, substituir uma autoridade tradicional viva, para além de ser uma abominação aos espíritos dos antepassados que a entronizaram e consagraram, é também uma desintegração de todo um sistema que inclui diferentes esferas, como a jurídica, religiosa, cultural e política. Assim, o novo regime de *'autoridades nomeadas'* criou, óbvia e naturalmente, um verdadeiro choque de valores e de identidades.

Com o objectivo de reconhecer o estatuto e dignidade da autoridade sob o ponto de vista constitucional, reconhecer a comparticipação da autoridade tradicional na melhoria das condições de vida das respectivas comunidades, reconhecer a autoridade tradicional como guardiã da cultura nacional, reconhecer o direito consuetudinário, a génesis, as hierarquias, as nomenclaturas, linhagens e processos de sucessão, o governo angolano organizou a realização de dois encontros nacionais sobre a autoridade tradicional em Angola. O primeiro em Março 2002, com os objectivos acima descritos, e o segundo em 2008, para avaliação das recomendações do primeiro e para a elaboração dos estatutos jurídicos sobre a autoridade tradicional em Angola (anteprojecto já remetido às instâncias competentes do governo). Em ambos participaram autoridades tradicionais de todo o país, eleitas nos encontros municipais e

---

[11] Entrevista concedida em Março de 2002 em Luanda por Afonso Mbala, autoridade tradicional no Bairro '4 de Fevereiro' em Maquela do Zombo. Sucedeu no trono de seu avô Piele Kisoka.

provinciais, membros do governo (governadores provinciais e ministros), deputados à Assembleia Nacional, investigadores, estudantes e convidados nacionais e estrangeiros.

Como consequência da realização dos dois encontros nacionais sobre a autoridade tradicional em Angola, há hoje unanimidade, por parte de todas as autoridades originais, acerca da necessidade de se fazer uma triagem para se identificar quem são, realmente, as autoridades tradicionais genuínas em Angola, eleitas segundo os pressupostos da cultura e da tradição ancestrais.

3. Questões da etnicidade

As autoridades tradicionais actuais, legitimadas e consagradas, não são senão o prolongamento das antigas chefias étnicas que, em determinados momentos da sua história e contexto, organizaram as populações com um aparato administrativo funcional. Essa identidade étnica, que se transmitiu de geração em geração, não constitui nenhuma oposição à unidade nacional; pelo contrário, contribui para a interculturalidade dentro do multiculturalismo angolano.

Se a etnicidade é uma qualidade que caracteriza um determinado 'Ethnos' (povo), este pode ser definido como um organismo social integrado por um conjunto de pessoas vinculadas entre si no mesmo modo de vida, que apontam a mesma etnogénesis, habitam o mesmo espaço territorial, falam a mesma língua e, em princípio, têm a auto-consciência étnica através da qual estão capacitados para se auto-identificarem como tal. Neste sentido, Angola é um conjunto territorial cuja componente humana é heterogénea, tanto do ponto de vista cultural como linguístico, e até racial. Numa avaliação antropológica, os cerca de 17 milhões de angolanos estão reduzidos em civilizações:

1) **Bantu**, de grande impacto na história da África subsaariana que inclui a civilização dos caçadores e agricultores das grandes savanas (antepassados directos dos Côkwe, Lunda, Lwena e Luvale, entre outros); a dos criadores de gado bovino, nomeadamente os Helelo, Nyaneka e Ambo; e a das culturas da floresta tropical da bacia do Zaire, influenciando nomeadamente os Bakongo; os Ovimbundu e os Ambundu, reflectem, em graus diversos, a interacção desses complexos civilizacionais no território que hoje é Angola;

2) **Não-Bantu**

a) Os !Kung conhecidos e tratados pejorativamente pelos seus vizinhos bantu como 'kamusekele' e 'mukhankala', isto é, comedores de carne de porco espinho e de caranguejos, respectivamente e pela literatura europeia como bushman, bosquímanos ou bochimanes, isto é, homem da selva.

b) Os Vatwa, povos nómadas constituídos por duas variantes fundamentais, nomeadamente os Kwepe e os Kuisi, localizados na faixa marítima semidesértica da Província do Namibe.

3) De descendência estrangeira (angolanos de origem portuguesa, cabo-verdiana, santomense, moçambicana, entre outras).

Entretanto, de modo nenhum estamos em presença de sociedades 'fechadas' ou 'estáticas', nem no passado nem no presente; pelo contrário, registam-se certas interferências e compenetração cultural de uns e de outros.[12]

No processo de formação da nação consolidada que se pretende em Angola, é incontornável a análise do papel relevante que a etnicidade desempenha em diferentes esferas da vida social, política, económica, cultural ou religiosa. O levantamento das questões de etnicidade em Angola resulta, como é óbvio, da *"[...] concorrência inter-étnica pela posse de recursos e do poder, da exclusão, das assimetrias regionais e contradições socioeconómicas e políticas que afloram os sentimentos de hostilidades étnicas, factores essenciais para as reclamações de independência e de autonomia das etnias insatisfeitas".*

A cientista russa Rosa Ismaguilova aponta uma série de factores que afloram a etnicidade:

A existência de problemas económicos por resolver e a crescente tensão social; a instabilidade política e os velhos conflitos históricos regionais e as dificuldades cada vez mais profundas na esfera das relações interétnicas e o aumento da importância dos valores étnico-culturais tradicionais que concorrem para a exaltação da identidade étnica e a aspiração de preservar a sua cultura e o seu idioma (apud Bragança, 2003: 134).

Antes da colonização efectiva, o sentimento de pertença étnica justificava a unidade, a protecção e prevenção dos recém conhecidos pelos portugueses contra aqueles que já tinham contactos e convivência com os europeus e serviram de 'guias' para o *hinterland*. Para os Côkwe e Ngangela eram os Ovimbundu, designados Yimbali (assimilados ou europeizados) que, por causa do comércio e dos trabalhos do caminho-de-ferro de Benguela, se expandiram para o leste,

---

[12] De referir, nesta sede, o interessante capítulo, neste volume, de Ruy Duarte de Carvalho.

acompanhando os Yindele (os brancos). As guerras de *kwata kwata* (captura de escravos como 'mercadoria humana' para o comércio transatlântico) criaram, igualmente, sentimentos de solidariedade étnica e de repulsa contra a etnia captora.

Com o andar dos tempos, e durante a colonização, não se registaram conflitos de grandes proporções entre esta ou aquela etnia; pelo contrário, a cooperação e o sentimento de unidade contra o colonialismo foram evidenciados pelas novas gerações. Os casamentos interétnicos, os serviços militares em zonas diferentes das de origem dos soldados e a inevitável aculturação, contribuíram para diminuir o peso da etnicidade. Por outro lado, nas zonas de interferência e confluência cultural, a compenetração dos usos, costumes e de valores interétnicos é tanta que as fronteiras etnolinguísticas caracterizam-se mais pela flexibilidade do que pela disjunção. Este fenómeno da interferência étnica, cultural e linguística quebra as fronteiras neste sentido e cria uma simbiose entre as línguas e, consequentemente, entre as etnias. É isso que justifica a riqueza cultural diversificada do povo angolano e que encontra o seu carácter de aproximação nas zonas de interferência cultural. Nas zonas de confluência Côkwe/Umbundu; Nyaneka/Helelo; Nyaneka/Ovambo, Kimbundu/Kikongo; Ngangela/Umbundu ou Côkwe/Ngangela a compenetração cultural é um exemplo.

O nascimento dos movimentos de libertação nacional, alguns com bases sociais étnicas e regionalistas, vai promover o sentimento de etnicidade no seu seio, sobretudo entre as lideranças políticas.

Historicamente, e ao longo da luta de libertação nacional iniciada em 1961, as questões de etnicidade foram, nos principais movimentos, ou para exclusão ou para a consolidação interna das elites ou, ainda, para fundamentar sentimentos de ódio, de recalcamentos, de desforras e de humilhação. Politicamente, a base social dos partidos, cujos dirigentes maioritários são originários do norte de Angola, são os Bakongo. Os do centro sul são Ovimbundu e os do leste a sua base é Côkwe. Só o MPLA tem uma base social híbrida (mestiços, brancos e negros das diferentes áreas socioculturais).

Durante a luta de libertação nacional, alguns descontentes da UPA/FNLA (discriminação entre Bakongo do Uíge e do Zaire ou de municípios diferentes) desertaram e aderiram ao MPLA (formado maioritária e inicialmente pela elite urbana), que começava a formatar os seus primeiros guerrilheiros da etnia Kimbundu, originários sobretudo da actual província do Bengo e engrossado, paulatinamente, pelos Bakongo. Na UPA/FNLA, para além do racismo exacerbado, a discriminação e eliminação étnica não era escondida. Maria Eugénia

Neto, viúva de Agostinho Neto, o primeiro presidente de Angola, disse a esse propósito, numa entrevista no programa 'Café da Manhã' da LAC (Luanda Antena Comercial), no dia 15 de Setembro de 2009, que:

O povo chegava a Kinshasa já esbaforido devido aos ataques bárbaros que a FNLA fazia, matando indiscriminadamente brancos e mestiços. Chegaram a matar perto de 5 mil bailundu que trabalhavam nas roças. No caminho a FNLA mandava as mulheres matarem os filhos que fossem mestiços.[13]

Esse genocídio foi a pedra de toque para a deserção em massa dos primeiros quadros da FNLA originários da área sociocultural Umbundu, com destaque para o próprio Jonas Savimbi, que fundaram a UNITA em 1966. Associada a isso está a chamada dominação do norte sobre o sul, que foi muitas vezes referenciada nos discursos do líder da UNITA, atiçando o ódio dos seus adeptos, sobretudo os Ovimbundu, contra os do norte. Frases como *"vamos mudar o rumo da história"* justificavam o revanchismo e ajustes de contas históricos e interétnicos.

Ainda com muitas teias étnicas, nos primeiros anos da década de 1960, um grupo de cerca de 120 guerrilheiros do MPLA originários da área sociocultural Côkwe, treinados algures em Marrocos e colocados na 2ª Região Político Militar em Cabinda, negaram-se terminantemente a combater, excepto nas suas províncias de origem, nomeadamente no Moxico e na Lunda. No princípio da década de 1970, e numa altura em que a guerrilha do MPLA atingia o seu auge, uma forte mobilização política com pendor tribal, étnico e regionalista teve lugar na Frente Leste, sob comando do activista político, Katuva Mitwe ou 'Jiboya' da etnia Mbunda. Nessa mobilização houve uma adesão de muitos guerrilheiros e bons comandantes (Mbunda, Umbundu, Lutchazi e Côkwe), incentivados com discursos do género: *"os comandantes provenientes do Norte e os mulatos dominam o movimento, beneficiando-se de mordomias nas capitais africanas e europeias, enquanto os do Leste são carne para canhão, sem armas para se defenderem".*

O MPLA fica enfraquecido, tendo Daniel Chipenda, um dos dirigentes do movimento e originário da área sociocultural Umbundu, revelado, mais tarde, os seus desígnios de ascender ao poder utilizando e disseminando a etnicidade, o tribalismo e o regionalismo como meios para atingir os seus intentos.

---

[13] Cf. o *Semanário Angolense*, na edição de 19 de Setembro de 2009. O termo *bailundu* é hoje utilizado muitas vezes pelos nortenhos de forma pejorativa e com um certo grau de desprezo ('esses Mbailundu!') para designar todo o indivíduo do sul de Angola, sobretudo da área sociocultural Umbundu, seja ele de Benguela, do Huambo ou do Bié. Mbailundu foi um dos reinos do planalto central e é hoje um dos municípios da província do Huambo.

SOCIEDADE E ESTADO EM CONSTRUÇÃO: DESAFIOS DO DIREITO E DA DEMOCRACIA EM ANGOLA

A saída de muitos dirigentes da UPA/FNLA, originários da área sociocultural Umbundu e a consequente formação da UNITA tinha, igualmente, um sentimento de orgulho étnico na política. A maior parte dos fundadores e comandantes deste movimento, agora partido, eram originários do leste (Mulyata, Solomon, Ndjolomba Smart Tchata, Moisés e Massumba) e os primeiros guerrilheiros eram Thucôkwe, Tuluvale e Tumbunda). Nos seus *"meeting e Khwaya"* (comícios) cantavam assim em Luvale *"...Tuyé tuvosena (bis) tutwale Unita mu sali lya Kwanza"* (vamos todos levar a UNITA ao outro lado do Kwanza). Pouco tempo depois a maior parte dos comandantes originários de outras áreas socioculturais encontraram pouco espaço de manobra para ascenderem a cargos importantes na UNITA. Essa tendência continua e parece estar em voga, pois basta ver a actual composição do seu comité permanente e da sua Comissão Política, dos seus generais nas FAA e dos seus deputados à Assembleia Nacional (a maioria é Umbundu).

Talvez seja justificável, pois a partir de 1974 houve uma adesão massiva de jovens Ovimbundu a este partido e uma rápida promoção a cargos de destaque. Uma das canções provocatórias dos membros da UNITA entoadas no Moxico no período de transição era *"... Kacicôkwe vatito eteke tuvasandumuna vatila pi"?* (Os Côkwe são poucos, para onde fugirão quando os escorraçarmos?). Entretanto, este partido estava mais implantado nas áreas socioculturais Côkwe e Ngangela, onde também houve integração de muitos soldados que pouco ascenderam.

A exaltação do ódio interétnico e regional, com vista à chamada 'mudança da história' constante nos inflamados discursos de Jonas Savimbi em Umbundu, era quase uma doutrina. Durante a guerra um dos factores de identificação nas áreas sob jurisdição da UNITA e possível prova de que 'é nosso', era o falar umbundu. Daí, a obrigatoriedade da população aprender a falar a língua nacional umbundu, não só como língua de trabalho, mas e sobretudo, neste caso, para a politização das massas em quem podiam depositar a confiança partidária.

Nas campanhas eleitorais, fazendo a leitura dos resultados das primeiras eleições legislativas e presidenciais de 1992, bem como das eleições legislativas de 5 de Setembro de 2008, podemos constatar alguns resquícios da etnicidade com um pendor para mudança.[14]

O factor étnico determinou positivamente os resultados eleitorais de alguns partidos políticos (PRS) e penalizou outros (como a UNITA). O primeiro explo-

---

[14] A questão dos processos eleitorais é tratada, neste volume, no capítulo de Catarina Gomes.

rando as assimetrias económicas, sociais e a pobreza numa região que produz riquezas, criou sentimentos étnicos de *yetu ene* (somos os próprios ou somos donos) entre os Côkwe. É um sentimento disseminado não só na área sociocultural Côkwe, mas também em quase toda a zona onde habitam os Thucôkwe. O segundo, a UNITA, que, se em 1992 utilizou amplamente a etnicidade na mobilização política, muitas vezes sob a capa de regionalismo (os do sul, que incluía em primeira instância os Ovimbundu do planalto central) e conseguiu bons resultados no Huambo e Bié, já em 2008 tinha ajustes de contas política a fazer com a maioria dos 'seus' (Ovimbundu). Em primeiro lugar, pelo tempo perdido nas matas (pelos seus potenciais eleitores) e pelo descalabro militar que, a bem da verdade, culminou com a capitulação; em segundo lugar, pela irrealizável perspectiva do sonho de mudar o *"rumo da história"* e, em terceiro lugar, pelas atrocidades e flagelações cometidas na guerra pós-eleitoral, sobretudo sobre o seu potencial eleitorado do Huambo e Bié, principais teatros políticos da UNITA.

O MPLA, partido vencedor das duas eleições (1992 e 2008), não pulverizou os votos étnicos como resultado da evidente capacidade política de aglutinação das 'etnias' no seu seio e a nível regional e nacional. Embora a etnicidade tenha uma dimensão histórica, os partidos fundados com base nas etnias estão condenados ao mais rotundo fracasso.

Apesar disso, nenhum angolano pode descurar a existência e persistência de fortes vínculos étnicos e tribais a vários níveis, tanto entre os cidadãos comuns como entre a elite política que os aproveita como instrumento na luta para atingir o poder. Em alguns sectores da vida social, económica e política, apesar de *"um só povo e uma só nação"* na perspectiva política, ainda persistem os estereótipos e preconceitos que concorrem para a exclusão e discriminação, factores motivadores para fricções e conflitos com bases étnicas.

A auto-consciência étnica, e o sentimento de pertença e de exclusão, associados às assimetrias étnico-regionais na esfera económica, social e política, afloram e fundamentam as premissas para levantamentos, convulsões sociais ou conflitos interétnicos. Um político, defensor acérrimo do federalismo, interrogado sobre a importância da etnicidade na política, assumiu-se como contrário às misturas étnico-culturais e respondeu em gesto de desabafo nos seguintes termos: *"A unidade dos povos com histórias, línguas e culturas diferentes é um adultério social que sempre beneficiou e beneficiará as elites ou as etnias dominantes nessa suposta aglomeração nacional"*. Concordando com Rosa Ismaguilova (*apud* Bragança, 2003: 139), os problemas étnicos de Angola são extremamente complicados e

SOCIEDADE E ESTADO EM CONSTRUÇÃO: DESAFIOS DO DIREITO E DA DEMOCRACIA EM ANGOLA

a sua solução passa por uma política étnica profunda de inclusão, de simetrias regionais e de contemplação no exercício político que o governo e o Estado devem adoptar, pois é o carácter dos processos étnicos num país multiétnico e multicultural que poderá determinar a coexistência harmoniosa, prevenindo futuras fricções ou conflitos interétnicos ou regionais.

As reclamações, as cisões e os conflitos baseados na etnicidade são evitáveis se o MPLA, que já granjeou a confiança nacional, empreender mais um esforço complementar em todas as áreas socioculturais de Angola, consubstanciado, em primeiro lugar, na diluição de quaisquer tentativas que denotam uma etnia dominante sobre outras; em segundo lugar, na concretização de políticas de distribuição com equidade da renda nacional e planos de desenvolvimento simultâneos em diferentes regiões; e, em terceiro lugar, com todos esses esforços, fizer com que todos os angolanos se sintam como principais contribuintes e beneficiários dos pressupostos sociais e económicos, estejam no Moxico, no Namibe, em Cabinda, em Luanda ou em qualquer lugar de Angola.

Um dos modelos a seguir, e que tem ultrapassado as fricções étnicas rumo a uma comunidade etnico-política unida, vem da Tanzânia, país membro da SADC (Comunidade de Desenvolvimento da África Austral):

Apesar de existirem 120 grupos étnicos, já se pode falar de formação de uma comunidade étnico-política unida, capaz de se transformar no futuro numa nação tanzaniana. Para tal contribuíram vários factores: um nível mais ou menos igual de desenvolvimento sociopolítico e cultural dos povos; ausência de uma etnia dominante, ausência de centros de consolidação étnica, ausência de conflitos interétnicos agudos e uma língua de Estado comum que é um fortíssimo factor de integração (Bragança, 2003: 139).

4. Etnicidade e as minorias étnicas

Outro aspecto de suma importância, e que carece de um tratamento exclusivo, é o das minorias étnicas, nomeadamente dos Vatwa e !Kung. Ambos os grupos são considerados, segundo a tradição, como um dos primeiros no espaço que hoje é Angola, e o seu território e existência parecem ser anteriores à expansão bantu.

A comunidade !Kung é alvo de curiosidade e preocupação por parte de muitos estudiosos, não só por se tratar de um grupo minoritário, pré-existente à chegada de outros povos, mas também pelas suas características somáticas e culturais e pela capacidade de adaptação ao 'novo modo de vida', depois do seu 'habitat natural' ter sido transformado em teatro das operações militares durante as sucessivas guerras que assolaram o país desde 1961. Muitos membros !Kung foram forçados a serem guias dos diferentes exércitos (colonial, da UNITA, da África do Sul) e a integrarem o exército governamental.

Há indícios de ter havido genocídios ou etnocídio !Kung. Como relatou uma testemunha viva !Kung, da variante Tha/Tua (de aproximadamente 66 anos de idade residente em Sakasaji no Moxico),

> [...] perdi a maior parte da minha família como resultado dos fortes ataques da UNITA, pois antes e depois de 1983 todas as aldeias !Kung de Kangamba foram queimadas e os seus membros massacrados pela UNITA, acusados de serem informantes e guias das FAPLA. Antes do massacre éramos numerosos e vivíamos de frutos silvestres, mel, caça, pesca e da comida pelo trabalho nas lavras dos Lutchaze.[15]

Quando interrogada sobre ainda existir esperança de se encontrarem sobreviventes, esta mesma informante disse: "Os que sobreviveram fugiram para Lupire. Há notícias de que há sobreviventes também em Lumba Nguimbo, Luvei, Kangamba, como regressados da Zâmbia".

A procura de segurança nas suas vidas, como resultado da guerra que assolou o seu 'habitat natural', forçou circunstancialmente os !Kung a adoptarem um novo modo de vida, começando obviamente pela aprendizagem das línguas da maioria dos vizinhos Bantu, nomeadamente dos Nyaneka na Huíla, dos Kwanyama no Cunene e dos Ngangela no Cuando Cubango. Passaram da música palmada e das danças que outrora imitavam os movimentos dos diferentes animais para o emprego de instrumentos musicais (pwita e batuque) e danças dos vizinhos Bantu. O seu regime alimentar sofreu também mudanças radicais que, da caça, do mel e dos frutos silvestres (noncha, noheva, nonyandi, njuanjua, mangongo, metu, makhete entre outros), passaram ao pirão feito com farinhas dos produtos agrícolas, nomeadamente masangu, masambala e milho. Actualmente, a maioria dos !Kung sabe trabalhar a terra, tendo nas redondezas das suas cabanas pequenas parcelas de terra cultiváveis, mas insuficientes para a sustentação das suas famílias, o que justifica 'comida por trabalho' nas lavras dos seus vizinhos bantu. Uma das razões por que os !Kung não podem viver,

---

[15] Essa mulher !Kung de nome Vianna Voluva sobreviveu ao genocídio por ser esposa de um soldado das FAPLA. Quando eclodiu a Batalha de Kangamba, ganha pela UNITA, ela fugiu com o seu marido. Antes tinha testemunhado o massacre dos !Kung. Até 2003, era a única representante dos !Kung no Moxico. Este depoimento foi registado pelo autor em Agosto de 2003 no campo de refugiados Lutchaze - Kangamba na aldeia de Sakasaji, a 12 km da cidade do Lwena-Moxico.

SOCIEDADE E ESTADO EM CONSTRUÇÃO: DESAFIOS DO DIREITO E DA DEMOCRACIA EM ANGOLA

actualmente, muito distantes dos seus vizinhos é justamente essa dependência relativa (os bantu têm quase tudo, mas precisam da mão-de-obra barata dos !Kung e estes de comida).

De sociedades nómadas transformaram-se em sociedades sedentárias, havendo comunidades com mais de cem pessoas,[16] o que não se registava nos últimos trinta a quarenta anos. De caçadores e recolectores passaram a agricultores de subsistência, de peles de animais como vestuário para calças, passaram a usar camisas e panos de tecidos modernos; da única língua provinda do 'clik' passaram para as línguas dos bantu (elemento fundamental, não só de comunicação e de transmissão da cultura, mas acima de tudo de inserção na vida dos seus 'hospitaleiros bantu').

É notória a discriminação e exploração interétnicas dos Bantu (Nyaneka, Ovambo e Ngangela) sobre os !Kung ou a apreensão e absorção de valores culturais dos Kuvale, variante Helelo pelos Kwisi e Kwepe. A exploração da mão-de-obra barata dos !Kung para as lavras dos bantu, a proibição de os !Kung tirarem água das cacimbas antes dos bantu, a não aceitação das crianças bantu se sentarem na escola com as crianças !Kung (acusadas de famintas, sujas, esfarrapadas e não saberem a língua portuguesa), a expulsão da comunidade de um homem bantu que se case ou tenha relações sexuais com uma mulher !Kung, bem como a ausência de terras para a sua sobrevivência, são entre outras as evidências ainda existentes de exclusão, discriminação e exploração dos bantu sobre os !Kung.

Para os bantu, é impensável um homem !Kung casar com uma bantu, mas são frequentes as relações sexuais entre homens bantu com mulheres !Kung.[17] À pergunta *"onde estão outros membros !Kung?"*, uma mulher !Kung, mãe solteira de quatro filhos, respondeu: *"Foram à caça. O seu marido também foi? Não. Eu não tenho marido. Então quem é o pai dos seus filhos? Vocês os angolanos só sabem nos dormir, encher--nos de filhos e nos abandonar como cadelas. É assim que um militar desta zona me fez".*

O artigo 20.º da Lei Constitucional faz alusão *"[...] à protecção, à vida, às liberdades, ao bom nome, à reputação e à integridade de cada cidadão".* Apesar de a Lei Constitucional Angolana não respaldar nem contemplar politicamente a

---

[16] No Hombo I, uma comunidade !Kung situada no Kipungu na Huíla, o autor registou 107 membros sob liderança do mais velho !kung, Periquito. Em Kafima-Cunene, em Julho de 2003 havia 112 membros sob chefia de uma autoridade tradicional !Kung com uniforme igual ao usado pelas chefias bantu.

[17] O autor registou este depoimento sobre o abuso sexual no município do Kuvelai no Cunene, de um militar das forças armadas a uma mulher !Kung.

categoria 'minorias', nem a especificidade relativa às diferentes áreas socioculturais, é de admitir a existências de 'minorias étnicas' marginalizadas, subal-
ternizadas, excluídas, voluntária ou involuntariamente, por ignorância da sua
existência como angolanos de plenos direitos e deveres, apesar do seu estádio
de desenvolvimento ser altamente elementar em relação aos outros angolanos.

Conclusões

A autoridade tradicional legitimada e consagrada com rituais ancestrais não é
um apêndice da autoridade moderna. São dois poderes paralelos e complementares, pelo que nenhum tem legitimidade de absorver ou destituir o outro. Às
autoridades tradicionais deve reservar-se o real papel de verdadeiras guardiãs
da cultura e das tradições ancestrais e fontes inspiradoras da equidade e da
coexistência entre o campo e a cidade. É ponto assente e unânime das autoridades tradicionais e 'originárias' (termo emprestado ao escritor Rui Monteiro)
de todas as áreas socioculturais de Angola o fim dos choques de identidades,
diluindo para o efeito os chamados 'militantes sobas nomeados'.

As questões da etnicidade, num país como Angola, multiétnico e multicultural, devem merecer um tratamento especial do governo, pois a existência e
persistência de fortes vínculos étnicos e tribais a vários níveis, tanto entre os
cidadãos comuns como entre a elite política, criam premissas para exclusão. São
notórios em alguns sectores da vida social, económica e política os estereótipos
e preconceitos que concorrem para a exclusão e discriminação étnicas, factores
motivadores de fricções e de conflitos interétnicos.

Defende-se aqui que as melhores políticas no domínio da autoridade tradicional passam, necessariamente, pela 'independência' na gestão tradicional
(justiça, casamentos, poder e sucessão, tradições etc.) das comunidades sob
jurisdição das autoridades tradicionais, sem interferência do governo. Este
deve apoiar, sim, os projectos de desenvolvimento rural e estabelecer parcerias com as autoridades tradicionais na contribuição e beneficiação da renda
nacional e na garantia da segurança e protecção das comunidades geridas pelas
autoridades tradicionais

Relativamente à etnicidade, advogamos políticas que não se coadunem com
as assimetrias económicas, sociais e étnicas regionais, mas sejam de representação, em todas as esferas da vida do país, dos actores de diferentes áreas
socioculturais como pressuposto para a inclusão social, bem como de políticas
que fomentem a unidade na diversidade e a coexistência pacífica interétnica e
sempre na senda da interculturalidade.

Finalmente, quanto às minorias étnicas, devem ser-lhes direccionados programas de integração sociocultural e de desenvolvimento, à semelhança do que acontece com as da Namíbia, Botswana e África do Sul, como premissas para a inclusão de todos os angolanos nessa condição, mudando assim a expressão: *"Onde os primeiros são os últimos"* para *"Tanto os primeiros como os últimos estão no mesmo lado da canoa"*.

Referências bibliográficas

Almeida, António (1994), *Os Bosquímanos de Angola*. Lisboa: Instituto Investigação Científica Tropical.

Bragança, Cristóvão António (org) (2003), *Angola: Etnias e Nação*. Moscovo: Embaixada da República de Angola na Federação da Rússia e Instituto África da Academia de Ciências da Rússia.

Cardoso, Carlos (1970), *Carta Étnica de Angola*. Luanda: Instituto de Investigação Científica de Angola.

Carvalho, Paulo (2008), *Exclusão social. O caso dos deficientes físicos de Angola*. Luanda: Editora Kilombelombe.

Caley, Cornélio (2005), *Os Ovimbundu*. Luanda: Expo 2005, Aichi-Japão.

Esterman, Carlos (1956), *Etnografia do Sudoeste de Angola, vol. I*. Lisboa: Junta de Investigação do Ultramar.

Esterman, Carlos (1957), *Etnografia do Sudoeste de Angola, vol. II*. Lisboa: Junta de Investigação do Ultramar.

Esterman, Carlos (1961), *Etnografia do Sudoeste de Angola, vol. III*. Lisboa: Junta de Investigação do Ultramar.

Fernando, João; Carvalho, Josina (2005), *Os Kuvale*. Luanda: Expo 2005 Aichi-Japão.

Henderson, Lawrence W. (2001), *A Igreja em Angola*. Luanda: Editorial Além-Mar, 2.ª ed..

Imbamba, José M (2003), *Uma Nova cultura para Mulheres e Homens Novos*. Luanda: Ed. Paulinas.

Kwononoka, Américo (2004), "Visão antropológica sobre o exercício do poder tradicional. O caso do Ohamba Mungambwe", *in* Ministério da Administração do Território (org.), *Primeiro Encontro Nacional sobre Autoridade Tradicional em Angola*. Luanda: Editorial Nzila.

Kwononoka, Américo (2005), *Os povos do Leste de Angola*. Luanda: Expo 2005 Aichi-Japão.

Kwononoka, Américo (2007), "Subsídios Históricos sobre o Papel da Autoridade Tradicional de Angola", *Revista Mensagem*, 1.

Lima, Mesquitela (1992), *Os Kyaka de Angola: Organização política e Territorial*. Lisboa: Edições Távola Redonda, 3.º Volume.

Ministério da Administração do Território (2004), *Primeiro Encontro Nacional sobre Autoridade Tradicional em Angola*. Luanda: Editorial Nzila.

Oliveira, Ana Maria (1991), *Angola e a Expressão da Sua Cultura Material*. Luanda: Fundação Odebrecht.

Quipungo, José (1987), *Teologia e Cultura Africana no Contexto Cultural Angolano*. São Paulo.

Redinha, José (1956), *As máscaras de Madeira da Lunda e Alto Zambeze*. Lisboa: Publicações Culturais da Diamang.

Redinha, José (1958), *Etnossociologia do Nordeste de Angola*. Lisboa: Agência Geral do Ultramar.

Redinha, José (1975), *Etnias e Cultura de Angola*. Luanda: Instituto de Investigação Científica de Angola/Angola: Actualidade Editora.

Santos, Eduardo (1960), *Medicina e Magia Tchokwe*. Lisboa: Junta de Investigação do Ultramar.

Santos, Eduardo (1969), *As Religiões de Angola*. Lisboa: Junta de Investigações do Ultramar.

Viegas, Manuel G. (1968), *Os Bochimanes de Angola*. Lisboa: Junta de Investigação do Ultramar.

CAPÍTULO 10
AS POLÍTICAS ECONÓMICAS EM ANGOLA DESDE A INDEPENDÊNCIA

Alves da Rocha

Introdução

Em termos rigorosos talvez só se deva falar de política económica em Angola depois de 1991, após terem sido firmados os Acordos de Bicesse e registado um fugaz episódio de paz no país. Seguramente que em situações de elevada instabilidade militar – em que a guerra se estendia a todo o território nacional, inviabilizando toda a espécie de comunicações e trocas comerciais internas – não era possível falar-se de política económica. Porventura, apenas duma política económica possível, em que o urgente e o imediato tiraram lugar ao importante e ao estruturante. Durante todo o período de guerra civil, devido à subordinação do sector económico ao sector militar, a política económica não teve margem de afirmação enquanto tal. Mais do que o petróleo, o conflito militar foi o grande condicionante da política económica em Angola. Por exemplo, entre 1975 e 1980, e apesar do comportamento amplamente positivo do preço do petróleo (veja-se o gráfico 1), a taxa média de crescimento do PIB foi de 4,8% ao ano (Jorge, 1998).

Gráfico 1

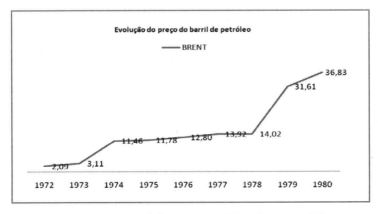

Fonte: Agência Internacional de Energia e BP – Statistical Review

Acresce, ainda, que o quadro de referência da política económica não era normal até aquela data. Dum lado, uma economia socialista, em que o planeamento imperativo, administrativo e centralizado comandava o funcionamento da economia, tirando, por conseguinte, qualquer espaço à economia privada de mercado, para onde a política económica é, normalmente, dirigida. A edificação do socialismo não era compatível com o mercado e a iniciativa privada, pelo que todas as orientações provindas do MPLA iam no sentido do reforço da centralização e da acentuação do carácter administrativo da intervenção do Estado na economia, feita na base de planos e programas aonde tudo o que se tinha de produzir, exportar e importar estava previsto. Do outro lado, uma economia petrolífera de enclave sobranceira a qualquer medida de política económica que tentasse enquadrar o seu funcionamento. As relações entre o Estado e a economia petrolífera eram feitas, quase exclusivamente, pela via das receitas fiscais que as petrolíferas canalizavam para o Orçamento Geral de Estado (OGE). Os privilégios outorgados às companhias petrolíferas estrangeiras – importações livres (sem pagamento de direitos aduaneiros) de bens de consumo corrente, bens de capital e serviços diversos, exportação total das receitas de exportação do petróleo, contratação de expatriados, etc. – ainda hoje se revelam como engulhos à estruturação dum sistema financeiro interno forte e abrangente. Estas companhias continuam a recusar-se a depositar no sistema bancário angolano as receitas das suas exportações, alimentando, assim, outros sistemas financeiros e contribuindo para o seu desenvolvimento.

Até 1991, o foco da política governamental foi variando consoante a intensidade da guerra e as dificuldades económicas internas derivadas da variação do preço do barril de petróleo e da escassez dos financiamentos externos. Nuns anos era a defesa a merecer a prioridade máxima na afectação das receitas fiscais do Estado (1986/1990), enquanto entre 1978 e 1985 a atenção do governo contemplou, também, a tentativa de recuperação dos índices de produção registados em 1973/1974.

A intensificação e a generalização do conflito armado depois das eleições de 1992 – por recusa de aceitação dos seus resultados pela UNITA, apesar de internacionalmente validados – coincidiram com uma quebra do preço do petróleo (gráfico 2), ficando, deste modo, condicionada a margem da política económica pelos imperativos da defesa do país.

Gráfico 2

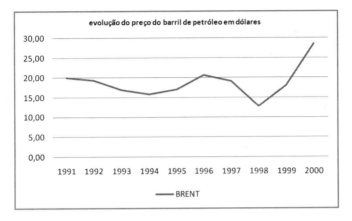

Fonte: Agência Internacional de Energia e BP – Statistical Review

Entre 1991 e 2000 o ritmo médio anual de crescimento económico não foi além de 1,3% (IMF, 2009). Se for contabilizada a taxa de crescimento da população, cifrada em cerca de 2,9% ao ano, conclui-se que o défice das condições de vida foi de -1,55% ao ano, ou seja, em 10 anos o nível de vida da população deteriorou-se em 14,5%. Não espanta, portanto, que a pobreza começasse a ser uma condição natural da maioria da população, devido: ao fraco desempenho económico geral; à natureza das políticas económicas implementadas, de vertente administrativa, a despeito de algumas tímidas reformas, como a primeira desvalorização da moeda em Março de 1991; à falta de recursos financeiros para apoio à melhoria das condições de vida da população; à fraca capacidade de criação de emprego; à degradação do poder de compra em cerca de 17,7% ao ano, devido às elevadas taxas de inflação (entre 1991 e 1998 a inflação média anual foi de 1140%); e à dificuldade em se proceder a ajustamentos salariais.

Um estudo realizado pela UNICEF em 1989 sobre as implicações sociais da adopção dum Programa de Ajustamento Estrutural com o Fundo Monetário Internacional avançou com a primeira estimativa conhecida da taxa de pobreza (cerca de 55%), o que chamou a atenção do governo para passar a incluir esta variável nas suas políticas económicas e a dedicar mais recursos fiscais à melhoria das condições de vida da população.

Os problemas da economia angolana estavam, na altura, relacionados com o que se denomina de 'restrições domésticas ao crescimento económico', tais como a falta de recursos humanos qualificados e a escassez de poupança interna, uma vez que o esforço de guerra sobrecarregava o Orçamento Geral do Estado (OGE) e inferiorizava qualquer outro investimento considerado adiável.

Outra dificuldade era do foro da ineficiência da gestão como um fenómeno ubíquo na economia angolana. Ao contrário da experiência de outros países, em que o esforço de guerra levou a uma utilização mais criteriosa dos recursos escassos, em Angola o clima de guerra foi desastroso para as práticas gerenciais – na medida em que conspirou contra qualquer tentativa de imposição de seriedade na definição de prioridades da sociedade civil – e para a economia não petrolífera. A guerra exerceu um efeito desmoralizador sobre as práticas de orçamentação, planeamento e controlo financeiro.

O II.º Congresso do MPLA – PT constatou a necessidade de o governo estimular mais, e controlar duma forma mais expedita, as actividades económicas. Foi, igualmente, reconhecido que as dificuldades económicas tinham sido causadas não apenas pela guerra, mas também por políticas económicas iníquas e ineficazes. O reconhecimento do importante papel do sector privado no processo de reconstrução económica, da necessidade de melhoria da coordenação económica entre planeamento, gestão orçamental e afectação de divisas, da urgência em se diminuir a excessiva centralização – que provocou má administração, corrupção e indisciplina – e da reformulação dos instrumentos de controlo e gestão da economia, conduziram à elaboração do Programa de Saneamento Económico e Financeiro (SEF). Até esta altura, o governo não tinha sido capaz de produzir um plano económico com um horizonte superior a um ano. A guerra tendeu, naturalmente, a dar prioridade a todas as actividades directamente relacionadas com a defesa e segurança, em prejuízo de uma visão estratégica de longo prazo.

As medidas de estabilização e reformas incluíam: a redução do défice do sector público e a definição de uma fórmula não inflacionista para o seu financiamento; a reforma da política de crédito visando abandonar critérios administrativos de afectação dos empréstimos bancários; a reestruturação das companhias estatais, concedendo-lhes autonomia fiscal em troca da limitação do papel do governo central no financiamento automático dos seus prejuízos operacionais; fortalecimento do sistema financeiro, especialmente retirando do balanço do Banco Central os débitos contraídos no passado; a renegociação da dívida externa, cujo perfil de pagamento se concentrava no curto prazo; a revisão dos preços controlados, incluindo a taxa de câmbio, cujos valores não sofriam alterações desde meados da década de 1970; e a definição de condições de atractividade do investimento directo estrangeiro para outras actividades que não as petrolíferas.

Na prática, o SEF, além de ter sido um meio de articular os instrumentos de política de curto prazo não implementados desde a independência, foi, também, uma forma de tornar possível um projecto nacional e de dar às autoridades de planeamento algum espaço para o exame de opções envolvendo decisões estratégicas, ao invés de concentrar a atenção, exclusivamente, em assuntos relativos ao orçamento e à respectiva implementação. Além disso, o SEF era um programa ambicioso de reformas económicas e sociais, para além de um programa específico de fortalecimento da posição financeira do Estado angolano.

Após ter sido submetido ao II.º Congresso do partido pelo Presidente angolano José Eduardo dos Santos, em 1985, e de se haver tornado política oficial do governo, o SEF passou a ser visto como um passo importante da realização dum projecto nacional de desenvolvimento económico e social. No entanto, o essencial do SEF, da sua filosofia e da sua visão estratégica, ficou permanentemente adiado pelas mobilizações da guerra, incompreensões metodológicas e resistências ideológicas. Refira-se, a propósito das discrepâncias ideológico/doutrinárias, as diferenças políticas entre o MPLA-PT e a Assembleia Nacional Popular quanto à natureza e ao ritmo das reformas económicas, tendo, muito provavelmente, sido este um elemento importante de bloqueio do SEF, uma vez que em 1988, três anos depois da sua aprovação e lançamento, a sua implementação estava bastante longe do desejado.

Um conjunto de legislação no âmbito do SEF estabeleceu as raízes administrativas para as reformas económicas, tais como: a lei orçamental que determinou que o governo não cobriria os prejuízos das empresas estatais, criou tributação adicional e determinou que as despesas nominais do governo se manteriam constantes relativamente a 1987; a nova legislação sobre as actividades económicas, que tornou explícita a protecção e garantia da propriedade privada em Angola; a regulamentação das empresas mistas; a definição, por lei, da delimitação das actividades económicas; e a nova lei cambial.

A desvalorização da moeda nacional – o kwanza – foi o assunto económico mais polémico até Março de 1991 e tornou explícitas, na altura, as dificuldades de liberalização da economia. Em 1988 a taxa de câmbio paralelo do dólar era de 1800 kwanzas, enquanto a oficial se mantinha nos 30 kwanzas (uma diferença de 60 vezes). As autoridades argumentavam que uma desvalorização superior a 50% teria consequências inflacionárias, devido ao ajustamento nos salários.

Pouco foi feito para se ajustar os preços oficiais dos produtos, ou para reduzir a importância dos direitos de compra a preços oficiais na determinação dos rendimentos reais da população empregada no sector formal (a chamada monetarização dos salários). A existência de mercados duplos de produtos e câmbios continuou, neste período, a ser o facto mais surpreendente da vida económica de Angola.

O modelo de desenvolvimento esteve, sempre, ancorado na exploração do petróleo e acabou por ser o responsável pelas profundas desarticulações sectoriais – de onde se destaca a desindustrialização do País – e desigualdades na distribuição do rendimento. O longo conflito militar interno e este modelo 'rent-seeking' foram os dois responsáveis pela crise económica que dominou o país até 2002 (a taxa de crescimento do PIB neste ano foi de 14,5%) e pelas profundas desigualdades nas condições de vida da população que hoje caracterizam o nosso tecido social (índice de Gini de 0,62 em 2005, segundo o Banco Mundial).

É depois de 2000 – a viragem do conflito militar interno a favor do governo tornava-se, cada vez mais, iminente, a nova equipa económica, empossada em Fevereiro de 1999, tomando esse facto em consideração, inicia um processo de reformas profundas em direcção ao estabelecimento da economia de mercado e o ambiente internacional melhora a favor de Angola – que o crescimento económico se torna permanente. O restabelecimento dos *macroeconomic fundamentals* foi evidente e traduziu-se na deflação da economia, estabilidade cambial e recuperação da confiança na moeda nacional. No entanto, convém ressalvar que: a) não se registaram alterações estruturais de vulto e sustentáveis, continuando os sectores petrolífero (52%) e diamantífero (3,5%) a dominarem o processo de geração anual de riqueza; b) a desindustrialização (que ganhou substância com o abandono das empresas, as restrições cambiais e a política cambial de sobrevalorização do kwanza, a gestão macroeconómica administrativa e a condenação da iniciativa privada nos alvores da independência) manteve-se, quer em termos de participação no PIB, quer do ângulo da geração de emprego líquido e a actividade de construção não conseguiu afirmar-se como o sector motor da reconstrução económica; e, finalmente, c) a estagnação relativa da agricultura foi patente (em termos médios a sua representatividade no PIB estabeleceu-se na vizinhança dos 8%), embora tenha registado, de quando em vez, taxas de variação acima dos 10%.

Entre 2000 e 2008 o preço do barril de petróleo (gráfico 3) proporcionou as mais elevadas receitas fiscais de que há memória no país, o que permitiu reforçar a estabilização macroeconómica e iniciar um importante processo de reconstrução nacional baseado na reabilitação/construção de inúmeras infra-estruturas económicas e sociais que poderão alavancar, em bases mais sustentáveis, o processo de crescimento futuro.

Gráfico 3

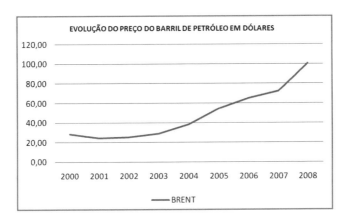

Fonte: Agência Internacional de Energia e BP – Statistical Review

Não obstante, o crescimento não deu lugar ao desenvolvimento e, por isso, os efeitos sobre outras variáveis – tais como a pobreza, a distribuição do rendimento, a exclusão social – não se fizeram sentir de modo efectivo e sustentável. Isto quer dizer que têm existido filtros que reduzem a passagem, para o sector real da economia e para a sociedade, da totalidade dos efeitos positivos da estabilização macroeconómica e do crescimento económico. Uns são de natureza institucional – tais como a corrupção, o tráfico de influências, a circunstância de as iniciativas empresariais portadoras de alterações estruturais estarem circunscritas a uma muito reduzida e recorrente classe de promotores e a não total transparência nas decisões de crédito ao sector privado. Outros são do domínio real da economia – carência de infra-estruturas físicas, falta de estratégias empresariais, baixa produtividade, baixa qualificação da generalidade da força de trabalho, entre outros.

1. O período entre 1975 e 1992

Antes da independência, o desenvolvimento económico assentava, em grande medida, no sector agrícola, em particular na produção de café, cujo ciclo foi

SOCIEDADE E ESTADO EM CONSTRUÇÃO: DESAFIOS DO DIREITO E DA DEMOCRACIA EM ANGOLA

decisivo para o crescimento económico da colónia e para o início do processo de industrialização do território.[1] Entre 1960 e 1973 o PIB real aumentou a uma taxa de 7% ao ano e durante o mesmo período a produção de café passou das 100.000 para as 210.000 toneladas, tornando-se Angola no quarto produtor mundial. Até 1975 Angola foi um exportador líquido de alimentos, em particular de milho, possuindo uma indústria pesqueira estável. No início da década de 1970, Angola era, também, o quarto produtor mundial de diamantes, com uma produção anual em torno dos dois milhões de quilates, e um exportador importante de minério de ferro. O petróleo tornou-se factor chave do crescimento económico a partir de 1968 e em 1973 representava 30% das receitas totais de exportação. Em 1975, Angola possuía uma economia diversificada, incluindo um dos mais desenvolvidos sectores industriais da África subsariana.

O que primeiro aconteceu em Angola, logo após o golpe de estado do 25 de Abril em Portugal, foi a generalizada descapitalização das empresas – os proprietários deixaram de injectar capitais devido à instabilidade da situação política na metrópole – seguida, quando se tornou claro que a independência de Angola seria uma das consequências naturais do fecho do ciclo fascista em Portugal, de uma transferência fraudulenta e fuga maciça de todo o tipo de recursos (financeiros e materiais) para o exterior, o que obrigou a uma intervenção na Banca, mesmo antes da independência (Nelson, 1991).

A fuga dos proprietários, quadros e gestores, provocada pelo agravar da situação militar e da instabilidade social por todo o país, deu o golpe de misericórdia sobre as empresas industriais e agrícolas. O seu funcionamento foi inviabilizado, reflectindo-se no fecho, na paralisação ou na redução drástica da sua actividade no início da maior crise económica e social jamais conhecida em Angola. O MPLA não dispunha de capacidade técnica para substituir os quadros e gestores fugidos, nem os que ficaram no país eram suficientes para cobrir as necessidades das empresas. O descalabro foi inevitável.[2]

---

[1] Para uma visão mais alargada do problema da terra e da problemática agrícola em Angola, cf. o capítulo de Fernando Pacheco, neste volume.

[2] É lapidar o pensamento de Mário Murteira (1997) quanto aos desacertos de calendário em termos de ideologia económica: *"[...] as independências políticas das colónias portuguesas em África ocorrem num momento histórico muito particular da segunda metade do século XX, momento de grande viragem ou de crucial bifurcação do processo histórico, em que a maré revolucionária anti-sistémica aparentemente é ainda ascendente, mas, na realidade, o refluxo de consolidação sistémica já se tinha iniciado, tornando-se flagrante e de proporções totalmente inesperadas na década de 80".* E mais adiante: *"[...] os movimentos de libertação das colónias portuguesas surgem como sobressaltos finais duma vaga revolucionária prestes a desfazer-se na areia que protege e recupera o sistema da economia mundial, ou seja, em termos de ideologia económica, eles*

Esta situação caótica é apresentada como a principal justificação para a intervenção do Estado na economia e a subsequente criação do universo empresarial público. No entanto, tem de reconhecer-se que a ideologia do MPLA previa, mais cedo ou mais tarde, a criação dum amplo sector económico do Estado, de modo a que os objectivos socialistas pudessem ser realizados. Dir-se-á que o MPLA viu facilitadas as suas pretensões ideológicas com a fuga dos donos das unidades de produção (ou dos seus representantes legais), evitando-se, assim, o odioso processo das nacionalizações e dos confiscos na presença dos proprietários que ficam privados dos meios de produção. A onda estatizadora não poupou nada, desde empresas estratégicas até pequenas unidades de comércio, tudo passando a fazer parte do sector público empresarial, não se tendo percebido que este gigantismo limitava a possibilidade de gestão funcional das empresas e de aplicação duma política económica credível e consequente.

Prova disso é que só a partir de 1990 se colocou a questão do redimensionamento empresarial, de uma forma bastante envergonhada, apesar de fazer parte das opções fundamentais do SEF em matéria de criação duma economia de mercado. Os objectivos do redimensionamento eram os seguintes: a diminuição da intervenção estatal na vida e regulação económica, o acréscimo da eficiência da gestão empresarial, a redução das despesas orçamentais (e por esta via atenuar-se uma das preocupações do SEF sobre o défice fiscal) e a criação do empresariado nacional.

Ao declínio registado imediatamente depois da independência seguiu-se um período de ligeira recuperação económica – em que fazia sentido falar--se na recuperação dos índices económicos de 1973. Esta foi completamente desbaratada, a partir de 1981, pela escalada do conflito militar interno, que determinou uma prioridade absoluta à defesa nacional, em prejuízo do sistema económico e social, mas com resguardo absoluto da economia petrolífera, o que contribuiu para uma deterioração severa das condições de vida da população, em especial nas zonas rurais, onde o abastecimento alimentar, habitação e sistema de transportes entraram em colapso.

As tentativas de reanimar a actividade industrial em 1977/78, depois do crepúsculo pós-independência de 1975/1976 – na base dos índices de 1973 – foram muito tímidas e pouco corajosas, talvez porque se vislumbravam no horizonte

---

também são tardios, à beira da grande viragem que ocorre nos anos 80. Dito de outra forma, os países em causa sofrem, directa e indirectamente, as consequências duma aposta teórica e prática num modelo e num sistema que, afinal, estavam prestes da sua vigência histórica".

as perturbações que a agudização do conflito militar interno iria provocar. O índice de subutilização da capacidade produtiva instalada foi avaliado em 40% e a produtividade média da economia baixou drasticamente. O princípio definido no I.º Congresso do MPLA – a agricultura como base e a indústria como factor decisivo – dificilmente tinha condições para vingar.

Os objectivos das reformas económicas de Angola, entre 1988 e 1992, foram, essencialmente, os de: reduzir o grau de centralização do planeamento e gestão económica e permitir que os sinais de mercado fossem a principal orientação da actividade económica; fortalecer os controlos orçamentais e reduzir o défice fiscal; resolver os problemas da dívida externa do País; dar maior autonomia às empresas estatais; controlar o crescimento da oferta monetária; e melhorar a conta corrente da balança de pagamentos.

As reformas tentadas em 1990 foram acompanhadas da definição de um regime de preços, que estabelecia três categorias diferentes de produtos: os de preço fixo (só actualizáveis de tempos a tempos e que integrava os bens de primeira necessidade), os de margem de comercialização (a maior parte) e os livres (nomeadamente bens de luxo). Admitia-se que durante 1991 os preços do segundo cabaz de produtos poderiam ser, gradualmente, liberados, dando--se prioridade imediata aos que na altura se designavam de *"bens monetários"* (cerveja, refrigerantes, cigarros, etc.).[3] Afirmava-se que

> *[...] a liberalização dos preços destes bens deverá ser total e inequívoca, de modo a evitar desconfianças ou retracções da parte dos comerciantes, pretendendo-se com esta medida eliminar, em definitivo, a possibilidade de transferência de renda que se gera ao comprar-se a preços oficiais e vender-se a preços do paralelo para agentes económicos não legalizados.*

É, no entanto, com o Programa de 1992 que se assumiu, de uma forma clara, uma política de preços e rendimentos (infelizmente, adiada devido à continuação do conflito armado), integrando: a secagem do mercado paralelo de divisas, não devendo o diferencial entre as taxas oficial e paralela situar-se acima dos 50%; a melhoria significativa dos abastecimentos e da produção interna, o que apelaria a uma selectividade rígida para as importações de bens de consumo;

---

[3] A desregulação da economia angolana chegou até este ponto, ou seja, a fuga à moeda nacional – provocada pela hiperinflação – tendo os rendimentos encontrado refugio num conjunto de bens cujos preços oficiais permitiam algum resguardo do poder de compra médio da população.

a restrição da massa monetária em circulação e, por arrastamento, do défice orçamental; a alteração dos hábitos alimentares e de consumo, fortemente dominados, em particular nos centros urbanos, pelas importações; a recuperação da agricultura empresarial, como forma de reduzir a componente importada de matérias-primas para a indústria; e o controlo dos salários nominais.

É, também, com este programa que as reformas económicas de mercado aparecem como um dos aspectos essenciais da política económica. Cinco grandes áreas estavam contempladas: desburocratização geral da vida económica, descentralização das decisões económicas (licenciamento e aprovação de projectos de investimento de pequena dimensão, autonomia dos governos provinciais em matéria de decisão de afectação de verbas relativas a rubricas específicas do OGE e do Orçamento Cambial), descentralização e desconcentração das operações de licenciamento comercial e das operações bancárias internacionais, revisão de algumas Leis (Lei da Planificação, Lei do Investimento Estrangeiro, Lei das Empresas Estatais, Lei das Actividades Económicas e Lei do Trabalho), reforma do sistema de administração fiscal e melhoria dos dados estatísticos.

Em Setembro de 1989 Angola tornou-se membro efectivo das instituições de Bretton Woods e começou a receber assistência técnica em várias áreas, como a reorganização institucional e a criação do sistema estatístico nacional.

A indústria transformadora foi dos sectores económicos que mais definhou no período em análise, tendo a sua taxa anual média de variação sido da ordem dos -19,8%, com consequências evidentes no respectivo índice de participação no PIB, que chegou aos 2,5%. Zenha Rela fala dos efeitos perniciosos para a industrialização do país do auto-consumo industrial, ou seja, o direito que os operários tinham de receber uma parte do seu salário em produtos industriais que eles próprios tinham produzido (Rela, 2005). Este comportamento foi duramente combatido entre 1976 e 1978, mas depois passou a fazer parte da prática do mercado socialista, dada a sua evidente incapacidade de prover todos os bens de consumo final das famílias. Esta atipicidade – aliada à insuficiência de recursos em divisas para a importação de bens de consumo devido ao peso das despesas militares[4] – contribuiu para o aparecimento e desenvolvimento dos mercados paralelos no país. Em muitas actividades – produtoras de bens de elevada procura como o tabaco, a cerveja, os refrigerantes e a roupa – esta prática

---

[4] Segundo a UNICEF, nos piores anos do conflito militar a defesa chegou a consumir cerca de 60% do total das receitas fiscais (UNICEF, 1989).

tornou-se na mais importante fonte de rendimento dos trabalhadores que, ou os trocavam por outros bens, ou os vendiam no mercado negro. Os protestos por esta situação de injustiça apenas eram provenientes dos trabalhadores dos sectores de serviços, os quais nada tinham para trocar ou vender.[5]

A inexistência de uma cultura económica, da iniciativa privada, de formação adequada dos trabalhadores e de motivação efectiva dos técnicos levou à degradação das instalações industriais, daqui resultando, também, a desindustrialização.[6] O salário indirecto, possibilitado pela apropriação de uma parte da produção industrial e o elevado absentismo da mão-de-obra foram aspectos desestruturantes do tecido industrial que Angola herdou do sistema colonial português.

Um dos factores explicativos dos fracassos económicos foi a ausência de condições mínimas de laboração das empresas, entre as quais a grande dependência do exterior em termos de matérias-primas, de peças sobressalentes e de acessórios e produtos intermédios. Incluem-se nestas condições mínimas de funcionamento a crónica falta de energia eléctrica e de água para usos industriais e o peso da planificação administrativa da economia, verdadeiramente castradora de iniciativas privadas e da vontade de resolver os problemas burocráticos.[7]

As empresas estatais foram, até 1996, as estruturas empresariais dominantes da economia angolana. Foi em Março de 1976 que a grande vaga das nacionalizações e confiscos do património empresarial – e também habitacional – privado ocorreu, tendo-se confiado às organizações colectivas de trabalhadores a responsabilidade pela gestão de todos os activos abandonados, o que causou gravíssimos prejuízos à economia nacional.

Com a Lei n.º 17/77 estabeleceu-se a autoridade estatal sobre as empresas e foi criado o grande império das Unidades Económicas Estatais (UEE), o instrumento fundamental para o desenvolvimento económico defendido pela economia socialista angolana. Contudo, a sua aplicação prática foi demorada, de

---

[5] Lembro-me, quando regressei ao país (1989), de uma afirmação do Professor Silva Lopes, durante um encontro com quadros angolanos e consultores do sistema das Nações Unidas a trabalhar em Angola (cito de memória): *"de toda a minha experiência como consultor internacional, Angola é o único país onde com uma grade de cerveja se dá a volta ao mundo de avião".*

[6] À falta de cultura industrial juntou-se a ausência duma consciência de manutenção e conservação industrial, essenciais ao processo industrial.

[7] A importação duma peça ou dum pequeno equipamento industrial (100 dólares ou 1.000 dólares) não podia ser feita sem a autorização administrativa do Estado – demora de seis a sete meses –, por vezes mais complicada do que a aprovação dum novo investimento.

tal maneira que em 1980 – ano em que foi efectuado o primeiro recenseamento do património empresarial do Estado – apenas 41 empresas nacionalizadas ou confiscadas haviam sido transformadas em UEEs, dum total de 1990 empresas registadas. Em 1984, devido a falências, liquidações, fusões e consolidações, o universo empresarial em Angola havia-se reduzido para apenas 687 empresas, com uma repartição sectorial onde a indústria transformadora detinha a maior percentagem (35,1%), seguindo-se o comércio interno com 14,4%, transportes com 12,5%, agricultura com 11,5%, construção com 5,8% e pescas com 5,4%. De todo este universo empresarial, as empresas privadas representavam apenas 38%, com predomínio da pequena actividade de sobrevivência na indústria e no comércio.[8]

As empresas estatais eram de porte médio e grande e desfrutavam dum quadro macroeconómico de funcionamento em que não faltavam os subsídios orçamentais, o acesso facilitado às divisas e aos financiamentos dos bancos estatais e um tratamento preferencial pela política económica. No entanto, os seus índices de desempenho e eficiência foram sempre muito baixos, porque foram quase sempre utilizadas como instrumentos do tráfico de influências entre políticos, directores de empresas e, mesmo, entre os trabalhadores. A dimensão média das empresas estatais era de 480,8 trabalhadores, atestando a função social reservada pelo modelo socialista pela via do sobredimensionamento.

A população economicamente activa total em Angola foi avaliada em 2.109.083 em 1985 – para uma população total de 8.754.000 habitantes – e o emprego total em 2.037.868,[9] a que correspondia uma taxa global de desemprego de 3,4% (PNUD, 1989).

Entre 1975 e 1985 estima-se que o PIB tenha registado uma taxa média anual de crescimento de apenas 1%, enquanto o IV Plano de Fomento havia projectado 6,7% para o período 1974-1976 e 7,3% para os anos compreendidos entre 1977 e 1979.

A desindustrialização foi largamente potenciada pela queda da produção agrícola, geradora de poder de compra para os produtos urbano-industriais e fornecedora de matérias-primas. Em 1980, o Valor Agregado Agrícola equivalia-

---

[8] Ministério da Indústria: Registo Geral de Empresas, Abril de 1984, citado em PNUD, 1989.

[9] O sector produtivo (indústria, construção, agricultura e pecuária, silvicultura, transportes, comunicações, comércio e outros) empregava 1.552.912 trabalhadores e o sector não produtivo (serviços comunitários, educação e ciência, cultura e artes, saúde e assistência social, financiamento e seguros, administração e outros) dava trabalho a 484.956 pessoas (PNUD, 1989).

-se ao da actividade petrolífera, enquanto em 1987 representava apenas cerca de 35%. Pode dizer-se, ainda, que o agigantamento da actividade petrolífera se fez à custa do atrofiamento da agricultura e das actividades primárias em geral. Claro que a guerra civil explica uma parte considerável da queda da produção agrícola, através do êxodo da população rural para as cidades. No entanto, tal justificação não colhe para o sector das pescas.

A sistemática sobrevalorização do kwanza – cuja taxa de câmbio permaneceu fixa entre 1975 e 1991 – poderia ter propiciado a aquisição de matérias-primas, produtos intermédios e bens de equipamento ao exterior a preços baixos, o que não se verificou, pois as importações estavam concentradas em bens de consumo não duradouro e equipamento militar.

Durante os anos 1980 o PIB real cresceu a uma taxa média anual de apenas 5%, principalmente devido ao desempenho do sector petrolífero, cuja produção passou de 132.000 barris por dia, em 1982, para 550.000, em 1992. Tem-se, assim, entre 1982 e 1992, uma taxa média de crescimento anual do sector petrolífero de 15,3%. Atendendo à estrutura económica sectorial, o PIB do resto da economia apresentou um comportamento de retracção, correspondente a uma taxa média anual de 5,3%, o que transmite bem a ideia da degradação do sistema económico interno e da profundidade da crise económica.

O Banco Mundial (1993) refere que o PIB não petrolífero se degradou, entre 1982 e 1992, em cerca de 21% (a que corresponde uma cadência anual de -2,3% (muito provavelmente subavaliado). Três razões principais para este declínio: êxodo dos colonos portugueses depois da independência – virtualmente o único segmento da população com capacidade técnica e de gestão, conflito militar interno associado a imensas perdas humanas, materiais e financeiras (êxodo rural para as cidades, destruição dos sistemas de transportes, degradação dos serviços públicos) e gestão socialista, centralizada e planificada da economia, que impôs uma séria de distorções e ocasionou uma deficiente alocação dos recursos e factores de produção. À medida que os incentivos de mercado falharam, as infra-estruturas degradaram-se e a segurança nas áreas rurais deteriorou-se. As exportações agrícolas, que floresceram durante a década de 1960 e os primeiros anos de 1970, desapareceram praticamente e a produção alimentar decaiu rapidamente.

A despeito das suas reservas minerais, bom clima e solos relativamente férteis, Angola teve pouco a mostrar em relação à sua performance económica durante o período em estudo. Durante os anos 1980 as crescentes receitas petrolíferas não foram investidas em actividades que pudessem sustentar a geração de rendimentos para o futuro, tendo sido, ao contrário, consumidas nas despesas com a guerra, com subsídios às empresas estatais ineficientes e aos preços. O investimento privado (em média 7% do PIB), sobretudo estrangeiro, foi, durante os anos 1980 e inícios dos 1990, orientado exclusivamente para a extracção de petróleo, enquanto o investimento público (em média 2% do PIB) foi dirigido para actividades de retorno económico muito baixo.

As finanças públicas foram caracterizadas, no período 1982-1992, por uma exagerada dependência das receitas fiscais petrolíferas (cerca de 70% em média das receitas públicas eram de origem petrolífera), um declínio notório da base fiscal não petrolífera (reflexo da crise económica, do crescimento do sector informal, do aumento da inflação e da deficiente organização e capacidade fiscal do Estado), um peso acentuado das despesas militares (entre 20% do PIB nos anos de maior incidência e uma média de 15% do PIB durante o período de menor incidência), um manifesto excesso de despesas com os funcionários públicos (sobrestimados face à quantidade e qualidade do serviço prestado) e um pesado serviço da dívida pública. Os défices fiscais aumentaram muito a partir de meados dos anos 1980, para cerca de 25% do PIB, e foram sempre financiados com a acumulação da dívida externa e da expansão monetária.[10] A acumulação de atrasados (3,4 mil milhões de dólares no final de 1992) e a alta inflação (175% em 1991 e 500% em 1992) foram as consequências.

Entre Março de 1991 e Abril de 1992 ocorreram diversas desvalorizações do kwanza face ao dólar, que foram insuficientes, porém, em relação ao valor real do kwanza (em Março de 1993 a taxa de câmbio do paralelo era cinco vezes mais do que a oficial). A marcha da desvalorização começou em Março de 1991 em 100%, seguida de outras em Novembro de 1991, de 50%, em Dezembro de 1991, de 100% e em Abril de 1992, de 206%. As taxas nominais de juros permaneceram constantes entre 1978 e Novembro de 1991, a um nível de 10% ao ano. Um primeiro ajustamento aconteceu em 1992 para um nível de 20%, mas a taxa real de juro permaneceu fortemente negativa.

Uma das dificuldades de Angola durante o socialismo foi a do planeamento do chamado fundo de salários, uma vez que ao serem expressos em valores nominais (e não em espécie) conduziram a erros de cálculo que situaram, sistematicamente, o montante da massa salarial acima das quantidades de bens

---

[10] Uma das razões para este aumento foi o crescente financiamento público das ineficientes empresas públicas, quer em despesas de funcionamento, que em despesas de capital.

a serem produzidos a preços fixados. Isto levou a um fenómeno de excesso de liquidez e de sobre-procura de bens de consumo final, ao mesmo tempo que a concessão passiva de crédito às empresas, de acordo com as metas quantitativas do plano, gerou uma tendência para uma despesa excessiva em investimentos e aos correspondentes desperdícios.

O défice orçamental, os erros de planeamento do fundo de salários, a pressão permanente das empresas para gastar mais do que o necessário – quer em equipamentos, quer na manutenção de stocks – e a prática de não reembolso dos créditos bancários conduziram a uma situação permanente e endémica de excesso de procura, justificando a crise económica e as elevadas taxas de inflação.

As primeiras eleições legislativas de Setembro de 1992 foram, provavelmente, o facto de maior relevância para Angola neste período. A pressão da crise económica interna – o PIB global registou um crescimento positivo devido, exclusivamente, ao bom comportamento do petróleo – e os crescentes défices fiscais, devido à incidência das despesas com a defesa, contribuíram para a assinatura dos Acordos de Bicesse, no contexto dos quais a abertura democrática e a realização de eleições legislativas e presidenciais deveriam ocorrer. Da não-aceitação dos resultados das eleições por parte da UNITA resultou uma extensão e uma violência do conflito militar interno, jamais vistas em Angola, com graves repercussões económicas e sociais até 2002.

2. O período entre 1993 e 2002

O facto relevante deste período foi, indiscutivelmente, a assinatura do Protocolo do Luena, em Abril de 2002, com o qual se pôs fim ao conflito militar interno. No entanto, durante este período a instabilidade militar, decorrente da rejeição dos resultados eleitorais de Setembro de 1992, provocou a mais profunda retracção da actividade económica no país, de que é expressão a taxa de crescimento do PIB: -0,8% em 1992, -21% em 1993 e -20% em 1994. Apesar de nos anos subsequentes o preço do petróleo ter apresentado registos positivos no seu comportamento, entre 1996 e 1998, as significativas quebras mergulharam o país numa crise financeira interna e de pagamentos internacionais. A Estratégia Global de Saída da Crise (1999/2000) foi a resposta encontrada pelo governo para se fazer face à queda da actividade económica, conformar as despesas com a defesa e criar incentivos ao investimento privado.

Depois da opção pela economia de mercado, a política económica desenvolveu-se por uma série de ciclos interrompidos que afectaram a sua efectividade prática. Estes ciclos incompletos e inacabados traduziram-se em diferentes programas de duração efémera. Entre 1989 e 2000 foram elaborados 12 programas, essencialmente virados para a abordagem dos problemas de estabilização macroeconómica – a visão estratégica de longo prazo continuava toldada pela situação de conflito militar. As médias de 1,2 programas por ano e de 10,6 meses por programa são expressão da incidência das situações de instabilidade política e militar e do modo como a transição para a economia de mercado foi equacionada. Neste particular, faltou um modelo adequado às condições peculiares do país nesse período (Rocha, 2001).

Este ciclo da política económica em Angola pode ser melhor apreciado relacionando-se as taxas mensais de inflação – ou a sua variação – com o início e o abandono dos programas de política económica. O gráfico seguinte dá conta deste fenómeno e permite, justamente, concluir que a instabilidade institucional do Estado foi um factor importante de desconfiança dos agentes económicos na política económica do governo.

Gráfico 4

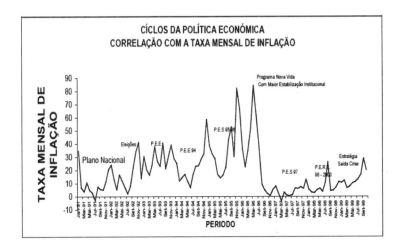

Não foi apenas a instabilidade institucional a 'roubar' efectividade à política económica do país. A falta de vontade política em se materializarem as medidas adoptadas é outra das facetas explicativas dos insucessos no combate sustentado contra a inflação. Nota-se, na verdade, uma extraordinária repetição dos conteúdos das diferentes políticas macroeconómicas desde 1986, uma tradução, evidente, da não implementação das respectivas medidas (Rocha, 2001).

Um dos propósitos fundamentais dos programas de política económica deste período foi o da convergência cambial, politicamente assumido em 1996 e 1997, e sistematizado nos seus fundamentos no Programa de Estabilização e Recuperação Económica de Médio Prazo de 1998-2000. Neste último programa, a política cambial foi estruturada de acordo com o seguinte raciocínio básico:

A comprovação estatística anterior sugere que a aproximação do valor da taxa de câmbio paralela à taxa de câmbio oficial e o controlo da inflação exigem meios de pagamento num montante compatível com a taxa de câmbio oficial. O mecanismo mais imediato para enxugar o excesso de liquidez na economia é o da venda de divisas no mercado por parte do Banco Central. Qualquer venda de divisas pelo BNA implica retirar dinheiro da economia, enquanto a compra de dólares implica entregar kwanzas. Porém, mais importante que o enxuga-mento inicial do excesso de kwanzas no mercado é a manutenção do montante atingido, que é vital para o controlo da taxa de câmbio paralela e da inflação. Se não existir um controlo adequado da expansão monetária, todo o esforço de enxugamento se perderá e o BNA terá dispensado reservas internacionais de forma inútil (Governo de Angola, 1998).

O mecanismo para atingir a unificação das taxas de câmbio, para estabele-cer a liberalização do mercado cambial e para assegurar a sustentabilidade de todo o processo passou pela instauração dum regime de compra e venda livre de divisas entre o Banco Central e as diversas instituições do sistema bancário. A taxa de câmbio seria a resultante da actuação das forças do mercado, *"sem prejuízo da intervenção eventual do BNA na compra e venda para assegurar uma variação controlada"* (Governo de Angola, 1998).

Nem sempre a eficácia desta política macroeconómica foi conseguida. A instabilidade registada ao longo do tempo decorreu da circunstância de a po-lítica cambial ter sido um instrumento que favoreceu uma repartição injusta dos rendimentos e, como tal, de um espaço de disputa dos interesses de certas faixas da população, que procuraram adiar, o mais possível, o funcionamento normal do mercado de cambial. A prová-lo estão os diferenciais entre as taxas de câmbio oficial e do paralelo que denotam, também, a grande instabilidade desta política de estabilização (6946,9% em 1990, 710% em 1993 e 65,3% em 1998).

A efectividade da política cambial começa a verificar-se apenas a partir de 1999 (com a nova equipa económica do governo, empossada em Fevereiro) e acentua-se em 2000. Os diferenciais cambiais são a prova (13,1% e 6%, respec-tivamente). Outro aspecto marcante dos programas de política económica a partir de 1999 foi o da tentativa de revisão dos regimes cambiais especiais dos

AS POLÍTICAS ECONÓMICAS EM ANGOLA DESDE A INDEPENDÊNCIA

sectores dos diamantes e dos petróleos, situação que introduziria uma maior equidade entre as actividades económicas internas e as de enclave, com reforço do sector financeiro nacional.

O programa de 1993 retomou o essencial do de 1992, mas com algumas particularidades que vale a pena ressaltar. Tendo em conta que os preços vigentes no mercado já estavam alinhados à taxa de câmbio do mercado paralelo, deveria prosseguir-se com a política de liberalização dos preços (com excepção dos que constavam do regime de preços fixados, para os quais o que era preconizado era uma simples actualização de subsídios); por outro lado, a liberalização dos preços deveria ser clara e inequívoca, com a suspensão de qualquer repressão sobre margens consideradas especulativas – os preços deveriam reflectir, com transparência, a pressão da procura sobre a oferta existente, não só para dar estímulos correctos aos produtores, distribuidores e comerciantes, como, também, para tornar mais visível o ritmo necessário da política cambial. A liberalização dos preços visaria, também, a redução da renda obtida pelos detentores de divisas, dos trabalhadores que se abasteciam em regime especial (petrolíferas e outras), que passaria, total ou parcialmente, para os comerciantes. Finalmente, nos casos que se mostrassem necessários, os subsídios a preços seriam feitos ao consumidor e já não aos produtores.

A política económica do Programa Económico e Social de 1994 estava centrada nas reformas estruturais de mercado, com realce para a liberalização dos preços, afirmando-se que o controlo da inflação não seria possível por intermédio de medidas repressivas no âmbito da formação dos preços, mas, sim, através da transparência no funcionamento das regras de mercado. É neste contexto que são seleccionadas como medidas, a desburocratização do processo jurídico de constituição de empresas, a revisão do sistema de licenciamento das importações, a eliminação das barreiras administrativas à livre circulação das mercadorias pelo país e o incentivo às pequenas empresas no domínio dos serviços. O programa defendia, à semelhança dos anteriores, a necessidade de ajustamento nos preços dos combustíveis, das rendas e das tarifas de água e electricidade, como uma das formas mais imediatas de eliminação dos subsídios às empresas estatais prestadoras desses serviços e admitia a possibilidade de praticar novos subsídios sobre os preços de bens considerados de consumo popular.

As Linhas de Força do Programa de Acção do Governo para o 2.º Semestre de 1996 representaram um retrocesso na política de liberalização dos preços – pedra de toque da transição para a economia de mercado – ao determinarem, na sua componente de rendimentos e preços, o seguinte: reformular e adequar os regimes de preços, transferindo uma parte significativa dos bens actualmente sujeitos ao regime de preços livres para os de margem de comercialização; aplicar o regime de margens de comercialização aos produtos essenciais; e estabelecer uma política salarial que se ajuste progressivamente à elevação do custo de vida, devidamente complementada por uma política de assistência social (Governo de Angola, 1996).

Nestes aspectos, bem como noutros, este programa de política económica representou um claro recuo perante os avanços que os programas anteriores tinham registado. A contenção da inflação foi incorrectamente interpretada como sendo possível através da administração de uma variável que é, tradicionalmente, de mercado e que se rege por intermédio do comportamento dos agentes económicos. No mesmo sentido colocou-se a repressão económica junto dos agentes privados, com o propósito de fiscalizar o cumprimento das regras das margens de comercialização e dos preços fixados. Comentava-se, então, que o país necessitava de uma política económica e não de uma polícia económica.[11]

A política económica do Programa Económico e Social de 1997 enfocava o combate à inflação nas políticas orçamental, monetária e cambial – pretendendo-se que um regime cambial de taxa única e fixa funcionasse como âncora monetária da inflação, conhecida a significativa correlação entre os valores das variáveis monetárias e a variação dos preços. Reconhecia, como medidas complementares: a fiscalização económica tendente a pôr cobro a evidentes situações de especulação, o controlo dos preços de determinados produtos (restrição que seria levantada até ao final do ano), o desmantelamento de todas as situações de monopólio ou oligopólio no sector do comércio, a informação ao público do que seriam os preços normais dos bens e serviços e o aumento da oferta global dos produtos essenciais.

Atitude relativamente diferente na estratégia da política de preços consta do Programa de Estabilização e Recuperação Económica de Médio Prazo 1998-2000, ao afirmar-se:

Os preços constituem os principais sinais que guiam os diferentes agentes económicos nas suas decisões, sendo, por isso, necessário garantir maior liberdade na sua formação, de modo a que essas indicações sejam as melhores

---

[11] Assistiu-se, progressivamente, nos anos subsequentes a um agravamento das acções de repressão da Inspecção das Actividades Económicas, particularmente com propósitos de obtenção duma renda adicional aos salários dos agentes do Estado. Os empresários sempre manifestaram reservas sobre a eficácia destes controlos administrativos.

possíveis. O controlo da inflação deve, preferencialmente, ser praticado por intermédio duma ampla transparência no funcionamento das regras de mercado, onde a concorrência seja fomentada num clima de abertura da economia. Alcançar a estabilização nos próximos três anos pressupõe, primeiramente, conseguir o alinhamento correcto dos preços relativos, isto é, o estabelecimento dum sistema de preços em que cada preço tenha uma adequada relação com todos os outros preços, de tal modo que a escassez relativa dos distintos bens, as condições reais da procura e as vantagens comparativas da produção dos distintos sectores estejam convenientemente reflectidas, reduzindo, desta forma, substancialmente os subsídios concedidos pelo Orçamento Geral do Estado.

É neste contexto que se estabelece a necessidade de ajustamento dos preços dos combustíveis, das utilidades fornecidas pelo Estado (água, electricidade, habitação, transportes públicos e transportes aéreos domésticos) e de outros bens, com o propósito dos seus valores reflectirem os custos de produção e as condições da procura. Os subsídios aos combustíveis para a agricultura, pescas e indústria, bem como ao pão e ao petróleo iluminante, seriam mantidos.

Nos programas seguintes, até 2000, a filosofia básica da política económica manteve-se, devendo, no entanto, assinalar-se que nem os preços dos combustíveis, nem os da água e da electricidade, foram sistematicamente ajustados.

Por força das circunstâncias, o processo de liberalização económica foi suspenso com o programa de emergência do governo a partir de Abril de 1993 e só retomado no Programa Económico e Social de 1994. Um capítulo especial estava aqui reservado às políticas de liberalização e de transição para a economia de mercado e de apoio ao desenvolvimento do empresariado nacional. Pontificavam nestas políticas as medidas seguintes: o redimensionamento empresarial, com destaque para a modificação das relações entre o Estado e as empresas públicas e a autonomia da sua gestão; a reposição do papel dos preços, reforma que visava devolver aos mecanismos de mercado a sua função de equilibradores entre a oferta e a procura e de sinalizadores das decisões de alocação de recursos; o reforço do sistema de intermediação financeira; a liberalização do mercado de trabalho; a garantia dos direitos de propriedade; e o apoio à constituição de núcleos de empresários de elevado potencial.

As Linhas de Força do Governo para o 2.º Semestre de 1996 são omissas quanto às reformas estruturais de mercado e aos processos de liberalização, apresentando, apenas, uma nota sobre a reanimação do sector produtivo, baseada, no entanto, em medidas proteccionistas directas, como a penalização das importações de bens menos prioritários, definição de quotas de importação em relação a bens e equipamentos menos prioritários, entre outras.

O Programa Económico e Social de 1997 recupera algumas medidas do Programa Económico e Social de 1994, destacando as privatizações, a eliminação da burocracia (fala-se, pela primeira vez, na criação de um Gabinete Único para a Empresa), a reforma judicial, a reestruturação dos serviços de registo, notariado, cadastro e licenciamento e da reorganização institucional do Estado.[12]

As privatizações continuaram a ser o grande calcanhar de Aquiles da política de liberalização económica. Foram tortuosos os caminhos de convergência com o Banco Mundial sobre esta matéria e as divergências assinaladas em 1998 só foram corrigidas em 2001, com o lançamento do concurso internacional para a privatização do Banco de Comércio e Indústria (BCI), que, entretanto, não se realizou.

Em 2001 foi elaborado o Programa Económico e Social do Governo, já num contexto em que a situação militar estava próxima do seu desfecho, a economia mundial se encontrava em crescimento e o preço do barril de petróleo mostrava uma tendência de subida, que só veio a alterar-se no final de 2008. Por isso, não foi difícil manterem-se os propósitos de criação de uma economia de mercado mais de acordo com os seus reais fundamentos e começar a lançar as bases do programa de reconstrução nacional, inseridas no Programa Económico e Social do Governo de 2002. O apelo do Presidente José Eduardo dos Santos, em meados de 2002, para a realização de uma Mesa Redonda de Doadores para ajudar Angola a recompor-se dos impactos da guerra foi, inexplicavelmente, rejeitado pela comunidade internacional, tendo-se, então, iniciado as relações financeiras e comerciais com a China.

Apesar de todo um percurso sinuoso de reformas económicas e de políticas de estabilização macroeconómica – influenciado pela instabilidade política e militar, pelo tráfico de influências e pelos *lobbies* de interesses, pela falta de cultura de mudança e pela inexistência de um pensamento estratégico e estruturante – a transição para a economia de mercado seguiu o seu caminho, quanto mais não seja por carência absoluta de modelo alternativo. Quando se recorda o que era a economia angolana até 1990 – orfandade ideológica, queda do sistema socialista mundial, afirmação do capitalismo como sistema planetário, transições dolorosas para a democracia política e económica – e se

---

[12] Sobre esta matéria, cf. o volume II.

AS POLÍTICAS ECONÓMICAS EM ANGOLA DESDE A INDEPENDÊNCIA 363

olha para o que é hoje, é inquestionável que foram feitos progressos remarcáveis. É impossível hoje, com o valor dum cacho de bananas ou de uma grade de cerveja, dar-se a volta ao mundo em avião. Este facto, que parece hoje mais do que vulgar, era useiro e vezeiro em 1990, o que expressa bem a dimensão dos desequilíbrios macroeconómicos. Atesta, também, o nível de mentalidade e cultura económica da época, em que falar-se de inflação, de desvalorização cambial, de liberalização da economia e de desregulamentação dos mercados era não só incompreensível, mas uma autêntica heresia económica. Nem mesmo o SEF, com as suas propostas reformistas, devidamente justificadas, foi suficiente para introduzir alterações culturais determinantes da mudança e da modernização no terreno económico.[13]

Há que reconhecer, por outro lado, que, a partir de 1998, o país entrou numa rota mais condizente e de maior convergência com a estabilização macroeconómica e com as reformas de mercado. Lentamente, mas prosseguindo um caminho indispensável: o da organização, da disciplina e da transparência. Muita pedra teve de ser partida e crê-se que o Programa Económico e Social de 1994 e o Programa de Estabilização e Recuperação Económica de Médio Prazo - 1998/2000 foram duas peças centrais de toda a manobra de reajustamento institucional e económico.

3. O período entre 2003 e 2008

O período em referência foi caracterizado por um extraordinário crescimento do PIB, impulsionado por quatro factores: a paz, a estabilização macroeconómica, as exportações de petróleo e os investimentos. A taxa média anual de crescimento económico, entre 2002 e 2008, foi de aproximadamente 15,5%, a mais elevada de África e das mais elevadas do mundo. A influência da paz foi determinante para a intensidade do crescimento económico e o sucesso da política económica. A atestá-lo estão as diferenças entre as taxas tendenciais de crescimento do PIB: 2,1% entre 1980 e 2002 e 15,5% entre 2002 e 2008.

Os anos de 2005, 2006, 2007 e 2008 foram os melhores depois da independência, sendo os responsáveis pela alteração significativa do declive da recta

---

[13] São facilmente imagináveis as dificuldades que os economistas e juristas do SEF devem ter experimentado na apresentação das suas visões modernizadoras da economia nacional. Devem ter sido inúmeros os fantasmas levantados contra a mudança e a adaptação aos novos tempos. Como estaria hoje a economia nacional se o SEF tivesse vingado no tempo em que foi arquitectado? Teria o país de estar sujeito à disciplina e ao modelo do Fundo Monetário Internacional? Estaria o país tão endividado face ao exterior? Porque razão o SEF não vingou?

de tendência a 28 anos (1980/2008). Estas taxas de crescimento da economia acabaram por ser influenciadas pelas reformas económicas de mercado levadas a cabo nos períodos anteriores e, particularmente, pelas implementadas a partir de 1999, com a nova equipa económica do governo. É a partir deste ano que a deflação da economia se tornou efectiva, a redução dos défices fiscais se tornaram consistentes e ocorreram os mais elevados excedentes da balança de transacções correntes do país. Evidentemente, que a excelente situação económica mundial contribuiu para as extraordinárias performances conseguidas no domínio financeiro e económico interno, e permitiu que as reformas de mercado se aprofundassem, como, por exemplo, a estruturação dum sistema bancário forte e moderno.

Os investimentos foram outra das fontes de crescimento económico do período. O governo iniciou, a partir de 2003, um ambicioso programa de reconstrução de infra-estruturas económicas e sociais, que envolveu dispêndios acumulados de cerca de 27,1 mil milhões de dólares correntes, equivalentes a uma média anual de 4,5 mil milhões entre 2003 e 2008. O financiamento destes investimentos foi feito através das parcerias com a China – a mais importante e com maiores perspectivas de desenvolvimento no futuro –, o Brasil e Portugal, e do OGE, que depois de 2003 passou a apresentar excedentes anuais em torno dos 5% do PIB.

Os investimentos privados foram, igualmente, decisivos para esta fase de crescimento económico. O investimento petrolífero foi, evidentemente, o mais importante, tendo representado, em média, cerca de 85% do investimento total no período em análise. No entanto, o investimento privado não petrolífero também se acentuou, como resultado do clima de euforia, confiança e credibilidade que a política económica do governo transmitiu aos agentes económicos, nacionais e estrangeiros. Em 2008 o investimento privado não petrolífero foi de cerca de 1,8 mil milhões de dólares correntes, enquanto que em 2003 não foi além dos 600 milhões de dólares.

A estabilização macroeconómica foi determinante para a criação de um ambiente propício ao crescimento económico, acabando por ser um dos resultados mais expressivos da governação angolana, internacionalmente reconhecidos pelas instituições de Bretton Woods.

A redução da inflação contribuiu para que se garantisse uma relativa preservação do poder de compra dos rendimentos das classes mais pobres da população, já que na função pública, durante o período considerado, ocorreram ajustamentos salariais de sinal e amplitude iguais aos da inflação. Esta política foi seguida pelo sector privado.

A política económica do governo durante o período em análise foi aplicada através de programas bienais, com início em 2003. Assim, até final de 2009, o governo implementou os Programas Gerais do Governo de 2003/2004, 2005/2006 e 2007/2008.

As preocupações comuns a estes programas bienais foram as de se consolidar a paz e a reconciliação nacional – pela via do crescimento económico e de uma melhor distribuição da riqueza e dos rendimentos – e a de criar as bases para se *"transformar Angola num país próspero, moderno, sem pobres e com um nível de desenvolvimento científico e técnico-cultural elevado"*.[14] Para a materializar, foram definidos domínios de intervenção prioritária: consolidação da estabilidade macroeconómica, reorganização das redes de distribuição (energia, água, comercialização), realização duma política social adequada e tendente a melhorar as condições de vida da generalidade da população, lançamento de indústrias de apoio à reconstrução nacional e expansão das cadeias produtivas e manutenção e exploração eficiente das infra-estruturas.

Foi no âmbito dos esforços tendentes a consolidar a estabilidade macroeconómica que as políticas orçamentais e cambiais actuaram em convergência de esforços e meios. Os resultados positivos foram facilitados pela obtenção das excepcionais receitas fiscais petrolíferas que permitiram estabilizar a taxa de câmbio, promover a convergência cambial, reduzir a inflação e investir somas avultadas na reconstrução de todas as infra-estruturas de que o país necessita. No período considerado, as receitas fiscais petrolíferas ascenderam a 91,8 mil milhões de dólares correntes, equivalente a uma média anual de 15,3 mil milhões de dólares. O crescimento ocorrido no sector não petrolífero da economia e a melhoria da fiscalização orçamental (maior disciplina orçamental, combate à evasão e fraude fiscal, etc.) propiciaram o aumento da fiscalidade não petrolífera, embora, em 2008, não representasse mais do que 9,7% do PIB (40,8% para as de origem no petróleo).

As despesas sociais do governo aumentaram durante o período em questão, tendo em 2008 representado 28% das despesas orçamentais totais, equivalente a 10,8% do PIB (veja-se o quadro seguinte).

---

[14] Programas Gerais do Governo de 2004-2005, 2006-2007 e 2007-2008.

Quadro 1 – Afectação Orçamental aos Sectores Sociais

ANOS	Educação		Saúde		Segur. Social		Habita.Comuida		Total	
	%PIB	% total	%PIB	% total	%PIB	% total	%PIB	% total	%PIB	% total
2004	2,8	7,3	1,8	4,8	1,0	2,7	0,9	2,3	6,5	17,1
2005	2,2	6,3	1,5	4,3	5,2	14,8	1,0	2,9	9,9	28,3
2006	2,4	6,0	2,0	4,9	5,0	12,3	2,2	5,3	11,6	28,6
2007	2,9	8,4	1,8	5,3	5,5	15,9	1,8	5,3	12,3	35,6
2008	2,7	7,0	1,8	4,7	3,6	9,3	1,1	2,9	10,8	28,0

Fonte: Ministério das Finanças, Relatórios de Execução de 2006, 2007 e 2008

Assistiu-se, porém, em 2008, a uma redução geral das despesas de incidência social e que podem contribuir para a criação de um ambiente propício à redução sustentável da pobreza. Em termos gerais, os gastos públicos com a melhoria das condições de vida da população diminuíram o seu peso no PIB, tendo passado de 12,3% em 2007, para 10,8% em 2008. Apesar da despesa pública social média ter passado de 420 dólares por habitante em 2007, para 506 dólares por cada cidadão em 2008, o seu montante é insuficiente face à imensa procura social de bens colectivos de primeira necessidade e às incidências da crise económica mundial.[15] A variação nominal de 20,5% foi inferior ao aumento, a preços correntes de mercado, do PIB (cerca de 28,6%).

As acções de impacto mais imediato sobre o alívio de determinadas condições difíceis da população pobre estão relacionadas com a saúde e a segurança social, para onde o governo afectou, em 2008, apenas 5,4% do PIB (correspondentes a 11,7% do total das despesas públicas).

As acções de efeitos mais dilatados no tempo – educação, habitação e serviços comunitários – mereceram apenas 7,4% do PIB em termos de alocação de verbas orçamentais.

O intenso crescimento económico permitiu que o PIB por habitante se situasse em 4.690 dólares correntes em 2008, o que indicia uma melhoria das

---

[15] As prestações sociais aumentaram, de acordo com o Relatório de Execução Orçamental de 2008, 50,5% em termos nominais. Porém, o seu peso no PIB manteve-se em 1,5%.

condições de vida, ainda que de uma forma bastante desigual. Na verdade, o índice do PIB por habitante situou-se em 538,4 em 2008 (base 100 em 2003), equivalente, a um incremento de 438% (veja-se o próximo gráfico).

Gráfico 5

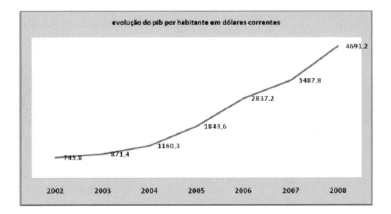

Como o índice do produto por habitante integra o cálculo do Índice de Desenvolvimento Humano (IDH), também este indicador das condições de vida da população das Nações Unidas apresentou um comportamento positivo (gráfico 6).

Gráfico 6

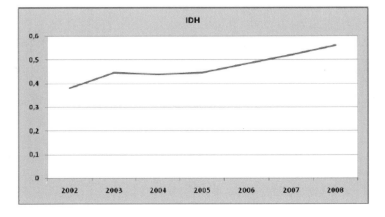

No entanto, em matéria de repartição do rendimento – avaliada pelo Índice de Gini – a situação em Angola tem vindo a deteriorar-se. Em 1997 o valor deste indicador foi avaliado em redor dos 0,4 (PNUD, 1997), enquanto em 2005 (Banco Mundial, 2006) se situou em 0,62, tornando Angola num dos países mais desiguais do mundo, acima da Nigéria, dos Camarões e da Argélia. O que significa que os objectivos sociais do governo anunciados nos três programas bienais estão, ainda, longe de se realizarem na medida desejada pela sociedade.

Referências bibliográficas

Banco Mundial (1993), *Angola: Public Expenditure Issues and Priorities During Transition to a Market Economy*. Washington.

Banco Mundial (2006), *Angola: memorando económico do país: Petróleo, Crescimento Alargado e Equidade*. Luanda: banco Mundial.

Governo de Angola (1998), *Programa de Estabilização e Recuperação Económica de Médio Prazo*. (PEREMP)/1998-2000.

Governo de Angola (2003), *Programa Geral do Governo*. Luanda.

Governo de Angola (2005), *Programa Geral do Governo*. Luanda.

Governo de Angola (2007), *Programa Geral do Governo*. Luanda.

International Monetary Fund (2009), *World Economic Outlook*. IMF, October report.

Jorge, Manuel (1998), *Para Compreender Angola*. Lisboa: D.Quixote.

Murteira, Mário (1997), *Economia do Mercado Global: Ensaio Sobre Condicionantes Mega e Macro das Estratégias Empresariais*. Lisboa: Editorial Presença.

Nelson, Mário (1991), "O Redimensionamento do Sector Empresarial do Estado e o SEF", *Caderno Económico Portugal-Angola*, Câmara de Comércio e Indústria Portugal--Angola: 121.

PNUD (1989), *Análise Económica Introdutória*.

Rela, José Manuel Zenha (2005), *Angola: o futuro já começou*. Luanda: Editora N'Zila.

Rocha, Manuel José Alves da (2001), *Os Limites do Crescimento Económico: As Fronteiras entre o Possível e o Desejável*. Luanda: LAC/Executive Center.

UNICEF (1989), *Implicações Sociais do Ajustamento Estrutural em Angola*. Luanda: UNICEF.

PNUD (1997), *Relatório do Desenvolvimento Humano de Angola*. Luanda: UNDP.

CAPÍTULO 11
CIDADANIA E PARTICIPAÇÃO EM ANGOLA:
QUE PAPEL PARA A SOCIEDADE CIVIL?

Cesaltina Abreu

Introdução
Até há alguns anos atrás as referências a Angola remetiam para a guerra civil
e suas consequências. Mais atrás no tempo, ainda, cerca de cinco décadas,
remetiam para a dominação colonial, o papel de 'provedor' de recursos do
império colonial português, e para a luta contra essa dominação e pela independência nacional. Na actualidade, as referências a Angola remetem para o
crescimento económico, projectando a imagem de um país 'rico' no caminho
do desenvolvimento, embora as evidências mostrem uma desigualdade social
crescente e uma fraca capacidade de transformar esse crescimento económico
em desenvolvimento.

Nos discursos actuais conclama-se à participação da sociedade civil para a
reconstrução nacional, o reforço da democracia e a inclusão de Angola no tempo
do mundo, através de processos de modernização. Na contramão deste discurso
'inclusivo', evidências demonstram que, apesar da eficiência na estabilização da
economia e gestão macroeconómica, o Estado angolano mostra-se pouco prepa-
rado para resolver os múltiplos problemas estruturais e sociais. Com um grande
poder de bloquear a capacidade organizativa da sociedade tem-se revelado
extremamente débil na sua capacidade de com ela trabalhar e estabelecer uma
relação de respeito e cooperação. Manifesta, ainda, uma enorme dificuldade em
mobilizar os actores sociais e reconhece-los enquanto agentes potencialmente
capazes de identificar as soluções para os seus próprios problemas.

Este trabalho procura contribuir para a compreensão dos problemas associados ao desenvolvimento da sociedade civil em Angola, numa perspectiva
de alargamento da participação cidadã e, em resultado disso, do acesso e uso
efectivo dos direitos pelos cidadãos,[1] tendo em conta as especificidades da
sociedade civil angolana e o seu papel nesse processo. Em síntese, procura
analisar as possibilidades de a sociedade civil promover a participação cidadã

---

[1] Sobre a questão do acesso ao direito, cf. o respectivo capítulo no volume II desta colecção.

e, assim, desempenhar um papel relevante no processo de democratização de Angola. Isso pressupõe a inclusão na cidadania da grande maioria da população, hoje desprovida das condições para o livre exercício dos direitos e deveres consagrados na Lei Constitucional.[2]

Após cerca de quatro décadas de guerra civil Angola está emergindo de três transições: do monopartidarismo para um sistema pluripartidário; da economia centralmente planificada para um sistema económico aberto orientado pelo mercado; e da guerra civil para a paz.

Os esforços com a recuperação da economia e a reconstrução das cidades e das infra-estruturas não têm sido acompanhados por um investimento na construção da paz social, na aquietação dos espíritos, nem por uma promoção de uma cidadania inclusiva de todos os angolanos. É como se o crescimento económico pudesse, em si, eliminar a pobreza e as desigualdades sociais, sem necessidade de uma intervenção intencional para pacificar o país após a prolongada guerra civil. Tal intervenção, contudo, parece fundamental se tivermos em atenção as lições da história dos períodos pós-guerra em diversos quadrantes do planeta (Wacussanga *et al.*, 2008).

Para compreender o momento actual da cidadania em Angola impõe-se revisitar o passado, o percurso de Angola enquanto colónia até ao país actual, e identificar o papel da sociedade civil então e na actualidade, para avaliar as reais possibilidades de ela desempenhar um papel relevante nos processos de construção da cidadania plena e de democratização de Angola.

1. Percursos e percalços na história de Angola

'Angola' nasceu dos encontros e desencontros seculares entre África, Portugal e Brasil (Barbeitos, 2005). O esclavagismo e o colonialismo, como elementos determinantes da realidade angolana actual, são dimensões que não podem ser ignoradas na discussão da modernidade em Angola e das relações entre governantes e governados. Dimensões estas profundamente marcadas pela destituição secular das identidades colectivas que a compõem e das suas histórias e pela inibição do desenvolvimento do seu capital humano e social. Embora este não seja um espaço para ser feita uma retrospectiva do processo colonial e das suas consequências, importa lembrar alguns dos marcos históricos do longo percurso de construção de um Estado-nação em Angola, que sinalizam

---

[2] A questão constitucional é tratada no capítulo de Raul Aráujo, neste volume.

processos de modernização e a emergência de novas identidades, novos actores sociais e novas agendas.

Esses elementos trazem para a discussão algumas características que, para melhor compreender a complexidade das relações sociais e de poder na Angola actual, vale a pena reter. Uma das constatações é a de que o recurso à guerra foi uma opção recorrente, tanto na conquista da independência quanto na resolução das diferenças de interesses e de agendas entre os movimentos de libertação nacional após a independência. Outra constatação é a de que a configuração do espaço público vem sendo 'comandada' pelo Estado desde a era colonial; os severos limites impostos à participação de actores não agregados ao aparelho do Estado colonial e, posteriormente, ao Estado-partido do MPLA, impediram a construção social de uma cultura de confiança e de diálogo e ignoraram a contribuição de mecanismos promotores da coesão social, particularmente normas sociais complementares à hierarquia do Estado e à racionalidade do mercado.

Depois dos primeiros contactos entre os navegadores portugueses e as populações dos Reinos existentes ao longo da costa ocidental africana seguiu-se uma lenta ocupação do território, apenas concluída no primeiro quartel do século XX após as 'guerras de pacificação' no centro e sul do país. A instalação do Estado colonial pela conquista e dominação das sociedades pré-existentes aconteceu após a repartição do continente em áreas de influência das metrópoles colonizadoras, cujo mapeamento[3] não teve em consideração a ordem sociopolítica local nem as fronteiras e solidariedades existentes. No contexto angolano, a inclusão destes territórios no império colonial português interrompeu os processos históricos dos reinos conquistados pela imposição do capitalismo colonial como forma dominante de organização das relações sociais de produção (Fernandes e Ntondo, 2002).[4]

---

[3] No rescaldo da Conferência de Berlim (1884-1885) ocorreu a partilha de África. As pretensões portuguesas em África, nomeadamente a exigência de direitos sobre os territórios do interior do continente que se situavam entre Angola e Moçambique, foram apresentadas no Mapa cor-de-rosa. A disputa com a Grã-Bretanha sobre estes territórios esteve na origem do ultimato britânico de 11 de Janeiro de 1890, tendo Portugal cedido às pretensões britânicas (Newitt, 1997).

[4] O povo angolano é hoje constituído por descendentes de povos não-Bantu (Hotentote e Khoisan), pré-Bantu (Vátua), Bantu e descendentes de europeus ou mestiços de europeus e africanos. Os Bantu angolanos, calculados entre 90 a 100 grupos etnolinguísticos, estão agrupados em nove grandes grupos: Tucokwe, Ambundu, Bakongo, Vangangela, Ovanyaneka-Nkhumbi, Ovahelelo, Ovambo, Ovandonga, Ovimbundu (Fernandes e Ntondo, 2002). Sobre este tema, Cf. igualmente os capítulos de Júlio Lopes e Américo Kwononoka, neste volume.

SOCIEDADE E ESTADO EM CONSTRUÇÃO: DESAFIOS DO DIREITO E DA DEMOCRACIA EM ANGOLA

Em resposta à estratégia de 'dividir para melhor reinar' do governo colonial, as nações conquistadas procuraram preservar as suas identidades culturais, recorrendo, para tal, a estratégias de resistência e de reforço da unidade interna que permitiram manter vivas as suas memórias colectivas através de tradições e crenças transmitidas oralmente, rituais de passagem e diversos tipos de celebrações.[5] Mas as dissidências internas provocadas por esses processos deram origem a um outro fenómeno, a crioulidade (Kymlicka, 1995),[6] a partir do cosmopolitismo cultural crescente dos centros urbanos receptores desses dissidentes, em especial em Luanda e Benguela. A importância destas novas identidades crioulas resulta da sua relação com o desenvolvimento de ideias modernas sobre o conceito de soberania e a situação de dominação a que Angola estava sujeita, dando corpo a aspirações nacionalistas (Freudenthal, 2001).

O protonacionalismo dos finais do século XIX deu origem ao movimento nacionalista, que buscou a negociação da independência de Angola junto das autoridades portuguesas, primeiro através do diálogo, mas que, perante a obstinada recusa daquelas a qualquer tipo de negociação, conduziu à luta armada de libertação nacional de 1961 a 1974.[7]

Outro dos traços do percurso histórico de Angola é a falta de diálogo entre as elites dirigentes dos tempos dos movimentos nacionalistas. Importa, porém, frisar as várias tentativas, intermediadas ou não por agentes externos, de sentar frente a frente os representantes das partes em guerra. Tais conversações produziram declarações de intenções de cessação da guerra, de resolução dos conflitos existentes e de reconstrução nacional, chegando algumas a ser implementadas, mobilizando a população ansiosa por sinais efectivos de superação dos diferendos em nome do interesse maior, e comum, da paz e do desenvolvimento.

---

[5] A historiografia recente do período colonial reconhece que a actual divisão étnico-linguística africana em geral, e a angolana em particular, se baseiam em identidades etnoculturais socialmente construídas como resultado das interacções entre africanos, europeus e missionários norte-americanos e portugueses (Bittencourt, 1999: 16).

[6] Do ponto de vista social, Angola é um país com um ambiente multicultural, nacional e étnico. Trata-se de um *"estado multinacional cuja sociedade foi formada a partir da incorporação, forçada ou voluntária, de minorias nacionais que anteriormente possuíam culturas territorialmente concentradas e desfrutavam de autonomia", com uma "diversidade cultural fruto da imigração individual ou familiar"*. Os movimentos populacionais provocaram processos de assimilação, aculturação e discriminação, com consequências na formação de identidades individuais e colectivas. A realidade multicultural foi moldada na interface de diferentes graus de contacto com civilizações europeias e orientais, como a chinesa em tempos ancestrais.

[7] Sobre o assunto, cf. Andrade, 1997.

Em nenhuma das etapas da vida de Angola foram tidas em devida conta possibilidades complementares aos discursos nacionalistas, como o diálogo entre intelectuais das 'nações' que compõem a sociedade angolana, para avaliação crítica e selecção das tradições e reconstrução do passado, o que visaria promover confiança pelo exercício da tolerância e da solidariedade, ultrapassar as desconfianças existentes e estabelecer entendimentos mutuamente aceites de um futuro comum. Se tivessem ocorrido, estes diálogos teriam contribuído para incrementar a compreensão das dependências mútuas e, certamente, teriam ensinado como evitar conflitos futuros sem renegar o passado nem as identidades colectivas, através da construção da confiança mútua *"sem demandar a completa censura da história"* (Misztal, 1996: 154).

No acto da independência a adopção pelo Estado angolano do modelo de direito ocidental em busca de reconhecimento da comunidade internacional sinalizou a opção pela continuidade da dualidade jurídica colonial para assegurar o seu poder sobre toda a sociedade, na medida em que o seu consentimento às ordens não estatais do direito costumeiro pressupôs a submissão destas à sua hegemonia (Santos, 2003, 2004). Tal como o Estado colonial, o Estado angolano consente, mas não reconhece (Santos, 2003)[8]. A pluralidade do espaço público jurídico colonial e a supremacia da ordem jurídica estatal asseguravam o papel atribuído à justiça e aos direitos costumeiros, através do reforço da noção de 'tribo' e do poder dos chefes tradicionais, 'sobas', aos quais cabia a resolução de conflitos 'indígenas' (Neto, 2002).[9]

A divisão do país em diversos 'mundos' pelo não estabelecimento de 'pontes' e modos coerentes de articulação das distintas ordens jurídicas, reduz as possibilidades de colaboração entre as colectividades e aumenta a probabilidade de eclosão de conflitos entre esses vários mundos. Cria, assim, vazios jurídicos pela ausência de laços entre espaços político-jurídicos em aparente oposição: de um lado, a modernidade truncada por uma ordem jurídica que se pretende única, legal mas ilegítima, e do outro lado, uma tradição plural bem enraizada de ordens jurídicas legítimas, mas ilegais. A questão não é a ordem jurídica

---

[8] A partir de 2010, com a reforma constitucional, o texto fundamental de Angola reconhece o pluralismo jurídico.

[9] Após a independência, estas práticas foram designadas de 'tradicionais', numa negação enquanto características distintivas de sistemas culturais e das suas formas de organização social, específicas, distintas entre si, mas sobretudo distintas da colonial. Cf., igualmente, Neto, 2002, assim como o capítulo de Américo Kwononoca, neste volume.

estatal, mas sim a sua pretensão de regular e controlar tudo, não reconhecendo as demais ordens jurídicas e os papéis que podem desempenhar numa nova configuração do espaço jurídico angolano (Santos, 2003).[10]

A busca pela articulação das ordens jurídicas presentes na sociedade angolana seria um sinal de tolerância por parte do Estado e implicaria não apenas o reconhecimento *de facto* da diversidade da sociedade, mas também a manifestação de respeito pelas identidades colectivas que a compõem, incorporando princípios, normas e sanções dos direitos costumeiros, conferindo ao conjunto das normas e procedimentos jurídicos do sistema judicial angolano os matizes culturais das sociedades que integram o país, promovendo a identificação de todos e de cada um com as regras que orientam a justiça (Abreu, 2007). O reconhecimento da fragilidade das bases sociais da ordem jurídica estatal parecia contido no espírito da reforma do sistema judicial sob o lema 'uma justiça para todos', criando oportunidades para o debate e a participação de cidadãos, grupos e organizações da sociedade civil, das autoridades tradicionais, de partidos políticos, de universidades, institutos de pesquisas e intelectuais.[11]

2. A independência e as duas Repúblicas

Uma característica *sui generis* de Angola é que teve duas declarações de independência: em Luanda o MPLA proclamou a República Popular de Angola e no Huambo a aliança UNITA-FNLA proclamou a República Democrática de Angola (esta última república duraria apenas 80 dias, o tempo em que a aliança se manteve). Estes dois actos acontecem tendo como pano de fundo a guerra civil, que ganhou outros contornos no período de transição de 1974-1975. A proclamação da independência em Luanda teve como 'música de fundo' o troar dos canhões da batalha de Kifangondo, tendo o estado de guerra prevalecido em Angola de 1961 até 2002 quando, após a morte do seu líder em 22 de Fevereiro, a UNITA assinou a 4 de Abril um acordo de cessar-fogo com o governo de Angola. Foram décadas de guerra permeadas por períodos de paz relativa após cada novo acordo de cessar-fogo, cuja implementação nunca foi totalmente conseguida.

---

[10] Esta temática é desenvolvida nos capítulos iniciais deste volume, por Boaventura de Sousa Santos.

[11] Tema desenvolvido pela autora numa conferência sobre o "Acesso à Justiça em Angola", realizada em Luanda de 4 a 6 de Maio de 2005, sob patrocínio do Ministério da Justiça, da Ordem dos Advogados de Angola e do Escritório dos Direitos Humanos da ONU em Angola. Esse passo inicial, contudo, não foi sucedido por outras iniciativas, o que parece significar que a reforma do sistema judicial em Angola seguirá outra configuração e outros propósitos.

2.1. As relações entre o Estado e a sociedade durante a I.ª República e as suas consequências para a sociedade civil

Os dois primeiros anos de independência caracterizaram-se pela mobilização social em torno do sentimento de participação na construção da nação e pela prática da liberdade (vigiada) de expressão, reunião e associação, dando espaço a organizações de base, comissões de moradores,[12] associações culturais e profissionais, cooperativas de consumo e produção, entre outras formas de associativismo e de acção colectiva. Este ambiente alterou-se radicalmente após o 27 de Maio de 1977. A reacção do poder à tentativa de golpe e a transformação do MPLA em Partido do Trabalho, alinhado com a doutrina marxista-leninista em finais desse ano, fecharam o espaço público à sociedade. Uma super-estrutura repressiva foi então montada para evitar desvios aos objectivos traçados pela direcção do partido, marcando um retrocesso em relação aos tímidos avanços dos dois primeiros anos de independência. O espaço público ficou reduzido a um palco de ressonância para difusão da posição do Estado-partido até finais dos anos oitenta. Durante este período, as igrejas foram as únicas instituições que preservaram a sua independência em relação ao Estado, expressando publicamente as suas opiniões sobre a situação dos angolanos[13].

A politização da vida diária, característica do tipo de regime que Angola viveu durante a Iª República, tornava desnecessário que as pessoas atribuíssem significações políticas a pequenos gestos, gostos, modos de vestir, círculo de amigos, etc., do 'outro', pois o próprio ambiente político se encarregava disso *"não sistematicamente e de uma forma ideologicamente consistente, mas selectiva e instrumentalmente"*, originando a 'esquizofrenia social' referida por Havel no seu trabalho "Política de anti-política" (Havel, 1988).

Se esta politização influenciava o comportamento de cada um, também criava espaços para expressão de resistência política, tanto indirecta quanto negativamente, não necessariamente explícita, mas predominantemente individual. Uma das estratégias mais comuns consistia em evitar situações públicas nas quais houvesse que manifestar, inequivocamente, lealdade ao regime. Por essa razão, a politização da sociedade conduziu à sua segmentação, tornando cada vez mais difícil unificar os códigos morais dos indivíduos, os 'leais' e os 'desafectos' ou 'dissidentes', sob o denominador comum do apelo ao espírito da

---

[12] O papel das comissões de moradores enquanto instância de resolução de conflitos é analisado no volume II.
[13] Cf. o capítulo de Fátima Viegas neste volume.

unidade nacional, denunciando abertamente esse mundo de relativa segurança individual sem liberdade pública (Marada, 1995).

A fragmentação do tecido social pela instauração de um clima de repressão criou o ambiente propício para a promoção, pelo Estado-partido, de organizações denominadas de 'sociedade civil organizada'. Nesta perspectiva intervencionista, o Estado outorga-se o direito de criar um espaço institucional fora dele mas sob sua 'tutela' e colocar na arena política a 'sociedade civil organizada' resultante da transformação das organizações de massa do MPLA - OMA, JMPLA e OPA - em organizações sociais de mulheres, jovens e crianças, e da UNTA, em central sindical. Surgiram grupos auto-designados 'movimentos sociais espontâneos' organizando actividades públicas em homenagem ao Presidente da República e de apoio à selecção nacional de futebol com recursos do orçamento geral do Estado, por usufruírem do Estatuto de Utilidade Pública (mais uma anormalidade institucional devido à aplicação casuística do mesmo). Comités de Especialidade organizam profissionais das diversas áreas e constituem instâncias de consulta privilegiadas do regime. Associações como a AJAPRAZ[14] distribuem medicamentos, géneros alimentares, meios de produção, etc. A Fundação Eduardo dos Santos (FESA), o Fundo Lwini e a Associação de Apoio às Mulheres Rurais - dos quais a primeira-dama é presidente -, incluem-se igualmente na 'sociedade civil organizada', leal ao regime e mobilizada sempre que este precisa reafirmar a sua autoridade e legitimar a sua acção, como aconteceu em 2007 com a Agenda de Consenso Nacional.[15]

A sua constituição e intervenção reflectem as formulações teóricas sobre sociedade civil: as associações de Tocqueville, as corporações de Hegel, os movimentos sociais de Gramsci, as organizações filantrópicas, esvaziadas dos seus conteúdos originais. Entre outras, uma questão sobressai nesta ideia de sociedade civil como criação do Estado e dele dependente para a sua projecção e desenvolvimento, e que é a erosão do *ethos* que motiva a participação dos actores sociais nesta esfera. Particularmente em sociedades em transição de regimes autoritários para democráticos, devido ao défice de debate, de participação vo-

---

[14] Associação de Jovens Angolanos Provenientes da República da Zâmbia.

[15] Em particular os fundos sociais do presidente e da sua esposa promovem uma imagem pública da família presidencial como patronos da caridade e da distribuição, distanciando-os das falhas na redistribuição e na prestação de serviços pelo Estado. O que ressalta da recentemente estabelecida organização paramilitar do MPLA, Organização da Defesa Civil, pode ser mais dramático, uma vez que este tipo de 'militantes' armados do partido no poder é conhecido em diversos outros países africanos por uma extrema violência em períodos pré-eleitorais.

luntária e de mobilização social. Uma consequência dramática desta intervenção na vida associativa e na sociedade civil é o descrédito do conceito e dos valores cívicos a ele associados, por parte do cidadão mal informado e ainda paralisado pelo medo do retorno à guerra 'se os chefes se zangarem'.

Do ponto de vista do regime, as organizações da sociedade civil são (deveriam ser) organizações de auto-ajuda e de prestação de serviços sem 'fazerem política', ou seja, colectividades de cidadãos sem cidadania (Amundsen e Abreu, 2006), o que contrasta com o papel mais amplo e político das organizações da sociedade civil defendido por activistas e académicos.

Durante a guerra civil, devido à limitada capacidade do governo na provisão de serviços públicos, organizações da sociedade civil envolveram-se (e foram até encorajadas a engajarem-se) na prestação de serviços e na assistência humanitária a deslocados, refugiados e feridos, particularmente ao nível local. Várias delas conseguiram, assim, um espaço significativo na prestação de serviços e na organização de sistemas de auto-ajuda a nível local, que têm procurado gerir e proteger através de uma cuidadosa gestão das suas relações com o Estado.[16]

Entretanto, alcançada a paz militar e limitada a necessidade dessa intervenção a situações localizadas de bolsas de deslocados, refugiados ou grupos mais vulneráveis (como crianças de e na rua) ou de calamidade natural, o governo decidiu rever a Lei das Associações (Lei n.º 14/91, de 11 de Maio) e o Decreto n.º 84/02, de 31 de Dezembro, que regulamenta a aplicação da Lei às organizações não-governamentais. O processo iniciou-se em Maio de 2006 sob coordenação do Ministério da Assistência e Reinserção Social através da UTCAH,[17] cujo mandato já expirou, mas que ainda se apresenta como o interlocutor do Estado para a sociedade civil. A condução deste processo revela algumas características do ambiente institucional angolano: por um lado, declara-se que é necessário adequar o quadro legal à situação de transição após o fim da guerra; por outro lado, mantém-se em segredo, e há longo tempo, a orientação que vai guiar a criação do novo instrumento legal para reger o funcionamento da vida associativa, limitando as oportunidades de participação no processo à boa maneira de um regime autoritário, que não

---

[16] Os únicos grupos verdadeiramente não-governamentais autorizados a operar antes de finais dos anos 1980 foram as organizações religiosas, como a Caritas Angola e o Conselho das Organizações Evangélicas de Angola. Apenas com os acordos de paz de Bicesse e a revisão constitucional de 1991, organizações não ecuménicas como a ADRA (Acção para o Desenvolvimento Rural e Ambiente) conseguiram emergir.

[17] Unidade Técnica de Coordenação da Ajuda Humanitária

SOCIEDADE E ESTADO EM CONSTRUÇÃO: DESAFIOS DO DIREITO E DA DEMOCRACIA EM ANGOLA

esconde a intenção de continuar a controlar, via regulamentação específica, as actividades dos cidadãos e das suas organizações.

Enquanto as organizações da sociedade civil se mobilizavam para reagir ao anúncio da revisão da lei, a FESA organizava as Jornadas Técnico-Científicas anuais, em Agosto de 2006, em comemoração do aniversário do Presidente da República, seu patrono. Essas Jornadas dedicaram-se a discutir o papel dos actores não-estatais e visaram estabelecer um canal de comunicação entre instituições do Estado, particularmente ligadas aos poderes legislativo e executivo, e organizações da sociedade civil (entenda-se 'sociedade civil organizada'), embora tenham sido convidados o FONGA[18] e o CONGA[19], excluindo-se as organizações que não integram essas redes.

Um objectivo inscrito na ordem de trabalhos era o de recolher contribuições para as discussões das instituições do Estado sobre a reformulação da Lei n.º 14/91; outro, o de criar as bases de legitimação do regime para lançar a *Agenda de Consenso Nacional*, alegadamente um resultado de uma negociação com a sociedade. Contudo, nenhuma consulta, auscultação ou negociação de um pacto social entre a sociedade e o regime no poder foi realizada publicamente.

Na transição da I.ª para a II.ª República registaram-se mudanças significativas no quadro legal, tendo sido promulgadas as seguintes leis: Nova Constituição (Lei n.º 12/91);[20] Lei das Associações (Lei n.º 14/91), que libertou a sociedade do Estado e dos partidos, permitindo o registo de Associações e o seu funcionamento independente; Lei dos Partidos Políticos Independentes (Lei n.º 15/91); Lei da Reunião Pacífica (Lei n.º 16/91); Lei da Liberdade de Imprensa (n.º 25/91), das Emissoras de Rádio FM (Lei n.º 16/92); e Lei do Direito à Greve (Lei n.º 23/91).

São desnecessárias explicações adicionais além da própria designação das novas leis para perceber a colonização, pelo Estado-partido, do espaço público durante a I.ª República. Foi em função desse novo ambiente jurídico-legal que, na década de 1990, se registou o surgimento de associações cívicas, culturais e recreativas, organizações locais e redes de organizações, que se ampliou ainda mais após a assinatura do acordo de cessar-fogo em 2002, o que pode ser entendido como a resposta dinâmica da população aos diversos problemas

---

[18] Fórum das ONGs angolanas

[19] Comité das ONGs internacionais em Angola.

[20] No início de 2010 foi aprovada a nova Constituição de Angola. Remete-se, mais uma vez, para o capítulo de Raul Araújo, neste volume.

que afligem a sociedade angolana em diversas frentes de luta, como os direitos civis, sociais, políticos, económicos e culturais. Apesar de, na sua maioria, serem organizações muito recentes, têm conseguido alguns êxitos no alcance dos seus objectivos. Confrontando-se, porém, com a ausência de uma cultura de diálogo entre os sistemas político e económico e a sociedade e a falta crónica de recursos humanos, financeiros e materiais.

A participação destas organizações na vida pública, na formulação de políticas públicas, na alocação de recursos, no desenho institucional, na implementação de programas e projectos das suas próprias agendas é ainda, fortemente, condicionada pela inexistência de mecanismos sistemáticos de auscultação, concertação, integração e acompanhamento nas diferentes etapas desses processos. O que significa um enorme desperdício de sinergias, devido à tendência do governo (e do sistema político em geral) em manter essa dicotomia na vida pública angolana. Quase década e meia após a mudança no quadro jurídico-legal e institucional do país, a ideia de sociedade civil que perpassa no discurso oficial parece incluir apenas as organizações formais, as que num passado recente prestaram assistência de emergência às populações e as 'provedoras de serviços sociais' de apoio a comunidades carentes, principalmente nas áreas rurais e periurbanas, desconsiderando as organizações comunitárias e suas redes, as que se dedicam à defesa dos direitos humanos, as vocacionadas para questões de governação e democracia, entre outras. Uma leitura possível desta abordagem é que ela reflecte a ausência de incentivos do Estado à constituição e fortalecimento de uma sociedade civil emancipada, com capacidade para influenciar a agenda política e social do país e interpelar as instituições estatais sobre questões de interesse público, através da mobilização da participação dos cidadãos e suas organizações. Contrapõe-se à perspectiva mais ampla de uma arquitectura social que permita democratizar as relações de poder em Angola e de criar uma cultura de diálogo e de respeito pela diferença de opiniões e de papéis sociais, a visão estreita e despolitizada de organizações 'parceiras' do Estado, em projectos e nos papéis que este determina 'sem se envolverem em política'.

A conjugação das dificuldades resultantes dos constrangimentos da cultura política dominante, nomeadamente o não reconhecimento como actores sociais que contam com a falta de recursos materiais e financeiros, constitui uma das maiores debilidades da sociedade civil em Angola. As dificuldades em agenciar recursos entre os seus membros e na sociedade, aliada à ausência de mecanismos de acesso a fundos públicos do orçamento geral do Estado ou outras fontes de financiamento internas, conduzem a uma procura por financiamentos externos junto de agências das Nações Unidas, do Banco Mundial e da União Europeia, assim como de parceiros bilaterais de cooperação.

Esta dependência financeira transforma-se, frequentemente, em dependência de agendas, ou seja, as organizações abandonam, temporária ou definitivamente, os objectos sociais que levaram à sua criação. Por outro lado, esta situação gera desequilíbrios entre as organizações, resultantes das diferenças na capacidade de agenciamento de recursos, porque determinados temas ou áreas de intervenção, menos valorizados pela comunidade internacional, não conseguem mobilizar os recursos necessários (muitas vezes bem reduzidos e com elevadas taxas de retorno em termos dos seus potenciais efeitos na sociedade - Isaksen *et al.*, 2007).

Os dados contraditórios sobre o número de organizações da sociedade civil sinalizam a ausência de dados estatísticos fiáveis, um mal nacional que sugere diversas interpretações: grande dificuldade em preencher todos os requisitos legais para registo das associações e a morosidade desse processo, penalizando as mais pobres em recursos (humanos, materiais, financeiros e de influência); e precariedade de um grande número de iniciativas que, por falta de recursos de todo o tipo, não conseguem manter-se durante muito tempo.

2.2. O quadro jurídico legal de 1992 e o princípio da participação

Em 1992 foi instituído o Estado Democrático de Direito no âmbito do qual apenas o direito positivo, codificado e aprovado pelos órgãos estatais competentes, o Poder Legislativo, pode limitar a acção do Estado, e somente ele pode ser invocado nos tribunais para garantir o chamado império da lei. Nesse contexto, destaca-se o papel da Constituição, porque nela se inscrevem os limites e as regras para o exercício do poder estatal, as garantias fundamentais, e porque a partir dela, e tendo-a sempre como referência, se constrói o restante ordenamento jurídico, o conjunto de leis que regem a sociedade.

O princípio participativo encontra-se na Lei Constitucional Angolana.[21] O seu artigo 1.º consagra a República de Angola como uma Nação soberana e independente, que tem como objectivo fundamental a construção de uma sociedade livre, democrática, de paz, justiça e progresso social; o artigo 2.º, dos fundamentos, apresenta-os como sendo a unidade nacional, a dignidade

---

[21] Esta parte da análise centra-se na anterior Constituição de Angola (1991).

da pessoa humana, o pluralismo de expressão e de organização política e o respeito e garantia dos direitos e liberdades fundamentais do homem, quer como indivíduo, quer como membro de grupos sociais organizados; já o artigo 3.º consagra a soberania do povo, exercida segundo as formas previstas na lei, nomeadamente o sufrágio universal periódico para a escolha dos seus representantes, o referendo e outras formas de participação democrática dos cidadãos na vida da nação. O artigo 28.º atribui a todos os cidadãos maiores de dezoito anos o direito e o dever de participar activamente na vida pública, votando e sendo eleitos para qualquer órgão do Estado, e desempenhando os seus mandatos com inteira devoção à causa da nação angolana, não podendo ninguém ser prejudicado no seu emprego, na sua educação, na sua colocação, na sua carreira profissional ou nos benefícios sociais a que tenha direito, devido ao desempenho de cargos políticos ou exercício de direitos políticos. O artigo 32.º garante as liberdades de expressão, de reunião, de manifestação, de associação, e de todas as demais formas de expressão, enquanto o artigo 33.º garante a liberdade da organização profissional e sindical através de formas garantidas pela lei, nomeadamente a protecção adequada aos representantes eleitos dos trabalhadores contra quaisquer formas de condicionamento, constrangimento ou limitação do exercício das suas funções.

Eleições presidenciais e legislativas realizaram-se apenas em Setembro de 1992, tendo novas eleições legislativas tido lugar em Setembro de 2008. As eleições presidenciais, marcadas para 2009, foram adiadas, inicialmente para depois da revisão constitucional, e agora, após o último Congresso do MPLA, para o cumprimento do mandato de quatro anos atribuído ao partido pelas legislativas. Com base em argumentos legais e de estabilidade do país, o que houve foi a mudança das regras no meio do jogo, com a possibilidade de eleições indirectas, intenção que os eleitores desconheciam quando votaram nas legislativas em 2008.

Apesar das oportunidades históricas para tal, e da sua consagração na Lei Constitucional, o recurso ao *Referendo* enquanto oportunidade para uma participação democrática mais ampla e directa nunca constituiu uma opção, mostrando não ter sido sentida a necessidade de incluir a população na decisão de questões fundamentais da vida nacional. E as "novas" formas de participação no âmbito do processo de descentralização em curso (desconcentração administrativa, na verdade), como os CACS (Conselhos de Auscultação e Concertação Social) e os Fóruns Municipais, conhecem uma implementação casuística, uma vez que o Decreto-Lei n.º 02/07 não foi regulamentado, deixando ao critério dos administradores municipais a constituição e o papel dessas instâncias de participação.

A vida associativa foi regulamentada pela Lei n.º 14/91, 'Lei das Associações', em revisão desde meados de 2006, não sendo do domínio público o conteúdo dessa revisão, nem se o anteprojecto será colocado em discussão pública. Num Estado que se pretende Democrático de Direito, o enquadramento jurídico--legal da vida associativa deveria assentar no reconhecimento que o Estado e o mercado são duas componentes de uma trilogia essencial: a sociedade importa, as instituições sociais contam e os cidadãos fazem a diferença na qualidade da política e no desempenho da economia, sem retirar a centralidade do papel do Estado na construção da nação e no combate à pobreza e à desigualdade prevalecentes. O novo quadro legal para a vida associativa deveria basear-se numa ampla discussão para alcançar entendimentos sobre: a participação dos cidadãos não só como um direito, mas também como um dever e fundamento para o fortalecimento da democracia; o quadro jurídico amplo da Lei n.º 14/91 como ponto de partida para a sua expansão, nunca para um retrocesso; a distinção entre a actividade política enquanto participação dos cidadãos e da sociedade civil em processos políticos relacionados com a definição, implementação, monitorização e avaliação de políticas públicas; o acesso e uso efectivo dos direitos da cidadania por todos os cidadãos e o exercício pleno da cidadania em todas as vertentes da vida política, económica, social, cultural, e a actividade político-partidária dos partidos políticos.

Importa, portanto, clarificar e promover um amplo entendimento dos conceitos mobilizados na reflexão sobre os princípios fundamentais da vida associativa e da sociedade civil: o carácter voluntário, a autonomia de opinião e de acção, o acesso às fontes de informação e aos meios de comunicação social, a influência sobre o poder instituído e os partidos políticos, sem pretensão de com eles competir para ascender ao poder, e a intervenção de origem privada com finalidade pública e de bem comum, unindo a liberdade, virtude própria do sector privado, à virtude do sector público, o sentido do bem comum.

A formulação de novas visões sobre a construção da nação e a indução de processos de mudança societal pela transformação de domínios privados ou privatizados em domínios públicos, a institucionalização de espaços democráticos de participação e a reformulação da agenda pública, tornando-a mais inclusiva, são alguns dos desafios da sociedade civil na Angola de hoje, devido às suas próprias fragilidades e ao difícil e descontínuo relacionamento com o Estado.

A avaliação das relações entre Estado e sociedade civil mostrou-se, em geral, muito crítica e negativa nas três cidades e nas oito categorias de respondentes da pesquisa (Abreu, 2006). As avaliações positivas (ou menos negativas) são mais normativas do que analíticas. A avaliação negativa foi atribuída, em geral, à falta de cultura democrática predominante no cenário político-social angolano, à falta de vontade política das instituições do Estado (do governo, particularmente) em criar instâncias de participação dos cidadãos, e à relutância em abrir o espaço público, recolonizado na I.ª República, principalmente após os trágicos acontecimentos de 27 de Maio. Diversos respondentes acusam o Estado de arrogância e intolerância, mas a sociedade civil também foi responsabilizada por não se ter ainda organizado e fortalecido e por se omitir em situações em que deveria assumir o protagonismo do contra-poder, transformando o seu potencial em acção.

3. Sobre a Ideia de Sociedade Civil em Angola

Numa realidade como a angolana, as formas de organização do político são significativamente distintas no meio urbano e no meio rural, predominando o direito civil nas áreas urbanas e as formas de resolução de conflitos e de administração costumeiras, ou tradicionais, nas não-urbanas. Isto resulta na acentuação da dicotomia entre cidadãos e sujeitos (Mamdani, 1996), os primeiros com uma cultura de direitos e os segundos com uma cultura de costumes,[22] discussão que remete à distinção entre público cívico e público primordial (Ekeh, 1975), o primeiro relacionado com a ideia de urbano e o segundo com a ideia de rural. Esta dicotomia tem originado muita discussão nos meios académicos africanos que, em geral, rejeitam a utilidade da mesma, argumentando-se que, apesar de os Estados coloniais terem herdado das metrópoles alguns critérios e instrumentos (fronteiras, organização territorial, função pública, e outros), o seu carácter era essencialmente administrativo e sem responsabilidade política ao nível da base, por não ter como estabelecer responsabilidades institucionais face à população que, por sua vez, não se identificava com aquele Estado,

---

[22] Enquanto Mamdani vê a tradição como fornecendo a base para um 'despotismo descentralizado', outros visualizam-na como constituindo um espaço de socialização e de vida alternativo ao individualismo e à cultura globalizante do ocidente (Nyamnjoh, 2000), ou como contendo o possível modelo de uma alternativa democrática (Wamba-dia-Wamba, 1994). Michael Neocosmos (2005) contrapõe quer à celebração acrítica da tradição como cultura autêntica, quer ao discurso neoliberal dos direitos humanos, uma visão alternativa de 'tradição' em África, sugerindo que *"ela seja entendida na perspectiva de um caminho completamente novo de pensar a política"*.

obrigando-o a recorrer à mediação dos chefes indígenas para o estabelecimento de compromissos (Lopes, 1997).[23]

A reflexão sobre as dinâmicas sociais capazes de relacionar o mundo urbano e o não-urbano remete para as experiências dos movimentos nacionalistas, que conduziram os processos de independência, por via armada ou negociada, pois foram capazes de promover essa relação em torno de um projecto político de emancipação. Contudo, na pós-independência, estas coligações não resistiram à falta de criatividade para implementar processos democráticos de reforma aos níveis central e local, o que aprofundou o distanciamento entre os vários mundos e as variadas graduações entre modernidade e tradição, gerando desconfiança e estratégias de auto-exclusão por parte de populações não-urbanas e outros grupos excluídos das novas coalizões (Bates, 1981, 1983). Análises da situação actual indicam que os processos de reforma das estruturas de poder em África, visando aproximar esses diversos mundos, precisam ser pensados a partir "de baixo", do não-urbano ou tradicional (Bayart, 1996).

As respostas à pesquisa apontam para uma perspectiva de sociedade civil como um amplo espaço de relações sociais não reguladas pelo Estado, buscando a emancipação do poder político, tendo como objectivo a criação de instâncias de transformação das relações de dominação, sem se constituir como contra--poder ou antítese do Estado, reconhecendo, pelo contrário, a distinção e complementaridade de ambas as esferas – e a legitimidade de uma e de outra – e o papel do Estado em criar espaços para a intervenção da sociedade civil e a mediação de grupos de interesse, e sua protecção contra a dominação das elites (Abreu, 2006). É também percebida como o espaço de formação democrática da opinião pública enquanto expressão do consenso alcançado através de debates, mesas redondas, *workshops*, conferências, seminários e outras actividades colectivas e programas de opinião nos *mídia*.

A maioria dessas respostas rejeita a despolitização da estratégia neoliberal, que exclui indivíduos e grupos da luta pelo poder político para ganhar influência e defender os seus interesses. Consideram que esta despolitização contribui para neutralizar o potencial da associação efectiva através de processos de marginalização estrutural e inclusão controlada para conter demandas políticas da população, visíveis nas restrições legais e extra-legais impostas às liberdades civis pela cultura política que desencoraja o activismo e o debate, e

---

[23] Cf., também, o capítulo de Maria Paula Meneses, neste volume.

às actividades da sociedade civil.[24] O entendimento sobre a sociedade civil que sobressai na pesquisa é o de processos políticos dinâmicos de interacção entre as suas organizações e entre estas e o Estado, através dos quais são fortalecidas ou enfraquecidas as relações de poder, pela criação de oportunidades para diferentes grupos (particularmente aqueles em situações política ou socialmente desvantajosas) adquirirem a capacidade de influenciar os resultados políticos e contribuírem para a emergência de modelos alternativos de desenvolvimento (Chambers, 2002). Neste entendimento, qualquer iniciativa externa de fortalecimento da sociedade civil deve ter em atenção as implicações dela resultantes para os processos de mudança social e política (Dilla e Oxhorn, 2002), principalmente porque a insistência na relação entre desenvolvimento dos mercados e democratização e a busca desenfreada pelo crescimento económico podem *"minar o processo de democratização, por ignorar ou não prestar a devida atenção aos meios nada liberais para alcançar a abertura dos mercados"* (Luong e Weinthal, 1999). Em países atrasados, as pressões económicas podem favorecer relações patrimoniais, antigas ou recentes, porque a desigualdade social dificulta a mobilização para as causas sociais das camadas sociais mais desprovidas, privilegiando as elites, com mais condições para tirar vantagem das reformas económicas devido à sua posição, e a classe comercial emergente.

A reduzida produção académica sobre o conceito em Angola coloca a necessidade de procurar referências numa perspectiva mais ampla, continental. Predominam os estudos que refutam a inadequação do conceito para explicar a produção do político em África argumentando que, apesar de serem mais visíveis as formas de associação em torno de relações de parentesco ou étnicas, em momentos históricos algumas tiveram um papel determinante no alcance de objectivos colectivos como a independência nacional e criaram subjectividades colectivas que se organizaram para protestar contra o descaso do poder estatal face aos seus interesses, necessidades e práticas (diversos autores).[25] Os problemas que resultam da transformação da solidariedade em chauvinismo étnico costumam sustentar o argumento contra a identificação deste tipo de

---

[24] Em Angola, o potencial para a acção colectiva foi bastante afectado pelo aparato de propaganda e repressão do estado socialista de 1975 ao início dos anos 1990, em ambiente de guerra civil: a colectivização forçada da vida social, política e económica gerou uma ampla resistência à acção colectiva, e a penalização da iniciativa desmotivou o activismo e impediu a aquisição de experiências de identificação e de participação em grupos de interesse, o que tem um forte impacto nos níveis de confiança na sociedade.

[25] Sobre o tema, cf. Murunga, 2000; Whitfield, 2002; Lewis, 2002; Obadare, 2002; Melber, 2002; Walraven, 2002; e Guedes *et al.*, 2003.

relações como sociedade civil, mas não conseguem retirar a relevância do seu papel (Murunga, 2000).

Entre a aceitação e a rejeição da utilidade do conceito na África surgem alternativas, buscando estabelecer um fio condutor entre *"as tradições locais e a ideia de sociedade civil importada do ocidente"* (Lewis, 2002). Relacionando instituições e processos locais, e as reconfigurações das relações entre Estado e sociedade com elas relacionadas, estas abordagens defendem um *"alargamento do conceito de sociedade civil para incluir filiação involuntária e relações de parentesco, porque os arranjos socioculturais africanos fornecem a sua própria lógica de prestação de contas, as suas próprias esferas públicas, as suas próprias formas de organização e associação"* (Karlstrom, 1999).

Entre essas alternativas, uma parece mais adequada ao contexto angolano e propõe a *"redefinição de sociedade civil como um espaço onde grupos e indivíduos possam interagir e organizar a vida social"* o que implica *"a busca dos elementos distintivos das esferas públicas nos vários contextos culturais [...] e das formas pelas quais a ideia pode ser usada, entre outras coisas, na causa pela justiça social"* (Obadare, 2002). Pode argumentar-se que esta solução não propicia as bases para uma aceitação geral porque está imbuída de relativismo cultural, e que a fragmentação do sentido do conceito em diversos contextos lhe retira relevância. Um contra argumento defende que *"a relevância do conceito de sociedade civil em África é auto- -evidente dispensando demonstração, porque esteve sempre presente na governação e na cidadania africanas, desde que serviu como princípio organizacional da administração colonial"* (Lewis, 2002), ainda que no complexo e nada civil encontro entre europeus e africanos no quadro do colonialismo o conceito tenha servido para *"institucionalizar diferenças entre cidadãos e sujeitos etnicizados, colonialistas civilizados governados pela constituição e tribos nativas governadas pela lei costumeira* [tradicional] *"* (Mamdani, 1996).

Muitas das lutas hoje atribuídas a grupos étnicos em África ganhariam outra dimensão se fossem entendidas como posicionamentos da sociedade civil contra os poderes instituídos em busca de mudanças políticas, sociais, direitos civis, e outros. O argumento da inadequação, defendido, entre outros, por Sogge (2004), pode ser percebido como uma forma de excluir as sociedades africanas da discussão sobre a sociedade civil e o seu papel na actual fase da globalização e na inserção das sociedades africanas no tempo do mundo.

Organizações constituídas em torno de ideais emancipatórios de luta contra o colonialismo, o regime da I.ª República e a guerra civil, e a favor de uma cidadania inclusiva e ampla, defendendo direitos humanos fundamentais e mobilizando solidariedades em torno de grupos excluídos, minorias, etc., sempre existiram na vida pública angolana, apesar de nem sempre terem sido identificadas como sociedade civil. Neste sentido, José Gonçalves defende que:

a resistência à opressão política colonial e pós-colonial, do governo ou da oposição armada; a afirmação de formas de cultura, quer novas quer antigas; as estratégias de sobrevivência económica e a busca de laços de solidariedade a todos os níveis, são indicadores da existência constante de uma área social, definida a partir dos anos 90 em Angola como sociedade civil, mas que existia, sob diversas formas desde há mais de um século (2003).

Também para Nelson Pestana (2004), nem o nacionalismo moderno angolano surgido nos anos 1950/60 que conduziu a luta armada de libertação nacional, nem o movimento associativo dos anos 1990, podem ser considerados como pontos de partida para a configuração da sociedade civil em Angola. Segundo este investigador existe uma história antiga da sociedade civil relacionada com o movimento associativo angolano, integrando associações culturais e movimentos cooperativos e mutualistas que visavam a afirmação do direito de cidadania dos africanos, com uma origem situada em meados do século XIX e que se prolongou durante todo o século XX.

Por seu lado, Bittencourt considera que:

[...] até 1974, embora o estado colonial reconhecesse o direito de associação, o papel das associações foi limitado. Apesar disso, é justo reconhecer a capacidade daquelas que, a coberto de actividades culturais, recreativas e desportivas, conseguiram desenvolver trabalho social e mesmo político junto das populações mais pobres e, em alguns casos, contribuíram para divulgar as ideias independentistas e levaram a solidariedade e apoio material às famílias dos presos políticos ou dos participantes da luta armada pela libertação do país (1999: 114).

Destas, destaca-se o Grémio Africano (1913), que em 1929-30 passaria a designar-se ANANGOLA (Associação dos Naturais de Angola), e a Liga Nacional Africana que na mesma época surgiu da Liga Angolana (1912), cuja relação era permeada de rivalidades (Carvalho Filho, 2007; Zau, 2009). Em 10 de Fevereiro de 1979 foi criada a LAASP,[26] resultando da fusão de várias associações nacio-

---

[26] Liga Angolana de Amizade e Solidariedade com os Povos.

nalistas: a Liga Nacional Africana, a ANANGOLA e a Associação Africana do Sul de Angola (1940). Coelho da Cruz, seu Director, anunciou recentemente, em Fevereiro de 2009, a propósito dos 30 anos da LAASP, que a Liga se preparava para sair da letargia, assumindo o investimento da construção de escolas e postos médicos no interior do país. Outros espaços de resistência cultural, como o Clube Marítimo da Ilha ou o Clube Atlético de Luanda, apesar de no passado terem contribuído para a construção dinâmica da identidade plural angolana, não têm hoje intervenção cívica visível.

Este espaço cívico vem sendo animado pela associação Chá de Caxinde com uma feição cultural e recreativa, que se vem afirmando pelo posicionamento público a favor da paz, da democracia e do progresso social dos angolanos, organizando periodicamente debates sobre questões de interesse público.

A ACA - Associação Cívica Angolana - fundada em Janeiro de 1990 e reconhecida pelo Ministério da Justiça apenas um ano depois, é uma *"organização pioneira na construção do discurso de participação na gestão da coisa pública"* (apud Melo, 2003),[27] definindo-se como *"uma organização de intervenção pública para o desenvolvimento cultural e social e para a promoção dos direitos cívicos dos cidadãos"*. A constituição da ACA foi comparada por José Gonçalves (2003) a uma associação cultural criada anteriormente em Luanda por um grupo de escritores, por publicar uma revista literária - "Archote" – e por ter animado interessantes debates, nos quais se combatia o monolitismo do regime na cultura. Para Nelson Pestana, a criação da ACA inaugura a *"era da sociedade civil nacional"* (Pestana, 2004).

Mais recentemente, em 2004, foi constituída a Kalú, Kambas de Luanda, associação dos naturais, residentes e amigos de Luanda, que vem promovendo debates, actividades públicas e tomadas de posição em defesa do património e da história da cidade, e desenvolvendo campanhas cívicas.

Na contramão das posições de Gonçalves e Pestana, Castello considera que:

> [...] nos primeiros quinze anos pós-independência, a rigidez do sistema político vigente permitiu somente a emergência de organizações sociais subordinadas ao regime ou fiéis ao seu serviço, o que significou uma obediência absoluta ao partido no poder. Durante este período a sociedade civil angolana não exercia nenhum protagonismo digno de realce. Salvo na diáspora (2000).

---

[27] Maria da Imaculada Melo, citada em Pestana, 2004.

CIDADANIA E PARTICIPAÇÃO EM ANGOLA: QUE PAPEL PARA A SOCIEDADE CIVIL? 389

Entretanto, a troca de experiências com organizações com interesses afins constitui um vasto campo de experiências, mostrando como o contacto de indivíduos, grupos e organizações com o exterior, o acesso a diferentes modernidades e a inclusão no mundo através da expansão das tecnologias de comunicação, permitiu o estabelecimento de laços, o reforço da auto-estima, a identificação de 'pares' (como exemplo a plataforma LIJUA, congénere angolana da Jubileu 2000 que luta pelo perdão da dívida externa dos países subdesenvolvidos), contribuiu para vencer o isolamento e o medo, e estimulou a afirmação da sociedade civil ainda *"em tempos de guerra"* (Pacheco, 2004).

Ao nível local, organizações como as Comissões de Bairro, fundadas no âmbito de uma lei promulgada ainda em 1981, têm os seus membros indicados pelas administrações municipais e comunais, ou estas intervêm na sua constituição, o que as qualifica como 'colaboracionistas' aos olhos da população. As acções bem sucedidas, no sentido de responderem às necessidades das populações, dependem mais do comportamento individual dos seus integrantes e da interpretação que estes fazem da representação dos interesses das comunidades do que das atribuições legalmente estabelecidas.[28]

Contudo, algumas experiências de criação de estruturas de participação e representação em municípios e bairros de Luanda são animadoras: a APDCH (Aliança para a Promoção do Desenvolvimento da Comuna do Hoji Ya Henda), no Cazenga, define como sua principal missão *"criar espaços e mecanismos de concertação das organizações da sociedade civil, servir de voz dos sem voz e engajar-se com as autoridades locais na promoção da democracia e o respeito pelos direitos e deveres dos cidadãos"* (Ecos do Henda, 2004).[29] No Município do Kilamba Kiaxi foi criado um Fórum de representação e participação de organizações da sociedade civil junto da administração municipal. Actualmente, no âmbito do processo de descentralização em curso, redes locais estão em funcionamento nos nove Municípios de Luanda.

Outras experiências de trabalho em rede, como a Rede de Pessoas Vivendo com Sida (RNP+), a Rede Esperança, e a Rede Mwenho (todas na área de VIH/Sida); a Rede Eleitoral, a Plataforma Mulheres em Acção (PMA), a Rede Terra, de entre outras, constituem exemplos estimulantes de novos desenvolvimentos no ambiente institucional angolano e de novos espaços para a sociedade civil em Angola.

---

[28] Este tema é analisado em maior detalhe no capítulo dedicado ao papel das Comissões de Moradores na resolução de conflitos, no volume III.

[29] 'Editorial' do *Ecos do Henda*, Jornal Comunitário da Aliança das OSC do Hoji-ya-Henda, n.º 1, Out/Nov.2004.

4. Participação e espaço público em Angola

A precariedade dos espaços públicos em Angola para além de reflectir ambiguidades políticas de um processo de democratização descontínuo e marcado por inúmeras violações dos direitos fundamentais assinala as dificuldades em vencer a distância social provocada pela desigualdade e suas consequências: injustiça e desconfiança. A articulação de interesses, tão opostos quanto os presentes na sociedade angolana, requer uma estratégia de aproximação que permita um crescendo de confiança mútua entre os actores por via do diálogo e, consequentemente, a geração de solidariedades e responsabilidades partilhadas (Santos, 1999).

A profunda desigualdade social e os elevados níveis de exclusão social funcionam como um 'divisor de águas' entre a pequena parcela da sociedade mais favorecida e a grande maioria da população, uma distância social crescente, uma vez que os primeiros procuram defender os seus interesses e os segundos simplesmente sobreviver. Nestas circunstâncias torna-se difícil gerar uma solidariedade social ampla, abrangendo todas as partes em que se encontra fragmentada a sociedade, do ponto de vista das condições e das oportunidades a que têm acesso (Reis, 1995).

Num ambiente institucional em que parece não existir vontade política dos poderes instituídos para a remoção gradual dos impedimentos à construção de uma cidadania ampla e plena, cabe aos cidadãos e à sociedade civil o papel de a promover.

A saída para a paz, conseguida no plano militar, não deixou muitas possibilidades para o protagonismo da sociedade civil na construção da paz social. As respostas à pesquisa mostram que os participantes relacionam a forte interligação entre interesses políticos e económicos com a dificuldade em pressionar o Estado para a implementação de processos de mudança, condição *sine qua non* para a resolução dos muitos problemas que a sociedade angolana enfrenta (Abreu, 2006). A atribuição à sociedade civil do protagonismo de tal processo identifica-a como um espaço de contestação democrática e de mobilização social fora do Estado, do mercado e da família, capaz de formular alternativas para a situação actual do país. Se já passou a era do regime totalitário, onde o Estado tinha o controlo sobre todos os aspectos da vida social e onde, para além da família, não existia qualquer outra esfera privada organizada à excepção das igrejas, ainda não se alcançou um grau de democracia em que todos os cidadãos tenham acesso aos meios de comunicação e gozem de plenos e iguais direitos. Embora formalmente um Estado Democrático de Direito, Angola caracteriza-

-se ainda pela pobreza, a desigualdade social e o acesso desigual aos meios de comunicação e às instituições do Estado, sendo a esfera pública frequentemente percebida como um espaço de aceitação das decisões do poder (PNUD, 2009).[30]

Enquanto a sociedade civil luta pela democratização das formas de governo, procurando influenciar as instituições do Estado, em particular o executivo, a engajá-la na formulação, implementação e avaliação das políticas públicas, e na expansão dos direitos de cidadania pela transformação dos actuais clientes dos serviços públicos em cidadãos co-gestores dos interesses públicos, os meios de comunicação (particularmente alguns privados) têm denunciado o desrespeito dos direitos humanos e defendido a prestação de contas e a transparência na gestão dos interesses públicos. Contudo, na Lista de Liberdade de Imprensa dos 'Repórteres Sem Fronteiras', Angola ocupa a 119.ª posição (desceu 3 em relação a 2008) entre 175 países listados (173 em 2008), o que sinaliza as dificuldades dos *mídia* em contribuir para a formação democrática da opinião pública (RWB, 2009).[31]

A teoria da sociedade civil em torno da premissa da vida associativa não dá conta da complexidade da situação em Angola, mostrando-se incapaz de explicar porque razão o crescimento do número de organizações da sociedade civil não se reflecte numa maior abertura do espaço público à pluralidade de visões e maneiras de estar em sociedade. Apesar do crescimento significativo das organizações, em número e na diversidade das formas organizativas e agendas, este não se traduziu numa efectiva influência sobre a agenda pública angolana. Pelo contrário, enquanto a sociedade civil ganha mais visibilidade e voz, dentro do Estado angolano o poder está ainda mais centralizado nas mãos do Presidente, resultado não esperado do desenvolvimento da sociedade civil (Comerford, 2003).

A compreensão da relação de forças na arena política angolana, que determina a presença, visibilidade e voz dos diversos interesses no espaço público, não parece possível recorrendo apenas aos quadros teóricos da sociedade civil. É preciso um princípio orientador alternativo aos que hoje governam as democracias contemporâneas, centrados no jogo único da confrontação de ideias e de interesses nas eleições, relacionando cidadania - conjunto dos direitos e dos

---

[30] Angola figura no 142.º lugar entre 182 países, no grupo de países com médio desenvolvimento humano, que vai do 84.º ao 158.º lugar na tabela. De acordo com o mesmo Relatório, relativo ao período 2007/2008, houve uma melhoria, uma vez que neste Angola figurava em 162.º lugar (PNUD, 2009).

[31] Reporters without Borders. For Press Freedom (2009), *World Press Freedom Index 2009 – The Rankings*.

deveres de um indivíduo que o habilitam a intervir na condução dos assuntos públicos pelo Estado - e deliberação (Elster, 1989). Para isso, é necessário repensar a noção de público e os fundamentos da opinião pública democrática, debatendo os pressupostos da esfera pública (Habermas, 1989, 1992), entre os quais se destaca, em primeiro lugar, a questão da igualdade de condições entre os participantes; em segundo, a preferência pela esfera pública única em detrimento de públicos diversos; em terceiro, a limitação das questões abertas à discussão pública; e, por último, a separação entre esfera pública e Estado.

Sobre o primeiro ponto: a ideia de esfera pública como espaço onde a participação política se concretiza através da discussão, da argumentação, e onde o 'melhor argumento' teoricamente prevalece, dificilmente se aplica a sociedades como a angolana, com uma esfera pública fragmentada, constituída de públicos muitos diversos, discursos e interesses contrastantes, senão contraditórios, devido à desigualdade social prevalecente, às difíceis relações entre governantes e governados e ao défice de democracia que permeia a acção das elites no poder. A ideia de cidadania implica considerar os diversos públicos, discursos e interesses, incluindo os 'públicos primordiais', para preservar a função crítica da esfera pública e institucionalizar a democracia (Abreu, 2009). Outra insuficiência do modelo habermasiano reside na desconsideração do papel da articulação, mediação e negociação, desempenhado em Angola pelas 'autoridades tradicionais', as igrejas e pelos *mídia*, através da descodificação semântica de símbolos e de discursos. Essa inclusão viabiliza a discussão, aberta e acessível a todos, de assuntos de interesse público sem restrições nem imposições, possibilitando a criação de entendimentos e sua incorporação nas medidas de Estado e nas políticas públicas, contribuindo assim para a construção de uma opinião pública nacional. Isso implica exercitar a democracia pela promoção de debates em ambientes públicos 'neutros', onde as desigualdades sociais e as diferenças de *status* não impeçam a discussão política, o confronto de opiniões e aspirações diferentes, maneiras distintas de analisar os problemas e identificar saídas para eles. Os resultados esperados são o desenvolvimento do poder de argumentação a favor e contra ideias e formas de ser e estar em sociedade, a superação do medo de se expor publicamente e de retaliações por posições tomadas, a identificação de consensos e de dissensos dignos de respeito. Trata-se de tornar efectivos os direitos de indivíduos oficial e juridicamente autorizados a participar pela Constituição em vigor e de combater a pobreza, a exclusão e as desigualdades sociais, pois uma verdadeira democracia exige um ambiente de igualdade social, condição necessária à participação igualitária nas interacções discursivas da esfera pública. Outro resultado do exercício do debate público é a criação de um ambiente favorável a mudanças nos discursos centrados no 'eu' para formas discursivas organizadas em torno da ideia de 'nós', opondo ao individualismo dominante a noção de bem comum.

Quanto ao segundo elemento, em alternativa à esfera pública única, a constituição dessa esfera por uma variedade de públicos, interesses e discursos com temas comuns, relacionada com ambientes multiculturais estratificados, marcados por desigualdades estruturais, em que a exclusão do espaço público abrange parte significativa da população. Esta alternativa impõe a necessidade de incentivar o funcionamento de arenas discursivas múltiplas e paralelas - onde grupos excluídos elaboram e difundem as suas ideias e discursos conforme as suas maneiras de pensar, ser e estar em sociedade, seus interesses, necessidades e expectativas - e de criar interacções entre estes públicos diversos, contribuindo para o alargamento do espaço discursivo. Este exercício funciona, simultaneamente, como espaço de reflexão sobre si e engajamento com os 'seus pares' e de experimentação e preparação da interacção com o público mais amplo, a sociedade e outros actores, estatais, mercado, entre outros, visando o questionamento do *status quo* e a influência dos processos de deliberação e tomada de decisão, através da apresentação de propostas e sugestões e do exercício da observação e da influência. Esta reflexão baseia-se na relação entre discursos públicos e identidades sociais: as esferas públicas são arenas onde também se formam e se experimentam identidades sociais, ou seja, não se trata apenas de relacionar a participação na esfera pública como uma forma de contribuir para a construção discursiva da opinião pública, mas também como a oportunidade de fazer ouvir a sua voz através dos seus idiomas, das suas figuras linguísticas, dos seus símbolos, das suas especificidades culturais e sociogeográficas. Está implícita a existência de uma arena pública mais ampla, na qual os diversos públicos possam comunicar entre si, apesar das suas diferenças culturais e de *status* e inserção na vida real, e que funcione como palco das discussões sobre os grandes temas de interesse comum e estratégias que importam a todos. As habilidades para participação nesta arena adquirem-se na prática do debate e do confronto de ideias e pela noção de pertença a diversos públicos devido às distintas identidades adquiridas ao longo da vida nas dimensões pessoal, familiar, profissional, cultural, cívica, partidária, religiosa, sexual, desportiva, etc. Trata-se, pois, de construir mecanismos de interacção e de diálogo inclusivos e criativos, que incentivem à tomada de posições num ambiente no qual negociação e diálogo não são as formas privilegiadas de interacção social.

Em relação ao terceiro elemento, a limitação das questões abertas à discussão tão presente em Angola, mantém o *status quo* e favorece a prevalência do discurso oficial sobre as formas discursivas relacionadas com o dissenso e questões desconsideradas pelo poder, mas que importam à população. Daí a importância de contrapor aos interesses privados aqueles que realmente constituem interesses comuns, ou públicos, embora de pessoas 'privadas', passíveis de importarem a toda a sociedade, ou para além dela, como democracia e ambiente. Isso implica que a definição do que é de interesse público caiba aos participantes, o que pressupõe intermediação e negociação do interesse de todos. As opções individuais sobre religião, sexo, partido ou clube desportivo, constituem interesses privados de grupos que se reconhecem ou se encontram na prática ou exercício dessas opções. A esfera dos interesses cívico-republicanos congrega temas com impacto na vida de todos e que remetem à organização da sociabilidade e dos processos de tomada de decisão. A identificação de interesses comuns transforma indivíduos privados em colectividades capazes de agir em concertação visando o bem público, investindo especificidades e capacidades na construção colectiva.

Em relação ao último aspecto, a necessidade de uma clara distinção entre esfera pública – enquanto espaço de formação de opinião e de tomada de posição sobre questões de interesse de todos – e as instituições do Estado, torna-se mais premente numa situação em que a sociedade civil existe, não numa perspectiva burguesa, mas como o conjunto de redes de associações e grupos, não-governamentais nem partidários, nem económicos nem administrativos, e cuja participação na esfera pública se despe de qualquer função oficial num discurso que não transmita decisões soberanas nem recorra à utilização do poder do Estado para se impor. A participação da sociedade civil na esfera pública contribui para a construção da opinião pública como expressão da opinião discursiva mobilizada informalmente e alternativa ao discurso oficial. Desta característica não-governamental e apartidária deriva a independência, autonomia e legitimidade da opinião pública assim gerada.

5. A sociedade civil e a promoção da cidadania e da democratização em Angola

5.1. Exemplos de tomadas de posição e iniciativas de intervenção da sociedade civil

A apresentação que se segue não pretende, nem pode, ser exaustiva. Aponta para as diversas iniciativas e tomadas de posição que acontecem hoje por toda a Angola, demonstram a capacidade de análise, elaboração, organização e intervenção de cidadãos e organizações da sociedade civil. Destaca, ainda, a consciencialização crescente dos angolanos em relação ao que os rodeia e ao seu papel nos processos em curso. Apesar das razões que explicam, em parte, a limitada e pouco visível intervenção pública dos cidadãos nos espaços existentes, como a escassez de instâncias ou oportunidades para encontros, trocas de ideias e experiências, concertação e tomada de posição, e das tentativas para manter calados e quietos os mais afoitos, é cada vez mais acentuada a polimorfia e a polissemia nos espaços existentes, incluindo os tornados possíveis pela tecnologia da comunicação. Se é difícil ter acesso aos meios de comunicação estatais, pois as matérias, entrevistas, declarações e outras são distorcidas, ou até mesmo esquecidas, opta-se frequentemente por emitir uma Nota ou Comunicado de Imprensa (formais, mas mais difíceis de não publicar ou distorcer), criando-se em paralelo, páginas, sítios e *blogs* na internet.[32] Estas intervenções sinalizam mudanças nos comportamentos e atitudes e mostram que o medo e a resignação, de tão confrontados com a indiferença, o descaso, o desrespeito, e suas consequências, pobreza, desigualdade, exclusão, vão dando espaço à reflexão, à tomada de posição e à acção.

5. 2 A conferência nacional da sociedade civil

De 6 a 8 Novembro de 2007 realizou-se a I.ª Conferência Nacional da Sociedade Civil em Angola sob o lema *"Construir a Unidade na Diversidade"*. Apesar das dificuldades – organizativas, de recursos, e mesmo de credibilidade - mobilizaram-

---

[32] Exemplos de páginas, sítios e blogs na internet através dos quais as organizações da sociedade civil procuram driblar as dificuldades de acesso aos meios de comunicação estatal, dar a conhecer as suas actividades e tomadas de posição, organizar debates e promover a mobilização da acção colectiva: www.morrodamaianga.blogspot. com, www.quintasdedebate.blogspot.com, www.club-k-angola.com, *www.apostolado-angola*.org, *www.angonet. org*, www.angoladigital.net, www.angola24horas.com, www.angolaxyami.com, www.angonoticias.com, www. correiodopatriota.com (entre outros).

SOCIEDADE E ESTADO EM CONSTRUÇÃO: DESAFIOS DO DIREITO E DA DEMOCRACIA EM ANGOLA

-se vontades e capacidades para incluir o maior número possível de organizações da sociedade civil, sector empresarial, instituições estatais e religiosas e meios de comunicação social. No âmbito dessa primeira conferência foram realizadas 17 conferências provinciais, sendo de referir que apenas a província do Bengo não organizou a sua Conferência.

Em Novembro de 2008 realizou-se o evento nacional da II.ª Conferência da Sociedade Civil sob o lema *"A Sociedade Civil Angolana como Veículo Democrático de Participação Pública"*, com base nos debates e informações produzidas pelas 17 conferências provinciais. Foram tomadas decisões importantes para o desenvolvimento deste processo: 1) A Conferência produziu uma agenda (não exclusiva, mas focada nos assuntos considerados serem os mais importantes para cerca de duas centenas de participantes na última plenária) de temas relacionados com processos em curso no país: Constituição, Eleições, Orçamento e Descentralização; 2) a coordenação da Conferência passou para um Colégio de organizações de Benguela; 3) foi submetido e aceite um documento orientador para o desenvolvimento da Conferência enquanto processo com ciclos anuais, tanto na perspectiva da abrangência geográfica quanto temática (CNSC, 2008).[33]

A III.ª Conferência, sob o lema *"Descentralização e Democracia Participativa"*, propôs realizar 18 conferências provinciais, assim como conferências municipais em 50% dos 173 Municípios de Angola. Propôs-se, ainda, a promover conferências e/ou encontros temáticos sobre outros temas importantes para além dos quatro temas eleitos, como Terra, Ambiente, VIH/Sida, Educação, e outros. No último dia, a III.ª Conferência acolheu uma carta dirigida ao Presidente da Comissão Constituinte sobre a necessidade de garantir a inclusão de todos quantos queiram contribuir para uma Constituição Cidadã e o envolvimento de organizações da sociedade civil na divulgação e recolha de críticas, sugestões e propostas dos cidadãos. Na última sessão, realizou-se a eleição para escolha entre duas propostas, Huíla e Huambo, para a coordenação da IV.ª Conferência, tendo sido escolhida a do Huambo.

O processo da Conferência Nacional vem-se construindo em torno de uma concepção de sociedade civil num sentido amplo, correspondendo à auto--organização da sociedade fora dos campos estritos do poder do Estado e dos interesses do mercado, incluindo organizações e redes autónomas, mas que se

---

[33] Cf. a 'Proposta de Organograma e de Termos de Referência para a Conferência da Sociedade Civil. Luanda', produzida pelo Grupo de Coordenação da II.ª Conferência Nacional da Sociedade Civil (2008). Documento de Trabalho. Também em http://cnsc2009.bligoo.com/tag/noticias.artigosetemasdeinteresse (acedido em Janeiro de 2011).

relacionam com os demais actores sociais pelo bem comum. Para além de organizações formais, também inclui cidadãos e grupos informais empenhados em actividades de alcance público (IIª. CNSC, 2008).[34] Importa salientar que este processo não se apresenta como "a" única forma de organização e de expressão da sociedade civil em Angola, pois tal iria na contramão das características distintivas da sociedade civil: descentrada e organizada horizontalmente, onde legitimidade e representação implicam mecanismos de comunicação e de coordenação sistemática, relativamente a tomadas de decisão e de posição que não vinculam senão os que estão envolvidos nesse processo e nem excluem as posições individuais e de grupo que se manifestem de acordo com a sua consciência e em defesa dos seus interesses e objectivos.

O processo da Conferência Nacional da Sociedade Civil foi já percebido como *"um ponto de mudança"* para a cidadania, por proporcionar uma frutuosa troca de experiências e oportunidades entre o Estado e a sociedade (Ferreira, 2009). Visa, antes de mais, tornar mais efectiva a participação da sociedade civil, criando espaços para a promoção da cidadania e a democratização da sociedade angolana (Catarino, 2006).

Conclusões

Ao longo do texto foram identificados alguns dos constrangimentos ao reforço da participação da sociedade civil na vida pública em Angola, por limitarem o exercício da cidadania universal e activa e influenciarem o desempenho da sociedade civil angolana. Entre esses factores, os mais importantes resultam: de uma democracia frágil e limitada por uma visão formalista e redutora, que não garante igualdade de condições e de oportunidades; da ausência de uma cultura política por parte dos actores sociais, capaz de interpelar o Estado e romper com relações clientelistas e corporativas, e o autoritarismo patrimonialista, que limitam a expansão do processo democrático; do acesso desigual aos serviços públicos, como educação, saúde, saneamento, justiça, entre outros, discriminando largas porções da sociedade; de um distanciamento das instituições do Estado em relação aos cidadãos, ignorando a existência de amplos segmentos sem voz nem visibilidade; e da presença de sentimentos de impotência políti-

---

[34] Os Termos de Referência da Conferência Nacional da Sociedade Civil, o organograma, os mecanismos de comunicação, coordenação, acompanhamento, as Conferências Municipais e Provinciais, os grupos temáticos, e as actividades em curso podem ser consultados em http://cnsc2009.bligoo.com/tag/noticias. artigosetemasdeinteresse (acedido em Janeiro de 2011).

ca, desamparo social, resignação e/ou conformismo, reduzindo ainda mais as probabilidades de diálogo social.

A reversão dessa situação exige do Estado a criação de um ambiente propício à mudança política, económica e social, o respeito e a implementação dos postulados constitucionais de democratização e desenvolvimento da sociedade angolana numa base universal e inclusiva, começando pela criação das bases políticas e legais de consolidação do Estado Democrático de Direito.

A promoção de debates públicos sobre questões de interesse de todos e a criação de oportunidades de participação dos cidadãos e suas organizações nos processos deliberativos dos poderes executivo e legislativo, aos diversos níveis da administração pública, constituem responsabilidades do Estado angolano perante uma sociedade ávida de paz e bem-estar social e de uma vida normal após tão prolongada guerra civil.

Os indivíduos, grupos e organizações da sociedade civil precisam de recriar os meios para influenciar e intervir no espaço público angolano, adoptando estratégias de luta emancipatória que visem o acesso e uso efectivo dos direitos de associação, de reunião e de expressão, o acesso aos meios de comunicação social e às fontes de informação.

A construção da democracia participativa exige governantes sérios e responsáveis e cidadãos informados, activos e organizados, capazes de argumentar e de participar, para se constituírem como uma força com potencial de transformação política.

A complexidade e a desigualdade sociais que caracterizam Angola requerem, antes de mais, o conhecimento da realidade sociocultural e o respeito pela sua diversidade, condições necessárias para uma percepção pluralista de sociedade onde coexistem, conflituam ou se sobrepõem diversos interesses e opiniões. Os interesses maiores da nação devem sobrepor-se às agendas das elites, dos partidos, dos grupos económicos, das organizações de cidadãos, porque sem uma genuína reconciliação nacional e sem a reconstrução económica e social equilibrada e sustentável não haverá futuro. Este não é um projecto do governo, mas um projecto da sociedade. Para isso, contudo, é necessário construir alianças, trabalhar em conjunto, buscar convergências e formas de entendimento e aprender a lidar com as divergências, o que implica debate, negociação e inclusão da opinião e da participação de todos os angolanos.

O apelo à civilidade surge, então, relacionado com o esforço de compatibilizar os conflitos de interesses presentes na sociedade de uma forma equitativa e durável, com vista à consolidação de um *ethos* democrático em Angola.

Referências bibliográficas

Abreu, Cesaltina (2006), *Sociedade Civil em Angola: da realidade à utopia*. Tese de Doutoramento apresentada ao Instituto Universitário de Pesquisas do Rio de Janeiro (disponível em www.iuperj.br).

Abreu, Cesaltina (2007), "Angola: Ensaio sobre Tolerância e Confiança". Trabalho apresentado no XVII Simpósio Electrónico Internacional *Africa y la Problemática del Desarollo*, organizado pelo CEID, Centro de Estúdios Internacionales para el Desarollo de Buenos Aires, Argentina. Disponível em http://www.ceid.edu.ar/biblioteca.html.

Abreu, Cesaltina (2009), *Democracia, Cidadania e Eleições em Angola. O que é necessário para que as eleições signifiquem Democracia? O papel da Sociedade Civil no equilíbrio político em Angola*. Introdução ao Debate. Quintas de Debate, Benguela, Maio 2009. Disponível em http://quintasdedebate.blogspot.com.

Amundsen, Inge; Abreu, Cesaltina (2006), Civil Society in Angola: Inroads, Space and Accountability. Bergen: CMI / A-Ip. Disponível em www.cmi.no/publications.

Andrade, Mário Pinto de (1997), *As Origens do Nacionalismo Africano*. Lisboa: Publicações Dom Quixote.

Barbeitos, Arlindo (2005), *A Sociedade Civil. Estado, Cidadão, Identidade em Angola*. Lisboa: Novo Imbondeiro Editores.

Bates, Robert (1981), *States and Markets in Tropical Africa: The Political Basis of Agricultural Policy*. Berkeley: University of California Press.

Bates, Robert (1983), *Essays on the Political Economy of Rural Africa*. Cambridge: Cambridge University Press.

Bayart, Jean-François (1996), *The State in Africa: the politics of the belly*. Londres: Longman.

Bittencourt, Marcelo (1999), *Dos Jornais às Armas. Trajetórias da Contestação Angolana*. Lisboa: Veja Editora.

Carvalho Filho, Sílvio de Almeida (2007), "As relações étnicas em Angola: as minorias branca e mestiça (1961-1992)", *Studia Angolana*. Disponível em http://www.angolanistas.org/ZAZprincipal/r_etnicas.htm, acedido em Novembro de 2009.

Castello, Benjamin A. (2000), *A Força e o Papel da Sociedade Civil Angolana em Busca da Paz em Angola*. Conferência apresentada em Maputo, em Junho de 2000.

Catarino, Petra Kátia Amaral (2006), *Sociedade Civil Angolana. Contributos para a Democracia, a Paz e Desenvolvimento*. Dissertação de Mestrado em Desenvolvimento e Cooperação Internacional, ISEG, Lisboa.

Chabal, Patrick; Daloz, Jean P. (1999), *Africa Works: disorder as political instrument*. Oxford: James Currey.

Chambers, Simone. (2002), "A Critical Theory of Civil Society", *in* Chambers, S.; Kymlicka, W. (orgs.) *Alternative Conceptions of Civil Society*. Princeton: Princeton University Press.

Comerford, Michael. (2003), *The Peaceful Face of Angola: Biography of a Peace Process (1991 to 2002)*. Windhoek: John Meinert Printing.

Dilla, Harold; Oxhorn, Phillip (2002), "The Virtues and Misfortunes of Civil Society in Cuba", *Latin American Perspectives*, 29 (4): 11-30.

Ekeh, Peter P. (1975), "Colonialism and the Two Publics in Africa: a theoretical statement", *Comparative Studies in Society and History*, 17: 91-112.

Elster, John (1989), *The Cement of Society: A Study of Social Order*. Cambridge: Cambridge University Press.

Fernandes, João; Ntondo, Zavoni (2002), *Angola: Povos e Línguas*. Luanda: Editorial Nzila.

Ferreira, Patrícia Magalhães (2009), *State-Society Relations in Angola. Peacebuilding, Democracy and Political Participation. Country Case Study: Angola*. IFP Democratisation and Transitional Justice Cluster. FRIDE (disponível em http://www.initiativefor-peacebuilding.eu).

Freudenthal, Aida (2001), "A Voz de Angola em Tempo de Ultimato", *Estudos Afro--Asiáticos*, 23 (1): 135-169.

Gonçalves, José (2003), *O Descontínuo Processo de Desenvolvimento Democrático de Angola*. Trabalho apresentado à Conferência Sub-Regional da África Austral, CODESRIA, Gaberone.

Marques Guedes, Armando; Feijó, Carlos; Freitas, Carlos de; Tiny, N'Gunu; Coutinho, Francisco P.; Freitas, Raquel B.; Pereira, Ravi A.; Ferreira, Ricardo do N. (2003), *Pluralismo e legitimação. A edificação jurídica pós-colonial em Angola*. Coimbra: Almedina.

Habermas, Jürgen (1989 [1962]), *The Structural Transformation of the Public Sphere*. Cambridge: MIT Press.

Habermas, Jürgen (1992), "Further Reflections on the Public Sphere", *in* Calhoun, C. (org.), *Habermas and the Public Sphere*. Cambridge, MIT Press, 421-461.

Havel, Václav (1988), "Anti-political Politics", in Keane, J. (org.). *Civil Society and the State*. Londres: Verso.

Isaksen, Jan; Amundsen, Inge; Wiig, Arne; Abreu, Cesaltina (2007), *Budget, State and People. Budget Process, Civil Society and Transparency in Angola*. Bergen: CMI (disponível em www.cmi.no/publications)

Kalstrom, Mikael (1999), "Civil Society and its Presuppositions: lessons from Uganda", *in* Comaroff, J.L.; Comaroff, Jean (orgs.), *Civil Society and the Critical Imagination in Africa: Critical Perspectives*. Chicago: University of Chicago Press.

Kymlicka, Will (1995), *Multicultural Citizenship: a liberal theory of minority rights*. New York: Oxford University Press.

Lewis, David (2002), "Civil Society in African Contexts: reflections on the usefulness of a concept", *Development and Change*, 33 (4): 569-586.

Lopes, Carlos (1997), *Compasso de Espera. O fundamental e o acessório na crise africana*. Porto: Afrontamento.

Luong, Pauline J.; Weinthal, Erika (1999), "The NGO Paradox: democratic goals and non-democratic outcomes in Kazakhstan", *Europe-Asia Studies*, 51 (7): 1267-1284.

Mamdani, Mahmood. (1996), *Citizen and Subject: Contemporary Africa and the Legacy of Late Colonialism*. Princeton: Princeton University Press.

Marada, Radim (1997), "Civil Society: adventures of the concept before and after 1989", *Czech Sociological Review*, 5 (1): 3-22.

Médard, Jean François; Nanga, Charles (1999), "Sérvices Publics, Bien Public en Afrique au Sud du Sahara", *Bulletin Mensuel de la CADE*. Bordéus.

Melber, Henning (2002), "From Liberation Movements to Governments: on political culture in Southern Africa", *African Sociological Review*, 6 (1): 161-172.

Misztal, Bárbara (1996), *Trust in Modern Societies: The Search for the Bases of Social Order*. Cambridge: Polity Press.

Murunga, Godwin R. (2000), *Civil Society and the Democratic Experience in Kenya. A Review of Constitution-Making from the Middle: Civil Society and Transition Politics in Kenya, 1992-1997*. Nairobi: Sareat & Mwengo.

Neocosmos, Michael (2005), *Citizenship, Rights and Development: revisiting the social in Africa today*. Trabalho apresentado à Assembleia Geral do CODESRIA - Rethinking African Development: Beyond the Impasse, Towards Alternatives. Maputo, 6-10 de Dezembro de 2005.

Neto, Maria da Conceição (2004), "Respeitar o passado – e não regressar ao passado. Contribuição para o debate sobre a Autoridade Tradicional em Angola", in Ministério da Administração do Território (org.), *I Encontro Nacional sobre a Autoridade Tradicional. Luanda, 20-22 de Março*. Luanda: Editorial Nzila.

Newitt, Malyn (1997), *História de Moçambique*. Lisboa: Publicações Europa América.

Nyamnjoh, Francis B. (2000), "For Many are Called but Few are Chosen: Globalization and Popular Disenchantement in Africa", *African Sociological Review*, 4 (2): 1-45.

Obadare, Ebenezer (2002), *The Alternative Genealogy of Civil Society and Its Implications for Africa: Notes for Further Research*. Trabalho apresentado à 10th General Assembly, 8-12 December. CODESRIA.

Obadare, Ebenezer (2004), *Obstacle, Bridge or Promised Land? The role of civil society in the challenges confronting Africa*. Relatório Apresentado à 3[rd.] Africa Regional Conference, ISTR. Cotonou, May 7-10.

SOCIEDADE E ESTADO EM CONSTRUÇÃO: DESAFIOS DO DIREITO E DA DEMOCRACIA EM ANGOLA

Ong, Aihwa (1999), "Saying No to the West: liberal reasoning in Asia", *in* Ong, A. *Flexible Citizenship. The Cultural Logics of Transnacionality*. Duhram: Duke University Press.

Pacheco, Fernando (2004), "Uma Proposta de Valorização da Tradição e da Cultura em favor do Desenvolvimento e da Modernidade", *Lucere, Revista Académica da UCAN*, 1.

Pestana, Nelson (2004), *As Dinâmicas da Sociedade Civil em Angola*. Lisboa, Centro de Estudos Africanos, ISCTE. *Occasional Paper*. www.ces.uc.pt/lab2004/pdfs/Nelson_pestana.pdf.

Programa das Nações Unidas para o Desenvolvimento – PNUD (2007), *Relatório de Desenvolvimento Humano*. Luanda: PNUD (disponível em www.undp.org).

Programa das Nações Unidas para o Desenvolvimento – PNUD (2008), *Relatório de Desenvolvimento Humano*. Luanda: PNUD (disponível em www.undp.org).

Programa das Nações Unidas para o Desenvolvimento – PNUD (2009), *Relatório de Desenvolvimento Humano*. Luanda: PNUD (disponível em www.undp.org).

Reis, Elisa (1995), "Desigualdade e Solidariedade: uma releitura do 'Familismo Amoral' de Banfield", *Revista Brasileira de Ciências Sociais*, 29: 35-48.

Santos, Boaventura Sousa (1999), "Porque é tão difícil construir uma teoria crítica?", *Travessias*, 1: 21-38.

Santos, Daniel dos (2003), "O Lugar do Direito Costumeiro na Formação dos Estados Africanos", *Antropologia & Derecho*, 1 (3): 13-16.

Santos, Daniel dos (2004), "Por uma outra Justiça: Direito Penal, Estado e Sociedade". In *Revista de Sociologia e Política*, 23: 127-139.

Sogge, David (2004), "Civil Domains in African Settings: some issues", *Civil Society Observer* – UN Non-governmental Liaison Service, 1 (3), June-July (disponível em http://www.un.org/terms.html).

Wacussanga, Jacinto; Abreu, Cesaltina; Amundsen, Inge; Tøndel, Line (2008), *Expectativas e receios nas próximas eleições - o impacto de 1992*. Bergen: CMI/CEIC (disponível em www.cmi.no/publications).

Walraven, Klaas van (2002), "Social Stratification, History and Democratization: some comparative reflections on Europe and Africa", *in* van Walraven K.; Thiriot. C. (orgs.), *Democratization in sub-Saharan Africa: transitions and turning points. An overview of the literature (1995-1996)*. Leiden: African Studies Centre.

Wamba-Dia-Wamba, Ernest (1994), "Africa in Search of a New Mode of Politics", in Himmelstrand, H. (org.), *African Perspectives on Development*. Londres: James Currey.

Whitfield, Lindsay (2002), "Civil Society as Idea and Civil Society as Process: the Case of Ghana", Queen Elizabeth House & St Anthony's College, *Working Paper 92*.

Whitehead, Lawrence. (1999), "Jogando Boliche no Bronx: os interstícios incivis entre a sociedade civil e a sociedade política", *Revista Brasileira de Ciências Sociais*, 14 (41): 15-30.

Zau, Filipe (2009), "Associativismo antecâmara do nacionalismo", Opinião, *Jornal de Angola*, 10 de Julho de 2009, disponível em http://jornaldeangola.sapo.ao/19/46/associativismo_a_antecamera_do_nacionalismo (acedido em Janeiro de 2011).

CAPÍTULO 12
AS EQUAÇÕES NÃO LINEARES DA DEMOCRATIZAÇÃO

Catarina Antunes Gomes

Introdução

A presente reflexão incide sobre os processos de democratização e de construção do Estado Angolano – temática que assume uma pertinência ímpar. Na realidade, um breve olhar sobre a história política angolana vem comprovar a extrema complexidade destes processos, a qual se magnifica ainda mais quando consideramos o peso estruturante da herança colonial, quando nos damos conta do grau de desestruturação social provocada pelo conflito civil, quando somos atingidos pela vertigem da célere sucessão e sobreposição de distintos referenciais político-ideológicos,[1] e quando somos confrontados com a notável resistência adaptativa de um sistema de poder que, desde a independência, não só sobrevive, como também se actualiza e intensifica a sua hegemonia neste turbilhão histórico.[2]

Se a atenção focará os processos de democratização e de construção do Estado, ela deverá de imediato ter em conta que, face ao exposto, a multiplicidade de referenciais e arquitecturas de poder que Angola conheceu não fazem do poder, nem do fenómeno político, realidades ou objectos estáveis, claramente delimitados e passíveis de uma qualquer classificação unívoca.

Tal consideração carrega em si duas implicações: a primeira diz-nos que os processos de construção do Estado (mas também os de democratização), enquanto forma de objectivação/ institucionalização formal do político e de um suposto projecto de sociedade, não correspondem exclusiva ou linearmente a um único referencial de actuação, sendo antes o resultado contingente do confronto entre diferentes tradições, concepções e princípios de poder. Chegados a este ponto, há que fazer uma ressalva que, embora tenha uma origem e

---

[1] Como refere Santos (2003), de cariz endógeno, colonial, socialista, capitalista, democrático e neoliberal.

[2] Por sistema de poder, referimo-nos aqui à formação daquilo a que Ennes Ferreira (1995) e Messiant (1994, entre outras referências) identificam como sendo uma nomenclatura, desenvolvida a partir do domínio do Partido-Estado do MPLA. A opção por esta designação é justificada pela consideração segundo a qual a fragilidade da institucionalização do Estado e do sistema político formal desembocou na formação de um sistema de poder, inicialmente informalizado, mas com um impulso crescente para a sua auto-institucionalização.

uma natureza analítica, está prenhe de consequências políticas e éticas caras às abordagens pós-coloniais, especialmente daquelas que se afirmam como sendo de oposição (Santos, 2007). É que a constatação da complexa multiplicidade que caracteriza o poder em África não diz apenas respeito a África. Atribuir a esta o monopólio da, v.g., difícil institucionalização jurídico-racional do poder contribui para a sua cristalização num estereótipo em que diferença significa desigualdade, quer na forma do arcaico, quer na forma do residual, quer na forma da não coexistência, etc. (Santos, 2007). Assim, há que relembrar os inúmeros estudos que nos dão conta da prevalência de práticas patrimoniais em arquitecturas político-administrativas formalmente tidas como legais e racionais, na terminologia de Weber, não só, por exemplo, na América Latina, mas também dentro do próprio espaço europeu. A este nível dê-se realce ao caso paradigmático da Europa do Sul, onde o predomínio da regulação patrimonial, segundo Ritaine (1996), enviesou a democratização de países como Espanha e Itália (e também Portugal)[3], confirmando a seu modo a permanência de Caliban na casa de Próspero (Santos, 2007).

A segunda implicação é que a multiplicidade e a complexidade não são obrigadas, em nenhuma realidade social, a produzir uma coerência tal como o positivismo (e as suas variantes contemporâneas) almejava. Isto significa que a hibridez típica da vida social está ancorada em práticas de combinação e recombinação de elementos oriundos de distintos referenciais (políticos, simbólicos e outros) que coexistem de modos nem sempre pacíficos. Por conseguinte, a multiplicidade e a complexidade, não sendo obrigadas a produzir coerências imediatas e estáveis, obrigam-nos, certamente, a pensar para além das categorias e das mudanças formais. Ou seja, o significado de uma mudança formal de regime, como a que é patente nos processos de democratização e de liberalização política, não está na sua proclamação: está na direcção concreta que contextos concretos impõem à proclamação da mudança.

E é daqui que decorre o título desta reflexão: 'Equação não linear' é um conceito matemático que nega a mecanização tradicionalmente atribuída ao pensamento matemático. Indica, sumariamente, a dificuldade em estabelecer nexos unívocos de causalidade entre dois factores. A sua metaforização para a análise da vida social e, no caso em escrutínio, para os processos de democratização e de construção do Estado em Angola, pretende, desta forma, assinalar,

---

[3] Cf. Ruivo, 2000.

não só os limites das visões processualistas da democracia e dos receituários ocidentalistas da 'boa governança', mas também verificar até que ponto, e em que condições, democratização não significa linearmente democratização. Isto é, como processos formais e meramente processuais de democratização e de construção do Estado podem contribuir, não tanto para a socialização política e para um projecto de sociedade democrática, mas para a intensificação de uma dada hegemonia, se à formalidade dos processos não estiver associada a realidade das práticas.

A tarefa a que nos propomos aqui seguirá uma estratégia específica: trata-se de uma análise comparativa dos dois únicos processos eleitorais gerais que Angola conheceu – o sufrágio de 1992, no contexto dos Acordos de Bicesse, e as eleições legislativas de 2008, dando-se especial atenção a este último. Na medida em que uma análise restrita ao procedimentalismo produz uma simplificação excessiva e excessivamente confortável, ao invés de equacionar o processo eleitoral como o período em que decorre a campanha eleitoral e a realização do sufrágio, concebemo-lo, de modo mais alargado, como o período em que é formulado o enquadramento legal e político das eleições, onde estas são preparadas e onde se assiste ao debate e ao posicionamento dos mais diversos actores sobre estas questões (Compagnon, 2004; Quantin, 2004).

1. 1992: Breve contextualização

Com os acordos de Bicesse, celebrados em 1991, o processo de paz, de democratização e de construção do Estado pareceu conhecer uma esperança nova: a UNITA (União Nacional para a Independência Total de Angola) reconhece a legitimidade do governo do MPLA (Movimento Popular de Libertação de Angola) enquanto governo de transição, e o MPLA, abandonando o marxismo-leninismo, compromete-se com a abertura ao sistema multipartidário. Ambos chegam a acordo sobre a necessidade de uma nova Constituição, sobre a formação de um exército nacional unificado e sobre o calendário das futuras eleições multipartidárias como etapas essenciais da edificação do Estado de direito conforme aos ideais democráticos (Lei n.º 12/91).

Dado que Bicesse não levantou a questão sobre o tipo de governo pré-eleitoral a ser implementado, o MPLA manteve-se no poder e, controlando a Assembleia Nacional, fez passar uma série de importantes medidas legislativas que incluíam o direito à greve (Lei n.º 23/91), a liberdade de imprensa (Lei n.º

25/91) e a liberdade de associação (Lei n.º 14/91 e Lei n.º 16/91).[4] Permitiu, igualmente, a legalização de formações políticas (Lei n.º 15/91) e concedeu alguma liberdade de actuação às instituições da sociedade civil fora do controlo do Estado. Uma segunda vaga de reformas, em Abril de 1992, instituiu o sistema eleitoral, permitiu o estabelecimento de estações de rádio privadas, facilitou o registo das formações partidárias e contribuiu para a edificação institucional com a criação do Conselho Nacional da Comunicação Social. Meses depois, a edificação institucional do Estado prosseguiu no plano legislativo com uma nova revisão constitucional, a qual incluía disposições específicas relativas à descentralização e à eleição de autarquias locais.[5]

As eleições de 1992 marcaram, pois, a transição formal de Angola para o multipartidarismo. Todavia, elas não significaram uma real interiorização dos procedimentos democráticos, na medida em que foram realizadas num contexto onde, para além das então irreconciliáveis rivalidades e da instrumentalização de procedimentos democráticos para a conquista absolutista do poder, se procedeu a um esvaziamento do movimento de liberalização política e a um congelamento da construção do Estado. De facto, a contestação dos resultados eleitorais pela UNITA deitou por terra a esperança de dar vida à transição e forneceu aos detentores do poder a justificação para encetar aquilo a que Vieira Lopes (2004) chamou de *'política de contenção democrática'*.

A abertura inicial terá sido, de facto, restringida, sendo tal medida justificada pela natureza radical do conflito. Medidas, qualificadas oficialmente como excepcionais, foram levadas a cabo, sobretudo ao nível da vigilância política (HRW, 1999; Comerford, 2005). O potencial da produção legislativa, no sentido de garantir liberdades e direitos, entretanto consagrada, foi sendo, por seu turno, contrabalançado pela aplicação de outros dispositivos legais do tempo do unipartidarismo, como a Lei n.º 7/78 sobre a segurança do Estado. Esta forma de neutralização da liberalização política foi ainda acompanhada pela alteração explícita de importantes leis, como a lei do direito de antena e de resposta dos partidos políticos.

A liberdade com que esta política de contenção democrática foi levada a cabo prendia-se, claramente, com duas ausências: a ausência de uma democratização efectiva e a ausência de um Estado de Direito efectivamente institucionalizado.

---

[4] Cf. o capítulo de Raul Araújo, neste volume, bem como os capítulos iniciais do volume II.
[5] O que ainda não foi concretizado.

É que o Estado de Direito foi decretado, mas não concretizado numa indispensável edificação institucional e, consequentemente, importantes sectores não chegaram a conhecer, sequer, a luz do dia. Foi o caso do Tribunal de Contas, da Alta Autoridade contra a Corrupção, do Provedor de Justiça e das medidas de descentralização (Hodges, 2003). E isto comportava em si implicações que demonstravam, simultaneamente, os limites da democratização e a fecundidade de um Estado decretado e não concretizado para a política de contenção democrática. A não criação do Tribunal Constitucional (edificado apenas em 2008), por exemplo, impossibilitou a aferição da constitucionalidade da aplicação das leis da era colonial e do tempo do partido único. Também a inexistência do Provedor da Justiça, cujo propósito é a defesa dos direitos, liberdades e garantias dos cidadãos, e que foi previsto na revisão constitucional de 1992 (artigo 142.º), minou significativamente a afirmação do Estado como Estado de Direito. Tal permite ver como o Estado fragilmente institucionalizado possibilitou, na realidade, esta política de contenção democrática.

2. 2008: o novo processo eleitoral

O processo eleitoral de 2008 foi longo, turbulento, sujeito a diversos adiamentos e marcado por sucessivas fracturas e divergências de fundo. O clima de dissensão constante que se vivia intensificava (e, ao mesmo tempo, alimentava) o perpetuar de um conjunto de indefinições e de ambiguidades de natureza técnico-jurídica, do foro do político e de carácter simbólico, e do qual se salienta, obviamente, a extrema dificuldade em assumir, claramente, uma data para a realização dos sufrágios. Quer a gestão da dissensão, quer a gestão da indefinição se revelaram como um importante capital político do sistema de poder que, dessa forma, garantia para si mesmo uma maior latitude de actuação em face do imponderável e do contingente.

3. Enquadramento genérico

Com o fim da guerra e com a assinatura do Memorando de Luena, em 2002, questões que ficaram pendentes no Protocolo de Lusaka foram retomadas, nomeadamente no que dizia respeito às eleições. Foi, porém, apenas no final de Agosto de 2004 que o MPLA apresentou o calendário para a realização das eleições gerais em Angola. Previamente aprovado pelo seu *Bureau* Político, o calendário escalpelizava as principais acções a serem levadas a cabo entre Outubro de 2004 e Setembro de 2006. A organização do processo foi entregue ao Ministério da Administração do Território (MAT)[6], ficando a realização do pleito prevista para Setembro de 2006. Foi, no entanto, apenas em Dezembro de 2006 – três meses depois de findar o prazo para a realização das eleições – que foram anunciadas novas datas (indicativas e não vinculativas) das eleições legislativas e presidenciais, tendo o Conselho da República recomendado a realização das primeiras em 2008 e das segundas em 2009.

Abordaremos agora as principais contradições do processo eleitoral de 2008, reportando-nos, sempre que tal seja pertinente, à experiência de 1992. A constatação destas permite ver como processos formais de democratização e uma democratização efectiva não mantêm necessariamente entre si nexos unívocos de causalidade, à semelhança do que sucede nas equações não lineares.

4. Do processo constitucional

Paradoxalmente, foi em 1998, ano da morte do Protocolo de Lusaka, que foi dado seguimento a uma das medidas mais relevantes daquele Protocolo para a construção do Estado e para a normalização institucional: a revisão constitucional de 1992.[7] Neste âmbito, foi criada a Comissão Constitucional (Lei n.º 1/98, de 20 de Fevereiro), tendo ficado também estabelecido que aos partidos e coligações com assento parlamentar pertenceria a iniciativa de apresentar projectos de revisão constitucional (artigo 5.º).

Depois da entrega dos projectos constitucionais dos partidos, a Comissão Constitucional (CC) aprovou, a 16 de Fevereiro de 1999, um conjunto de princípios fundamentais a ter em conta na elaboração na nova Constituição (de Sousa, 2006). Tais princípios consagravam formalmente o Estado de Direito Democrático e o sistema de governo semi-presidencial.

Todavia, a proclamação do semi-presidencialismo como princípio constitucional e governativo pôde viver em óbvia contradição com a realidade de uma manifesta presidencialização do sistema de governo, que se manteve como eixo estruturante do projecto constitucional saído da CC (Pereira Coutinho;

---

[6] Estrutura governativa edificada pelo Decreto n.º 35/91, de 26 de Julho. Procedeu-se também à criação da Comissão Interministerial para o Processo Eleitoral (CIPE). Consagrada pela Resolução do Conselho de Ministros n.º 34/04 de 21 de Dezembro, a CIPE foi o órgão do governo encarregue de preparar as condições técnicas, materiais e administrativas para as eleições. Integrou representantes dos ministérios da Administração do Território, do Interior e dos Correios e Telecomunicações, e foi presidida pelo Ministro do MAT, Virgílio Fontes Pereira.

[7] A revisão impunha-se, pois, com a recusa da UNITA em tomar assento na Assembleia Nacional, foi impossível ao Parlamento da altura elaborar e aprovar uma nova Constituição. Para mais detalhes, cf. Guedes *et al*, 2007.

Marques Guedes, 2007; Araújo, 2008). De facto, no projecto constitucional do MPLA a Presidência detém a chefia do Estado e do Governo (artigo 154.º e 225.º), assume a definição da orientação política do país e a direcção da política geral do Governo (alínea a) e b) do artigo 156.º), e tem o poder de nomear, exonerar e orientar a acção do Primeiro-Ministro e de orientar o Conselho de Ministros (alíneas d), e) e f) do artigo 156.º). Outro aspecto profundamente revelador deste presidencialismo é a questão do mecanismo da moção de censura ao Governo: segundo o projecto, prevê-se a votação de uma moção de rejeição ao Governo e ao seu programa. Todavia, de acordo com o n.º 4 do artigo 233.º, dessa moção resulta apenas a exoneração do Primeiro-ministro e não Chefe de Governo, isto é, do Presidente da República. Raul Araújo, eminente jurista angolano, explica-nos, neste âmbito, que o sistema de governo angolano apresenta características que o aproximam do modelo francês *"na sua versão gaullista primitiva"* (2008: 396) e que o traço distintivo reside no facto de a orientação política do país ser competência da Presidência. Ancorado nesta constatação e fundamentado pelo conhecimento da prática política corrente, nomeadamente na extensão dos poderes da Presidência a todas as esferas do poder político, Araújo retrata o presidencialismo angolano como uma espécie de *"monarquia republicana"* (2008: 403).

5. A queda do processo constitucional

Em face do perpetuar da indefinição sobre a data do sufrágio, a oposição parlamentar abandona a CC em Maio de 2004, exigindo a clarificação desta questão. Mas, se, num primeiro momento, a oposição procurou pressionar o poder para definir o calendário eleitoral, num segundo momento, com a definição de 2006 como o horizonte das eleições, anunciada pelo Conselho da República, a oposição passou a debater-se com a excessiva concentração de poderes na Presidência da República que o projecto do MPLA pressupunha. Neste sentido, passou a defender a realização das eleições ao abrigo da Constituição de 1992.

Neste braço de ferro, o MPLA, advogando, pelo contrário, a aprovação do novo Texto Fundamental, procurou forçar a aceitação deste, nomeadamente através da naturalização culturalista do presidencialismo e, ainda, através de uma nova evocação da urgência da reconstrução nacional. Vale a pena considerar, por instantes, a reflexão de um actor, entrevistado em 2007, em contexto de trabalho de campo, que esteve profundamente ligado ao Conselho Nacional para as Eleições em 1992 e que colaborou com a organização do processo eleitoral de 2008:

As eleições [legislativas] só servem para eleger deputados. Quando me dizem, 'Ah! Com as eleições, vamos escolher os nossos representantes', eu pergunto: Que representantes? É ele [o Presidente da República] que escolhe. As eleições só servem para eleger deputados. (...) Não me repugna chamar de semi-presidencialismo, mas é presidencial... O que não significa que é total ou absoluto! Pode ser semi-presidencial, porque o Governo tem uma dupla responsabilidade: a Assembleia Nacional e a Presidência... O ante-projecto [da nova Constituição], como não considera a moção de censura, já não inclui esta dupla responsabilidade e isso reforça o peso da Presidência. (...) O que sucede com o Presidente da República em Angola tem a ver com o paternalismo. O paternalismo foi-se criando à volta do MPLA... e não só! O paternalismo de Savimbi era ainda pior... (...) O que dizem do Príncipe – José Eduardo dos Santos, diriam do Príncipe - Savimbi! Os líderes africanos têm essa tendência... Mas José Eduardo dos Santos é psicologicamente avesso a isso (...) Ele ocupa um vazio que o MPLA deixa. O MPLA espera o comando de José Eduardo. (...) E quem é o Príncipe que vai a eleições?

Embora reconheça uma certa tendência para a autocracia em José Eduardo dos Santos, o actor, enfatizando as dificuldades enfrentadas no exercício do poder, contra-argumenta:

Mas a quem é que ele vai delegar? A quem é que ele vai entregar o poder? Ele procura gente competente... mas... O Governo de Reconstrução Nacional está sob a alçada dele e o resto delega nos ministros.[8]

E à pergunta se tal situação não significaria passar um "atestado de menoridade" aos actores políticos, o actor considerou o seguinte:

Não. Os ministros têm carta de condução, mas têm que ter regras muito apertadas. Há necessidade de um instrutor-chefe... porque o que conta são os resultados... Estamos contra o tempo: a reconstrução nacional deveria ter começado há quinze anos. (...) Ele [o Presidente] sabe que no fundo... tudo passa um bocadinho pelo chefe..... 'O leme só pode ter uma mão' e isto é da cultura africana.

---

[8] Neste ponto, o actor referia-se às políticas de reconstrução nacional ao nível de infra-estruturas, acessibilidades, etc., que estão na tutela directa da Presidência que, em contrapartida, 'delega' outros sectores (v.g., saúde, educação, etc.) a responsáveis ministeriais.

E, de facto, a naturalização culturalista do presidencialismo (Marques Guedes, 2007) produz importantes efeitos de legitimação que inoculam o modelo de governação, à semelhança de uma vacina, contra as críticas a presidencialismos excessivos. Araújo defende, a este respeito, que não só o presidencialismo angolano tem os seus limites na possibilidade de não reeleição do Presidente da República e na eleição de um Parlamento que seja maioritariamente contra aquele, como também alerta para a necessidade de *"ter presente que não existem modelos puros ou impuros de sistemas de governo e, consequentemente, não é correcto pensar-se que apenas as formas clássicas com as variantes da Europa Ocidental são correctas. (...) a Constituição é, antes do mais, uma questão cultural (...). (...) a adopção dos sistemas de governo deve respeitar estes condicionalismos [culturais e históricos] sem que tal signifique o desvirtuamento dos princípios estruturantes do Estado Democrático de Direito"* (2008: 398-399).

6. Os mapas de poder

Mediante a definição do novo calendário eleitoral, a oposição regressa à CC em Agosto de 2004. Todavia, este regresso não implicou um retomar dos trabalhos na CC, pois, logo em Setembro, o MPLA publicou no Jornal de Angola o ante-projecto de revisão constitucional, no qual a CC teria trabalhado e que teria obtido o consenso da oposição. A leitura do ante-projecto permite ver o seu forte pendor presidencial.

E, de facto, no texto publicado, a Presidência é o órgão central da arquitectura do sistema de governo: Chefe de Estado, de Governo e Comandante-em-Chefe das Forças Armadas Angolanas. A ela é atribuída a iniciativa de revisão constitucional (artigo 341.º), de referendo (artigo 222.º, n.º1), de iniciativa legislativa plena (artigo 221.º, n.º 1), o poder de dissolver a Assembleia Nacional em caso de crise institucional gravosa (artigo 160.º), o poder de promover junto ao Tribunal Constitucional a fiscalização preventiva da constitucionalidade de actos normativos, tratados internacionais e omissões constitucionais (artigo 160.º, al. f)), assim como o poder de veto (embora não absoluto) sobre as leis emanadas da Assembleia Nacional (artigo 167.º, n.º2).

Em face da inesperada publicação do ante-projecto, a UNITA acusa o MPLA de ter divulgado um documento que ainda não tinha merecido consenso de todos os membros da Comissão. Neste novo braço de ferro, e rejeitando o presidencialismo que animava o projecto constitucional do MPLA, a Constituição de 1992 é aclamada pela oposição como sendo um quadro legal adequado para regular o processo eleitoral.

O impasse é apenas ultrapassado pelo cair do próprio processo constitucional. Mas se a estratégia do sistema de poder era, inicialmente, de facto, a aprovação de uma nova Constituição que acentuasse o pendor presidencialista e a concentração de poderes, a queda do processo não significou, necessariamente, uma derrota. E isto por dois motivos: por um lado, assegurando dois terços na Assembleia Nacional, o MPLA poderia sem dificuldade aprovar a Constituição pretendida; por outro lado, a oposição obteve o seu propósito em não ver aprovado o projecto constitucional do MPLA, mas a forma como isso foi feito (mediante a gestão política da indefinição sobre, não só o futuro do processo constitucional, como também sobre as datas para a realização do pleito eleitoral) impediu a definição e a prossecução de qualquer estratégia política eficaz por parte da oposição.

É, aliás, de referir que, tendo obtido a maioria absoluta na Assembleia Nacional em 2008, o MPLA fez aprovar, em 2010, a nova Constituição que reforça a centralidade da figura presidencial,[9] dispensando-a, inclusivamente, de se debater em eleições directas (recorrendo ao eleitorado) ou mesmo indirectas (exercidas na Assembleia Nacional). De facto, ficou estabelecido com o artigo 109.º que *"É eleito Presidente da República e Chefe de Executivo o cabeça de lista, pelo círculo nacional, do partido político ou coligação de partidos políticos mais votado no quadro das eleições gerais"*.

7. Da Comissão Nacional de Eleições
O debate da Comissão Nacional de Eleições (CNE) foi dos mais polémicos e desenrolou-se em duas vertentes: num primeiro momento, incidiu sobre o seu leque de competências em matéria de registo eleitoral; num segundo momento focou as questões relativas à composição deste órgão.

8. O registo eleitoral e a Comissão Nacional de Eleições
Algum tempo depois da apresentação do calendário eleitoral deu-se início à discussão do pacote legislativo referente às eleições, a qual se concentrou na questão do registo eleitoral. Rapidamente, a discussão originou uma polarização de posições no que dizia respeito ao órgão que deveria assumir a realização do registo: enquanto o MPLA defendia que este era da responsabilidade do Gover-

---

[9] Com a nova Constituição, o Estado encontra-se, de facto, sob o jugo da Presidência. Vejam-se as competências do Presidente da república como Chefe de Estado (artigo 119.º), como titular do Poder Executivo (artigo 120.º) e como Comandante-em-Chefe (artigo 122.º).

no, a oposição pretendia que o mesmo fosse entregue a uma comissão eleitoral independente. O cerne da controvérsia residia no artigo 13.º do anteprojecto de lei sobre o registo eleitoral, apresentado pelo MPLA, e que se encontrava em apreciação.

Esta polémica revelou-se bastante sintomática. Sabe-se que existem diferentes modelos institucionais possíveis, porém, a questão central não se colocava a esse nível, pois, em abstracto, todos os modelos partilham uma legitimidade formal. A questão levantada pela oposição tinha a ver com o facto de a opção contida no artigo 13.º colocar o registo sob a alçada do Governo e, num contexto em que predominava um receio para com uma "governamentalização" ou "partidarização" excessiva do processo eleitoral que retiraria legitimidade e credibilidade ao pleito, tal intento suscitou claramente uma resistência acesa.

De referir que, já em 1992, pese embora a centralidade do Conselho Nacional das Eleições, a presença governamental estava longe de ser residual. Mas se, em 1992, o enquadramento do processo de paz, a presença de observadores internacionais e até a criação da Direcção Geral das Eleições permitiam minimizar, até um certo ponto, as preocupações para com um eventual controlo excessivo do processo eleitoral, esse 'efeito de almofada' parece ter sofrido uma dissipação significativa, pelo que as apreensões da oposição sobre o controlo do registo dos eleitores adquiriram novo ímpeto.

Em face das resistências ao intento original, o MPLA terá submetido uma nova proposta de redacção do polémico artigo 13.º. De acordo com essa proposta, à CNE seria atribuída a responsabilidade de superintendência geral e de fiscalização do registo eleitoral, sendo esta última função extensível aos partidos políticos. Comparando o processo eleitoral de 2008 com a experiência de 1992, o actor supramencionado reflectia o seguinte:

Em 92, o governo iniciou o registo eleitoral logo a seguir a Bicesse e fez a aprovação das leis no contexto da Assembleia do Povo. José Eduardo dos Santos convocou uma conferência multipartidária para avaliar as novas disposições legais. A lei eleitoral envolvia o registo e o processo sob a autoridade da CNE. Havia também a Direcção Nacional das Eleições com réplicas nos escalões inferiores. O director-geral estava para ser nomeado e subordinado ao MAT (...) Critiquei esta governamentalização do processo. (...) o director devia ser nomeado pelo Presidente da República com o consenso dos partidos políticos. O director conduzia assim o processo... O Conselho ratificava e o director dava conta do processo aos partidos e à comunicação social. Havia garantias de transparência. Agora, há duas novidades: o registo passa para o governo e cria-se o director das eleições, que é do MAT... Toda esta competência é do governo, mas a CNE supervisiona o processo...

E sobre a questionada coerência jurídica entre o novo artigo 13.º e a Lei n.º 5/92, considerava:

Não há contradição com a lei de 92. É apenas uma despromoção relativa. Relativa! A CNE tem o poder de certificar os cadernos... tem amplos poderes... a supervisão pode ser tudo. (...) O registo precisa de uma grande máquina. A CNE para fazer tinha que recorrer ao governo... Seria o governo com o boné da CNE... Não há esvaziamento; há partilha de poderes.

Nestas condições, o antagonismo e a crispação subsistiram e a oposição esgrimia os seus argumentos, defendendo a validade do que tinha estipulado pela Lei n.º 5/92, de 16 de Abril.[10] De qualquer modo, a pretensão do MPLA acabou por prevalecer, ficando a CNE responsável pela aprovação e supervisão do programa do registo eleitoral.[11] Definido, pois, o leque de competências da CNE, é aprovado, em Conselho de Ministros, o Regulamento da Estrutura Orgânica do Registo Eleitoral,[12] segundo o qual se estabelece o Conselho de Ministros, a CIPE e o MAT como os órgãos de coordenação central do registo eleitoral. E nesta estrutura tricéfala, o MAT assume um protagonismo inegável, sendo a ele que compete "a concepção, programação, organização, coordenação e execução do processo de registo eleitoral" (artigo 6.º).

A resolução da divergência através da imposição legislativa, legitimada dada a maioria parlamentar do MPLA, é de extrema importância, porque nos permite analisar várias questões. Em primeiro lugar, há que reflectir sobre a relação entre um padrão de actuação impositivo e a fragilidade do poder. O exercício do poder democrático é manifesto não na capacidade de imposição, mas sim na capacidade em desenvolver e sustentar um máximo de alternativas

---

[10] A Lei de 1992, na verdade, definia as regras relativas ao processo eleitoral da altura, em matéria de registo eleitoral e das eleições presidenciais e legislativas e, no seu âmbito, o Conselho Nacional Eleitoral seria o "órgão independente do poder público e dos partidos políticos" que teria "a função de coordenação, execução, condução e realização do registo eleitoral e de todas as actividades relativas ao processo eleitoral" (Araújo, 2002).

[11] Lei n.º 3/05, de 1 de Julho. A Lei do Registo Eleitoral terá sido aprovada por 163 votos favoráveis, nenhum contra e oito abstenções. O regulamento da Lei do Registo Eleitoral, aprovado pelo Decreto n.º 62/05, de 7 de Setembro, clarifica, no seu artigo 55.º, as funções da CNE em matéria de registo eleitoral.

[12] Decreto n.º 63/05, de 16 de Setembro.

que possam ser atestadas na multiplicidade de demandas, de forma a limitar a possibilidade de conflito. Neste sentido, tal como o referem King e Thornhill, "um sistema político com plena posse do poder seria, consequentemente, aquele que poderia abrir e manter opções suficientes para a comunicação e suficientes alternativas de escolha de acção, de modo que a imposição coerciva de decisões colectivamente obrigatórias seria pouco mais que uma ameaça distante" (2005:104). Neste sentido, a consagração jurídica da decisão política não significa, pois, necessariamente, a abertura da decisão a alternativas reais, que a enriqueceriam e que a tornariam mais consensual. Tão pouco significa que a motivação para aceitar tal decisão seja derivada de um consenso ou de uma convicção sobre a sua adequação e a justeza. A vinculação jurídica da decisão política parece conviver bem com a latência da discórdia, porque a remete simbólica e valorativamente para uma impotência e exclusão *de facto* e *de jure*. Em segundo lugar, e porque a divergência de fundo manteve-se, a resolução meramente legal desta contradição possibilitou a transferência da dissensão para outros momentos do processo político. A consagração legal da decisão apenas produziu novas contradições.

9. A composição da Comissão Nacional de Eleições

Para o MPLA, a composição da CNE deveria obedecer àquilo a que chamou de 'princípio de proporcionalidade', o qual estabelecia que integrariam a CNE três deputados do MPLA, dois da UNITA e um pelas restantes formações partidárias com assento parlamentar. A estes, juntar-se-iam também dois membros indicados pelo Presidente da República, um membro indicado pelo Ministério da Administração do Território (MAT), um membro indicado pelo Tribunal Supremo e um último indicado pelo Conselho Nacional da Comunicação Social.

Desta composição discordava, frontalmente, a oposição, que repudiava a excessiva partidarização do órgão. Na sua óptica, mesmo os membros indicados por outras entidades que não o Parlamento ou a Presidência são percebidos como extensões partidárias, ou, na linguagem revolucionária ainda em uso, "correias de transmissão", dada a osmose e a desdiferenciação dos ramos que compõem o Estado. De acordo com a contra-proposta, assente num princípio de representatividade, a CNE deveria ser constituído por seis membros eleitos pelo Parlamento e designados por cada bancada, por um membro eleito pelo plenário do Tribunal Supremo, por um representante do MAT, por um representante das organizações cívicas e por um representante das igrejas.

418 SOCIEDADE E ESTADO EM CONSTRUÇÃO: DESAFIOS DO DIREITO E DA DEMOCRACIA EM ANGOLA

Mais uma vez, foi possível ultrapassar a dissensão mediante imposição legislativa. E, assim, em finais de Abril, o Parlamento aprova a proposta do MPLA relativa à nova Lei Eleitoral e à composição da CNE, dispensando a produção prévia de consenso real.[13] Nesta nova vitória do sistema de poder – novamente mais legislativa do que propriamente política –, vozes da oposição consideravam que aquele conseguiu garantir não só o controlo da execução do registo eleitoral, esvaziando a CNE desta competência, como também garantia a sua presença maioritária no principal órgão fiscalizador do registo: a própria CNE. Mas, à semelhança do que sucedeu aquando da aprovação da Lei do Registo Eleitoral, a não resolução efectiva da divergência conduziu sucessivamente à sua reactivação no desenrolar do processo eleitoral.

Assim, no início de Agosto de 2005, por exemplo, num momento em que a composição da CNE já tinha sido definida, a UNITA questionou a constitucionalidade dos actos do Governo relativos à preparação das eleições, solicitando o parecer do Tribunal Supremo sobre matérias diversas. No rol das preocupações enunciadas, encontrava-se a questão da partidarização e subalternização da CNE em relação à CIPE[14] e mais tarde, já em meados de 2006, a oposição sistematizou novamente o seu descontentamento e, ao fazê-lo, reactivou contradições ainda que de forma metamorfoseada: sendo já texto de lei as competências e a composição da CNE, a controvérsia incidia agora no facto de os juízes que integravam a CNE acumularem funções no Tribunal Supremo.[15]

---

[13] Em meados de Abril de 2005, a maior parte do Pacote Legislativo Eleitoral tinha passado o crivo da Assembleia Nacional: Lei da Nacionalidade (Lei n.º 1/05, de 1 de Julho), Lei dos Partidos Políticos (Lei n.º 2/05, de 1 de Julho), Lei do Registo Eleitoral (Lei n.º 3/05, de 1 de Julho), Lei da Observação Eleitoral (Lei 4/05, de 4 de Julho), Código de Conduta Eleitoral (Resolução n.º 10/05), Lei do Financiamento dos Partidos Políticos. Mas a Lei Eleitoral n.º 6/05 foi apenas aprovada a 10 de Agosto. O Decreto do Conselho de Ministros n.º 58/05 sobre o Regulamento da Lei Eleitoral foi só aprovado em 24 de Agosto.

[14] LUSA, 9-8-2005, "UNITA questiona constitucionalidade de actos do governo", consultado em 15-2-2006. O comunicado a que nos referimos foi publicado nesta fonte. Cerca de uma semana depois da sua publicação, as POC – Plataforma da Oposição Civil, vieram a público reiterar a posição da UNITA, ao acusarem a CNE de ser excessivamente partidarizada. Cf., também, VOA, 12-8-2005, "Comissão Nacional Eleitoral com demasiado peso partidário", consultado em 22 de Abril de 2006.

[15] Segundo o noticiado, o comunicado foi apresentado numa conferência de imprensa com a participação de vários partidos – UNITA, FNLA, PLD, PAJOCA (Partido da Aliança da juventude Operária-Camponesa de Angola), PDP-ANA (Partido Democrático para o Progresso da Aliança Nacional Angolana), FpD, POCS (Partidos da Oposição Civil) e PAI (Partido Angolano Independente). Foi publicado pelo canal Angola Notícias, a 6 de Abril de 2006, sob o título "Partidos da oposição denunciam funcionamento anormal dos órgãos de soberania".

Em face da constância da dissensão, foram accionados poderosos dispositivos semânticos, que procuravam produzir aquilo que a consagração legal insuficientemente alcançou: a aceitabilidade efectiva da decisão, ou melhor, a motivação para a aceitar e a convicção que ela deve ser aceite. Esses dispositivos semânticos utilizavam quadros de referência tidos como partilhados e que se relacionam com o contexto da transição política – de onde adquirem parte importante do seu poder persuasivo. Trata-se das referências, por vezes explícitas, por vezes implícitas, ao 'Estado de Direito', à 'institucionalização do Estado', à 'normalização institucional'. Na verdade, esta semântica dos valores políticos parece fornecer "o mecanismo mais persuasivo para manter a sua estabilidade" (King; Thornhill, 2005: 94) e constitui um traço de continuidade em relação à experiência de 1992, onde este mesmo controlo semântico jogou o seu papel. Assim, às acusações da oposição sobre a política de contenção democrática que se seguiu às eleições de 1992, um alto quadro do MPLA, em contexto de entrevista, respondia o seguinte:

> *Foi um esforço de re-institucionalização do Estado, sobretudo a partir de 1999. (...) A institucionalização (...) implicará, num primeiro momento, a centralização e a unidade para contrariar a proliferação de pequenos reis (pois) desordem gera pobreza. (...) [A oposição] confunde bloqueio com re-institucionalização.*

10. Da Oposição

Neste momento da análise, procurar-se-á reflectir, ainda que num breve apontamento, sobre a forma pela qual problemas de ordem diversa, enfrentados pelas forças partidárias da oposição, puderam ser traduzidos pelo sistema de poder num capital político que favorece a (re)produção da sua hegemonia.

Assim sendo, a atenção centrar-se-á em dois aspectos principais: o primeiro diz respeito à capitalização das crises internas que alguns partidos atravessavam (a este nível, o estudo de caso eleito refere-se à UNITA); um segundo aspecto refere-se às fragilidades que o sistema de poder, utilizando os benefícios e vantagens trazidos pelo domínio que exerce no Estado (manifesto, por exemplo, na instrumentalização do Estado ao nível dos seus recursos, do seu património jurídico, etc.), induzia na experiência da participação na vida política. Nesta dimensão, tais fragilidades são discutidas como impelindo para formas de integração dominada e de neutralização do potencial catártico da oposição – fragilidades estas potenciadas pelas aspirações patrimoniais-clientelares patentes nestes actores políticos.

11. A crise como capital político

No seu relatório sobre os partidos políticos angolanos,[16] Augusto Santana demonstra com claridade a preponderância e a frequência com que as formações políticas da oposição são afectadas por crises internas e por fragilidades diversas. Primeiramente, chama a atenção para a falta daquilo a que denomina de 'cultura democrática', considerando que "a prática de uma concorrência aberta, ou não é conhecida ou teve efeitos perversos, na medida em que um candidato expulsou os outros, ou surgiram alegações de má conduta partidária, corrupção, clientelismo, etc.", sendo ainda nítida "a falta de diálogo interno e a forma, nalguns casos ditatorial, de gestão dos partidos [a qual] tem criado problemas de liderança, acabando quase sempre em conflitos. Foi notória a tendência do surgimento de novos partidos ou fracções a partir de dirigentes sancionados ou expulsos dos partidos" (2006: 115/130). Nesta caracterização genérica, o autor identifica, de facto, vários dos problemas que tendem a impedir a emergência de forças políticas da oposição actuantes, eficazes e credíveis.

Vários partidos, na verdade, pareceram ser primordialmente motivados por um forte impulso hegemónico, com o qual procuravam integrar arenas sociais mais próximas do poder. Esse impulso hegemónico parece, assim, traduzir também a associação realizada entre sistema político e o acesso a benesses e prebendas, manifestando-se aquela em práticas de corrupção e clientelismo. Nesta perspectiva, a participação na vida política formal tende a ser identificada como uma dinâmica extremamente competitiva (tal como as crises internas de liderança parecem demonstrar) em termos de mobilidade social ascendente.

O impacto que tais problemas exerceram ao nível da actividade partidária foi também visível ao longo do processo eleitoral em escrutínio, com algumas das forças da oposição a debaterem-se com dificuldades internas que condicionavam a sua participação na vida política.[17] Mas, por ora, a atenção centrar-se-á na UNITA que, sendo um actor histórico e o maior partido da oposição, assume uma importância particular. E, de facto, a crise pela qual a UNITA passou não deixou, naturalmente, de ter consequências ao nível da sua participação na vida política.

---

[16] EISA Research Report n.º 28.

[17] Para além da UNITA, outras formações partidárias enfrentavam crises internas de liderança. Foi o caso, por exemplo, do PSD, formação política criada em 1989 com um deputado na Assembleia Nacional. Em Abril de 2007, o partido acabou por admitir publicamente a crise interna do partido, reconhecendo que a liderança estava a ser disputada por vários membros.

A crise foi despoletada no início de 2006, com o anúncio da intenção da direcção partidária em substituir parte da sua bancada parlamentar.[18] De acordo com os argumentos avançados, essa substituição tinha por objectivo normalizar a bancada parlamentar, respeitando a ordem de precedências das listas das eleições de 1992. A direcção partidária enfrentou, porém, grande contestação para aprovar a substituição dos deputados. O cerne da discórdia residia no facto de os deputados do 'grupo dos malditos' serem, de acordo com as listas das eleições legislativas de 1992, suplentes que ocuparam os lugares dos efectivos eleitos. E aqui reencontra-se a forma pela qual a ruptura provocada, anos antes, pela criação da UNITA-Renovada reemergiu neste novo contexto eleitoral.

Recorde-se que, em 1998, a UNITA-Renovada, rompendo com Savimbi, foi rapidamente reconhecida pelo MPLA como a única interlocutora legítima para o conflito. Nesta época, assistiu-se, igualmente, à suspensão dos ministros e vice-ministros do GURN (Governo de Unidade e Reconciliação Nacional) afectos à UNITA e procedeu-se à substituição dos deputados efectivamente eleitos, alvos de pressão de várias ordens, por elementos da UNITA-Renovada.[19] Perante as dificuldades em resolver aquilo que, à partida, seria um problema interno, o Comité Parlamentar da UNITA, a 7 de Fevereiro de 2006, acaba por condenar a conduta do grupo, denunciando também aquilo que apreende ser uma segunda manipulação da UNITA por parte do partido no poder, depois do episódio da UNITA-Renovada.

Uma segunda frente de desestabilização da UNITA prendeu-se com as consequências da gestão política de várias das indefinições que marcaram o processo eleitoral, mormente a questão das datas dos sufrágios. Estas manifestaram-se, por exemplo, ao nível da capacidade e da possibilidade do partido em programar a sua actuação, que, nessas condições, se tornava ainda mais contingente. De facto, a indefinição da data do pleito impossibilitou a definição de um curso de actuação, o que produziu um dilema para o Galo Negro: realizar, ou não, o congresso do partido, dado que se avizinhava o final do mandato da liderança. Esta questão assume especial importância quando a ela se alia, como observado,

---

[18] Trata-se do 'grupo dos malditos' – expressão pela qual ficou conhecido o conjunto dos deputados da UNITA que se rebelou contra a disciplina partidária.

[19] Relembre-se, também, e como já enunciado, que esta estratégia foi possível na medida em que, constitucionalmente, o sistema eleitoral permitia que as vagas fossem preenchidas pelos substitutos na lista partidária.

SOCIEDADE E ESTADO EM CONSTRUÇÃO: DESAFIOS DO DIREITO E DA DEMOCRACIA EM ANGOLA

não só a instabilidade da bancada parlamentar da UNITA, bem como uma certa instabilidade ao nível da sua direcção partidária.

Por fim, uma última nota para aquilo que tem sido descrito como o 'colete de forças'[20] em que a UNITA se encontrava ao longo deste processo eleitoral. É que, na realidade, dado o seu percurso histórico e militar, sobretudo na pós-independência, e considerada a experiência traumática do pós-1992, foi sendo produzida socialmente uma percepção que associa simbolicamente o Galo Negro aos riscos da re-emergência do conflito civil.

12. A produção da fragilidade e as aspirações patrimoniais-clientelares

A qualidade da participação destes actores e a possibilidade de aquela dar origem a contributos catárticos que potenciem o processo de democratização encontrou-se, também, limitada por uma série de factores.

Um dos factores mais limitativos prendia-se, naturalmente, com a capacidade financeira destes actores e com a sua abismal desigualdade face aos meios de que o MPLA usufruía. Refira-se, neste âmbito, que a actividade dos partidos é financiada por quotas e contribuições dos militantes, rendimento de bens e de actividades, doações e ofertas de pessoas singulares e colectivas nacionais e contribuições do Estado. Estas, de facto, constituem a maior fatia de financiamento e estão previstas no Orçamento Geral do Estado (OGE). Diversos partidos não possuem, todavia, outras fontes de financiamento que não o OGE, sendo as contribuições e quotizações dos militantes insignificantes.

A primeira experiência multipartidária angolana desvela, em parte, de que forma a abertura à participação e ao pluralismo pode ser acompanhada pela minimização das condições necessárias para uma real competitividade entre diferentes projectos políticos. Aquando das eleições de 1992 foi concedido aos pequenos partidos da oposição um curto espaço de tempo entre a sua legalização e as eleições para se organizarem. A juventude destes novos actores, o seu reduzido enraizamento social, a falta de experiências precedentes em termos de participação e competição política, assim como os parcos meios que usufruíam não os colocavam numa posição competitiva, sendo por isso relativamente inócuos. Para além disso, a sua integração da vida política multipartidária e parlamentar veio a constituir uma fonte de legitimidade adicional do poder que, em face de uma oposição quase minimal em termos de competitividade e

---

[20] Expressão utilizada por um actor entrevistado.

de força política, pôde demonstrar, sem riscos acrescidos, o seu compromisso para com o ideário democrático

Existem, naturalmente, significativas diferenças relativamente a 2008. Para além do país se encontrar em paz, a maioria das formações partidárias envolvidas no actual processo eleitoral possui já uma maior experiência de participação. Por outro lado, o ambiente social complexificou-se, com entidades da sociedade civil cada vez mais envolvidas nos processos de democratização e com a proliferação de pequenas associações de base local e comunal. Também se assiste a uma recomposição social que se prende, em grande parte, com as expectativas dos jovens sobre os seus projectos de vida e sobre a valorização do mérito em detrimento do parâmetro da pertença ou lealdade política, e com a emergência de uma classe empresarial, cujo desenvolvimento necessitará da estabilidade e previsibilidade de um sistema de governação democrático. Mas, em contraponto a estas diferenças, fortes linhas de continuidade são detectáveis: a falta de independência e de capacidade financeira de várias formações políticas, como referido, não só as neutralizam, como também as tornam mais susceptíveis a serem cooptadas, e, por essa via, alvo de uma integração dominada. Além do mais, a perspectiva comparativa permite verificar que os dois processos eleitorais partilharam dois mecanismos que em muito contribuíram para a fragilização do potencial das forças políticas em gerar dinâmicas transformadoras de cariz estrutural.

O primeiro mecanismo pode ser formulado da seguinte forma: liberalização política sem competição. A ideia é que a liberalização política, enquanto etapa dum processo de democratização, deverá envolver e permitir o desenvolvimento de duas dimensões centrais: participação política e competição política. Quando a liberalização não conduz uma dimensão de competição política efectiva, enquadrada por instituições capacitadas para assegurar a abertura, a participação tende a ser relativamente inócua, ou seja, tende a não ser traduzida em 'inputs' catalisadores de transformações estruturais do sistema. O esvaziamento do primeiro impulso de liberalização política, referido por Vieira Lopes como 'política de contenção democrática', demonstra-nos esta questão. Em 2008, a extrema desigualdade dos partidos políticos concorrentes minou, claramente, a sua competitividade e, sem competição, o usufruto da liberalização política torna-se mais restrito.

Um segundo mecanismo converte o pluralismo num recurso adicional do poder instituído. De facto, a participação, conducente teoricamente ao pluralismo, pode, por outro lado, ser utilizada para a criação de novas bases sociais de apoio, sem que tal exerça necessariamente uma pressão transformadora.

Neste nível, o pluralismo é convertido num recurso de fragmentação, circulação e cooptação de potenciais bases sociais de apoio (Otayek, 2006). Trazendo consigo a multiplicação dos focos patrimoniais, o pluralismo pode ser utilizado em benefício do poder, pois permite-lhe uma maior amplitude de circulação de elites, obviando os riscos de uma dependência excessiva em relação a elites cristalizadas. A dinâmica de incorporação e circulação de elites permite ao poder instituído criar e manter lealdades, assim como remover e substituir parte das suas bases de apoio, o que constitui uma estratégia de manutenção da sua centralidade e da sua autonomização.

Uma participação neutralizada ou condicionada pela minimização da componente de competição política (através da qual poderia ser traduzida em 'inputs' transformadores) e um pluralismo que, nessas condições, se afigura tendencialmente como uma recomposição e circulação de elites, indiciam uma espécie de 'monopolismo inclusivo', pelo qual o poder vai assegurando, até certo ponto, a sua configuração formal-institucional conforme ao ideário político proclamado – o democrático –, e permite a integração, numa lógica de adesão e de competição minimizada, de outros actores sem perder o controlo dos processos políticos.

13. Do MPLA

A análise que se segue procura centrar-se mais concretamente na actuação política do partido no poder no contexto do processo eleitoral, focando-se três dimensões: a política de recrutamento de militantes e de renovação das bases, a política de consultas bilaterais e, por fim, um dos efeitos produzidos pelo processo de presidencialização crescente do sistema político: a personalização do poder.

Política de recrutamento e renovação das bases

Na sessão de abertura da primeira reunião do Comité Central do MPLA em 2006, José Eduardo dos Santos defendeu a reorganização do partido. Nas suas palavras, "'A guerra não permitiu, entretanto, que organizássemos convenientemente as nossas estruturas de base, isto é, nas povoações, nos kimbos, nas comunas, bairros e municípios rurais e urbanos. Temos assim duas direcções de trabalho: a primeira é continuar os estudos e reflexões em curso, no âmbito da desconcentração e descentralização administrativa, sobre o modelo e organização da administração nos municípios e comunas, nas áreas rurais e urbanas. A segunda é harmonizar e actualizar a cadeia de direcção do partido do topo à base, realizando a renovação dos órgãos dirigentes a nível da comuna e do município, nos termos dos estatutos. Nesta perspectiva, os militantes a escolher devem ter boa formação política e técnica'" (Lamberga, 2006). E, na realidade, o MPLA investiu seriamente na renovação das suas bases, com a realização de eleições para os níveis de base e para as estruturas locais do partido –, investimento este que foi realizado em consonância com uma forte componente de recrutamento de novos militantes (Vidal, 2006; 2007).

De facto, sobretudo a partir de 2006, o MPLA desdobrou-se em inúmeras iniciativas para reorganizar, mobilizar e ampliar a sua base militante[21]. As campanhas incidiram por todo o país, e não só na capital ou em zonas tidas como mais próximas ao MPLA. O recrutamento foi, na realidade, também promovido em províncias consideradas como bastiões da UNITA, como o Huambo, o Bié, o Moxico e o Kwando-Kubango (Vidal, 2007). A isto adicionava-se, ainda, o esforço de mobilização e valorização das estruturas partidárias das bases. Na VII sessão ordinária do Comité Central, José Eduardo dos Santos terá exaltado o papel destas estruturas na resolução de problemas da população, assim como o enaltecido Sistema de Formação Militante e de Quadros do Partido (o qual ressoa fortemente o Sistema de Trabalho Ideológico do partido no tempo do marxismo-leninismo), e a campanha de recrutamento 'Cada Militante, Mais Dois': "*Com a implementação do Sistema de Formação Militante e de Quadros do Partido e com o aperfeiçoamento dos seus instrumentos de comunicação social e de promoção da sua imagem, já projectados, estou convencido que vamos conseguir melhorar os resultados. (...) É evidente que a tarefa mais importante da Direcção do Partido, em 2007, será preparar convenientemente o MPLA para disputar as eleições legislativas de 2008 com êxito. Para conduzir correctamente esta tarefa complexa teremos de realizar com sucesso algumas acções e vários trabalhos, tais como: 1) Convencer todos os militantes a registar-se e a obter o seu Cartão de Eleitor sob o lema 'Militantes, todos ao registo' ou outro similar; 2) Solicitar e convencer que cada militante mobilize fora do Partido mais um ou dois eleitores da área de residência para votar no MPLA*".[22]

Torna-se, assim, clara a centralidade desta política de recrutamento e de renovação de bases. Apesar de ter enunciado o objectivo de 'despartidarizar' o Estado e a Administração Pública, tal política assemelha-se a uma forte 'partidarização' do tecido social, sendo também utilizada como estratégia de

---

[21] Em 1998 estavam registados 998.199 militantes e, em finais de 2003, 1.862.40 membros. Esta base militante cresceu significativamente no Planalto Central. Em Luanda, o número de militantes rondava, em 2006, cerca de um milhão. Para mais detalhes, cf. Vidal, 2006.

[22] Cf. Angola Press, de 9 de Fevereiro de 2007, "Íntegra do discurso do presidente do MPLA", consultado em 18 de Março de 2007.

SOCIEDADE E ESTADO EM CONSTRUÇÃO: DESAFIOS DO DIREITO E DA DEMOCRACIA EM ANGOLA

cooptação e de disciplinarização (no sentido de promoção da lealdade política, e não propriamente no sentido da afirmação de uma ortodoxia ideológica), para o qual se evoca o "Sistema de Formação de Militantes e Quadros".

14. Política de consultas

Outra importante estratégia foi sendo desenvolvida entre 2005 e 2006, assumindo a forma de dois ciclos de consultas bilaterais aos partidos da oposição. No primeiro ciclo, realizado em 2005, o tema predominante era o compromisso dos partidos políticos para com o processo eleitoral, de modo a assegurar a sua credibilidade e transparência. Mas a atenção será, preferencialmente, focada naquilo que constituiu o segundo ciclo de consultas bilaterais do MPLA. Neste segundo ciclo os temas abordados diziam respeito quer ao processo eleitoral, quer à Agenda Nacional de Consenso. Atentemos, por breves momentos, nesta última: a Agenda Nacional de Consenso encontrava-se em discussão desde 2004 e ganhou um protagonismo especial, sobretudo após a queda do processo de revisão constitucional. Integrava o rol das 14 tarefas de preparação para a organização do processo eleitoral e tinha por objectivo criar "um consenso nacional sobre as tarefas fundamentais que deverão ser desenvolvidas para que os angolanos independentemente da possibilidade de alternância do poder político num contexto democrático, possam levar adiante o seu legítimo sonho de fazer Angola crescer" (2004: 4). A Agenda estava, pois, destinada a apresentar um conjunto de princípios que serviriam de base a uma estratégia de desenvolvimento de longo prazo (25 anos).[23] A leitura do documento revela que o mesmo era constituído por duas partes essenciais. Primeiramente, discute um diagnóstico genérico da situação de Angola nos domínios político-
-institucional, económico e sociocultural. Em seguida, apresenta uma espécie de carta de intenções de objectivos, também genéricos, do que se projectaria para o país. Esta segunda parte assumia, na realidade, a forma de uma 'carta de intenções', pois a metodologia para alcançar os objectivos eleitos, ou uma reflexão mais aprofundada sobre políticas e/ou programas a eles dedicados, encontravam-se ausentes do texto.

---

[23] Isto não é inédito, nem tão pouco, à partida, não razoável. Vários países procederam à elaboração de planos de desenvolvimento a longo prazo, sectoriais ou globais. Mas, no contexto de Angola, onde tanto a construção e institucionalização do Estado, como a sua fragilidade, surgem como recursos para a afirmação de uma hegemonia política, tal levanta, também razoavelmente, algumas preocupações.

A Agenda foi, também, um importante objecto de dissensão. Na realidade, para vários actores da oposição, ela representava mais um ensaio do sistema de poder para garantir a sua hegemonia. Um actor da sociedade civil considerava a este respeito o seguinte:

> *Quando os temas são do governo não são espaços de concertação... são espaços de legitimação. A agenda de consenso é uma agenda de consentimento. (...) Não faz sentido. É declarativa. Vaga. E mesmo no seio do MPLA não há consenso. (...) Não há metodologia para os objectivos da agenda.*

Numa outra interpretação, salientando a ideia de vincular o documento independentemente dos governos que venham a ser formados, a Agenda era frequentemente interpretada como a forma ideal para assegurar, na ausência da aprovação da revisão constitucional, um sistema de governação eminentemente presidencialista.

15. Personalização do poder

Como se tem vindo a analisar, o sistema de poder tem apresentado um forte ímpeto de presidencialização. Tal denota-se nas práticas reais do exercício do poder, mas também na forma como esta mesma tendência foi alvo de sucessivas tentativas de institucionalização, que almejavam o reconhecimento do presidencialismo como princípio fundador do sistema político formal. Estas tentativas deram-se quer por recurso ao Tribunal Supremo, quer por via das propostas de revisão constitucional (Araújo, 2001, 2008; Feijó, 2007). O ponto a salientar é que a presidencialização, ao concentrar na figura presidencial importantes poderes e ao decorrer num contexto onde vigoram ainda princípios de regulação social e política de cariz patrimonial e clientelar, tende a ser acompanhada pela personalização do poder.

Antes de discutirmos esta questão, vejamos brevemente uma outra temática congénere: a que se refere aos mandatos presidenciais. A nova lei eleitoral, aprovada em Maio, não chegou a ser promulgada pelo Presidente da República que dela discordava. A Presidência solicitou, então, mais uma vez, ao Tribunal Supremo, a apreciação preventiva da constitucionalidade da lei. O Acórdão emitido pelo Tribunal Supremo considerou que o artigo 17.º da nova lei eleitoral era inconstitucional, pois incluía uma alínea contrária ao disposto constitucionalmente: por um lado, a Constituição vigente (de 1992) permitia ao Chefe de Estado exercer três mandatos consecutivos ou interpolados; por outro, todavia, o artigo 17.º supramencionado permitia apenas dois mandatos consecutivos ou três interpolados.

Com a declaração da inconstitucionalidade deste artigo 17.º, José Eduardo dos Santos pode candidatar-se às eleições presidenciais e exercer, novamente, o cargo durante mais três mandatos consecutivos (perfazendo 15 anos de exercício do poder). O Tribunal Supremo terá baseado a sua decisão ao considerar que, em 1992, dada a não realização da segunda volta das eleições presidenciais, nenhum novo Presidente da República foi, de facto, eleito. Por conseguinte, nesta linha de raciocínio, José Eduardo dos Santos tem sido uma espécie de 'presidente interino'[24] que tem governado ao abrigo de um mandato constitucional de transição. Para as vozes dissidentes – que pouco poderão fazer, dada a maioria parlamentar do MPLA –, José Eduardo dos Santos já cumpriu três mandatos, tendo o último terminado em Setembro de 2007. Consequentemente, e segundo o artigo 59.º da Lei Constitucional de 1992,[25] não poderia recandidatar-se.

Depois de José Eduardo dos Santos ter declarado, em 2003, que não tinha intenção em ser candidato do MPLA às eleições presidenciais, sucederam-se várias manifestações de apoio à sua recandidatura. O cultivo da indefinição relativamente à recandidatura de José Eduardo dos Santos foi acompanhado, na realidade, pela demonstração de apoio e por pressões no sentido de o reconduzir, novamente, à corrida eleitoral. Neste âmbito, após o célebre 'movimento espontâneo' de apoio, várias declarações de figuras públicas sucederam-se nos mesmos intentos. Dever-se-á, também, sublinhar o caso ilustrativo da UTPA – União da Tendência Presidencial de Angola, que, nesse ano, declarou apoiar a candidatura de José Eduardo dos Santos às eleições presidenciais, classificando--o como "*o promotor da paz e da democracia no país*".

Estas manifestações de apoio foram, por seu turno, alimentando uma forte personalização do poder que trespassava para a esfera social e que reforçava a associação simbólica (e paternalista), construída há muito, mas fortalecida, sobretudo a partir de 1992, entre o Presidente e o garante fundamental da paz, da reconciliação e da pátria. No período que antecedeu a primeira experiência eleitoral esta estratégia foi bastante clara. Tal é enunciado, em contexto de

---

[24] Expressão veiculada por um dos actores entrevistados.

[25] Segundo o qual: "O mandato do Presidente da República tem a duração de cinco anos e termina com a tomada de posse do novo Presidente eleito. O Presidente da República pode ser reeleito para mais dois mandatos consecutivos ou interpolados".

entrevista, por um actor de uma organização da sociedade civil angolana, ex-
-quadro do MPLA:

> *Savimbi não fez nada para ganhar as eleições. Estava convencido que ia ganhar. O MPLA aí usou a estratégia de maior inteligência que conheço... O MPLA estava completamente vergado... O que vou dizer é excessivo, mas... O MPLA fez um 'acordo' com a Igreja católica... (até então, era ateu, materialista...)... Entrega os bens nacionalizados à igreja, o Papa vai a Angola e José Eduardo casa pela Igreja. (...) A relação com a Igreja Católica origina uma política de espelhos: Savimbi-Guerra; José Eduardo-'Futuro Tranquilo', 'Homem da Paz'... Na campanha, o MPLA apresentou um poster de Savimbi com pistola na mão (...). Havia também um sketch na televisão que mostrava Savimbi a lançar a pomba da paz e a pomba caía! E as pessoas gritavam: 'Eh! A pomba caiu'.*

16. Da sociedade civil

Afigurava-se também crucial assegurar um certo domínio sobre a esfera social que mais dinamismo foi demonstrando nos últimos anos: a sociedade civil. De facto, diversas entidades da sociedade civil têm vindo, cada vez mais, a investir a sua intervenção em áreas próximas das necessidades de democratização e de desenvolvimento. Esta mudança de paradigma de uma intervenção humanitária de emergência para uma intervenção em áreas de pós-conflito é, naturalmente, acompanhada por aquilo que o sistema de poder descreve como excessivo e indesejável: a politização dos temas tratados e das intervenções realizadas.

Assim, enquanto que, no início da década de 1990, estas entidades puderam ser relativamente bem recebidas pelo sistema de poder, dada a sua actuação humanitária que se substituía a um Estado empenhado no seu esforço de guerra, o novo perfil de muitos destes actores suscita a um reposicionamento por parte do poder (Pacheco, 2006; 2008). Um dos actores mais intervenientes da sociedade civil angolana, pertencente a uma organização vocacionada para a intervenção em programas de desenvolvimento, explicava este processo da seguinte maneira:

> *Na altura [anos 1990], o poder não estava preocupado com a sociedade civil. Olhava-a como meio para legitimar a sua democracia. Achava que era melhor ir por aí do que ir por partidos... Hoje, depois da guerra, põe-se o problema: quem somos nós? Depois de 2002, muitas organizações desapareceram, porque estavam ligadas à ajuda humanitária. Mas outras afirmaram-se e hoje defendem esta abordagem de voluntariado*

e ter agenda própria. (...) A partir do momento em que o poder percebe que não é um 'grupinho que presta serviço', que está a ser gerada massa crítica de mais qualidade do que na vida governativa. (...) O poder está a viver um dilema: se trava o processo da sociedade civil que está a dar resultados, a sua credibilidade fica afectada. Mas também sabe que se deixar andar, trará consequências para ele...

Na sua nova e potencialmente catártica configuração, a sociedade civil,[26] enquanto um dos mais relevantes ambientes de existência do sistema de poder, é apreendida como um risco. Por conseguinte, a relação deste com os actores sociais reveste-se de uma crescente e indesejada incerteza.

17. Unidade Técnica de Coordenação da Ajuda Humanitária

O interesse do sistema de poder pela sociedade civil – nomeadamente pela sua actuação supletiva e pelos recursos que esta começava a captar no palco da comunidade internacional –, levou, em 1998, à criação da Unidade Técnica de Coordenação da Ajuda Humanitária (UTCAH) pelo Decreto n.º 30/98, de 11 de Setembro, o qual aprovou o seu Estatuto Orgânico. Segundo o disposto no artigo 1.º, a UTCAH é um "Instituto Público dotado de personalidade jurídica, autonomia administrativa, financeira e patrimonial, podendo gerar receitas próprias", cujo objectivo consiste na "sensibilização da comunidade nacional e internacional para o angariamento de doações não reembolsáveis, bem como o acompanhamento, controlo, coordenação e avaliação de todos os programas de assistência humanitária às populações" (artigo 2.º). Por conseguinte, tem como atribuições "coordenar, acompanhar e controlar os programas e projectos de assistência humanitária implementados pelas Agências das Nações Unidas, Organizações Internacionais e Organizações Não Governamentais (ONG)" (artigo 5.º).

Em pleno processo eleitoral, com várias entidades a querem participar no registo eleitoral, nas campanhas de educação cívica e eleitoral, a organizarem eventos, debates e sessões públicas, o responsável pela UTCAH vem a público, a 10 de Julho de 2007, ao noticiário da RNA – Rádio Nacional de Angola, denunciar vários actores da sociedade civil angolana e estrangeira como estando a desenvolver actividades que incorrem em ilegalidade.[27]

---

[26] Sobre este tema, cf. o capítulo, neste volume, de Cesaltina Abreu.

[27] Jornal de Angola, 13 de Julho de 2007: "Docente Universitário sugere recurso aos Tribunais", consultado em 5-9-2007. Refira-se que a reacção da UTCAH deu-se no contexto paradoxal da eleição de Angola para membro do Conselho dos Direitos Humanos da ONU e das denúncias, em várias instâncias europeias, sobre violações

AS EQUAÇÕES NÃO LINEARES DA DEMOCRATIZAÇÃO 431

Tratou-se de um aviso sério sobre os riscos de uma intervenção excessivamente politizada.

18. Politização/ Despolitização

O sistema de poder parece sentir, de facto, um forte desconforto para com a politização de certos temas e intervenções por parte da sociedade civil. Como nos explica o actor atrás mencionado:

A agenda da sociedade civil é assumidamente a politização, mas não é consensual, porque há muita gente que tem receios... O aspecto positivo é que ninguém discorda da politização. É uma constatação de algo que está em curso e que não pode ser evitado. Mas é um processo longo que vai ter nuances, voltas e possivelmente vai haver recuos. (...) Há sinais que mostram que não pode andar para trás. Há mudanças positivas.

Desse desconforto tem resultado uma clara tentativa de restringir as temáticas permitidas à sociedade civil, nomeadamente através de produção legislativa, como se verá em seguida. E daqui decorre, também, o inibir da diferenciação da sociedade civil como esfera autónoma, o que, por seu turno, vem, novamente, confirmar a importância do controlo sobre a sociedade civil. A mesma fonte colocava esta questão nos seguintes termos:

A UTCAH coordena as ONGs... O que incomoda [ao poder] é que esta abordagem [politizada] pode ser partidarizada... porque existe uma confusão entre partidarização e politização... Há uma confusão primária. A ideia é que a política é do Estado. Não é reconhecida a participação política dos actores da sociedade civil. (...) O Estado fala do 3.º sector, que é uma versão despolitizada da sociedade civil.

A UTCAH é considerada, por diversos actores da sociedade civil angolana, como um órgão inconstitucional, pois a revisão constitucional de 1992, então vigente, consagrou claramente o princípio basilar da liberdade de associação. Vejamos esta questão com maior detalhe. A 31 de Dezembro de 2002 foi publicado o Decreto n.º 84/02 que aprova o regulamento das ONG. Vários dos seus artigos parecem padecer de inconstitucionalidades.[28] Por um lado, enquanto o

---

dos direitos humanos, ocorridas com a demolição de casas no município de Kilamba Kiaxi, Bairro Cambamba I e Cambamba II, em Luanda, a 13 de Março de 2006. Cf., por exemplo, HRW, 2007, "They pushed down the houses".

[28] Neste Decreto estabelece-se que: *Artigo 4º: As Organizações Não Governamentais 'ONG' estão sujeitas à tutela do Ministério da Assistência e de Reinserção Social; (...) Artigo 6.º: Compete à Unidade Técnica de Coordenação da Ajuda Humanitária (UTCAH): a) acompanhar, controlar e fiscalizar as actividades das Organizações Não Governamentais; (...)*

decreto supramencionado retira clara e significativamente autonomia a estes actores, o texto constitucional de 1992, então vigente, não estabelece o poder de superintendência ou tutela do governo relativamente a entidades autónomas e independentes da sociedade civil. Por outro lado, a matéria de direitos, liberdades e garantias fundamentais (onde se inclui a liberdade de associação) é, constitucionalmente, reserva absoluta da competência legislativa da Assembleia Nacional, e não do Governo que publicou o Decreto em causa. O princípio de fixação da competência legislativa assenta, segundo a Lei Constitucional então vigente, na separação de poderes, pelo que essa faculdade não pode ser exercida por outro órgão que não aquele a quem tal faculdade foi atribuída. Isto implica que, quando a Constituição reserva à Assembleia Nacional as bases para legislar em matéria de liberdades, direitos e garantias, apenas a ela cabe a responsabilidade de lhes dar conteúdo com legislação subsequente, caso contrário incorre-se no desvio do poder legislativo e, consequentemente, numa inconstitucionalidade. Do exposto se conclui, também, que somente a Assembleia Nacional pode restringir ou alargar o âmbito de aplicação de leis especificamente sobre direitos, liberdades e garantias.[29]

Para além destas inconstitucionalidades, vários actores da sociedade civil argumentavam que o Decreto entrava também em contradição com a lei das associações (Lei n.º 14/91), a qual consagra a autonomia e a liberdade daquelas. Todavia, a própria lei das associações padece também de algumas incoerências. Vejamos: o enquadramento legal da sociedade civil foi construído no início da década de 1990 com a abertura ao multipartidarismo. Assim, no âmbito da revisão constitucional foi promulgada a Lei das Associações (Lei n.º 14/91, de 11 de Maio). Segundo o disposto no n.º 1, "Nos termos da presente lei podem constituir-se associações para prosseguirem, entre outros, os seguintes fins: a) profissionais; b) científicos e técnicos; c) culturais e recreativos; d) educativos; e) solidariedade social; f) convívio e promoção social; g) protecção do meio ambiente; h) promoção e desenvolvimento comunitário; i) políticos; j) solidariedade internacional". Estavam, portanto, previstas associações com fins

---

Artigo 18.º, n.º 1: O Ministério Público deve decretar a suspensão das actividades das (...) ONG, sempre que haja fortes indícios da prática de actos lesivos à soberania e integridade da República de Angola; (...) Artigo 21.º, n.º 1: Sem prejuízo de outros deveres (...), as (...) ONG estão obrigadas a: (...) b) abster-se da prática de acções de índole política (...). Compare-se agora com o que se encontra disposto na Lei Constitucional de 1992: Artigo 89.º: À Assembleia Nacional compete legislar com reserva absoluta de competência legislativa, sobre as seguintes matérias: (...) b) direitos, liberdade e garantias fundamentais dos cidadãos; (...) e) associações e partidos políticos.

[29] Cf. Miranda, 2000.

políticos. No entanto a estas foi vedado, segundo o artigo 8.º: "a) Participar na actividade dos órgãos do Estado; b) Contribuir para a determinação da política nacional, designadamente através da participação em eleições ou de outros meios democráticos; c) Contribuir para o exercício de direitos políticos dos cidadãos; d) Definir programas de governo e de administração; e) Influenciar a política nacional no Parlamento ou no Governo".

Se, por um lado, é admissível a criação de associações com fins políticos, por outro lado, as mesmas estão proibidas de contribuir para o exercício dos direitos políticos dos cidadãos e de influenciar a política nacional.[30] Consagradas em corpo de lei as incoerências da Lei n.º 14/91, os artigos supracitados são evocados para restringir a actuação de actores da sociedade civil, legitimando-se assim a actuação da UTCAH.

Refira-se, ainda, que o desconforto do sistema de poder relativamente à politização da sociedade civil tende a ser acompanhado pela evocação de valores políticos superiores, como a integridade da soberania nacional. Neste contexto, a temática política é interpretada como decorrendo da agenda oculta por 'entidades chantagistas',[31] ou por actores que, incitados por entidades estrangeiras, ao invés de terem uma intervenção social, têm uma intervenção política. Assim, uma das razões apresentadas para legitimar a crítica e a desconfiança para com certos actores da sociedade civil é, nas palavras de um actor que esteve envolvido no processo eleitoral de 1992, a seguinte:

> *Não é uma questão da sociedade civil... são as organizações que vêm de fora, estrangeiras. Os do MPLA têm a percepção que estão contra eles. E tem a ver com uma certa paranóia da conspiração. Há uma certa tendência das sociedades apoiadas por EUA e outros que fazem workshops e que ensinam aos partidos políticos os modelos e os princípios do Ocidente sem verem o processo angolano... Parece que Angola só vai ser vista como democracia, quando a oposição estiver no poder... É uma espécie de estereótipo... A democracia é por fases, por passos. As instituições estrangeiras*

---

[30] Todavia, a própria Lei Constitucional estabelece a participação política da sociedade civil, ao definir no n.º 2 do artigo 3.º que "O Povo Angolano exerce o poder político através do sufrágio universal periódico para a escolha dos seus representantes, através de referendo e por outras formas de participação democrática dos cidadãos na vida da Nação".

[31] Expressão utilizada por um actor entrevistado, que veiculava o seu criticismo contra certas entidades da sociedade civil angolana e suas ligações à comunidade internacional.

confundem-se com a sociedade civil angolana, porque eles falam muito em alternância. A democracia pode não ser alternância, mas pode haver uma mudança nos órgãos...

E, embora veja, com criticismo, a utilização da Lei das Associações como um alerta de restrição para a amplitude de tematização que é concedida à sociedade civil, o mesmo actor argumenta:

Não querem que as pessoas sejam politizadas. Aqui de facto há uma ambiguidade complicada que é preciso entender... O governo está aqui a actuar em excesso... Consideram que as entidades com apoio estrangeiro têm uma capacidade de manipulação política que compromete a liberdade de escolha. (...) Elas [organizações estrangeiras] são os profetas da mudança, mas esse conceito de mudança como alternância é perigoso e sofisma as questões políticas. O MPLA sabe que esta sociedade civil pode causar mais danos do que os partidos políticos.

Conclusões

Pelo exposto, torna-se claro que a complexidade da realidade angolana não é redutível ou encapsulável num único aforismo que, na sua natureza de aforismo, produziria uma universalização generalizante sobre os processos de construção do Estado e de democratização.

Na análise comparativa dos dois únicos processos eleitorais gerais que Angola conheceu, observamos uma assinalável tectónica de continuidades. O seu peso é de tal modo significativo que 2008 parece confirmar, em certos momentos, a direcção de 1992. Do leque dessas continuidades, saliente-se a integração problemática das forças políticas e das vozes civis, a capitalização das aspirações patrimoniais e clientelares, o controlo semântico sobre valores políticos, a osmose entre distintos ramos do Estado e a tendência para a presidencialização do sistema.

Simultaneamente, vastas e importantes diferenças entre os dois processos são detectáveis. Algumas das transformações sociais ocorridas entretanto constituem a base fértil para uma efectiva democratização. Ainda que difícil, a participação das forças políticas e da sociedade civil, assim como a massa crítica que está a ser gerada e o activismo destes actores são dinâmicas de esperança que se opõem a tendências conservadoras que buscam a neutralização da liberalização política e da democratização e a despolitização do tecido social.

Em face desta complexidade, que encerra em si mesma tensões e contradições significativas, há realmente que pensar para além de categorias e mudanças formais. De facto, qualquer mudança formal apenas ganha significado quando analisada à luz da direcção concreta que contextos concretos impõem a essa mesma mudança. Desse modo, ao invés de fáceis leituras que realidades tidas como unívocas nos proporcionam, interessa explorar as múltiplas equações não lineares da vida social. Elas permitem ver que transição não é um momento, um procedimento ou uma fase cujo cumprimento formal implica o seu fim. Vinda a paz e realizadas as eleições, a transição permanece como tema central da realidade política angolana. É que a transição de Angola, a ser política, deverá ser também social.

Pestana dizia-nos, em 2002, que a transição angolana poderá trilhar dois caminhos. Um seria o do 'industrialismo autoritário' de um Estado que se adequa, pela ordem de preferências e pela acção das suas elites, a um perfil neoliberal e onde a classe dirigente manteria o controlo dos processos políticos e económicos. Este caminho conduziria, no cenário mais optimista, àquilo a que Santos designa de 'democracia de baixa intensidade' (2003a).

Um caminho alternativo é o que Pestana designa de 'modernidade democrática'. Trata-se de um caminho em que se investe na construção de um Estado produtor de cidadania e de justiça social. Algumas forças sociais, civis e políticas, têm vindo a trabalhar no sentido da instauração dessa "modernidade democrática", correspondendo às expectativas e anseios, partilhados por alguns segmentos sociais, pela instauração de uma nova dinâmica de integração social e política e de mobilidade social, movida pela adesão a um projecto de sociedade democrática e não apenas pela lealdade política. Importantes transformações no seio do próprio Estado, ao nível da sua edificação institucional, podem também vir a contribuir para este caminho alternativo.

Mas, para além disso, assiste-se a um modelo de desenvolvimento que se aproxima perigosamente de um 'apartheid económico' e que se transfigura, nos momentos em que o sentimento de privação relativa é mais gritante, na modalidade do 'racismo económico', onde as velhas linhas de fractura social tendem a reemergir renovadas, produzindo novas oposições e ressentimentos entre, por exemplo, brancos, mulatos e negros; entre indivíduos qualificados e não qualificados, entre novos 'ocidentalizados' e os novos 'matumbos'. É também este modelo de desenvolvimento que, em boa parte, renova a centralidade das aspirações patrimoniais-clientelares como a mais eficaz racionalidade de sobrevivência e de mitigação da injustiça social.

SOCIEDADE E ESTADO EM CONSTRUÇÃO: DESAFIOS DO DIREITO E DA DEMOCRACIA EM ANGOLA

Estas são algumas das equações não lineares da democratização que colocam Angola no entroncamento destes dois caminhos e que a vitória esmagadora do MPLA em 2008 parece ainda não ter suprido. Mas dado que o desenrolar desta realidade tão próxima não permite ainda ver claramente qual dos caminhos será trilhado, importa lutar para que as cartas continuem em cima da mesa e não se dê o jogo – nem a transição – por terminado. Até porque o futuro nasce sempre do presente.

Referências Bibliográficas

Araújo, Raul (2001), "A problemática do Chefe de Governo em Angola" *in Revista da Faculdade de Direito Agostinho Neto*, 2.

Araújo, Raul (2002), *Palestra proferida aquando do "Debate sobre as regras para as eleições"*, organizado pela Fundação Friedrich Ebert, a 30 de Outubro de 2002, em Luanda. Disponível em http://library.fes.de/pdf-files/bueros/angola/hosting/up12_02araujo.pdf. (acedido em Dezembro de 2010).

Araújo, Raul (2008), *O Presidente da República no Sistema Político de Angola*. Tese de Doutoramento. Faculdade de Direito da Universidade de Coimbra.

Comerford, Michael G. (2005), *O rosto pacífico de Angola. Biografia de um processo de paz (1991 – 2002)*. Windhoek: John Meinert Printing.

Compagnon, Daniel (2004), "Pour une analyse multidimensionnelle du processus electoral african. Historicité, comparaison et institutionnalisation" *in* Quantin, Patrick (org.), *Voter en Afrique. Comparaisons et différentiations*. Paris: L'Harmattan.

De Sousa, Bornito (2006), "Eleições e estabilidade" *in* Vidal, N.; Andrade, J. P. (org.), *O processo de transição para o multipartidarismo em Angola*. Luanda e Lisboa: Edições Firmamento.

Dos Santos, Onofre (s/d), *Eleições 1992*. Editado por Isabel Emerson. Agência Americana para o Desenvolvimento Internacional. Luanda. Angola.

Ennes Ferreira, Manuel (1995), "La reconversion économique de la nomenclature pétrolière", *Politique Africaine*, 57 : 11-26.

Feijó, Carlos (2007), "O semi-presidencialismo em Angola. Dos casos à teorização da *Law in the books* e da *Law in action*", *Revista Negócios Estrangeiros*, 11(4): N.º especial: 29-43.

Hodges, Tony (2003), *Angola. Do afro-estalinismo ao capitalismo selvagem*. S. João do Estoril: Principia.

Human Rights Watch (1999), *Angola explicada. Ascensão e queda do processo de paz de Lusaka*. Nova Iorque, Londres.

AS EQUAÇÕES NÃO LINEARES DA DEMOCRATIZAÇÃO   437

Human Rights Watch (2007), "They pushed down the houses". Maio de 2007. Disponível em http://www.hrw.org/en/node/10958/section/4 (acedido em Dezembro de 2010).

King, Michael; Thornhill, Chris (2005), *Niklas Luhmann's Theory of Politics and Law*. Nova Iorque: Palgrave Macmillan.

Lamberga, Josefa (2006), "JES: Eleições dependem da reabilitação das vias rodo--ferroviárias" (documento consultado em 2006).

Lopes, Filomeno Vieira (2004), "Os desafios da democratização", ACCORD, 15.

Marques Guedes, Armando (2007), "Os processos constitucionais dos Estados Africanos Lusófonos entre factos e normas", *Revista Negócios Estrangeiros*, 11(4) n.º especial: 6-28.

Marques Guedes, Armando; Feijó, Carlos; Freitas, Carlos de; Tiny, N'Gunu; Coutinho, Francisco P.; Freitas, Raquel B.; Pereira, Ravi A.; Ferreira, Ricardo do N. (2003), *Pluralismo e legitimação. A edificação jurídica pós-colonial em Angola*. Lisboa: Almedina, Faculdade de Direito da Universidade Nova de Lisboa.

Messiant, Christine (1994), "Angola. Les voies de l'ethnisation et de la décomposition. Part I. De la guerre à la paix (1975-1991): le conflit armé, les interventions internationales et le peuple angolais" in *Géopolitiques des Mondes Lusophones. Lusotopie*, 1-2: 155- 212.

Miranda, Jorge (2000), *Manual de Direito Constitucional. IV. Direitos Fundamentais*. Coimbra: Coimbra Editora.

Otayek, René (2007), "A descentralização como modo de redefinição do poder autoritário?", *Revista Crítica de Ciências Sociais*, 77:131-150.

Pacheco, Fernando (2006), "Sociedade civil e a construção da democracia em Angola" in Vidal, N.; Andrade, J. P. (org.), *O processo de transição para o multipartidarismo em Angola*. Luanda e Lisboa: Edições Firmamento.

Pacheco, Fernando (2008), "Sociedade civil em Angola: ficção ou agente de mudança?" in Vidal, Nuno; Andrade, Justino Pinto (org.), *Sociedade civil e política em Angola. Enquadramento regional e internacional*. Luanda e Lisboa: Firmamento. Universidade Católica de Angola, Universidade de Coimbra.

Pereira Coutinho, Francisco; Marques Guedes, Armando (2007), "Sobre o sistema de governo em Angola – do centralismo 'soviético' ao 'semi-presidencialismo' transicional até à adopção de um sistema de governo *suis generis*", *Revista Negócios Estrangeiros*, 11(4) n.º especial: 64-90.

Pestana, Nelson (2002), *L'État en Angola: discours et pratiques*. Thèse pour obtenir le grade de Docteur de l'Université de Montpellier I. Science Politique. Université de Montpellier. Faculté de Droit, Sciences Économiques et Gestion. Centre d'Étude et de Recherche sur la Théorie de l'État. Orientador: Michel Miaille.

SOCIEDADE E ESTADO EM CONSTRUÇÃO: DESAFIOS DO DIREITO E DA DEMOCRACIA EM ANGOLA

Quantin, Patrick (2004), "Voter en Afrique: quels paradigmes pour quelles comparaisons?", *in* Quantin, Patrick (org.), *Voter en Afrique. Comparaisons et différentiations*. Paris: L'Harmattan.

Ritaine, Evelyne (1996), "Hypothèses pour le Sud de l'Europe: Territoires et Médiations". *EUI Working Papers, RSC* 96/33, Badia Fiesolana, San Domenico (FI): European University Institute.

Ruivo, Fernando (2000), *O Estado labiríntico. O poder relacional entre poderes local e central em Portugal*. Porto: Afrontamento.

Santana, Augusto, (2006), *Political parties and political evolution in Angola/ Os partidos e a evolução política em Angola*. Eisa: Eisa Research Report n.º 28.

Santos, Boaventura de Sousa (2003a), "O Estado heterogéneo e o pluralismo jurídico", *in* Santos, Boaventura de Sousa; Trindade, João Carlos (org.), *Conflito e transformação social: Uma paisagem das justiças em Moçambique*. Porto: Afrontamento.

Santos, Boaventura de Sousa (2003b), "Introdução: para ampliar o cânone democrático", *in* Santos, Boaventura de Sousa (org.), *Democratizar a Democracia. Os caminhos da democracia participativa*. Porto: Edições Afrontamento.

Santos, Boaventura de Sousa (2007), *A gramática do tempo: para uma nova cultura política*. Porto: Afrontamento.

Vidal, Nuno (2006), "Multipartidarismo em Angola" *in* Vidal, N.; Andrade, J. P. (org.), *O processo de transição para o multipartidarismo em Angola*. Luanda e Lisboa: Edições Firmamento.

Vidal, Nuno (2007), "O campo de minas da democracia angolana", *in* Minnie, Jeanette (org.), *Do lado de for a das urnas: pré-condições para eleições na África Austral 2005/2006. Windhoek*: HiVOS, NiZA-Netherlands Institute for Southern Africa & MISA-Media Institute of Southern Africa.

CAPÍTULO 13
O IMPACTO DO CONFLITO NO SEIO DAS FAMÍLIAS MONOPARENTAIS FEMININAS

Henda Ducados

Introdução

As transformações sociais resultantes do conflito armado ao nível dos agregados familiares e, sobretudo, como elas são sentidas por mulheres, em geral, e por crianças, em particular, têm ocupado pouco espaço de análise na literatura de desenvolvimento sobre a situação dos países emergentes de um longo conflito armado, como é o caso de Angola.

Dada a necessidade de incrementar os conhecimentos sobre a forma como os agregados familiares têm sobrevivido no contexto de consolidação de paz no caso de Angola, bem como o facto de, em tempo de paz, os conflitos no seio das mulheres e crianças terem aumentado ou diminuído, o objectivo principal deste capítulo é examinar se algumas faixas da população têm sofrido constrangimentos particulares para o alcance do seu bem-estar. Se for o caso, quais são as manifestações e o que se pode fazer para as diminuir?

É dado um foco especial às mulheres chefes de família e às *de jure*, em particular, considerando a escassez de dados sobre as suas condições, bem como os mitos existentes à volta das famílias monoparentais.

O capítulo pretende, ainda, avaliar as lutas e os sucessos das mulheres chefes de família e dos seus filhos, identificando como as suas vulnerabilidades são percebidas pelo outro e se as mesmas constituem um factor decisivo para reter um homem dentro do agregado como garantia da sua aceitação e reputação social.

O capítulo está dividido em três partes: a primeira apresenta as definições usadas e algumas considerações metodológicas e examina como a chefia feminina é compreendida pela comunidade e pelo Estado; a segunda explora a viabilidade social das mulheres chefes de família e a diferença que um residente masculino, como parceiro, faz dentro do agregado para a sua aceitação social; por fim, apresentam-se algumas conclusões, com vista a sugerir um quadro de responsabilização capaz de contribuir para a diminuição dos conflitos no seio das famílias monoparentais femininas.

1. Algumas definições e considerações metodológicas

A definição da chefia feminina é sujeita a muitas interpretações e as mesmas diferem de acordo com a cultura (Rosenhouse, 1989: 3). Por sua vez, a definição de 'agregado' coloca também alguns problemas de interpretação, contudo, e não obstante os problemas no processo de definir o termo 'agregado' com base em critérios pré-determinados (Chant, 1997a, 1997b), a definição em uso pelo censo e documentação internacional de estatística é a de que um 'agregado' descreve um grupo de pessoas, com ligações ou não entre si, que vive em conjunto e partilha o consumo. O presente artigo usa essa definição por estar de acordo com a percepção de que as comunidades em Angola têm aquilo que é considerado um agregado.

O conceito de 'chefia do agregado ou de família' é ainda mais problemático que o conceito de 'agregado', devido às disparidades nas variáveis utilizadas para definir o que constitui a chefia. Os estudos de nível macro implementados pelos Governos e/ou pelas Nações Unidas em Angola, assim como noutros países, têm interpretado a figura do 'chefe de família' nos inquéritos, identificando-a como a pessoa 'responsável' para com os restantes membros do agregado. Os resultados desses estudos têm sido usados para desenhar políticas de desenvolvimento, bem como programas de alívio da pobreza. Assim sendo, e com base na auto-declaração, as características a que se tem recorrido para definir o termo 'chefe de família' são as seguintes: a) a pessoa encarregada da tomada de decisão pelos restantes membros do agregado; b) a pessoa que pode reclamar alguns benefícios, como a propriedade da terra em nome do agregado; e c) a pessoa cujas características providenciam a melhor indicação do estatuto do agregado no seu todo (*apud* Instraw, 1992: 237).

Vários autores têm levantado críticas acerca dessas características e do uso da auto-declaração, uma vez que estas denunciam uma certa parcialidade em detrimento dos papéis que as mulheres desempenham dentro e fora do agregado (Chant, 1997a, 1997b). Embora a auto-declaração faça uso de critérios que fazem sentido, esta pode obscurecer outros papéis, também importantes, de tomada de decisão, provisão económica e outras formas de responsabilidade que as mulheres assumem dentro do agregado. Adicionalmente, a auto-declaração pode também disfarçar casos em que as mulheres não têm um homem a residir de forma regular com elas ou quando as mulheres partilham os seus esposos com outras mulheres no sistema da poligamia. No decorrer do artigo apresentar-se-á o entendimento da comunidade, e das mulheres em particular, acerca do conceito de chefia do agregado.

Por sua vez, a literatura sobre as mulheres chefes de família utiliza vários termos para definir esse tipo de unidade familiar (Chant, 1985, 1991, 1997a), sendo os mais comuns: 'agregados femininos mantidos', 'famílias monoparentais femininas', 'família com ausência masculina', 'famílias chefiadas por avós', entre outros (Chant, 1985, 1991, 1997a). A variedade desses termos implica que as mulheres, nos agregados chefiados por mulheres, não constituem uma categoria singular com respeito ao estatuto marital e/ou lugar na composição do seu agregado e arranjos de vida. As mulheres chefes de família podem ser viúvas, abandonadas, mulheres solteiras, separadas ou casadas, sugerindo que os factores que conduzem à formação do seu agregado não derivam de uma única experiência.

Entre os primeiros estudos apontando a heterogeneidade dos agregados chefiados por mulheres destaca-se o de Youssef e Hetler (1983: 232), que diferencia as mulheres chefes de família *de jure* das *de facto,* de acordo com as seguintes cincos categorias: (i) as *de jure* são aquelas mulheres que vivem sem parceiros masculinos em nenhum momento, como as divorciadas, viúvas, mãe solteiras, separadas e abandonadas; (ii) as *de jure* são aquelas mulheres que vivem com um parceiro masculino em tempo parcial mas que não recebem apoio financeiro; (iii) as *de facto* são aquelas mulheres que residem com um parceiro masculino temporariamente ausente por períodos não especificados mas que recebem apoio financeiro; (iv) as *de facto* são aquelas mulheres que residem com um parceiro masculino cujo contribuição financeira é marginal (por causa de desemprego, inaptidão, enfermidade, etc.); e, (v) as *de facto* e/ou *de jure* são aquelas mulheres cujo parceiro masculino é ausente mas onde existem homens adultos na residência.

Quadro 1 – Tipologia de agregados chefiados por mulheres

Tipo de agregado	Estatuto marital	Descrição breve
1. Agregado de mulher solteira	Viúvas, divorciadas, separadas, abandonadas	Unidade com a mãe e seus filhos
2. Agregado alargado chefiado por mulher	Viúvas, divorciadas, separadas, abandonadas	Unidade com uma mulher (em geral sem parceiro) que co-resida com os seus filhos e outros parentes
3. Agregado principalmente constituído por mulheres	Viúvas, divorciadas, separadas, abandonadas	Unidade chefiada por uma mulher onde podem residir homens mas com o mesmo poder e que se encontram sob a autoridade de mulheres adultas
4. Agregado de mulher solteira vivendo dentro de um agregado alargado	Viúvas, divorciadas, separadas, abandonadas	Unidade com uma mulher e seus filhos que não tem parceiro masculino que resida num agregado alargado (possivelmente dos pais)

Fonte: Adaptado da Chant, 1997a: 10-26.

A classificação supracitada, embora importante, não é isenta de problemas, pois deixa sem consideração uma série de factores que podem constituir a base para as diferenças entre os agregados e as próprias mulheres. Esses factores incluem os estatutos maritais dessas mulheres, as suas idades, o grau de contribuições financeiras que recebem dos seus parceiros, a composição do agregado, bem como o ciclo de desenvolvimento do agregado.

Neste capítulo o termo agregado *de jure* é usado para fazer referência à mulher adulta que não tem um homem a residir com ela, como as divorciadas, separadas, viúvas, e também aquelas que não têm um homem a residir de forma permanente, mas que mantêm um relacionamento funcional como segunda mulher, em arranjo de poligamia. O termo agregado *de facto*, por seu turno, refere-se a mulheres cujos parceiros estão temporariamente ausentes por motivos de migração e que não fazem contribuições financeiras regulares por incapacidade devida a desemprego ou enfermidade.

Contudo, a distinção entre os agregados *de jure* e *de facto* nem sempre é linear para classificar com facilidade as mulheres chefes de família e se não se tiver em conta o contexto, as definições de Youssef e Hetler podem revelar-se muito problemáticas. Isto deve-se, por um lado, ao dinamismo do curso de vida das mulheres chefes de família e ao facto de, mesmo quando os homens estão ausentes do agregado, continuarem eles a exercer o seu poder de decisão à distância (Chant, 1997a). Adicionalmente, algumas mulheres chefes de família, como será discutido mais adiante, têm receio de admitir que partilham os seus parceiros com outras mulheres e, nesse caso, subsistem algumas dificuldades na distinção das categorias entre agregados *de facto* e *de jure*.

As discussões apresentadas neste capítulo assentam numa reflexão baseada nos resultados de um estudo de sociologia conduzido pela autora no município de Sambizanga[1], o qual teve como objectivo geral identificar a natureza das transformações sociais ocorridas no seio dos agregados familiares em decorrência do conflito e chefiado por mulheres em particular. Tentou-se, especificamente, determinar como essas mudanças acontecem e se as mesmas têm influência sobre as decisões das mulheres em manter um parceiro masculino dentro do agregado. Para o efeito, optou-se por escolher uma metodologia qualitativa, que consistiu na condução de entrevistas semi-estruturadas com homens e mulheres de diversos tipos de agregados, assim como de um grupo de discussão com mulheres e homens juntos e em separado. Adicionalmente, recorreu-se a histórias de vida, com o intuito de complementar o entendimento sobre alguns conceitos e situações.

A discussão que se segue apresenta as percepções sobre a chefia feminina pelos membros da comunidade.

2. Entendimento do conceito de chefia da família pelas mulheres das comunidades peri-urbanas de Luanda

Com o intuito de perceber melhor como é entendido o conceito da chefia feminina pelas mulheres da comunidade, recorreu-se a grupos de discussão com mulheres de estatuto marital misto, onde se pediu que reagissem a três variáveis em uso pelas Nações Unidas para definir, como mencionando anteriormente, quem é o chefe de família (Youssef e Hetler, 1983: 225). As variáveis são: (i) autoridade, (ii) tomada de decisão e (iii) provisão económica. O objectivo específico foi o de explorar a relevância dessas variáveis ao nível da comunidade e das mulheres, em particular.

As percepções dos membros do grupo em relação à chefia familiar não diferem muito, o que sugere que todas se sentem confortáveis em associar os homens

---

[1] O estudo enquadrou-se numa tese de doutoramento para a qual a pesquisa decorreu entre 2003 e 2004. Para o efeito deste capítulo usaram-se alguns resultados das discussões, enquadrando a análise das mesmas no contexto actual.

à chefia do agregado. Por exemplo, a autoridade masculina foi considerada pela maioria das mulheres nos agregados chefiados por homens como a variável principal para definir a chefia familiar. Discussões mostraram que a pessoa reconhecida pelos membros do agregado como a figura de autoridade chave é chamada *'chefe de família'*, e neste caso essa pessoa representa os interesses dos outros membros do agregado. Algumas mulheres disseram mesmo: *"o meu marido é o chefe de família porque é o homem da casa e a pessoa que fala por nós"*. Uma mulher, cujo marido estava desempregado, explicou que ser o chefe de família não quer dizer trazer dinheiro para casa, mas ser *"a pessoa que trata das outras"*.

A tomada de decisão foi também ligada à autoridade do homem e, por vezes, ao facto de a tomada de decisão dos homens ter a ver com *"questões importantes"*, como o investimento ligado à casa, reparações, cerimónias de casamento, e outras. Contudo, questões que têm a ver com necessidades básicas, como a alimentação e a educação das crianças, foram, em geral, consideradas do domínio das mulheres.

As discussões também apontaram que, nos casos em que a mulher é a única provedora económica do agregado, ela usufrui de um certo grau de independência em relação ao seu esposo no que diz respeito à forma de gastar dinheiro para a alimentação, contudo, tem sempre de consultar o seu esposo. Um comentário recorrente é o de que *"as mulheres fazem um esforço para agradar aos seus esposos e assim deixam-nos tomar as decisões porque, no fim, os homens têm sempre a última palavra a dizer"*. Consequentemente, pode dizer-se que a tomada de decisão está associada aos homens e que constitui um factor importante na percepção, pela comunidade, de quem é o chefe de família.

Por sua vez, a provisão económica não foi considerada como importante para definir quem é o chefe de família, quando comparada com a autoridade e com a tomada de decisão. As mulheres que jogam o papel de provedoras económicas principais concluíam que, em termos económicos, elas representavam, de facto, a figura do chefe do agregado, mas era melhor fazer crer que eram os homens, para *"não ter problemas"*. De facto, casos de violência doméstica foram por vezes mencionados em situações em que os homens se sentiram diminuídos pelo poder económico das suas esposas, pelo facto de se sentirem incapacitados em prover economicamente para o agregado. Como uma mulher disse, *"vamos só dizer que o meu marido é o chefe, mesmo se eu e você sabemos que eu sou a pessoa que traz dinheiro para casa"*.

Por fim, as mulheres sem parceiro permanente a residir no agregado sentiram que *"o chefe de família é automaticamente o marido ou o homem da casa, só pode ser a mulher quando não há mesmo ninguém"*. Isto porque, presumidamente, os homens são os líderes simbólicos, embora com capacidades limitadas em prover economicamente o agregado. Assim, dentre as razões imediatas que levaram a maioria das mulheres a apontar o seu esposo como chefe de família, algumas têm muito a ver com o respeito pela autoridade masculina.

Pode-se concluir que o entendimento em torno do conceito de chefia do agregado pelas mulheres sublinha a importância do ideal normativo de homem, o que significa que, mesmo se as mulheres inquiridas reconhecem como válidos outros critérios – como a provisão económica – estes são menosprezados pelos imperativos morais e culturais que associam as mulheres a um parceiro masculino.

A secção a seguir apresenta as percepções da chefia feminina pela comunidade. A justificação para considerarmos as percepções mantidas por outros em relação à chefia feminina deve-se à necessidade de se avaliar se as percepções dos outros são simpáticas em relação às condições de vida das mulheres chefes de família e se as mesmas são alienadas por causa disso.

2.1. Percepções da chefia feminina pela comunidade

Um agente a ter em conta quando se fala da chefia feminina é o Estado. No caso de Angola, e em resposta à demanda da Organização da Mulher Angolana (OMA),[2] o Estado aprovou o Código da Família em 1988. Embora o Código não faça menção específica a mulheres chefes de família, o mesmo reconhece as uniões de facto. Isso traduz-se, à semelhança de outros países, no reconhecimento automático dos filhos oriundos de relacionamentos formais ou informais perante a lei, bem como a responsabilidade parental no caso de morte de um dos pais.

Não obstante essa menção, o que está estipulado na lei não está a ser implementado na prática e, assim sendo, estão a criar-se situações que colocam as necessidades e interesses das mulheres chefes de família sob risco, especialmente com questões induzidas ou exacerbadas pelo conflito, como a viuvez, a herança e a responsabilidade parental.

Isto advém da coexistência de dois sistemas legais, onde a lei costumeira ultrapassa a lei moderna, oficial, criando no processo situações em que os homens têm exercido autoridade sobre as suas esposas e filhas. Por exemplo, é comum para a maioria das pessoas recorrer à lei costumeira para resolver ques-

---

[2] Sobre o Centro de Aconselhamento Familiar no município do Cazenga, cf. o respectivo capítulo no volume III.

tões de herança. Após o falecimento do esposo, é comum para a viúva não ter o direito de usufruir dos bens deixados pelo esposo, o que faz com que ela e os seus filhos se encontrem numa situação de vulnerabilidade e, em certos casos, desprotegida. Consequentemente, quando um homem morre, as mulheres são forçadas a retornar às suas famílias de origem. Observou-se que as viúvas com filhos maiores estão numa melhor posição para negociar com a família do falecido, se comparadas às situações experimentadas por viúvas com filhos menores, quando estas não têm ninguém que as represente.

De uma forma geral, foi observado que a maioria das pessoas não tem consciência nem conhecimento dos seus direitos, nem sabe onde obter informação; assim sendo, preferem apoiar-se na lei costumeira. Isto ocorre frequentemente em detrimento dos direitos humanos das mulheres chefes de família e dos seus filhos (PNUD, 1997). No entanto, o processo formal de garantia do direito de sucessão para as crianças menores implica recorrer aos serviços de um advogado e à apresentação de uma série de documentos. Estes são difíceis de obter para a maioria das pessoas, em particular para as mais pobres. Adicionalmente, o processo é caro, longo e envolve muita burocracia, o que inibe as pessoas de se apoiarem nas instituições formais para representarem e defenderem os seus direitos, como foi testemunhado.[3]

A questão da responsabilidade parental ainda é objecto de muita preocupação. Os filhos menores, nascidos de relacionamentos formais ou informais, têm o direito de usufruir de contribuições financeiras dos seus pais, como estipulado no Código da Família. Contudo, isto não acontece, devido à limitada capacidade do governo em garantir que a legislação sobre a manutenção da criança seja respeitada na prática. Por outro lado, o Código da Família não foi distribuído em massa, nem traduzido do português para outras línguas faladas em Angola e, assim sendo, os grupos de baixo rendimento e com mais dificuldades de acesso à informação não são sensibilizados sobre ele e preferem usar a lei costumeira. Isto sucede assim, embora a OMA desempenhe um papel importante nas grandes cidades de Angola com a provisão de serviços de paralegais gratuitos para as mulheres e homens que não possam pagar um advogado. Os serviços incluem conselhos legais sobre as disputas maritais, casos de violência doméstica e responsabilidade parental.[4]

---

[3] O tema do sistema judiciário é abordado nos capítulos de Boaventura de Sousa Santos e de Conceição Gomes, neste volume. Quanto a uma análise mais aprofundada do sistema judiciário em acção, cf. o volume II.

[4] Este tema é abordado em maior detalhe nos vários dos capítulos do volume III.

As limitações das instituições formais não encorajam as pessoas a explorá--las em profundidade para avaliar como podem beneficiar delas. A parcialidade de género a favor dos homens na lei tradicional sugere, também, que a mulher chefe de família e/ou a viúva, e os seus filhos em particular, sofrem de constrangimentos específicos na viuvez.

2.2. A chefia feminina e a Igreja

A atenção limitada das instituições do governo à chefia feminina tem sido igual no seio das organizações da sociedade civil e da Igreja. A Igreja Católica estabeleceu-se em Angola no final do século XVII e tem ocupado um lugar importante na sociedade, uma vez que consegue penetrar nas zonas urbanas e rurais. Por sua vez, as missões protestantes chegaram a Angola na segunda metade do século XIX, com o despontar dos movimentos evangélicos desencadeados na Europa e na América (Robson e Roque, 2002). Para além dos serviços religiosos, ambas as Igrejas têm providenciado educação às comunidades através das suas missões. Contudo, no momento da independência em 1975, o Governo marxista-leninista da primeira república desassociou-se da igreja, embora não impedindo as pessoas de frequentar os serviços religiosos.

Após os acordos de Bicesse e com as preparações das primeiras eleições multipartidárias em 1990, o Governo reconciliou-se oficialmente com a Igreja. Esse facto foi marcado pelo convite formulado ao Vaticano para o Papa visitar pela primeira vez Angola, com o objectivo de ressuscitar as relações deste país com o Vaticano.

Desde então, a Igreja tem proliferado em Angola e nas zonas periurbanas de Luanda, em particular, onde um número elevado de igrejas reconhecidas e não reconhecidas pode ser encontrado no interior dos bairros. Robson e Roque (2002: 45) fazem referência a mudanças mais visíveis nas zonas peri-urbanas de Luanda, onde *"cada quarteirão tem uma igreja"*.

A Igreja voltou a ser um refúgio para as pessoas em busca de apoio espiritual e emocional,[5] providenciando apoio social e sendo muita activa na organização de actividades sociais. Algumas dessas actividades, porém, sofrem de uma parcialidade de género, no sentido em que as mesmas promovem ideias para as mulheres se tornarem *'boas donas de casa'*, através do ensino de tarefas domésticas como culinária e costura.

---

[5] Este tema é debatido em profundidade no capítulo de Fátima Viegas, neste volume.

SOCIEDADE E ESTADO EM CONSTRUÇÃO: DESAFIOS DO DIREITO E DA DEMOCRACIA EM ANGOLA

À semelhança de outras sociedades católicas, as congregações religiosas em Angola têm optado por seguir uma linha tradicional no que diz respeito às mulheres e às relações maritais. Antes de um casal contrair casamento na Igreja tem de seguir algumas sessões de aconselhamento com um padre ou pastor, que são obrigatórias e servem para aconselhar os casais sobre os valores da união marital. As uniões de facto não são bem vistas pela Igreja e, embora esta não tenha uma opinião oficial sobre a chefia feminina e as mães solteiras, não parece muito empenhada em apoiar o facto de as mulheres viverem sem um parceiro masculino, nem em encorajar as separações, como espelha a história de Verónica:

Caso 1: Verónica, mãe solteira de 30 anos
Verónica tem três filhos de seis, dez e doze anos, respectivamente e demorou três anos para deixar o seu parceiro. Este costumava abusar dela verbal e fisicamente e bebia muito. Verónica lembra-se que dormia na casa da mãe nos dias em que o seu parceiro voltava para casa bêbado, porque tinha medo por ela e pelos filhos. Em várias ocasiões Verónica foi pedir ajuda à Igreja, onde seguia formações de culinária aos fins-de-semana. Na Igreja foi aconselhada ficar quieta e a tentar agradar o parceiro, para ele ficar calmo. Uma manhã, Verónica ganhou coragem para deixar o seu parceiro e decidiu retornar a viver na casa da mãe com os seus filhos. Desde essa data, o padre com quem ela se confessava não se está a comportar da mesma forma para com ela, por ser um 'mau exemplo' para a comunidade.

A experiência da Verónica com a Igreja não é um caso isolado, uma vez que a Igreja não aprova as atitudes das mulheres que violem as normas tradicionais, deixando os seus parceiros. Essas mulheres não são bem vistas pelas comunidades e são discriminadas por terem comportamentos fora das normas. Tal situação não é fácil para as mulheres, porque o respeito social é muito importante para a comunidade.

As mulheres, como um grupo e como pessoas individuais, são confrontadas com uma série de constrangimentos que parecem ser reforçados pela igreja, que promove a ideia da '*boa mulher*', aconselhando-as a permanecer calmas e submissas em relação aos seus parceiros, não obstante os comportamentos dos homens. Por sua vez, a visão das pessoas nas comunidades periurbanas pode iluminar o tipo de alienação a que as mulheres chefes de família estão sujeitas e se as mesmas têm influência sobre as suas decisões de permanecer num relacionamento ou não. É o que se descreve na secção a seguir.

2.3. Percepções das mulheres chefes de família por mulheres e homens acompanhados

Os seguintes comentários foram escolhidos para mostrar como as percepções das pessoas nas comunidades sobre as mulheres *chefes de família*' têm tendência a ser negativas, uma vez que as mulheres *chefes de família*' são, por vezes, vistas pela comunidade como '*destruidoras de lares*', devido à ausência masculina dentro dos seus agregados.

De acordo com Madalena, uma mulher de 45 anos, casada e mãe de quatro filhos, algumas mulheres chefes de família que não têm homens dentro de casa '*não sabem estar*' e é por isso que elas são discriminadas pelos homens e pelas mulheres. "*Não têm maneira de falar, têm muitos namorados*". Contudo, Madalena foi cuidadosa em adicionar que algumas mulheres, e as mais velhas em particular, têm o respeito da comunidade, pois sabem ficar '*nos seus cantos*' e não vão atrás dos maridos das outras.

A percepção de Graciano, de 50 anos de idade e pai de seis filhos, não é muito diferente da de Madalena. Graciano é de opinião que um agregado sem homens é somente aceitável se a mulher for suficientemente inteligente para ganhar o respeito da comunidade, ao ficar no seu canto e não ir atrás de homens casados.

Por fim, a opinião de Adriano, de 25 anos, mostra que a presença de um filho mais velho dentro de casa pode ser útil para o agregado ganhar respeitabilidade aos olhos da comunidade. Adriano vive numa família alargada com a sua parceira, os seus filhos, a sua mãe e suas irmãs. Ele é de opinião que "*um lar sem homem não tem respeito*". Completou o seu argumento dizendo que a presença do homem garante que as coisas funcionem melhor dentro do agregado, porque é difícil para as crianças cumprirem com a autoridade de uma mulher sozinha. Quando se fez a pergunta sobre o posicionamento da sua mãe e da esposa no seu agregado, Adriano respondeu que, desde o 'passamento físico' de seu pai, havia ficado responsável pela tomada de decisões dentro do agregado e que as pessoas têm respeito pela sua mãe e esposa porque ele está ao lado delas. Esta declaração é importante porque indica que, à semelhança de outros países em desenvolvimento, um filho mais velho pode substituir o lugar de um parceiro masculino e, assim, reduzir a vulnerabilidade das mulheres chefes de família (Fonseca, 1981 citado em Chant, 2003: 20, para o caso do Brasil).

Um outro aspecto que constitui um motivo de preocupação para as pessoas e para as mulheres e homens acompanhados é a questão da promiscuidade. Grupos de discussão apontam que as mulheres chefe de família em idade reprodutiva são vistas pelas mulheres casadas com suspeição porque, de acordo com as histórias, *"se engajam facilmente em relação sexual com homens comprometidos, por não terem ninguém e por beneficiarem do anonimato da vida numa grande cidade"*. Essa percepção também é partilhada por homens, mas em geral as mulheres acompanhadas estão mais inclinadas a culpar as mulheres chefes de família. Por exemplo, a culpa em relação aos *'affairs'* extraconjugais não é atribuída automaticamente aos homens, sendo, em geral, lançada contra as mulheres não acompanhadas (Chant, 1997a).

Durante as entrevistas foram muito citados casos de violência entre a primeira e segunda esposa sobre a atenção de um homem como as formas mais comuns de disputa no seio da comunidade. A maioria relata casos de violência instigados por mulheres acompanhadas em situação de ciúme e descreve as mulheres chefes de família como as responsáveis por criar problemas em *'boas casas'*, dado que estão disponíveis e sempre prontas a terem filhos com homens casados. Contudo, não se fala do comportamento dos homens.

Uma das razões porque os homens permanecem intocáveis tem a ver com o *'machismo'*: os homens têm um posicionamento privilegiado no seio da sociedade angolana, e isso não vai mudar a curto prazo. Resultados de entrevistas semi-estruturadas mostraram que os homens têm a tendência para se engajar facilmente em relacionamentos múltiplos em qualquer estágio da sua vida e em detrimento do seu status marital.

Parece que isto é justificado pelo facto de a população feminina ser maior nos grupos das mulheres em idade reprodutiva, quando comparada com a população masculina da mesma idade. Isto quer dizer que é mais difícil para uma mulher com idade compreendida entre os 20 e 39 anos contrair um relacionamento exclusivo com um homem. Assim sendo, uma das soluções encontradas é a de partilhar o seu parceiro com outras mulheres, com vista a ter filhos e/ou guardar um homem dentro do agregado, mesmo que irregularmente.

A próxima secção apresenta a avaliação que as mulheres chefes de família fazem da sua situação.

2.4. Percepções da chefia familiar por mulheres chefes de família

A secção precedente concluiu que tanto as mulheres, como os homens, consideram que ter um homem dentro do agregado é importante para que o mesmo seja respeitado e tenha legitimidade social na comunidade. Por sua vez, as mulheres que partilham os seus parceiros com outras mulheres gostariam que eles *"ficassem até de manhã"*, para os vizinhos verem que há um homem dentro de casa e, assim, efectivamente, legitimar a sua relação sexual. Esse fenómeno é interessante uma vez que as mulheres não parecem ter dificuldades em partilhar os seus parceiros, mesmo numa base irregular. Uma vez que tanto homens, como mulheres, têm a mesma visão no que se refere a respeitabilidade social, é importante aprofundar como as mulheres chefes de família vêm o facto de não ter um homem que viva com elas numa base regular, e os constrangimentos específicos que os seus filhos vivem por causa disso.

Cristina, mãe de quatro filhos, de seis e oito anos de idade, é viúva de um relacionamento anterior e está presentemente a partilhar o seu parceiro com uma outra mulher. A sua história é a seguinte:

Caso 2: Cristina, mãe de 35 anos

Cristina viveu em união de facto com seu primeiro parceiro durante nove anos, até ele instigar uma separação por causa da pressão que sofreu da sua família. A sua família acusou Cristina de praticar feitiços porque o seu parceiro tinha dificuldades em encontrar um emprego e estava sempre doente. O seu parceiro escreveu uma carta à família de Cristina pedindo a separação e morreu logo a seguir, de causa desconhecida. Cristina foi aconselhada a levar os filhos e deixar a casa do seu falecido parceiro. Uma vez que a casa estava no nome dele, Cristina saiu deixando todos os bens adquiridos por ambos lá dentro. Ela explicou que, no processo, a família do falecido parceiro a tratou mal e a culpou pela morte de seu marido. Cristina recebeu ajuda do seu irmão, que a introduziu num grupo de mulheres da Igreja no bairro. Aí, Cristina encontrou apoio financeiro para se auto-sustentar com os filhos, mas não encontrou apoio moral, pois ouvia muitas vezes as pessoas falarem sobre ela como sendo 'feiticeira', por causa do falecimento súbito do seu parceiro. Cristina, finalmente, encontrou apoio moral por parte do seu parceiro actual, que conheceu na Igreja. Contudo, o seu parceiro vive com uma outra mulher, com a qual tem três filhos. Ele dorme na casa da Cristina três vezes por semana e os restantes com a primeira mulher. Quando questionada sobre esse arranjo, Cristina respondeu: 'eu me sinto normal'. Cristina argumenta que o seu parceiro é um pintor industrial e paga a sua renda e é gentil com os filhos dela. Cristina não conhece a primeira mulher e não se importa de a conhecer, ou não. Ela sublinhou que está a fazer o possível para engravidar e gostaria que as pessoas parassem de falar sobre ela e acrescenta que 'Neste momento, o homem angolano não aceita estar com uma mulher sem filho'. Cristina tem dificuldade em engravidar e chorou quando disse: 'Não sei se é o diabo que me impede isso, não sei se eu devo me entregar ao Senhor para ele fazer milagre e para as pessoas deixarem de falar de mim'.

O caso a seguir apresenta o exemplo do medo de uma mulher chefe de família ficar sem parceiro masculino.

Caso 3: Laurinda, mãe solteira de 20 anos

Laurinda é mãe de uma criança de dois anos e tem receio de deixar o seu parceiro por causa da reacção negativa das pessoas. Laurinda encontrou o seu parceiro quando tinha dezoito anos e ficou grávida logo a seguir, 'ele assumiu a responsabilidade da criança mas não deu o seu nome'. O seu parceiro tem mais quinze anos e vive com a sua mulher. Laurinda diz que quando o seu parceiro insistiu que ela devia ter mais filhos e a impediu de usar planeamento familiar, 'fiquei mais esperta, comecei a fazer e foi daí que ele bravou, ele só quis me dar filho, as contradições entraram com o planeamento familiar'. Laurinda vende cerveja na praça e vive numa casa que está no nome de seu parceiro. Explicou que não se sente muito à vontade com este facto, uma vez que se autosustenta com a sua actividade comercial. Laurinda não considera que a casa é sua porque o seu parceiro nunca disse 'a casa é tua'. Apontou que o seu parceiro ainda está envolvido com a sua esposa e não contribui financeiramente para o agregado, mas insiste em saber como a Laurinda gasta o seu dinheiro. O seu parceiro visita Laurinda três vezes por semana e continua a manter relações sexuais com ela. Laurinda descreve 'Nunca deixou a primeira mulher, ele não registou a nossa criança, nunca me bateu, mas dei-me mal a viver'. Quando questionada sobre formar um novo relacionamento, Laurinda respondeu que devido à sua idade tem medo do que as pessoas possam dizer sobre ela. 'Não quero arranjar outro homem agora por causa do aborrecimento que posso ter de outras pessoas'. E acrescentou: 'mesmo se o seu filho não tem o nome do pai, todo o mundo na comunidade sabe quem é o pai e neste caso é uma fonte de conforto e respeito'.

A percepção das mulheres chefes de família sobre a sua situação é contraditória. Parece que elas não ficam sozinhas ou sem parceiro por muito tempo. Qualquer que seja o estatuto marital das mulheres *de jure* há sempre um homem no pano de fundo. Porém, a comunidade parece não valorizar as mulheres chefes de família. Por exemplo, o caso de Cristina mostra que os relacionamentos com os familiares do esposo podem ser difíceis e ter repercussões sobre a forma como a comunidade os sente e, especialmente, porque o falecimento do esposo da Cristina está associado com a prática de feitiçaria. O caso da Cristina também mostra a importância de ser mãe para as mulheres, por um lado, para consolidar novos relacionamentos e reter um homem dentro do lar e, por outro lado, para ganhar um *status* maior aos olhos da comunidade.

O caso da Laurinda mostrou que, embora o seu parceiro não viva com ela de forma regular, continua a exercer controlo sobre ela. Contudo, Laurinda tem receio de entrar num novo relacionamento pelo que as pessoas possam dizer sobre ela. Isto implica que as decisões das mulheres chefes de família sobre permanecer em relacionamento ou sozinhas são, muitas vezes, determinadas pelo medo da estigmatização da comunidade.

Por fim, a viabilidade das viúvas foi avaliada através de grupos de discussão. Os mesmos revelaram que o tratamento destas pela comunidade tem resultados similares em outras partes do mundo (Willis, 1993; Bradshaw, 1995a, 1995b). Por exemplo, as viúvas não têm o mesmo tipo de constrangimentos sociais e vulnerabilidade, já que algumas têm um melhor posicionamento que outras chefes de família perante os olhos da comunidade. As informações recolhidas durante as entrevistas semi-estruturadas mostraram que a viúvas e as mais velhas, em particular, são respeitadas pela comunidade e, em alguns casos, mantêm um bom relacionamento com os familiares do falecido. Grupos de discussão ajudaram a entender que as viúvas são vistas com muito respeito pela comunidade, especialmente se o falecimento dos seus esposos não constituiu uma fonte de suspeita e se elas permanecem solteiras durante um tempo, com vista a honrar o falecimento. As jovens viúvas, por outro lado, são às vezes cuidadas por familiares e a comunidade sempre procura ajudá-las a encontrar um novo esposo, de preferência entre os familiares.

À luz destes casos, as questões relacionadas com a legitimidade social de serem associadas a um homem constitui uma temática recorrente para as mulheres chefes de família, pois as mesmas vivem preocupadas com a forma como são vistas pela comunidade, tendo grande influência na sua decisão de estarem sozinhas ou acompanhadas.

A secção a seguir explora a discussão sobre as mulheres chefes de família olhando para a questão da poligamia, com o intuito de se aprofundar o seu conhecimento.

3. Poligamia dentro da lei costumeira

Embora a população de Angola seja composta por vários grupos étnicos, existem características culturais derivadas da cultura Bantu,[6] comuns a todo o território de Angola. A prática da poligamia é uma delas, pois esta é praticada em todo o território do país, sendo mais visível no meio rural, onde o esposo e as esposas coabitam num mesmo espaço e partilham entre eles os produtos derivados dos meios de sustento. À semelhança de outros países da África Subsaariana, ter mais de uma esposa representa sinais de riqueza e é uma garantia de que os homens terão muitos filhos e, assim sendo, mão-de-obra para trabalhar a terra (Altuna, 1983). A primeira esposa, contudo, mantém um certo estatuto e, em alguns casos, escolhe as outras esposas para o marido. Os filhos das diferentes esposas têm o mesmo estatuto dentro do agregado, embora os rapazes tenham alguns privilégios em relação às raparigas, devido à sua maior participação na mão-de-obra fora de casa. Altuna (1983: 305) argumenta que, na cultura Bantu, a poligamia constitui um símbolo da vida social que fortalece as possibilidades de expansão dos meios de sustento e a consolidação dos vínculos entre as famílias. Isto é uma das razões porque o acto de procriação é importante, pois garante a perpetuação das linhagens.

As histórias a seguir descrevem casos em que os homens mantêm relacionamentos com mais de uma esposa. O primeiro caso é o de uma primeira esposa que está a partilhar o seu esposo com uma mulher num agregado diferente; o segundo caso relata a história de um homem que reside com as suas duas esposas na mesma casa. O primeiro sugere que as mulheres ficam com os seus parceiros, embora haja capacidade limitada dos homens em prover para o agregado e se verifique o facto de os homens terem outra esposa. O segundo caso sugere que algumas das razões para os homens terem mais do que uma esposa deriva da necessidade de ter filhos, uma vez que a tradição em Angola, firmada na cultura Bantu, promove a fertilidade, pelo que a pressão psicológica de ter muitos filhos é muito forte (Obenga e Simão, 1991). Os dois casos sugerem que os homens têm uma certa liberdade para assumir mais do que uma esposa e que, nessas circunstâncias, as mulheres têm pouca escolha. Dado o estigma social associado ao estatuto de solteira, as mulheres preferem, ao invés de ficarem sozinhas, partilhar os seus parceiros com outras mulheres.

---

[6] Cf., igualmente, os capítulos de Américo Kwononoka e de Fernando Pacheco, neste volume.

Caso 4: O caso de Domingas - primeira esposa partilhando o seu parceiro com uma outra mulher

Domingas é oriunda da parte sul de Angola, da província do Bié. Conheceu o seu parceiro quando tinha quinze anos, tendo sempre vivido no mesmo bairro. Viveram juntos a partir de 1975 e tiveram o seu primeiro filho um ano depois. Domingas teve mais três filhos e o parceiro arranjou uma segunda esposa e saiu de casa. Após a sua saída, o seu parceiro nunca contactou Domingas e nem os seus filhos, tendo morrido de doença em 1980 (a sua família informou a Domingas sobre o seu passamento físico).

Domingas trabalhava como empregada doméstica. Visto o pai dos seus filhos ter falecido e os seus rendimentos serem baixos, decidiu mudar de bairro e foi viver perto do seu irmão, em Ngola Kiluange (município de Sambizanga), na zona periurbana de Luanda. Aí começou a vender cerveja com a ajuda dos familiares.

Um ano depois, Domingas encontrou o seu segundo parceiro, que era também da província de Bié. Viveram juntos e tiveram seis filhos. Construíram uma casa onde vivem juntos até à data. Contudo, em 1986, o seu segundo parceiro constitui um outro agregado com uma outra mulher, com quem tem filhos. Domingas só soube desse relacionamento após cinco anos.

O parceiro da Domingas vai e vem entre os dois agregados. Ele passa uma semana de cada vez em cada agregado e não providencia apoio financeiro regular em nenhum dos agregados, devido ao seu baixo salário de polícia. Domingas disse que não conhece a segunda parceira de seu esposo e que não se importa da sua existência porque tem medo de ficar a cuidar das crianças sozinha: 'Tenho medo de ser abandonada, principalmente por causa das crianças'.

Esse arranjo tem presumivelmente consequências económicas e emocionais para as crianças que são testemunhas de ver o pai ir e vir de um agregado para o outro. Observações empíricas revelaram casos em que as crianças têm tido desempenhos mais fracos e apresentam problemas de disciplina devido à presença irregular dos pais no agregado. Assim, Domingas tem medo que, se o pai parar de os visitar, isso possa ter um impacto na vida dos seus filhos, ainda que a sua contribuição financeira no agregado seja quase nula.

Caso 5: Adão - um homem que vive com as duas mulheres dentro do mesmo lar

Adão lembrou que só queria uma esposa, mas a vida decidiu de uma outra forma para ele. Adão encontrou a sua primeira esposa, Maria, na província de Bengo, onde trabalhava como comandante do exército. Ele fez o pedido aos pais da Maria e as duas famílias aceitaram a união. Quando Adão constatou que a Maria não fazia filhos após o primeiro ano da união, separou-se dela e começou a sair com Bela, tendo feito o pedido à família. Quando Maria soube que Adão fizera o pedido à Bela, voltou a viver com ele. Adão aceitou e um ano depois, Maria ficou grávida. Adão não queria deixar a Bela só, pelo que ficou com as duas mulheres dentro de casa. 'Não quis fazer sofrer a Bela'. Adão explicou que a Bela não ficou zangada, porque ficou feliz em saber que a Maria podia ter filhos. Adão descreve a sua situação da seguinte maneira: 'o nosso problema é que não temos vida suficiente para aguentar'. Adão adicionou que ambas as mulheres são como duas irmãs e não lutam entre elas. Cada uma tem a sua cama e dorme no seu quarto, onde Adão vai e passa uma semana de cada vez com cada uma delas. Adão disse que se tivesse meios financeiros, iria comprar uma casa para cada mulher. Adão tem dois filhos com a Maria e três com a Bela. As crianças tratam por 'mãe' tanto a Maria como a Bela, sem discriminação.

O tipo de arranjo de vida familiar como espelhada pelo caso 5, embora não seja comum nas comunidades urbanas, implica que há razões económicas para manter duas esposas num mesmo agregado quando o esposo é desempregado. Adicionalmente, há razões culturais que explicam a vontade da Maria e Bela em ficar no mesmo agregado, uma vez que as duas são da mesma área de origem. Fazer parte da mesma área oferece, presumidamente, o sentido de segurança para residir num *'bairro'*, e isso pode ser um factor crítico que explica as razões da aceitação das mulheres em partilhar os seus parceiros.

As histórias de vida supracitadas mostram que os arranjos de agregados são extremamente complexos ao nível da comunidade estudada. Embora se tenham observado arranjos de poligamia onde as mulheres partilham o mesmo espaço com o seu parceiro, parece existir uma incidência maior de arranjos de agregado onde os homens formam unidades separadas e mantêm relacionamentos sexuais com mais de uma esposa. Essas unidades são funcionais, uma vez que as mulheres são responsáveis pelo bem-estar do agregado, mas na prática os homens são considerados como os chefes de família.

Parecem existir novas formas de arranjos de agregados onde é comum encontrar um número elevado de agregados *de jure* chefiados por mulheres. Uma vez que se tem algumas indicações das razões pelas quais as mulheres preferem partilhar o seu parceiro com outras mulheres, é interessante examinar os pontos de vista dos homens na questão.

Do ponto de vista dos homens: ter mais que uma esposa em mais de um agregado é fruto de um acidente. As discussões mostraram que os homens são, às vezes, confrontados com situações onde os *'affairs'* extra-maritais produzem filhos. No processo, há casos em que os homens não reconhecem perante a comunidade que formaram um segundo agregado. As razões que levam os homens a não cumprir com as normas tradicionais devem-se, em parte, aos recursos financeiros limitados e à urbanização, que favorece o anonimato. Assim, na maioria dos casos, a primeira e a segunda mulher não se conhecem e, assim, os homens têm a liberdade de ir e vir entre os agregados. Adicionalmente, os recursos financeiros limitados libertam-nos da pressão económica de sustentar os agregados. Entretanto, a contribuição financeira limitada dos homens não é o que leva as mulheres a permanecer sozinhas e/ou a considerarem-se chefes de família. Como mostrou o caso da Domingas, o seu medo nasceu do facto de ter filhos para cuidar e se sentir mais vulnerável se o seu parceiro a deixar ou parar de ter contacto com ela.

As mulheres chefes de família sofrem socialmente e não são bem *'vistas pela comunidade'* e pela Igreja, em particular. Contudo, podem-se apontar alguns sucessos que indicam que, em alguns casos, a presença masculina pode levar a uma série de constrangimentos para as mulheres e seus filhos, resultando no detrimento social e económico de ambos. Esses constrangimentos são partilhados pela maioria das mulheres *de jure* e incluem o facto de deixar os seus bens se forem viver perto ou com os seus familiares para resolver um conflito. Contudo, há outras condições a favor das mulheres chefes de família que podem ser avaliadas através dos alcances económicos da maioria delas. Porém, é importante realçar que a maioria das mulheres chefes de família são empregadas e não dependem automaticamente dos seus parceiros para a sua sobrevivência e a dos seus filhos, como ilustrado no caso a seguir.

Caso 6: Os sucessos da Florinda

Florinda, de vinte e sete anos de idade, encontrou o pai dos seus filhos em 1995 na província de Uíge, onde nasceu. O seu parceiro frequentava muito a casa dos pais da Florinda, 'Daí a amizade entrou e ele fez pedido à minha família'. Florinda explicou que nos primeiros anos eles eram muito felizes e depois ele mudou. O seu parceiro começou a beber muito e tinha muitas namoradas. Algumas ficavam em casa durante a noite. O seu parceiro morreu de uma doença mental. A família do seu parceiro pô-la fora de casa com os seus filhos, e o irmão da Florinda ajudou-a a arrendar uma casa no mesmo bairro. Aí, Florinda encontrou um novo parceiro através do seu irmão. Embora Florinda somente o veja três vezes por semana, sente-se satisfeita com o relacionamento porque sabe onde está em relação à primeira esposa. Ela adicionou que o seu irmão não se opõe ao relacionamento, uma vez que ela recebe carinho. Quando se perguntou se ela recebia apoio financeiro do parceiro, Florinda respondeu que não recebia, 'Eu mesma faço tudo com o lucro das minhas vendas, não tenho ninguém que me ajuda'.

A história supracitada mostra como algumas mulheres chefes da família fazem uma escolha consciente dos seus relacionamentos com os homens. No caso da Florinda, o seu novo relacionamento indica que não foi imposto por ninguém e que elas recebem o que lhes dão. A independência demonstrada pela sua história mostra os sucessos de ser economicamente responsável pela sobrevivência do agregado. Isto implica que algumas mulheres chefes de família têm sucesso ao usar os homens para garantir e legitimar a sua sexualidade e desejo de maternidade. A entrega do poder e da autoridade a um parceiro masculino é um acto realizado de forma consciente, feito com vista a evitar abusos de outros homens e a ficar bem vista aos olhos da comunidade.

Um outro elemento a ter em conta na análise das situações das mulheres chefes de família é prende-se com os filhos. A secção a seguir providencia uma descrição de como algumas mulheres pensam que se fará maior justiça aos seus filhos ao terem um homem dentro do agregado, mesmo se esse homem não for o pai biológico e/ou providenciar apoio emocional.

4. Mulheres chefes de família e seus filhos

As mulheres percebem como essencial ter crianças com novos parceiros, ainda que essa situação coloque os mesmos sob o risco de serem maltratados pelos seus padrastos. Existe, evidentemente, uma certa pressão cultural para as mulheres agirem em conformidade com a maternidade ou a ideia de serem mães, pois a procriação é considerada como uma *'virtude'* na cultura Bantu, e um casal sem filhos não é reconhecido como tal pela comunidade (Altuna, 1983).

Com vista a ter filhos, e a obter respeito, tem de haver um homem visível dentro do agregado de forma esporádica, sendo este, presumidamente, um dos factores que conduz as mulheres a querer residir com homens.

Caso 7: Lucinda, mãe solteira de dois filhos

Lucinda, de vinte e cinco anos, é mãe solteira de dois filhos, de quatro e seis anos de idade. O seu relacionamento com o parceiro estragou-se com a guerra. Lucinda explicou que ele não voltou da guerra com toda a sua cabeça e daí Lucinda preferiu não se juntar a ele de novo. A Lucinda vive de serviços prestados à Igreja, onde cozinha para os grandes eventos. Embora os seus rendimentos sejam instáveis, consegue sobreviver e dar de comer aos seus filhos. Quando questionada sobre o futuro, explicou que se quer juntar a um outro homem, mas quer garantir primeiro que o seu novo parceiro seja gentil com os seus filhos. Contudo, Lucinda apresentou uma outra opção de deixar os seus filhos com a sua mãe, até o novo parceiro se habituar à ideia de ter outros filhos porque, como ela explicou, 'os meus filhos têm que ter um homem dentro de casa que seja bom para eles'.

As normas sociais têm ditado como a sexualidade das mulheres e o facto de ser mãe são legitimados pela imagem de uma mulher associada a um homem, mesmo se ele não é residente permanente dentro do lar. Tal deve-se ao facto de os homens serem vistos como os *'protectores'* do agregado, por trazerem respeito ao agregado e às mulheres. A influência do Catolicismo, como constatado anteriormente, também joga um papel importante nas decisões das mulheres permanecerem acasaladas. O *"manter as aparências"*, mesmo em caso de descontentamento, parece ser vital para as mulheres sobreviverem socialmente, assim explicando os *'trade-off'*.

Conclusões

O capítulo avaliou as lutas e sucessos das mulheres chefes de família e os seus filhos, analisando como as suas condições de vidas são percebidas por outros e por elas mesmas. Usou-se a análise de discussões qualitativas, para examinar se as mulheres chefes de famílias têm sofrido de constrangimentos particulares no alcance do seu bem-estar e se a decisão de reter um homem dentro do lar constitui um factor decisivo para garantir a sua aceitação social. Tentou-se, ainda examinar se os filhos de agregados chefiados por mulheres estão em situação de desvantagem devido à ausência masculina.

Em termos de conclusão, pode avançar-se que os conflitos em torno das mulheres chefes de família e seus filhos têm aumentado, se considerarmos que a viabilidade social dos agregados chefiados por mulheres depende, em grande parte, do olhar da comunidade. A transmissão de desvantagens para os filhos não é, contudo, fruto da ausência masculina, mas de variados factores, como a composição do agregado e a viabilidade económica.

A percepção da comunidade, e das mulheres em particular, sobre o conceito da chefia do agregado é bastante conservadora, por a associar automaticamente ao homem, independentemente da sua presença regular e/ou da sua provisão económica. Convém, contudo, sublinhar que as mulheres são preparadas para conceder ao poder masculino a sua autoridade, mesmo quando elas são as únicas provedoras do agregado. Assim sendo, a presença masculina dentro do agregado, embora permanente ou irregular, tornou-se crucial para o mesmo ter aceitação social. Por outro lado, parece que a presença masculina constitui também um factor importante para legitimar a sexualidade das mulheres, bem como a sua necessidade de ser mãe. Daí a justificação para a existência de um número elevado de agregados *de jure*, onde as mulheres partilham os seus parceiros com outras mulheres.

Embora a poligamia seja praticada há séculos, um aspecto de descontinuidade no contexto contemporâneo é o de que, embora os homens continuem a ter mais do que uma esposa, têm agora dificuldades em suportá-las financeiramente. Como resultado, os homens parecem mais interessados na gratificação sexual imediata, em detrimento de fazer investimentos a longo prazo em relacionamentos existentes e/ou novos, o que se traduz na falta de responsabilidade aparente dos homens para com as suas esposas e filhos. Isto explica, em parte, a impunidade aparente dos homens em ir de agregado em agregado, uma vez que a maioria das mulheres não parece opor-se ao comportamento dos homens. Elas consentem que estes tenham relacionamentos sexuais fora das uniões formais (possivelmente devido à necessidade de serem vistas ao lado de um homem para ganhar respeito junto da comunidade) e, assim sendo, os homens beneficiam de um certo grau de liberdade para formar novos agregados sem automaticamente abandonar os primeiros. Tal é exacerbado pela ausência de recursos de trabalho e a deficiência de instituições formais, que levam os homens a negligenciar as suas responsabilidades.

À luz das conclusões do capítulo, se quisermos delinear um quadro de responsabilização para contribuir para a diminuição dos conflitos no seio das mulheres chefes de famílias e seus filhos, os seguintes aspectos devem ser tomados em consideração: dada a heterogeneidade das mulheres e das chefes de famílias em particular, as recomendações propostas pelo artigo vão no sentido de se desenvolverem politicas especificas de protecção social e económica e que levem em conta a heterogeneidade das mulheres, bem como, e entre outros, a sua idade, o ciclo de vida do agregado e seu estatuto marital; a contabilização do chefe do agregado nos inquéritos de grande vulto deve ser revista com o intuito de distinguir entre os agregados *de jure* e os *de facto,* com o objectivo de tomar em consideração os factores mais subjectivos e difíceis de capturar em relação ao lugar/contribuição do homem/parceiro no agregado; a poligamia em todas as suas formas e manifestações deve ser contemplada nos dispositivos legais com o intuito de minimizar os seus efeitos negativos na sobrevivência das mulheres e seus filhos; e, por último, a condição das mulheres chefes de família necessita de ser estudada com base em pesquisas aprofundadas, para informar os decisores políticos sobre como adequar as políticas à sua condição real;

Por fim, embora a ausência masculina não seja automaticamente associada à vulnerabilidade das crianças, o quadro jurídico-legal deve encontrar mecanismos para garantir que a responsabilidade paternal seja assumida, qualquer que seja o tipo de agregado, com vista a não criar uma situação de maior vulnerabilidade para as mulheres chefes de família e seus filhos.

Referências bibliográficas

Altuna, Raul Ruiz de Asúa (1983), *Cultura Tradicional Banto.* Luanda: Edição do Secretariado Arquidiocesano de Pastoral, 2.ª Edição.

Bradshaw, Sarah (1995), "Women's Access to Employment and the Formation of Women-headed Households in Rural and Urban Honduras", *Bulletin of Latin American Research,* 14 (2): 143-58.

Chant, Sylvia (1991), *Women and Survival in Mexican Cities: Perspectives on Gender, Labour Markets and Low-Income Households.* Manchester: University of Manchester Press.

Chant, Sylvia (1997a), *Women-Headed Households: Diversity and Dynamics in the Developing World.* Houndmills, Basingstoke: Macmillan.

Chant, Sylvia (1997b), "Women-Headed Households: Poorest of the Poor? Perspectives from Mexico, Costa Rica and the Philippines", *Institute of Development Studies Bulletin,* 28 (3): 26-48.

Chant, Sylvia (2003), *Female Household Headship and the Feminization of Poverty: Facts, Fictions and Forward Strategies.* New Working Paper series. Londres: Gender Institute, 9.

Ducados, Henda; Meijer Guu, (2004), "Angolan women in the aftermath of conflict", *Accord: an international review of peace initiatives,* 15: 58-61.

462 SOCIEDADE E ESTADO EM CONSTRUÇÃO: DESAFIOS DO DIREITO E DA DEMOCRACIA EM ANGOLA

Instituto Nacional de Estatística (INE) (2007), *Folha Rápido do Inquérito aos Agregados Familiares sobre Despesas e Receitas' (IDR)*. Luanda: INE.

INSTRAW (1992), "Women and the Household" in Saradamoni, K. (org.), *Finding the Household: Conceptual and Methodological Issues.* Londres: Sage Publications, 233-240.

Obenga, Theophile; Souindoula, Simão (orgs.) (1991), *Racines Bantu*. Paris: Centre International des Civilisations Bantu (CICIBA).

Programa das Nações Unidas para o Desenvolvimento (PNUDP) (1997), *Relatório do Desenvolvimento Humano*. Oxford: Oxford University Press.

Robson, Paul; Roque, Sandra (2002), *Here in the city there is nothing left over for lending a hand*. Luanda: ADRA e Development Workshop.

Rosenhouse, Sandra (1989), *Identifying the Poor: Is 'Headship' a Useful Concept? Living Standards Measurement Study*, The World Bank Working Paper, n.º 58.

Willis, Katie (1993), "Women's Work and Social Network Use in Oaxaca City, Mexico", *Bulletin of Latin American Research*, 12 (1): 65-82.

Documentos consultados

Governo de Angola (2006), Politica de Igualdade de Género (Capitulo 'Estratégia de Desenvolvimento a Longo Prazo para Angola 2025'). Luanda (mimeo).

Ministério da Família e Promoção da Mulher (2003), Avaliação e definição das prioridades das necessidades do Mecanismo Nacional de Género. Luanda: Angola.

Ministério da Educação (2000a), Programa Nacional de Género no Contexto do Sistema Educativo 2001-2005. Luanda: Angola.

Ministério da Educação (2000b), Seminário Nacional sobre Género no contexto do sistema educativo. Luanda: Angola.

Ministério do Planeamento (2003), Estratégia de Combate a Pobreza-ECP. Luanda: Angola

Ministério do Planeamento (2005), Relatório de Progresso sobre os Objectivos de Desenvolvimento do Milénio. Luanda: Angola.

Ministério do Planeamento (2007), Estratégia de Desenvolvimento a Longo Prazo (2025) (Documento não publicado). Luanda: Angola.

CAPÍTULO 14
A TERRA NO CONTEXTO DA RECONSTRUÇÃO E DA DEMOCRATIZAÇÃO EM ANGOLA

Fernando Pacheco

Introdução

A terra constitui um tema transversal que abrange vários aspectos da vida política, económica, social e cultural de Angola no âmbito do processo de reconstrução e de democratização em curso. Todavia, os conflitos derivados da presença de vários sistemas de posse e propriedade da terra são cada vez mais visíveis e presentes nos debates nacionais. Justifica-se, pois, o seu tratamento no âmbito mais geral de um estudo sobre pluralismo jurídico e sistemas de justiça.

O Estado angolano adoptou, a seguir à independência, um modelo desenvolvimentista de carácter socialista revolucionário como forma de integrar as diversidades culturais e regionais, recuperar o 'atraso' e acelerar o desenvolvimento, em que o voluntarismo e os aspectos ideológicos se sobrepuseram à realidade e ao conhecimento. Não obstante, na linha do paradigma da maioria dos países africanos, a estratégia seguida na construção do Estado passou pela adopção dos instrumentos da administração colonial, com os postulados da modernização e os complexos de superioridade dos colonos em relação às populações rurais. No tocante à terra, porém, o percurso angolano foi um pouco diferente. O modelo de desenvolvimento que vigorou nos primeiros anos de independência e as constantes guerras em que os angolanos se viram envolvidos fizeram com que a terra não tivesse sido motivo de cobiça pelas elites ligadas ao poder político, e os camponeses sentiram-se felizes, julgando o seu património fundiário recuperado. A ausência de actos legais que formalizassem tal recuperação não constituiu um problema sentido, porque a exclusão em relação à terra não se diferenciava de outros tipos de exclusão que afectavam os camponeses (Pacheco, 2002c). Por outro lado, e pelos mesmos motivos, Angola passou ao lado de fracassadas experiências de desenvolvimento, a que o continente africano foi submetido até aos dias de hoje, particularmente a neoliberal. Alcançada a paz o país tinha uma excelente oportunidade para percorrer um caminho original para uma sociedade mais justa, onde direitos económicos, sociais e culturais estivessem em equilíbrio com direitos civis e políticos, de modo duradouro, condição para um desenvolvimento democraticamente sustentável (Santos, 2002). Isso exigiria um tratamento justo da questão da terra. Todavia, vários indicadores fazem pensar que essa não está a ser a via seguida. À falta de melhores referências, a tentação de olhar para o passado tem sido irresistível nestes primeiros anos de reconstrução. Estou, pois, com Maria da Conceição Neto quando defende que reconstruir o país não é *"voltar ao que era no antigamente"*, porque a história não volta para trás, e porque, afinal, nesse tempo para o qual por vezes se pretende voltar Angola não era um *"bom país"* para a maioria dos angolanos (Neto, 2003). Ademais, a sociedade angolana de hoje é muito diferente, há novos actores e instituições, novas forças, que, crê-se, poderão contribuir de forma decisiva para uma sociedade mais justa.[1]

Este capítulo procura mostrar como as políticas, a legislação e, sobretudo, as práticas mais recentes estão a recriar o imoral sistema 'dualista', que resultou da apropriação de grande parte das terras das populações locais ao longo de séculos de colonização, e a remeter os agricultores pobres para a exclusão, reduzindo a sua capacidade de satisfação das necessidades alimentares e aumentando os fluxos de migração para os centros urbanos; em paralelo, tenta sugerir alguns caminhos para contrariar tal caminho (Ferreira, 2005). Para a sua construção fez-se recurso a informação recolhida em trabalho de campo, realizado, principalmente, entre 2002 e 2009, em colaboração com a ADRA (Acção para o Desenvolvimento Rural e Ambiente), em várias regiões de Angola com diversificadas condições ecológicas, culturais e demográficas. O campo de estudo abrangeu comunidades do planalto central, principalmente do Huambo (onde o ecossistema predominante é a floresta aberta com intensos processos de savanização e que representa o coração da área sociocultural dos Ovimbundu, apresentando uma densidade demográfica relativamente elevada para as condições do país); de Malange (região, igualmente, de floresta aberta com processos de savanização menos intensos, na área sociocultural dos Mbundu, e com densidade demográfica mais moderada); do Uíge (onde encontramos a floresta densa húmida, numa área sociocultural dos Bakongo com densidade demográfica relativamente moderada); de Cabinda (em que se encontram circunstâncias semelhantes às do Uíge, mas com aspectos socioculturais mais específicos); e da Lunda Sul (região de floresta, onde as características da área sociocultural dos Côkwe são bem vincadas e a densidade demográfica é muito

---

[1] A problemática, complexa, da ligação ao passado é igualmente alvo de análise noutros textos que integram este livro.

baixa). A abordagem da problemática da terra aqui esboçada será, fundamentalmente, na perspectiva agrária e rural.

Não é possível deixar de notar que uma das limitações deste trabalho – como em outros da mesma natureza que exijam o recurso a fontes de informação oficiais – foi a atitude pouco colaborante de uma parte importante dos informantes-chave ligados a instituições públicas, que ou sonegam informação a pretexto da sua confidencialidade e reserva ou levantam barreiras burocráticas de vária ordem ou, ainda, se mostram receosos das reacções por parte dos seus superiores hierárquicos. A ausência de uma cultura de serviço público faz com que os funcionários do Estado tratem da coisa pública como propriedade privada própria. Mas neste caso a atitude poderá não ser inocente: com efeito, têm razão de ser as suspeitas de que as terras cedidas às elites com a corrida, que teve início ainda na década de 1980 com o 'redimensionamento empresarial', intensificada depois de alcançada a paz em 2002, já ultrapassam o montante dos 4,5 milhões de hectares que haviam sido concedidos até 1975, pois um estudo da Rede Terra, de 2004, já referia que as áreas cedidas até então ultrapassavam os 2,5 milhões de hectares (Pacheco, 2005). Em Malange, segundo a Direcção Provincial de Agricultura, a área cedida até 2005 era superior a 1,5 milhões de hectares, ultrapassando a área que o sector empresarial dispunha nas vésperas da independência (pouco mais de 1,3 milhões de hectares). Os dados disponíveis apontam que a situação tende a agravar-se, com novas concessões e pressões, dada a riqueza dos solos de Angola, principalmente devido aos ambiciosos projectos previstos para a região. É natural, então, que se procure evitar o acesso a informação que possa mostrar como as elites angolanas de hoje, com protecção oficial, estão a restaurar uma ordem contra a qual os artífices da libertação nacional deram as suas vidas. Contudo, e apesar dessas condicionantes, devemos ressalvar e agradecer a todos quantos, com outra atitude, deram ou têm dado a melhor colaboração na disponibilização de informação.

1. Um ponto de partida

A luta pela independência representou, para a maioria dos angolanos, a possibilidade de verem resolvida uma das maiores injustiças do colonialismo: o resgate da terra que sempre consideraram sua. Vários estudos no campo da história, que se debruçaram sobre a problemática da terra em Angola, dão conta das arbitrariedades cometidas pela coroa portuguesa a partir do século XVI, quando decidiu expropriar terras dos autóctones para, posteriormente, as distribuir a *"africanos 'civilizados', euro-africanos e portugueses"*, iniciando-se assim o processo de apropriação individual da terra que iria marcar o carácter 'dualista' da agricultura angolana até aos nossos dias (Freudenthal, 2005). Esse processo, naturalmente, não foi isento de conflitos, de maior ou menor intensidade, ao longo do tempo (Pélissier, 1977; Ferreira, 2005). Entre os mais recentes, já no século XX, a confrontação entre os pastores Kuvale e a administração portuguesa no sul, nos anos 1940, e a revolta dos agricultores Bakongo, que marcou o início da guerra pela independência no noroeste, mostram bem, apesar da sua natureza diferenciada, a dimensão do problema (Pélissier, 1977; Carvalho, 1997; Ferreira, 2005).

Tal como aconteceu em quase todas as colónias europeias em África, esse tipo de procedimento viria a contribuir para a desestruturação das economias camponesas ao longo de todo o processo colonial, traduzindo-se, já no início do século XX, numa quebra acentuada da produção de alimentos e, consequentemente, em carências alimentares e surtos de fome, propagação de doenças e mortalidade infantil (Dias, 1981; Santos, 1999; Freudenthal, 2004). Mas as duas últimas décadas do colonialismo haveriam de se revelar particularmente dramáticas.

Segundo a Missão de Inquéritos Agrícolas de Angola (MIAA), no fim do período colonial menos de 6500 agricultores patronais dispunham de 4,5 milhões de hectares de terras, o que significava, em média, 700 hectares por agricultor, enquanto mais de um milhão de agricultores familiares dispunham apenas de aproximadamente 4,3 milhões, ou seja, uma média inferior a quatro hectares a cada um. O facto de os primeiros utilizarem efectivamente, sempre em média, apenas 10% das terras que ocupavam, deixando as restantes sem qualquer tipo de uso, apenas como reservas para o futuro, tornava a situação ainda mais injusta e preocupante (Província de Angola, 1971; Pacheco, 2002-a).

Esta situação, conjugada com os efeitos do aumento da pressão demográfica, associada à criação de periferias urbanas fomentadas pelo êxodo rural, provocou mudanças significativas nas relações das famílias rurais com a terra em comunidades de importantes regiões de Angola, das quais o planalto central é o exemplo mais notável. Aí, a rarefacção da terra foi responsável por uma ligação mais estreita das famílias, e mais raramente de indivíduos, a parcelas específicas nas chamadas terras comunitárias. Dados da MIAA mostram ainda que, entre os anos 60 e 70 do século XX, a superfície média dos agricultores familiares passou de 8,9 para 5,6 hectares no planalto central e de 4,1 para 2,0 no planalto de Malange, duas das zonas agrícolas mais importantes do país (Pacheco, 1997). Esta situação obrigou ao uso mais intensivo dos solos, não permitindo a regeneração da sua fertilidade natural como antes acontecia e é usual nos sistemas africanos de pousios longos. Os solos entraram, então, num profundo processo de degradação e tornaram-se menos produtivos, não tendo o governo português sido capaz de encontrar soluções alternativas para o problema da sua fertilidade e para a investigação de novos sistemas de produção. Uma das poucas excepções foi a introdução, já no fim do regime colonial (1969), do sistema de extensão rural no Planalto Central, que, para além de tardia, pôs a nu algumas das contradições do sistema (Possinger, 1971, 1972). Foi novamente a MIAA quem anunciou a redução drástica das produtividades do milho no planalto central (300 quilos por hectare, quando noutras regiões eram possíveis 700) e de mandioca em Malange (3000 quilos contra 8000 nos anos 1960), o que aumentou o endividamento e a dependência em relação aos 'comerciantes do mato', quase todos portugueses, que dominaram as trocas comerciais nas áreas rurais a partir dos anos 40 do século XX (Província de Angola, 1971). Não admira, portanto, que os agricultores do planalto central se vissem obrigados a procurar, fora das suas explorações agrícolas e mesmo da sua região, fontes suplementares de rendimento, não apenas para o sustento das famílias, mas também para investimento nas próprias explorações, como, por exemplo, na compra de animais de tracção com os quais procuravam aumentar as áreas de cultivo, o que acabava por contribuir, ainda mais, para a degradação dos solos, alimentando-se assim a espiral de empobrecimento da região e das famílias (Carriço, 1974; Estado de Angola, 1971). O trabalho obrigatório, abolido oficialmente com as reformas políticas de 1961, mas que na prática se manteve com outra roupagem até à década de 1970, via-se substituído pela necessidade imperiosa de assalariamento, enquanto era agravado o imposto pessoal – outra das injustiças mais sentidas pelas populações rurais –, justificando-se ainda mais o recurso ao trabalho assalariado (Clarence-Smith, 1985). O desconhecimento desta realidade por parte dos movimentos de libertação angolanos provocou graves perturbações no período de transição e nos primeiros anos de independência, pois se foi um erro trágico o fim do trabalho migrante por motivos políticos, a pretexto, segundo Jonas Savimbi, líder da UNITA, de que era necessário *"acabar com a nova forma de escravatura que se abatia sobre os Ovimbundu"*, igual equívoco foi a ausência de políticas e programas governamentais de desenvolvimento rural que respondessem às novas necessidades e às expectativas das populações em relação a uma vida melhor que a independência deveria proporcionar. Estava, assim, criado o ambiente onde a guerra civil iria medrar no centro do país. Não terá sido por acaso que a maior parte dos efectivos dos exércitos protagonistas da guerra civil tenha sido recrutada no planalto central. Como militares, os jovens tinham acesso a alimentos, vestuário, arma e estatuto social e, além disso, ver-se-iam libertos das pressões que, a nível das comunidades, os 'mais velhos' exerciam, no sentido de travar anseios de mobilidade social. Este é um assunto que justificadamente merece estudos mais aprofundados por parte dos académicos.

De acordo com vários estudos, sustentados a partir das décadas de 1960 e 1970 pelos resultados da investigação da MIAA, os agricultores familiares angolanos revelaram um elevado potencial de produção mercantil, assegurando, até 1974, a maior quota no mercado interno de alimentos e participando, de modo significativo, na exportação de matérias-primas (Estado de Angola, 1971; Carriço, 1974; Freudenthal, 2004; Pacheco, 2005). Angola era, então, um notável produtor de 'café robusta' (segundo produtor africano e quarto a nível mundial), de algodão, milho, mandioca, banana, carne, feijão, amendoim, óleo de palma, tabaco e de muitos outros produtos. Ainda de acordo com a MIAA, e ao contrário do que sugere o senso comum, os pequenos agricultores familiares eram responsáveis por 88% da comercialização de milho, 100% de mandioca, 94% de feijão, 100% de amendoim, 71% de batata, 30% de café, 52% de arroz e 21% de algodão e detinham ainda elevado peso na produção de carne, tabaco e banana (MIAA, 1964, 1974; Estado de Angola, 1971; Ministério do Ultramar, 1971; Pacheco, 2005). Todavia, tais produtores, salvo pouquíssimas excepções, utilizavam a terra de forma precária, pois não tinham a garantia, através de títulos, dos seus direitos de propriedade ou posse, como acontecia com os agricultores empresariais, patronais ou "modernos", o que os deixava à mercê de todo o tipo de arbitrariedades (Pacheco, 2002b).

Não admira, pois, que a questão da terra tivesse sido explorada de forma política através dos tempos. Num magnífico romance, reportado à segunda metade do século XIX numa região que hoje corresponde aos municípios de Cambambe e Cazengo, na província do Kwanza Norte, e para o qual o autor investiu muito tempo em pesquisa histórica, Arnaldo Santos narra como a questão da terra motivou conflitos entre ocupantes europeus e africanos (Santos, 1999). Posteriormente, nas primeiras décadas do século XX, Assis Júnior e outros angolanos letrados bateram-se contra a expropriação de terras de que eram alvo famílias de Ndalatando, Golungo Alto e Lucala (Pélissier, 1977). Na mesma época, sensivelmente, as revoltas populares no Kwanza Sul contra a administração portuguesa terão sido motivadas pelo roubo de palmares ou de locais sagrados, para implantação da cultura do café que então despontava

(Ferreira, 2005). Naturalmente, pois, todos os movimentos de libertação viriam a incluir nos seus programas políticos a intenção de garantir a terra a quem a trabalha no caso de atingirem o poder. Porém, todos eles tiveram uma dificuldade enorme em aprofundar o conhecimento sobre o assunto depois da independência, e principalmente quando, a partir das reformas políticas de 1991, ele voltou a ser uma questão crucial para a sobrevivência dos camponeses, sendo que hoje todos se debatem com uma enorme falta de visão para a procura de soluções sustentadas para os problemas existentes.

Tendo sido a independência a questão central da luta dos movimentos de libertação, a mobilização das populações foi sempre mais eficaz quando associada aos direitos. O bilhete de identidade, por exemplo, conferia a um angolano o direito formal à cidadania, ainda que portuguesa, mas a concretização desse direito, tal como outros, quer civis e políticos, quer económicos, sociais e culturais, era praticamente uma utopia. É neste campo que se deve enquadrar a problemática da terra. Na sequência dos acontecimentos de 1961, Portugal produziu legislação, atabalhoada e pouco concretizada, procurando eliminar alguns dos aspectos mais chocantes do colonialismo, mas foi já demasiado tarde (Bender, 1976; Clarence-Smith, 1985).

2. Da posse comunitária da terra à posse e propriedade individual

A questão das terras para fins agro-pecuários tem provocado em África acesos debates sobre os seus antecedentes históricos e a sua importância nas actuais relações de propriedade e de poder (Berry, 2002; Freudenthal, 2005). Como noutros assuntos ligados às ciências sociais em África, Angola tem passado à margem desse debate, não obstante a terra constituir, desde há muito, uma sucessão de injustiças com origem na forma como têm sido tratados os direitos fundiários dos agricultores pobres. Justifica-se, deste modo, uma brevíssima incursão no passado, para se entenderem as permanências e rupturas que caracterizam a realidade angolana de hoje.

Em meados do século XIX Angola estava longe de constituir uma unidade política, económica e cultural. A presença militar e administrativa portuguesa estava limitada a uma faixa litoral, que na sua maior largura se estendia para leste por poucas centenas de quilómetros. A maior parte da população da colónia vivia em comunidades assentes em linhagens, mais ou menos extensas ou autónomas, nas quais dominavam as relações de parentesco, em situação muito semelhante ao que acontecia nos territórios ainda não ocupados militar e administrativamente, que hoje integram o espaço nacional (Alexandre e Dias, 1998).

A memória colectiva na maioria das comunidades que têm sido por nós estudadas no âmbito da terra para fins agrícolas revela que os seus direitos fundiários provêm da anterioridade de ocupação do espaço por parte dos respectivos fundadores, na sequência da expansão Bantu e de recomposições e migrações que marcaram a história das sociedades no actual território angolano.[2] Tais 'senhores da terra' constituem uma comunidade linhageira que se impõe a outras, não apenas por via da anterioridade da ocupação do território, mas também das alianças que vai estabelecendo, gerando-se um poder político assente no parentesco e na religião, como sistema de representações jurídico-ideológicas, e nas relações económicas que se estabelecem pela gestão do acesso à terra (facilitado aos membros da linhagem dominante e seus aliados), pelo sistema de trocas a longa distância e pelo pagamento dos tributos devidos pelas linhagens subalternas. O culto dos antepassados constitui um suporte do poder e é utilizado para conter reivindicações das gerações mais jovens e com estatutos desiguais, ou ainda para dificultar ou impedir a mobilidade social (Pacheco, 2002; Freudenthal, 2005).

Importaria, antes de analisarmos a evolução da posse da terra comunitária, conhecer as representações que as populações têm da terra nos dias de hoje, mas as limitações de espaço não nos permitem alongarmo-nos.[3] Em contextos como o das comunidades estudadas na Lunda Sul, por exemplo, está presente uma cosmovisão que atribui a propriedade da terra a Deus, aos vivos e aos antepassados, cabendo aos *muata*'s (chefes) a sua gestão, num sistema de 'propriedade', ou melhor, de posse comunitária.[4] Noutro contexto, como o das comunidades estudadas no Huambo, onde, possivelmente como resultado das transformações sociais verificadas ao longo de todo o século XX, do aumento da pressão demográfica e da instalação de propriedades agrícolas pertencentes a europeus, a terra foi-se tornando um bem raro e de disputa, deixando progressivamente de ser percebida exclusivamente no campo das representações simbólicas e dos sistemas de valores, para ser considerada um factor de produção – e isto altera

---

[2] Sobre este tema cf., igualmente, o capítulo de Américo Kwononoca, neste volume.

[3] Cf., sobre o assunto, Pacheco (2005). Grande parte das considerações sobre representações e sistemas de produção seguem de perto esse trabalho, produto de um estudo realizado pela Rede Terra em 2004 e outro anterior realizado para a FAO (Pacheco, 2002).

[4] Isto diz respeito às comunidades estudadas, onde a exploração de diamantes não tinha, até então, expressão significativa. Noutras comunidades é certo que esta noção serve apenas de referência, visto que na prática as coisas mudaram ou estão a mudar pela pressão da exploração diamantífera e pela guerra, fundamentalmente.

as regras de acesso e as formas de uso, de posse e de transmissão inter-vivos e por herança (Neto, 1991; Pacheco, 2005).

Nos anos 60 do século XX, de acordo com a MIAA, reconhecia-se no Huambo – e no planalto central em geral – a existência de dois subsistemas de utilização da terra: um 'estabilizado', com as parcelas vinculadas às famílias e que compreendia as terras de baixa e as situadas em volta das residências (*ocumbo*'s); e um outro, não 'estabilizado', sem vinculação, correspondendo a lavras de encosta ou do alto.[5] Actualmente, é quase impossível encontrar uma lavra não 'estabilizada', pois todas as parcelas de terra estão vinculadas a uma família ou a um indivíduo, incluindo, frequentemente, as reservas florestais (MIAA, 1971).[6] Nas comunidades estudadas no Huambo não se pode, pois, falar de terras comunitárias mas sim de posse privada, ainda que do ponto de vista do direito positivo isso não seja reconhecido. Isto explica a emergência de um novo tipo de actor social: o empresário agrícola autóctone que, inserindo--se gradualmente numa lógica de mercado, aspira a um outro estatuto social. Vivendo na aldeia, ele encontra-se funcionalmente num outro espaço social, conformado pelo mercado e pelas relações que vai estabelecendo com as instituições da sociedade envolvente. Esse estatuto permite-lhe, entre outras coisas, oferecer empregos aos mais pobres e, ainda que esporadicamente, possuir títulos individuais de uso e aproveitamento da terra a coberto da legislação existente. Não obstante, todas as comunidades estudadas assumem em comum a posse da sua terra, cujos limites estão, em regra, bem identificados pelos seus membros e pelos das comunidades vizinhas (Pacheco, 2005).

Comunidades estudadas no Uíge, ou em contextos semelhantes, em que se introduziu a cultura do café ou outra com carácter permanente valorizada no mercado, apresentam uma situação mais complexa. Nos referidos anos 1960 também no Uíge se reconheciam dois subsistemas de utilização da terra: um, sem qualquer vinculação das famílias às parcelas cultivadas, normalmente com culturas alimentares anuais; e outro, com as parcelas vinculadas às famílias ou aos indivíduos, com plantações de café. Esta situação permitia que os camponeses com três ou mais hectares de café pudessem ser considerados 'agricultores', isto é, empresários, dentro de um quadro sociológico e económico similar ao

---

[5] Esta terminologia refere-se à topografia dos terrenos, correspondendo as parcelas de encosta ou do alto, genericamente, a solos menos férteis.

[6] Conclusão idêntica encontra-se num estudo sobre Comunidades e Instituições Comunitárias no Huambo, realizado pela ADRA e pela Save The Children Fund-UK em 1997 (cf. Pacheco, 2001).

que foi assinalado para o Huambo, e que surgissem os primeiros agricultores negros com títulos de propriedade, principalmente a coberto da legislação de 1961.[7] Os acontecimentos posteriores a 1974, associados à ideia de recuperação da terra dos antepassados que havia sido usurpada pelos colonos e, ainda, ao aumento da pressão demográfica e à valorização das culturas anteriormente consideradas "pobres" provocaram mudanças nas visões e percepções. Hoje encontram-se aldeias estudadas no Uíge com terras comunitárias e outras em que a posse é familiar, pois o conceito de *kanda*, ou seja, de família extensa, clã ou linhagem, determina que a terra não seja pertença apenas de um indivíduo, mas sim de todos os membros da linhagem, o que implica também os antepassados (Pacheco, 2005).

Uma breve reflexão teórica impõe-se: diferentes autores convergem na ideia de que as variantes locais dos sistemas comunitários de posse da terra se baseiam no facto de que a terra não é um bem escasso e que o direito de a utilizar resulta da pertença à comunidade ou do consentimento desta (Kamarck, 1971; Avillez, 1973).[8] Quando a densidade demográfica é muito baix, predominam, ainda hoje, os sistemas comunitários de posse da terra, situação na qual qualquer membro de uma comunidade tem o direito de cultivar qualquer parcela, ou mais, do território afecto a essa comunidade. A essa prática fundiária costumeira Avillez (1973) designou de "*direito geral de utilização da terra*". Com valores mais elevados de pressão demográfica, ou com o desenvolvimento de culturas permanentes, nomeadamente a do café ou do palmar no caso de algumas regiões de Angola, a relação estabelecida por um elemento da comunidade com uma ou mais parcelas de terra reveste-se de um carácter mais duradouro. Neste caso, fala-se então de "*direito específico de utilização da terra*", a que é associado o conceito de vínculo já assinalado, uma norma jurídica socialmente aceite que assume o valor de um título e cujo cadastro se encontra, unicamente, na mente de pessoas mais velhas (Santos e Morais, 1973; FAO, 2008). Nesse caso, a posse comunitária é abandonada ou resume-se a algumas reservas para actividades de recolecção, enquanto a restante terra está já privatizada de facto, embora não *de jure*. São direitos fundiários diferentes e vitalícios. Em todas as comunidades estudadas, quem se ausentou para as cidades, saiu para a guerra ou foi para o exterior do país, recuperou as suas terras ou sabe que elas estão à sua disposição, ainda que

---

[7] I.e., todas as reformas associadas à abolição do Estatuto do Indigenato, em Setembro de 1961.

[8] Apesar de antiga, a abordagem destes autores aplica-se bem à tentativa de entendermos a evolução dos sistemas de uso da terra em Angola, sendo essencial para quem tenha de definir políticas fundiárias.

temporariamente usadas por outras famílias. Noutra perspectiva, quem quiser instalar-se na comunidade deve ter a permissão dos senhores da terra, mas sem direito de posse, e arrisca-se a receber terra de qualidade inferior, pelo facto de se tornado um bem escasso (Kamarck, 1971).

É possível concluir que, do ponto de vista costumeiro, existe em Angola uma pluralidade de direitos fundiários que resultam da evolução dos sistemas de uso e aproveitamento da terra, que, por sua vez, são determinados por factores ecológicos, culturais e demográficos. Porém, o caso das mulheres[9] merece uma nota específica: de acordo com as normas costumeiras em vigor em todas as comunidades estudadas, uma mulher não herda dos pais porque se parte do princípio de que ela, ao casar, vai beneficiar da terra do marido. Ainda que estejam previstas reparações para o caso de ela permanecer solteira, em comunidades estudadas no Huambo alguns utentes doam terras às filhas ainda em vida ou tomam medidas para que possam ser consideradas suas herdeiras. Do mesmo modo, quando o marido morre, a família deste procura ficar com a terra quando não existem filhos ou quando a mulher volta a casar. O acesso das mulheres à terra é, pois, restringido (normalmente recebem parcelas mais pequenas do que as dos homens) e precário e condicionado, porque só ficam com a terra em certas condições. Paradoxalmente, algumas mulheres em diferentes comunidades do Huambo e Uíge agora podem e conseguem adquirir terras. Estes são aspectos a ter em devida conta na aplicação do direito costumeiro e que mostram o seu lado discriminatório (Pacheco, 2005).

3. Gestão de terras e poder tradicional

Embora o tema das autoridades tradicionais seja tratado noutros textos que integram este volume,[10] não se pode falar da terra sem uma incursão neste domínio. Antes, porém, de entrarmos em aspectos mais específicos da gestão das terras e de outros recursos naturais, importa tecermos algumas considerações de carácter geral sobre o assunto.

As referências a autoridades tradicionais na legislação angolana quase se limitam à Lei Constitucional, ao decreto que estabelece os subsídios e os fardamentos e aos pacotes legislativos eleitorais. Este aspecto revela, sobretudo, desinteresse por elas, pelo facto de o Estado angolano não lhes reconhecer

---

[9] Cf., neste volume, o capítulo de Henda Ducados.

[10] Cf., especialmente, os capítulos de Maria Paula Meneses e Américo Kwononoka, neste volume.

utilidade para o modelo de desenvolvimento inicialmente abraçado, por um lado, e pelo desconhecimento da realidade social, uma característica comum a todos os partidos políticos até à actualidade, por outro.[11] O défice de estudos – e a pouca divulgação dos existentes – nos diferentes domínios das ciências sociais e humanas em Angola explica, em parte, esse desconhecimento. Isto justifica, em certa medida, as perplexidades com as quais o poder, ou quem quer que seja, se depara quando pretende legislar ou tomar outras decisões relativas ao poder tradicional ou à vida rural em geral, ou simplesmente ter acesso a informação sistematizada. Este é outro tema que exige a urgente atenção das academias e dos académicos.

Em importantes trabalhos científicos que abordam a questão das autoridades tradicionais – referimo-nos a Angola e Moçambique – é muito comum a abordagem centrada no indivíduo.[12] Independentemente das especificidades de cada região, uma característica atravessa quase todas as áreas socioculturais em Angola: o poder tradicional só tem significado se for analisado na perspectiva das instituições.[13] Tomando como exemplo a organização comunitária rural dos Ovimbundu (o que se afigura pertinente por ser uma das mais desestruturadas no país), que habitam predominantemente no planalto central, verifica-se que os *soma's* (sobas) ou sekulus não tomam, por regra, decisões sem consultarem os respectivos *onjango's*, instituições que sobreviveram à desestruturação da organização social e política e que representam, como noutras regiões de África Bantu, o conselho de notáveis ou 'mais velhos'. O *onjango* é agora, por vezes, também integrado por elementos que podem não fazer parte das linhagens dominantes, mas que têm papel de relevo na comunidade, tal como representantes de igrejas, professores, enfermeiros e líderes de opinião (*ongangi*, em língua umbundu) incluindo alguns jovens e mulheres (estas de modo mais circunstancial), mas que não são considerados autoridades tradicionais por

---

[11] As atenções do poder de Estado na época da chamada I.ª República concentraram-se, sobretudo, nas cidades, dado o peso irrelevante da agricultura na economia. Tal poder, mais preocupado com o controle das populações do que a prestação de serviços, estruturou-se apenas até à comuna, deixando povoações e aldeias praticamente ao abandono. Se, por um lado, esta situação facilitou o avanço da guerrilha, ao mesmo tempo permitiu um certo reforço da legitimidade das chefias tradicionais junto dessas populações. Para aprofundamento desta abordagem, cf. Pacheco, 2002 e Neto, 2002.

[12] Cf., por exemplo, o excelente trabalho sobre as justiças em Moçambique (Santos e Trindade, 2003).

[13] Embora parecendo redundante, é importante chamar a atenção para a necessidade de, ao se abordar o tema das autoridades tradicionais, se ter consciência de que não se está a falar de um todo homogéneo relativo às chamadas sociedades 'tradicionais' ou locais.

não controlarem o poder dos antepassados no governo das comunidades e não terem acesso, directa ou indirectamente, à dimensão mágico-religiosa na vida comunitária.[14] O *onjango* funciona como órgão de consulta do chefe e de moderação do seu poder, e de resolução de conflitos, numa perspectiva de justiça mais preventiva e educativa do que punitiva. Detém ainda alguma importância na educação dos jovens, embora por vezes ainda condicione, como no passado, a sua liberdade individual e a mobilidade social. Deste modo, estamos a falar de um conjunto de pessoas que ultrapassa, de longe, as entidades (soba grande ou regedor, soba e respectivos adjuntos, e sekulu) que são consideradas pelo Estado – que por isso lhes atribui subsídios – como 'autoridades tradicionais' e cujo desempenho dificilmente pode ser entendido noutro quadro que não seja o das instituições que integram. Além disso, no espaço social onde o poder do *soma* é reconhecido, as decisões relativas ao quotidiano são tomadas de forma descentralizada e envolvem estruturas diversas. Na base da organização social está o *osongo*, família extensa ou linhagem, no seio da qual, numa primeira instância, os problemas são discutidos e as decisões tomadas de forma relativamente consensual, incluindo a resolução de conflitos.[15] Na ausência de consenso, as questões passam para sucessivas instâncias, como o sekulo, o *soma* e o *soma inene* (soba grande na terminologia oficial), que têm o suporte dos respectivos *onjango*'s que estão sempre presentes. Em caso de crime que implique morte, o assunto pode sair do âmbito costumeiro e ir para o do Estado, através da polícia, prática que remonta ainda ao período imediatamente anterior à independência.

Um soba de bom senso, pois, jamais toma uma decisão sem consulta prévia dos 'mais velhos', porque sabe que essa aventura pode pôr em perigo o seu lugar ou até a própria vida, em casos extremos. Além disso, o modo de escolha dos sobas tem vindo a sofrer modificações. Em comunidades distintas do Kwanza Sul, do Uíge e do Huambo constatámos que a escolha dos sobas havia sido feita por voto secreto entre dois ou mais candidatos e que houve sempre a preocupação de acomodar os vencidos, de modo que estes não se sentissem excluídos e continuassem a participar nos processos de tomada de decisão (Pacheco,

---

[14] Cf. o citado exemplo de Moçambique, em que se considera tais pessoas como autoridades, mas que são na realidade pessoas influentes, e como tal podem integrar as instituições do poder tradicional, mas com restrições (Santos, 2003).

[15] Hoje o *osongo* é como se fosse um bairro, uma unidade de vizinhança onde por vezes se manifestam outras identidades, como a religiosa.

476 SOCIEDADE E ESTADO EM CONSTRUÇÃO: DESAFIOS DO DIREITO E DA DEMOCRACIA EM ANGOLA

2005).[16] Tudo isso torna-os mais dependentes dos conselhos, por um lado, apesar da influência que o poder de Estado não deixa de fazer sentir, por outro.

Desse modo, parece não fazer sentido a referência individual exclusiva à figura da autoridade tradicional, sem que se reconheçam e valorizem as instituições de poder existentes a vários níveis e a sua diversidade, adoptando a terminologia já usada em vários documentos oficiais, incluindo o Plano Estratégico de Desconcentração e Descentralização do Governo aprovado em 2002, que se refere a "*instituições do poder tradicional*" e não a 'autoridades tradicionais'. É essa realidade que explica a distribuição dos subsídios do Estado por mais pessoas do que os destinatários oficiais. Numa reunião num município do Bié, em 2007, por exemplo, foi garantido que nenhuma 'autoridade tradicional' dessa região fica com a totalidade do valor recebido, pois os membros do *onjango*, pelo menos os mais activos, exigem que uma parte do subsídio lhes seja entregue porque os sobas e seus adjuntos não trabalham 'sozinhos'. Em várias outras situações pudemos confirmar essa prática, mas também constatar que nem sempre ela se verifica.[17]

O tratamento das relações e tensões entre tradição e modernidade – seja qual for o entendimento que tenhamos de modernidade, por um lado, e entre direito positivo e direito ou práticas costumeiras, por outro lado – não cabe no âmbito deste trabalho. Seria interessante, por exemplo, analisar como o Estado se relaciona com as comunidades e as perplexidades decorrentes de tal relacionamento, na medida em que ele tem a ver com a controvérsia sobre o estatuto das autoridades tradicionais, ou das instituições do poder tradicional, e o seu reconhecimento pelo poder de Estado. O debate sobre a tensão entre a fidelidade das chefias tradicionais ao Estado e às comunidades não é consensual (Santos, 2003). Numa reunião com um grupo representativo das autoridades tradicionais da província de Malange, em 2002, as reclamações relativas aos benefícios a que se acham com direito colocava-as, aparentemente, numa situação de 'funcionários' do Estado, porque tinham a ver com aspectos financeiros e materiais, como os subsídios, os fardamentos e as residências. Porém,

---

[16] Cf. também Tavares e Santos, 2002: 387-399, sobre as particularidades em relação ao Dembo, na região a norte de Luanda, hoje integrada na província do Bengo.

[17] Sobre este assunto cf. Santos, 2003, referido a Moçambique. Por outro lado, isso explica o aumento constante do número de autoridades tradicionais que recebem subsídios do Estado. De acordo com dados oficiais, em 1998 eram pagos 'subsídios' a mais de 30 mil 'autoridades', mais do que o dobro das existentes em 1975. A situação parece tender a agravar-se, na medida em que só na província do Uíge se pagavam 'subsídios', em 2002, a cerca de 7500 'autoridades', das quais 387 regedores, 322 regedores adjuntos, 2.535 sobas, 2.495 sobas adjuntos e 2.207 sekulus.

quando entendeu necessário, o grupo não hesitou em afirmar a sua autonomia em relação ao Estado angolano por se considerar um poder anterior a ele, que foi submetido pela força à potência colonial, e não entendem como esse facto não é traduzido em actos jurídicos e práticos, que lhes restituam o poder – possivelmente em moldes diferentes – e estabeleçam novas relações com esse Estado. Parece que a questão da terra não pode ser alijada desta perspectiva. Como se fez notar, o que a memória colectiva regista é que as *"terras pertencem aos nossos antepassados, foi-nos usurpada pelos colonos"*, e, sendo assim, têm de ser recuperadas, caso ainda não tenham sido. Por isso, o preceito constitucional da propriedade originária da terra pelo Estado não é, de todo, pacífico e pode, no futuro, fazer correr rios de tinta. Uma conclusão a reter é que, em termos constitucionais, as instituições do poder tradicional devem vir a constituir um poder público autónomo do Estado, com estatuto e papéis claramente definidos, incluindo em relação às terras comunitárias, e com a dignidade restaurada. Não parece que possa haver conflitualidade entre esta ideia e a de construção de uma sociedade democrática, ao contrário do que defendem alguns autores (Neto, 2002). A realidade angolana sugere que deve ser a nível do poder local que as instituições do poder tradicional poderão ser mais úteis e interventivas, a par das autarquias eleitas, como indica o Plano Estratégico de Desconcentração e Descentralização já assinalado, representando, de facto, as comunidades respectivas nos processos de tomada de decisão.

Parece haver hoje uma convergência de opiniões sobre a manipulação e instrumentalização das autoridades tradicionais pelo Estado e pelo poder político (e Meneses e Santos, 2008). Todavia, essa leitura é incompleta, redutora e preconceituosa. Ao longo do tempo, as instituições do poder tradicional – e está aqui um exemplo adequado da validade do uso do conceito 'instituição' – revelaram uma extraordinária capacidade de sobrevivência às pressões mais diversas, por parte de Estados, exércitos, igrejas, mercados, partidos políticos, ONG, ainda que para tal as chefias tivessem de fazer acordos ou cedências, por vezes fortemente penalizadores. Nas condições da Angola de hoje é possível e natural que esteja a acontecer o mesmo, embora sejam sempre importantes reservas, de acordo com a localização geográfica e o contexto local. Dado o suposto poder militar, policial, administrativo e financeiro do Estado (quase sempre entendido apenas como Governo) e do MPLA, partido no poder há mais de três décadas, é prudente, aconselhável ou absolutamente necessário que as chefias estabeleçam alianças globais ou pontuais com tais poderes ou com representantes seus. Em caso de necessidade, a comunidade pode 'libertar' um chefe que, por razões políticas ou outras, tenha entrado em conflito com o poder do Estado ou não mantenha com este relações cordiais que tragam benefícios à comunidade. O Estado, por sua vez, pode estar convencido de que se serve das chefias – o que é verdadeiro em termos relativos – e concede os subsídios, os fardamentos e as imagens na televisão, no fundo tem mais força, mas as chefias entendem que exercem o seu controlo sobre certos poderes locais, sobre pessoas, línguas e resíduos do sagrado a que o Estado está alheio, não conhece, de tal modo que é ao poder tradicional – visto agora numa dimensão mais alargada – que alguns actores da cena política moderna recorrem ao pedirem auxílio para serem nomeados ministros, ou não serem destituídos, ou para integrarem a direcção do seu partido, o que significa, afinal, que há poderes fundamentais que o poder de Estado, com toda a sua modernidade, não tem ou não controla.

Situação semelhante acontece com organizações não-governamentais e Igrejas.[18] Uma das razões que explicam alguns insucessos com a criação de organizações comunitárias induzidas por elas (associações de agricultores, cooperativas, núcleos de senhoras, comités de água, comissões de pais, etc.), que 'roubam' espaço aos chefes tradicionais e com eles partilham o poder e os processos de tomada de decisão, ou com programas de micro-crédito em certas comunidades, é a marginalização das chefias ou a falta de atenção às instituições já existentes. Nessas circunstâncias, as chefias transformam-se num enorme obstáculo à introdução de inovações. Pelo contrário, quando os processos e projectos são discutidos com as instituições pertinentes, a colaboração torna-se mais fácil, ainda que, frequentemente, as chefias procurem instrumentalizá-los para benefício político ou material. Mas as instituições do poder tradicional não deixam de ensaiar as suas estratégias, na maioria das vezes indicando pessoas de confiança para lugares chave nas associações e cooperativas, noutras, assumindo elas próprias as lideranças de tais organizações emergentes. Uma concertação permite, frequentemente, que as chefias assumam o papel de conselheiros, o que lhes permite o controlo de facto da vida das novas organizações. Mas as tensões entre novos e antigos poderes podem ser entendidas também como uma forma de repartição dos poderes locais, pois a gestão de bens materiais permitem às lideranças das associações uma certa forma de escapar ao controlo e manipulação das chefias tradicionais.

---

[18] A questão das igrejas é tratada no capítulo 15 deste volume.

Entretanto, a instrumentalização por parte do poder do Estado pode ganhar outra relevância quando se analisam aspectos financeiros e materiais, como se verifica com os subsídios. Embora se diga que não se trata de um salário, na realidade o valor monetário que cada 'autoridade' incluída na lista de subsídios é, regra geral, bastante superior ao valor dos rendimentos auferidos com a actividade agrícola. Numa comunidade do Huambo, em 2009, a quantidade de milho produzida por um *soma* foi tão reduzida que lhe facultou um rendimento bruto de apenas nove mil kwanzas, o equivalente a cerca de 100 dólares americanos. Mesmo que com outras culturas conseguisse triplicar esse valor (o que se afigura absurdo naquela situação de pobreza), e se tivermos em consideração que um soba recebe mensalmente um pouco mais de 18 mil kwanzas, poderemos entender como o lugar de soba – apesar da obrigatoriedade de divisão do valor do subsídio com os outros membros das instituições – se torna largamente apetecível, pois o tal soba já conseguiu, por exemplo, adquirir bens que lhe permitem outros rendimentos e melhorar a residência, situação muito diferente da que se vivia no Huambo, de um modo geral, antes da atribuição dos subsídios. Mas mesmo neste caso as estratégias de contraposição por parte das chefias são evidentes. Para que os montantes globais dos subsídios que entram numa comunidade aumentem, o número de autoridades está sempre a crescer, ou pelo menos existe a tentativa, como se assinalou antes.

É tempo, então, de regressar ao tema da terra. As mudanças que os sistemas de posse e uso da terra conheceram desde há cerca de um século tiveram efeitos notórios na força e papel das instituições do poder tradicional e das respectivas chefias. À medida que o chamado direito específico de uso se consolida, o conceito de terra comunitária vai-se diluindo e as chefias perdem progressivamente o controlo sobre os recursos naturais em geral. No entanto, apesar de residual, não é despiciendo o papel que elas ainda desempenham como, entre outros, o da preservação do direito vitalício que assiste aos membros da comunidade, incluindo os ausentes, de acesso à terra e à defesa desse direito quando é posto em causa (Katiavala, 2005). Entretanto, a nova lei de terras de 2004 (Lei n.º 09/04 de 9 de Novembro) e respectivo regulamento de 2007,[19] vieram conferir novo poder ao soba, na medida em que o processo para a obtenção de um título de terras começa na comunidade. Mas será que o soba dá um parecer, qualquer que seja, a uma petição de terreno na área do seu território sem consultar previa-

---

[19] Decreto n.º 58/07, de Julho-Agosto de 2007.

mente o seu 'elenco'? Esta é uma pergunta de difícil resposta. Numa sociedade em que a corrupção está em expansão é enorme a tentação para um jogo pouco limpo e dificilmente as chefias resistem às pressões financeiras ou políticas. Aqui, talvez mais do que noutras situações, por causa do valor da terra para as populações pobres, o risco é muito elevado. Desde logo, porque o sistema de controlo por parte da população, directamente ou através dos seus representantes nos *onjango*'s, não é de subestimar e uma medida contra os interesses da população pode custar o cargo ou a vida, pelo menos no campo das suposições. Além disso, o reconhecimento do direito fundiário costumeiro 'específico' torna a gestão de recursos naturais 'comunitários' um exercício complexo. Em Cabinda, por exemplo, um dos problemas mais difíceis enfrentados pelos empresários madeireiros na floresta do Maiombe é o de, para além de assumirem uma compensação colectiva à comunidade, traduzida na construção de uma infra-estrutura social de uso colectivo, ou algo semelhante, ter de negociar uma retribuição individual adicional com os utentes das parcelas de terra específicas onde se situa a floresta. Caso não aceite, corre riscos de vária ordem, desde a sabotagem dos equipamentos aos efeitos da feitiçaria. Isto significa que o poder do soba pode ficar condicionado a outros poderes, quer das famílias, quer outros, nomeadamente de ordem sobrenatural ou mágica (ADRA, 2008).

Ademais, a questão da terra deve ser vista noutra dimensão, pois constitui o único activo das comunidades pobres. Isso explica, por exemplo, por que razão é que jovens camponeses do planalto central, confrontados com uma terrível penúria devido às baixíssimas produções de milho, assim como de outros produtos, devido à fraca produtividade da terra e à falta de expectativas de melhorias, têm vindo crescentemente a migrar para espaços urbanos, em busca de rendimentos. Nas cidades, em dois ou três meses, conseguem obter receitas que são, normalmente, bem superiores às da produção agrícola, numa reconstituição de um passado que não deve ter deixado saudades.[20] Porém, eles não abandonam a comunidade nem vendem a terra, por razões de segurança e dadas as expectativas em relação ao futuro. Aos olhos de estranhos à comunidade, contudo, tal terra é considerada abandonada ou improdutiva.

---

[20] Esta volta a ser uma questão crucial para a sobrevivência das populações do Planalto Central, tema que não tem merecido a atenção por parte de políticos e académicos.

4. Os limites da implementação da nova legislação fundiária

As terras comunitárias têm sido o núcleo central da disputa fundiária em Angola, pelo menos desde a época em que se fixaram as fronteiras e se consumou a ocupação efectiva do território por parte da potência colonial, pois têm, em princípio, melhor qualidade. Com o início da luta pela independência o governo português decidiu introduzir mudanças na sua obsoleta política fundiária. O Decreto-Lei n.º 43.894, de 1961, passou a regulamentar a ocupação e concessão de terrenos e procurou, aparentemente, garantir os direitos das populações autóctones sobre aqueles por elas ocupadas com habitações e cultivos e a salvaguarda dos respectivos sistemas de uso.[21] Esses terrenos, então designados de 2.ª classe, constituíam uma espécie de 'reserva' e só podiam ser usados e fruídos em conjunto, e segundo normas costumeiras, pelas populações das regedorias.[22] O espírito dessa lei enquadrava-se, digamos, na implementação dos modelos 'dualistas' em voga antes da sua aprovação. Para estes, o desenvolvimento dependia de ricos impulsionadores da modernização e de pobres fornecedores da força de trabalho, e era expresso na divisão de terras entre grandes empresas e agricultores familiares, estando estes, desse modo, condenados a desaparecer a prazo, dando lugar à criação de um proletariado agrícola (Negrão, 2002). Porém, as terras de 2.ª classe não chegaram a ser identificadas, nem demarcadas ou tituladas, por falta de vontade política e por incapacidade institucional. O exaltado *boom* económico – que só beneficiou a maioria dos angolanos de modo marginal – iniciado nessa época e fundamentado em parte no melhor conhecimento do território proporcionado pela criação dos primeiros institutos de investigação e da MIAA, provocou uma maior corrida às terras, com maior incidência para as destinadas a fins pecuários e florestais. Justificava-se então a dúvida se a demarcação das terras de 2.ª classe não iria inviabilizar a instalação de novas fazendas, dado que a quantidade de terras aráveis de boa qualidade não era assim tão generosa como o mito fazia crer (Clarence-Smith,

---

[21] Outros diplomas legislativos importantes sobre terras no tempo colonial são a Lei dos Baldios do Ultramar, de 1856; a Carta de Lei de 9 de Maio de 1901, sobre o regime de concessão de terrenos nas províncias ultramarinas; a Lei n.º 2001, de 16 de Maio de 1944 – sobre os limites das áreas de concessão de terrenos e tipos de concessões; e a Lei n.º 6/73, de 13 de Agosto ou Lei de Terras do Ultramar. O Regulamento de 1961 é aqui salientado pela influência no desenho da situação de 1975 e na situação actual, pois a lei de 1973 não teve efeitos práticos.

[22] A regedoria era uma subdivisão dos antigos postos administrativos (hoje comunas) a que se pretendia fazer corresponder as maiores unidades político-administrativas a que haviam sido reduzidos os territórios dos chefes locais após a conquista dos portugueses.

SOCIEDADE E ESTADO EM CONSTRUÇÃO: DESAFIOS DO DIREITO E DA DEMOCRACIA EM ANGOLA

1985; Pacheco, 2005).[23] O problema das terras comunitárias continuou, pois, sem solução até à independência.

A caótica transição para a independência desencadeou o abandono das propriedades agrícolas por parte dos portugueses. A Lei Constitucional de 1975 atribuiu ao Estado angolano a propriedade originária da terra, mas esta lei não conheceu desenvolvimento algum em termos de legislação ordinária que determinasse as condições do seu uso e aproveitamento. Assim, e perante o fracasso do modelo de desenvolvimento agrícola ancorado na grande proprie-dade socialista, as populações rurais ocuparam as terras que consideravam suas. Contudo, a guerra e a ausência de políticas de apoio à agricultura familiar não permitiram que as terras recuperadas tivessem o uso devido.

As alterações à Lei Constitucional que marcaram juridicamente o fim do período revolucionário confirmaram a propriedade originária do Estado sobre a terra. É neste contexto que foi aprovada, em 1992, a primeira Lei de Terras, limitada às questões agrícolas e à concessão de títulos de uso e aproveitamento. Independentemente das suas lacunas, dificilmente a lei poderia ser implemen-tada num quadro jurídico e institucional tão desorganizado e desactualizado, o que permitiu a ocorrência de atropelos, incoerências e sobreposições. Hoje é quase impossível às instituições informarem com segurança sobre a situação real no país, numa província ou num município. Os títulos foram frequentemente conferidos com base no desactualizado cadastro de 1975, nem sempre houve registos e as áreas concedidas quase nunca tiveram em conta a capacidade dos empresários. A tendência para a reconstituição da situação fundiária de 1975 era evidente, e as terras comunitárias das populações mais carenciadas e com menos possibilidades de defesa foram, uma vez mais, alvos da cobiça das elites.

Perante este quadro o governo angolano aprovou nova legislação fundiária em 2004, que melhorou substancialmente a anterior, mas os procedimentos nem sempre foram os mais indicados (Diário da República de Angola, 2004). Desde logo, persistiu no erro de não fundamentar a lei em estudos sobre a realidade social e sobre as experiências do passado, com base em equipas multidisciplinares. A lei não induz uma saída adequada para o problema do

---

[23] Em conversa em Luanda no ano de 1989, Cruz de Carvalho, primeiro director da MIAA, confirmou ao autor tal dúvida. O mito das terras férteis já era questionado pelas autoridades coloniais quando, em documentos oficiais, se afirmava que *"solos ricos do ponto de vista dos nutrientes químicos e de matéria orgânica, profundos, estruturados, com elevada reserva mineral, com elevada capacidade de troca catiónica, com valores de pH adequado e bem drenados, enfim, solos como se encontram no continente sul-americano, praticamente não existem em Angola"* (Estado de Angola, 1971).

dualismo, que, sendo difícil de superar, não pode ser alimentado com uma convivência que põe em causa direitos de cidadãos, quer daqueles que se encontram numa situação de informalidade em geral – e por isso sempre em risco perante quem tem acesso à lei e às instituições –, quer em particular das mulheres, uma vez que persistem áreas de grande conflitualidade entre o direito do Estado e os direitos costumeiros.[24] A pesquisa empreendida pela Rede Terra em 2004 proporcionou uma mão cheia de reparos e recomendações que poderiam ter sido tomados em conta por ocasião da aprovação do regulamento à lei de terras (Pacheco, 2005). Um dos mais importantes está na indefinição dos procedimentos para o reconhecimento dos direitos costumeiros e sobre as competências dos órgãos do governo responsáveis pela delimitação e concessão de títulos para as terras comunitárias.

De acordo com o regulamento, publicado em Julho de 2007, as pessoas singulares e colectivas têm três anos para regularizarem as ocupações consideradas ilegais, isto é, sem títulos de uso e aproveitamento. Três problemas se levantam de imediato em termos de segurança para as comunidades:[25] o primeiro é que a indefinição referida sobre as terras comunitárias persiste, ainda que recentemente se tenham dado alguns passos para a elaboração de um anexo ao regulamento que permita ultrapassar o impasse; o segundo relaciona-se com a falta de capacidade organizacional e institucional por parte das instituições do Estado para dar vazão a uma hipotética avalanche de pedidos de legalização; e o terceiro problema deduz-se da falta de recursos financeiros por parte das comunidades para suportarem os custos de uma operação dessa envergadura, e não consta que o Governo tenha a devida preocupação nesse sentido.[26] Resta, então, caso não se vá ao extremo da expulsão, a possibilidade de prorrogação do prazo estipulado, o que prolonga *sine die* a solução de um problema que, dando de barato o período anterior a 1961, se arrasta desde que se definiram os terrenos

---

[24] A solução preconizada por Hernando De Soto, e apoiada pelo Banco Mundial, de se eliminarem as terras comunitárias a fim de favorecer a possibilidade de acesso ao crédito, por garantia de títulos de terras, aos pequenos agricultores tem-se revelado ineficaz e prejudicial aos interesses destes, pelo que a sua manutenção acaba por ser um dos aspectos positivos da nova lei (De Soto, 1989; Negrão, 2009).

[25] A situação torna-se mais problemática porque há juristas que interpretam a lei como não obrigando as comunidades a respeitarem tal prazo, que, segundo eles, seria apenas aplicável aos interessados em títulos de uso e aproveitamento individuais.

[26] Desde que foi aprovado o Regulamento da Lei de Terras, e unicamente com o apoio do Projecto Terra, financiado pela Comissão Europeia e implementado pelo Ministério da Agricultura e pela FAO, foi possível tratar apenas cerca de 20 casos de delimitação e conceder 10 títulos, num total de 21 mil hectares, tendo o processo sido suspenso devido à indefinição referida no texto.

de 2.ª classe. Com isto, aumentará a insegurança das comunidades em matéria fundiária e a sua vulnerabilidade às pressões que o agro-negócio continuará a exercer, pois não apenas a concessão de títulos para este propósito prossegue, com maiores ou menores dificuldades e independentemente das capacidades reveladas, como o governo está a incentivar o seu crescimento em larga escala, pois alimenta a ideia – sem qualquer fundamento, como já demonstrado acima – de que o sector familiar apenas produz para subsistência. Como se assinalou, tudo indica que a área cedida ao sector empresarial já deve ultrapassar os 4,5 milhões do tempo colonial, com a agravante de que a área média aproveitada provavelmente não chega a 1%, com base na análise de uma amostra de mais de 50 fazendas na província do Kwanza Sul, onde o agro-negócio apresenta elevada expressão. Finalmente, a pressão do agro-negócio poderá aumentar por via da crise alimentar e ecológica global, que promove uma ampla procura de terras em países africanos para produção de alimentos e de biocombustíveis, à qual se deve juntar a do aumento da população e a da urbanização (Rocha, 2009). O programa governamental de construção acelerada de um milhão de residências, das quais cerca de 80% se concentrarão em centros urbanos, representará uma espécie de auto-estrada para acelerar o êxodo rural.

5. Desenvolvimento sem democracia?

Parece ter ficado suficientemente demonstrado que o governo angolano tem em relação à terra uma política e uma prática que poderão conduzir à reconstituição da injusta situação fundiária existente na altura da independência, em 1975. Nessa circunstância, a luta pelos direitos das populações rurais representa um enorme desafio para o qual elas precisam de aliados, e que no actual contexto de Angola dificilmente poderão ser outros que não organizações da sociedade civil. Justificam-se, pois, algumas considerações sobre esta matéria.

O debate em Angola sobre o papel da sociedade civil, como categoria política, está longe do consenso. Uma corrente, normalmente veiculada por autores não africanos, põe em causa a sua existência ou redu-la a um produto do Estado ou da classe política, como forma de dar continuidade à captação de fundos internacionais (Schiefer, 2006; Méssiant, 2007).[27] Este é um pressuposto falso e preconceituoso. Não cabendo neste trabalho o tratamento da questão, fiquemo-nos por chamar a atenção para outra corrente, a que se poderia cha-

---

[27] Cf., ainda, Santos, 2003, assim como Negrão, 2003, para o caso de Moçambique.

mar de 'endógena', que faz valer, sobretudo, a contribuição da sociedade civil angolana para a mudança política, económica e social e para a constituição de um espaço público independente relativamente ao Estado.[28] Nesta perspectiva, a sociedade civil angolana seguiu o exemplo da moçambicana e teve papel de relevo na divulgação e discussão da nova Lei de Terras, numa acção de cidadania e de solidariedade com impacto significativo nas políticas públicas e junto das populações pobres (Negrão, 2009).

Embora a ideia da cidadania seja hoje praticamente universal, o seu significado e exercício não o são, particularmente quando apreciados na perspectiva dos excluídos. A teoria clássica liberal, que reconhece os direitos civis e políticos dos cidadãos como os 'verdadeiros' direitos porque promovem a liberdade dos indivíduos para agirem, é hoje desafiada por quem defende que são os direitos económicos, sociais e culturais que dão substância aos primeiros, principalmente quando se trata de pobres e marginalizados (Kabeer, 2005). A evidência empírica em Angola parece indicar que estas diferentes categorias de direitos são interdependentes e o seu equilíbrio conforma o melhor escopo para uma cidadania responsável, enquanto conjunto de direitos e deveres conferidos por lei, mas também como o exercício desses direitos e deveres.

Hoje parece ser crescente em Angola a vontade de segmentos significativos de cidadãos participarem na solução dos seus problemas, na vida pública e na definição das políticas do país. Recentemente, isto tornou-se mais notório a nível local, das comunidades, comunas e municípios. A experiência mostra que aí é mais fácil a identificação social, económica e cultural dos cidadãos com as organizações e instituições (Pacheco *et al.*, 1998). Como José Negrão bem mostrou para o caso de Moçambique, o pressuposto da incapacidade endógena de organização por parte das famílias rurais é falso. A evidência empírica na área das ciências sociais demonstrou que existem mecanismos e formas seculares de organização das sociedades rurais sobre as quais é preciso capitalizar (Negrão, 2003, 2009). Organizações comunitárias em algumas áreas rurais de Angola prestam hoje serviços aos seus membros, e articulam-se, criando redes geográficas capazes de negociarem com as autoridades locais do Estado, principalmente nos fóruns que se foram constituindo. O acesso ao crédito e à terra são duas das questões a que tais redes mais atenção dedicam. O mais

---

[28] Cf., para o caso angolano, Pestana, 2003; Abreu, 2006; Pacheco, 2007; Ferreira, 2007, entre outros. Cf. ainda Gymah-Boadi (2001) para a situação de África em geral.

interessante é que as lideranças envolvidas nestes embriões de movimentos sociais trabalham sem remunerações. Estes espaços enquadram-se no que alguma literatura anglo-saxónica tem vindo a designar por *new democratic spaces*, espaços de participação e de oportunidades para os cidadãos deliberarem sobre assuntos de natureza e interesse comuns, que tanto podem ser a satisfação de necessidades sociais e económicas, como o reconhecimento de direitos (sobre a terra e outros) ou a questão das eleições, o que confere ao debate uma dimensão política, afinal uma das deficiências apontadas à sociedade civil angolana (Robinson e Friedman, 2005; Pacheco, 2005). Como em Angola a discussão política é restringida aos espaços de 'democracia formal', que pouco dizem à população, certos segmentos da sociedade civil desempenham uma importante função política e democrática quando proporcionam aos cidadãos uma esfera pública relativamente independente, fora do controle directo do Estado, de associação e participação, onde eles podem manifestar as suas opiniões e prioridades (Roque e Shakland, 2005).

As preocupações com a legitimidade e a representatividade do poder de Estado levam muitos governos africanos a desenharem estratégias de descentralização que se têm revelado pouco eficazes. Angola só muito recentemente definiu uma estratégia de acção nesse domínio, assumindo desde logo que ela seria gradual, o que levou à instituição de Conselhos de Administração e Concertação Social (CACS) em 2007 – funcionando a nível das Províncias, Municípios e Comunas -, como órgãos de apoio à governação, permitindo em simultâneo a participação dos cidadãos na tomada de decisões. O Governo decidiu também reforçar a capacidade dos municípios para aplicarem métodos participativos de identificação e satisfação das necessidades da população rural, promovendo a transferência de recursos humanos e financeiros. Organizações da sociedade civil acreditam que a sua acção, especialmente com a dinâmica dos fóruns nos municípios, atrás referidos, a par de actividades de lóbi e advocacia a nível central, terá contribuído para a aceleração da criação dos CACS e para a afectação de recursos aos municípios.

O gradualismo pode indiciar sensatez, dados os condicionalismos do contexto angolano, mas também receios de se ir mais longe com a descentralização. Com efeito, vários problemas afectam o funcionamento dos CACS: desde logo a sua composição, que, integrando maioritariamente membros dos governos locais, só acessoriamente permitem representantes de organizações não estatais (autoridades tradicionais, igrejas e associações comunitárias), representantes esses que normalmente são indicados pela própria Administração. Por outro

A TERRA NO CONTEXTO DA RECONSTRUÇÃO E DA DEMOCRATIZAÇÃO EM ANGOLA

lado, o défice de cultura democrática faz com que no seu seio ocorram mais 'orientações' por parte dos administradores, que os presidem, do que 'auscultações' aos representantes das organizações que os integram, e muito menos negociações ou 'concertações' com eles. Ao mesmo tempo que se mostra vontade política para a descentralização, a vida nos municípios torna-se mais controlada, ou pelo menos existe tal intenção.[29] Porém, tal tipo de controlo está longe de ser eficaz. A presença de instituições do Estado nos municípios e comunas comuns – há casos que têm tratamento especial pela sua importância política e económica – é, regra geral, débil em recursos humanos e financeiros, como débil é o nível de prestação de serviços aos cidadãos. Esta debilidade, que ainda persiste, justifica o recurso às autoridades tradicionais, que assim vêem aumentado o seu protagonismo, sem que isso corresponda a maior peso administrativo e político.

A terra parece ser um dos temas de maior pertinência para que estes espaços de debate fossem aproveitados para aproximação de governantes aos cidadãos e para a emergência de uma escola de democracia participativa, por várias razões: de imediato, pelo interesse real que o tema suscita, o que permitiria o aprofundamento do conhecimento sobre ele; depois, isso permitiria que os pedidos de demarcação e obtenção de títulos de terras a nível de um município ou de uma comuna fossem analisados de forma global, com as suas implicações, não para que fosse retirada autoridade às comunidades, mas para permitir um enquadramento das solicitações no plano geral de desenvolvimento do município ou da comuna; finalmente, para que fossem tomadas medidas para solução dos problemas concretos que se colocam à implementação da lei e do seu regulamento. Acontece, porém, que os administradores estão, com muita frequência, submetidos a dois tipos de pressões: de cima, com orientações para a satisfação de pedidos de membros da elite rendeira que procura acumular terras como tem acumulado outros bens, e como os colonos outrora faziam,

---

[29] Mais do que uma vez deparamo-nos com governantes locais que se mostraram receosos em falarem abertamente da situação económica e social nas áreas sob sua responsabilidade, por não saberem se estavam a lidar com jornalistas de órgãos privados. Esta situação permite deduzir que, para além da auto-censura a que se submetem, tais governantes são pressionados a não facilitarem a vida aos jornais privados, sonegando-lhes informação. Numa entrevista recente (2009), um actor social que lida regularmente com autoridades municipais e comunais, afirmou achar que o comportamento de alguns desses administradores fazia lembrar o de alguns responsáveis da UNITA quando havia a possibilidade de entrar nas áreas sob seu controlo, por verem inimigos por todo o lado. É de reter que os administradores e a polícia foram as primeiras representações do Estado a fixarem-se nas áreas onde a sua administração era reposta.

pedidos estes que as administrações, na maior parte dos casos, já não podem satisfazer;[30] de baixo, pelas populações, que ficam sem (ou com poucas) terras para cultivar, com limitadas pastagens para os animais e florestas para caça e recolha de insectos, vitais para a sua nutrição, e para a recolha de lenha, carvão, frutos e outros recursos. Estas últimas ainda, como se não bastasse, vêem profanados os seus cemitérios e locais de culto. A questão da terra, como outras, escapa, pois, ao controlo das autoridades locais, como escapam os projectos e programas que envolvem financiamentos avultados.

6. Contribuição para um desenvolvimento sustentável
Parece haver poucas dúvidas de que Angola atingirá o pico de produção de petróleo durante a década que agora se inicia e este facto exige que se comece a perspectivar um futuro com menor dependência do hidrocarboneto e com menores disponibilidades em divisas. Embora o discurso oficial seja pródigo em referências ao desenvolvimento sustentável, não está claro que entendimento tem o governo sobre o seu significado. Ao longo das últimas décadas, sempre que ocorreu uma baixa nos preços do petróleo, o governo afirmou o seu desejo de diversificar a economia para torná-la menos dependente do crude, mas os resultados nunca foram substanciais. O mesmo aconteceu com a recente crise internacional. O país habituou-se à ilusão de que a realidade social é moldável aos desígnios da direcção política e a viver numa situação de economia rendeira, o que não permite o desenvolvimento institucional em geral, nem a geração de riqueza não mineral. Por tal razão, é ilusória a ideia de que o país possa vir a emparceirar com os mais evoluídos de África, e até com o Brasil, num período de vinte anos, como foi vaticinado pelo Presidente da República em 2006, pois não tem organização, tecnologia, investigação, empresas, empresários e recursos humanos, entre outras carências. Assim sendo, a agricultura afigura-se como um ramo incontornável, mas também aqui as ambiciosas metas estabelecidas para a presente legislatura são totalmente irrealistas: por exemplo, como atingir a produção anual de 15 milhões de toneladas de cereais em 2012 se a de 2009 nem chegou a 1,5 milhões? Importa, pois, reflectir sobre o assunto.

No quadro da política governamental de crescimento acelerado da economia, a estratégia agrícola fundamenta-se no desenvolvimento do chamado agro-negócio, de acordo com a corrente de pensamento que defende que o combate

---

[30] Sobre práticas de economia rendeira em África cf. Carneiro, 2004.

à pobreza passa pela criação de empregos por empresas de maior escala. Isso remete a agricultura familiar, aquela que historicamente foi responsável pela maior fatia da produção, como se viu, para uma situação residual. Todavia, a transformação estrutural da economia e a consequente transformação dos camponeses em assalariados, rurais ou urbanos, não é algo que se apresente como muito provável a curto e médio prazo, nem se pode pensar que se consigam investimentos significativos em agricultura de larga escala que garantam empregos suficientes. Defende-se que tal estratégia não tem fundamento, pois não só não está ancorada num diagnóstico realista, como é económica, social, institucional, política, ecológica e eticamente insustentável. A terra torna-se, assim, condição indispensável para a segurança alimentar de cerca de metade da população angolana e o único activo válido para o aumento sustentável dos seus rendimentos e para a manutenção da estabilidade social (Pacheco, 2007).[31] Por outro lado, está hoje demonstrado que a aplicação dos modelos 'dualistas' de tratamento do acesso à terra pôs em causa a impropriamente chamada economia de subsistência e fez diminuir a procura de bens industriais nas zonas rurais. Do mesmo modo, os modelos produtivistas ligados à agricultura de larga escala provaram que os grandes investimentos públicos em infra-estruturas, sem resultados significativos a curto prazo, contribuíram para o aumento da taxa de inflação. Ao contrário do previsto, os mercados de terras que florescem nos países que aplicaram programas de ajustamento estrutural, encorajados pelo FMI, conduziram à concentração de terras para as elites e para empresários estrangeiros, embora no caso angolano se pense, ingenuamente, que estará salvaguardada a hipótese desta última possibilidade, de acordo com a lei actual. Tal concentração não é, geralmente, acompanhada de investimentos, não geram riqueza e, no limite, acabam por ser arrendadas aos agricultores pobres em condições injustas, pois a acumulação de dívidas por parte destes, por terem feito recurso ao crédito para acederem a pacotes tecnológicos modernizantes, leva-os, mais cedo ou mais tarde, a fazer a entrega das suas terras. Para além disso, é hoje sabido que, mesmo quando a terra é privada, a atribuição de crédito não é garantida e o investimento só se realiza em condições especiais, incluindo o proteccionismo por parte do governo (Negrão, 2002).

---

[31] Estas considerações foram, em parte, inspiradas num texto de José Negrão sobre terra e pobreza em Moçambique (Negrão, 2002).

Estas considerações não significam que os dois sectores (patronal e familiar) tenham de ser mutuamente excludentes, mas somente que deve haver prudência no tratamento da questão e que devem ser tidas em conta certas condições: o acesso à terra deve ser garantido aos cidadãos que nela queiram trabalhar; a terra precisa de investimento público e privado; e deve ser usada como o capital dos pobres. O que é importante não é estabelecer diferenças de tratamento entre os dois sectores, mas ter em conta que o uso da terra deve ser encarado em função da dimensão dos empreendimentos e das empresas. Cada vez mais as unidades domésticas demonstram mais eficiência económica que as grandes extensões agrícolas, o que tem levado, em certos casos, à definição de parcerias, em que o camponês pobre tem a terra e o trabalho e o empresário o capital e o conhecimento técnico e de mercado, com vantagens mútuas, como acontece com a agro-indústria, a exploração e transformação de madeira e a exploração turística da fauna selvagem. Este tipo de parcerias exige que, paralelamente, se desenvolva um adequado quadro institucional para o estabelecimento de relações contratuais renegociáveis periodicamente. Em vez do modelo 'dualista', adopta-se, assim, uma abordagem unimodal da terra e do desenvolvimento agrário.

A favor desta opção de desenvolvimento agrário estão o próprio governo angolano e a FAO, que consideram desde há largos anos que o sector familiar deveria ser considerado prioritário (não exclusivo) para o relançamento agrícola do país por razões que se mantêm actuais: os pequenos agricultores constituem a maioria, encontram-se no terreno e já deram provas de que podem expandir a sua produção, de modo a garantir a sua alimentação básica e fornecer bens para o mercado, desde que tenham incentivos para tal; dados anteriores à independência sublinham a importância do sector familiar e a sua capacidade em produzir amplos excedentes, tanto para o mercado interno como para o internacional; crescimento da produção no sector familiar terá grande impacto na economia nacional, na geração de emprego e na erradicação da pobreza; a produção acrescida em unidades de pequena dimensão resulta de uma melhor utilização dos recursos domésticos – sobretudo terra e trabalho – exige poucas divisas para maquinaria, fertilizantes, pesticidas e *know-how* estrangeiro, e por isso torna-se menos dependente; uma política virada para o sector familiar garante que a alimentação esteja assegurada para um número relativamente elevado de famílias, resulta numa expansão mais justa de benefícios do desenvolvimento económico, contribui para padrões de vida rural mais elevado e um mercado progressivo para bens de consumo, estimulando assim a expansão industrial em Angola; uma economia rural próspera reduziria os factores de pressão que induzem a migração rural-urbana; e o aumento dos rendimentos dos pequenos agricultores pode tornar-se, assim, o motor do desenvolvimento rural e, por conseguinte, a chave para uma redução da pobreza estrutural.

Porém, nos últimos anos esta estratégia realista foi secundarizada pela corrente que defende a prioridade para o agro-negócio. Entende-se que o que o país precisa é de modernizar a sua agricultura a partir da realidade social e dos seus agricultores, que são, na sua maioria, agricultores familiares. Paralelamente, e porque não temos um empresariado forte em quantidade e qualidade, devem ser feitos esforços para o seu crescimento dentro de padrões humanos, económicos e ambientais razoáveis.[32] A história tem inúmeros exemplos de convivência entre grandes, médios e pequenos empresários, cumprindo cada grupo o seu papel, sob a arbitragem do Estado.

A estratégia mais realista e prudente para o desenvolvimento da agricultura angolana deverá consistir, pois, na promoção de incentivos que permitam a emergência e crescimento gradual de um forte e moderno sector empresarial convergente, com base na evolução de pequenos agricultores familiares para empresários modernos em matéria de gestão e de produção; no crescimento em quantidade e qualidade de médios e grandes empresários agrícolas que, entre outros aspectos, possam desenvolver parcerias com os anteriores; no estabelecimento de parcerias público-privadas; no encorajamento de iniciativas para a criação ou estabelecimento de prestadores de serviços que possam fornecer assistência à promoção e capacitação do empresariado agrícola; na promoção e expansão do associativismo para a representação dos agricultores e defesa dos seus interesses e do cooperativismo para o fornecimento de serviços aos agricultores; e, por último, na promoção da agro-indústria e do emprego não agrícola.

Finalmente, qualquer diagnóstico da agricultura indica um acentuado desequilíbrio entre projectos de subordinação central e de responsabilidade local, sendo que tal facto contraria a estratégia de desconcentração e retira poder aos governos locais. Uma nova estratégia deve procurar, assim, inverter esta tendência, buscando um equilíbrio entre responsabilidades centrais e locais.

---

[32] Estudos realizados no início da década de 1970 mostram a falta de capacidade empresarial do agricultor português considerado 'evoluído' para uma agricultura de larga escala ou mesmo da inviabilidade económica da grande exploração naquela conjuntura, o que se afigurava ainda mais preocupante quando se sabia que ele não utilizava a maior parte da terra de que dispunha, e que o valor dos seus 'inputs' tecnológicos era incomparavelmente superior (Carriço e Morais, 1971).

Conclusões

Perante a evidência de que se está a recrear a estrutura fundiária injusta que vigorou em Angola até às vésperas da independência, que foi razão de conflitos entre as populações locais e o poder colonial, e perante as dificuldades de reconstrução da economia de modo a criar empregos suficientes para absorver a população rural em rápido crescimento, a estabilidade social poderá estar, a prazo, ameaçada. Não se vislumbrando mudanças políticas em Angola a curto ou médio prazo, a sociedade civil,[33] pelo potencial que representa, pela sua credibilidade e pelo desempenho demonstrado desde o início da transição democrática, representa uma esperança para a influência de políticas públicas a favor dos pobres e excluídos e de busca de soluções mais justas e sustentáveis para a reconstrução, o desenvolvimento e a democratização.

Os CACS, os fóruns e as redes geográficas representam um bom exemplo do potencial para a mudança em Angola e um desafio para o ensaio de modalidades de democracia participativa que poderiam influenciar o futuro poder autárquico. A analogia entre o funcionamento desse tipo de estruturas com outras como o *onjango* seria igualmente um bom exemplo de interface entre o funcionamento de estruturas 'modernas' e 'tradicionais' e possivelmente melhoraria a sua eficácia e eficiência.

O debate sobre o pluralismo jurídico e o dualismo está ainda por fazer. Mas a situação que está a ser recriada com os sistemas de uso e aproveitamento da terra poderá atentar contra a unidade nacional e a coesão social e alimentar o preconceito racial, na medida em que o agro-negócio poderá ser conotado ainda durante bastante tempo com empresários europeus ou seus descendentes. Experiências africanas, como a do Zimbabwe, mostram que a promoção de grandes explorações agrícolas, em prejuízo das familiares, pode favorecer situações de enclave, exclusão dos pequenos agricultores e tensões políticas. Por outro lado, os agricultores familiares não constituem um todo homogéneo. Estudos em vários países africanos sugerem que existem pequenos agricultores em situações distintas no tocante à posse da terra e em condições de adoptar novas tecnologias e aumentar os seus rendimentos e, consequentemente, de oferecer empregos aos seus vizinhos mais pobres.[34] Assim sendo, é possível concluir que os investimentos directos e os incentivos de política junto desses

---

[33] Cf. o capítulo de Cesaltina de Abreu, neste volume.
[34] Cf. Pacheco, 1981 e Carrilho *et al.*, 2002.

agricultores terão consequências positivas na sua evolução progressiva para um empresariado moderno e no combate à pobreza, principalmente através da criação de emprego e de empreendimentos não-agrícolas a nível local.

Um modelo de desenvolvimento democraticamente sustentável, como o que sugere Boaventura de Sousa Santos, pode não ser uma utopia, desde que se procure um equilíbrio entre direitos cívicos e políticos, por um lado, e direitos económicos, sociais e culturais, por outro; se o investimento no desenvolvimento dos recursos humanos e das instituições (publicadas, privadas e de carácter não lucrativo) for uma prioridade; e se o nível de participação dos cidadãos nos processos de tomada de decisões for intenso.

Referências bibliográficas

Abreu, Cesaltina (2006), *Sociedade Civil em Angola: da realidade à utopia*. Tese de Doutoramento apresentada ao IUPERJ – Instituto Universitário de Pesquisas do Rio de Janeiro (disponível em www.iuperj.br).

ADRA (2008), *Direitos e Práticas Tradicionais e Gestão de Recursos Florestais e Faunísticos em Angola* (estudos de casos). Luanda: FAO.

Avillez, Francisco (1973), *Introdução ao Estudo da Economia da Agricultura dita Tradicional*. Nova Lisboa: Universidade de Luanda.

Bengoa, José (1987), "L'éducation pour les Mouvements Sociaux", *Proposiciones* (Santiago do Chile), 15.

Berry, Sara (2002), "Debating the Land Question in Africa", *Comparative Studies in Society and History*, 44: 638-668.

Carneiro, Emmanuel (2004), *Especialização Rendeira e Extroversão na África Subsariana – Caracterização e Consequências*. Cascais: Principia.

Carriço, Jacinto (1974), *A Economia da Pequena Empresa no Planalto Central*. I Curso de Treinamento em Extensão Rural (1971). Universidade de Luanda: Nova Lisboa.

Carriço, Jacinto; Morais, Júlio (1971), *Perspectivas do Desenvolvimento Regional do Huambo*. Nova Lisboa: Instituto de Investigação Agronómica de Angola.

Carrilho, João; Benfica, Rui; Tschirley, David; Boughton, Duncan (2002), *Qual o Papel da Agricultura Comercial Familiar no Desenvolvimento Rural e Redução da Pobreza em Moçambique?* Disponível em http://www.metier.co.mz/b/pv_carrilho_papel_agric_familiar.pdf (acedido em Fevereiro de 2010).

Carvalho, Ruy Duarte (1997), *Aviso à Navegação*. Luanda: INALD.

Clarence-Smith, Gervase (1985), *O Terceiro Império Português (1825-1975)*. Lisboa: Teorema.

SOCIEDADE E ESTADO EM CONSTRUÇÃO: DESAFIOS DO DIREITO E DA DEMOCRACIA EM ANGOLA

Cornwall, Andrea; Coelho, Vera (2004), "New Democratic Spaces?", *IDS Bulletin*, 35 (2): 1-9.

De Soto, Hernando (1989), *The Other Path: The Invisible Revolution in the Third World*. Nova Iorque: Harper & Row.

Diário da República de Angola n.º 139, I série, de 28/7/08.

Dias, Jill (1981), "Famine and Disease in the History of Angola c.1830-1930", *Journal of African History*, XXII (3): 349-378.

Estado Português de Angola (1971), *Para uma Estratégia de Desenvolvimento Agrário". IV Plano de Fomento*. Luanda.

Estado Português de Angola (1973), *Caracterização Genérica do Distrito de Malanje*. Luanda: Gabinete de Estudos da Secretaria Provincial de Finanças e Planeamento.

FAO (2007), *Acesso à Terra, Transacções de Terras e Segurança Fundiária em Comunidades Seleccionadas nas Províncias de Benguela, Huambo e Huíla*. Luanda: FAO, volume I.

Ferreira, Aurora (2005), "Ocupação de Terras: problemas de ontem e de hoje", *in A Questão da Terra em Angola, Ontem e Hoje*. Luanda: Centro de Estudos Sociais e Desenvolvimento.

Ferreira, Idaci (2007), *Role of Community Association in Promoting Citizenship and Building Democracy: Exploring de Case of NRA and Associatins in Dombe Grande Comune – Angola*. Tese de Dissertação de Mestrado, Sussex University.

Freudenthal, Aida (2004), *Arimos e Fazendas*. Luanda: Chá de Caxinde.

Freudenthal, Aida (2005), "A Questão da Terra em Angola no Século XIX", in *A questão da terra em Angola, ontem e hoje*. Luanda: Centro de Estudos Sociais e Desenvolvimento, volume 1.

Gymah-Boadi, E. (2001), "Sociedade Civil e Desenvolvimento Democrático em África", in *Globalização, Desenvolvimento e Equidade*. Lisboa: Fundação Calouste Gulbenkian e Publicações D. Quixote.

Kabeer, Naila (org.) (2005), *Inclusive Citizen Ship – Meanings and Expressions*. Londres: Zed Books.

Kamarck, Andrew (1971), *A Economia de África*. Lisboa: Publicações D. Quixote.

Katiavala, José (2005), "O papel das Autoridades Tradicionais na Gestão de Terras no Huambo", in *A questão da Terra em Angola, Ontem e Hoje*. Luanda: Centro de Estudos Sociais e Desenvolvimento, volume 1.

Meneses, Maria Paula; Santos, Boaventura de Sousa (2008), *The Rise of a Micro Dual State: the case of Angoche (Mozambique)*. Trabalho apresentado à Conferência do CODESRIA – Yaounde, Dezembro de 2008.

Méssiant, Christine (2007), "Transição para o Multipartidarismo sem Transição para a Democracia", in Vidal, N.; Andrade, J. (orgs), *O Processo de Transição para o Multipartidarismo em Angola*. Luanda e Lisboa: Universidade Católica de Angola, Centro de Estudos Sociais, Faculdade de Economia da Universidade de Coimbra, 131-162.

Missão de Inquérito Agrícola – MIIA (1971), *Recenseamento Agrícola de Angola*. Vol XXIX. Luanda: MIIA.

Missão de Inquérito Agrícola – MIIA (1973), *Estatísticas Agrícolas Correntes de Angola*. Luanda: MIIA.

Neto, Maria da Conceição (1991), *A Influência das Missões na Alteração das Estruturas Sociais, Valores e Atitudes nas Sociedades Rurais do Planalto Central de Angola de c. de 1930 a 1960*. Bissau: II Colóquio Internacional em Ciências Sociais sobre a África de Língua Oficial Portuguesa.

Neto, Maria da Conceição (2002), *Do Passado para o Futuro – que papel para as autoridades tradicionais?* Huambo: Fórum Constitucional: NDI, FES, UCAN, ADRA.

Neto, Maria da Conceição (2003), "Reconstrução Nacional: Desafios e Perspectivas", in CEAST (org.), *O Cidadão e a Política*. Luanda: Centro Cultural Mosaiko.

Negrão, José (2002), *A Indispensável Terra Africana para o Aumento da Riqueza dos Pobres*. Maputo (mimeo).

Negrão, José (2003), *A Propósito das Relações entre as ONG do Norte e a Sociedade Civil Moçambicana*. CES, Universidade de Coimbra, disponível em: http://www.iid.org. mz/Relacoes_entre_ONG_do_Norte_e_Sociedade_Civil_do_Sul.pdf.

Negrão, José (2009), *Repensando a terra e as modas do desenvolvimento rural*. Maputo: Texto Editora.

Pacheco, Fernando (1997), *Para Cá do Petróleo: a agricultura angolana em questão*. Luanda: ADRA (mimeo).

Pacheco, Fernando *et al.* (1999), "Desenvolvimento Local e Ambiente: a experiência da ADRA e o caso do município dos Gambos", in *ONGs dos Países de Língua Oficial Portuguesa na luta contra a Pobreza pelo Bem-estar e a Cidadania*. Porto: ACEP.

Pacheco, Fernando (2001), "Rural Comunities in Huambo", in Robson, P. (org.). *Communities and reconstruction in Angola*. Luanda: DW.

Pacheco, Fernando (2002a), *Autoridades Tradicionais e Estruturas Locais de Poder em Angola: aspectos essenciais a ter em conta na futura administração autárquica*. Luanda: FES.

Pacheco, Fernando (2002b), *A Questão da Terra para Fins Agrícolas*. Luanda: FAO.

Pacheco, Fernando (2002c), "Caminhos para a Cidadania: poder e desenvolvimento a nível local na perspectiva de uma Angola nova", *Política Internacional*, 25.

Pacheco, Fernando (2005a), *Sistemas de Uso da Terra Agrícola em Angola: Estudos de caso nas províncias do Huambo, Lunda Sul e Uíge*. Luanda: Centro de Estudos Sociais e Desenvolvimento.

Pacheco, Fernando (2005b), *Angola: Construindo Cidadania num País em Reconstrução – A experiência da ADRA*. Recife: V Colóquio Internacional sobre Paulo Freire, Centro Paulo Freire de Estudos e Pesquisas, Universidade Federal de Pernambuco.

Pacheco, Fernando (2007), "Modelos de Desenvolvimento: o caso do Wako Kungo", in CEAST (org.), *Justiça Social*. Luanda: Centro Cultural Mosaiko.

Pélissier, René (1986), *História das Campanhas de Angola. Resistência e revoltas.1845-1945* (2 volumes). Lisboa: Estampa.

Pestana, Nelson (2003), *Dinâmicas da Sociedade Civil em Angola*. Lisboa: Centro de Estudos Africanos do Instituto Superior de Ciências do Trabalho e do Emprego.

Província de Angola (1971), "Para uma Estratégia de Desenvolvimento Agrário", IV Plano de Fomento. Luanda.

Robinson & Friedman (2005), "Civil Society, Democratisation and Foreign Aid in Africa", *IDS Discussion Paper*, 383.

Rocha, Alves da (2009), "A Aquisição de Terras em Países Terceiros", *Revista África* 21(33).

Roque, Sandra; Shankland, Alex (2007), "Participation, Mutation and Political Transition; new democratic dpaces in peri-urban Angola", in Cornwall, A.; Coelho, V. (orgs). *Spaces for change? The Politics of Citizen Participation in New Democratic Arenas*. Londres: Zed Books.

Santos, Arnaldo (1999), *A Casa Velha das Margens*. Luanda: Chá de Caxinde.

Santos, Boaventura de Sousa (org.) (2002). *Democratizar a Democracia: Os Caminhos da Democracia Participativa*. Rio de Janeiro: Civilização Brasileira.

Santos, Boaventura de Sousa (2003). "O Estado Heterogéneo e o Pluralismo Jurídico", in Santos, B. S.; Trindade, J. C. (orgs.), *Conflito e Transformação Social: uma paisagem das justiças em Moçambique*. Porto: Afrontamento.

Santos, Boaventura de Sousa; Trindade, João Carlos (org.) (2003), *Conflito e Transformação Social: uma paisagem das justiças em Moçambique*. Porto: Afrontamento.

Santos, Edgar; Morais, Júlio (1973), *Plano de Desenvolvimento do Distrito do Huambo: Projecto de Demarcação de terrenos de 2.ª classe*. Nova Lisboa.

Schiefer, Ulrich (2006), "Comments on the Case Studies and Main Challenges - Debate A Few Short Remarks", in *The Role of External Development Actors in Post – Conflict Scenarios. Oficina do CES*, n.º 258.

Tavares, Ana Paula; Santos, Catarina Madeira (2002), *Africae Monumenta: A Apropriação da Escrita pelos Africanos*. Lisboa: MCES/IICT.

CAPÍTULO 15
IGREJAS E CONFLITOS EM ANGOLA

Fátima Viegas

Os conflitos nascem das interpretações. Brotam dos juízos de valor e alimentam-se dos constrangimentos.

Jean-Louis Lascoux

Introdução

A citação de Lascoux ilustra, de forma eloquente, o tema e conteúdo do presente capítulo, onde se procura apresentar uma análise de alguns aspectos inerentes ao posicionamento e à situação interna das Igrejas face aos conflitos na sociedade angolana, durante o período das guerras civis, mais especificamente, entre 1975 (ano da proclamação da independência nacional face à potência colonial portuguesa) e 2002 (fim das guerras civis).

Questionamos duplamente as Igrejas, enquanto instituições promotoras de consensos na gestão de conflitos sociais, mas também como entidades atravessadas por diversos conflitos internos bastante visíveis em Angola. Partimos da hipótese de que as Igrejas não se reduzem apenas ao funcionamento das suas organizações como entidades religiosas, mas igualmente como sociedades organizadas por homens e mulheres que têm uma palavra a dizer acerca dos problemas que marcam o quotidiano dos angolanos.

Do ponto de vista metodológico, optámos por seleccionar uma amostra de 36 Igrejas e associações de Igrejas, tendo em conta o seu percurso histórico no país e o envolvimento directo nas dinâmicas inerentes aos conflitos predominantes na sociedade angolana. Este critério permitiu incluir na amostra algumas Igrejas mais enraizadas ou antigas e outras de implantação recente. Paralelamente, privilegiamos a análise das dinâmicas e intervenções comuns entre Igrejas ou federações de Igrejas que marcaram o seu papel durante o período das guerras civis. A pesquisa documental e as entrevistas foram então direccionadas às Igrejas seleccionadas e às associações de Igrejas com maior expressão em Angola.[1]

---

[1] As entrevistas semi-estruturadas aos membros e dirigentes das instituições seleccionadas foram realizadas em Luanda, entre Novembro de 2008 e Outubro de 2009, tendo sido muitas delas conduzidas por colaboradores do CEIS – Centro de Estudos e Intervenção Social.

Os resultados aqui sistematizados são, igualmente, fruto de uma observação directa continuada, enquanto actores envolvidos no acompanhamento do fenómeno religioso em Angola, quer como estudiosos, quer no exercício de funções de direcção no Instituto Nacional para os Assuntos Religiosos do Ministério da Cultura, durante cinco anos, divididos em dois mandatos interpolados.

Com este substrato, a nossa pesquisa seguiu também, pelo menos durante algum tempo, a filosofia de investigação-acção, na medida em que visava induzir, directa ou indirectamente, algumas mudanças no seio das Igrejas, da classe política e da sociedade em geral, nomeadamente ao motivar e envolver os dirigentes e responsáveis das instituições religiosas e político-administrativas na produção e disponibilização de dados, bem como promover um maior conhecimento sobre o fenómeno religioso e a melhoria das formas de organização e funcionamento institucional.

Nesta perspectiva, começamos por discutir os principais conceitos utilizados na abordagem da temática (*conflito, igreja, religião*), apresentando depois uma resenha do contexto sociopolítico que caracterizou a sociedade angolana no período em análise. As Igrejas são assim situadas no espaço sociocultural em que intervêm, enquanto redes sociais significativas na vida das populações. Mais adiante, procedemos à análise do papel das Igrejas na gestão dos conflitos e das dinâmicas internas, que deixam frequentemente o seu pendor conflituoso no seio das próprias instituições religiosas.

1. Definindo os conceitos

Igreja

O termo *Igreja* é uma designação típica usada no quadro da religião cristã e assume, geralmente, um duplo sentido, caracterizando ora o conjunto de todos os cristãos (acepção teológica universalista), ora as instituições resultantes das diferentes formas de organização comunitária ou confessional dos cristãos a vários níveis (acepção ideológica).[2] É neste segundo sentido que as Igrejas, enquanto organizações sociais vocacionadas para desempenhar determinadas funções e prosseguir objectivos socialmente definidos, podem, mais objectivamente, ser objecto de estudo para as Ciências Sociais.

---

[2] Cf. O'Dea, 1969; Stahlin, 1980; Henderson, 1990; Wach, 1990 e Schubert, 2000.

Uma vez que o termo *Igreja* está intrinsecamente ligado ao conceito de religião, descrevendo uma forma de organização social, cuja base de mobilização e pertença assenta em crenças religiosas, julgamos injustificada uma longa discussão conceptual, tendo em vista o necessário desenvolvimento sobre *Religião*.

Religião

Tratando-se de um fenómeno complexo e multidimensional, dificilmente se encontra na literatura especializada um consenso sobre a definição de *Religião* (Yinger, 1970). A nossa maior preocupação não está na pretensão de apresentar uma definição exaustiva do conceito, mas na necessidade de analisar e reflectir sobre a forma como a Religião e as Igrejas podem e têm funcionado na gestão dos conflitos vividos na sociedade angolana.

Segundo Émile Benveniste, a palavra 'religião' teria duas etimologias possíveis. Por um lado, *re-ligare*, que significa *"unir pessoas em torno de uma fé"* e que sublinha, portanto, a relação entre o homem e o seu deus; por outro lado, *re-legere*, que significa *"tornar a ler, voltar a uma tarefa anterior, ver de novo, com vista a uma nova reflexão"* (*apud* Hatzfeld, 1993:11).

Importa, porém, indicarmos uma perspectiva de definições que mais se aproximam do contexto que vivemos em Angola, nas últimas três décadas. Neste sentido, partimos do conceito de Max Weber (1997, 2001), que defende ser a religião *"uma resposta a todas as coisas irracionais da vida"*. Como um comportamento padronizado, ela representa uma grande variedade de formas e vários tipos de líder.

Analisando as novas formas religiosas presentes na nossa sociedade, constatamos que os vários tipos de líderes apontados pelo autor na sua definição correspondem ao *profeta, feiticeiro* e *sacerdote*. Estes três líderes, ou actores sociais, são os responsáveis pelas dinâmicas de ruptura e de continuidade das configurações religiosas: o *profeta* dinamiza o campo religioso, incentivando a subversão da ordem e atraindo novos adeptos, socorrendo-se do seu carisma; o *sacerdote* luta pela manutenção religiosa e pela permanência dos adeptos, ou seja, dos fiéis; e o *feiticeiro* representa o espírito anti-social e anti-religioso, que explica a manipulação das forças ocultas e do sagrado para provocar o caos, a ruptura e a doença (Viegas e Bernardo, 2009).

Prosseguindo com o pensamento de Weber, é a crença em *poderes sobrenaturais* que tem sido evidenciada em diversas manifestações carismáticas, articuladas através de expressões simbólicas. Nesta mesma perspectiva, Geertz explicita que a religião é *"um sistema de símbolos capaz de criar nas pessoas poderosas, penetrantes e duradoiras disposições e motivações"* (1978: 105). Isto quer dizer, que os símbolos provocam emoções, sentimentos, condutas e reacções naquelas pessoas que se encontram sob a sua influência. Por esta via, os crentes entram na sua igreja fazendo a genuflexão ou descalçando-se, porque foram socializados para serem sensíveis e passíveis de reagir desse modo diante dos símbolos.

A religião, enquanto *"fenómeno social total"* característico de todas as sociedades humanas em qualquer época histórica (Mauss, 2003; Gurvitch, 1968), produz, efectivamente, sentidos não somente para a vida dos seus adeptos, mas também projecta os seus efeitos concretos nas sociedades globais. Para explicitar o alcance possível desses sentidos, importa citar Thomas O'Dea, para quem, *"através de seus aspectos cognitivos e emocionais, a religião apresenta um sentido global de orientação e sentido para a vida humana, e oferece os mecanismos para um ajustamento a aspectos da situação humana que estão além do controle humano"* (1969: 139).

O autor argumenta que as pessoas são forçadas a procurar a religião para reduzir as incertezas (contingência), compensar a impotência humana e minimizar as frustrações resultantes da escassez e da distribuição de recursos. Esta abordagem ajuda-nos a compreender as dinâmicas do fenómeno religioso no contexto socioeconómico angolano, onde os problemas decorrentes da exclusão social e da gestão dos recursos socialmente escassos impelem as pessoas de todos os estratos sociais a procurarem soluções imediatas, com base nas funções sociais da religião, na magia e em outras práticas ocultas.

De entre as seis funções sociais da religião descritas por Thomas O'Dea, destacamos quatro: i) apoio, consolação e reconciliação; ii) legitimação das normas e valores da sociedade; iii) sentido de identidade; e iv) maturação do indivíduo. Todas estas funções concorrem para o reforço da integração e da coesão social no espaço e no tempo.

No entanto, O'Dea alerta-nos, igualmente, para o carácter dialéctico da relação entre religião e sociedade, porquanto *"é uma relação em que um factor, com uma função que em certo momento pode ser positiva e integradora, pode tornar-se negativo e desintegrador"* (1969: 146). O autor explicita melhor o seu pensamento ao fazer contrastar os efeitos das seis funções definidas com as eventuais disfunções a elas associadas, e que podem ocorrer em caso de cristalização e exacerbação dos efeitos funcionais da religião na vida dos indivíduos, grupos e instituições. Nisto reside o potencial de conflito inerente à religião.

Conflito

Enquanto fenómeno inerente às relações entre dois ou mais actores sociais, o conflito pode ser caracterizado, na definição de Noleen Turner, como *"uma situação em que há choque de interesses, direitos, ideias, valores, necessidades das pessoas, grupos ou organizações envolvidas de forma directa ou indirecta"*, podendo ocorrer em qualquer relação social, a qualquer momento, por uma causa qualquer e é inevitável nas relações humanas (2005: 120). Nesta mesma linha de pensamento importa referir Stefan Wolff, para quem *"o termo conflito descreve uma situação na qual dois ou mais actores perseguem objectivos incompatíveis, mesmo que nas suas perspectivas individuais, sejam inteiramente justas"* (2006: 2).

O conflito situa-se pois no quadro das relações interpessoais, intergrupais ou interinstitucionais, resultando de causas várias. Evitando uma longa discussão teórica sobre as possíveis causas dos conflitos seguimos Monteiro (1996) e Sully (2006): para a primeira, as bases da emergência de fenómenos de conflito entre grupos sociais podem ser esquematizadas, em três eixos causais: i) limitação de recursos materiais ou simbólicos; ii) incompatibilidade de objectivos; e iii) assimetria de poder entre grupos e os mais fortes utilizam essa simetria em seu benefício (1996: 309ss); o modelo proposto por Sully resultou do estudo de casos concretos em África, alargando o número de eixos causais para cinco: i) identidade, ii) recursos, iii) poder, iv) mudança social e económica e v) género e status social (2006: 8).

Retornando a Thomas O'Dea, podemos agora situar, de novo, a relevância da religião entre os factores culturais – eixo i) em Monteiro e i) em Sully – que estão na base da emergência de conflitos civis e comunitários:

> *Portanto, a religião pode ser, não apenas um factor que contribui para a integração da sociedade, para a realização dos seus objectivos e o fortalecimento do seu controle social. Pode não ser apenas um factor que contribui para o moral e o equilíbrio das personalidades individuais. Pode ser também desintegradora – uma causa de tensão e conflito (individual e social), um obstáculo para melhor adaptação, um obstáculo para reorganizações socialmente necessárias. Sua relação com a sociedade é, frequentemente, um assunto de ambiguidade e dilema* (O'Dea, 1969: 146).

Nessa ordem de ideias compreendemos melhor a pertinência do tema deste artigo, ao propor uma análise do posicionamento das Igrejas nas situações de conflito em Angola, durante o período das guerras civis.

2. Caracterização da situação sociopolítica e económica de Angola[3]

Para uma melhor compreensão do papel das Igrejas na gestão dos conflitos que tiveram lugar na sociedade angolana, começamos por caracterizar, de forma muito genérica, o contexto sociopolítico e económico do país, no período de 1975 a 2002, anos que correspondem, respectivamente, ao início da fase pós--colonial e ao fim das guerras civis em Angola.[4] Para simplificar a descrição dos factos considerados mais relevantes, dividimos o período em análise, por décadas.

Os anos setenta

Do ponto de vista *social e político*, importa destacar que os anos setenta foram marcados por dois acontecimentos que anteciparam as profundas transfor-mações ocorridas: por um lado, o processo de transição para a descolonização, que teve o seu ponto determinante no triunfo da "Revolução de Abril", em 1974 em Portugal, e por outro, a proclamação da Independência de Angola, em Novembro de 1975.

Estes acontecimentos políticos provocaram o êxodo da grande maioria da população de origem europeia para Portugal, Brasil e África do Sul.[5] Paralela-mente, desencadearam-se as deslocações internas das populações angolanas entre as diversas províncias à procura de locais que oferecessem melhores condições de refúgio, segurança e oportunidades de sobrevivência, de forma a escaparem às situações da guerra civil que eclodiram entre os três movimentos anti-coloniais (MPLA, FNLA e UNITA) e suas conexões externas.[6]

Contrapondo-se aos aspectos negativos que marcaram Angola, registamos nesta década a nacionalização, o fomento do ensino e a promoção da alfabeti-zação e da assistência médica gratuitos.

Do ponto de vista *político e económico*, assistimos, portanto, a profundas transformações internas, desde a passagem de um estado colonizado, com

---

[3] Para uma caracterização mais profunda de Angola, desde a independência, cf., igualmente, os capítulos de Alves da Rocha e de Fernando Pacheco, neste volume

[4] Angola está situada na região austral do continente africano, fazendo fronteira a norte com a República do Congo e a República Democrática do Congo, a leste com a República Democrática do Congo e República da Zâmbia, a oeste banhada pelo Oceano Atlântico e a Sul com a República da Namíbia. Foi colonizada pela potência portuguesa desde o século XV ao século XX.

[5] Sobre este tema, cf. o capítulo de contextualização de Luanda (volume III), assim como o capítulo de Júlio Lopes, neste volume.

[6] Sobre esta problemática cf., entre outros, Henderson, 1990; Minter, 1994; Méssiant, 1995 e Schubert, 2000.

uma economia capitalista, a um estado soberano e independente, fundado num sistema de partido único de orientação marxista-leninista, com uma economia centralizada e planificada. A criação de uma rede de lojas do povo para o abastecimento das populações bem como o relançamento da produção agrícola (cana-de-açúcar, café, algodão) e industrial caracterizaram igualmente o final dos anos setenta.

Os anos oitenta

Do ponto de vista *social*, na década de oitenta do século XX acentuaram-se as migrações forçadas da população, que produziram uma profunda desestruturação do tecido social, composto na sua maioria por famílias, ora desprovidas dos seus haveres, ora carregando os efeitos traumatizantes das mortes violentas, desaparecimento de seus membros, mutilados de guerra, e dificuldades no acesso aos cuidados de saúde.

Do ponto de vista *político e económico*, o final dos anos oitenta ficou, sobretudo, marcado por três processos estruturantes: as negociações de paz, o início do processo de transição política e o de liberalização económica.

Os anos noventa

Do ponto de vista *político* assiste-se ao processo de transição que visava implantar uma sociedade democrática, com o surgimento de um regime político multi-partidário que culminou com a realização das primeiras eleições[7] legislativas e presidenciais em Angola desde a Independência.

Socialmente, a década de noventa do século passado, ao contrário das duas anteriores, foi uma década de forte mobilização e expressão das expectativas sociais, durante os períodos de relativa paz,[8] sem perder de vista o retorno à guerra pós-eleitoral, em 1992. A par disso, assiste-se no país, e especialmente em

---

[7] Foram realizadas as primeiras eleições legislativas e presidenciais em Angola (29 e 30 de Setembro de 1992), com a participação de partidos políticos, sendo os principais partidos o MPLA-Partido do Trabalho e a União Nacional para a Independência Total de Angola – UNITA. Este Partido Político liderado por Jonas Savimbi, não aceitou os resultados saídos do processo eleitoral considerando-os fraudulentos, não obstante, terem sido avaliados pela Comunidade Internacional, presente no acto eleitoral.

[8] Importa referir que a primeira tentativa de paz surgiu em Maio de 1991 com a assinatura de um acordo de cessar-fogo entre o governo e a UNITA, o conhecido Acordo de Bicesse, que prevaleceu até às primeiras eleições, em Setembro de 1992. Em Novembro de 1994, foi assinado mais um Acordo de Paz, denominado Protocolo de Lusaka. Em Abril de 1997, foi estabelecido um Governo de Unidade e Reconciliação Nacional (GURN), que integrou membros da UNITA e de outros partidos políticos.

Luanda, a um grande crescimento demográfico e urbano, no qual destacamos a re-emergência dos movimentos religiosos pentecostais, neo-pentecostais e neotradicionais, propondo novos elementos e linguagens terapêuticas relativas à gestão da doença e do sofrimento, enquanto manifestações de conflito ou desordem na vida de indivíduos e grupos.

Do ponto de vista *económico*, a década foi caracterizada pela interrupção do ciclo produtivo de subsistência, passando a população a depender fundamentalmente da assistência humanitária externa através das agências das Nações Unidas, Cruz Vermelha e Igrejas. Durante esta década o governo angolano empreendeu uma série de programas de política económica, voltados para a necessária e urgente estabilização.[9]

Os anos dois mil

No início desta década as dinâmicas sociais e políticas desencadeadas nos anos noventa do século XX evidenciaram os seus efeitos. A população, marcada pelas sequelas das guerras civis, começa a viver um processo de desencanto, pelas fugas e perseguições constantes, sentindo-se, em geral, socialmente excluída e vulnerável. Ressente-se da falta de satisfação das necessidades humanas básicas (habitação, educação, saúde e emprego) e, não encontrando no Estado a segurança e o apoio suficientes, recorrem alternativamente à sociedade civil, particularmente, a organizações não-governamentais (ONG), Igrejas e Associações, a fim de minimizar os vários problemas que enfrentam diariamente.

A guerra civil entrou na sua fase decisiva, e a morte do líder da UNITA, Jonas Savimbi, contribuiu para o fim do conflito armado, em 2002. Desde então, entrou-se numa nova era da História de Angola, com a necessária e urgente reorientação dos objectivos e interesses do governo e das populações para as questões da recomposição do tecido social e económico. Por força da pesada herança do prolongado conflito armado, actualmente um terço da população angolana vive concentrada em Luanda,[10] cidade capital.

---

[9] Para mais pormenores, cf. Rocha, 2001.

[10] Luanda possui nove municípios, 35 comunas e 186 bairros. Sofreu um processo de crescimento urbano, quer por deslocações internas com as guerras civis desde 1975, quer por angolanos deslocados externos provenientes de países vizinhos (República Democrática do Congo, Zâmbia e Namíbia) e ainda por imigrantes vindos da República Democrática do Congo, do Mali, da Nigéria, do Senegal entre outros que tentam fixar-se com vista à actividade comercial.

3. A relação entre o Estado e as igrejas

Neste tópico, procuramos analisar o relacionamento das Igrejas com o Estado laico, no qual destacamos três momentos distintos e que passamos a designar por *ruptura, abertura* e *cooperação*.

O momento da *ruptura* corresponde, grosso modo, ao período que vai de 1975 a 1987, ou seja, da proclamação de um regime político de ideologia marxista- -leninista ao primeiro reconhecimento jurídico de instituições religiosas em Angola. Neste momento, são estabelecidas *as novas* formas de regulação entre o Estado angolano independente e as Igrejas,[11] bem patentes na Lei Fundamental de 1975, na Lei dos Confiscos e Nacionalizações (n.º 4/75), no discurso oficial do Presidente Agostinho Neto, em Maio de 1977, e nas orientações exaradas pelo Partido saídas do seu I.º Congresso como "MPLA-Partido do Trabalho" (1977).

A luta ideológica entre o Partido e as Igrejas agudiza-se cada vez mais, nomeadamente com o movimento de "rectificação" dos membros do Partido (1977-78). Este movimento consistiu, essencialmente, num processo de avaliação interna que visava a requalificação dos membros do Partido em categorias distintas, tendo por base requisitos de ordem ideológica, ética e prática. Assim, a partir das Assembleias-Gerais dos Comités de Acção e das Células do Partido, foram sendo apurados os 'militantes', os 'aspirantes' e os 'simpatizantes' do MPLA-PT.

O impacto social do movimento de rectificação foi um golpe particularmente duro para as comunidades religiosas, sobretudo pela exclusão dos crentes professos das fileiras do Partido. As palavras do Presidente Agostinho Neto em Luanda, em Maio de 1977, numa reunião com membros do MPLA, testemunham as exigências ideológicas então colocadas:

> *[...] Para ser membro do Partido é preciso reunir um certo número de características. Aqui devem estar algumas centenas de católicos. Não podem ser do Partido. Devem estar algumas centenas de protestantes. Não podem ser do Partido. Eu, que não sou católico nem protestante, serei do Partido. Os católicos e os protestantes não podem filiar-se no nosso Partido [...] aqueles que querem continuar católicos, continuam católicos. Os protestantes continuam protestantes.*[12]

---

[11] Neste capítulo, o conceito de Igrejas define as organizações sociais gestoras de crenças e práticas religiosas e portadoras de discursos e práticas específicas sobre os problemas que afligem a sociedade angolana e as formas de os solucionar.

[12] In *Jornal de Angola*, de 21 de Maio de 1977.

SOCIEDADE E ESTADO EM CONSTRUÇÃO: DESAFIOS DO DIREITO E DA DEMOCRACIA EM ANGOLA

Ainda no decurso do momento de ruptura na relação entre o Estado e as Igrejas em Angola, importa sublinhar a criação da Direcção Nacional para os Assuntos Religiosos (DNAR) do Ministério da Cultura, em Novembro de 1984.[13] O segundo artigo do Decreto n.º 25/84, que a criou, estabelece para a DNAR as funções de regulamentar e controlar a actividade das Igrejas e organizações religiosas registadas, estudar e inventariar as manifestações religiosas tradicionais e desenvolver estudos que provam o espírito científico e a desmitificação da realidade. Na sequência da criação daquela instituição foi aberto o processo de reconhecimento jurídico das instituições religiosas, que culminou com a publicação do Decreto Executivo n.º 9/87, em Janeiro de 1987, contendo a lista das primeiras 12 Igrejas oficialmente reconhecidas.[14] Continuando, no essencial, como órgão privilegiado de conhecimento e controlo do Estado sobre as instituições religiosas, mas com maior abertura para a vertente da investigação científica sobre o fenómeno religioso, a DNAR foi transformada em 'Instituto Nacional para os Assuntos Religiosos' (INAR), já na fase da II.ª República, ou seja, depois das eleições multipartidárias de 1992.[15]

O momento da *abertura* é a fase que vai do primeiro reconhecimento de Igrejas em Abril de 1987 até 1991 quando, já no período de paz seguinte ao Acordo de Bicesse, assinado em Maio desse ano, o Estado assume uma atitude mais proactiva em relação às instituições religiosas, publicando o Decreto Executivo n.º 46/91 para regular o reconhecimento das instituições religiosas. Em 1992, ano da realização das primeiras eleições democráticas, foram reconhecias mais 50 Igrejas, perfazendo um total de 62 organizações religiosas com personalidade jurídica (Viegas, 1999; 2008). Estas passam a ser, cada vez mais, encaradas como parceiros sociais e fundamentais no processo de reconciliação nacional e na resolução dos problemas candentes das populações vulneráveis, sobretudo onde o Estado não se fazia presente. Esta situação é bem ilustrada nos dizeres de dois dos nossos entrevistados:

Claro, se nós contribuímos com actos sociais que possam minimizar e resolver problemas da própria sociedade, estamos a dar um contributo, não é? Um contributo ao nosso governo que não tem capacidade e possibilidade de resolver todos os problemas pontuais que estão à altura, e daí digo que há um certo casamento (Membro da União das Igrejas do Espírito Santo - UIESA).

---

[13] Decreto 25/84 de 12 de Novembro.

[14] Doze Igrejas protestantes históricas, incluindo a Católica. Cf. Viegas, 1999 e 2008.

[15] Juridicamente, o estatuto orgânico do INAR só foi aprovado em Julho de 2006, pelo Decreto n.º 43/06.

As Igrejas Proféticas, Apostólicas e Carismáticas deram um grande contributo resolvendo muitos problemas de saúde. Trabalharam também na construção de centros médicos, escolas, para minimizar os problemas do governo. E também ali onde o governo não podia chegar, estas igrejas, já dentro do âmbito da evangelização, foram (Membro de uma Igreja Profética).

Com as dinâmicas sociopolíticas relativas à preparação do processo eleitoral, efectivado em Setembro de 1992, entramos no terceiro momento das relações entre o Estado e as Igrejas, o da *cooperação*.

No momento da *cooperação* aumentam as iniciativas do governo e do partido no poder (MPLA), no sentido de uma maior aproximação e parceria com as instituições religiosas, quer através dos sucessivos reconhecimentos jurídicos entre 1992 e 1998,[16] quer na solicitação de cultos de oração pela paz, apelos ao reforço da educação moral e cívica para a unidade e a reconciliação nacional, canalização de ajuda humanitária, autorização e acordos para a criação de postos médicos, escolas, institutos e universidades.

Passam também a ser concedidos alguns privilégios de natureza política, administrativa e social aos dirigentes das Igrejas oficialmente reconhecidos: passaportes diplomáticos para os representantes legais e passaportes de serviço para os demais dirigentes, participação de alguns líderes religiosos no Conselho da República (ex: Rev. Augusto Chipesse - Secretário Geral do CICA, Rev. Wanani Garcia - Representante nacional da Igreja Kimbanguista, Rev. Manuel da Conceição - Presidente da Igreja Evangélica Reformada de Angola), eleição de alguns pastores como deputados à Assembleia Nacional (Revs. José Kipungo e Castro Maria, da Igreja Metodista Unida, em 1992 e 2009 respectivamente) e convites a líderes de Igrejas e associações religiosas de maior expressão para as cerimónias de apresentação de cumprimentos e aniversários do Presidente da República.

O período da cooperação foi ensombrado pelo retorno à guerra civil depois das eleições de Setembro de 1992 e pelas tentativas fracassadas de protocolos aditados ao Acordo de Paz de Bicesse, razões suficientemente fortes para manter a necessidade de reforço da parceria entre o Estado e as Igrejas no socorro às populações.

---

[16] Nesse período foram reconhecidas 68 instituições religiosas: 50 em 1992, duas em 1993, seis em 1994, oito em 1996 e duas em 1998.

SOCIEDADE E ESTADO EM CONSTRUÇÃO: DESAFIOS DO DIREITO E DA DEMOCRACIA EM ANGOLA

Finalmente, com a assinatura do Memorando de Entendimento do Luena (a 4 de Abril de 2002), entra-se na era da paz definitiva, inaugurando-se a nova fase do processo de reconciliação nacional. O Estado volta a desafiar e esperar das instituições religiosas o desempenho de um papel de charneira na pacificação dos espíritos e na reconstrução do tecido social, dilacerado durante as três décadas de guerras civis.

Mais recentemente, na preparação e realização das eleições legislativas de Setembro de 2008, as Igrejas tiveram uma enorme influência no processo eleitoral, não somente consciencializando os cidadãos em geral para o dever cívico, mas também transmitindo valores e normas de convivência. Mobilizaram, ainda, as suas comunidades ou membros para o exercício responsável do direito e dever de votar, numa atmosfera nunca antes vivida pela jovem democracia da sociedade angolana.

As relações entre o Estado e as Instituições Religiosas assumem, hoje, a forma de uma parceria social cada vez mais alargada entre instituições públicas e religiosas, sobretudo no campo do ensino, da educação moral e cívica, da saúde pública e do desenvolvimento comunitário.

4. Análise do papel das igrejas na gestão dos conflitos

Neste tópico pretendemos identificar, no panorama do tecido social nacional, algumas dinâmicas predominantes, em que a influência das Igrejas e suas associações se fez sentir mais nitidamente.

Tal como procurámos mostrar na análise e discussão dos conceitos de *religião, igreja* e *conflito*, a principal contribuição da religião para a fraternidade e civilidade consiste na ajuda às pessoas para que transformem as suas vidas. Ou seja, um despertar da consciência individual para a oportunidade e a responsabilidade colectivas. Interessa, agora, questionar e clarificar a realidade angolana para evidenciarmos o sentido dos factos por nós escrutinados. Fazemo-lo apresentando, sequencialmente, os resultados obtidos em relação a cada uma das instituições seleccionadas.

A Conferência Episcopal de Angola e São Tomé (CEAST), órgão de cúpula da Igreja Católica, corporizou a sua intervenção pública sob três formas: i) elaboração e divulgação de mensagens oficiais denominadas "Cartas Pastorais", nas quais exprimia periodicamente – desde 1974 – os seus sentimentos, ideais e apelos aos crentes, dirigentes políticos e à sociedade angolana em geral; ii) apelos directos aos fiéis nos cultos dominicais – nas homilias e na catequese – para uma consciência de cidadania responsável e activa na sociedade; e iii) diplomacia paralela a nível nacional e internacional. A isto acrescem as mensagens e apelos emanados pelos Sínodos dos Bispos Africanos.

Como exemplos da primeira forma de intervenção, podemos citar cinco trechos de cartas emitidas em anos e momentos cruciais da guerra civil angolana:

1) Sobre o melhor caminho para alcançar a paz, na carta emitida de 1984: *"Só o diálogo é o caminho eficaz para os povos resolverem os seu problemas e viverem em concórdia"* (CEAST, 1998: 101).

2) Apoiando inequivocamente as iniciativas de reconciliação dos líderes políticos, na fase crucial das negociações de paz, sob a mediação de Mobutu Sese Seko, em 1989:
A Igreja dá todo o seu apoio ao senhor Presidente da República e ao presidente da UNITA pelo diálogo corajoso da reconciliação que encetaram. E pedimos a todo o povo que lhes preste o mesmo apoio. A Mãe-Pátria precisa deles nesta hora decisiva da nossa história [...] Em nosso nome e em nome do nosso povo martirizado pela guerra, os mais vivos sentimentos de admiração e gratidão pela nobre coragem que revelaram ao mundo no seu primeiro encontro de reconciliação em Gbadolite (CEAST, 1998: 211-213).

3) Sobre a exigência de uma democracia efectiva, numa carta de 1989:
Não interessa uma paz qualquer. Necessitamos de uma paz autêntica, que converta Angola num país verdadeiramente livre, democrático, onde todos os seus filhos tenham lugar e tenham voz. Esta voz só se fará ouvir genuinamente com eleições livres. É preciso encontrar caminhos para uma paz que seja justa, num país moderno e fraternal. Mas, para já, impõe-se a obrigação de um cessar-fogo urgente (CEAST, 1998: 214).

4) Acerca da assistência humanitária às populações vulneráveis, nas cartas de 1993:
Rogamos encarecidamente ao Governo e à UNITA que não ponham obstáculo algum ao abastecimento de tais populações. Antes, disponham, para isso de todas as possibilidades ao seu alcance em colaboração com a Cáritas e outros organismos de ajuda internacional. Sabemos que há muitos recursos alimentares. Seria imperdoável obstar a sua distribuição a quem tem fome [...] Apelamos aos responsáveis dos dois exércitos para que façam um cessar-fogo ou uma trégua de, pelo menos, 15 dias, a fim de possibilitar o abastecimento e os necessários socorros àquela população (CEAST, 1998: 302s).

SOCIEDADE E ESTADO EM CONSTRUÇÃO: DESAFIOS DO DIREITO E DA DEMOCRACIA EM ANGOLA

Em nome do povo e em nome de Deus, pedimos de todo o coração ao Governo e à UNITA que regressem imediatamente à mesa das conversações, e não venham de lá sem um cessar-fogo assinado que acabe com o inferno injustamente imposto ao povo angolano (Idem: 313).

5) Solicitando a criação de uma Comissão Nacional de Justiça e Paz, carta de 1988:

Recomendamos com insistência, a criação da Comissão Justiça e Paz, sempre que for possível. Estas comissões hão-de procurar formar a consciência das pessoas no sentido evangélico da justiça e paz, dando-lhes a conhecer a doutrina da igreja acerca deste assunto, e alertando-as para as injustiças e sofrimentos que talvez existam mesmo à sua porta, especialmente no tocante à discriminação com base na raça, tribo, língua, condição social, sexo, ideologia ou religião (CEAST, 1998: 411).

Não obstante o facto de as mensagens pastorais da CEAST não encontrarem sempre o esperado efeito directo e imediato junto dos responsáveis políticos, serviram de consolo para os fiéis e a sociedade em geral, apresentando-se assim como o poder simbólico dos cidadãos impotentes diante da força e da violência militar dos beligerantes. Neste sentido, a Igreja terá desempenhado, com algum sucesso, as funções *profética* e de *consolo* descritas por Tomas O'Dea, ao contestar as situações de injustiça e sofrimento, proporcionando estabilidade emocional, renovada esperança e auto-estima (1969: 26s).

Por seu lado, o *Conselho Angolano de Igrejas Evangélicas* (CAIE), mais tarde denominado *Conselho de Igrejas Cristãs de Angola* (CICA), procura desempenhar o seu papel na busca de soluções para os conflitos, enquanto Federação de Igrejas. A primeira grande iniciativa consistiu na elaboração de um documento de trabalho para discussão no seio das Igrejas associadas no Conselho. Tratou-se de fazer uma análise da situação sociopolítica do país, sublinhando uma visão levemente crítica sobre o regime e a guerra civil angolana e apontando a conexão da paz e estabilidade de Angola com as situações do apartheid na África do Sul e da Independência da Namíbia (na linha da Resolução 435 das Nações Unidas) de modo a que os angolanos pudessem resolver internamente e por via do diálogo os seus problemas.

A segunda, e mais ousada, intervenção foi reactiva e feita em conjunto com a *Aliança Evangélica de Angola* (AEA): o governo apelou para a sensibilidade e contributo das Igrejas, a partir das directrizes preparadas para o II.º Congresso do Partido, a ter lugar no mesmo ano de 1989. Elaboraram, então, o documento intitulado *"Paz e Democracia. Um contributo das Igrejas em Angola"*. De um modo geral, os dirigentes das Igrejas das duas associações sentiram ter chegado a oportunidade de manifestar claramente as suas posições, tendo sido mais incisivos nas críticas ao regime e ousados nas propostas de mudança. Por exemplo, em relação às vantagens do multipartidarismo e à redução do poder do partido a favor do povo marginalizado, como condições determinantes da paz, reconciliação nacional e democracia em Angola.

Esta experiência do espírito ecuménico entre o CICA e a AEA mobilizou as duas instituições, que continuaram juntas em todas as intervenções subsequentes. Podemos referenciar os cultos de oração ou acção de graças, as intervenções através dos *media* (Rádio Trans-Mundial, programa Ecos do Evangelho na Rádio Nacional), cursos de formação no Centro de Formação e Cultura de Angola (CEFOCA), em Luanda e Lobito, preparação dos cadernos "Toma, Segura", para a educação moral e cívica no processo eleitoral, o intercâmbio entre pastores, grupos corais, grupos de mulheres, a realização do Encontro de Dirigentes Cristãos em Angola (EDICA), em 1998, reunindo delegados de todos os segmentos sociais das Igrejas e províncias do país e o reforço das parcerias regionais, continentais e globais.

Toda esta dinâmica desenvolveu uma espécie de *habitus*[17] ecuménico, que contribuiu para a maturação (O'Dea, 1969) individual e colectiva das Igrejas e actores envolvidos, ganhando simultaneamente maior consciência da sua autonomia e interdependência na busca de soluções para os conflitos vivenciados em sociedade.

Numa entrevista pessoal concedida em Outubro de 1999, o então Secretário-geral do CICA, Rev. Augusto Chipesse classificou o primeiro EDICA como o ponto culminante de todas as actividades de mobilização e participação democráticas que a instituição tinha realizado com sucesso, uma espécie de "Parlamento" cristão angolano em plena época de conflitos. Face aos desafios levantados pelos jovens, mulheres, leigos e pastores representantes de toda a sociedade angolana, mostrou mesmo as dificuldades sentidas pelos líderes das Igrejas em vislumbrarem formas de dar sequência aos efeitos e aprendizagens conseguidos com o evento.

Alguns anos depois do primeiro EDICA, ou seja, com a criação do Conselho Inter-Eclesial para a Paz em Angola (COIEPA), em Abril de 2000, congregando

---

[17] No sentido que Bourdieu (1994) atribui ao conceito.

neste organismo informal os esforços da CEAST, da AEA e do CICA, as Igrejas angolanas conseguiram, finalmente, vencer os receios mútuos e concretizar o ideal da unidade ecuménica na diversidade que as situações há muito exigiam e fragilizavam consideravelmente as suas intervenções particulares no quadro das guerras civis.

O COIEPA teve um grande e positivo impacto social e político no seio da sociedade angolana e na comunidade internacional, com a realização dos Congressos *Pro Pace*, em 2001 e 2005, bem como de todas as tomadas de posição efectivadas, desencadeando um efeito mobilizador e representativo incontestável. Porém, esta força social e simbólica da cristandade angolana teve apenas intervenção nos dois últimos anos, antes do fim da guerra. Face ao surgimento tardio do COIEPA podemos levantar algumas questões: Estarão na sua base razões fundadas nas lutas pela hegemonia? Ou na insuficiência do interconhecimento entre Igrejas ou suas elites? Ou nos diferentes alinhamentos políticos? Ou nas divergências teológicas? Ou, ainda, no empobrecimento da perspectiva sobre a sua missão?

A fragilidade dessa unidade entre as Igrejas angolanas e africanas mereceu reflexões de alguns analistas, entre os quais Méssiant (2000), Schubert (2000), Gifford (1998) e Henderson (1990).

Um pouco na continuidade dos grandes "Encontros de Dirigentes Cristãos em Angola" ou EDICA, surgiu a designada "Alta Liderança da Igreja Cristã em Angola", agrupando os Secretários Gerais do CICA, da AEA e da UIESA (União das Igrejas do Espírito Santo em Angola), os representantes legais de algumas Igrejas Afro-Cristãs (Tocoísta, Teosófica Espírita, Nova Apostólica, Bom Deus, Missionária Africana Ministério António Lameira) e da Igreja Universal do Reino de Deus (IURD).

Numa entrevista pessoal, o Rev. José Abias, Secretário Geral da AEA, informou-nos que a chamada *"Alta Liderança da Igreja Cristã em Angola"* é, à semelhança do COIEPA, um movimento que surgiu no seio dos dirigentes de Igrejas e associações de Igrejas por ocasião das eleições de 2008, com o intuito de abordar ou dar respostas a questões nacionais pontuais. Tendo inicialmente convidado os representantes legais das Igrejas membros do CICA e da AEA, nem todos se fizeram ou fazem presentes. De igual modo, a CEAST (Igreja Católica) participou apenas numa reunião do grupo.

Trata-se, portanto, de um grupo informal ou fórum em processo de estruturação, que visa propor, com relativa visibilidade e credibilidade social, a sua visão sobre a relevância das Igrejas Cristãs na sociedade angolana actual, procurando representar as respectivas comunidades. Os seus discursos e apelos são dirigidos aos crentes, aos dirigentes políticos e à sociedade em geral.[18]

Em suma, as Igrejas angolanas e suas associações, formais ou informais, manifestaram sempre preocupações sociais no sentido de contribuírem eficazmente para a resolução pacífica dos conflitos civis e comunitários emergentes. Isso é visível mesmo nas situações em que não foi possível articular as suas energias particulares em favor da unidade de pensamento e de acção, como se tem vindo a verificar, cada vez mais claramente, nos últimos anos.

Pode afirmar-se que as Igrejas aparecem como forças unificadoras e mobilizadoras de indivíduos e de colectividades e, neste sentido, devem consciencializar os indivíduos para o reconhecimento da relação com o *Outro*, para o apreço à alteridade e ao empenho quotidiano em resolver a conflitualidade pacificamente, com base no diálogo e na concertação familiar e social.

À guisa de conclusão deste tópico sobre o papel das Igrejas na gestão dos conflitos, propomo-nos, ainda, analisar e indicar algumas tendências que consideramos positivas no desenrolar das relações dialécticas entre religião e sociedade no contexto angolano. Assim temos:

Pacificação da sociedade
As instituições religiosas têm contribuído significativamente para o processo de reconciliação e coesão social. Esta tendência foi particularmente visível nos momentos mais difíceis do conflito armado e após a instauração definitiva da paz no país, em Abril de 2002;

Educação moral e cívica
Se a primeira tendência remete para a construção da paz, esta aponta para os pressupostos da sua manutenção na vida quotidiana, partindo da consciência individual para as famílias e destas para os grupos sociais secundários, até chegar aos agentes políticos;

---

[18] Leia-se, por exemplo a mensagem "Buscando a face do Senhor no sucesso das eleições!", lida no culto de oração pelo sucesso das eleições, realizado no Estádio da Cidadela em Luanda, no dia 31 de Agosto de 2008. Este grupo promoveu a realização do culto de oração pelo sucesso das eleições de 2008, do culto de acção de graças pelo aniversário da instauração da paz em 2009 e organizou a designada "Cimeira da Alta Liderança Cristã", em torno do ecumenismo e parceria social abrangente, também em 2009.

Resgate dos valores culturais tradicionais

À semelhança do que acontece em outras sociedades, é bem verdade que as instituições religiosas estão entre as principais guardiãs da memória colectiva e do acervo cultural da sociedade angolana. Funcionam igualmente como fortes mecanismos de resistência à alienação cultural e à colonização de um povo.[19] Falamos das línguas nacionais, da literatura, da iconografia, da história e tradições religiosas das comunidades, da transmissão intergeracional e da reprodução criativa dos valores e normas socialmente mais vigorosos;

Desenvolvimento comunitário

Desde os seus primórdios em Angola, as Igrejas cristãs evidenciaram preo-cupações com o bem-estar integral das pessoas, nomeadamente através da articulação entre a evangelização, a educação formal e a promoção da saúde das populações. Se no período colonial cada missão compreendia estruturas para a capela, escola e posto médico, hoje ainda, a grande maioria das Igrejas está empenhada em projectos de desenvolvimento comunitário, quer voltados para a educação e formação profissional, quer para a saúde, quer ainda para a produção agropecuária;

Parceria com as estruturas do Estado

O que escrevemos acerca da tendência anterior serve para esta no domínio da cooperação institucional entre as estruturas centrais e locais do Estado e as Instituições Religiosas, nomeadamente, nos sectores da educação e da formação profissional. Esta parceria institucional entre o Estado e as instituições religio-sas é tanto mais importante, quando sabemos que muitas vezes e em muitos locais, as Igrejas desempenharam o papel do "ausente" Estado e, actualmente, a maioria dos templos servem ainda de escolas um pouco por todo o país;

Cooperação entre as Instituições Religiosas

A par do movimento de proliferação de igrejas, grupos e seitas religiosas, ob-servamos uma tendência para a convergência de opiniões, projectos e criação de mecanismos de representação e intervenção social no seio das instituições religiosas. Trata-se, portanto, de uma orientação fundamental cujo reflexo pode

---

[19] O papel da religião na luta contra a dominação colonial e na emergência e consolidação do nacionalismo angolano a partir das elites formadas nos ambientes religiosos são disso exemplos eloquentes.

ajudar os fiéis e os cidadãos angolanos em geral, na senda da unidade nacional, do cooperativismo e em última análise, da coesão social;

Protecção da Família
As instituições religiosas, através das suas doutrinas, ensino e práticas relativas ao casamento e à unidade da família, onde se destacam a igualdade e o respeito mútuo entre os cônjuges, a fidelidade e a atenção aos seus descendentes[20] e ascendentes,[21] constituem uma base sólida, mas também o necessário prolongamento social e cultural das políticas do Governo angolano em matéria de Família e Promoção da Mulher.[22] Uma articulação de ideias, projectos e programas nesta linha de acção pode tornar-se fecunda entre o Estado e as Instituições Religiosas.

As tendências positivas acabadas de resumir apontam para as diferentes funções da religião e, por conseguinte, das Igrejas na sociedade angolana. Mau grado os potenciais riscos de disfunção sublinhados por O'Dea podem esperar-se, à partida, os efeitos positivos e assumir-se a co-responsabilidade cidadã individual e colectiva de gerir no quotidiano a exacerbação de tais riscos. Para o efeito, os resultados da nossa análise no tópico seguinte pode servir de alerta para os eixos causais dos tipos de conflitos mais frequentes nos processos sociais significativos.

5. Análise dos conflitos no seio das igrejas
Numa tentativa de construir uma grelha de análise das principais causas dos conflitos civis e comunitários na sociedade angolana, recorremos ao *"Modelo Previsional de Análise Causal de Conflitos"* proposto por Sully (2006).[23] Este modelo apresenta cinco componentes causais fundamentais, cujas variáveis contribuem para a emergência de conflitos civis e comunitários, a saber: i) recursos – competição sobre o acesso, propriedade e gestão dos recursos naturais e humanos; ii) identidade – diferenças na cultura, etnicidade, religião ou direito de auto-determinação; iii) poder – factores políticos alicerçados nas desigualdades sociais e económicas, de dominação, controlo e sobrevivência; iv) mudança social e económica – alterações legislativas e de governação, no sistema de valores

---

[20] O governo elegeu a criança como "prioridade absoluta", nomeadamente através dos *11 Compromissos para com a Criança*, definidos e assumidos pelo Governo, criando o Conselho Nacional da Criança.

[21] Os idosos constituem igualmente uma preocupação constante e bem definida nas políticas sociais.

[22] Sobre esta questão, cf. o respectivo capítulo, no volume III.

[23] O modelo foi elaborado pela equipa de investigadores do *Centre for Conflict Resolution*, Universidade do cabo (África do Sul), no âmbito da preparação de um Manual de estudo de casos para a formação sobre resolução de conflitos.

e o declínio das estruturas e valores cívicos tradicionais; e v) género e status social – diferenças de papéis e valores sociais baseados no género, diferenças de percepção e acção com base no género, diferenças geracionais (Sully, 2006: 8).

A análise dos conflitos da sociedade angolana, a partir de uma adaptação da proposta teórica de Sully, ajuda a apresentar e discutir os exemplos de conflitos inter e intra-Igrejas. Começaremos pelos conflitos tendencialmente provocados por variáveis identitárias, como a cultura, a etnicidade e a religião.

i) Eixo das causas identitárias

Têm em linha de conta a maneira de ser, pensar, sentir, agir e a visão do mundo, características de um povo ou comunidade, ou seja, a sua cultura pode criar obstáculos à interacção e vivência da unidade com outros grupos. Entre as Igrejas angolanas podemos ilustrar esta dificuldade de relacionamento entre Igrejas com o caso da Igreja Mpadista.

Não sendo de matriz cultural judaico-cristã, tem o seu dia sagrado à quarta--feira. Os crentes iniciam o culto voltados para o ponto leste, considerado o primeiro ponto cardeal na repartição do mundo. Louvam e respeitam Deus *Wamba Wa Mpungu Tulendo*. Veneram os antepassados (Kimpa Vita, Mafuta, Nzinga Mbandi, Simão Kimbangu, etc.), exaltando os seus valores e virtudes. Promovem a cultura angolana, divulgando as línguas nacionais, ensinando os costumes e hábitos positivos. Só na província de Luanda, têm mais de 20 mil membros entre homens e mulheres.

Relativamente ao peso da etnicidade, temos o exemplo da Igreja de Jesus Cristo do Espírito da Verdade – BIMA. Fundada inicialmente por um profeta congolês e implantada em Angola por emigrantes que regressaram da República Democrática do Congo e que se submetem à liderança espiritual e gestão administrativa sediada no estrangeiro. Esta situação coloca questões de cidadania e soberania, dando origem a uma disputa da liderança entre dirigentes angolanos e congoleses, uma vez que os primeiros pretendem uma maior autonomia na gestão administrativa e financeira da Igreja em Angola, enquanto os segundos desejam manter os seus enviados na direcção da organização. Nesta situação, é compreensível que a reivindicação da cidadania e soberania remeta para as questões do acesso e gestão dos recursos da Igreja em Angola.

ii) Eixo das causas decorrentes de mudanças sociais e económicas

O regresso dos refugiados angolanos e a crescente imigração de crentes muçulmanos provenientes da República Democrática do Congo, do Mali, Senegal,

Costa do Marfim Egipto e Líbano, representam mudanças sociais e económicas significativas em Angola. Observamos hoje, nos principais centros urbanos, o progresso quantitativo de mesquitas ou outros locais onde os muçulmanos praticam os seus cultos, a extraordinária capacidade de adaptação e inserção dos imigrantes muçulmanos na sociedade angolana e a grande adesão, sobretudo da camada feminina mais jovem, por via do casamento.

Se em 1978 se estimava que a comunidade muçulmana rondava os 8.000 membros,[24] hoje, com o aumento do número de mesquitas e a permeabilidade da política de imigração, calcula-se em aproximadamente 45.000 membros.[25] A expansão do Islão em Angola tem gerado alguns receios na sociedade angolana, tendo em conta as experiências de outros países em termos de conflitos manifestos ou latentes. Levanta questões de hegemonia (sobretudo para as comunidades religiosas cristãs), de fundamentalismo religioso (para os dirigentes políticos) e de coesão familiar e equilíbrio do género (para as famílias).[26]

Da adaptação dos muçulmanos resultou a criação de várias comunidades e associações socioeconómicas, que causaram no seu seio uma série de rupturas motivadas por questões materiais e étnicas. A disputa pela liderança das organizações e das mesquitas entre grupos hegemónicos de diferentes origens étnicas (angolanos e imigrantes) aparece no centro dos conflitos, que dificultam tanto as relações entre o Estado e a comunidade muçulmana, quanto o desenrolar de acções e estratégias de desenvolvimento do próprio bem-estar desta comunidade.

iii) Eixo do género e status social

A subalternização frequente do papel da mulher nas lideranças religiosas parece estar ligada à emergência de movimentos feministas internos ou Igrejas Afro-Cristãs autónomas, fundadas por profetisas, unidas entre elas por uma solidariedade profunda. Como exemplos, temos os movimentos carismáticos feministas na Igreja Católica Romana, o Centro de Devoção Rainha Santa Isabel, e a Igreja Teosófica Espírita.

Paralelamente, a valorização social da senioridade, ou seja, o estatuto dos 'mais velhos' nas organizações religiosas têm amiúde servido de suporte cultural para a manutenção das elites religiosas. A excessiva continuidade dos líderes

---

[24] In *Jornal de Angola* de 1 de Fevereiro de 1998.

[25] Dados fornecidos pelo Serviço de Migração e Estrangeiros (SME) de Angola.

[26] Sobre esta questão cf. Viegas, 2007.

SOCIEDADE E ESTADO EM CONSTRUÇÃO: DESAFIOS DO DIREITO E DA DEMOCRACIA EM ANGOLA

tem funcionado, por sua vez, como obstáculo à inovação e mudança, sobretudo quando as novas ideias provêm dos jovens. Podemos citar o exemplo da Igreja de Nosso Senhor Jesus Cristo – Doze Mais Velhos, da qual saíram muitos jovens que alegaram não ter voz no seio da Igreja.

iv) Eixo das causas inerentes ao poder

A falta de transparência na liderança religiosa está na origem da maioria dos conflitos e das cisões no seio das Igrejas angolanas. Das 83 Igrejas juridica-mente reconhecidas pelo Estado angolano, mais de metade (43) resultaram de processos de separação.

Podemos enquadrar aqui, igualmente, o caso da liderança da Maná Igreja Cristã, que, por não ter respeitado a lei e o governo de Angola, desencadeou um conflito que culminou com a perda da personalidade jurídica e o encerramento compulsivo da mesma organização religiosa no país,[27] provocando a dispersão e/ou reagrupamento dos seus fiéis sob outras denominações.

v) Eixo das causas relativas aos recursos materiais e simbólicos

Quando ocorre uma ruptura no seio de uma Igreja, o conflito pode prolongar-se entre as partes separadas na disputa pelas infra-estruturas e outros bens. Tal é o caso da Igreja Kimbanguista (duas alas em conflito), com a respectiva sede no bairro Golfe e Palanca.

Passando para os recursos simbólicos – neste caso, as capacidades de identi-ficar as causas e curar as doenças – importa ilustrar este eixo com os conflitos relativos à gestão da doença e do sofrimento nas chamadas Igrejas de cura, de raiz Neo-Pentecostal e Neo-Tradicional. As práticas terapêuticas constituem mecanismos de reinserção do indivíduo na comunidade (compensação das perturbações pessoais, familiares e sociais), mas também geram situações de conflito, quer no diagnóstico e explicitação das causas dos males (doenças fisiológicas, transtornos mentais), de onde sobressai o caso das acusações de feitiçaria[28] entre parentes, quer nos rituais de cura, onde se registam a violência e os maus-tratos às crianças, chegando, por vezes, a induzir a rejeição familiar

---

[27] Decreto Executivo n.º 6/08 de 25 de Janeiro.

[28] Existe alguma literatura sobre esta problemática em África. A título de exemplo cf. MacGaffey, 2000 e Tonda, 2008. Para o caso de Angola cf. CCF 2003a, 2003b, 2003c, 2004; Friedmann e N'senga, 2003; AIP, 2005; INAC, 2006 e Pereira, 2007. Cf., também, o último capítulo do volume III.

e o tráfico de menores.[29] Acresce o facto de a maioria das situações de crianças acusadas de feitiçaria ocorrer em famílias desestruturadas (as crianças não vivem com os pais, mas com outros parentes) e economicamente carenciadas.

Nas matrizes culturais de alguns povos africanos, e não só, a doença e o mal social exigem sempre uma causa e um autor humano. Ora, a figura do 'feiticeiro' simboliza, no imaginário colectivo e nas crenças mais enraizadas, o espírito anti-social e destrutivo da ordem e da continuidade da família ou do grupo. Daí o facto de poder ser quotidianamente catalogada como feiticeira qualquer pessoa que viola ou desafia as normas e valores socialmente vigentes.[30] Ao agir desta maneira, tal pessoa indica que possui ou confia num outro 'poder' (oculto, sobrenatural) que escapa ao controlo social, mesmo que a sua acção resulte de uma mera apropriação ou instrumentalização da figura de feiticeiro para se afirmar socialmente (ser respeitado, temido, procurado) e atingir fins individualistas.

Assim, por exemplo, ao apontarem a criança insubmissa ou mentalmente transtornada como causadora da doença ou da morte do seu parente e ao validarem os casos que lhes são apresentados pelas famílias, recebendo e submetendo as crianças acusadas a violentos rituais de purificação e exorcismo, as Igrejas de cura geram e reforçam situações de conflito no seio das famílias e comunidades.

A problemática das acusações de feitiçaria tornou-se tão visível e séria na sociedade angolana – à semelhança de muitas outras – que um conjunto de Igrejas Neo-Tradicionais de cura criou a *"Tribuna Livre de Igrejas Africanas"* (TRILIA), uma associação cujo objectivo específico é analisar e combater as práticas de feitiçaria e proteger as crianças e famílias vítimas dessas práticas (Viegas, 2008: 40ss).

Em paralelo às *tendências positivas* do papel das Igrejas na sociedade angolana, ensaiadas no tópico número 4, importa igualmente propor alguns aspectos que nos parecem ser mais susceptíveis de gerar conflitos. Por homologia lexical, vamos designá-las de *tendências negativas*.

---

[29] Cf., sobre a matéria, o capítulo sobre o julgado de menores, no volume II, e o capítulo sobre o centro social de referência do julgado de menores, no volume III.

[30] Este tema é retomado no capítulo sobre as autoridades tradicionais em contexto urbano, neste volume.

a) A proliferação de Igrejas, seitas e grupos religiosos

No complexo mosaico das Igrejas protestantes saíram mais de 40 cisões,[31] das quais apenas algumas obtiveram o reconhecimento jurídico. A proliferação religiosa atingiu um ponto crítico na medida em que, com a grande efervescência religiosa, aparecem novas dinâmicas organizadas em igrejas, seitas e grupos de oração, funcionando como autênticas "agências do sagrado" que, cada vez mais, se multiplicam no espaço social angolano. Nunca se registaram tantas práticas designadas "religiosas" como hoje. Isso tem levado muitos cientistas a apontarem para uma espécie de desencantamento do mundo (Pierucci, 2003; Weber, 1997 e Prandi, 1997).

Tentando abreviar a longa e fastidiosa discussão conceptual e teórica para distinguir uma Seita de Igreja ou Religião, podemos tão-somente indicar que na base de uma *Seita* está, quase sempre, um grupo "sectário", isto é, separado, separatista da comunidade de origem, com uma ideologia radical, que tende a exigir ou a desenvolver um fanatismo religioso exacerbado em torno do seu líder ou fundador. Além disso, são igualmente apontadas como características das Seitas o reduzido número de membros, a projecção a nível local, a ausência de grande elaboração doutrinária, a renúncia à vida familiar e social, o seguidismo em torno das ideias do líder, a tendência para o comunitarismo, e o fechamento sobre si próprio.[32] Em casos extremos, podem, eventualmente, surgir ideias ou tendências suicidas quando o grupo enfrenta uma situação contrária ao seu rumo.

Como exemplos de Seitas cristãs podemos indicar, entre outras: *Igreja Evangélica de Salvação, Igreja do Espírito para a Cura Tradicional*[33]*, Igreja Combate Espiritual, Ntemu a Nza* e a *Igreja Lassista do Cristianismo em Angola.*

b) Imigração em cadeia religiosa.

Na primeira tendência negativa indicámos a imigração como um dos factores da proliferação religiosa. Na verdade, cada imigrante transporta as suas ideias e

---

[31] A título de exemplo, podemos apontar: a Igreja Cristã de Aliança em Angola, (desmembrada da Igreja Evangélica de Angola); Igreja Evangélica Assembleia Cristã, Convenção Evangélica da Assembleia de Deus Pentecostal e Missão Evangélica Pentecostal de Angola (desmembradas da Assembleia de Deus Pentecostal de Angola); Igreja Evangélica Menonita em Angola (desmembrada da Igreja dos Irmãos Menonitas).

[32] Estas características contrapõem-se ao que, geralmente, se identifica como uma Igreja ou Religião estabelecida.

[33] As duas primeiras foram alvo de uma acção policial e administrativa de encerramento compulsivo, em virtude da existência de práticas de acusação, retenção e maus-tratos de crianças tidas como feiticeiras.

crenças religiosas, que se confrontam com as convicções dominantes no país de acolhimento. Uma análise dos fluxos de missionários e outros agentes religiosos, através das estatísticas dos pedidos de vistos de entrada em Angola, indica que muitas Igrejas e organizações religiosas fomentam a imigração dos seus pares com o fim de engrossar as fileiras ou promover determinados interesses no país.

Constatando-se que a imigração religiosa em cadeia reduz as necessidades de formação/capacitação dos membros angolanos, equaciona-se o impacto social destas estratégias a médio e longo prazo, particularmente na correlação de poderes entre os quadros nacionais e os estrangeiros nos fenómenos de liderança religiosa. O Catolicismo e o Protestantismo histórico evidenciaram nas suas práticas um perfil de missionação diferente do que hoje somos levados a testemunhar.

c) Dependência externa de algumas organizações religiosas.

A par da questão anterior, identificámos alguma conflitualidade nas hierarquias nacionais de Igrejas ou organizações religiosas com sede social no estrangeiro. Os casos paradigmáticos por nós acompanhados são os das Igrejas Kimbanguista e BIMA,[34] provenientes da República Democrática do Congo, de onde recebem instruções para o seu funcionamento interno e para onde têm de remeter alguns recursos financeiros dos fiéis angolanos para participarem nas despesas de manutenção das respectivas sedes. Estes dois casos dão-nos uma ideia das implicações que a dependência administrativa externa acarreta para a gestão de uma instituição religiosa em território nacional. Por outro lado, ressaltam a confiança e a correlação de poderes efectivos entre os quadros nacionais e os dirigentes expatriados.

d) Sobreposição entre religião, magia e feitiçaria.

Trata-se de levantar aqui a questão de como distinguir o sagrado religioso do não religioso e a manipulação de objectos sagrados ou culturais por forças pseudo-religiosas. Frequentemente, através dos *mídia* ouvimos e assistimos a casos chocantes como violações sexuais, acusações de feitiçaria e relatos de milagres. Neste contexto, a religião, a magia e outras práticas ocultas sobrepõem-se na sua dimensão transcendental, criando um campo de percepção relativamente difuso.

---

[34] Os respectivos nomes oficiais são: *Igreja de Jesus Cristo sobre a Terra e Igreja de Jesus Cristo do Espírito da Verdade.*

SOCIEDADE E ESTADO EM CONSTRUÇÃO: DESAFIOS DO DIREITO E DA DEMOCRACIA EM ANGOLA

Para ilustrar a complexidade e as dificuldades próprias da questão aqui levantada, recorremos a um estudo de caso identificado no âmbito de uma pesquisa realizada sobre *As trajectórias da Saúde Mental em Luanda: Hospital Psiquiátrico, Centros Terapêuticos Tradicionais e Igrejas Neo-Tradicionais.*[35]

O Profeta Enoque, da Igreja Profética Vencedora no Mundo (IPVM), mostrou os vários objectos (Bíblia, medicamentos, estatuetas, imagens de santos, etc.), informando-nos que foram recolhidos junto de pacientes tratados pela equipa de profetas da IPVM. Descreveu-nos, ainda, a forma como foram usados em práticas de feitiçaria numa determinada seita existente em Luanda. Usando uma analogia médica, qualquer um daqueles objectos, aparentemente inócuos e de uso comum, funcionava exactamente como o bisturi contaminado com o sangue de um seropositivo, com o qual o suposto médico continuava a operar outros doentes sem esterilizá-lo. Consequentemente, só a sorte ou a fé dos pacientes tratados poderiam evitar a transmissão do VIH... Podemos agora imaginar o cenário em que um suposto Pastor peça aos aflitos presentes no culto que toquem na sua "Bíblia envenenada", a troco de bênçãos especiais, ou que recebam uma imagem para ter a protecção de Santo António. Tal foi o que aconteceu com os pacientes tratados na IPVM: ficaram doentes depois de terem recebido os presentes. Segundo o Profeta Enoque, o tratamento realizado passou pela identificação das fontes do mal, a recolha dos objectos e o aniquilamento do poder estranho neles incorporado. Depois disso, os doentes recuperaram a saúde e os objectos voltaram a ser meros artefactos de arte popular ou sacra.

e) O desrespeito pela Lei e Ordem Públicas.

No quadro do fenómeno religioso em Angola temos vindo a constatar frequentes situações de inobservância da lei, particularmente no cumprimento das normas de higiene e segurança dos espaços de culto, perturbação do descanso dos vizinhos com excesso de ruído, violação da privacidade e da dignidade humana, atentados ao pudor, apropriação de recursos comunitários e abuso de confiança por parte de alguns líderes e dirigentes. Tem-se a impressão de que as instituições religiosas funcionam numa absoluta autarcia, sem formas eficazes de controlo legal ou fiscalização por parte do Estado.

---

[35] Estudo comparado sobre a 'Reforma da Saúde Mental no Brasil e em Portugal'. Os primeiros resultados foram apresentados por Fátima Viegas (investigadora e coordenadora do referido projecto em Angola) na 1.ª Conferência Nacional sobre Ciência e Tecnologia, realizado em Luanda.

Efectivamente, as lacunas existentes na Lei n.º 2/04 (da liberdade de consciência, de religião e de crença), a falta de regulamentação dessa mesma Lei, a insuficiência de mecanismos de acompanhamento e fiscalização do cumprimento da lei e ordem pública pelas Igrejas e organizações religiosas, bem como a visão política e legal da religião como fenómeno eminentemente cultural (subavaliando as suas dimensões social, política e económica), constituem, do nosso ponto de vista, alguns marcos necessários para a reavaliação da actual política pública sobre Religião, visando colocar as Igrejas e organizações religiosas num patamar que lhes permita contribuir mais eficazmente para a coesão social, a unidade nacional e o desenvolvimento da sociedade angolana.

Conclusões

Propusemo-nos, neste quadro, analisar o papel das Igrejas na resolução de conflitos durante a guerra civil em Angola. O percurso feito permite-nos concluir que as instituições religiosas, cada uma à sua maneira, se envolveram nas diversas tentativas de contribuir para a minimização dos conflitos ou seus efeitos na vida e integridade das pessoas e seus haveres. Contudo, a correlação das forças em presença e o espaço deixado pelos beligerantes para as suas intervenções reduziram o escopo das possibilidades de eficácia, mesmo que fosse puramente simbólica.

Por outro lado, o confinamento (forçado ou voluntário) das Igrejas ao campo estritamente religioso pode explicar o baixo perfil do seu papel ao longo do período em análise. Nos momentos em que as circunstâncias foram particularmente favoráveis aos objectivos das Igrejas e dos cristãos, estes fizeram ouvir as suas vozes e, não raro, produziram efeitos observáveis nos comportamentos dos políticos e no curso dos acontecimentos.

O fenómeno religioso e, consequentemente, as Igrejas, desempenha na sociedade angolana importantes funções de integração e mudança social, se tivermos em conta que a Religião é um dos subsistemas culturais que configuram a nossa e qualquer outra sociedade. Mau grado os riscos de distorção de tais funções em potenciais disfunções com efeito destruidor, a regulação e a vigilância cívica dos cidadãos e suas organizações podem assegurar a continuidade dos benefícios, mais do que dos prejuízos decorrentes das práticas religiosas.

O forte condicionamento sociopolítico e militar da acção das Igrejas na gestão dos conflitos, bem como a fragilidade dos mecanismos de articulação interinstitucional, apesar das consideráveis diferenças existentes, explicam, globalmente falando, a dimensão dos resultados que nos foi possível constatar e apresentar nesta análise.

Referências bibliográficas

AIP – Angola Instituto de Pesquisa Social e Económica (2004), *As crianças acusadas de feitiçaria nas províncias do Uíge, Luanda e Zaire*. Luanda (mimeo).

Borges, Anselmo (2007), *Deus no Século XXI e o futuro do cristianismo*. Porto: Campo das Letras.

Bourdieu, Pierre (1994), *O Poder Simbólico*. Lisboa: Difel.

CCF – Christian Children Fund (2003a), *Diagnóstico Realizado no Município de Mbanza Congo*. Luanda: CCF.

CCF – Christian Children Fund (2003b), *Relatório do Seminário de Formação de Formadores Comunitários*. Primeira Fase – Desenvolvimento da Criança (factores importantes para o bom desenvolvimento da criança – apresentado por Engrácia do Céu e Júlia António). Mbanza Congo, Abril de 2003.

CCF – Christian Children Fund (2003c), *Relatório do Seminário de Formação de Formadores Comunitários*. Segunda Fase – Etapas do desenvolvimento e impacto da guerra (apresentado por Carlinda Monteiro e Engrácia do Céu). Mbanza Congo, Julho de 2003.

CCF – Christian Children Fund (2004), *Relatório do Workshop "Crianças com necessidades de protecção especial"*. INAC e ONGs parceiras. Mbanza Congo, 30/11 a 01/12 de 2004.

Fernandes, António Teixeira (2001), *Formas de Vida Religiosa nas Sociedades Contemporâneas*. Oeiras: Celta.

Friedmann, Kajsa Ekholm; N'senga, Biluka Nsakala (2003), *Crianças que necessitam de Protecção Especial – Um estudo antropológico das crianças acusadas de feitiçaria em Mbanza Kongo, Uíge e Luanda*. Luanda: Relatório Preliminar (mimeo).

Hellern, Victor; Notaker, Henry; Gaarder, Jostein (2007), *O Livro das Religiões*. Lisboa: Editorial Presença.

Geertz, Clifford (1978), *Interpretação das Culturas*. Rio de Janeiro: Zahar.

Hatzfeld, Henri (1993), *As Raízes da Religião. Tradição, ritual, valores*. Lisboa: Instituto Piaget.

Henderson, Lawrence W. (1990), *A Igreja em Angola. Um rio com várias correntes*. Lisboa: Editorial Além-Mar.

INAC – Instituto Nacional da Criança (Angola) (2006), *O Impacto das Acusações de Feitiçaria contra Crianças em Angola. Uma análise na perspectiva da protecção dos Direitos Humanos*. Luanda: INAC e UNICEF.

Mauss, Marcel (2003), *Sociologia e Antropologia*. São Paulo: Cosac & Naify.

MacGaffey, Wyatt (2000), *Kongo Political Culture. The conceptual challenge of the particular*. Bloomington & Indianapolis: Indiana University Press.

Méssiant, Christine (1995), "MPLA et UNITA: processus de paix et logique de guerre", *Politique Africaine*, 57: 40-57.

O'Dea, Thomas (1969), *Sociologia da Religião*. São Paulo: Livraria Pioneira Editora.

Pace, Enzo (1997), "Religião e Globalização", *in* Oro, A. P.; Steil, C. A. (orgs), *Globalização e Religião*. Petrópolis: Editora Vozes.

Pereira, Luena Nascimento Nunes (2007), *Crianças Acusadas de Feitiçaria em Angola: economia e parentesco num contexto de pós-guerra civil*. Comunicação apresentada ao 31.º Encontro Anual da ANPOCS, Caxandú, Mato Grosso, 22 a 26 de Outubro de 2007.

Pereira, Mabel; Santos, Lyndon (orgs) (2004), *Religião e Violência em Tempos de Globalização*. São Paulo: Paulinas Editora.

Pieruci, A. Flávio (2003), *O Desencantamento do Mundo: todos os passos do conceito de Max Weber*. São Paulo: Editora 34.

Prandi, Reginaldo (1997), "A Religião do Planeta Global", *in* Oro, A. P.; Steil, C. A. (orgs), *Globalização e Religião*. Petrópolis: Editora Vozes.

Rocha Manuel Alves da (2001), *Os Limites do Crescimento Económico em Angola – As fronteiras entre o Possível e o Desejável*. Luanda: LAC.

Schubert, Benedict (2000), *A guerra e as Igrejas. Angola, 1961-1991*. Basileia: P. Schlettwein Publishing.

Sully, Max (2006), "Using the cases as a means of peace building", *in* Priilaid, D. (org.), *African Case Studies Manual for Conflict Resolution Training*. Cidade do Cabo: Centre for Conflict Resolution, UCT.

Tonda, Joseph (2008), "La violence de l'imaginaire des enfants-sorciers", *Cahiers d'Études Africaines*, 48 (189-190): 325-343.

Turner, Noleen (2005), "An Overview of the Forms of Expressing Social Conflict in Southern Africa with Special Reference to the Zulus", *African Journal of Conflict Resolution*, 5 (2): 119-152.

Viegas, Fátima (1999), *Angola e as Religiões, uma visão social*. Luanda.

Viegas, Fátima (2007a), "As Igrejas Neotradicionais Africanas na Cura e Reintegração Social (1992-2002): um estudo de caso em Luanda", *in* Hypolito, Á. M.; Van-Dúnem, J. O. (orgs.), *Diálogos educativos entre Brasil e Angola*, Pelotas: Editora e Gráfica Universitária –UFPel.

Viegas, Fátima (2007b), "Panorâmica das Religiões em Angola Pós-Colonial 1975-2007", *Religiões e Estudos – Revista do Instituto Nacional para os Assuntos Religiosos* (Luanda), 1: 11-34.

Viegas, Fátima (2007c), *A Expansão Religiosa e Cultural em Angola: algumas reflexões sobre os muçulmanos em Luanda pós-independência* (mimeo).

Viegas, Fátima (2008), "Panorâmica das Religiões em Angola Independente (1975-2008)", *Religiões e Estudos - Revista do Instituto Nacional para os Assuntos Religiosos*, 2.

Viegas, Fátima; Bernardo, Viegas (2009), *As Trajectórias da Saúde Mental em Angola: Entre o Hospital Psiquiátrico, Centros Tradicionais e Igrejas Neotradicionais*. Comunicação apresentada à I Conferência Internacional de Ciência e Tecnologia, realizada em Luanda, de 28 a 29 de Outubro de 2009.

Wach, Joachim (1990), *Sociologia da Religião*. São Paulo: Edições Paulinas.

Weber, Max (1997), *Sociologie de la Religion*. Madrid: ISTMO.

Weber, Max (2001), *A Ética Protestante e o Espírito do Capitalismo*. Lisboa: Editorial Presença.

Wolff, Stefan (2006), *Ethnic Conflict*. Oxford: Oxford University Press.

Yinger, Milton (1970), *The Scientific Study of Religion*. Nova Iorque: Macmillan.

CONCLUSÕES

Boaventura De Sousa Santos
José Octávio Serra Van Dúnen

O debate acerca de uma revolução democrática do direito e da justiça tem como requisito fundamental o conhecimento sólido da realidade social presente em cada região, em cada país, reflectindo-se numa investigação cuidadosa e comparada. Angola, e certamente outros países em África, é, hoje, extremamente importante para uma análise sociológica e política do direito na sociedade. O direito, se for um direito virado para a cidadania e para a sua diversidade interna, no respeito pelas culturas locais e pela Constituição, pode representar uma arma fundamental para a construção de uma democracia de alta intensidade. Esta transformação implica um sistema jurídico e judicial que leve os direitos a sério, ao mesmo tempo que admite a diversidade intercultural.

A investigação e a análise que se apresentam neste livro assinalam a importância de o sistema de justiça ser objecto permanente de reflexão e debate, com incidência nos seus problemas e perspectivas futuras. Este esforço de reflexão exige uma análise que ultrapasse o domínio interno da justiça oficial e se estenda a outras áreas fundamentais para o bom funcionamento do sistema de justiça no seu todo. Esta é a orientação aqui plasmada. O projecto de investigação que esteve no seu lastro propôs-se confrontar o acesso ao direito e à justiça, quer no sistema dito 'formal' do Estado (através dos tribunais), quer através de instâncias extra-judiciais (comunitárias, tradicionais, informais) da sociedade civil. Importou, pois, perceber onde e como os cidadãos procuram a solução para os seus problemas e porque preferem ou optam por determinadas instituições, sejam elas a família, os mais velhos das comunidades, as igrejas, gabinetes de aconselhamento jurídico, comissões de moradores, entre outras. Neste sentido, para além de contribuir com um trabalho inédito de levantamento de dados acerca da oferta e da procura do sistema de justiça formal, este volume e os dois que se lhe seguem procuram resgatar a sabedoria inerente aos diferentes sistemas de justiça, avaliando os seus diferentes aspectos problemáticos.

A experiência da análise sociológica das reformas realizadas em vários países demonstra que a agenda de reforma do sistema judiciário varia consoante o peso que é concedido a diferentes prioridades. A prioridade pode ser regular a economia, a justiça social ou o pluralismo democrático. Idealmente, os três objectivos devem ser prosseguidos conjuntamente e definir prioridades entre eles traz, naturalmente, dificuldades. A decisão sobre a prioridade determina o tipo de reforma da justiça nos diferentes países: se a prioridade for a economia de mercado, as duas palavras-chave para uma reforma do sistema judiciário são eficiência e independência; se a ênfase for a democratização do direito e da justiça, os direitos de cidadania, as aspirações de justiça social e o pluralismo político e jurídico, deve-se pensar numa terceira palavra-chave – o acesso. O acesso ao direito e a uma justiça capaz de actuar com eficácia junto dos cidadãos é fundamental para que a eficiência e a independência sejam postas ao serviço de uma sociedade mais justa e mais democrática para todos e não apenas para aqueles que possuem os meios financeiros ou sociais que lhes permitam aceder à justiça formal. Por esta razão, as reformas da justiça devem começar pela definição de uma política forte de acesso, desde logo porque podemos ter uma justiça eficiente e independente, mas que não é acessível à totalidade da população.

É possível identificar diversos casos de sistemas judiciais que são eficientes e independentes, mas são muito inacessíveis aos cidadãos, pela distância que as barreiras culturais e económicas impõem a vastas camadas da população que supostamente pretendem servir. Mas não há acesso sem independência e sem eficiência. Por isso, as reformas do sistema judiciário têm que trabalhar conjuntamente estes três vectores: acesso ao direito e à justiça, eficiência e independência. Estes vectores de transformação são fundamentais para a criação de um novo paradigma jurídico e judiciário, uma vez que interferem na credibilidade do direito e da justiça, fortalecendo não só a justiça como poder do Estado, mas também como serviço que é prestado à comunidade. As mudanças que aqui se propõem devem atender às especificidades de cada país. No caso de Angola, especial atenção deve ser dada às seguintes particularidades: 1) a relação entre o sistema de justiça, o poder político e a sociedade civil; 2) a transformação da cultura jurídica; 3) o pluralismo jurídico; 4) a questão da interculturalidade, ligada à demodiversidade; e 5) os desafios da democratização, interligando-se estes com os problemas políticos contemporâneos.

Uma reforma efectiva do acesso ao direito e à justiça tem que conjugar duas variáveis: o Estado e a sociedade civil. O Estado não pode, só por si, resolver o problema do acesso, embora tenha um papel central e deva fazê-lo, preferencialmente, através de um sistema público. Mas, além do Estado, existem as organizações da sociedade civil: organizações não governamentais, organizações de igrejas, organizações sociais, faculdades de direito, movimentos sociais. Um exemplo salutar em muitos países é o dos programas de capacitação jurídica de mulheres nas áreas do direito e da justiça, nomeadamente no combate à discriminação de género. Uma política pública de justiça verdadeiramente democrática e que tenha em atenção os bloqueios e dificuldades interpostas ao acesso aos tribunais depende de uma acção amplamente articulada entre instituições do Estado, instituições do sistema judicial, ordem dos advogados, faculdades de direito, organizações da sociedade civil, académicos e órgãos de comunicação social.

Uma segunda vertente essencial é a que se prende com a transformação da cultura jurídica que, no âmbito da justiça formal, passa por mudanças significativas na formação dos operadores jurídicos. No caso das faculdades de direito, o paradigma jurídico-dogmático, em geral, não tem conseguido ver que na sociedade circulam várias formas de poder, de direito e de conhecimentos que vão muito além do que cabe nos códigos e na dogmática jurídica. Numa tentativa de eliminação de qualquer elemento extra-normativo, o currículo das faculdades acaba por criar uma cultura de extrema indiferença ou exterioridade do direito perante as mudanças experimentadas pela sociedade. Enquanto locais de circulação dos postulados da dogmática jurídica, as faculdades têm, em geral, estado distantes das preocupações sociais e têm servido, em regra, para a formação de profissionais sem um maior comprometimento com os problemas sociais. Para substituir a actual competência técnico-burocrática por competências técnico-democráticas, em que o conhecimento técnico e a independência judicial estejam ao serviço dos imperativos constitucionais de construção de uma sociedade mais democrática e mais justa, é necessário começar por uma revolução nas faculdades de direito, embora esta tarefa se apresente extremamente difícil devido aos poderosos interesses em jogo. É necessário partir da ideia de que a dogmática jurídica é apenas um dos saberes jurídicos que vigoram na sociedade e de que todos merecem ser estudados nas faculdades para que se possa avaliar do seu relativo valor. As novas faculdades de direito deverão pautar os seus programas por uma ecologia dos saberes jurídicos.

A criação de uma cultura jurídica democrática passa, também, pelas escolas de formação profissional. As escolas de formação de magistrados correm o risco de reproduzir todos os erros das faculdades e de os aprofundar, pelo que a formação deve ser intercultural, interdisciplinar e profundamente imbuída da ideia de responsabilidade cidadã, pois só assim será possível combater o domínio de uma cultura normativista e técnico-burocrática, assente em três grandes ideias: (1) a autonomia do direito (o direito é um fenómeno totalmente diferente de tudo o resto que ocorre na sociedade e é autónomo em relação a essa sociedade); (2) uma concepção restritiva do que é esse direito ou do que são os autos aos quais o direito se aplica; e (3) uma concepção burocrática ou administrativa dos processos. Como discutimos neste volume, distinguem-se dois tipos de independência judicial: a independência judicial corporativa e a independência judicial democrática. Defende-se uma independência judicial democrática, não corporativa, virada para os interesses da cidadania, em que o direito se pode transformar numa arma social, de luta pela justiça e coesão social.

Uma terceira especificidade é a existência do que se designa por pluralismo jurídico. Nas sociedades interagem diferentes formas de produção e reprodução do direito, que se concretizam numa variedade de instâncias de resolução de litígios para além dos tribunais judiciais. Há, portanto, um direito oficial e um outro não oficial, um direito moderno e um direito tradicional, um direito formal e um direito informal, um direito eurocêntrico e um direito com raízes culturais africanas. Para além disso, como se demonstra em diferentes capítulos deste volume (bem como nos diferentes capítulos do volume III), existe uma zona de fronteira onde as várias categorias interagem numa síntese criativa. Esta ideia de pluralidade de sistemas de direito é fundamental para entender o sistema jurídico e judicial oficial nas sociedades africanas contemporâneas. De facto, se o direito fosse apenas o direito do Estado e os tribunais judiciais as únicas instâncias de resolução de litígios, e tendo-se em conta quem recorre aos tribunais, seria forçoso concluir que todo o 'resto' era um amontoado caótico, governado pela violência onde vigora a lei do mais forte. Seria uma conclusão totalmente errada.

No caso de Angola, esse 'resto' representaria a realidade da maioria da população. Ora, os municípios, os bairros, as comunidades, têm as suas formas de regulação social e de resolução dos conflitos, que incluem ameaças de sanção para os infractores das decisões tomadas (decisões que podem ser de autoridades tradicionais, de familiares, de líderes religiosos). Uma análise do processo evolutivo constitucional em Angola mostra que só muito recentemente o poder político e o legislador constituinte reconheceram, formalmente, a existência de diferentes vias de resolução de conflitos para além da via estatal.

A ideia de pluralismo jurídico é, assim, fundamental para entendermos o lugar do direito oficial. Não se está a defender, contudo, uma concepção romântica ou maximalista da pluralidade de direitos, dado que existem formas de pluralidade de direitos que devem ser reconhecidas e incentivadas e outras que devem ser combatidas. Deve evitar-se adoptar posições simplistas, tanto mais quando caminhamos, cada vez mais, para uma crescente complexificação das sociedades.

Em África, a complexidade constitui um vector fundamental para a análise sociológica e política. Os processos de democratização em curso em vários países do continente implicam não só o reconhecimento das liberdades cívicas, mas também o reconhecimento das diferentes comunidades, das identidades e, consequentemente, da diversidade, o que nos põe perante a questão da interculturalidade. As questões da demodiversidade, num país como Angola, multiétnico e multicultural, devem merecer um tratamento especial por parte do governo, de modo a evitar exclusões. A complexidade e a desigualdade sociais que caracterizam Angola requerem o conhecimento da realidade sociocultural e o respeito pela sua diversidade, condições necessárias para uma percepção pluralista da sociedade, onde coexistem, conflituam ou se sobrepõem diversos interesses e opiniões. Os interesses maiores da nação devem sobrepor-se às agendas das elites, dos partidos, dos grupos económicos, das organizações de cidadãos, porque sem uma genuína reconciliação nacional e sem a reconstrução económica e social equilibrada e sustentável não haverá futuro. Este não é um projecto do governo, mas um projecto da sociedade. Para isso, contudo, é necessário construir alianças, trabalhar em conjunto, buscar convergências e formas de entendimento e aprender a lidar com as divergências, o que implica debate, negociação e inclusão da opinião e da participação de todos os angolanos. Implica, acima de tudo, uma democratização real da sociedade e do Estado.

Assim, o perfil do desempenho dos tribunais deverá ter em atenção, no contexto angolano, não só a diversidade sócio-jurídica que caracteriza o país, mas também a sua demodiversidade, com as necessárias alterações políticas que tal opção implicará. Este será, acima de tudo, um indicador crucial do ritmo e intensidade da transição democrática. Nestas condições, mesmo os objectivos mais limitados da democracia representativa deixam de ser hegemónicos para serem contra-hegemónicos, ou seja, só podem ser atingidos mediante a superação do *status quo*. E, para serem prosseguidos, exigem uma profunda transformação do sistema judicial, a qual dificilmente pode ocorrer sem transformações políticas a outros níveis do sistema político. Estas são algumas das equações não lineares da democratização.

Acresce que, hoje em dia, o contexto angolano não pode ser adequadamente analisado sem tomarmos em conta as transformações políticas que estão a ter lugar noutros países de África (sobretudo no Norte de África) e mesmo noutras regiões do mundo, como, por exemplo, nos países da periferia da União Europeia (Grécia, Portugal, Espanha e Irlanda). O desafio da democratização não se pode alhear dos desafios que os problemas políticos contemporâneos nos colocam hoje. De facto, os movimentos de hoje são produto do enraizamento do ideal democrático no imaginário da sociedade e da verificação de que esse ideal está cada vez mais distante da realidade. Parece, pois, evidente que nenhum Estado pode invocar a sua especificidade histórica ou utilizar a sua força repressiva durante muito tempo para se furtar ao impulso popular que decorre do ideal democrático inscrito no imaginário popular.

SOBRE OS AUTORES

COORDENADORES

BOAVENTURA DE SOUSA SANTOS, Doutorado pela Universidade de Yale. Professor Catedrático Jubilado da Faculdade de Economia da Universidade de Coimbra. Distinguished Legal Scholar da Universidade de Wisconsin (EUA). Global Legal Scholar da Universidade de Warwick (UK). Director do Centro de Estudos Sociais da Universidade de Coimbra, onde dirige também o Observatório Permanente da Justiça.

JOSÉ OCTÁVIO SERRA VAN-DÚNEM, Doutorado em Ciências Humanas, especialidade em Sociologia pelo Instituto Universitário de Pesquisas do Rio de Janeiro. Professor Associado das Faculdades de Direito da Universidade Agostinho Neto e da Universidade Católica de Angola. Ex-Decano da Faculdade de Direito da Universidade Agostinho Neto.

CONCEIÇÃO GOMES, Coordenadora Executiva do Observatório Permanente da Justiça Portuguesa. Investigadora do Centro de Estudos Sociais da Universidade de Coimbra.

JÚLIO MENDES LOPES, Mestre em História. Docente no Instituto Superior de Ciências da Educação de Luanda.

MARIA PAULA MENESES, Doutorada em Antropologia pela Universidade de Rutgers. Investigadora do Centro de Estudos Sociais da Universidade de Coimbra.

RAUL ARAÚJO, Doutorado em Direito pela Faculdade de Direito da Universidade de Coimbra. Decano e Professor da Faculdade de Direito da Universidade Agostinho Neto.

Autores

ALVES DA ROCHA, Director do Centro de Estudos e Investigação Científica da Universidade Católica de Angola. Coordenador do Núcleo de Estudos Macroeconómicos.

AMÉRICO KWONONOKA, Mestre em História de Angola. Director do Museu Nacional de Antropologia de Luanda.

CATARINA ANTUNES GOMES, Doutorada em Sociologia pela Faculdade de Economia da Universidade de Coimbra. Bolseira de pós-doutoramento no CES, em Coimbra.

CESALTINA ABREU, Especialista em desenvolvimento comunitário e rural. Ex-Directora Executiva do Fundo de Apoio Social (FAS).

FÁTIMA VIEGAS, Socióloga. Docente da Faculdade de Letras e Ciências Sociais da Universidade Agostinho Neto.

FERNANDO PACHECO, Agrónomo. Presidente da ADRA.

HENDA DUCADOS, Membro fundador da Rede Mulher em Angola e Directora Adjunta do Fundo de Acção Social.

RUY DUARTE DE CARVALHO, Doutorado em Antropologia pela École des Hautes Études en Sciences Sociales de Paris. Escritor. Cineasta. Escultor. Antropólogo.

ANDRÉ CAPUTO MENEZES, Licenciado em Ciência Política pela Universidade Agostinho Neto. Assistente de Teoria Política do Instituto de Ciências Sociais e Relações Internacionais em Angola.

ANETTE SAMBO, Jurista. Faculdade de Direito da Universidade Agostinho Neto.

ÉLIDA LAURIS, Doutoranda em Sociologia na Universidade de Coimbra. Investigadora do Observatório Permanente da Justiça

ISABEL ABREU, Pós-graduada em Direitos Humanos pela Universidade de Coimbra. Jornalista.

AGUIAR MIGUEL CARDOSO, Mestre em Acção Social, Trabalho Social e Sociedade pelo CNAM (Conservatoire National des Arts et Métiers), Paris, França. Pesquisador do Projecto Pluralismo Jurídico.

MAYMONA KUMA FATATO, Jurista. Faculdade de Direito da Universidade Agostinho Neto.

PAULA FERNANDO, Investigadora do Centro de Estudos Sociais da Universidade de Coimbra e do Observatório Permanente da Justiça.